레토릭의 역사와 이론

컬처룩 미디어 총서 023

레토릭의 역사와 이론

제임스 A. 헤릭 지음
강상현 옮김

culture Look

지은이 **제임스 A. 헤릭**James A. Herrick은 미국 호프칼리지 커뮤니케이션학과 명예 교수로, 레토릭의 역사와 이론뿐만 아니라 커뮤니케이션, 종교, 과학 분야의 레토릭 측면을 연구해 왔다. 저서로는 《레토릭의 역사와 이론*The History and Theory of Rhetoric*》(2021, 7판)을 비롯해 《논증: 주장의 이해와 형성*Argumentation: Understanding and Shaping Arguments*》(2017, 6판), 《기술적 탁월성의 전망: 인간적 고양과 레토릭의 미래*Visions of Technological Transcendence: Human Enhancement and The Rhetoric of Future*》(2017) 등이 있다.

옮긴이 **강상현**은 연세대학교 언론홍보영상학부 교수로, 미디어 기술과 사회 변동, 디지털 방송론, 레토릭 등을 주로 연구하고 있다. 연세대학교 신문방송학과를 졸업하고 같은 대학원에서 석사 및 박사 학위를 받았다. 동아대학교 신문방송학과 교수, 한국언론정보학회 회장, 한국방송학회 회장, 디지털방송활성화위원회 실무위원장, 미디어발전국민위원회 공동위원장, 연세대학교 언론홍보대학원장과 커뮤니케이션대학원장, 방송통신심의위원회 위원장 등을 역임했다. 책으로는 《커뮤니케이션과 사회 변동》, 《정보 통신 혁명과 한국 사회: 뉴 미디어 패러독스》, 《크리스티안 푹스의 초국적 정보자본주의 비판》 등이 있다.

컬처룩 미디어 총서 023
레토릭의 역사와 이론

지은이 제임스 A. 헤릭
옮긴이 강상현
펴낸이 이리라

책임편집 이여진
표지 디자인 엄혜리

2022년 2월 25일 1판 1쇄 펴냄

펴낸곳 컬처룩
등록 번호 제2011－000149
주소 03993 서울시 마포구 동교로 27길 12 씨티빌딩 302호
전화 02.322.7019 | 팩스 070.8257.7019 | culturelook@daum.net
www.culturelook.net

The History and Theory of Rhetoric 7th ed
by James A. Herric

ISBN 979－11－92090－04－7 94300
ISBN 979－11－85521－06－0 (세트)

---

culturelook

차례

옮긴이의 말 11

머리말 17

1장 레토릭이란 무엇인가 23

레토릭에 대한 재평가 27

레토릭과 설득 30

레토릭의 개념 34

레토릭과 상징 체계 | 효과적인 상징적 표현

레토릭 담론 40

레토릭은 계획적인 것이다 | 레토릭은 수용자에게 맞추는 것이다 | 레토릭은 인간적인 동기를 드러낸다 | 레토릭은 반응하는 것이다 | 레토릭은 설득을 추구한다 | 레토릭은 상황 의존적인 쟁점을 다룬다

레토릭 기술의 사회적 기능 55

레토릭은 아이디어를 검증한다 | 레토릭은 특정 입장을 옹호한다 | 레토릭은 힘을 배분한다 | 레토릭은 사실을 발견한다 | 레토릭은 지식을 만들어 낸다 | 레토릭은 공동체를 만들어 낸다

결론 68

반복되는 주제

2장 레토릭의 기원과 초기 역사 71

레토릭의 등장 74

아테네의 민주 개혁 | 아테네의 교육 | 아테네 법정과 민회

소피스트 84

아테네의 번영 | 소피스트에 대한 평판 | 소피스트는 무엇을 가르쳤나 | 소피스트는 어떻게 가르쳤나 | 소피스트는 왜 논란거리가 됐나

영향력 있는 두 소피스트 98

고르기아스 | 고르기아스의 찬가와 레토릭 장치 | 프로타고라스

이소크라테스: 레토릭의 거장 108
선생 이소크라테스 | 정치이론가 이소크라테스
고대 그리스의 여성 작가 114
스파르타 여성의 속담 | 아스파시아 | 사포
결론 119

3장 플라톤과 소피스트 123

플라톤의 《고르기아스》: 시험대에 오른 레토릭 126
고르기아스와의 토론: 레토릭의 특성과 이용 | 소크라테스와 폴루스: 권력으로서의 레토릭 | 소크라테스와 칼리클레스: 강한 자가 살아남는다 | 《고르기아스》가 남긴 것 | 플라톤은 레토릭과 소피스트에게 공정했는가
플라톤의 《파이드로스》에서의 레토릭: 진정한 기술? 145
영혼의 복잡성 | 마부 신화 | 레토릭 기술의 구성 요소 | 영혼 기술로서의 레토릭
결론 155

4장 아리스토텔레스의 레토릭 157

레토릭의 개념 160
레토릭과 변증법
레토릭과 변증법: 유사점과 차이점 162
발견 기술로서의 레토릭
약식 삼단 논법 168
청중과 함께 구성된 주장 | 민주적인 논증
세 가지 레토릭 상황 171
정책 연설(의회 연설 또는 정치 연설) | 의식 연설 | 법정 연설
기술적 입증 177
로고스: 올바른 주장의 논리 | 파토스: 청중의 감정에 대한 심리학 | 에토스: 화자의 특성에 대한 사회학 | 토포이: 주장의 유형 | 일반적인 오류
아리스토텔레스의 스피치 스타일관 187
은유와 다른 장치
결론 189

5장 로마의 레토릭 191

로마 사회와 레토릭 장소 193
레토릭과 정치권력 | 레토릭과 로마 교육
키케로의 레토릭 이론 201
《창안에 대하여》와 《헤레니우스를 위한 레토릭》 | 레토릭의 기본 원리 | 창안과 기억 공부 | 키케로의 《연설가에 대하여》 | 키케로의 종말
퀸틸리아누스 221
토가 | 레토릭과 훌륭한 시민 | 시민-연설가 교육시키기
롱기누스: 《숭고함에 대하여》 230
언어의 감정적 힘
후기 로마 제국의 레토릭 235
제2 소피스트 현상
결론 238

6장 기독교 유럽과 북아프리카의 레토릭 241

레토릭, 긴장, 그리고 파편화 243
중세 초기의 레토릭 246
성 아우구스티누스 | 아우구스티누스의 레토릭 이론
《기독교 교리에 관하여》 251
아우구스티누스와 레토릭 교육 | 마르티아누스 카펠라 | 보에티우스
레토릭과 중세 교육 258
디스푸타티오와 센텐티아이 | 여성과 교육 | 레토릭의 지속성
중세 절정기의 레토릭 기술 262
설교술 | 서간술 | 편지 쓰기 기법 | 여성과 편지 쓰기 | 시작술 | 마리 드 프랑스
결론 287

7장 르네상스 시대의 레토릭 291

르네상스의 여성 레토릭 전문가 294
크리스틴 드 피상
이탈리아 인본주의 298
인본주의자의 특징 | 공증인 | 고전 전통의 회복 | 페트라르카 | 피코

델라 미란돌라 | 로렌초 발라 | 후안 루이스 비베스 | 레토릭과 르네상스 교육 | 레토릭과 르네상스 미술
변증법으로의 선회 320
아그리콜라 | 페트뤼 라무스
영국의 르네상스 레토릭 325
레토릭 교육 | 마술, 과학, 그리고 스타일
후기 르네상스와 대화적 레토릭 328
마들렌 드 스퀴데리
결론 329

8장 계몽주의 레토릭 331

변화하는 레토릭의 역할 333
마거릿 캐번디시 335
글쓰기 경력
비코와 인간 사상의 레토릭 336
비코와 데카르트 | 레토릭과 상상력 | 레토릭과 인간 사유의 진화 | 비코의 신화론: 문명 형성력으로서의 서사 | 영향
18세기 영국의 레토릭 344
영국 교육에서의 레토릭 | 연설법 운동
스코틀랜드 학파 350
순문학 운동 | 케임스 경 | 휴 블레어 | 조지 캠벨 | 리처드 와틀리: 고전 레토릭을 되살리다 | 마리아 에지워스
결론 367

9장 현대 레토릭 I : 주장, 수용자, 과학 369

논증과 합리적 담론 372
페렐만과 올브레흐츠타이테카: 뉴 레토릭 | 수용자 중심성 | 위르겐 하버마스와 합리적 사회
과학 레토릭 386
선구자들 | 과학에 대한 레토릭적 접근 | 검증되지 않은 과학의 힘 | 과학에서의 옹호 | 과학과 공동체 | 디어드리 매클로스키와 경제학 레토릭 | 인류학에서의 레토릭 | 존 캠벨이 보는 찰스 다윈의 레토릭
결론 404

10장 현대 레토릭의 이해 II: 서사, 배치, 대상 407

맥락 속의 레토릭 409

케네스 버크와 상징적 행위로서의 레토릭 | 로이드 비처와 상황적인 것으로서의 레토릭

레토릭과 서사 427

변화 | 미하일 바흐친과 다성적 소설 | 웨인 부스와 소설의 레토릭 | 서사 되돌아보기 | 서사 레토릭에 대한 월터 피셔의 생각 | 스토리와 공동체에 대한 어니스트 보먼의 견해

배치 레토릭 441

사물 레토릭

디지털 레토릭 446

주목 경쟁 | 뉴 리터러시

결론 451

11장 현대 레토릭 III: 텍스트, 권력, 대안 455

포스트모던 레토릭 457

"당연한 것으로 여겼던 것"에 대한 문제 제기 | 장프랑수아 료타르와 포스트모더니즘 | 미셸 푸코 | 퀴어 이론 | 자크 데리다

페미니즘과 레토릭 476

남성 언어에 대한 도전 | 여성 목소리의 실종 | 창안과 이론 | 젠더를 레토릭하게 구성하기 | 해결책: 레토릭의 재개념화 | 정복으로서의 레토릭 | 초대로서의 레토릭 | '작품,' '텍스트,' 해독 작업 | 페미니즘과 고대 전통

비교 레토릭 492

고대 인도 레토릭에서의 주장 | 아프리카의 레토릭 형식 | 비유럽 레토릭에 관한 조지 케네디의 연구 | 아즈텍과 이집트 레토릭 | 고대 중국의 레토릭 | 아베로에스와 아리스토텔레스의 전통: 12세기 아랍 레토릭 | 그리스 전통의 재조망

결론 506

리뷰와 토론 509

용어 해설 531

주 545

참고 문헌 595

찾아보기 615

일러두기

- 이 책에서는 'rhetoric'을 "상징을 통한 설득 행위와 그 과정 혹은 그와 관련된 학문"이라는 중립적이면서 매우 폭넓은 의미로 사용하고 있다. 그로 인해 '수사학'이라고 번역했을 때 생겨날 수 있는 부정적 의미를 최소화하기 위해 '레토릭'으로 표기했다. 레토릭과 관련된 'art' 혹은 'ar' 그리고 'techne'는 대부분 '기술'로 했으며, 'skill'이나 'technique'은 '기법'이나 '기예' 등으로 되도록 구분해서 표기했다. 'argument'는 '주장'으로, 'argumentation'은 '논증'으로 주로 했으나, 문맥에 따라 'argument'를 '논증'으로 쓰기도 했다. 'speech'는 '스피치'로, 'speaking'은 '말하기'로 주로 표기하였다. 'audience'는 말과 관련된 경우에는 '청중'으로, 글과 관련된 경우에는 '독자'로, 말과 글 모두와 관련이 있거나 일반적인 경우에는 '수용자'로 표기하기도 했다. 'dialectic'은 내용에 따라 이론적인 의미가 강할 때는 '변증법'으로, 기술적인 의미가 강할 때는 '변증술'로 표기하였다.
- 한글 전용을 원칙으로 하되, 필요한 경우 원어나 한자를 병기하였다.
- 한글 맞춤법은 '한글 맞춤법' 및 '표준어 규정'(1988), '표준어 모음'(1990)을 적용하였다.
- 외국의 인명, 지명 등은 국립국어원의 외래어 표기법을 따랐으며, 관례로 굳어진 경우는 예외를 두었다.
- 사용된 기호는 다음과 같다.

  미술 작품, 영화 및 잡지 등 정기 간행물: 〈 〉

  책(단행본): 《 》

옮긴이의 말

'레토릭'에 대한 이미지는 다양하다. 우리나라에서는 긍정적인 의미보다 부정적인 뜻으로 사용하는 경우가 더 많은 것 같다. "레토릭에 불과하다"는 식의 표현이 그렇다. 주로 진심이나 진실이 아닌 듣기 좋게 포장한 말이나 글에 대해서 종종 그런 표현을 쓰기 때문이다.

《레토릭의 역사와 이론》에서 레토릭은 "다양한 상징을 통한 효과적인 설득 행위나 그 과정 또는 그와 관련된 학문"을 의미한다. 레토릭의 개념이나 범위를 상당히 폭넓게 잡은 셈이다. 그러한 개념적 인식에 기반을 두고 고대 그리스 시대부터 오늘날까지의 레토릭의 역사와 이론을 종합적으로 살펴보고 있다.

흔히 레토릭을 말과 연관시키는 경우가 많다. 고대 그리스나 로마 시대는 그랬다. 당시의 주된 소통 매개는 말이었기 때문이다. 민회나 법정 혹은 원로원에서 다른 사람들에게 자신의 생각을 주장하거나 상대방을 설득하려고 할 때, 주로 사용했던 지배적인 소통 수단이 당시는 말이었기 때문이다. 물론 지금도 말은 중요한 소통과 설득의 수단이다. 그러나 초기에 말을 주된 매개로 했던 인간 커뮤니케이션의 역사는 문자와 인쇄술은 물론 오늘날의 첨단 디지털 기술의 발전으로까지 이어지면서 훨씬 다양한 소통과 설득의 수단을 가지게 되었다. 말과 글과 인쇄물은 물론 디지털 영상을 통해서도 특정한 의미를 전달하거나 사람들을 설득하는 일들이 다양하게 이루어지고 있다.

이 책은 이러한 것들을 모두 레토릭의 범주 안에 넣어 다루고 있다. 심지어는 어떤 사물의 배치나 설계, 구성까지도 그것이 다른 사람의 이해를 구하고 설득하기 위한 것이라면 레토릭으로 본다. 따라서 말하기와 글쓰기와 같은 언어를 통한 전통적인 레토릭은 물론, 인쇄 출판물과 디지털 영상 언어를 통한 근현대 레토릭에 이르기까지 다양한 상징을 매개로 하는 설득 수단의 발견(창안)과 배열, 표현, 전달 등이 역사적으로 어떻게 이루어져 왔고, 또 어떻게 평가받아 왔는지를 종합적으로 다룬다.

오늘날 우리는 과거 어느 때보다 다양하고 복잡한 상징 체계 속에서 살아가고 있다. 일상생활 속에서 많은 사람을 만나 대화를 하고, 소셜 미디어를 통해 다양한 개인 및 집단과 문자 소통을 하며, 인터넷을 통해 수많은 정보를 주고받고, 줌zoom을 매개로 한 수업과 회의에도 참가한다. 심지어는 메타버스를 활용하여 가상화된 현실 세계에 참여하기도 한다.

모든 만남과 소통과 공유의 공간에서, 때로는 갈등 상황에서 우리는 다른 사람들에게 나 자신의 의사를 효과적으로 전달하거나 내가 원하는 방향으로 다른 사람들이 동의하거나 움직이도록 하기 위해 노력한다. 그런 과정에서 우리는 상대가 개인이든 집단이든 그(들)에게 직접 말을 하거나 전화를 걸거나 글을 쓰거나 메일을 보내거나, 아니면 연설을 하거나 인터뷰를 하거나, 심지어는 방송을 하는 경우까지도 있을 것이다. 이 책은 이런 모든 상황이 바로 레토릭한 상황이라고 말한다. 앞서 말한 대로 다양한 상징을 통해 효과적인 설득을 추구하는 행위나 그 과정을 레토릭으로 보기 때문이다.

바로 그런 점에서 이 책은 상징을 통한 설득 행위의 장구한 역사는 물론 그와 관련된 이론 혹은 관점을 잘 정리해 준다는 점에서, 과거 레토릭의 역사적 흐름뿐만 아니라 현대 레토릭의 위상까지도 종합적으로 이해하는 데 큰 도움이 될 것이라 확신한다.

특히 오늘날은 정치, 경제, 사회, 문화, 종교, 교육 등 삶의 전 분야에 걸쳐 과거 어느 때보다도 다양한 미디어를 통한 다양한 상징적 설득 행위가 이루어지고 있다. 이러한 현상을 이해하고, 그에 적응할 뿐만 아니라, 성공적인 삶을 실현해 나가기 위해서도 레토릭의 역사와 이론에 대한 이해와 활용은 그 어느 때보다도 더 필요하고 또 중요하다.

내가 이 책을 처음 접한 것은 2003년경이었지만, 이를 번역하기로 마음먹은 것은 2020년 말이었다. 2003년 가을 미국 인디애나대학교 저널리즘스쿨 방문 교수로 가 있을 때, 우연한 기회에 헌책을 하나 사게 되었다. 당시 연세대학교 신문방송학과에서 학부 학생을 대상으로 '현대 화법'이라는 과목을 가르치고 있었기 때문에, "The History and Theory of Rhetoric"이라는 책 제목이 마음에 들었다. 대충 넘겨보니 앞부분에 레토릭의 기원과 그리스-로마 시대의 레토릭에 관한 내용은 좀 솔깃했지만, 중세 이후의 레토릭에는 관심이 없었고, 낯선 학자 이름이 많이 나와서 내용이 잘 들어오지 않았다. 그래서 대충 살펴보고는 긴 세월을 책장에 그냥 꽂아 두었다. 그 책은 2001년에 나왔던 2판이었다.

그러다가 2020년 내가 학교를 휴직하고 공직에 있다가 물러나기 세 달 전쯤, 복직을 앞두고 오랜만에 다시 강의 준비를 해야 했다. 학부 과목은 '스피치소통론'이었고, 대학원 과목은 '비교언론학: 동서양 레토릭 비교 연구'였다. 수업 준비를 위해 관련 문헌을 물색하던 중 2018년에 나온 이 책의 6판을 접하게 되었다. 그 책을 사서 내용을 자세히 살펴보고 깜짝 놀랐다. 2003년에 보았던 그 책이 아니었다. 그새 출판사도 바뀌었다. 레토릭의 기원과 그리스-로마 시대 레토릭 관련 내용도 많이 보완이 되었고, (그전에 내가 읽지 않았던) 중세에서 르네상스와 계몽주의를 거쳐 현대에 이르는 동안의 레토릭 변천사와 그 속에 등장하는 많은 사상가와 이론가의 레토릭 관련 내용에 대한 분석이 지적 호기심을 자극했고, 레토릭과 관련된 많은 배움과 성찰의 기회를 갖게 했다. 잠을 줄이며 읽은 적도 많았다.

"바로 이거다." 대학원 교재로 쓰기로 했고, 번역을 해도 좋겠다고 생각했다. 그래서 2021년 1학기 대학원 수업 교재 중 하나로 쓰면서 틈나는 대로 번역했다. 그러던 중 2021년에 7판이 나왔다. 대략 비슷할 거라 생각하며 6판과 대조해 보니 생각보다 많은 부분이 수정되고 보완되었다. 특히 전체 장에 걸쳐 페미니즘 시각을 반영하거나 관련 문헌을 꽤 많이 추가하여 분석하였고, 9장부터 11장까지의 현대 레토릭 부분에서는 최신 이론과 사조를 적극 반영한 것이다. 포스트모던 레토릭, 과학 레토릭, 디지털 레토릭, 배치 레토릭, 페미니즘과 레토릭, 비서구권과의 비교 레토릭 등 내용을 많이 보완하고 또 새로 추가하기도 했다. 그리고 7판 머리말에서도 밝힌 바와 같이, 책 전체에 걸쳐 문장을 보다 쉽고 좀 더 세련되게 표현하기 위한 노력을 많이 기울였다. 이에 따라 번역 중이던 6판 내용은 7판과 일일이 대조하여 새로 고쳤고, 그 뒷부분은 7판 내용을 번역했다. 결과적으로는 7판을 완역하게 되었다.

그동안 레토릭과 관련된 책 중에서 이 책만큼 잘 정리된 책을 본 적이 없다. 그 이유는 세 가지 때문이다.

무엇보다도 먼저 레토릭의 출발점이라고 일컬어지는 고대 그리스 시대부터 현대에 이르기까지 레토릭의 장구한 역사를 모두 아우른다는 점에서 레토릭의 역사와 관련 이론을 한눈에 통찰할 수 있게 해 준다.

둘째는 레토릭을 "상징을 통한 설득 행위이자 과정이며 그에 대한 연구이기도 하다"고 보아 레토릭에 대한 개념을 확장한다. 이러한 확장성으로 인해, 레토릭을 말과 글과 같은 언어뿐만 아니라 인쇄술과 영상은 물론 오늘날의 디지털 신호에 이르기까지 가용한 모든 상징적 설득 수단을 포괄하고 있어서 레토릭 연구 범위를 매우 확대시켜 준다. 이 책은 전통적인 '수사학'으로서의 레토릭을 넘어 철학, 정치학, 문학, 언어학, 종교학, 커뮤니케이션학, 사회학, 심리학, 인류학, 신화학, 교육학, 여성학, 경제학 등 여러 인문사회과학과 연관된 레토릭의 다양한 국면을 살펴본다. 심지어는 (자연)과학 레토릭까지도 다룬다.

셋째는 레토릭의 긴 역사와 함께 다양하고도 광범위한 레토릭의 여러 국면을 매우 이해하기 쉽게 체계적으로 다룬다. 이 책을 다 읽고 나면, 레토릭이 무엇이며, 레토릭이 역사적으로 어떤 변화를 겪어 왔고, 그것이 오늘날에는 어떤 모습으로 어떤 위상을 지니는지를 매우 쉽게 이해할 수 있다.

이 책은 레토릭에 관심 있는 일반 독자가 읽기에도 좋지만, 대학이나 대학원 과정의 학생을 위한 교재로서도 손색이 없다. 뒷부분의 리뷰와 토론에서는 각 장의 핵심 내용을 정리해 볼 수 있는 질문과 함께 논의해 볼 만한 토론 거리도 제시해 준다. 또한 레토릭 관련 용어를 총망라해서 정리해 두고 있어, 전문 용어도 책 내용의 맥락에 맞게 쉽게 찾아보고 이해할 수 있다.

나로서는 이 책을 만난 것이 작은 행운이기도 했다. 나 자신의 공부에도 도움이 됐을 뿐 아니라, 학생들의 레토릭 이해에 도움을 줄 수 있는 아주 잘 정리된 책 하나를 찾아내서 소개할 기회를 얻었기 때문이다. 직접 집필하지 못한 것이 물론 아쉽지만, 정년을 앞둔 마지막 학기에 이만한 책을 번역하고 마무리짓게 되어 그나마 다행으로 생각한다.

앞서 말한 대로 이 책에는 고대 그리스 시대부터 현대에 이르기까지 긴 역사 동안 다양한 분야의 많은 사상가와 이론가가 등장한다. 그러다 보니 언어도 다채롭고 전문 용어도 많았다. 때문에 번역에 오류가 있을 가능성은 얼마든지 있다. 잘못은 모두 역자의 책임이다. 독자 여러분의 많은 질정叱正을 바란다.

이런 훌륭한 책을 내서 꾸준히 수정, 보완하며 책의 완성도를 계속 높여온 이 책의 저자 제임스 헤릭 교수에게 먼저 감사를 드린다. 번역 후 감사의 편지를 보냈는데, 무척 좋아하며 되레 고맙다는 그분의 정성 어린 답신도 받았다. 호프칼리지 명예 교수로 계시는 그분의 건강과 함께, 이 책의 원서가 계속 더 나은 내용으로 발전해 나가길 바란다. 또한 오래전 초판(1997)이 나오고 판을 거듭한 책이라 한국어 판권이 궁금했는데 출판사에서 알아보고 가능하다며 용기를 주었다. 출판사에 얼마나 도움이 될지 모르겠지만 번역서 출간을 흔쾌히 수락해 준 컬처룩 이리라 대표에게 감사드리고, 책이 나올 때까지 꼼꼼하게 번역 원고를 함께 검토하고 크고 작은 일에 많은 수고를 아끼지 않은 이여진 편집장에게도 고마운 마음을 전한다.

비록 번역서이긴 하지만, 딸을 먼저 하늘나라로 보내고 늘 힘들어 하시는 올해로 100세 되시는 장모님과 그 할머니를 정성껏 모시는 나의 착한 아들과 딸, 사위에게 이 책을 맨 먼저 전하고 싶다. 늘 고맙다는 마음으로. 아마 이런 글도 이 책에서 말하는 진정한 '레토릭'의 하나일 것이다.

강상현

머리말

이번 《레토릭의 역사와 이론》 7판의 목적은 앞선 판들에서와 마찬가지로 우선 서구권에서 발전해 온 레토릭의 역사를 독자에게 충분히 전달하는 것이다. 아울러 이 책은 말과 글을 비롯하여 문헌 및 영상 미디어 등 광범위한 여러 상황에서 설득적 글쓰기와 말하기에 대해 독자가 나름대로 평가하고 실행할 수 있는 개념적 틀도 제공한다.

각 장은 위대한 사상가들이 개진한 영향력 있는 레토릭 이론을 소개한다. 레토릭 전통을 접함으로써 사회를 특징짓는 폭넓은 여러 상징을 이해하고 적용하는 데 도움이 될 것이다. 또한 디지털 레토릭을 포함하여 더욱 확대되는 여러 텍스트에서도 레토릭한 특성들을 찾아내서 인식하고 평가할 수 있을 것이다.

이 개정에서는 글을 좀 더 명료하고 경제적으로 표현하고자 했고, 내용을 더욱 이해하기 쉽게 다듬고자 했다. 논의하는 레토릭 이론의 문화적 맥락에 더욱 집중하기 위해 일부 장들에 역사적인 내용을 추가하기도 했다. 중요한 이론가들 설명에서는 세부 사항도 부가했다. 특히 비교 레토릭과 페미니즘 레토릭에 대한 부분은 좀 더 확대해서 다뤘다. 또한 레토릭에 대한 유물론적 접근과 행위자-네트워크 이론에 제시된 복잡한 영향 네트워크 부분을 보완했다. 이러한 최근의 관점들은 인간 행위자human agents 중심이었던 개념에 도전함으로써 레토릭한 수단rhetorical agency에 대한 전통적 개념을 보다 확장시켜 주고 있다.

1장은 담론의 한 유형으로서 레토릭의 여러 개념적 특성과 레토릭 기술의 사회적 기능을 논의한다. 레토릭의 개념을 규정하는 데 항상 뒤따르는 긴장과 모호성에도 역시 주의를 기울였다. 그러한 개념 규정은 기업의 상징적 행위로서 주로 시각 또는 영상 레토릭visual rhetoric이 쓰인다고 생각하면 더욱 미묘한 문제가 된다. 이러한 입장에서 보면, 텍스트의 균형이라는 것도 역사적으로 조직되는 것이다.

2장은 초창기 레토릭의 실행자이며 이론가였던 소피스트에 대해 논의한다. 이 장은 이처럼 실험적이고 논쟁적인 레토릭 전문가들의 레토릭 실천뿐 아니라 인간이라는 존재를 표현한 상징적 특성이 인간을 이해하는 데 어떤 영향을 미쳤는지 검토한다. 여기서 나는 그리스 소피스트가 유발한 논쟁을 언급하는 한편, 레토릭의 특성과 영향력에 상당한 통찰력을 발휘했던 이론가로서의 그들의 역할도 강조한다. 소피스트가 모두 레토릭에 관해 같은 생각을 가진 하나의 유파는 아니었으며, 레토릭 기술에 대한 다양한 접근이 있었음을 밝히고자 했다. 또한 고대 그리스 레토릭에서 여성의 목소리에 관한 쟁점도 언급한다. 시인 사포를 소개하며, 스파르타 상황에서 강화된 여성의 목소리에 대해서 살펴보고 레토릭의 여성 혁신가였던 아스파시아에 대해 논의한다.

3장은 대화집인 《고르기아스》에서의 플라톤의 유명하면서도 논쟁적인 소피스트 비판에 초점을 맞춘다. 레토릭 기술의 특성과 관련된 소피스트의 주장과 그에 대한 플라톤의 입장을 알 수 있다. 또한 《파이드로스》에서 플라톤이 진정한 레토릭 기술을 어떻게 생각하는지도 언급한다.

4장은 아리스토텔레스가 《레토릭》에서 제시하고 있는 매우 영향력 있는 레토릭 이론을 탐구한다. 레토릭을 하나의 테크네techne 또는 진정한 기술이라고 보는 아리스토텔레스의 평가에 주목한다. 약식 삼단 논법과 기술적 입증, 그리고 주장하는 화젯거리topoi 등도 검토한다.

5장은 그리스의 레토릭을 새로운 문화적 맥락에 적용시킨 로마의 레토릭을 다룬다. 로마와 그리스 사이의 시민에 대한 현저한 인식 차이를 강조한다. 최근 학계에서는 로마 레토릭 이론과 실제에 대한 보다 분명한 관점을 제공하고 있다. 키케로의 유명한 레토릭의 기본 구성 원리와 연설가로서의 지도자 준비에 관한 그의 생각을 포함한 이론의 핵심 요소들에 여전히 초점을 맞추고 있다. 법정 연설과 주장에 대한 로마의 주목 역시 강조된다. 레토릭 사상에 기여한 퀸틸리아누스와 롱기누스는 물론, 고대 로마에서의 레토릭과 시민의식 간의 밀접한 관계도 다룬다.

6장은 중세 시대를 특징지었던 초기 북아프리카와 그 뒤 유럽에서의 레토릭 이론과 이용에 대해 다룬다. 로마의 레토릭을 잘 알고 있었던 성 아우구스티누스가 당시 기독교 교회의 필요에 맞추어 어떻게 적용시켰는지도 논의한다. 카펠라와 보에티우스 같은 중세 초기 레토릭 전문가도 살펴본다. 레토릭 기술의 초기 실천가였던 앨퀸의 편지 쓰기 활동도 새로운 부분을 추가하였다. 중세 레토릭 기술을 대표하는 그 밖의 주요 인물도 다룬다. 마리 드 프랑스와 같은 여성 작가가 늘어나고 여성 독자 공중의 등장도 언급한다.

7장에서는 르네상스 레토릭 이론과 이탈리아 인본주의자를 집중 조명한다. 인본주의자들은 고전 텍스트와 언어에 지대한 관심을 갖게 되고, 15세기 비잔티움으로부터 수많은 그리스 문헌이 이탈리아로 들어오게 된 것, 그리고 당시 키케로에 매료되는 현상 등은 레토릭이 유럽 교육과 시민 생활에 미친 엄청난 영향을 알 수 있게 한다.

르네상스 시기에 더 많은 여성이 교육과 토론 영역에 관여하게 됨에 따라 레토릭의 역할과 관련된 여성의 비중이 상당히 커지게 되었다. 상업 도시의 발전에서 레토릭의 역할이라든지, 마술에 대한 르네상스적 집착을 레토릭이 고무시키는 것처럼, 당시 존재했던 명상적인 삶과 활동적인 삶 사이의 긴장에 대해서도 논의한다. 변증법 및 과학적인 글쓰기 스타일과 레토릭 간의 갈등은 물론, 후기 르네상스 시대에 등장한 레토릭에 대한 대화 모델도 다룬다.

8장은 1650~1850년에 초점을 맞춘다. 신화를 문명의 토대로 보고 레토릭이 인간 사유의 진화에 있어 중심적인 역할을 한다고 본 상당히 흥미를 끄는 이탈리아 이론가 잠바티스타 비코에 대해 논의한다. 또한 조지 캠벨, 케임스 경, 휴 블레어 등과 같은 스코틀랜드 계몽주의 사상가도 다룬다. 연설법 전문가인 토머스 셰리던과 전통주의자인 리처드 와틀리를 비롯한 영국 레토릭 이론가 역시 살펴본다. 이 장의 시작과 끝에서는 계몽주의 레토릭 전통의 주류에 대한 도전으로서, 그동안 그들의 레토릭 관련 노력이 충분히 인정받지 못하던 마거릿 캐번디시와 마리아 에지워스 같은 여성 작가도 알아본다.

20세기 후반에서 21세기 초까지의 레토릭에 대한 관심은 이 책 마지막 3개의 장에서 다룬다. 9장은 논증과 청중, 수용자와 공적 담론 등 늘상 레토릭의 중요한 구성 요소가 되는 것과 관련하여 발전하고 있는 레토릭 이론에 초점을 맞춘다. 차임 페렐만과 루시 올브레흐츠타이테카의 수용자 및 논증 기반 '뉴 레토릭'도 논의한다. 합리적인 공론장을 위한 위르겐 하버마스의 처방에 주목하면서 보다 합리적인 사회를 만드는 방법에 대한 그의 이론도 살펴본다. 과학적 담론 역시 레토릭으로 이해될 수 있는 여러 방식도 탐색한다.

10장은 항상 진화해 가는 상징 세계에서 효과적으로 살아가기 위한 준비로서의 레토릭에 대해 탐구한다. 케네스 버크의 주요 개념과 드라마티즘의 핵심 이론을 소개한다. 그의 유명한 펜태드(드라마티즘의 다섯 가지 요소)와 여러 세계관과 연관된 논의를 살펴본다. 로이드 비처의 상황 이론도 알아본다. 미하일 바흐친과 웨인 부스의 영향력 있는 서사 레토릭 이론 역시 월터 피셔와 어니스트 보먼의 서사 이론과 함께 다룬다.

10장에서는 또한 물질적 대상과 순환 및 일반화된 대칭성과 같은 개념, 그리고 행위자-네트워크 이론 등을 소개한다. 레토릭한 수단과 관련된 주요 쟁점도 다룬다. 영상 레토릭이나 배열의 레토릭이 레토릭 분석의 중요하면서도 종종 빠져 있던 차원으로서 소개된다. 끝으로, 이 장에서는 디지털 미디어가 레토릭 경험에 어떻게 영향을 미치고 있고 또 어떻게 새롭고 보다 폭넓은 레토릭 개념을 요구하고 있는지에 대해서도 논의하고 있다.

11장에서는 유럽의 대륙 비평과 포스트모던 사상에 영향 받은 상징 이용 및 공적 담론과 관련된 몇 가지 이론을 다룬다. 유럽에서의 포스트모더니즘 출현과 그러한 지적 맥락 속에서 일부 주요 인물에 대해 논한다. 담론과 권력과 지식 사이의 밀접한 관계에 대한 미셸 푸코의 통찰력은 물론 언어 그 자체의 불안정성에 대한 자크 데리다의 비평도 논의한다. 푸코의 이론적 통찰과 밀접하게 연계된 퀴어 이론도 다룬다.

11장에서 확대 보완한 부분은 페미니즘 논의를 여성의 레토릭한 소리를 회복하려는 노력을 넘어, 레토릭에 대해 페미니즘적 시각이 지닌 다양한 긴장에 대해서도 논의한다. 또한 고대 그리스 문화의 경쟁적인 특성이 어떻게 서구의 레토릭에 극적인 영향을 미쳤는지에 주목하면서 비서구권의 레토릭 인식에 대해서도 다룬다. 아베로에스의 작업에 초점을 맞추어 중세 시기 레토릭 연구에 대한 무슬림 학자의 기여도 살펴본다.

《레토릭의 역사와 이론》 7판은 각 장 내의, 그리고 각 장 간의 내용을 통합하고자 했으며 각 이론가 및 사상 유파와 관련된 지적이고도 역사적인 맥락을 기술하려고 했다. 각 장과 연관된 리뷰와 토론을 위한 문제도 제시하고 있다. 또한 용어 목록은 중요한 개념을 검토하는 데 유용할 것이며, 참고 문헌 목록 역시 특정 주제나 이론가에 대해 더 공부하고 싶은 독자에게 도움이 될 것이다. 자세한 교육자용 매뉴얼은 관련 웹

사이트(www.routledge.com/cw/herrick)에서 찾아볼 수 있다.

우리의 공적, 사적 생활에서 상징적 활동의 중요성은 상징과 그 전략적 이용에 대한 우리의 관심을 촉진시킬 것이다. 이러한 관심의 기록이 레토릭의 역사를 이루고 있다. 서로 협동하는 사회적 합의를 발전시키고 유지해 나가기 위한 레토릭한 상호 작용을 하면 할수록 레토릭의 역사와 이론은 모든 지식인에게 실로 중요한 공부가 될 것이다. 현대 사회의 다원적인 특성으로 인해서 담론을 통해 적절한 타협점을 찾아낼 필요성이 있다고 한다면, 레토릭 연구는 과거 어느 때보다도 오늘날에 더욱더 적실하면서도 필요한 것이다.

디지털 커뮤니케이션 형식에 대한 의존이 더욱더 커져 감에 따라 요구되는 합리적 유연성은 레토릭의 역사 속에 존재하는 여러 통찰력에 더욱 주목하고 집중하는 것이 매우 중요하고 필요하다는 점을 말해 주고 있다. 나는 이 책이 모든 유형의 상징을 어떤 목적성을 갖고 생산적으로 관리하는 기술로서의 레토릭이 가진 활력과 적응성을 확실히 담아내었기를 바란다.

원고를 준비하는 과정에서 도움을 준 린다 쾌체에게 감사의 마음을 전한다. 또한 미시간-플린트대학교의 로버트 바넷, 노던 일리노이대학교의 페럴드 브라이언, 인디애나대학교-퍼듀대학교의 캐서린 도버리스, 애리조나주립대학교의 벨 A. 에드슨, 캔자스대학교의 니콜 캐솔, 로드아일랜드대학교의 캐슬린 토렌스 등에게도 신세를 졌다. 이들은 원고를 읽고 통찰력 있는 조언을 해 주었다. 모두 감사드린다.

제임스 A. 헤릭

1장

레토릭이란 무엇인가

나의 맨 첫 번째 문제는 물론 바로 그 말 '레토릭'에 있다.

_ 웨인 부스Wayne Booth, 《교사의 소명*The Vocation of a Teacher*》

레토릭하다는 것은 (인간적인 것이든 아니든) 어떤 것이 다른 것들과의 관계에 관여함으로써, 생각과 느낌과 행동 등에 변화를 가져올 수 있고, 집단을 형성하고 그것을 유지할 수 있으며, 힘을 행사할 수 있는 어떤 능력이 있다는 것이다.

_ 로리 그리스Laurie Gries

이 책에서는 레토릭의 역사와 이론과 실제에 대해 살펴본다. 문학 비평가 웨인 부스가 위 인용문에서 말한 바처럼, 레토릭rhetoric이란 용어가 지닌 다양한 의미 때문에 처음부터 어느 정도 문제가 제기된다. 어떤 이들에게는 레토릭이 공허한 말, 혹은 사기나 속임수 같은 말로 여겨진다. "그건 레토릭에 불과해"라거나 "그건 의미 없는 레토릭일 뿐이야"라는 상투적인 말을 듣곤 한다. 이는 어떤 말이나 의견을 깎아내리거나 무시하는 경우에 주로 사용된다.

그러는 동안 레토릭은 중요한 연구 주제로 다시 부각되었으며, 정치, 사회, 종교, 과학적인 쟁점을 공적으로 논의할 때 레토릭이 갖는 의미도 최근 폭넓게 인식되고 있다. 학자들은 레토릭에 큰 관심을 드러내고 있으며, 여러 대학에서 레토릭 강좌를 개설하고 있다. 제목에 '레토릭'이 들어간 책도 매년 수십 권씩 출간된다. 분명히 레토릭은 복합적인 느낌을 불러일으킨다. 조롱 섞인 용어인가 하면, 널리 연구되는 학문이기도 하다. 모욕할 때 쓰는 말인가 하면, 실용적인 연구 주제라면서 학생들에게 여전히 추천하기도 한다. 도대체 무슨 일이 벌어지고 있는가? 레토릭이란 용어를 둘러싸고 왜 온갖 혼돈과 모호한 표현이 난무하는가?

레토릭에 대한 부정적인 태도는 최근에 생겨난 게 아니다. 사실 레토릭에 대한 아주 초기의 가장 영향력 있는 비판적 논의의 하나는, 그리스의 도시 국가 아테네에서 레토릭이 인기를 끌던 BC 4세기 초반, 플라톤Platon이 쓴 대화록 《고르기아스*Gorgias*》에서 발견할 수 있다. 그 위대한 철학자의 대화가 밝히듯이, 플라톤은 당시 소피스트라고 불린 일부 선생들이 실행한 레토릭에 대해 상당히 암울하게 생각했다. 그 책에서 (분명 플라톤의 생각을 반영하고 있는) 소크라테스Socrates라는 등장인물은 아테네에서 가르치는 레토릭이라는 것은 "본래 영리한" 이들이 자신들을 전혀 의심치 않는 청중으로 하여금 자신들에게 동조하고 자신들의 뜻대로 움직일 수 있도록, "아첨하는flatter" 단순한 수단이었다고 주장한다. 플라톤은 레토릭을 "더럽고" "추잡한" 것이라고 비난한다.[1] 그 후로 레토릭에 대한 부정적 생각이 사람들의 뇌리를 떠나지 않고 있다. 3장에서 레토릭에 대한 플라톤의 비판을 구체적으로 다루는데, 그가 레토릭 논쟁에 계속 관여하고 생애 후반부에서는 자신의 그런 생각을 바꾸고 있음을 보게 될 것이다.

플라톤의 《고르기아스》가 등장한 이래로 레토릭은 실추된 스스로의 대중적 이미지를 만회하기 위해 계속 분투해야 했다. 레토릭에 대한 비난은 고대에서 지금에 이르기까지 계속 이어져 왔다. 1690년 또 다른 존경받는 철학자인 존 로크John Locke(1632~1704) 역시 플라톤과 같은 입장에서, 아마도 플라톤의 영향을 받은 듯한 레토릭에 대한 비판론을 전개했다. 그의 영향력 있는 저서 《인간 이해에 관한 에세이*An Essay Concerning Human Understanding*》에 나오는 다음 글은 레토릭에 대한 그의 입장을 보여 준다.

> 솔직히 말해, 모든 레토릭 기술은 (질서와 명료함도 부여하지만) 능변能辯/eloquence이 만들어 낸 모든 인위적이고 비유적인 말의 적용이나 다름없다. 이는 그릇된 사상을 암시하고 열정을 충동질하여 판단을 오도함으로써 결국은 완전한 사기나 다름없다는 점도 우리가 인정해야 한다.[2]

로크는 레토릭의 한 측면인 이른바 "질서와 명료함"은 유용하다고 인정한다. 그러나 그는 "인위적이고 세련된" 언어 연구는 기만적인 것이라고 거부한다. 7장에서 살펴보지만, 로크가 이런 의견을 표명했을 때는 세련된 언어에 대한 논쟁에 몰두하던 시기였다. 따라서 그가 중립적인 입장에 있었다고 보기 어렵다. 그 역시 자신보다 수십 년 전에 살았던 위대한 영어 레토릭의 거장 윌리엄 셰익스피어William Shakespeare를 알고 있었다.

레토릭에 대해 진지한 연구를 했던 19세기 독일의 철학자이자 고전주의자인 프리드리히 니체Friedrich Nietzsche(1844~1900)는 이렇게 말했다. "말하기의 기술적 수단을 의식적으로 적용하는 것을 본 경우, 어떤 작가, 어떤 책, 또는 어떤 스타일을 '레토릭하다rhetorical'고 말한다. 그것은 언제나 점잖은 재검증gentle reproof이 필요하다는 것을 암시한다." "점잖은 재검증"이라는 니체의 표현은 로크의 "완전한 사기"보다는 레토릭을 훨씬 더 신중하게 평가하고 있음을 드러낸다. 그러나 니체는 레토릭한 영역에 숨어 있는 보다 깊고 근본적인 무언가 다른 것을 알고 있었다.

의식적인 기술 수단으로서 이른바 '레토릭하다'는 것이 언어와 그 발전에 있어서 무의식적인 기술 수단으로서 작동해 왔다는 점, 그리고 '레토릭하다'는 것이 (명쾌한 이해의 빛에 의해 이끌려짐으로써) 언어에서 이미 발견된 기술적 수단의 더욱 진전된 발전이라는 점을 입증하는 일은 그렇게 어렵지 않다.

니체가 "언어에서 이미 발견된 기술적 수단"이란 특이한 표현으로 말하고자 한 바는 무엇일까? 아마도 그는 언어 그 자체는 레토릭이 단지 말로 드러내는 환원 불가능한 기술적 또는 미학적 특징을 가지고 있음을 제시한 것은 아닐까? 그는 계속해서 이렇게 말한다.

> 누군가 호소할 수 있는 것에는 레토릭하지 않은unrhetorical 언어의 "자연성naturalness"이란 없다. 언어 그 자체는 순전히 레토릭한 기술의 결과다. 각 사물이나 사건에 대해서 발견해 내거나 활동하여 영향을 미치게끔 작동하게 하는 힘, 아리스토텔레스가 레토릭이라고 한 그 힘이 바로 언어의 정수the essence of language다……[3]

언어의 영역에 순전히 "자연적인 것"과 "레토릭 기술"에 의해 표현되지 않은 것은 없다고 한 니체의 말이 맞다면, 레토릭은 '언어의 정수'이며, 그렇다면 그것은 확실히 우리의 관심을 끌 만한 문제다. 공적인 삶과 사적인 삶 모두에 영향을 미치고 그 결과에 관해 그처럼 포괄적이고 종합적인 주장을 할 수 있는 학문은 별로 없다고 본다.

레토릭에 대한 재평가

레토릭에 대한 의견은 항상 극적으로 나뉜다. 최근 수십 년간 뛰어난 많은 연구자가 레토릭을 재평가해 왔으며 때로는 놀라운 (잠재적으로는 패러다임을 바꿀 정도의) 결론에 도달하기도 했다.

앞서 언급한 바 있는 20세기 주요 문학 비평가인 웨인 부스는 레토릭이 "모든 언어적 추구에 대한 전반적인 지배권을 장악했다. 논리학, 변증법, 문법, 철학, 역사, 시, 이 모든 게 레토릭이다"[4]라고 단언한다.

그런데 레토릭에 대해 부스만 그렇게 놀라운 생각을 하는 게 아니다. 20세기의 또 다른 주요 문예학자인 리처드 매키언Richard McKeon 역시 같은 의견을 제시한다. 그는 레토릭이 "보편적이며 건축학적인 기술"[5]로 이해된다고 본다. 레토릭은 우리가 접하는 모든 것에 존재하기에 보편적이라는 것이다. 그럼 건축학적이라는 의미는 무엇인가? 그는 레토릭이 다른 기술과 학문을 조직하고 구조화시키기 때문이라는 것이다. 일종의 주인 학문으로서 다른 학문에 구조를 지시하기도 하고 대여해 주기도 한다는 것이다. 이는 다른 많은 것 중에서도 레토릭이 언어를 효과적으로 조직화하고 사용하는 방법을 연구하기 때문이며, 그 결과 레토릭은 광범위한 주제들에 대한 우리 생각을 조직화하는 방법에 관한 연구가 된다는 것이다.

부스와 매키언과 같은 시각을 지닌 캘리포니아대학교의 리처드 래넘Richard Lanham은 컴퓨터와 여타 디지털 장비들이 읽고 쓰는 능력에 어떠한 영향을 미치는지 이해할 수 있게 준비하는 한 방법으로 레토릭 연구로 돌아갈 것을 요구한다. 컴퓨터 시대를 위해 완전히 새로운 리터러시 이론을 개발하기보다는 "2,000년 동안 서구 교육의 근간이 되어 왔던 서구 본래의 (레토릭 교육 과정paideia인) 읽기와 쓰기 사상으로 돌아갈 필요가 있다"[6]고 주장한다. 래넘에 따르면, 원래 서구 세계에 교육과 커뮤니케이션 방법, 즉 레토릭을 가르쳤던 그 연구가, 새로운 디지털 커뮤니케이션 세계에 어떻게 적응할 것인가와 같은 새로운 것을 우리에게 여전히 가르칠 수 있다는 것이다.

스탠포드대학교의 글쓰기와 레토릭 프로그램 운영 책임자인 안드레아 런스포드Andrea Lunsford 교수는 래넘과 같이 디지털 혁명이 우리의 읽기와 글쓰기 습관에 어떤 영향을 미치는지를 이해하는 지침을 제공하는 것으로 레토릭에 주목했다. 블로그, 트윗, 학습 과제물 등을 포함한 수많은 학생의 글쓰기 표본을 분석한 런스포드와 동료들은 오늘날 학생들은 글쓰기가 그들이 사는 세계를 변화시키기를 기대한다는 결론을 내렸다. 오늘날 학생들의 경우, "훌륭한 글쓰기가 뭔가 의미 있는 변화를 가져오고 있다"고 보고, "그러한 글쓰기는 단지 어떤 페이지에 머물러 있는 것이 아니라, 그 페이지를 벗어나 의미 있는 변화를 일으키고 있다"[7]는 것이다.

레토릭학자 로리 그리스는 레토릭에 대해 다소 다른 (그리고 아주 중요한) 관점을 제시한다. 그는 "레토릭하다는 것은 (인간적인 것이든 아니든) 무언가 어떤 것이 다른 것들과의 관계에 관여함으로써, 생각과 느낌과 행동 등에 변화를 가져올 수 있고, 집단을 형성하고 그것을 유지할 수 있으며, 힘을 행사할 수 있는 어떤 능력이 있다는 것이다"[8]라고 말한다. 그리스는 "무언가의" 레토릭한 능력이라는 개념을 정의하면서, 레토릭한 수단rhetorical agency을 인간 및 언어를 넘어서는 것으로 확장시킨다.

부스, 매키언, 래넘, 런스포드는 플라톤이 "더럽고 추악한 것"으로 비난했던 연구에서 많은 칭찬 거리를 찾아내며 로크가 "완전한 사기"라고 말한 능변의 여러 요소를 재고하기를 요구한다. 이에 따라 레토릭은 인간 커뮤니케이션 활동의 놀랍도록 광범위한 스펙트럼에 대한 통찰력을 제공해 주는 중요한 연구로 스스로를 재구축하는 문화사의 한 지점에 서 있는 것 같다.

동시에 레토릭 실천은 한편으로는 도움이 되고 건설적이라는 것에서부터 다른 한편으로는 기만적이고 조작적이라는 것에 이르기까지 지킬과 하이드처럼 양면적 속성이 있다. 언어와 여타 상징의 효과적인 이용에 관한 이러한 연구가 어째서 첨예하게 대립되는 판단을 계속 유발하며, 왜 그렇게 평가하기가 어려운 것인가? 이에 대해 완전히 대답하려면 레토릭의 긴 역사에 대한 얼마간의 지식이 필요하다. 그것이 이 책의 주제이기도 하다. 그러나 거의 확실한 것은 레토릭에 대한 이처럼 뒤섞인 평가는 가장 의심받기도 하지만 인간의 가장 본질적인 행동인 설득과 깊은 관계가 있다는 점이다. 레토릭과 설득의 관계를 탐색하기 위해 논의에서 살짝 벗어나 보는 것도 의미가 있을 것이다.

레토릭과 설득

설득 연구에만 그런 것도 아니고 레토릭에 관한 연구에 더 많기도 하지만, 전통적으로 레토릭은 동의를 얻기 위한 기법과 밀접히 관련되어 왔다. 이처럼 오래된 설득과의 관계는 레토릭이 동의를 유발시키는 중립적인 도구인지 아니면 조작으로 끝나는 부도덕한 행위인지를 놓고 다투는 핵심이 되었다.

레토릭이 설득과 밀접한 관계에 있다는 점은 의심과 흥미를 모두 유발시켜 왔다. 결국 우리 모두는 설득을 경계한다. 다른 사람의 설득 대상이 되어 나쁜 경험을 겪어 본 적이 있을 것이다. 과거에 고도의 상술은 물론 어떤 종교 지지자나 정치인, 교수 또는 단순히 친구나 가족으로부터 설득당했던 일을 생각해 보라. 여러분 안에 있는 뭔가가 그러한 설득 노력에 저항했을 수도 있고, 자기방어적인 망설임을 느끼기도 했을 것이다. 그러나 그러한 요구나 호소에 (실은 설득당했지만) 상당히 끌렸다고 느꼈을 수도 있다. 설득하려는 사람이 레토릭한 기술을 사용한다면, 여러분은 레토릭과 그것을 행하는 사람 모두를 불신하는 몇 가지 이유를 가지고 있다고 결론을 내릴지 모른다. 그렇게 우리 대부분은 설득에 대한 건전한 의심,

즉 레토릭에 대한 불신도 발전시켜 왔던 셈이다.

동시에 우리 모두는 보통 다른 사람들을 설득시키려고 한다는 생각도 문득 든다. 사실 많은 직업에서 설득에 대한 어느 정도의 이해와 능력이 필요하다. 설득은 경제와 일의 세계에서 중요한 부분이라고도 할 수 있다. 경제학자 디어드리 매클로스키Deirdre McCloskey는 경제에서 "설득이란 놀랍도록 중요한 것이 되었다"[9]고 주장한다. 매클로스키는 예를 들어 전체 노동력의 1/4은 자신의 일을 하는 데 말이나 글과 같은 언어 기술에 의존하고 있었다고 말한다. 매클로스키의 결론은 무엇인가? "나는 경제가…… 레토릭한 것이라고 점점 더 인식하게 되었다. 경제는 계속해서 말로 협상하는 것이다." 매클로스키는 "경제는 곧 대화"라고도 본다. 또한 "경제란 협상하는 것이고 혁신적인 것이기 때문에, 그리고 무엇보다도 우리가 취약하다고 할 수 있는 미래에 대한 것이기 때문에 설득과 아주 밀접한 관계에 있다는 것이 핵심"[10]이라고 덧붙인다.

그러나 우리의 사생활에서는 어떤가? 우리는 사적 관계에서도 계속 설득자로 존재하는 것 같다. 친구에게 자기주장을 하지 않고, 의견을 개진하지 않으며, 동조를 구하지 않는 사람이 있는가? 더군다나 우리는 뭔가 나쁜 일을 한다고 생각하지 않고 통상적으로 이런 설득 행위를 한다. 사실, 설득하지 않는 게 더 어려운 일이다. 우리는 거의 매일 친구, 직장 동료, 가족 구성원과의 상호 작용에 적극적으로 참여한다. 자신의 정치적 견해를 친구나 가족이 받아들이도록 영향력을 행사하려고 할 수도 있다. 내가 좋아하는 영화의 장점을 행복하게 주장할 수도 있다. 자신이 판매원일 수도 있고, 특정 종교의 옹호자일 수도 있으며, 정치인일 수도 있다. 설득과 전혀 무관한 관계나, 다른 사람의 생각을 변화시키고 그들의 행동에 영향을 미치려는 노력에 어느 정도 의존하지 않는 조직을 상상하기는 어렵다.

설득이 얼마나 보편적일 수 있는지와 관련된 몇 가지 예를 생각해 보자. 우리는 보통 스포츠를 언어적인 싸움이 아닌 신체적인 경쟁의 영역이라고 생각한다. 그러나 스포츠조차도 규칙에 대한 해석, 심판의 판정, 그리고 그러한 것이 시행되는 것에 대한 불복을 포함한다. 이러한 불복은 종종 여러 주장과 다양한 요구, 즉 설득에 의해 자리를 잡아가게 된다. 영국의 심리학자 마이클 빌리그Michael Billig는 스포츠 규칙의 많은 부분은 경기장에서 폭력이 얼마나 허용되는가 같은 쟁점을 놓고 벌어진 레토릭한 상호 작용의 결과라는 데 주목한다. 그는 "럭비와 미식축구 규칙은 (모든 공격적인 경기 방식을 허용했던) 비공식적인 합의 사항을 폭력을 제한하는 규정된 코드로 전환하기 위해 만들어졌다"고 본다. 특히 논증적인 측면에서, 레토릭은 이러한 경기 규칙을 만드는 데 매우 중요한 것이었다. "무엇보다도 규칙은 특정 주장의 근거에 반대하면서 만들어진 것이었다."[11] 운동선수들이 경쟁하는 규칙조차도 레토릭을 통해서 만들어진 것으로 보인다.

의학과 같은 기술 영역은 어떨까? 의학이 과학이라면 주장과 설득은 존재해서는 안 되는가? 사실 의술과 관련된 결정은 종종 한 의사가 다른 의사들과의 레토릭한 의견 교환을 거쳐 특정 조치에 대해서 지지나 반대를 하는 확실한 경우를 개진한 이후에 이루어진다. 그리고 의사 결정의 교환은 혈액 검사 결과 등 의료 데이터에 대한 해석과 같은 기술적 쟁점에 한정되지 않는다. 분명히 개진되는 주장은 의학적인 원리를 포함하지만, 그럼에도 불구하고 그러한 원리는 설득하려는 의도를 갖고 있으며 그 범주는 단순하고 경직된 의학적 지침을 넘어서는 것이다.

의학이나 의료 관련 대화에서 우리는 윤리 문제가 제기되고 가족의 바람을 고려하며, 심지어 비용 문제를 따지는 얘기들을 듣게 된다. 더군다나 환자는 종종 특정 약을 복용하고, 구체적인 다이어트 방식을 따르며, 의사가 수술 절차를 시행하게끔 용인하도록 설득당해야 한다. 의사들이 주장하듯, 경쟁적인 의학 이론이 갈등 관계에 있을 수 있으며, 경쟁적인 자아들이 충돌할 수 있다. 누가 유명 정치인에게 각막 이식 수술을 해야 하는가? 그러한 중요한 결정은 의학적인 기준에 의해서만 이루어질 것이라고 생각할지 모른다. 그러나 이와 같은 문제조차도 서로 경쟁하는 병원의 두 유명한 의사 간의 논쟁으로 해결될 수도 있다. 확실히 의학도 레토릭한 면이 있다.

초점을 더욱 개인적인 수준으로 낮추어 보면, 연애도 설득과 관련이 있다. 내가 누군가의 관심을 끌고자 할 때, 나는 (아마도 명시적이고 공개적인 것은 아니지만) 내 장점을 하나하나 끄집어내기 시작한다. 관심이 있는 사람 가까이에서는 유머 감각이 있고, 지적이며, 사려 깊은 것처럼 보이려고 애쓴다. 내 말과 행동은 매력을 돋보이기 위해 그러는 것처럼 레토릭한 특성을 드러낸다.

내가 설득을 시킬 수 있을지, 아니면 설득에 실패할지, 어떤 경우든 내 나름의 매력을 어떻게 드러낼지 그래서 어떻게 말할지 많은 선택을 하게 된다. 연애 관계는 일단 시작되면 그러한 관계가 얼마나 진지해져야 하는지부터 콘서트에 같이 갈지 말지에 이르기까지 여러 문제에 대한 설득적인 상호 작용에 따라 앞으로 더욱 진전될 수도 있고, 반대로 시들해질 수도 있다.

다른 여러 활동도 레토릭의 영역일 수 있다. 마케팅 전략으로부터 계약 협상에 이르기까지 여러 비즈니스 거래 역시 설득적인 노력과 관련이 있다. 매클로스키가 지적했듯이, 많은 사람은 설득적인 화자나 필자로서의 능력으로 삶을 영위한다. 교육 또한 레토릭한 영향에서 벗어나기 어렵다. 여러분은 종종 어떤 교수가 표면상으로는 단순히 '정보'를 제시하는 강의에서 특정 관점을 지지한다는 것을 알고 있다. 여러분은 다른 이들이 자신들의 관점에 설득되기를 바라면서 서로 논쟁한다는 것을 알고 있다. 사실 여러분은 이 책을 통해, 레토릭을 공부하는 중요성과 관련된 더욱 확장된 설득 사례를 읽고 있는 셈이다. 그렇게 놀라운 것은 아니지만, 종종 학습 교재들도 그 속에 설득적인 의제를 담고 있다.

설득을 위한 노력은 인간 상호 간 활동의 많은 부분, 아마도 전부라고 해도 과언이 아니다. 사실 우리는 우리 자신마저 설득한다고 볼 수 있다. '자신과 논쟁하는' 내적인 레토릭은 삶 대부분의 결정에 수반된다. 그간의 우리 경험이 우리로 하여금 설득을 경계하게 만들더라도, 그 역시 우리의 직업적, 사회적, 사적인 삶의 중요한 요소다.[12]

자, 이제 레토릭으로 돌아가 보자. 만약 레토릭이 부분적으로 설득에 관한 체계적인 연구라면 일상생활에서 설득이 얼마나 중요한지를 인식하는 바에 따라 이러한 기술이 우리의 주목을 받을 만한 것인지를 말해 주게 될 것이다. 이른바 '설득이 넘쳐 남'을 시인하는 것은 설득이나 레토릭을 비난하는 것이 아니다. 그보다는 삶의 많은 부분에 미치는 이러한 활동의 중요성을 인정하고, 인간이 레토릭한 존재rhetorical beings라는 점을 인식하기 시작하는 것이다. 이러한 점에서 레토릭에 대한 보다 분명한 개념을 정립하는 일은 중요할 것이다.

레토릭의 개념

학자들은 레토릭에 대한 통찰력 있는 여러 개념을 제시해 왔다. 레토릭학자 제임스 머피James Murphy는 레토릭을 "미래의 언어 사용에 대해 타인에게 주는 조언과 자문"[13]이라고 말한다. 머피의 개념 규정은 일단의 검증된 이론들과 여러 신뢰할 만한 기법들을 이미 만들어 냈던 레토릭이라는 주제에 대한 이전 연구를 의미한다. 고전학자 조지 케네디George Kennedy는 레토릭을 "타인의 의사 결정이나 행위에 영향을 미치기 위해 그들에게 언어를 포함한 기호 체계를 통해 전달된 감정과 생각에 내재하는 에너지"[14]라고 보다 폭넓게 규정한다. 이러한 개념 규정은 레토릭이 인간인 우리의 일부라는 것을 말해 주는 것이다. 즉 우리는 매번 다른 사람들에게 영향을 줄 목적으로 그들에게 감정과 생각을 표현하며, 케네디가 레토릭이라고 부른 일종의 에너지를 표현하는 것이다.

레토릭과 상징 체계

케네디가 레토릭은 "언어를 포함한 기호들"을 내포한다고 한 점에 주목하자. 나는 이 부분에 주목해, 레토릭은 이런저런 유형의 상징에서 발전한다는 점을 제시하고자 한다. 그렇다면 무엇이 상징인가? '보트'와 같은 개별적인 단어는 상징의 한 예다. 상징이란 사회적 합의에 근거해서 의미를 소통하는 어떤 표지나 서명, 소리 또는 몸짓 등을 뜻하는 용어다. 개별적인 상징은 통상 언어와 같은 보다 큰 상징 체계의 일부다.

언어는 우리 대부분이 일상생활 속에서 타인과 소통하기 위해 의존하는 상징 체계다. 그러나 많은 기술과 여타 활동 역시 소통을 위한 상징적 자원을 제공한다. 사실 사회생활은 서로 의미를 소통하기 위해 폭넓은 상징 체계를 이용하는 우리 능력에 달려 있다. 레토릭한 차원은 이런 많은 것 안에서 찾아낼 수 있다.

음악

음악적 표기법과 실연은 의미를 소통하기 위해 음표와 키, 선율, 화음, 사운드, 리듬 등을 이용하는 하나의 상징 체계다. 영화 음악은 음악이라는 상징 체계가 어떻게 의미를 소통할 수 있는지와 관련된 편리한 예들을 제공해 준다. 예컨대, 영화 〈죠스*Jaws*〉(1978)의 상어가 출몰하는 유명한 장면에서, 알프레드 히치콕Alfred Hitchcock이 연출한 〈사이코*Psycho*〉(1962)의 무서운 샤워 장면에서 관객의 긴장을 고조시키기 위해 많은 음악적 기법이 사용된다. 신나는 음악인 차이콥스키의 유명한

"1812년 서곡"은 영화 〈브이 포 벤데타*V for Vendetta*〉(2006)의 시작과 마지막 장면을 위한 가벼운 승전보로 삽입되었다. 보다 최근에는 영국 작곡가 스티븐 프라이스Steven Price가 의도적으로 영화 음악의 관습을 깼다. 2014년 아카데미 음악상을 받은 〈그래비티*Gravity*〉(2013)에서 그는 타악기 사용을 피했다. 프라이스의 그 악보는 공간이 주는 위험 요소와 공허감을 완벽하게 잘 전달한다. 음악의 레토릭이 잘 설정됨으로써 우리에게 '말하는' 것을 쉽게 잘 이해하도록 만들어 준다.

춤과 연기

춤 동작의 많은 부분 역시 무용수와 안무가와 관객 사이의 동조에 입각해서 어떤 의미를 표현하기 때문에 상징적이다. 예컨대 일렬로 서서 동일한 로봇 동작을 연기하는 세 명의 무용수는 현대 생활의 무료함과 획일성을 상징할 수도 있다. 마찬가지로 몸짓, 자세, 표정 등은 마임 예술가와 연기자가 구두 언어의 상징을 채용하지 않고서도 관객과 상징적으로 소통할 수 있게 해 준다. 어떤 문제를 곰곰이 생각하는 것과 머리를 긁적거리는 것과는 실질적인 관계는 없다. 그렇지만 연극적으로 머리를 긁적거리는 행동은 암묵적인 사회적 합의에 따라 '잘 모르겠다'거나 '생각 중이야'라는 것을 의미한다.

짐 캐리Jim Carrey, 크리스틴 위그Kristen Wiig와 같이 흉내를 잘 묘사하는 연기자는 몸짓, 자세, 표정 등과 같은 여러 신체적인 상징을 잘 숙달해서 대사 한마디 없이도 관객과 즉각적인 소통을 할 수 있다.

미술

그림 그리기에서는 형태, 선, 색깔, 배열 등이 상징적일 수 있다. 비록 구름이 통상적으로는 실제 재난을 가져오지 않을지라도, 어두운 구름의 황량한 선은 곧 닥칠 재난을 상징할 수 있다. 폭풍우와 재난은 때로는 서로 연결되기 때문에, 그리고 우리가 종종 폭풍우를 두려워하기 때문에 예술가의 의도를 이해하게 된다. 노르웨이 화가 에드바르 뭉크Edvard Munch는 〈절규*Shrik/Scream*〉(1893)에서 그러한 기법을 사용했는데, 거기서 눈부신 적황색 하늘은 테러를 상징한다. 그렇다면 모나리자의 미소가 의미하는 것은 무엇일까? 레오나르도 다빈치Leonardo da Vinci가 그 미소를 그릴 때 심중에 둔 무언가가 있었겠지만 학자는 물론 관객도 그 의미에 대해 생각이 다 다르다.

건축

건축에서 사용되는 선, 모양, 물질 역시 의미를 소통하기 위해 상징적으로 사용될 수 있다. 워싱턴 D.C.에 있는 베트남 참전 용사 기념비● 제막식에 참석했던 참전 용사들은 그 기념물의 의미에 대해 일부 관람객이 제기했던 것에 대해 자신들은 동의할 수 없다고 항의하기도 했다.[15] 그 기념비의 상당 부분은 땅에 묻혀 있는데, 아마 눈에 보이지 않는 것을 나타내거나 심지어는 죽음을 나타낸다고 볼 수도 있다. 그 기념비를 의회의사당에서 볼 수 없는 것도 어떤 의미가 있을까? 기념비에 사용된 주된 자재는 전통적으로 승리를 나타내는 흰색 대리석이 아니고 검은색 화강암이다. 광채 나는 표면은 전쟁이나 승리를 새긴 장면이 아니라 전쟁에서 전사한 미국인 5만 명의 이름으로 덮여 있다. 베트남 참전 용

● 일반적인 전쟁 기념관과 달리 건축 이전부터 파격적인 설계로 논쟁을 불러일으켰던 기념비적인 조형물이다. 평평한 공원 대지를 깊게 파고들어 가로지르는 벽으로 지어졌는데, 대지를 칼로 잘라내 마치 상처를 드러낸 듯한 형상이다. 아무런 상징적인 장식 없이도 폭력과 상처의 기억을 치유하도록 이끈다는 평가를 받고 있다. 미국 재향군인회가 베트남전을 기억하는 기념비를 세우기 위해 설계안을 공모했는데, 1981년 예일대학교 대학원생이었던 마야 린Maya Lin의 작품이 선정되었다. 당시 스물한 살의 중국계 미국인인 여대생의 작품이 선정되어 반감이 일기도 했다. — 옮긴이

사 기념비는 무엇을 의미하는가? 누군가는 "외국에서 일어난 전쟁에서 단결된 미국이 다시 승리하자"는 의미를 찾아내는 데 애를 먹을지도 모른다. 그럼에도 불구하고 각각의 상징적 요소는 길고도 비극적인 전쟁에서 심각하고도 난해한 문제를 제기하고자 하는 것이다.

스포츠

음악과 춤, 연기, 회화, 또는 건축에 채용된 상징은 의도적으로 선택되고 다듬어질 수 있는 특정 의미를 전달함으로써 레토릭 같은 것으로 쉽게 이해할 수 있다. 그러나 체육 행사에서 레토릭한 의미를 전달할 수 있을까? 미국의 장거리 수영 선수 다이애나 니아드Diana Nyad는 쿠바 정부에 쿠바와 플로리다 사이 103마일을 수영할 수 있게 허락해 달라고 요청했다. 쿠바 정부는 썩 내키지는 않았지만 니아드의 수영을 허가했다. 니아드는 2010년 〈로스앤젤레스 타임스*Los Angeles Times*〉에 "쿠바인은 누군가 자신들의 해안에서 멀리까지 수영해 나가는 것의 의미를 좋아하지 않는다"[16]고 했다. 쿠바에서 수영해서 나간다는 상징성은 분명히 쿠바 정치 체제에 부정적인 느낌을 주었다. 니아드는 2013년 다섯 번째 시도에서 53시간이라는 길고도 긴 수영 끝에 결국 쿠바해협 횡단에 성공했다. 이는 참으로 긴 수영이었으며, 누군가에게는 레토릭한 수영rhetorical swim이었다.

뜻밖의 곳에서도

레토릭한 요소는 우리가 쉽게 간과하는 곳에서도 자신을 드러낼 수 있다. 예컨대, 이 책에 인쇄된 서체font가 레토릭한 차원을 갖는다. 독자는 서체가 만든 진술을 눈치채지 못하겠지만, 각각의 개별적인 서체는 어떤 특성과 품격 또는 분위기 등을 전달하기 위해 기획된 것이다. 대부분의 교과서는 독자에게 진지하면서도 의도적이며 당연히 가독성이 좋은 서체를 사용한다. 그러나 결혼식 초대장을 위한 서체는 아주 격조 있고 사랑스러운 느낌을 전달하기 위해 선택될 것이다. 만약 이 책의 서체가 결혼식 초대장에 어울리는 것을 사용했다면 독자는 즉각적으로 상당히 이례적인 선택이라고 생각할 것이다. 따라서 호텔 안 엘리베이터를 타면 흘러나오는 음악과 같이 서체 역시 눈치채지 못하게 선택된 것이라고 할 수 있다.[17]

효과적인 상징적 표현

설득은 오랫동안 레토릭의 중요한 목적이었다. 여기에 우리는 명료성을 확보하고 우리의 미적 감각을 일깨우며 상호 이해를 이루어 내는 것과 같은 다른 목적을 포함하기 위해서 레토릭의 개념을 확장해야 할 것이다. 따라서 레토릭 기술을 다음과 같이 규정할 수도 있다. 효과적인 상징적 표현에 대한 체계적인 연구와 의도적인 실천이라고. 여기서 효과적effective이란 그 목적이 설득이든, 명확성 확보이든, 아름다움이나 상호이해이든 간에, 상징 사용자의 목적을 달성하는 것을 의미한다.

레토릭 기술은 상징 사용을 더욱 설득력 있게, 아름답게, 기억할 수 있게, 강력하게, 사려 깊게, 명쾌하게, 그리고 일반적으로 더욱 어떻게 되게끔 할 수 있게 하는 것이다. 이러한 모든 방식으로 레토릭은 효과적으로 상징을 사용하는 기술이다. 레토릭 이론은 레토릭의 원리와 그 다양한 사회적 기능, 그리고 레토릭 기술이 그 목적을 달성하는 방법에 관한 체계적인 표현이다. 레토릭의 원리에 따라 가공된 메시지들은 레토릭 담론 또는 그냥 단순히 레토릭이라고 할 것이다. 레토릭 기술을 실행하는 개인은 더러 레토릭 전문가rhetor라고 할 것이다.

앞서 언급한 바와 같이, 레토릭 기술은 그 역사의 대부분에 걸쳐 언어라는 상징 체계를 채용함으로써 설득에 초점을 맞추어 왔다. 레토릭에 대한 이러한 전통적 접근은 아직까지도 여전히 중요하지만 최근에는 레토릭의 목적은 물론 그러한 기술을 실행하는 사람들에게 유용한 상징적 자원이 극적으로 확대되고 있다. 이러한 발전은 일부 학자들로 하여금 상이한 종류의 레토릭, 심지어는 전혀 다른 레토릭에 대해 글을 쓰게 만들고 있다. 예컨대, 레토릭학자 스티븐 마이유Steven Mailloux는 "구두, 시각, 문자, 디지털, 제스처, 그리고 여타 종류들이 있고, 문자 레토릭written rhetoric이란 이름 아래 전기, 소설, 편지, 논설, 기타 등등의…… 여러 장르들이 있다"고 말한다.[18]

이는 (목적이나 채용된 상징 체계와는 관계없이) 모든 커뮤니케이션이 레토릭이라는 점을 의미하는 것일까? 일부 학자들은 커뮤니케이션과 레토릭을 동의어로 보지만, 이는 정당한 근거를 기반으로 한 대화causal conversation를 통한 정보와 보고(서)에서부터 노골적인 선전outright propaganda에 이르기까지 여러 유형의 커뮤니케이션 안에 존재하는 역사적으로 중요하면서도 진정한 차이를 간과하는 것으로 보인다. 나는 레토릭 담론rhetoric discourse은 여러 인식 가능한 특징을 가진 특정 유형의 커뮤니케이션이라는 입장을 취할 것이다. 그러면 다른 유형의 커뮤니케이션과는 구별되는 레토릭 담론의 특징은 무엇일까? 다음은 (우리가 글쓰기와 말하기와 예술 및 여타 표현 미디어에서 접하는) 레토릭 담론의 여섯 가지 구별되는 특징에 대해 살펴본다.

레토릭 담론

여기서는 레토릭 기술이 메시지에 남기는 표시인 레토릭 담론의 여섯 가지 뚜렷한 특징에 대해 다룬다. 레토릭 담론은 특성상 (1) 계획적인 것이고, (2) 청중에게 맞추는 것이고, (3) 인간적인 동기나 목적을 드러내는 것이며, (4) 상황에 맞추는 것이고, (5) 설득을 추구하며, (6) 상황 의존적 쟁점contingent issues과 관련된 것이다. 의미상 레토릭이라고 할 수 있는 모든 글쓰기와 말하기가 이러한 기준을 모두 충족시키지는 않는다. 하지만 이러한 기준은 레토릭 담론을 인식하고 이해하며 그에 대응하는 출발점으로 이바지할 수 있을 것이다. 레토릭의 가장 기본적인 특성부터 살펴보기로 하자.

레토릭은 계획적인 것이다

레토릭 담론이 지향하는 목적과는 관계없이 그러한 담론은 앞으로의 생각이나 계획을 포함한다. 계획된 상징을 사용하는 것이 레토릭이라고 생각하면, 청중에게 어떻게 연설할 것인가에 우리는 관심을 갖게 된다. 메시지를 계획하는 것과 관련해서 제기되는 쟁점은 다음과 같다.

- 나는 어떤 주장을 개진할 것인가?
- 어떤 입증이 나의 핵심 주장을 가장 잘 뒷받침해 주는가?
- 나의 주장과 입증을 어떤 순서로 어떻게 배열할 것인가?
- 언어와 여타 상징 체계의 여러 자원 중에서 어떤 것이 내게, 주제에, 그리고 청중에게 이용 가능한가?

레토릭이 지닌 계획적 특성은 오랫동안 기본적인 특성으로 인식되어 왔다. 일부 초기 레토릭 이론가들은 연설가를 희망하는 이들에게 스피치를 계획하는 것을 도와주는 정교한 체계를 발전시켜 왔다. 예컨대, 로마의 마르쿠스 툴리우스 키케로Marcus Tullius Cicero(BC 106~BC 43)는 설득해야 하는 상황에서 도움이 되는 주장과 입증을 발견해 나가는 과정을 설명하기 위해 '인벤티오inventio(창안invention)'라는 용어를 사용했다. 당시 키케로는 빠르고 효과적으로 주장을 창안해 내는 구체적인 방법을 제시했다. 그는 또한 '디스포시티오dispositio(배열arrangement)'라는 제목하에 여러 주장과 소구를 효과적으로 순서를 잡는 것도 논했다. 또한 그는 우아하게 말할지 아니면 일상 대화처럼 말할지와 같이 특정 메시지에 맞는 언어 스타일을 찾는 과정을 지칭하는 말로 엘로쿠티오elocutio(표현)라는 용어를 사용하기도 했다.

고대에 이미 널리 연구된 그러한 관심사들은 레토릭 담론을 특징짓는 계획적 특성을 반영해 준다. 이어지는 장들에서는 메시지의 계획을 지원하기 위해 설계된 많은 레토릭 체계를 더 집중적으로 살펴보게 될 것이다.

레토릭은 수용자에게 맞추는 것이다

사전에 숙고하거나 계획을 고려하는 것은 레토릭 담론의 두 번째 특성을 강조한다. 레토릭은 수용자를 염두에 두고 계획된다. 청중은 넓은 강당 의자에 나란히 앉아 있는 대규모 집단이라는 전통적 인식으로만 이해해서는 안 된다. 일부 청중은 그렇겠지만, 많은 경우 그렇지가 않다.

만일 여러분이 소규모 직장에서 얘기한다면, 그때 그곳에서 일하는 사람들이 청중이고 그들에게 자신의 담론을 적응시키는 것일 수도 있다. 어떤 지역 신문 편집자에게 원고를 보내는 필자는 그 글을 쓸 때 머릿속에 독자를 계속 생각했을 것이다. 대부분은 이런 필자가 그 신문 독자를 개인적으로 만나거나 아는 것은 아니지만 말이다. 마찬가지로 자신의 수용자라고 여기는 일단의 독자를 염두에 두고 글을 쓸 것이다. 정치인 역시 매스 미디어를 통해 전국의 다양한 수용자들에게 연설을 할 수 있다.

통상 연설가는 연설 대상인 청중을 어느 정도 알고 추정해야 한다. 이처럼 상상된 수용자는 특정 메시지가 실제로 공들여 만들어질 때만 나타나는 존재이며 종종 중요한 방식으로 창안 과정을 이끌어 간다. 특정 메시지를 듣고 읽거나 달리 접하는 수용자는 상상된 수용자와 아주 유사할 수 있지만, 고도로 훈련된 작가나 화자들조차도 잘못 추정하는 경우도 종종 있다. 웨인 부스는 어떤 곳에 연사로 초청되었을 때 자신이 그 청중을 잘 안다고 생각했을 때조차도 이따금 실수하곤 했다고 말한다.

> 나는 미소를 짓거나 노려보거나 이마를 찌푸린 채 반응하는 청중을 상상하며 늘 글을 썼다. 그러한 예상이 종종 완전히 빗나가기도 한다. 아마 읽을 거라고 생각하고 내가 미리 책을 보내 준 상상 속의 독자는 교사 30명이었는데, 실제 1주일 정도 지난 뒤에 만났을 때는 그 책을 '읽기' 과제로 받아서 못마땅하지만 억지로 참석한 신입생 200명과 함께 온 교사 10명만 볼 수 있었다. '대중 강연public lecture'이라고 한 그 강좌에 대중은 없었고, 결국 일부 선생들만 있었다.[19]

부스의 경험은 결코 드문 일이 아니다. 그럼에도 청중을 추정하려는 나름의 노력은 레토릭 과정에서 중요한 요소였고 지금도 여전히 그렇다.

레토릭 담론은 연설가의 관점과 청중의 관점 사이에 연결 고리를 만들어 준다. 이는 화자와 작가 그리고 설계자 등은 수용자의 가치, 경험, 신념, 기대 등에 주의를 기울여야 한다는 것을 의미한다. 20세기 레토릭 이론가인 케네스 버크Kenneth Burke는 동일시 혹은 공감identification을 연설가와 청중 간의 접합이라고 하면서, 그러한 공감이 협동과 동조, 타협과 행동에 매우 중요한 것이라고 본다. 또 다른 레토릭 이론가 차임 페렐만Chaim Perelman과 루시 올브레흐츠타이테카Lucie Olbrechts-Tyteca는 레토릭이 "화자의 수용자에 대한 계속적인 적응"[20]을 필요로 한다고 본다.

수용자와 주목 끌기

수용자 적응에 대한 논의를 하면서 우리는 청중이나 독자와 같은 수용자의 종잡을 수 없는 주목 또는 주의력을 계속 붙잡아두려는 화자나 저자의 분명한 관심사를 무시해서는 안 된다. 리처드 래넘은 레토릭을 "주목 경제학the economics of attention"[21]이라고 말한다. 즉 레토릭은 수용자의 주의력이라는 제한된 자원을 관리하는 것에 관한 연구라는 것이다. 주목에 대한 이러한 관심은 레토릭을 공부하는 학생을 위한 비교적 새로운 관심사에 우리의 주의를 집중시킨다. 뇌과학은 수용자의 비밀과 설득의 비밀 일부를 밝혀내고 있다.

유타대학교 의과대학 연구진은 우리를 둘러싼 환경에서 일어나는 여러 가지 자극에 우리가 어떻게 주목하는지를 이해하는 데 상당한 진전을 보여 주었다. 수석 연구원 제프리 앤더슨Jeffery Anderson은 "이 연구는 뇌가 어떻게 주목을 하나의 양상에서 그다음 양상으로 전환시키는지를 보여 주는 이 분야의 첫 연구"라고 말한다. 확실히 뇌의 각기 다른 부분들은 서로 다른 감각들로부터의 정보를 처리하며, 뇌 '지도'가 특정한 순간에 우리로 하여금 특정한 자극 쪽에 주목하게 만든다는 것이다. "이 연구는 우리가 우리 주목을 어떻게 분명하게 다른 것들로 향하게끔 이동시킬 수 있는지를 밝혀준다"고 앤더슨은 말한다. "그것은 우리가 정보를 어떻게 조직화하는지를 이해하는 데 큰 진전"[22]이라는 것이다. 레토릭학자들은 그러한 주목 지도attention maps를 연구하는 데 관심을 보인다. 주목과 관련된 이슈들은 우리의 주의 지속 시간attention spans이 계속 짧아지고 있다는 일부 연구와 함께 상당히 폭넓게 연구되고 있다.[23]

과학자만이 주목을 연구하는 것은 아니다. 레토릭학자 브라이언 보이드Brian Boyd는 "주목에 대한 수요를 놓고 경쟁하는 세계에서 독자를 붙잡기 위해 작가는 창의적인 직관적 심리학자가 될 필요가 있다"[24]고 말한다. 고대에서 현대에 이르기까지 많은 레토릭 이론가는 청중의 주목을 끌고 붙잡아두려는 유능한 연설가가 되려면 인간의 마음, 즉 심리학을 공부해야 한다는 데 동의할 것이다. 수용자의 주목을 끌고 붙잡아둔다는 것은 공중의 지지를 끌어내고자 하는 사람(공적 옹호자public advocate)의 주된 관심사이며, 많은 레토릭 기술이 바로 이러한 목적을 지향한다.

레토릭은 인간적인 동기를 드러낸다

레토릭의 세 번째 특징은 수용자에 대한 관심과도 밀접한 관련이 있다. 레토릭에 관한 어떤 연구든 행동을 유발하는 어떤 동기, 목적, 욕구나 의도 등에 응하여 상징적으로 행동하는 사람을 밝혀내기 마련이다. 연설가는 마음속에 어떤 목적을 가지고 청중에게 연설을 하며, 레토릭을 겉으로 드러내는 것을 계획하고 적응시키는 과정은 이러한 목적을 달성하려는 욕구에 지배된다.

레토릭 담론을 활성화시키는 동기에는 관점을 바꾼다든지, 어떤 과업 달성을 위해 협동을 추구한다든지, 집단행동을 할 수 있는 동의 기반을 구축한다든지, 교착 상태를 타개하기 위한 합의점을 찾는다든지, 이해를 구한다든지, 아니면 단지 어떤 주제에 대해 결정적 발언을 한다든지 등 이런 것들이 포함된다. 연설가는 자신의 동기를 청중의 생각과 동조시킴으로써 그러한 목적을 달성한다. 이러한 이유 때문에 레토릭의 역사는 인간의 가치를 이해하고, 청중의 행동을 촉발시킨 요인을 파악하고, 사람들을 함께 움직이게 할 수 있는 상징적 자원을 포착하려는 노력으로 가득 차 있다.

물론 동기에는 좋은 것도 있고 나쁜 것도 있다. 예컨대, 대통령이 되기 위해 나선 주지사가 있다고 하자. 그 주지사의 공적 진술을 연구한다면, 그러한 레토릭을 활성화시킨 동기를 찾아보게 될 것이다. 주지사는 공익을 위해 봉사하는 데 관심이 있는가? 그는 정의가 승리하기를 바라는가? 그 동기가 명예를 추구하는 것인가, 아니면 욕심인가? 아마도 이런 모든 요소가 주지사의 동기와 관계가 있을 것이다. 물론 동기는 겉으로 드러나 공인된 것도 있고 감추어진 것도 있을 것이다. 같은 정치인이 공익을 바라는 것을 인정하는 것 같지만, 명예나 부 또는 단지 일자리를 추구하는 것을 인정하지 않는 것일 수도 있다. 레토릭에 대해 어느 정도 알고 비판하는 사람이라면 동기는 찾아내기 어려울 수도 있고 아주 분명할 수도 있으며, 숨겨진 경우가 있는가 하면 공공연히 인정된 경우도 있다는 것을 알아야 한다.

레토릭은 반응하는 것이다

레토릭 담론의 네 번째 특징은 통상 상황에 대한 반응이거나 앞선 레토릭 진술에 대한 반응이다. 마찬가지로 누군가가 앞서 주장한 것은 연설가가 되려는 지망생이 자동적으로 반응해야 하는 초대장과 같은 것이다. 따라서 레토릭은 '상황적'이면서도 '대화적'이다. 레토릭이 상황적이라는 것은 무엇을 뜻하는가? 간단히 말해 레토릭은 특정한 시간, 위치, 문제, 청중을 포함한 일단의 환경에 반응하여 애써 만들어지는 것이다.

레토릭 반응을 촉발하는 상황이란 복지와 관련된 정치적 논란일 수도 있고, 어떤 교파에서 여성의 역할을 둘러싸고 일어난 종교적 갈등일 수도 있고, 안락사에 대한 의료 윤리를 놓고 벌어지는 토론일 수도 있고, 대학 기숙사 방문객을 통제하려는 정책에 대한 논의일 수도 있으며, 자연재해나 인종 간 조화를 애원하는 연극일 수도 있을 것이다. 레토릭은 반응을 만들어 내는 것response-making이다.

그러나 레토릭은 또한 반응을 불러오는 것response-inviting이기도 하다. 즉 어떤 레토릭한 표현은 반대되는 입장을 지지하는 사람으로부터는 어떤 반응을 이끌어 낼 수 있다. 바로 이런 레토릭의 반응을 불러오는 특성을 알게 되면, 레토릭 전문가는 자신이 레토릭한 소구를 구성하거나 '만들어 낼' 때 발생 가능한 반응을 상상하게 될 것이다. 그들은 실제 청중이 그럴 거라고 자신들이 생각하는 식으로 반응할 것이라는 마음속의 특정 청중을 말로 구슬리는 자신을 발견할 수도 있을 것이다. 레토릭의 반응을 불러오는 특성은 우리가 정치적인 선거 운동이나 법정과 같은 특정 상황을 머릿속에 그릴 때 상상하기 쉽다. 한편 레토릭은 덜 공식적인 상황에서도 반응을 유발할까?

비싼 콘서트 티켓을 사는 것과 관련하여 친구 사이에 일어날 수 있는 대화를 생각해 보자. 당신은 친구에게 콘서트 티켓을 사도록 설득하기 위해 어떤 말을 할지 어느 정도 생각하고 말(주장)을 할 것이다. 그리고 그 주장이 얻게 될 반응도 생각할 것이다. 첫 번째 주장은 아마도 이렇게 전개될 것이다. "시카고 교향악단의 공연을 갈 일이 얼마나 있겠어? 게다가 이거 30달러면 돼." 이 말을 통해 경험하기 힘든 기회라는 점을 알렸고 아주 싼 가격이라는 것도 상기시켰다. 그러나 이미 공부가 되어 있는 연설가인 친구는 대응할 준비가 되어 있다. "그렇지만 30달러도 내겐 큰돈이야. 지난주엔 누나에게 돈을 빌렸는데 아직 갚지도 못했어." 친구는 비용의 크기로, 그리고 그에 앞선 의무 수행이라는 도덕적 책임을 근거로 자기주장을 편다. 이 탁월한 답변으로 인해 목적이 거부되지 않도록 (이어서) "하지만 자네 누나는 돈이 많잖아. 그리고 30달러면 저녁을 사기도 힘들 텐데"라고 대꾸한다.

각 레토릭 진술은 어떤 반응을 불러일으킨다. 아마 당신은 친구를 설득할 수도 있고 그렇지 않을 수도 있을 것이다. 그러나 레토릭한 상호작용은 진술과 반응의 교환을 의미하며 그래서 그것이 레토릭의 특징이 되는 것 같다.

레토릭은 설득을 추구한다

앞에서 언급한 것처럼 레토릭 담론과 가장 빈번히 연결되는 요소는 레토릭 담론이 설득을 추구한다는 것이다. 레토릭이 종종 조사를 한다든지, 아름다움을 추구한다든지, 또는 보다 명료한 표현을 하는 것과 같은 다른 목적도 추구하지만, 레토릭의 긴 역사를 통해 볼 때 설득의 중심성the centrality of persuasion을 인식하는 것이 중요하다. 2,500년도 더 전에 그리스 학자들은 레토릭 담론이 설득을 추구한다고 한 바 있고, 20세기 후반의 레토릭 이론가들이 "레토릭의 목적은 설득이다"[25]라고 솔직히 말하는 것을 아직까지도 찾아볼 수 있다. 그러나 비교적 작은 설득 의도를 지닌 텍스트(예: 스트레스와 어린이 비만 사이의 관계에 관한 뉴스 보도)에서부터 아주 설득적인 텍스트(예: 입후보자의 선거 운동 연설)에 이르기까지 설득의 정도에 따른 차이가 크다는 것을 생각하면 그 나름 도움이 될 것이다.

레토릭 담론은 종종 수용자에게 특정 아이디어를 받아들이도록, 그리고 심지어는 행동하도록 영향력을 행사하려고 한다. 예컨대, 원고의 변호사가 재판관 앞에서 피고인이 유죄라는 것을 주장한다. 그 변호사는 피고인이 죄가 있다는 생각과 피고인이 유죄라는 것을 알게 된 결과적 행위를 배심원들이 받아들이도록 한다. 또는 내가 시의 교육을 발전시키려고 하는 한 후보자의 계획을 근거로 그가 시장에 선출되어야 한다면서 친구를 설득하려고 애쓸 수도 있다. 나는 내 친구가 그 후보자가 그 자리에 가장 적절한 사람이라는 생각을 받아들이고 그에게 투표하기를 바란다. 어떤 희곡은 극적인 상징들을 통해 인종주의의 사악한 측면을 폭로한다. 희곡 작가는 인종주의에 대한 관객의 생각에 영향을 미치고 인종 문제에 관한 관객의 행위에도 영향을 미치기를 원한다.

레토릭 담론은 어떻게 설득을 하게 되는가? 가장 일반적인 용어로 말하자면, 레토릭은 언어와 같은 상징 체계의 다양한 자원을 받아들인다. 오래전부터 논리적 주장arguments, 소구appeals, 배열arrangement, 미학aethetics 등과 같은 네 가지 자원이 설득의 목적을 지원하는 것으로 인식되어 왔다.

논리적 주장

논리적 주장은 결론이 정당한 근거에 의해 지지될 때 만들어진다. 그러한 주장은 단순히 사적 추론인데 수용자에게 영향을 미칠 목적으로 공적인 것이 된 사적 추론이다. 인지과학자 휴고 메르시에Hugo Mercier와 댄 스퍼버Dan Sperber는 우리의 공적 추론(즉 논리적 주장으로 만드는 것)의 온전한 목적은 우리의 견해에 대해 우리가 뒷받침하는 것을 다른 이들에게 입증하는 것이라고 말한다. 이러한 견해는 '논증적 가설argumentative hypothesis'이라고 불려 왔다. 다른 말로 합리적 추론reasoning이란 우리 자신의 생각을 명료화하느냐가 주된 문제가 아니라, 수용자를 위해 우리 견해에 대한 레토릭한 표현을 만들어 내느냐의 문제다. 메르시에와 스퍼버는 "합리적 추론의 일차적인 기능은 커뮤니케이션을 하는 과정에서 주장들을 만들어 내고 평가하는 것이라는 생각에 입각해서 우리는 그러한 추론에 개괄적으로 접근하고 있다"[26]고 말한다.

내가 "여자 농구팀 코치는 남자 농구팀 코치와 같은 월급을 받아야 한다"는 주장으로 친구를 설득하려 한다고 가정해 보자. 이러한 주장을 뒷받침하기 위해 나는 다음과 같은 두 가지 이유를 제시한다.

> 첫째, 여자팀 코치는 남자팀 코치와 같은 부교수다. 둘째, 여자팀 코치도 남자팀 코치와 똑같은 책임이 있다. 매 학기 두 강좌를 가르치고 있고 자신의 팀이 전체 경기 일정을 소화할 수 있게 준비시키고 있기 때문이다.

나는 지금 하나의 논리적 주장을 만들었으며, 나의 추론에 대한 입증을 통해 내 친구를 설득하고자 했다. 다음 장에서 좀 더 자세히 다루지만 레토릭 전문가들은 오랫동안 논리적 주장을 레토릭의 공적 실천과 결합시켜 왔다.

우리는 보통 논리적 주장을 연설이나 논설 등과 같은 전통적인 텍스트에서 일어나는 것으로 생각해 왔지만, 그러한 주장은 그러한 언어적 문건에만 한정되지 않는다. 예컨대, 음악비평가인 톰 스트리니Tom Strini는 지휘자 안드레아스 델프스Andreas Delfs의 "베토벤의 극적 레토릭에 관한 특이한 해석"에 대해 썼으며, 베토벤의 교향곡 9번에서 "베토벤의 거대한 계획"을 발견할 수 있었던 그 지휘자의 능력에 대해서도 썼다. 그러나 더욱 놀라운 점은 델프스의 지휘가 관객으로 하여금 베토벤의 유명한 교향곡 속에서 베토벤의 논리적 주장을 따를 수 있게 했다는 스트리니의 언급일 것이다. 스트리니는 위대한 작곡가의 그러한 주장이 민주주의를 지지한다고 보고 특별히 교향곡 9번을 택한 것이다.[27] 그렇다면 베토벤의 교향곡은 자신의 정치적 견해를 정확히 드러내기 위한 공적인 주장이었던 것인가? 레토릭 관점에서 보면 이러한 질문에 대한 답변은 그렇다고 할 수도 있을 것이다.

소구

소구란 감정이나 수용자의 가치적 동조와 헌신value commitment을 끌어내는 것을 목표로 하는 상징적 전략이다. 우리는 누구나 연민과 분노 또는 공포와 같은 감정적 소구에 익숙해 있다. 또한 권위나 애국주의 또는 조직에의 충성에 대한 소구에도 직면했을 것이다.

소구는 논리적 주장과 구분하기 어려울 수도 있는데, 그 차이는 종종 단순히 정도의 차이인 경우가 많다. 논증은 이성 지향적이며, 소구는 감정, 신념 또는 의식적으로는 알지 못하는 느낌과 같이 보다 본능적인 무언가에 지향된 것이다. 예컨대, 어떤 한 광고가 젊은 여성이 팔로 아이를 감싼 채 비싼 새 차 앞에 서 있는 장면을 보여 준다. 거기에 "당신 가족의 안전은 얼마나 가치가 있는가?"라는 문구가 붙어 있다. 하나의 논리적 주장이 그림과 글 속에 포함되어 있지만 그 광고는 누군가의 책임감에 대한 소구로 구성되어 있다. 비록 이성이 "네, 안전은 매우 가치 있는 것이죠. 그러나 아직 난 그 차를 살 수 있는 형편이 못 돼요"라고 반응할지라도, 광고의 소구는 그것이 의도했던 효과를 계속 성취할 수 있었을 것이다.

배열

배열이란 설득과 명료함, 또는 아름다움과 같은 효과를 달성하기 위해 어떤 메시지를 계획적으로 순서를 잡는 것을 의미한다. 한 지역 시민 단체에서 동물 실험에 반대하는 연설을 계획한다고 하자. 연설가는 자신의 세 가지 주장 중에서 가장 강력한 것을 맨 마지막 부분에 두고자 한다. 이는 가장 핵심적인 내용을 마지막에 듣는 것이 청중에게 가장 큰 영향을 미칠 것이라 믿는 것이다.

화자와 작가도 자신의 메시지 배열에 대해 많은 결정을 내리지만, 공공 건축물 건축가들도 유사한 결정을 종종 내린다. 예를 들면, 워싱턴 D.C.에 있는 홀로코스트 박물관은 강제수용소의 공포를 초래했던 인종 혐오에 대해, 그리고 그와 유사한 태도나 행동에 대해 가능한 가장 강력히 반대하도록 하기 위해 물리적으로 배열되어 있다. 관람객이 박물관에 들어섰을 때 마주치게 되는 장면, 지나가면서 보게 되는 것, 그리고 나올 때 보는 장면 등을 결정할 때 세심한 계획을 세웠던 것이다. 이 박물관이 주는 영향력은 유명한 레토릭 전문가였던 키케로가 '디스포시티오'라고 한 세심한 배열에 의해 강화된 것이다.

미학

미학은 상징적 표현에 형태와 아름다움과 힘을 부가하는 요소다. 작가, 화자, 작곡가 또는 여타 정보원들sources은 통상 표적 수용자intended audience에게 매력적이고 기억할 만하고 심지어는 충격적인 방법으로 논리적 주장과 소구를 제시하려고 한다.

에이브러햄 링컨Abraham Lincoln의 "두 번째 취임 연설Second Inaugural

Address"은 기억할 만한 감동적 효과를 가져오도록 언어의 미학적 자원을 잘 활용했던 놀라운 사례다. 다음 예문에서 은유와 암시, 공명consonance, 리듬, 운韻 등을 어떻게 이용하는지를 보라.

> 우리는 엄청난 재앙인 전쟁이 어서 빨리 지나가기를 간절히 바라고 또 열렬히 기원합니다. 하지만 만약 노예들이 250년 동안 아무런 보상도 없이 노역을 해서 쌓아올린 이 모든 부가 사라질 때까지, 그리고 채찍질로 흘린 모든 핏방울이 다른 이가 칼에 베여 흘린 피로 전부 보상될 때까지 전쟁을 지속하는 것이 하느님의 뜻이라면, 여전히 주님의 심판은 전적으로 참되고 온당하시다고 말해야 합니다.[28]

링컨은 이 연설을 미학적으로 보다 소구력이 있고 감동적이고 기억할 만한 것으로 만들기 위해 전통적인 방식으로 언어의 미학적 자원에 의존했다. 그러나 어떤 경우에는 하나의 자원이 더 큰 설득적 효과를 얻기 위해 전통적인 미학적 기대를 의도적으로 벗어나는 결정을 할 수도 있다. 예컨대, 다음 인용문에서 보면, 맬컴 XMalcolm X는 전통적인 관습을 위반하는 도발적인 언어로 마틴 루터 킹Martin Luther King Jr. 목사의 일부 주장에 답한다.

> 이것은 진정한 혁명입니다. 혁명은 항상 땅 위에서 일어납니다. 혁명은 누군가에게 커피 한 잔을 구걸하는 데서 일어나는 것이 아닙니다. 혁명은 여러분의 적을 사랑하는 데 있는 것도 아니고 여러분을 지독하게 이용해 먹는 이들을 위해 기도하는 데 있지도 않습니다. 혁명은 결코 "승리는 우리에게We Shall Overcome"●를 부르면서 일어나는 것이 아닙니다. 혁명은 피를 흘리는

● 흑인 교회에서 오랫동안 불러온 찬송가로 인권과 인종의 평등, 참된 자유를 구하는 공민

데 있습니다.[29]

에이브러햄 링컨과 마찬가지로 맬컴 X 역시 자신의 담론을 강화하고 그것을 보다 광채가 나고 감동적이며 기억할 만한 것으로 만들기 위해 암시와 공명, 반복과 여타 미학적 장치를 사용한다. 맬컴 X는 미학적 언어 자원을 사용하지만 보다 아름답거나 듣기 좋은 것으로 스피치를 만드는 것이 목적이었는가 하면 전혀 그렇지 않다. 그보다 그의 목적은 분명히 현실에 안주하는 청중에게 충격을 주고, 그들로 하여금 하나의 행동 방침을 거부하고 다른 행동을 취하도록 하는 것이다.

레토릭의 미학적 차원은 기술적 측면에서 늘 중요하다. 다음 장에서 우리는 초기 소피스트인 고르기아스Gorgias가 말의 소리가 (기법을 이용해 조작하면) 청중을 사로잡을 수 있다고 믿었다는 점을 알게 될 것이다. 언어의 미학적 자원 속에 존재하는 설득적 잠재력은 레토릭 이론에서 끊임없이 지속되어 온 주제다.

논리적 주장, 소구, 배열, 미학…… 이들 각각은 우리에게 레토릭이란 것이 설득적일 뿐만 아니라 세심하게 계획된 담론이라는 것을 상기시킨다. 레토릭 기술은 오랜 역사를 거치면서 상징 체계에서 가용한 여러 자원이 숙련된 실천가로 하여금 설득과 명료함, 표현의 아름다움, 그리고 수용자의 주목 포착 등을 포함한 여러 가지 바람직한 효과를 달성하게 해 주는 것을 실현시키는 과정에서 발전해 왔다.

권 운동의 대표곡이기도 하다. 1963년 8월 28일 공민권 시위인 '워싱턴 대행진'에서 불러 더욱 널리 알려졌다. — 옮긴이

레토릭은 상황 의존적인 쟁점을 다룬다

그리스 철학자 아리스토텔레스Aristoteles(BC 384~BC 322)는 레토릭 연구를 규정하는 과정에서 "레토릭의 의무는 지침이 될 만한 기술이나 체계 없이 우리가 숙의해야 하는 문제를 다루는 것"으로, "우리가 숙의하는 주제가 우리에게 여러 대안적인 가능성이 있는 것처럼 보일 때, 그러한 문제를 다루는 것"이라고 했다. 또한 그는 "그간 있지도 않았고, 있을 수도 없고, 예외적인 경우에 대해서는, 어느 누구도 그것을 설명하는 데 자신의 시간을 낭비하지 않는다"[30]고 덧붙였다.

아리스토텔레스는 레토릭은 우리가 모든 사람과 부딪치게 되는 문제, 분명하고도 확실한 답이 없는데도 실질적인 문제 제기에 직면했을 때 작동하기 시작한다고 생각했다. 그러한 상황적 문제 제기는 숙의나 어떤 것을 선택할지는 저울질해 봐야 한다. 수학자들이 사용함 직한 그런 유형의 증명을 말하는 것은 아니다.

숙의한다는 것은 대안을 통해 추론하는 것을 말한다. 아리스토텔레스는 상황이 '확실한' 경우에는 누구든 이런 숙의를 하지는 않는다고 말했다. 레토릭학자 토머스 패럴Thomas Farrell은 "반드시 그렇게 될 것이라고 예상되는 일이나 결코 일어날 수 없는 일에 대해 숙의하는 일은 없을 것"[31]이라고 말한다. 즉 레토릭 기술은 내일 아침에 해가 과연 떠오를 것인가 아니면 프랑스는 미국의 51번째 주가 되어야 하는가와 같은 문제를 제기하지는 않을 것이다. 전자는 불가피한 사실(즉 "당연히 일어나게 되는 일")이며, 후자는 사실상 불가능한 일(즉 "일어날 수 없는 일")이다.

레토릭학자 로이드 비처Lloyd Bitzer는 19세기 작가 토머스 드 퀸시Thomas De Quincey를 인용하면서 "만일의 가능한 사태contingency"에 대해 말한다. "레토릭은 주로 '찬성과 반대로 나눌 수 없는 상당히 넓은 영역에 있는 문제, 옳고 그른 것이나 참과 거짓과 같이 그 비율이 계속해서 변하는 것'을 다루고 있다." 이에 덧붙여 비처는 이렇게 말한다. "레토릭은 진지한 사람들이 실제로 혹은 가능한 수준에서 불일치가 존재하는 주제를 다루거나, 대안적인 신념과 가치, 입장 등을 허용하는 상황 의존적이고 개연적인 문제에 적용한다."[32]

레토릭은 특정한 결과를 강제하지 않는 아직 미해결인 쟁점에 대해 말하며, 그러한 과정에서 우리의 가치에 따른 나름의 기여에 관심을 갖게 한다. 따라서 패럴에 따르면, 아리스토텔레스는 "가장 훌륭한 청중은 실질적인 대안을 비교 형량할 수 있는 일종의 자기 확장형 청중"[33]이라고 했다. 우리는 개인으로서, 판단과 결정이 요구되는 동일한 종류의 많은 쟁점과 실질적이면서도 도덕적인 여러 문제에 직면한다. 물론 대규모 공중의 일원으로서도 같은 문제에 마주친다. 정의로운 전쟁은 가능한가? 학교에서는 어떤 과목들을 가르쳐야 하는가? 어떻게 의료 혜택을 동등하게 배분할 수 있는가? 여러 대안이 비교될 수 있을 때, 그리고 문제가 불가피하거나 불가능하지 않을 때, 우리는 레토릭 이용을 가능하게 하는 상황 의존적 쟁점에 직면하는 것이다.

자, 그럼 이 시점에서 민주주의 사회에서 레토릭 기술에 의해 성취된 실질적인 결과를 살펴보자. 레토릭 기술이 진지하게 다루어지고, 세심하게 연구되고, 또한 잘 실행이 되면, 그것이 여러 가지 활기찬 사회적 기능을 수행하게 된다는 것을 알게 될 것이다.

레토릭 기술의 사회적 기능

이 장을 시작할 때 레토릭의 역사 속에서 레토릭 기술에 대해 갖게 되는 별로 안 좋은 이미지도 언급했다. 그러나 레토릭은 속임수나 기만과 같은 나쁜 목적에 이용될 수도 있지만 여러 가지 중요한 사회적 역할도 수행한다. 레토릭은 그 기술이 특정 엘리트에게만 이용 가능할 때, 수용자에게 제대로 이해가 되지 않을 때, 그리고 비윤리적으로 실행될 때에 더욱더 오용되는 것 같다. 레토릭의 여섯 가지 기능은 다음과 같다. (1) 아이디어를 검증하고, (2) 특정 입장을 옹호하며, (3) 권력을 배분하고, (4) 사실을 발견하며, (5) 지식을 형성하고, (6) 공동체를 형성한다는 것이다.

레토릭은 아이디어를 검증한다

레토릭의 가장 중요한 기능 중 하나는 아이디어를 적절히 검증할 수 있게 해 주는 것이다. 레토릭의 실행은 아이디어를 공개적으로 평가할 수 있는 평화적인 수단을 제공한다. 어떤 개념이 타당하다고 인정을 받으려면 내가 그것을 지지해야 하며, 효과적인 지지는 레토릭적으로 생각하고 행동하는 것을 의미한다. 그것은 곧 지지란 것이 누군가의 레토릭적인 지식을 요구한다는 점을 말하는 것이다. 아이디어 검증은 나의 논리적 주장들을 찾아내고(창안), 그러한 주장들을 구조화된 메시지로 만듦으로써(배열) 시작하고, 나의 표현에 수용자가 반응함으로써 계속되는 것이다.

수용자는 아이디어를 검증할 수 있는 레토릭의 능력 중에서 아주 중요한 요소다. 우리는 수용자의 동의를 얻는 과정에서 수용자 구성원들이 비판적인 판단을 하게 될 것이라는 점을 인식한다. 일부 수용자는 아이디어를 세심하게 검증하지만 어떤 다른 수용자는 그러한 책임에서 벗어나 상당히 무심할 수도 있다. 수용자가 아이디어를 검증하기 위해 제대로 잘 준비되어 있으면 있을수록 검증은 더욱 주의 깊게 이루어지고 아이디어의 질에 대해 더 나은 검토가 이루어진다고 할 수 있다. 공적 상황에서의 아이디어 검증은 사회에도 특별한 이익을 주게 된다. 따라서 레토릭 기술에서의 교육 훈련은 지지자뿐만 아니라 수용자에게도 중요한 것이다.

친절한 비평가와 반대자의 반응은 모두 나의 논리적 주장을 강화시키고 내 아이디어를 더욱 세련되게 만들 수 있도록 나를 도와준다. 비판적인 반응에 적응하는 것은 내 경우를 보다 분명하고 강하며 보다 감동적이고 설득적인 것으로 만들어 준다. 아이디어를 검증하고 다듬는 과정은 레토릭 기술을 이해하고 실천하는 것에 바로 맞닿아 있다.

아이디어를 레토릭하게 검증한다는 것은 무엇을 하는 것인가? 어떤 아이디어의 비판적 검증이란 다음 질문에 대답하는 것을 의미한다.

- 그 아이디어를 지지하는 레토릭 전문가를 나는 믿는가?
- 그 아이디어는 분명한가, 아니면 모호한가?
- 그 아이디어를 지지하는 주장은 확실하며 설득력이 있는가?
- 그 아이디어를 뒷받침한다고 제시된 입증은 최근의 것이고 믿을 만한 정보원에게서 나온 것인가?
- 거짓 주장으로 주목을 분산시키려고 불필요한 소구가 사용된 것은 아닌가?
- 특정 주장 지지자가 제시하는 사례에 모순은 없는가?

지지자들이 레토릭한 자원에 의존하듯이, 이와 같은 각각의 질문 역시 레토릭 기술 차원에서 그 답을 찾게 된다. 이는 레토릭 기술의 아이디어 검증 기능이 탄탄하고 믿을 만한 것이 될 수 있으려면 수용자 역시 레토릭적으로 영리해져야 함을 의미한다.

레토릭은 특정 입장을 옹호한다

레토릭은 우리가 믿고 있는 아이디어를 옹호하는 방법이다. 레토릭은 우리의 사사로운 아이디어를 공적인 소리로 만들어 주며, 그것에 주목하게 만든다. 리처드 래넘이 레토릭을 "어떻게 주목이 만들어지고 할당되는지"[34]에 대한 연구라고 규정한 바 있는데 이를 상기해 보라. 바로 이런 이유 때문에 그는 "주목 경제학"[35]을 가르치는 것이 레토릭이라고 말한다.

정치학은 정치적 스피치, 토론, 선거 운동 광고 등이 아이디어와 후보자를 홍보하는 것과 같은 지지를 요구하는 활동으로 생각된다. 레토릭은 그러한 메시지들을 준비하는 과정에서 채용된다. 로비스트가 입법자에게 활동을 펼칠 때, 유권자가 대표자들에게 편지를 보낼 때, 그리고 위원회가 어떤 제안의 이점에 대해 토론할 때도 마찬가지다. 법조계에서도 레토릭 기술은 변호사에게 의뢰인의 소송을 준비하도록 도와준다. 법정에서의 진술(혹은 변론) 그 자체는 고대 세계에서 처음으로 법정이 나타난 이래 계속해서 레토릭 기술과 관련되어 왔으며, 환경법과 같은 보다 새로운 법적 영역에서의 지지자 역시 레토릭에 의지한다.

덜 구조화된 상황에서의 지지는 지지자들이 레토릭과 관련해서 공식 교육을 받았든지 안 받았든지 간에 종종 그 기술에 의해 배운 원리를 따르고 있다. 예컨대, 당신이 어떤 친구에게 기술적인 판단을 표현할 때 스파이크 리Spike Lee의 영화가 스티븐 스필버그Steven Spielberg의 영화보다 낫다고 말한다고 하자. 당신은 배워서 그랬든 아니면 본능적으로 그랬든, 자신의 의견을 어떻게 효과적으로 표현할지를 생각하면서 나름대로 의견을 개진할 것이다.

다큐멘터리 제작 과정을 위해서 준비된 어떤 미디어 프로젝트의 경우도 마찬가지다. 폐암 환자들과의 인터뷰를 보여 주는 20분짜리 동영상 안에서 한 여학생이 연구 기금 증액를 위한 어떤 작품을 만들고 있다고 하자. 그 영상은 그녀의 수업에서뿐 아니라 기금을 지원해 줄 기관에도 보여 주게 될 것이다. 편집 결정은 다음과 같은 원칙에 따라 이루어질 것이다. 인터뷰의 어떤 부분이 이용될 것인가? 어떤 인터뷰가 맨 먼저, 그리고 맨 나중에 올 것인가? 인터뷰 질문을 하는 그녀가 영상에서 주된 역할을 할 것인가, 아니면 뒷전에 있을 것인가? 그러한 판단은 한정된 시간 안에, 특정 수용자들 앞에서 얼마나 효과적인 작품이 영상 내에 구성될 것인가라는 생각에서 이루어지게 된다.

법정과 같은 공식적인 맥락 안에서든 대화 상황과 같은 덜 구조화된 상황 안에서든 레토릭 기술은 효과적인 지지를 끌어내는 데 중요하다. 레토릭은 효과적인 지지에 관한 연구다. 그것은 아이디어에 대한 어떤 입장을 나타내게 되는데, 그래서 그에 주목하게 만든다. 이처럼 중요한 레토릭의 기능이 쉽게 간과될 수도 있지만, 어떤 아이디어가 사적인 신념에서 공적인 진술로 이동하는 순간에는 언제나 레토릭 기술이 사용된다.

레토릭 기술에 대한 이해는 누군가의 지지 기법을 향상시켜 준다. 우리는 종종 어떤 사람들이나 집단이 레토릭을 이해하지 못했기를 바라는지도 모른다. 목적에 동의하지 않거나 아이디어가 혐오스럽다고 생각하기 때문이다. 이러한 문제를 해결하기 위해서는 우리부터 레토릭에 대한 이해를 확대해야 할 것 같다. 우리가 어떤 관점에 반대할 경우 레토릭은 그에 답하도록 준비시키고, 또 그에 대한 반대 주장을 하도록 도와준다. 이러한 레토릭 기능은 그러한 기술의 세 번째 이익인 권력 분산의 가능성을 우리에게 제공해 준다.

레토릭은 힘을 배분한다

레토릭의 옹호나 지지 역할에 관한 앞의 논의는 레토릭과 힘, 즉 레토릭과 권력이라는 밀접히 연관된 쟁점을 제기한다. 레토릭이 의사 결정에 영향을 미칠 수 있기 때문에 그것은 사회적인 힘social power의 형태를 띠게 된다. 우리가 레토릭과 힘을 생각하는 경우, 다음과 같은 질문이 떠오른다.

- 사회 안에서 누구에게 발언권이 주어져 있는가?
- 어떤 주제에 대해서 우리는 말할 수 있는가?

- 어떤 상황에서 말할 수 있는가?
- 어떤 종류의 언어가 허용되고 있는가?
- 어떤 지지자들에게 어떤 미디어가 이용 가능한가, 그 이유는 무엇인가?

말이 곧 행동이다

이 질문에 대한 대답은 힘이나 영향력의 배분과 상당히 밀접한 관련이 있다. 힘과 그 배분에 관한 쟁점은 레토릭 이론에서 항상 중심에 자리 잡고 있다. 제임스 벌린James Berlin은 "레토릭을 구성하는 사람들은…… 우선 무엇보다도 당대에 있어 힘, 즉 권력 작용play of power을 언급하는 데 관심을 가졌다"고 말한다.[36] 그래서 그는 규범적인 것으로 제시되는 글쓰기와 말하기를 위한 지침마저도 기존 권력 구조에 영향을 받으며, 그것을 위해 발전된 것이라고 단언한다.

"이제 말은 그만하고 뭔가 좀 합시다"와 같은 말 속에서 우리가 말과 행동을 대비시킬 때, 우리는 우리의 생각과 행동까지 영향을 미치는 언어의 큰 힘을 고려하는 우리 자신을 오도할 수도 있다. 레토릭 이론가들은 언어와 권력은 밀접히 연결되어 있으며, 권력은 물리적인 힘이나 금전적인 자원보다 더 큰 뭔가를 포함한다고 오랫동안 인식해 왔다. 말하기와 글쓰기는 행동의 양태이며, 따라서 레토릭은 힘의 원천으로서의 상징이 어떻게 효과적으로 이용되는지를 연구하는 것으로 이해될 수도 있다. 우리는 레토릭이 밀접히 연관된 세 가지 유형의 힘을 생각해 볼 수 있다.

개인적인 힘

우선 레토릭은 개인적인 힘에 기여한다. 레토릭 기술은 우리의 표현 기법들을 고도화시킴으로써 성공과 발전을 위한 길을 제공한다. 효과적인 말하기와 글쓰기, 심지어는 어휘 구성vocabulary building과 관련된 세미나들은 개인적인 성공과 언어 간의 관계가 널리 인정되고 있음을 보여 준다. 인적 자원 관리 전문가인 레베카 해스팅스Rebecca Hastings는 "성공하기 위해서는 젊은 노동자들이 직업 자체의 지식보다 더 많은 것을 발전시켜 나갈 필요가 있다고 전문가들은 말한다. 직장에서의 성공을 위해 필요한 이른바 소프트 기법soft-skills 중에서 소통 기법communication skills은 특히 중요하다"[37]고 말한다. 명쾌하고 효과적이며 설득적인 표현은 단순히 여러분이 아주 꼼꼼하고 세련되었음을 보여 주는 그런 문제가 아니다. 그것은 여러분 스스로 설정했던 목표를 향해 나아가는 중요한 수단인 것이다.

심리적인 힘

둘째, 레토릭은 심리적인 힘, 즉 생각에 영향을 미치는 힘의 원천이다. 상징과 생각은 복잡하게 연결되어 있다. 우리는 기법을 통해 잘 짜여진 메시지를 통해 단순히 상징 틀symbolic framework을 변경시킴으로써 사람들이 생각하는 방식을 바꿀 수 있다. 행동에 영향을 미칠 수 있는 능력에 더하여, 레토릭은 한 사람이 또 다른 사람의 심리적 세계를 바꾸는 수단이기도 하다. 사실, 상징은 우리가 정신세계로 진입해 들어가는 유일한 길일 것이다.

광고는 레토릭의 심리적인 힘을 보여 주는 한 사례다. 광고주는 상징의 전략적 이용을 통해 우리의 심리 틀과 행위에 영향을 미치려고 한다. 광고에서 아주 마른 몸과 개인적인 매력 사이의 반복되는 상징적 연상은 많은 이들에게 스스로 외모에 불만을 갖게 만든다. 누군가의 심리에서 일어나는 이러한 변화는 먹는 것과 같은 행위에 영향을 주기 시작할 때 유해한 결과를 초래할 수 있다. 이 때문에 수용자의 정신세계를 변화시키는 레토릭의 힘과 관련해서는 상당히 주의 깊게 접근해야 한다.

정치적인 힘

셋째, 레토릭은 정치적인 힘의 원천이기도 하다. 정치적 영향력의 배분은 종종 누가 발언권을 갖는가, 어디에서 말하도록, 그리고 어떤 주제에 대해서 말하도록 허용되는가와 같은 문제다. 앞으로 11장에서 살펴보겠지만, 프랑스 철학자 미셸 푸코Michel Foucault는 특정 사회에서 레토릭과 정치권력의 접점에 대해 탐구한 바 있다. 그는 권력이란 고정되고 위계적인 사회적 배치가 아니라, 어떤 특정한 시간에 영향력을 미치는 상징 전략과 밀접히 연관된 유동적인 개념이라고 본다. 다른 말로, 푸코의 경우, 정치권력은 레토릭의 실천에 직접 관련되어 있다는 것이다.

일부 집단은 다른 집단에 비해 말할 수 있는 더 많은 기회를 갖고 있다. 이는 사실 어떤 관점이나 이데올로기의 '특권'에 대한 관심을 갖게 만든다. 이데올로기는 신념 체계 또는 세계를 해석하는 틀이다.[38] 검증되지 않은 이데올로기는 그 지지자들이 사실을 '있는 그대로' 보지 못하게 만들 수 있다. 따라서 우리는 권력을 분산시키기 위해서뿐만 아니라 권력을 집중시키기 위해 레토릭을 이용하는 것을 경계할 필요가 있다.[39] 레토릭이 아이디어를 지지하기 위해 사용되지만 그것을 검증할 가능성이 배제된다면, 검증되지 않은 이데올로기의 제국이 현실화될 가능성은 얼마든지 있는 것이다.

레토릭은 사실을 발견한다

레토릭은 아이디어를 검증하고, 지지를 뒷받침하며, 힘을 분배한다. 레토릭의 네 번째 중요한 기능은 의사 결정에 중요한 사실과 진실을 발견하게 해 준다는 것이다. 레토릭은 적어도 세 가지 방식으로 이처럼 중요한 일을 도와준다.

첫째, 어떤 논거가 될 만한 사례를 준비하려면 자신의 아이디어를 지지해 줄 입증을 마련해야 한다. 이러한 탐사 과정은 레토릭 기술의 필수적인 부분이다. 자신이 아주 강한 확신을 가지고 있을지 모르지만 수용자를 자신의 입장에 동의하도록 믿게 만들려면 그러한 확신은 입증과 논리적 주장에 의해 뒷받침되어야 한다. 확실한 입증은 상황 의존적 문제contingent matters에서 보다 나은 결정을 하게 해 준다. 둘째, 메시지를 애써 만드는 일은 이용 가능한 사실을 평가하는 것도 포함한다. 이러한 창안 과정은 종종 사실과 사실 간의 새로운 관계를 이해할 수 있는 새로운 길을 제공해 주기도 한다. 셋째, 제시되는 주장 간의 충돌은 새로운 사실을 조망할 수 있게 해 주고 이용 가능한 사실을 가려낼 수 있게 해 준다.

수용자는 어떤 주장을 하는 사람이 충분한 정보를 가지고 말해 주길 기대한다. 특정 주장 옹호자와 같이 당신도 의사 결정에 중요한 정보 제공자가 될 수 있다. 청중 가운데는 반대자가 포함될 수 있으며 그 반대자는 당신이 제시하는 입증도 평가하게 될 것이다. 일부 사실은 잘못된 것일 수 있고, 오래되거나 무관한 것일 수도 있으며, 전혀 신뢰할 수 없는 것일 수도 있다. 따라서 레토릭 기술은 새로운 사실의 발견뿐 아니라 사실이 실제로 관련이 있는지 믿을 만한지를 결정하는 상호 작용 과정을 도와준다. 물론 레토릭은 사실을 은폐하기 위해서 채용될 수도 있는데, 이는 레토릭이 항상 윤리적인 우려를 낳는다는 점을 다시 한 번 상기시킨다. 레토릭이 사실을 발견하는 데 도움을 준다는 인식과 함께 사실을 모호하게 만들 수도 있다는 인식은 이미 고대부터 있어 왔다. 이는 2장에서 살펴볼 것이다.

레토릭은 지식을 만들어 낸다

우리가 알고 있는 것 또는 우리가 가치 부여하는 것에 대해 우리는 어떻게 합의에 이르는가? 정의에 대한 특정한 관점이 하나의 공동체나 문화에서 어떻게 지배적인 것이 되는가? 법 앞에서 평등하다는 가치는 어떻게 정립된 것인가? 평등이 불평등보다 낫다는 것을 우리는 어떻게 아는가? 이러한 질문 하나하나에 대한 답변은 어느 것이나 단순하지 않지만 지식과 레토릭 실천 사이에는 중요한 관계가 존재한다.

레토릭은 우리가 진실하고 올바르며 그럴 수 있다고 받아들이는 것을 결정하는 데 아주 중요한 사회적 역할을 수행한다. 이러한 이유 때문에 레토릭학자 로버트 스콧Robert Scott은 레토릭을 "인식적epistemic," 즉 지식 형성적knowledge-building이라고 규정했다.[40] 그가 뜻하고자 하는 바는 무엇인가? 우리는 레토릭을 통한 상호 작용rhetorical interaction을 통해 어떤 아이디어는 진실한 것으로 받아들이고 다른 것은 틀린 것이라고 거부하게 된다. 레토릭의 지식 형성적 기능은 아이디어를 검증하는 그 자체의 경향성에서 비롯되는 것이다. 하나의 아이디어가 어떤 공동체에 의해 완전히 검증되면 그것은 알려진 기지既知로서 받아들여진 것의 일부가 되는 것이다. 물론 이러한 지식의 수용은 일시적일 수 있으며, 레토릭을 통한 계속적인 상호 작용은 현재 이미 기지로 받아들여진 것에 문제 제기도 할 수 있다.

우리는 어떻게 '알게' 되는가

지식이 레토릭을 통해 발전한다는 것은 지식의 원천에 대한 통상적인 이해에 반하는 일이다. 우리는 종종 지식이란 것이 직접적인 경험이나 교육이라고 하는 간접적인 경험을 통해 획득된다고 생각한다. 지식은 천문학자가 새로운 별을 발견하는 것과 같은 방식으로 발견되는 대상으로 다루어진다. 별은 항상 저기에 있었는데 천문학자가 그것을 우연히 보게 된 것이다. 어떤 지식은 다른 지식보다 이러한 객관적 기술에 더 적합하다.

아마도 레토릭은 이러한 종류의 지식을 구축해 나가는 데는 제한된 역할을 수행한다. 그러나 별의 '나이'는 그것이 실제에 비해 덜 확실하며, 그것을 결정하는 과학자 사이에서 논리적 주장을 요구할 수 있다.

토론에 관여한 과학자들이 동료들을 설득하기 위한 레토릭 기술은 자신이 아는 것에 의존할 것이기 때문에, 이때 레토릭은 지식을 구축하는 역할 수행을 시작하게 된다. 그들은 청중을 평가할 것이고, 설득적일 것이라고 여겨지는 논리적 주장을 정교하게 다듬으면서, 설득력이 약할 것이라고 생각되는 것은 피하고, 효과적일 거라고 생각하는 순서로 논리적 주장들을 배열하며, 자신의 주장을 뒷받침하는 입증을 제시할 것이다. 그렇다고 그게 끝이 아니다. 비록 다수의 과학자가 합의에 도달하더라도 바로 이 과학자들은 비전문가인 새로운 청중의 요구를 고려하면서 논리적 주장을 그들에게 맞추어 조정하는 사신을 발견할 수도 있을 것이다. 우리가 알고 있다고 말하는 것에 대해 문제 의식을 가지는 것은 여전히 중요하다. 우주 시대에 대한 지식은 많은 이들에게 종교적인 의미마저 지닌다. 우리는 별의 나이를 학교에서 배워야 한다고 알고 있는가? 우리는 새로운 별을 더 잘 보기 위해 망원경을 설치하는 데 돈이 투자되어야 한다고 알고 있는가? 레토릭을 통한 상호 작용은 이러한 질문에 대답하는 것과도 관련이 있으며, 레토릭이 실행되는 방식은 결국 지식으로서 받아들여지는 것을 결정하는 데 중요하다.

레토릭은 공동체를 만들어 낸다

무엇이 공동체를 규정하는가? 이러한 질문에 대한 하나의 대답은 사람들이 공통적으로 가치를 부여하고 알거나 믿는 것이 공동체를 규정한다는 것이다. 일부 관찰자들은 미국인들이 분열로 향하는 계속적인 압력에 직면해서 공동체를 구성하던 자신들의 의식을 상실해 가고 있다며 우려를 표한다. 이게 사실이라면, 그리고 공동체 감각을 유지해 나가는 것이 지향해야 할 목표라면, 이러한 사회적 분열과 파편화 문제에 대해서 무엇을 할 수 있을까?

우리가 공통의 신념과 가치를 갖게 되는 과정의 많은 부분은 본질적으로 레토릭과 관련이 있다. 레토릭과 공동체의 관계에 대해 연구한 마이클 호건Michael Hogan은 "레토릭은 아주 다양한 방식으로 공동체의 특성과 안정에 영향을 미친다"고 말한다. 공동체가 형성되는 방식을 이해하고자 했던 많은 학자들은 "공동체는 대개 자신과 타자를 특징짓기 위해 사용하는 언어(건전하기도 하고 역기능적이기도 한)에 의해 규정된다"[41]는 결론을 내린다. 정말 그렇다면, 호건과 다른 이들이 말한 대로, 공동체를 구축하거나 약화시키는 데 레토릭이 수행하는 구체적인 기능을 탐구하는 것은 아주 중요한 일이다.

공동체는 경계선이 구획되어 있거나 특정한 도시 구역에 한정되는 단순한 지리적 실체가 아니다. 공동체는 서로 같은 이유를 가지고, 유사한 방식으로 세상을 보며, 비슷한 관심과 기대를 갖고 있는 사람들로 이루어져 있다. 따라서 종교 조직, 노동자 집단, 그리고 같은 도시에서 살아가고 있는 인종 집단의 구성원이 공동체를 이루며 산다고 할 수 있다. 물론 그러한 공동체의 모든 특성이 레토릭 실천으로 발생한 것은 아니다. 예컨대, 종족 혹은 민족성은 담론의 영역이 아니다. 그러나 공동의 가치, 공동의 희망, 그리고 공동의 신념을 발전시키는 것은 종종 누군가가 말한 바 있는 것으로서 영향력을 갖게 된 결과다.

예컨대, 1950년대와 1960년대에 마틴 루터 킹의 시민권 옹호를 둘러싸고 발전한 공동체를 생각해 보라. 킹 목사는 아주 숙련되고 유식한 레토릭 기술 실천가였다. 함께 일한 이들은 가치와 행동의 공동체를 만들었으며, 그 활동의 많은 부분은 효과적인 레토릭 담론 수단으로 이루어졌다. 그는 보다 구체적으로 특정한 가치를 설득적인 방식으로 옹호했다. 그중에는 평등, 정의, 비폭력, 평화가 있었다. 그는 공적인 상황에서 특정한 아이디어, 인종주의와 같은 아이디어를 검증하기도 했다. 인종주의에 반대했으며, 인종 간의 화합과 같은 아이디어를 옹호했다. 그는 아프리카계 미국인이 어떤 대우를 받는지를 대중 수용자를 위해 폭로하기도 했다.

킹 목사는 인종적 조화와 관련된 대화에 하나의 언어를 제공했다. 인종적으로 통합된 미국에 대한 그의 꿈과 '비폭력 저항'에 대한 그의 지지는 시민권 운동에 참여한 많은 이들에게 깊은 감명을 주었다. 그들은 킹 목사의 용어를 자신의 어휘로 만들었다. 킹 목사는 자신의 레토릭한 노력을 통해 사람들로 하여금 함께 생각하고 함께 행동할 수 있게 한 담론 공동체를 만들어 냈다. 그는 자신이 레토릭을 통해 목소리를 내게 한 강력한 아이디어를 중심으로 한 적극적이고도 효과적인 공동체를 발전시켰던 것이다.

종종 공동체 구성원들(예컨대, 페미니즘 운동가나 정통 유대교인, 또는 동물권 운동가 등)은 공동체 내의 다른 구성원을 개인적으로는 모른다. 사실, 대규모로 흩어져 있는 공동체의 특정 구성원은 자신이 집단에 소속되어 있다고 말하는 사람들의 극히 일부에 대해서만 알고 있다. 하나의 공동체가 크고 지리적으로 분산되어 있을 때 어떻게 공동체 의식이 유지되는가? 확실히 집단의 상징, 은유, 추론의 방식은 물리적으로 서로 분리되어 있더라도 강력한 공동체 의식을 촉진하는 공통된 연대를 만들어 낸다. 또한 공동체는 그들 구성원 간에 서로, 그리고 다른 집단의 구성원들과도 레토릭을 통한 상호 작용으로 시간이 지나도 유지되어 나간다. 호건은 "공동체란 레토릭 담론으로 양육되고 자양분을 받는 살아 있는 생명체"[42]라고 말한다.

여기서는 레토릭 실행에 의해 이루어지는 다음과 같은 여섯 가지 기능에 대해 논의했다. (1) 아이디어를 검증하고, (2) 특정 입장을 지지 옹호하며, (3) 힘을 배분하고, (4) 사실을 발견하며, (5) 지식을 형성하고, (6) 공동체를 구축하는 것. 이러한 기능은 레토릭의 역사 속에 등장하는 주요 주제와 밀접히 연관되어 있으며, 이어지는 다음 장들과 연결해 준다. 다음 장에서는 이러한 주제의 일부에 대해 더욱 구체적으로 살펴볼 것이다.

결론

우리는 공허한 말, 아름다운 언어, 또는 설득과 같이 레토릭이라는 용어에 대해 일반적으로 사용하는 일부 의미를 살펴보는 것으로 이 장을 시작했다. 이러한 의미들이 그 단어와 자주 결합되어 사용되긴 하지만, 레토릭은 효과적인 상징적 표현에 관한 연구나 실천이라고 규정되기도 하고, 계획되고 청중에게 적응하고 일단의 상황에 맞추는 특성을 지닌 담론의 한 유형이라는 데 우리가 주목하기도 했다. 또한 우리는 아이디어를 검증하고 특정 입장을 지지 옹호하며 공동체를 구축해 나가는 것과 같은 레토릭의 일부 사회적 기능에 대해 살펴보기도 했다.

반복되는 주제

우리가 레토릭 기술과 그것의 다양한 이용에 대해 진지하게 생각하게 되면 몇 가지 중요한 쟁점이 부각된다. 2,500년 이상 레토릭 기술이 발전해 온 방법을 생각해 봄으로써 이러한 주제를 돌이켜 보게 될 것이다.

레토릭과 권력

앞서 살펴본 것처럼 레토릭은 사회 안에서 특정 권력과 중요한 관계를 맺고 있다. 레토릭 기술 그 자체가 힘의 한 척도이기도 하고, 레토릭 실천은 권력을 배분하기도 하고 집중시키는 데 중요한 역할을 수행한다. 모든 문화는 누가 어떤 청중 앞에서 어떤 주제를 말할 것인지 결정한다. 이러한 제한에 변화를 주는 것은 레토릭 실천을 통해서든 레토릭 교육을 통해서든, 아니면 이들 둘 다를 통해서든 종종 기존 규범을 위배하는 것을 의미한다. 사회의 특정 부분이 레토릭 지식을 결여하고 있거나 레토릭 실천을 거부당하게 된다면, 이는 그에 상응해서 권력에 대한 접근이 약화되고 있음을 의미하는 것인가? 우리는 레토릭 역사의 여러 시점에서 제기된 이러한 문제를 검토하게 될 것이다.

레토릭과 진리

레토릭은 의사 결정과 관련된 사실들을 발견한다. 더군다나 레토릭은 우리가 생각하거나 믿는 것을 어떻게 말할지 도와준다. 그러한 경우 레토릭은 진리와 어떤 관계에 있는 것인가? 레토릭이 진리를 발견하고 있는가? 아니면 레토릭은 다른 접근 방법, 예컨대 과학적 방법에 의해 발견된 진실을 전달하는 수단을 단지 제공해 주는 것인가? 레토릭의 역사를 탐색해 봄으로써 우리는 이러한 의문에 대한 다양한 해답을 찾아보게 될 것이다. 진리라는 것이 현실을 초월한 것이라면 진리를 찾아내고 만드는 데 레토릭의 역할은 매우 제한적일 것이다. 사실 레토릭은 진리에 대한 위협일 수도 있다. 다른 한편으로 진리가 사회적 합의의 문제라면 레토릭은 무엇이 진리인지를 정하는 데 주된 역할을 하게 되는 것이다.

레토릭과 윤리

설득은 레토릭에 중심적인 것이다. 이는 레토릭이 항상 도덕적이거나 윤리적인 문제를 제기한다는 것을 의미한다. 설득이 항상 나쁜 것이라면 레토릭은 이러한 도덕적 비난을 피할 수 없다. 설득이 용인된다면 화자나 작가 또는 전문가의 윤리적 의무에 대해 말하는 것은 매우 중요하다. 레토릭을 실천하면서 반드시 지켜야 할 도덕적 금지선은 무엇인가? 뭔가를 지지하거나 옹호하는 사람들이 윤리적 책임에는 전혀 아랑곳하지 않고 레토릭을 실행하는 그런 사회에 살기를 원하는 사람은 거의 없을 것이다.

레토릭과 수용자

윤리의 문제는 수용자에 대한 연설가의 잠재적 영향력에 대한 문제 제기와 분리될 수 없다. 레토릭은 권력의 한 형태이기 때문에 레토릭에는 윤리적 고려가 수반되기 마련이다. 레토릭은 수용자의 사유 방식을 어떻게 바꾸고 또 그들의 행동을 어떻게 촉발시키는 것인가? 더군다나 수용자가 레토릭의 질적인 면에 일정한 통제력을 갖는다면, 레토릭에 대해서 수용자를 교육시킬 도덕적 의무는 없는 것인가? 레토릭의 역사를 살펴보게 되면, 수용자도 종종 중요한 고려 사항이 되고 있음을 알 수 있다.

레토릭과 사회

이 장의 논의 과정에서 공동체와 사회를 발전시키고 유지시키는 레토릭의 역할에 관한 보다 큰 쟁점들도 제시했다. 레토릭의 사회적 기능에 대해서도 살펴보았다. 우리는 조화를 이루면서 함께 살고 일하는 데 필요한 협력을 이루어 나가기 위해 레토릭에 의존한다. 그러한 기능은 민주주의를 꽃피우는 데도 중요하다. 레토릭의 역사를 살펴보는 과정에서, 사회에 공동의 정체성과 방향성을 부여하는 레토릭의 가치 형성 방식에 대해서도 유념해 주기 바란다. 레토릭의 숙련된 실천이 실질적으로나 도덕적으로 어떻게 사회에 이익이 될 수 있을지 생각해 봐야 할 것이다.

레토릭의 역사에 대한 우리의 논의 과정에서 이러한 주제와 문제에 주목할 것이다. 우리의 문제 제기에 대해 많은 학자들이 제시한 여러 가지 상이한 대답과 그 대답이 제시하는 나름의 근거는 레토릭의 역사를 사람들의 생각과 관계와 문화의 발전에 대한 풍부하고도 흥미로운 통찰로 이끄는 원천이 될 것이다. 2장에서는 고대 그리스 시대 논란이 많았던 레토릭에 대한 기원과 초기 발달사를 조망함으로써 길고도 풍성하게 이어져 온 레토릭 역사를 탐구한다. 이를 통해 여러 주제를 접하게 될 것이다.

2장

레토릭의 기원과 초기 역사

나는 그들에게 …… 연설을 잘하려면, 무엇보다도 먼저 자신이 하고자 하는 것에 대한 타고난 자질이 있어야 한다. 두 번째는 연설하려는 주제에 대해 열심히 교육받고 수련해야 한다. 그리고 그러한 기술의 이용과 적용에도 정통하면서 실천해 나가야 한다고 말한다.

_ 이소크라테스Isocrates

레토릭의 역사는 춤이나 회화의 역사와 마찬가지로 그 시작 지점이 분명하지 않다. 인간이 자신의 움직임 속에서 이동 가능성뿐 아니라 표현 가능성을 인식하기 시작했을 때 춤이 시작되었을 것이다. 벽에 이미지를 만들어 어떤 얘기를 하려고 물감을 사용했을 때 비로소 회화가 시작되었다고 할 수 있다. 인간은 상징 속에서 의미 전달의 가능성뿐 아니라 자신의 목적을 달성할 가능성을 발견했을 때, 레토릭 역시 시작되었다. 따라서 목적을 달성하기 위해 계획된 언어를 사용하는 레토릭의 기원을 알 수는 없지만, 특정한 문화 전통에서 이루어진 레토릭의 체계적인 표현은 역사적으로 추적해 볼 수 있다.

서구에서 레토릭의 역사는 다른 예술이나 학문의 역사에서와 마찬가지로 고대의 상당히 창의적인 사회 구성체였던 BC 8세기에서 BC 3세기에 걸친 그리스 도시 국가에서 시작되었다. 레토릭학자 리처드 레오 에노스Richard Leo Enos에 따르면, 언어의 힘에 대한 이론은 BC 9세기 호메로스Homeros의 저술에 이미 암시되어 있었다. 에노스는 호메로스의 저술에서 언어의 세 가지 기능을 발견한다. 언어의 기능은 "탐구적heuristic이고, 논쟁적eristic이며, 권고적protreptic"이라는 것이다.[1]

간단히 말해 탐구적 기능이란 그것이 사실이든 통찰력이든 심지어는 "자각"이든 간에 뭔가를 발견해 내는 능력을 말한다.[2] 언어의 논쟁적 기능은 언어가 마음을 사로잡거나 동기를 부여하고 심지어 "상처를 주기까지 하는 언어의 능력"을 의미한다.[3] 끝으로 담론의 권고적 기능은 인간의 생각을 "'돌리거나' 방향 잡아주는……" 언어 능력을 나타낸다.[4] 즉 말이란 인간이 자신이 생각하는 대로 다른 사람을 설득할 수 있게 한다. 언어의 이러한 도구적 기능은 그것이 레토릭에 대한 체계적인 연구의 토대가 되기 여러 세기 전부터 이미 인식되어 왔다.

이러한 언어의 기능에 더하여 자신의 생계를 위해 말에 의존했던 이들은 청중에 대한 의존 역시 인식했다. 앞 장에서도 언급한 바 있지만 청중의 주목을 끌기 위한 고려는 레토릭에 대한 공식적 연구가 있기 전부터 있어 왔다. 설득의 여신인 페이토Peitho는 유랑하던 레토릭 전문가들이 아테네로 오기 오래전에 이미 아테네의 신전과 문학에 등장했다. 문예학자인 브라이언 보이드는 "그들의 신과 영웅에 대해 암송하고 노래했던 그리스 시인은 이미 주목 끌기 경쟁 체계 속에 들어가 있었다"고 말한다. 시인은 기존의 이야기와 경쟁하기 위해서 자신의 말하는 속도나 길이, 방식 등을 변화시키거나 비슷한 이야기를 마치 처음 말하는 것처럼 보이게 하려는 개혁자이거나 창안자이거나 말재주꾼이어야 했다.

보이드는 호메로스가 축약의 방법이나 아테네와 트로이 간의 전쟁에서 중요한 행위가 일어났던 시간을 줄이는 것과 같은 레토릭적 전략을 경험했다고 본다. "호메로스는 《일리아드*Iliad*》에서처럼, 《오디세이아*Odysseia*》에서도 단순한 사건을 늘리기보다는 압축해 강화하는 것을 더 선호한다"는 것이다.[5] 따라서 언어 자원은 BC 5세기의 그리스 도시 국가(폴리스polis)에 나타나 자리 잡기 수세기 전부터 널리 인식되고 경험됐던 것이다. 레토릭에 대한 보다 조직화된 접근을 마련하게 된 것은 어떤 조건에서였을까?

레토릭의 등장

사회적 실천으로서 인식되기 시작한 레토릭의 기원은 BC 5세기 시칠리아섬에 있는 아크라가스라는 그리스 도시, 그리고 엠페도클레스Empedocles(BC 490~BC 430)라는 인물까지 거슬러 올라갈 수 있다. 시인이자 의사이며 연설가인 엠페도클레스는 말하기 능력에 있어서 전설적 존재였다. 그는 당대의 강력한 지배자에게 대항하는 데 능력을 발휘했다. 시와 마술과 의술과 연설 등에 관한 엠페도클레스 연구는 (오늘날 독자에게 상당히 이국적인 것으로 여겨지는) 말과 말의 신비로운 힘에 관해 당시 어떻게 이해했는지를 보여 준다. 자신의 철학 사상을 시의 형태로 집필했던 그는 소수에게만 제한적으로 전해지던 상당히 난해했던 피타고라스Pythagoras의 수리 이론에 심취했던 학생이기도 했다. 이런 여러 가지가 얽힌 상황 속에서 레토릭의 실체가 서서히 자라나기 시작했다.

체계적인 학문으로서의 레토릭은 BC 467년경 시칠리아의 시라쿠사라는 도시에서 시작됐다. 히에론Hieron이라는 전제 군주가 죽자 그가 소유했던 토지에 대한 소유권 분쟁이 일어났다. 당시 코락스Corax라는 연설가는 법정에서 스스로를 방어해야 하는 시민에게 법적 주장을 잘할 수 있게 가르쳐 주었다. 그는 또한 시라쿠사가 민주적 개혁을 하는 과정에서 일정한 역할을 담당했다.[6]

공적 말하기public speaking를 가르친 코락스의 방식은 다른 이들에게도 급속히 받아들여졌고, 이른바 소피스트Sophists로 알려진 전문적 레토릭 선생이나 실천가에 의해 아테네를 비롯한 여러 그리스 도시 국가에서도 이루어졌다. 많은 소피스트는 번창하는 도시 아테네에 매력을 느꼈다. 거기서 그들은 비싼 요금을 지불할 수 있는 이들에게는 누구에게나 스피치 문안을 작성해 주었고, 레토릭 강좌를 제공했다. 아테네의 비교적 개방적인 분위기와 점차 발전해 가는 민주적인 정치 체제가 레토릭의 성장을 위한 옥토가 되었다.

아테네의 민주 개혁

소피스트가 왜 이처럼 특정한 시기에 레토릭 서비스를 제공할 수 있는 시장을 발견했던 것일까? 그리스에서 레토릭의 인기는 BC 6세기와 BC 5세기에 여러 도시 국가, 특히 그중에서도 아테네에 영향을 미친 극적인 변화와 밀접한 관계가 있었다. 레토릭학자 존 폴라코스John Poulakos는 이렇게 말한다. "소피스트가 헬레니즘 문화에 젖은 도시 국가들에 나타났을 때, 그들은 자신이 귀족주의에서 민주주의로 넘어가는 거대한 문화 변동의 한가운데 있음을 알아차렸다." 존 딜런John Dillon과 타니아 거걸Tania Gergel에 따르면, "주요 소피스트들은 …… 여기저기를 돌아다녔지만 BC 5세기 후반 그들이 선택한 종착지는 아테네였다."[7]

정치인 솔론Solon(BC 638~BC 559)은 아테네에서 중요한 정치 개혁을 시도했고, 클레이스테네스Cleisthenes(BC 566~BC 493), 에피알테스Ephialtes(?~BC 461), 페리클레스Pericles(BC 495~BC 429) 등은 아테네의 자유로운 남성 시민이 도시 국가를 지배할 수 있게 하는 등 극적인 민주적 변화를 촉진시켰다. BC 507년경에는 클레이스테네스가 새로운 형태의 통치 체제를 인민에 의해 지배되는 민주정demokratia이라고 명명했다. 폴라코스는 그리스 정치 체제에서의 이러한 변화가 "새로운 유형의 교육, 즉 제한된 민주주의라는 새 정치에 맞는 교육 수요를 만들어 냈다"고 본다.[8] 더이상 "집안의 명성이나 계급 혹은 재산 규모 등"을 앞세워 법정이나 입법 기관에 개입할 수는 없게 됨에 따라 권력 구조상 중간 계급이 성장하게 되었다.[9] 막대한 부를 소유한 귀족은 여전히 "민회와 평의회와 법정을 주도해 나가는 데 필요한 훈련의 기회를 살" 여력이 있었지만, 새로운 정치 체제는 "이전 어느 때보다도 상이한 배경과 직업 및 경제적 지위를 가진 자들을 망라해서 보다 폭넓은 권력 배분이 가능하도록 해 주었다."[10]

BC 5세기 중반에 아테네는 "세상이 과거에 경험하지 못했던 지적으로 가장 생동하는 사회였다." 위대한 도시 국가는 "독립적인 민회에 의해 지배되고…… 보통 사람의 관심과 충성심을 장악할 수 있었던 인기 있는 연설가에 의해 지배되는 극히 참여적인 민주주의 체제"로 부상했다.[11] 아테네 민주주의는 괄목할 만한 정치 개혁이었다. 조시아 오버Josiah Ober는 "복합 사회의 유사 이래 처음으로, 자유롭게 태어난 (각자 나름의 능력을 지닌) 모든 토착 남성은 국가 정책을 토론하고 결정할 권한을 포함한 정치적 평등권을 가졌다"고 말한다.[12] 로빈 워터필드Robin Waterfield는 이러한 창의적인 모든 지적 활동이 아테네에서 어떤 욕구를 만들어 냈다고 본다.

> 거기에는 새로운 도덕성, 정치 이론, 설득적으로 말할 수 있는 능력, 지금보다 더 낫고 주제를 깊이 탐구하는 교육에 대한 욕구가 있었다. 거기에는 낙관주의적 분위기, 소크라테스 이전의 아주 광활한 대우주 이론과 초월적 이론에 대한 거부감, 그리고 사회의 근본에 대한 문제 제기 경향이 있었다. 그래서 그러한 것들을 버리든지 아니면 옹호하든지 해야 했다.[13]

이러한 개혁에서 중요한 것은 당시 세계의 다른 지역에서는 전혀 알려지지 않은 개념인, 권리를 가진 사회의 개별 구성원으로서의 시민이 부각되었다는 점이다. 아테네의 여성(50,000~60,000명), 노예(150,000~250,000명), 메토이코이metoikoi라 불린 거주 외국인(5,000명)은 권력에서 확실히 배제되었고, 지배 귀족 엘리트와 일반 공중을 구분하던 벽에 금이 가기 시작했다. 고대 아테네에 있어 일반 시민과 귀족을 구별 짓는 것 중에는 설득적 스피치를 할 수 있는 능력도 포함되었다. 그에 따라 계급에 상관없이 누구에게나 레토릭을 가르칠 수 있다는 소피스트의 제안은 많은 이들에게 이전에는 접근할 수 없었던 권력의 무대에 진입할 수 있는 수단으로 보였다.

도시 국가와 정치

많은 남성이 정치에 뛰어들게 됨에 따라, 개인적인 성공과 공적인 영향력을 결정짓는 핵심 요인은 더이상 계급이 아니라 이제는 말하기 기법speaking skill이 되었다. 모든 남성 시민은 이세고리아isegoria, 즉 공개된 민회에서 자유롭게 말할 수 있는 기회 보장의 권리를 향유했다. 민주적 개혁은 "아테네 남성으로 하여금 도시에서의 입법적, 사법적인 일에 대해 듣고, 이해하고, 말할 수 있는 능력을 발전시킬 수 있도록 허용하는, 심지어는 그런 능력을 발전시킬 것을 요구하는…… 민주화 과정을 완성시켰다."[14] 더군다나 그리스 도시 국가의 생활에서 중심을 이루던 법정과 입법 기관인 민회와 각종 행사와 장례식 등은 모두 청중 앞에서 말하는 시민의 능력에 달렸다.

다른 무엇보다도 폴리스, 즉 독립된 도시 국가들이 그리스적인 것을 의미한다고 했다. 고전학자 험프리 키토Humphrey Kitto에 따르면, 고대 그리스인은

> 독립적인 폴리스에 애착을 지녔다. 그리스인의 마음속에 그리스인과 야만

인의 차이를 나타내는 것이 폴리스였는데, 폴리스야말로 그리스인이 스스로 원하는 대로 충만하고 지적이며 책임 있는 삶을 살 수 있게 해 주었다.[15]

폴리스라는 말은 시민의 출현presence of citizens/polites이라는 의미를 강하게 내포하며, (보통 그리스인을 뜻하는) 'Greeks'는 아테네와 스파르타라는 지역보다는 아테네인과 스파르타인이라는 사람의 의미를 더 강하게 나타내는 것 같다. 따라서 그러한 용어는 물리적인 도시보다는 일군의 시민 집단을 마음속에 더 상기시킨다. 민주적인 개혁과 함께 도시 국가의 정치 생활은 연설과 토론에 참여하는 시민에 의해 관리되었다. 전제 군주들이 "고문과 채찍에 의해 다른 국가를 지배했다면, 그리스인은 설득과 토론을 통해 의사 결정을 했다."[16] 그런 상황에서 레토릭을 훈련시켜야겠다는 교육 수요는 모든 이에게 더욱 분명해졌다. 아마도 모든 이에게 분명해지긴 했지만, 그렇다고 모든 이가 할 수 있는 것은 아니었다. 아테네의 민주적 개혁이 여성에게 미친 영향에 대해서는 이 장의 뒷부분에서 논의할 것이다.

아테네의 교육

존 딜런과 타니아 거걸은 다음과 같이 말한다.

우리가 반드시 기억해야 하는 것은 아테네인이 그렇게 "높은" 교육 체계를 개발했던 것은 결코 아니라는 점이다. 사실 우리가 "초등학교" 교육이라고 생각하는 것보다 약간 높은 수준이라고 할까…… 사고하고 말하는 기술에서 좀 더 나은 훈련이 필요하다는 요구가 제기되자 시장에서의 공백을 메꿔야 한다는 목소리가 나타났던 것이다. 적절한 때에 그리스의 여러 지역에서 온 주목할 만한 일련의 개인들이 그러한 공백을 메꾸었는데…… 우리는 그

들을 집단적으로 "소피스트"라고 부른다.[17]

당시 소피스트는 그리스 시민에게 담론 기술 교육, 특히 논쟁적 주장의 창안과 그러한 주장을 대규모 청중에게 설득적 방식으로 표현하는 교육 훈련을 제공했다. 새롭게 선거권을 갖게 된 시민은 이전에는 그리스에서 이용할 수 없었던 것, 즉 효과적인 스피치 관련 교육을 위한 시장을 만들어 냈다.[18]

고대 그리스의 경우 대부분의 교육은 주로 음악이나 문학과 같이 정신에 도덕적 힘을 부여하는 공부와 몸을 단련시키는 체육으로 나누어졌다. 오늘날의 관점에서 고등 교육이라는 고급 과정 공부는 지능을 발전시키려는 것인데 실제 잘 알려져 있지 않다. 소년은 일곱 살경에 통상 음악 선생과 (숫자도 가르쳐 주는) 글쓰기와 읽기 선생 및 체육 선생 등을 모시게 된다. "아테네인의 민주주의는 모든 남성 시민이 문자를 깨우치고 있다는 가정 위에서 작동하기" 때문에 대부분의 자유로운 남성은 이러한 기본 교육을 받았다. 교육은 유용한 기술을 개발하고 전통적인 그리스의 가치를 배양하는 데 초점이 맞추어졌다.[19]

이러한 이유 때문에 소피스트가 지불 능력이 있는 누구에게나 교육을 제공함으로써 아테네인의 삶에 "상당히 새로운 충격"을 주었다고 고전학자 재클린 드 로밀리Jacqueline de Romilly는 말한다. 공식적인 교육은 좀 단순했고 그나마 그것을 이용할 수 있는 사람도 극히 한정되었다. 드 로밀리는 소피스트 이전에 "아테네에는 이른바 보습 교육과 조금이라도 비슷한 것조차도 없었다"고 말한다.[20] 워터필드에 따르면, "소피스트는 교육 의제를 정교화했을 뿐 아니라, 도덕철학과 사회철학, 그리고 정치철학에 심각하게 문제를 제기했던 최초의 사람들이었다."[21]

레토릭 교육 훈련

소피스트에 의한 교육은 지중해 주변 지역 전체에서 이루어졌으며, "주요 소피스트는…… 여기저기 돌아다녔지만 BC 5세기 후반에는 확실히 아테네가 그들의 종착지였다."[22] 히피아스Hippias, 프로타고라스Protagoras, 고르기아스와 같은 소피스트는

> 젊은이에게 한 사람의 화자이자 행동하는 남자로서 자기 일을 적절하게 하도록 가르침으로써 가정을 잘 관리할 수 있게 하고, 또한 나랏일을 적절히 잘 처리하도록 가르침으로써 도시의 실질적인 권력자가 될 수 있게 만드는 자신들의 능력을 아주 자랑스럽게 광고했다.[23]

그러한 광고는 많은 이들이 받아들일 수밖에 없었으며, 소피스트는 부와 영향력 면에서 크게 성장했다. 소피스트가 제공한 새로운 교육은 석조 공사와 같은 어떤 기예를 훈련시키는 것이 아니었다. 그보다 당시 레토릭 교육은 정치 생활에 참여하고 재정적인 투자에서 성공하는 데 필요한 언어 기술의 숙련을 약속했다. 당시 소피스트의 레토릭 교육은 많은 그리스 시민이 성공하고 영향력을 행사할 수 있는 출구를 열어 주었다. 레토릭은 문화와 교육의 중요한 한 양상으로, 그리고 계속 이어지는 서구 역사의 중요한 한 부분으로 그 나름의 자리를 잡아 나갔다.[24]

설득력 있게 이야기하는 능력은 이전부터 천부적 재능으로 여겨져 왔거나 신의 선물이라고 생각하기도 했다. 그러나 레토릭을 교육받는 것은 점차 그리스 교육의 중요한 토대가 되었으며, 교양 있고 영향력이 있다는 주된 표시이기도 했다. H. D. 랜킨H. D. Rankin에 따르면, "BC 5세기 또는 BC 4세기 아테네에서의 구두 언어의 영향력은 아주 컸으며, 결코 과장된 게 아니었다."[25]

수전 재럿Susan Jarratt과 로리 옹Rory Ong은 이것이 부분적으로는 맞

는 얘기라고 했는데, 그리스인은 "인간 해방과 활동은 자신의 운명에 대해 스스로 책임을 지는 것이며 결국 생각과 스피치에 의해 영향을 받을 수 있다"고 가정했기 때문이라는 것이다.[26] 이러한 가정은 사고의 큰 변화를 나타내는 것이다. 이는 그리스 공중이 점차 운명은 신에 의해 결정된다는 믿음을 거부하고 그 대신 거기에 새로운 개념, 즉 개인의 운명과 도시국가의 운명은 인간의 합리성과 설득적인 스피치에 의해 형성된다는 것을 받아들였음을 가리키는 것이기 때문이다. 더군다나 그리스인의 마음에 스피치는 표현 수단일 뿐 아니라 하나의 힘, 변화의 도구이기도 했다.

리처드 에노스에 따르면, "고대 그리스인은 레토릭을 하나의 학문이라고 생각했다. 특히 민주주의에 의해 지배되는 자기네 도시에서의 자신들 교육의 한 부분으로 받아들였으며, 자기 공동체의 일들을 수행하는 데 도움이 되는 실질적인 것으로 그들은 간주했다."[27] 역설적이게도 이러한 레토릭 기술은 그리스의 시민 생활과 교육에 그렇게 중요한 것임에도 불구하고 소피스트라는 외국에서 온 선생들에 의해 아테네와 여타 도시들에 유입되었다는 점이다. 이처럼 흥미로운 레토릭 전문가의 활동과 믿음과 그들에 대한 평판은 좀 더 면밀히 살펴볼 가치가 있다. 한편 고대 아테네에서 재판이 어떻게 이루어졌는지를 살펴보면 연설하는 개인의 능력이 아테네인에게 왜 그렇게 중요했는지를 이해하는 데 도움이 될 것이다.

아테네 법정과 민회

디카스테리아dikasteria(디카스트dikast는 판사 또는 배심원을 말함)라고 불린 아테네 법정은 여러 면에서 오늘날 법정과 달랐다. 아테네의 재판(공개 재판)은 두 개의 스피치로 이루어졌다. 하나는 고발자의 스피치이고, 다른 하나는 피고 측의 스피치다. 시민은 자기 자신을 위해 말한다. 200명으로부터 많게는 1,500명 이상의 (30세 이상의 남성으로 구성된) 배심원단은 숙의하는 것이 아니라 단순히 투표했다. 배심원은 자신의 봉사에 대해 일정한 대가를 받으며, 재판은 그날로 결론을 낸다.

진술 입증은 재판 전에 법정에(실제로는 일단의 시민 집단에게) 제출해야 하며, 법정에 모인 시민 배심원에게 큰소리로 읽어 줘야 한다. 모든 주요 스피치를 위해 허용되는 시간은 청취해야 할 사건의 심각도에 따라 결정된다. 진행을 맡은 관리의 역할은 법률 전문가라기보다는 어떤 의식 주관자, 시간 계수자, 무장한 질서유지원 등에 더 가까웠다. 사실 아테네 법정은 교육받은 법 전문가가 뽐내는 곳은 결코 아니었다. 오늘날로 치면 변호사가 있는 곳도 아니었고 고도로 발달한 법전이 있는 것도 아니었다. 시민은 자신을 위해서 말해야 했고 법정은 대개 레토릭 경연장이었다.[28] 고전학자 마이클 가가린Michael Gagarin에 따르면, 시민 배심원은 "양쪽의 주장을 공정하고 현명하게 평가하기 위해 이성적으로 분명히 뛰어난" 이들이었다. "우리는 연설가들이 세부적인 사항에 주의를 기울이면서 자신의 주장을 구성하고 있음을 알 수 있다. 그리고 우리는 이러한 주장을 평가하는 데 배심원이 합리적인 판단을 할 거라고 인정해야 한다"고 그는 덧붙인다.[29]

소피스트 안티폰Antiphon(BC 479~BC 411)과 같은 스피치 작가나 스피치 대필가는 높은 수수료에도 불구하고 사법적 스피치를 쓰기 위해 고용되었다. 이는 BC 430년경에 시작된 것으로 보인다. 어떤 법이 있느냐 하는 해석보다는 많은 청중 앞에서 설득적 스피치를 할 수 있는 개개 시민의 능력이 더 중요시되었다. 따라서 당시에는 가장 설득적인 공적 화자public speaker가 승리를 얻었기 때문에 아테네 법정에서는 스피치 기술이 무엇보다도 중요했다. 이러한 일상적인 법정 제도가 소피스트에게 넓은 개활지를, 그리고 레토릭을 오남용할 수 있는 큰길을 열어 주었던 것이다.

18세 이상의 시민으로 구성된 아테네의 민회(에클레시아ekklesia)는 법과 외교 정책을 결정했다. 민회는 참석 자격을 가진 사람이 4만 명 정도 되는데, 매년 40회 정도 모임을 가졌고 회의가 있을 때 대략 6,000명 정도가 참석했다. 민회에서는 새로운 항구를 건설할 것인지, 전쟁에 참전할 것인지, 비양심적인 시민을 추방할 것인지 등을 포함한 상당히 폭넓은 주제에 관한 스피치를 들었다. 종종 주제들이 (아테네 10개 부족에서 추첨으로 뽑힌 각 50명씩) 500명의 시민으로 구성된 대표 기구인 평의회(보울레 boule)에 의해 민회로 전달되기도 하는데, 그들은 매일 만나서 실제 아테네 도시를 감독했다.

여성의 목소리

원로원 역시 민회와 같이 남성으로 구성되지만, 원로원에서는 여성의 목소리가 강력하게 제시된 것으로 드러나고 있다. 그리스인은 신의 가르침을 알기 위해 신탁 사제에게 신탁을 청했던 독실한 사람들이었다. 신탁 사제는 신과 밀접하게 접촉하는 것으로 여겨지는 여성인 피티아Pythia를 통해 말했다. 피티아의 종종 아리송한 조언은 원로원에서 정책을 토론하는 것과 같은 논란을 일으키기도 했다. 아테네인만 델포이의 신탁 사제에게 자문을 구한 것은 아니었다. 그곳은 다른 도시 국가에서 온 시민도 이용할 수 있었다. 린다 월시Lynda Walsh는 그리스 역사에서 이 시기에 대해 다음과 같이 말한다.

> 사실은 아직 한 여성이 쓴 것으로 알려진 사포Sappho의 발언 외에는 그간 수집된 피티아의 계시만이 우리에게 남아 있는 텍스트로는 유일한 것이다. 물론 그러한 계시는 피티아 곁에서 시중 들던 남성 예언자들에 의해 새겨지고, 그리스 전역에 있는 민회와 법정 등에서도 남성 해석자들과 남성 신탁 사제들에 의해 분류되고 해석되었기 때문에 지금껏 존재하는 것이다. 그래서 델포이의 신탁은 마치 당연한 것처럼 다성적인polyvocal 것으로 남아 있다.[30]

개개 시민은 민회 안에서 특별히 중요한 역할을 수행했다. "민회에서 동료들의 관심을 끌고 계속 붙잡아 둘 수 있는 시민은 누구나 국가 정책에 관해서 그들에게 조언할 수 있는 권리를 가졌다." 공개된 장소에서 이처럼 수많은 사람의 관심을 끌고 계속 유지하기 위해서는 당연히 상당한 레토릭 기술이 있어야 했다.[31]

소피스트

체계적인 공부로서의 레토릭은 소피스트라고 불리는 일단의 연설가, 교육자, 작가, 옹호자에 의해 발전했다. 소피스트라는 이름은 '현명한' 혹은 '숙련된'이라는 뜻을 지닌 그리스어 소포스sopos에서 유래했다.[32] 소피스트가 하는 공부에서 중심적인 것은 레토릭, 즉 '로고스logos의 기술art 또는 테크네techne'였다. 여기서 로고스는 주장, 이성, 설명, 또는 단순히 말을 의미하기도 한다. 로빈 워터필드는 다음과 같이 말한다.

> 그리스어 로고스는 상당히 폭넓은 의미를 지녔다. "그는 별로다"라는 말에서처럼 로고스는 "수준," "양," "가치" 등의 의미로 어떤 "정도를 나타낼 수 있다. 그것은 "말," "스피치," "주장" 등을 의미할 수도 있다. 그것은 "비율," "원리" 또는 "공식"을 의미하기도 한다. 그것은 또한 인간의 합리적 능력이라는 의미와 "설명"의 의미 모두에서 "이성"을 의미할 수도 있다. 요컨대, 로고스는 이른바 일련의 논리적이고 합리적인 능력과 행위를 포괄하는 것이다.[33]

소피스트는 현대적 의미로 교수 비슷한, 즉 권위자, 전문가, 교사 같은 의미를 전한다. 소피스트는 폭넓은 주제에 대해 잘 안다며 그에 대한 지식을 공언했다. 스피치 글쓰기를 전문으로 하는 소피스트를 '로고

그라포스logographos'라고 불렀다. 또 다른 소피스트는 수학이나 심지어는 체육과 같은 과목과 함께 공적 말하기를 가르치는 학교를 운영하던 선생들이었다. 그리고 세 번째 집단은 오락적인 모임이든 법정이나 민회에서든 대가를 받고 스피치를 제공한 전문 연설가들이었다. 물론 어떤 소피스트는 스피치 대필가, 교사, 전문 연설가로서의 서비스를 모두 제공하기도 했다. 소피스트는 "언어를 유창하게 구사하거나 화려한 스타일…… 다채로운 외양, 특이한 개성으로 청중을 깜짝 놀라게 함으로써 나름대로의 평판을 얻었다."[34] 그들은 또한 매우 뛰어난 기억력으로도 유명했다.

많은 소피스트가 그리스에서 부와 명예를 얻었다. 그러나 그와 동시에 그들은 전통적인 그리스의 사회적 가치를 옹호하는 이들에게는 우리가 간단히 생각해 볼 수 있는 여러 이유 때문에 무시당했다. 이를 알아보기 전에 우선 우리는 그들이 학생에게 무엇을 어떻게 가르쳤는지를 살펴보게 될 것이다.

소피스트는 나름대로 독특한 교수법을 개발했으며 결과적으로 크게 성공했다. 동시에 그들은 그리스에 출현한 그 순간부터 논쟁 거리가 되었다. 최근 학계에서는 소피스트가 받지 않아도 될 비난을 받은 중요한 지적 인물들처럼 표현하기도 한다.[35] 소피스트는 BC 5세기 중반경부터 BC 4세기 말까지 아테네와 여타 그리스 도시 국가에서 활발하게 활동했다. 특정 시기에 그리스에서 활동한 소피스트가 그렇게 많은 것은 아니었지만 그들의 숫자가 차지하는 비율에 비해 레토릭의 발전과 서구 문화 전반에 걸쳐 상당한 영향력을 행사했다.[36] 중요한 소피스트로는 고르기아스, 프로타고라스, 폴루스Polus, 티시아스Tisias, 테오도로스Theodoros, 리시아스Lysias 등을 들 수 있다.

아테네의 번영

아테네와 다른 도시 국가들은 소피스트가 등장했던 그 시기에 일종의 문예부흥기를 경험하고 있었다. 이 시기 고대 그리스를 특징짓고 그에 이어지는 유럽 문화 형성에 영향을 미쳤던 두드러진 지적 번영을 고려할 때, "BC 5세기 후반기는 아테네가 가장 두드러졌지만 그리스 세계 전체의 지적 혁신기였다. 시인과 철학자, 의학 관련 저술자와 실무 종사자, 종교개혁가, 역사가 등은 새로운 사유 방식을 도입했다"고 마이클 가가린은 말한다. 그는 "철학과 연설은 아테네가 그리스의 지적, 문화적 수도로서의 지위를 확고히 함에 따라 특히 번성했다"고 덧붙인다.[37]

사실 레토릭 연구와 실천은 플라톤과 같은 (오늘날 관점에서 유명한) 철학자들보다 당시 아테네 문화에 미친 영향이 상대적으로 더 컸다. 가가린에 따르면,

> BC 4세기 플라톤이 아테네 문화에 미친 영향은 비교적 크지 않았다. 그에 비해 연설은 대부분의 아테네 시민에게 핵심적인 것이었다. 당시 아테네 시민은 법적이거나 정치적인 일에 적극적으로 개입하지는 않았을지라도 법정이나 민회의 모임에는 능력껏 정기적으로 참여했다.

철학적 지향이 강했던 플라톤과 그의 스승 소크라테스, 그리고 그의 특별한 추종자들은 당시 아테네에서는 주변부에 속했고 숙련된 공적 연설가들이 더 유명하고 칭송받았다. 도시 국가 아테네는 특히 "그리스의 다른 도시들에서보다 대중 앞에서 말할 수 있는 기회가 더 많이 주어졌다."[38]

소피스트에 대한 평판

소피스트 사이에서도 관심이나 성격, 기여도 등이 상당히 달랐다. 소피스트가 살았던 시기에도 논란거리였지만, 최근 학계에서는 그들을 단순한 떠돌이 연설 대필가나 수사학적으로 천부적인 사기꾼으로 보던 전통적인 시각을 많이 해체해 왔다. 그들은 말의 힘과 상징의 특성, 그리고 설득의 중요한 사회적 역할 등에 대한 놀라울 정도의 통찰력을 보여 주었기 때문에 오늘날에도 종종 찬사를 받고 있다.

소피스트는 그리스 사회의 근본 전제에 대해 의문을 제기하곤 했던 사회적인 인습타파주의자였다. 가가린은 "소피스트는 논증을 통해 실험하기를 좋아했으며, '전통적인 사고방식'에 도전하기를 좋아했고, 그러한 도전이 충격적일수록 더 좋아했다"고 말한다.[39] 소피스트는 청중에게 충격을 주기 위해, 그리고 토론과 조사를 촉진시키기 위해 역설을 이용하기도 했다.[40]

아테네인에게 일부 지도자 격의 소피스트는 비생산적인 지식 추구에 열중하거나 화려한 의상을 입거나 특이한 매너를 보이는 괴짜로 보이기도 했다. 또 어떤 이들은 자기 학생들을 수행원처럼 데리고 다니기도 했다. 아리스토파네스Aristophanes의 유명한 희곡 《구름*Clouds*》에서는 소피스트를 터무니없는 문제를 가지고 끝없이 토론만 한다고 무시한다. 이 위대한 극작가는 소크라테스가 스피치에 대해 언급한 것도 아니고 레토릭을 가르친 것도 아닌데 소크라테스를 소피스트로 취급하며 비판한다.

소피스트는 무엇을 가르쳤나

이미 언급한 바와 같이 소피스트는 언어적 설득 기술인 레토릭 선생이었다.[41] 그러나 그들은 말하기 이상의 것을 가르친다고 주장했다. 일부는 학생에게 선의와 탁월함과 성공할 수 있는 능력 등을 의미하는 그리스어인 아레테areté를 가르친다고 주장했다. 아레테는 용기와 같은 군사적 덕목과도 연결될 뿐 아니라 "타고난 지도자" 자질을 말하기도 했다.[42] 아레테는 뛰어난 지도자 자질을 가진 것으로 간주되는 귀족과도 전통적으로 결부되었다. 소피스트가 아테네에서 활발하게 활동하던 시기에 아레테라는 개념은 공적 상황에서의 설득 기술이라는 것으로 연상되었다. 의미상의 이러한 변화는 오랫동안 계속되었던 전쟁이 끝난 상황에서 소피스트가 적극적으로 강조했던 개념 정의의 미묘한 차이에 기인했다.

아레테가 군사적, 정치적 활동과 밀접하게 연결되어 있었기 때문에 그리스인은 아레테라는 게 과연 가르치고 배울 수 있는 것인지 의심했다. 즉 도덕적 탁월함이나 용기가 태어나면서부터 타고나는 태생적인 자질인지 아니면 세심한 교육에 의해 길러지는 결과인지 의혹의 눈길로 볼 수밖에 없었다. 그러한 지도자 자질을 전문가연하는 선생, 특히 도시국가에서 성장하지도 않은 외국인한테서 돈을 주고 산다는 것은 있을 수 없는 일이라고 그들은 생각했다. 이와 관련해서 당시 역사가였던 크세노폰Xenophon은 다음과 같이 기록한다.

> 소피스트에 관해서 내가 놀란 것은…… 그들 대부분은 사실 젊은이를 가르친다고 공언하지 않았는데, 실제로는 그와 정반대로 적극적으로 젊은이를 가르쳤다는 점이다…… 그들의 글쓰기는…… 사람을 발전시키기 위해 고안된 것이 아니었다. 대부분은 자질구레한 것들로 젊은이에게 좋지 않은 공허한 즐거움만 주는 것들이다. 뭔가 배울 게 있으리라는 기대를 갖고 그걸 읽으면 무의미하게 시간만 낭비하는 것이다…… 내가 비난하는 것은 스타일보다도 분량만 너무 많고, 젊은 세대를 좋은 쪽으로 이끌 건전한 생각을 제거시켜 왔다는 점이다.[43]

그렇다면 누가 아레테를 가졌다는 것인가? 종종 '인민the people'으로 번역되는 데모스demos라는 그리스어는 '다중masses'에 더 가까운 의미를 지녔다. 그노리모이gnorimoi로 불리는 엘리트 집단은 보통의 데모스보다 더 높은 사회적 지위를 가졌다. 그럼에도 일상적인 대부분의 결정은 이들 데모스 집단에 맡겨졌다. 당시 엘리트라고 구별짓는 특성 중에는 상류층 출신, 부, 교육, 그리고 당연히 아레테 등이 포함되었다. 따라서 소피스트가 다중 구성원에게 아레테를 가르칠 수 있다고 주장하는 것은 의구심이 들 뿐 아니라 사회 분열적으로 보였다. 그것은 또한 아테네의 지배 엘리트에게는 위협으로 다가왔다. 교육은 그 자체가 보다 높은 사회 계급으로 진입하는 수단이었기 때문에 소피스트는 이미 구축돼 있던 아테네 질서에 대한 상당한 위협으로 나타났던 것이다.[44]

소피스트의 궤변sophistry은 설득적 말하기 연구 그 이상의 것으로, 실제 그만큼 중요한 것이었다. 소피스트가 레토릭과 세심한 지략resources 관리 및 리더십 특성 등에 대해 가르쳤기 때문에 고대 그리스의 많은 젊은이가 소피스트의 교육을 성공을 위한 열쇠로 본 것은 결코 놀라운 일이 아니다.

그러나 다름 아닌 소피스트의 설득적 담론 구사 능력 그 자체가 그들에게 명성과 함께 논쟁을 야기시켰다. 소피스트는 자신들의 비싼 교육 과정이 스피치를 통한 청중 관리법을 가르칠 수 있다고 주장했다. 플라톤의 대화집 《고르기아스》에서 바로 그 대화집 이름으로 명명된 유명한 그 소피스트는 자신의 기술이 "개개인의 개인적 자유의 최선이자 그 원천뿐만 아니라 자신의 나라에서 다른 이들을 지배하는 최선이자 그 원천"에 대한 연구라고 주장하고 있다. 구체적으로 고르기아스는 레토릭을 "법정에서 배심원을, 원로원에서 원로를, 민회에서 그 구성원을, 그리고 공적인 이익과 관련해서 소집된 여타 모임에서 사람들을 말로써 설득할 수 있는 능력"이라고 규정한다(452). 폴라코스는 "소피스트의 교육은 구체적인, 특히 정치적, 법적 목적을 위한 레토릭의 권능에 관심을 갖고 있다"고 함으로써 그들의 교육이 지닌 실용적 특성을 강조한다. 그렇다면 소피스트는 그처럼 강력한 기술을 어떻게 가르쳤는가?[45]

소피스트는 어떻게 가르쳤나

한 사람의 연설가가 되기 위해 배운다는 것은 열심히 가르치고 힘들게 공부해서 학생의 능력을 교육·훈련시키는 일을 의미했다. 니체가 핵심을 말한 바와 같이, 레토릭 실력은 "세 가지 방식으로 얻어질 수가 있는데 그것은 먼저 천부적인 재능(피시스physis), 이론적인 가르침(테크네techne), 실습(아스케시스askesis 또는 멜레테melete)을 통해서다."[46]

소피스트는 변증술(디알렉티케dialektike)에 의해 혹은 특정 명제에 대해 지지하거나 반대하는 주장을 만들어서 가르쳤다. 이러한 실습은 학생에게 특정 사례의 어느 쪽에서든 주장할 수 있게 했다. 소피스트인 프로타고라스가 학생들에게 "더 나쁜 경우를 더 나은 경우가 되도록 만들라"고 가르친다고 자랑스럽게 말했다는 이야기는 유명하다. 변증술에서는 스피치와 주장이 통념(엔독사endoxa)이라고 하는 진술 또는 널리 믿고 있거나 아주 그럴듯한 것으로 받아들여지는 전제들premises에서 시작했다. "많은 덕목을 지닌 것이 많은 돈을 지닌 것보다 낫다"라는 전제로부터 하나의 주장이 발전해 나갈 수 있다. 어떤 학생은 이처럼 널리 받아들여지는 주장에 근거해서 나름의 주장을 만들 수 있다. 또 다른 학생은 널리 수용되는 다른 언급에 바탕을 두고서 그리고 제시된 것에 반하는 것을 탐색함으로써 그러한 주장에 도전할 수도 있다.

따라서 변증술에서는 진실에 대한 보다 나은 관점뿐 아니라 토론상 기법도 제시하면서 (믿는 바에 대한) 일련의 의견 교환 과정 속에서 반대 주장과 맞부딪치며 만나게 된다. 특정한 경우에 어느 쪽에서든 나름의 주장을 할 수 있게 하는 능력을 발전시켰기 때문에 소피스트의 학생들은 당시의 인기 있는 토론 대회에서 강력한 경쟁자들이었고 크게 성공한 옹호자들이기도 했다.

디소이 로고이

변증술적인 방법은 소피스트가 디소이 로고이dissoi logoi• 또는 모순적 주장contradictory arguments이라는 개념을 발전시켰기 때문에 채용된 것이었다. 즉 소피스트는 어떤 문제 제기에 대해서나 찬성 또는 반대를 하는 강력한 주장이 만들어질 수 있다고 믿었고 또 가르쳤다. 프로타고라스를 다룰 때 디소이 로고이에 대해 보다 자세하게 탐구할 것이다.

디소이 로고이와 밀접히 연관된 것으로 그리스어 카이로스kairos(시의적절함)가 있다. 이는 선호하는 상황이나 시의적절한 순간을 뜻하는 용어다. 카이로스는 본래 닫히기 전에 순간적으로 열린 곳을 통해 지나가는 것을 의미하는 것으로, 마치 베 짜는 사람이 베틀을 통해 실을 적절한 순간에 지나가게 하는 것과 같은 것이다. 카이로스의 원칙하에서 진실이란 것은 시간이나 기회, 상황 등을 포함하는 어떤 사건을 둘러싼 모든 요인을 세심하게 고려하는가의 여부에 달려 있다.

카이로스는 상황에 맞는 말, 논의하는 쟁점, 청중에 대한 예의나 세심한 고려와도 관계가 있다. 결국 카이로스의 순간적인 특성 때문에 말할 때 이러한 것을 이루어 내느냐 하는 것이 특정인의 말과 관련된 순발력과 기술 정도를 입증하는 셈이다.[47]

사실은 얼마든지 토론할 수 있으며 주장이 부딪칠 수 있게 함으로써만이 확정할 수 있다. 예컨대 어떤 범죄에 대한 진실 여부를 따지는 데

• 뒤에서 설명하지만 간략하게 말하면, 디소이 로고이는 관점을 바꾸어 똑같은 주장을 전혀 다른 형태로 보이게 하는 말하기 기술이다. — 옮긴이

는 서로 반대되는 관점에 대한 고려를 포함한다. 주장은 범죄가 발생한 시간이나 장소와 그러한 행위가 촉발된 상황에 관해 개진된다. 진실은 결국 서로 반대되는 주장과 논거의 충돌을 경청한 배심원이 내린 결정 속에서 드러나거나 만들어진다.[48]

소피스트적 방법은 학생으로 하여금 사건을 분석하고 그들의 입장에서 생각하며 의문이 드는 것은 묻고 유창하게 말하며 반대 주장을 전개하는 데도 도움을 준다. 소피스트 역시 유명한 스피치이든 선생이 만들어 준 모범 스피치이든 여러 스피치를 학생에게 암기하도록 한다. 학생 역시 이들 모범 사례를 근거로 해서 자기 스피치를 만들어 내기도 한다. 이러한 방법은 공식적인 경우에 대비해서 준비된 스피치를 가리키는 말인 에피데익시스epideixis로 알려져 있다.

수전 재럿과 로리 옹은 특정 소피스트의 지도 아래 스피치 쓰기를 배우는 학생들의 경험에 대해 다음과 같이 설명한다.

> 가까운 경우나 임박한 목적을 위해 자발적으로 마련했던 공동 내용물에서 여러 스피치가 만들어졌다. 실연을 준비하기 위해 기량이 뛰어난 레토릭 전문가와 함께 작업을 한 작은 세미나 집단의 학생들은 자기 선생들이 만들어 준 스피치를 듣고 기억하기도 했고, 그들 스스로 스피치를 만드는 실습을 하거나 서로 전달하곤 했다.

학생들은 "완전히 홀로 얘기하는" 실습뿐 아니라 "화젯거리topoi를 가지고 가까이서 함께 실습"도 했고, 자주 주장을 이용하기도 했다. 마지막에는, 이미 언급한 바와 같이, 소피스트는 학생이 "모순되는 명제, 즉 디소이 로고이에 대한 주장을 만들어 내는 데" 참여하도록 했다. 따라서 "레토릭 교육과 훈련은 집단의 사유와 행동에 존재하는 차이점에 대해 의문을 갖고 분석하며 상상하는 비판적인 분위기를 만들어 냈다."[49]

소피스트는 왜 논란거리가 됐나

많은 아테네인은 과장된 주장을 의심했다. 그들은 소피스트가 실제 정의를 이해하는지 의심했고, 그들이 아레테나 선과 미덕을 가르칠 수 있는지에 대해서도 의심했다. 언어적으로나 정신적으로 나름의 생각과 기지를 갖고서 별로 영향을 받지 않는 사람들은 소피스트를 그들을 따르는 사람들을 먹이로 삼아 도시 국가에 진리에 대한 잘못된 이해를 주입시키는 기회주의적인 사기꾼으로 보았다. 전기 작가이자 철학자 플루타르코스Plutarchos(46~120)는 소피스트를 "정치적으로 기민하고 실제 아주 약삭빠른" 남자들이라고 했다. 플라톤은 그들을 간단히 "말재주의 달인"이라고 했으며, 크세노폰은 소피스트를 "사기의 달인" 수준으로 격하시켰다.

그러나 보다 최근에는 다른 평가들이 제기되었다. 고대 그리스 전문가인 랜킨은 따르면, 소피스트는 "자기 학생이 도시 국가의 전통적인 규정과 관행에 따라야 한다는 내적 부담감에서 벗어나게 해서 양심의 가책 없이 적극적으로 나름의 성공을 추구할 수 있도록 보다 자유롭게 해 주었다."[50] 자기 자신의 목적을 주저 없이 전통적 관습에 얽매이지 않고 추구할 수 있는 이런 자유는 소피스트에게서 배우는 학생들을 고무시켰지만, 아테네 사회의 더 많은 전통적 구성원에게는 경계심을 갖게 했다.

많은 아테네인은 소피스트와 그들의 레토릭 기술에 대해 큰 의구심을 가졌다. 소피스트의 명쾌한 주장으로 설득하는 능력과 가르치려는 의지는 일부 사람들에게 소피스트를 아테네의 위험 요소로 보게 만들었다. 초기 소피스트들이 들어온 후 바로 후대에 살았던 플라톤은 《고르기아스》와 《소피스트》, 《프로타고라스》 등의 대화록에서 그러한 의혹을 부추겼다.[51] 플라톤의 학생이었던 아리스토텔레스는 《소피스트적 논박*On Sophistical Refutations*》(일명 《궤변론》)에서 그들의 공허한 주장에 대해서

언급한 바 있다.[52]

소피스트의 레토릭 학교는 가끔 "공적인 골칫거리와 나쁜 것"으로 간주되었다.[53] 플라톤은《고르기아스》에서 소피스트와 그들이 가르쳤던 것에 대한 토론을 상상한다. 다음 장에서 살펴보지만, 플라톤은 레토릭을 "말로 아첨하는 재주"라고 비난했다. 그러한 기술은 결코 오명을 벗어나기 어려울 것이라는 비난이다. 그러나 다른 한편에서 보면, 그 뒤의 서구 문화는 플라톤에 의해 제시된 진리 추구적인 철학보다는 프로타고라스와 고르기아스에 의해 표방된 소피스트의 논증 모델을 뒤따르는 것에 더욱 가깝게 전개되었다.

이익 추구를 위한 교육

소피스트가 "지나치게 많은 돈을 받는 기생충"[54]이라고 비난받게 된 요인은 무엇인가? 첫째, 오늘날의 관점에서 보기엔 문제가 될 만큼 충격적인 것은 아니지만, 당시 소피스트는 돈을 벌기 위해 가르쳤다. 히피아스, 프로타고라스, 고르기아스 같은 유명한 일부 소피스트는 그들이 제공하는 서비스에 대해 상당한 대가를 요구했으며 그 결과 크게 부자가 되었다. 가르치는 일, 특히 학생에게 단지 설득적으로 말하는 것을 가르치는 일에 돈을 받는다는 것은 당시 일부 아테네인에게는 비윤리적이면서도 도발적인 것으로 상당한 충격을 주었다. 유용한 일도 아닌 뭔가를 가르쳤다고 돈을 요구하는 것은 그리 흔한 일이 아니었다. 교육이든 일이든 어느 경우라도 그것은 결코 바람직하다고 보지 않았던 것 같다.

앤드루 포드Andrew Ford는 돈을 받고 가르치는 것에 반대하는 아테네인의 편견은 "직업적인 선생, 즉 가르치는 대가로 급여를 받는 사람은 누가 돈을 지불할 수 있는가에 입각해서 자신의 서비스를 제공하는 것이지, 성품이나 개인적 충성심과 같은 보다 높은 고려에 근거한 것은 아니라는 귀족주의적인 생각"에서 비롯되었다고 말한다.[55] 달리 말해서 귀족들은 자기 아이들이 그런 소피스트의 교육에 휩쓸리지 않게 배타적 입장을 취했고, 소피스트는 이러한 체계를 위협했다. 그럼에도 불구하고 유명한 소피스트가 청구한 레토릭 수업료는 일반 아테네인이 감당할 수 있는 수준을 넘어섰다.

유랑

소피스트를 둘러싼 두 번째 논란거리는 그들 대부분이 외국인이었기 때문이었다. 즉 당시 많은 소피스트는 선생이나 오락 제공자 혹은 스피치 대필가로 일거리를 찾아서 이 도시 저 도시를 떠돌던 유랑 외국인이었다. 당시 사람들은 근거지 없이 돌아다니는 개인, 방랑자, 외국인을 항상 의심의 눈초리로 바라보았다. 궤변술은 외국에서 아테네에 유입되어 들어온 것이라고 생각했고 실제 대부분의 주요 소피스트가 아테네 외부에서 온 사람들이었다.

상대주의

소피스트가 헬레니즘 문화의 외부에서 들어왔다는 사실과 그들의 여행 습관이 세 번째 논란을 만들어 냈다. 소피스트는 여기저기를 돌아다녔으며, 여행 중에 그들은 사람들이 다른 곳에서는 다른 것들을 믿는다고 얘기했다. 그들의 문화적 상대주의cultural relativism가 이러한 직업적 스피치 대필가와 레토릭 선생에 대한 그리스인의 의심에 직접 영향을 미쳤다.

소피스트는 진리관을 상대적인 것이라고 외치고 다녔다. 재럿이 언급한 바와 같이, 소피스트는 "지식이나 가치의 신적인 근원에 대해서 회의적이었다……"[56] 그들은 아테네인이 믿었던 것뿐 아니라 스파르타인, 코린트인, 북아프리카인이 믿었던 것도 알고 있었다. 더욱 중요한 점은 그들은 믿음과 풍습이란 것이 곳에 따라 극적으로 변한다는 것을 알고 있었다. 아테네를 떠나서 여행하면 할수록 사회적 실제와 관습은 더 많이 변했던 것이다. 예컨대, 어떤 지역에서는 죽은 이를 화장하거나 심지어는 사자死者를 먹는 것조차도 관습이었던 데 비해, 다른 지역에서는 그것이 중대한 범죄가 되기도 했다. 결혼 풍습, 사법적인 절차, 사회적 관계 등 모든 것이 장소에 따라 극적으로 달랐던 것이다. 그렇다면 절대적인 의미에서 진리가 무엇인지를 누가 알 수 있다는 말인가?

설득을 통한 진리

네 번째 논란거리는 바로 이러한 진리를 둘러싼 불확실성과 관련이 있었다. 고르기아스나 프로타고라스와 같은 소피스트에 따르면, 신과 같은 초월적인 근원에서 찾아지는 것은 아니었다. 그보다는 특정한 시기의 실질적인 진리는 여러 주장의 충돌을 통해 드러난다는 것이다. 폴라코스는 소피스트가 "세계는 항상 언어적으로 재창조될 수 있다"고 믿었다고 주장한다. 실제reality 그 자체는 객관적인 사실이기보다는 언어적인 구성물이라는 것이다.[57]

만약 진리와 실제가 가장 설득력 있게 말할 수 있는 사람에게 달려 있는 것이라면 무엇이 정의가 되고, 선의가 되며, 사회 질서가 되는 것인가? 제임스 머피와 리처드 카툴라Richard Katula는 "지식이란 주관적인 것이며 모든 것은 분명히 개개인이 그렇다고 믿는 것이다"라고 말한다. 이는 "우리 각자(반드시 인간이 집단을 이루고 있는 것은 아님)가 무언가 우리에게 의미하는 바를 결정한다"는 것을 의미했다.[58] 진리에 대한 그러한 급진적 관점과 그에 기반을 둔 레토릭은 호메로스적 선의와 미덕Homeric virtues과 전통적인 그리스적 규범에 빠져 있던 아테네인을 위협했다.

에이코스: 개연성

소피스트의 상대주의와 설득에 대한 헌신은 그들이 법정 답변이나 항변을 할 때 도입했던 또 다른 신선함, 즉 에이코스eikos(그럴듯함/사실임 직함.

즉 개연성)를 설명하는 데 도움이 될 수도 있다. 아테네인 옹호자와 배심원은 눈으로 직접 보고 입증한 것과 같은 관찰 가능한 사실에 근거한 경우를 선호했다. 그러나 안티폰 같은 소피스트는 일어날 것 같은 혹은 그렇지 않을 것 같은 것으로부터 성공적으로 추론을 했다. 예컨대, 덩치가 크고 힘이 센 사람이 작은 사람과 싸움을 하게 되었다고 하자. 누가 누구를 공격했는가? 에이코스를 이용해 보면, 작은 사람은 질게 뻔한 싸움인데 자신이 그렇게 크고 강한 사람과 어떻게 싸우려고 했겠는가? 그럴 가능성은 거의 없을 거라고 주장한다. 큰 사람 역시, 에이코스를 이용해서 자기가 어떻게 감히 그렇게 작은 사람에게 싸움을 걸려고 했겠는가? 그럴 가능성은 거의 없다고 나름대로 논리를 전개한다. 결국 대부분은 그처럼 비겁한 행동에 대해 큰 사람을 비난할 것이다.

노모스와 피시스

마지막으로 소피스트는 사회적인 합의, 즉 노모스nomos라는 개념에 입각해서 정의에 관한 관점을 세웠기 때문에 논란거리가 되었다. 소피스트는 왕의 권위에서 비롯된 법인 테스모스thesmos나 자연법인 피시스physis, 그리고 초월적인 플라톤적 로고스와 같은 다른 법적 근원에 반대되는, 법의 근원으로서 노모스를 옹호했다.[60]

그러나 그리스인의 마음에는 노모스와 피시스 사이에 두드러진 긴장이 존재했다. 딜런과 거걸이 언급한 바와 같이 "노모스-피시스라는 반대 명제antithesis는…… 확실히 소피스트 운동에 특징적인 것이다." "자연은 보다 근본적인 것일 수 있는 반면," 관습과 동의에 근거한 법은 "문명화된 사회의 발전과 보존에 필요한 자연의 한 변형이다. 그래서 더 선호된다"는 것이다.[61]

노모스에 대한 소피스트의 믿음은 초월적인 진리와 객관적인 실제에 대한 그들의 거부와 깊은 관련이 있었다. 공공의 법과 공적인 도덕성은 사회적 합의와 지역적 실천의 문제이지, 신이나 왕의 지시나 명령은 아니라는 것이다. 일부 사람들은 진리에 대한 이러한 관점이 그리스 사회의 도덕적 기반을 약화시켰다고 생각했다.

어떤 역사가들은 소피스트에 대한 부정적인 이미지가 그들을 적대시하는 이들의 묘사 때문이라고 보기도 한다. 고대 원전에 따르면 적어도 일부 소피스트는 상당히 존경받던 공인公人과 전문적인 정치인, 외교관이었다. 재닛 서턴Janet Sutton은 다음과 같이 말한다.

> 많은 고대인은…… 프로타고라스, 리시아스, 안티폰, 고르기아스, 트라시마코스Thrasymacos 같은 인물을 대사나 정치인으로, 시적 표현의 최고 스타일리스트나 시민적 담론 연설가로, 그리고 실천적인 교육자이자 친근한 정치 지도자로 그들에 대해 멋진 그림을 그려 놓고 있다.[62]

따라서 소피스트에 대한 어떤 묘사든, 그들이 인정하려고 했던 바와 같이, 모순되는 주장에 의해 특징지어지고 있음에 분명하다.

영향력 있는 두 소피스트

소피스트를 둘러싼 논쟁에 상관없이, 레토릭 기술은 BC 5세기에서 BC 4세기 그리스의 언어 세계에서 크게 유행했다. 소피스트는 오늘날까지도 영향을 미치고 있는 교육과 정치, 그리고 공적 담론에 관한 여러 아이디어에 대한 생각에 혁명을 일으켰다. 소피스트 개개인의 삶은 (일반적인 조사 연구로 밝힐 수 없는 방식으로) 그들 각자의 생각을 보여 준다. 여기서는 가장 영향력 있는 두 소피스트에 대해 좀 더 가까이 들여다본다.

고르기아스

레토릭 기술의 초기 선생이자 실천가 중 위대한 사람으로 레온티니의 고르기아스를 들 수 있다. 그는 BC 485년에서 BC 380년, 즉 100년 이상을 살았던 것으로 알려져 있다.[63] 고르기아스는 본래 대사로 아테네에 파견되었는데 외교관, 선생, 회의론적 철학자, 연설가로서 매우 성공한 경력을 지녔다. 다른 출중한 소피스트와는 달리, 고르기아스는 아레테를 가르칠 수 있다고 주장하지 않았다. 그는 다른 무엇보다도 그의 회의론적인 철학이 지니는 세 가지 표현 때문에 유명해졌다.

(1) 존재하는 것은 없다.

(2) 만약 뭔가 존재했다면, 우리는 그것을 알지는 못했을 것이다.

(3) 뭔가 존재했던 것을 우리가 알 수 있었다면, 우리는 그것을 다른 누군가에게 전달할 수는 없었을 것이다.

고르기아스는 스피치의 설득적 힘, 즉 로고스를 강조했다. 레토릭의 불가항력적인 힘에 대한 그의 생각은 그리스 전역에 걸쳐 추종자와 비판자를 만들어 냈다. 그는 아리스토텔레스가 레토릭을 발명했다고 한 엠페도클레스 밑에서 레토릭을 공부한 것으로 알려져 있다. 에노스는 고르기아스를 "그리스 레토릭에서 가장 혁신적인 이론가의 한 사람"으로 평한다.[64] 고르기아스는 초기 소피스트 중 가장 유명했던 프로타고라스(BC 485~BC 411)와 같은 시기에 활동했다. 프로타고라스에 대해서는 이어서 다룰 것이다.

고르기아스는 누구든 설득할 수 있다고 스스로 자랑했는데, 실제 그의 설득력은 전설적이었다. 일부 문헌에는 고르기아스가 돈을 댔다고는 하지만, 그는 아테네인이 델포이에다가 (외국인의 경우로는 전혀 들어본 바 없는 영예인) 금으로 된 자신의 동상을 세우도록 설득했다고 한다. 만약 그것이 사실이라면, 이는 고르기아스가 소피스트로서 엄청난 부를 축적했음을 말해 준다. 설득적인 말이 사람의 마음에 영향력을 발휘하는 마술적 힘과 거의 같다고 본다면 이러한 측면에서라도 고르기아스는 흥미를 끌 만한 인물이라고 할 수 있다.[65] 언어와 지식에 대한 그의 철학은 우리가 경험할 수 있는 유일한 실제는 "인간의 마음속, 그리고 언어적 조작에 대한 순응성과 민감성에 자리 잡고 있음"을 말해 주는 것이다.[66] 레토릭학자 브루스 그론벡Bruce Gronbeck에 따르면 고르기아스에게 있어 설득(페이토peitho)●이란 "언어라는 매개를 통해 영혼을 주무르는 기만술an art of deception"이나 다름없었다.[67]

마술로서의 레토릭

조지 케네디에 따르면, 고르기아스는 레토릭 전문가를 "프시카고가스psychagogas, 즉 시인과 같이 일종의 주문呪文을 통해 영혼을 이끌어주는 사람"으로 간주했다.[68] 시인에 비유하는 것은 (아테네인에게 시인은 무해하고 사적이기보다는 설득적이고 공적인 존재였다는 것을 인식하기 전에는) 오늘날 독자에게 다소 혼란을 가져다줄 수 있다. 게다가 그리스인에게 시라는 것은 종교, 의례 및 초자연적인 존재와 밀접하게 연결되었다. 아테네인에게 시는 "공적 담론"이었으며 그에 따라 "사회적인 공간 혹은 시민적 공간 안에서 우선적으로 이루어져야 하는 상당히 의미 있는 것……"이었다는 점 또한 사실이다.[69] 그러나 시는 초자연적인 기원을 가지고 있고 영혼을 움직일 수 있는 것으로도 생각되었다.

● 페이토는 그리스 신화에 등장하는 설득의 여신으로, 고대 그리스 도시 국가에서 연설이 주요한 정치 수단이 되면서 널리 숭배받았다. 그래서 페이토는 설득과 유혹, 언변술을 상징한다. — 옮긴이

효과적인 레토릭은 연설가의 언어적인 주술에 사로잡힌 청중에게는 최면 효과hypernotic effect를 가졌다. 재클린 드 로밀리는《고대 그리스의 마술과 레토릭*Magic and Rhetoric in Ancient Greece*》에서 자신이 고르기아스를 엠페도클레스나 피타고라스와 같은 초기의 마법 선동가들과 연결시킬 때 이런 관점을 확인시켜 주고 있다.[70] 고르기아스는 청중의 감정에 대한 통제력을 확보하기 위해 로고스의 힘을 탐구했다. 드 로밀리는 고르기아스를 "말로 하는 마술적 주문의 이론가"라고 규정한다.[71] 로고스는 약이 몸에 미치는 효과와 유사하게 마음을 지배하는 힘이 있다고 생각되었다.

고르기아스에게 있어 레토릭이란 자신을 가장 비판했던 플라톤이 청중에 대해 "거의 초자연적인" 영향을 미칠 수 있다고 한 언어 마술verbal magic이었던 것이다. 청중의 의지에 영향력을 미치기 위해 말을 이용하는 고르기아스의 인식에서 가장 핵심적인 것은 감정emotions이었다. 드 로밀리는 "레토릭의 달인은 청중의 감정을 흔들어 놓으려고" 애썼다고 말한다. 이것이 바로 레토릭의 힘, 주문이나 시와 유사한 마술적인 말의 힘이었다.[72] 제인 톰킨스Jane Tompkins는 이와 관련해서 다음과 같이 말한다. "언어를 권력과 등치시킨 것은 (적어도 레토릭 전문가인 고르기아스 때부터 있었던 그리스적 특징으로서) 고대 세계에서 레토릭 연구에 집중했던 엄청난 에너지를 설명해 준다."[73]

고르기아스의 찬가와 레토릭 장치

고르기아스는 말의 소리, 즉 "기법을 사용하여 조작했을 때 청중을 사로잡을 수 있는" 소리에 관심을 가졌다.[74] 말은 외적 실제를 그대로 나타내지 않는다. 말은 정신적 실제를 만들어 내는 것이다. 고르기아스의 소리에 관한 실험(그는 글 쓰는 사람이라기보다 말하는 사람이라는 점을 상기할 필요가 있다)은 오늘날 독자가 보기엔 과장되고 심지어 허풍떠는 것으로 보일 정도로 화려한 운문 스타일로 이어졌다. 이처럼 최면 거는 듯한 스타일은 레토릭에 시적 도구를 적용시켰는데, 시 그 자체는 마술을 일으키는 수단으로 보였다.[75]

고르기아스가 소리를 통해 이루고자 했던 어떤 효과뿐 아니라 레토릭을 마술과 시(주문)에 연결시키고자 한 바를 《헬레네 찬가*Encomium on Helen*》●의 다음 인용문에서 볼 수 있다.

> 내가 운율에 맞추어 작품에 부여하고 드러내 보여 준 모든 시, 열정적인 떨림과 연민 어린 마음의 동요와 눈물겨운 애련 같은 것에 의해 영향받는 청중…… 고무된 주문은 매력을 북돋우고 해로움을 물리치나니.[76]

숙련된 레토릭 전문가는 가장 그럴 것 같지 않은 명제조차도 그럴듯하게 입증할 수 있다는 것을 증명하기 위해 고르기아스는 이처럼 유명한 스피치를 하려고 했던 것 같다. 그는 헬레네가 메넬라오스를 버리고 파리스를 따라 트로이로 간 것을 비난할 수 없다는 도발적인 명제를 주장함으로써 자신의 기법을 보여 준다. 조지 케네디가 요약한 바에 따르면, 고르기아스는 헬레네의 행위에 대한 네 가지 가능한 이유를 열거한다. "그것은 신의 의지였거나, 힘으로 제압당했거나, 말로 유혹당했거나, 아니면 사랑 때문에 그랬을 것이다."[77] 드 로밀리에 따르면, 고르기아스는 헬레네가 "로고스의 힘에 저항할 수 없었을 것"이라고 보았다.[78] 마술이나 마법의 한 유형이라고 할 수 있는 설득적인 말에 굴복했을 것이라는 주장이다.

고대 세계에서 시는 신적인 기원을 갖는 것이라고 생각됐기 때문에 아름다운 말과 초자연적인 힘 간의 관계는 고르기아스의 경우 오늘날

● 고르기아스는 《헬레네 찬가》에서 트로이 전쟁의 원인이 된 인물로 알려진 스파르타의 왕비 헬레네가 무죄임을 주장했다. — 옮긴이

의 독자보다 더 자연스럽게 받아들여졌을 것이다.[79] 말이란 것은 공포와 연민과 열망과 같은 감정을 불러일으킴으로써 그것이 지닌 마력을 드러냈다.[80] 고전학자 조지 그루베George Grube는 고르기아스가 특히 다음과 같은 레토릭 장치를 선호했다고 말한다.

> 과감한 은유metaphors, 어떤 하나로 다른 것을 말하는 풍유allegoria, 한 단어를 사용해서 또 다른 것을 나타내는 환치법(대환법代煥法)hypallage, 비유에 의한 언어 사용을 말하는 오어법誤語法/catachresis(혹은 비유오용법), 단어의 반복, 특정 주장의 재개, 비슷한 절을 이어서 제시하는 유사절이음법parisosis, 특정한 사람이나 신의 이름을 부르는 돈호법aspostrophe, 그리고 반대 명제.[81]

여기 고르기아스의 《헬레네 찬가》 서문이 있다. 그 유명한 소피스트가 다음과 같은 단 하나의 문단에서도 다양한 레토릭 장치를 사용하고 있음을 볼 수 있다.

> 지금 도시에는 인재가, 몸에는 아름다움이, 정신에는 지혜가, 행동에는 선의가, 말에는 진실이 점차 깃들고 있다. 이와 반대되는 것은 사라지고 있다. 남자와 여자, 말과 행동, 도시와 찬양할 만한 가치가 있는 것은 찬양으로 영예롭게 해야 하며, 그럴 가치가 없는 것이라면 마땅히 그에 대한 비난이 가해져야 한다. 찬양할 것을 비난하는 것과 비난할 것을 찬양하는 것은 같은 오류와 실수를 범하는 것이기 때문이다. 필요한 것을 바르게 말하는 것과 정당하지 않다고 얘기한 것을 거부하는 것은 동일한 의무다. 따라서 헬레네를 비난하는 이들에게 반박하는 것은 옳은 일이다. 고무된 시인들이 다 같이 한목소리로 내세우는 증거는 그녀의 이름에 나쁜 조짐이 있는 것처럼 얘기하고 있는데, 이는 불행의 여운을 남긴다.[82]

구두 언어의 스타일, 언어적 장식, 소리 등은 역사적으로 볼 때 계속해서 레토릭의 중요한 측면이 되어 왔다. 윌리엄 셰익스피어는 가장 위대한 레토릭한 영어 표현의 달인일 것이다. 존 F. 케네디John F. Kennedy 역시 고대의 레토릭한 표현에 대한 지식을 다소 드러내기도 했다. 예컨대 케네디는 1960년 취임식 연설을 할 때 (훗날 유명하게 된) 비슷한 구절에서 말의 순서를 바꾸는 반복치환법antimetabole을 사용했다.

조국이 여러분을 위해 무엇을 할 수 있는지를 묻지 말고
여러분이 조국을 위해 무엇을 할 수 있는지를 물어라.

단어를 바꾸는 유사한 형태로 카이아스머스chiasmus, 즉 교차대구법交叉對句法이라는 게 있다. 이는 그리스 글자 X(카이)에서 그 이름을 따왔다. 교차대구법은 문장 내에 특정 X를 형성하면서, 인접한 구절에 있는 요소들의 순서를 단순히 바꾸는 것을 포함한다.

맨 먼저 된 자가 맨 나중 될 것이며, 맨 나중 된 자가 맨 먼저가 될 것이다.

셰익스피어의 희곡 《맥베스*Macbeth*》에도 같은 장치의 예가 있다.

아름다운 것은 추한 것이요, 추한 것은 아름다운 것이다.

그러한 장치는 잘 사용될 때 기억하기도 쉽고 효과적일 수도 있다. 그래서 소피스트는 그러한 장치에 관심을 갖는 것이다. 스피치는 효과가 없다면 가치가 없기 마련이다. 진실 그 자체라는 바로 그 생각은 기억, 즉 회상될 수 있는 것과 마음속에 그릴 수 있는 것과도 밀접히 연결되어 있다.[83] 만약 레토릭한 장치가 (새로운 게 없고) 진부하다거나 과도하게

이용되거나 어설프게 쓰이게 되면 청중을 산만하게 함으로써 스피치의 영향을 줄이거나 약화시킬 수 있다.

고르기아스는 지금까지도 아주 흔하게 사용되는 장치인 대조법 또는 반대 명제를 특히 선호했다. 대조법은 문자 그대로 반대되는 생각을 서로 가까이에 배치하는 것을 의미한다. 따라서 화자는 다음과 같이 주장할 수도 있다.

> 나의 상대는 우리에게 불명예를 안기려고 전쟁을 권한다. 나는 우리에게 명예를 안겨줄 평화를 지지한다.

여기서 전쟁과 평화는 서로 반대되는 말이다. 불명예와 명예란 개념도 마찬가지다. 고르기아스는 자신의 말하기에서 이러한 장치를 폭넓게 사용했다.

대조법에 대한 고르기아스의 관심은 다른 일부 소피스트와 같았다. 그는 "각 주제에 따라 두 개의 반대 명제 진술이 만들어질 수 있다"고 했으며, 진리truth는 근본적으로 반대되는 입장의 충돌을 통해 드러나는 것이라고 보았다.[84] 진리가 여러 관점의 충돌의 산물이라는 생각은 앞서 살펴본 바와 같이 카이로스 개념, 즉 진리란 상황에 따라 순간적이면서도 상대적인 것이라는 믿음과 밀접하게 관련되어 있다. 이러한 관점은 또한 아포리아aporia, 즉 의심을 갖고 어떤 주장을 살펴보려는 소피스트의 입장을 설명하는 데 도움이 된다. 일단 의심이 들면, 연설가가 할 일은 특정한 쟁점에 대한 하나의 해결책이 다른 어떤 것보다 더 그럴듯하다는 것을 입증해야 한다는 것이다.

프로타고라스

프로타고라스는 소피스트 운동과 가장 폭넓게 연관된 인물이다. 고르기아스가 가장 위대한 레토릭 실천가이자 유명한 스타일리스트였던 반면, 프로타고라스는 레토릭 실천에 관한 포괄적인 철학을 발전시키는 데 좀 더 중요한 역할을 했다. 프로타고라스는 그리스 북부의 아브데라 출신으로 고르기아스보다 20여 년 전인 BC 450년경 아테네로 왔다. 거의 40년간 그는 아테네에서 활동하다가 BC 410년경 추방되었다. 여행도 많이 다녔는데 "그가 가는 곳마다 부유하고 영리한 젊은이들이 그의 말을 들으려고 떼지어 모였다"[85]고 할 정도로 평판이 좋았다. 아마도 똑똑한 젊은이들이 프로타고라스가 아레테를 가르칠 것이라는 주장에 큰 감동을 받았을 것이다.

그리스의 맨 첫 번째 소피스트였던 프로타고라스는 아마도 "강의료를 받았던 첫 번째 인물"이기도 했을 것이다.[86] "인간은 만물의 척도다. 있는 물질에 관해서는 있다는 것, 있지 않은 물질에 관해서는 있지 않다는 것의 척도다"는 그의 가장 유명한 격언이다.[87] 이러한 주장을 통해 그가 의미했던 것은 실제 소피스트식의 많은 토론 주제가 되었다. 그는 사람들이 무엇이 진실인지 아닌지를 결정하게 되며 우리가 진실에 대한 질문을 해결하기 위해 호소하는 것에는 절대적인 것이 없다는 상대주의적 주장을 의도했던 것 같다. 프로타고라스의 주장은 상황과 입증, 행동하려는 욕구 등에 균형을 잘 맞추는 사람들에 의해서 결정이 가장 잘 이루어진다는 카이로스의 개념도 역시 포함한다. 프로타고라스는 신이나 신의 존재는 그 주제 자체가 어렵고, 인간의 삶이 짧다는 점 등을 고려해 볼 때 사실 알 수 없는 것이라고 확신했다.

프로타고라스는 시칠리아와 아테네를 비롯한 그리스의 여러 다른 도시들을 돌아다니면서 가르쳤다. 학자이자 선생으로서의 그의 명성은 널리 퍼졌으며, 최근 학계에서는 의미 있는 지적 성취의 많은 부분이 프로타고라스 덕분이라고 평가한다. 아테네의 유명한 지도자인 페리클레스의 신뢰받는 조언자이기도 했던 그는 "레토릭과 인식론, 종교에 대한 비판적 연구, 사회 기원에 관한 연구, 변증법, 문예 비평 등에 중요한 기여를 한 것"으로 평가받는다.[88] 프로타고라스는 또한 (때때로 기발한 술수를 쓰면서까지 어떻게든 이기는 데만 목적을 두는 그런 논쟁에 이르게 되는) 논쟁적인 주장eristic argument을 체계화한 최초의 인물이기도 하다.

프로타고라스는 정치 문제뿐 아니라 개인 문제에 대해서도 추론하는 실질적 접근법을 가르쳤다. 그는 학생에게 재산을 관리하는 방법이나 영향력 있는 시민이 되거나 정치에서 성공하는 법도 가르쳤다. 그는 어떤 쟁점에 있어서나 모순적인 주장이 가능하다고 생각했고 모든 로고스, 즉 주장은 안티로고스antilogos, 즉 반대 주장에 직면할 수 있다고 보았다. 프로타고라스에게 핵심적인 것은 중요한 문제의 해결은 이러한 주장들의 충돌이 있어야 한다는 점이다. 그는 디소이 로고이, 즉 모순된 주장에 뿌리를 둔 비판적 방법을 발전시켰다. 통상 소크라테스와 연결 짓는 비판적인 문제 제기의 방법은 사실 모순적인 명제를 만들어 내는 소피스트적 실천에서 분명 유래했던 것이다.[89]

프로타고라스의 경우, 주장이란 "검증되고 반대 쪽(들)에서의 공격을 견뎌 냈을 때라야만 승리하는 것"이다. 어떤 진술을 이해하는 것조차도 그 진술과 그것에 반대하는 진술을 고려할 것을 요구한다.[90] 프로타고라스의 비판적 방법은 레토릭에 대한 접근일 뿐 아니라 삶에 대한 접근이기도 하다. 존 폴라코스가 말한 바와 같이 "프로타고라스의 디소이 로고이 개념은 레토릭이 특정 세계관의 중심에 있게 만든다." 학생에게 중요한 것은 "이런 세계관은 인간 주체에게 다중 지각a multiple awareness, 즉 그 자신의 입장과 그것에 반대되는 입장을 동시에 인식할 것을 요구한다"는 사실이었다.[91]

이소크라테스: 레토릭의 거장

이소크라테스(BC 436~BC 338)는 BC 5세기에서 BC 4세기 동안 아테네에서 레토릭이 번성하던 시기와 관련 있는 주요 인물이다. 플라톤보다 열 살 위인 이소크라테스는 플라톤과 동시대인이면서 어떤 의미에서는 그 위대한 철학자와 경쟁자이기도 했다. 두 사람은 모두 당시 특권층 출신이었다. 그리고 둘 다 소크라테스 밑에서 철학을 공부했고, 둘 다 스승을 자신들의 모델로 삼았다.[92] 젊은 이소크라테스는 고르기아스와 (아마도 코락스의 유명한 제자였던) 티시아스 밑에서도 공부했다. 그러나 이소크라테스는 공적인 연설가로서의 명성을 얻지는 못했다. 작가로서는 상당한 천부적 자질을 가졌지만, 그가 말하는 목소리는 대규모의 공적인 청중의 관심을 사로잡을 만큼 강렬하지가 않았다. 따라서 이소크라테스는 교육과 글쓰기 쪽으로 관심을 돌렸고 이 두 분야에서 탁월한 능력을 발휘했다.

이소크라테스는 정치적 레토릭을 크게 발전시켰다. 그는 아프라그모네스apragmones, 즉 공적인 무대는 피하고 말하기보다는 글쓰기로 레토릭의 효과를 창출해 낸 '조용한 사람들'에 속했다.

고르기아스와 프로타고라스와는 달리, 이소크라테스는 원래 토박이 아테네인이었다. 많은 소피스트가 유랑인이고 따라서 보다 개방적이며 범세계주의적 관점을 지녔던 것에 비해, 이소크라테스는 범헬레니즘주의자였다. 그는 그리스의 통합과 그리스 문화의 탁월성, 그리고 그리스의 영향력 확대를 적극 강조하고 장려했다. 이소크라테스는 특히 《소피스트에 대한 반론*Against the Sophists*》이라는 에세이집에서 소피스트를 예리하게 비판했다. 주요 소피스트를 가리키면서 그는 누구도 가르치기 어려운 덕목인 행복, 정의, 선의 등을 학생들에게 가르치면서 높은 수업료를 요구하는 부도덕한 선생들이라고 공격했다. 동시에 그는 플라톤과 같은 인물의 철학적 이상주의에도 반대했다. 레토릭학자 마이클 레프Michael Leff는 "이소크라테스는 절대적, 추상적, 그리고 객관적인 진리에 대한 플라톤의 믿음에 반대했다. 다른 한편으로, 고르기아스를 비롯한 여타 소피스트와 연관된 극단적 상대주의에도 마찬가지로 반대했다"고 말한다.[93]

이소크라테스는 한동안 전문적인 스피치 대필가(로고그라포스), 즉 스피치 작가로 일했는데, 종종 법정 스피치도 대필해 주었다. 그는 법정에서 피고인에게도 원고에게 답변할 수 있는 동일한 기회를 주는 것을 포함해서 공정한 재판 진행을 일관되게 옹호했다.[94] 기술적으로 공들여 만든 말, 즉 "과감하면서도 상상력이 풍부한 영혼의 작업"에 대한 열렬한 지지자였던 이소크라테스는 BC 390년경 아테네에 최초의 레토릭 학교를 세웠다. 앤드루 포드는 "거의 반세기 동안 이소크라테스는 그리스에서 정치적 야망이 있는 젊은이들에게 가장 유명할 뿐 아니라 영향력 있고 성공적인 선생이었다. 그는 당시 가장 부자가 된 선생이기도 했다"고 말한다.

포드의 다음 말은 이소크라테스가 4년짜리 수업에 대해 얼마나 많은 돈을 받았는지를 이해하는 데 도움을 준다. "그 수업료는 1,000드라크마drachmas였는데, 당시 노동자의 하루 일당이 1드라크마였다."[95] 오늘날 최저 임금을 받는 누군가 하루에 집에 가져가는 돈을 생각해 본다면, 그리고 거기다가 1,000배를 곱한다면 그 유명한 소피스트한테 한 과정을 듣는 데 내는 돈이 얼마나 큰지를 상대적으로 알 수 있다. 이소크라테스에게서 받는 레토릭 교육이 그렇게 비싸다 보니 아테네에서 가장 유명한 연설가가 되고자 했던 젊은 데모스테네스Demosthenes●조차도 그 수업료를 감당할 수가 없었다. 결국 그는 이소크라테스보다 덜 유명한 이에게서 배워야 했다.

● 고대 그리스 아테네의 저명한 정치가이자 웅변가로, 반反마케도니아 운동을 이끌며 그가 의회에서 한 정치 연설은 유명하다. — 옮긴이

레토릭에 대한 이소크라테스의 관심은 유능한 지도자를 양성하고 그리스 문화를 발전시키려고 한 결과였다. 그에게 레토릭은 말하기를 가르치는 규칙이라기보다는 주로 문화를 발전시키고 정치사상을 전파하는 수단이었다. 레토릭 전문가, 즉 도시 국가를 건설할 수 있는 사람이 되기 위해서는 "자제력과 폭넓은 지식, 그리고 공동선에 대한 배양된 감각이 요구된다. 그 결과로서 도덕적 품성과 밀접히 연관된 선의를 반영하고 드러내야 한다."[96] 우리는 레프가 말한 이 요약문에서 이소크라테스의 아주 전통적이고 명확히 아테네적 교육 과정을 얼핏 보게 된다.

우리는 그의 레토릭 이론이 특성상 사회적이거나 정치적인 것이라고 볼 수도 있다. 일부 학자들은 이소크라테스가 그의 글쓰기를 통해 새로운 레토릭 형태를 개발하려고 했다고 믿고 있다. 그의 글쓰기는 정치적인 논문으로, 이는 철학자들의 쓸모없는 억측도 아니고 소피스트들의 현란한 법정 연설과도 다른 것이었다. 그는 그리스의 대의와 그리스의 토대가 되는 기관인 도시 국가를 발전시킨 정치 담론의 실천 기술인 시민 레토릭civic rhetoric을 추구했다.[97]

이소크라테스는 유능한 학생을 끌어들였다. 그중 많은 이들이 나중에 유명하고도 영향력 있는 정치인과 연설가가 되었다. 선생으로서의 위대함은 타의 추종을 불허했으며, 아주 세련되고 교육적인 접근은 훗날 교육자들의 귀감이 됐다. 이소크라테스 학교의 교과 과정은 엄격히 구조화되어 있었고 철저히 실용적이었다. 학생은 (통상 그 시대 정치적 쟁점에 관한 선생 자신의 관점을 반영한) 선생이 써준 스피치 모델을 공부하고 암기했다. 이러한 접근법은 이소크라테스로 하여금 레토릭과 정치 이론을 동시에 가르치도록 만들었다. 그의 유명한 스피치 모델 중 둘을 들자면 파네기리쿠스Panegyricus(BC 380)●와 플라타이쿠스Plataeicus(BC 373)를 들 수 있다. 파네기리쿠스에서 그는 아테네인이 "말의 기술에 영예를 부여했는데, 그것은 모두가 바라는 것이고 모두가 또한 부러워하는 것"이라고 했다.[98]

이소크라테스는 레토릭을 가르친다고는 주장했지만, 아레테를 가르친다고 주장하진 않았다.[99] "누구든 내가 바로 삶living을 가르칠 수 있다고 주장한 것처럼 가정해서는 안 된다. 타락한 본성에 냉철함과 정의를 옮겨 심을 수 있는 그런 종류의 기술은 존재하지 않는다고 생각한다."[100] 소피스트가 학생에게 아레테를 주입시킴으로써 그들을 도덕적으로 향상시킬 수 있다고 주장하는 것은 아주 터무니없는 일이라고 그는 보았다. 그러나 이소크라테스는 자신의 추종자와 시민에게 일반적으로 높은 수준의 도덕 기준이 필요하다고 생각했다. 그는 아테네인을 나무라면서 그들이 원했던 것을 약속한 정치인들의 부패하고 부정직한 레토릭에 아테네인은 주의를 기울여야 한다고 했다. 그러나 아테네인은 자기 영혼의 건강과 도시의 안녕에 대해 그렇게 유의하지 않았다. 이소크라테스는 고르기아스와 같이 레토릭을 (플라톤 역시 《고르기아스》에서 패러디했던 것과 유사한) 의술에 비유하기도 했다.[101]

이소크라테스의 평이하면서도 직접적인 레토릭 스타일은 소피스트와 같은 과장을 피했으며 학생들에게 진지한 문제에 대해 발표를 준비하도록 했다. 그의 가르침은 "레토릭 교육의 두 가지 새로운 필수 요건, 즉 주제적 요건[의미론]과 실용적 요건[화용론]을 도입했다." "주제적 요건은 레토릭이 의미적인 문제에 집중할 것을 요구한 반면, 실용적 요건은 청중의 삶에 긍정적인 기여를 하게 할 것을 요구했다"고 폴라코스는 설명한다.[102] 레토릭의 정수는 "율동적이고 음악적 요건을 모두 갖춘 말"[103]로 표현된 건전한 주장이라는 것이다. 언어에 대한 이소크라테스

● 이소크라테스가 한 아테네 찬양 연설(문)을 말한다. 파네기리쿠스는 찬양하는 연설을 뜻한다. — 옮긴이

의 도구적 접근은 데모스테네스와 키케로와 같은 연설가들에게 영향을 미쳤다.

이소크라테스가 학생에게 제공했던 실용적이고 자국중심주의적이며 도덕적인 교육은 천부적인 재능, 폭넓은 실습, 그리고 레토릭의 여러 원리에 토대를 둔 것이었다. 일단 천부적인 재능이 없으면 아무리 훌륭한 선생이라도 그러한 능력의 부재를 메꿀 수는 없다고 보았다. 일단 타고난 재능이 있으면(높은 도덕적 품성 역시 있다면) 적극적인 교육과 계속적인 실습을 통해 그것을 발전시켜 나갈 수 있다는 것이다. 연설가의 자질과 품성에 대한 이러한 고려로 인해 이소크라테스는 레토릭 교육을 청중중심적으로 다룬 소피스트와는 일정한 거리를 둘 수 있었다.

이소크라테스는 자신의 스피치를 글로 써내고 그러한 형태로 유포시키곤 했다. 이러한 경향은 그리스 레토릭의 변화, 즉 압도적으로 구두매개 중심이었던 것이 문자 담론을 강조하는 쪽으로의 변화를 보여 주었다.[104] 그것은 또한 이소크라테스 자신이 레토릭 선생으로서 평판받기를 원했다는 점을 보여 준다. "이소크라테스는 연설가의 선생으로서가 아니라 나라의 선생, 나라 일에 대한 진지하고도 무게감 있는 조언자로 간주되기를 원했다."[105] 그가 선택한 표현 매체는 쓰는 글이었지만, 그 구성 원리는 여전히 연설의 영역으로부터 끌어온 것이었다.

정치이론가 이소크라테스

이소크라테스가 그리스에서 가르치기를 원했던 것은 무엇인가? 위대한 말을 하는 것보다 필사된 문건이 훨씬 더 멀리까지 도달한다는 점을 인식한 그는 연설문에 정치적인 생각을 담아내고 그것을 널리 유포시키는 데 상당한 시간을 쏟았다. 이들 문건은 초기에 썼던 정치적 주제의 글들로 추정되며 거기에는 《심마치코스*Symmachicos*》와 《아레오파지티코스

Areopagiticos》 등이 포함된다.

레토릭은 이소크라테스의 문명 이론에서 핵심적인 역할을 수행했다. 인간은 설득하려는 본능을 가지고 있는데, 이는 사회를 형성하는 데 필수적인 협동적인 활동의 열쇠와도 같은 것이라고 보았다. 이소크라테스는 자신의 《안티도시스*Antidosis*》(일명 '교환 소송')에서 다음과 같이 주장한다.

> 우리에게는 서로를 설득하고 우리가 바라는 것을 분명히 할 힘이 있다. 이러한 힘은 우리를 사나운 야수의 삶에서 벗어나게 할 뿐 아니라 협동하게 하고 도시를 건설하며 법을 만들고 예술을 발명하게 한다. 그리고 일반적으로 말해서, 사람에 의해 창안된 제도 중에서 말이라는 권위에 도움받지 않고 만들어진 제도는 없다.[106]

레토릭 기술은 아테네의 법정과 민회에서 발표 혹은 전달되는 조잡하기도 하고 화려하기도 한 스피치를 만드는 데만 한정된 것은 당연히 아니다. 레토릭은 그리스의 제도를 발전시키고 그리스인의 통합도 강화시켜야 했다. 리처드 에노스는 이렇게 말한다. "이소크라테스는 통일된 그리스라는 생각에 전념했고, 레토릭이야말로 여러 영역에 있어서 자신의 교육 체계가 그러한 이상을 촉진시킬 수 있도록 만드는 도구라고 믿었다."[107]

범헬레니즘주의자였던 이소크라테스는 그리스의 도시 국가들이 서로 싸움을 멈추고 공동의 적에 대항해서 하나로 힘을 합쳐야 한다고 주장했다. 이소크라테스와 데모스테네스 등의 경고에도 불구하고, 마케도니아의 필리포스 2세가 BC 338년 카이로네이아에서 그리스 군대를 완전 패퇴시켰고, 범헬레니즘을 향한 모든 노력은 물거품이 되고 말았다. 그 후 레토릭의 이론과 실천은 몰락의 시대로 접어들었다. 민주주의, 즉 레토릭을 진압한 새로운 정권이 그 자리에 대신 들어선 것이다. 레토릭은 중요한 기술로 남았지만 그 실천의 중심은 그리스 동쪽에 있는 소아시아●로 이동했다. 이른바 '아시아 레토릭 학파Asian School of Rhetoric'가 스타일과 장식 등을 크게 강조하면서 등장했다. 아테네의 위대한 연설가들보다는 내용에 대한 관심은 훨씬 덜 보였다.

고대 그리스의 여성 작가

여성은 고대 그리스에서 온전한 시민으로 인식되지 않았으며, 다양한 직업과 공적인 일에서 배제되었다. 아테네에서는 귀족 여성조차도 공적인 영역에는 거의 나타나지 않았고 그들의 "활동과 이동, 교육, 결혼, 시민으로서의 권리 및 재산 소유는 극도로 제한되었다." 대부분의 그리스 여성은 "종교적인 축제 외에는 집안에 종일 머물렀다."[108] 훗날 유럽의 문화 발전에 미친 아테네의 영향으로 이러한 관습은 그 뒤 서구 사회에서도 계속 이어져 왔다.

스파르타 여성의 속담

스파르타 도시 국가 여성의 경우에는 상황이 좀 달랐다. 남성은 의무적인 군 복무 때문에 부재한 경우가 많았다. 그러다 보니 스파르타 도시 국가에서는 여성이 일상적으로 공적인 일에도 나서고 가정도 꾸려 나가고 남성과 같은 기본 교육도 받았다. 남성과 함께 스포츠 경기에도 참가했고, 아버지 재산의 일정 부분을 상속받기도 했다. 자연히 여성의 재산

● 아시아 대륙의 서쪽 끝, 흑해, 마르마라해, 에게해, 지중해 등에 둘러싸인 반도로, 현재 터키 대부분의 지역이 해당한다. 이 지역은 동방과 서방을 연결하는 민족 이동의 통로이자 식민 활동의 무대였으며 예로부터 갖가지 문명이 꽃피었다. — 옮긴이

소유도 허용되었다.

스파르타 여성은 시장이나 여타 공적인 장소에서 종종 남성에게 도발적인 말이나 정치적인 의미가 깃든 발언을 할 수 있었지만, 공적 말하기는 여전히 크게 제약이 있었다. 여성과 공적인 스피치에 대한 그리스의 통상적인 원칙에서는 크게 벗어난 이러한 예외는 마치 전쟁에서 용기가 필요한 것과 같이 중요한 공적 풍습을 강화하기 위해 허용됐던 것처럼 보인다.

그와 관련된 많은 언급은 종종 풍자의 형태로 전설적인 것이 되어, 플루타르코스의 《스파르타 여성의 속담*Sayings of the Spartan Women*》에 많이 기록되었다. 예컨대, 스파르타의 한 남성은 여동생에게 전쟁에서 아들이 용감하게 죽은 것에 대해 이야기했다. 그러자 그녀는 "조카가 영예롭게 죽었다니 기쁘긴 하지만, 그토록 영광스러운 여정에 오빠가 같이 따라가지 않고 살아남았다니 그게 너무 나빠요"라고 말했다고 한다. 당시의 다른 그리스인들은 스파르타 여성의 공적인 등장과 그들이 향유했던 자유로운 표현에 큰 감동을 받았다.

그럼에도 불구하고 엄연한 사실은 그리스 여성은 신분에 관계없이 공적 발언이 금지되었다. 다른 영역에서도 마찬가지이지만 레토릭 영역에서도 여성이 레토릭 기술을 갖는 것에 대한 남성의 우려 때문이었다. 예컨대, 그리스 사상가 데모크리토스Democritos는 "남성은 여성에게 지배당하는 것을 싫어했기 때문에 여성에게 주장하게끔 허용해서는 안 된다고 주장한다." 이 주장에서 그는 (허구적인 것이 아니라) 혐오스러워하는 실제를 묘사한다. 레토릭학자 C. 얀 스웨어린젠C. Jan Swearingen에 따르면, BC 6세기 때부터 있어 왔던 "변호에 대하여On Pleading"라는 제목의 한 칙령은,

> 데모크리토스의 금지어를 반복한다. 즉 "여성은 다른 사람을 위하여 변호하는 것이 금지되어 있다. 실제 금지하는 이유가 있다. 그것은 여성 스스로

(자기 성에 걸맞는 순결과 정조에 반하여) 다른 사람의 경우로 인해 뒤죽박죽 혼란스러워하지 않게 하려는 것이다.[109]

민주적 개혁이 아테네에서 강화되었다고 해서 여성의 위상이 눈에 띄게 향상된 것은 아니었다. 여성은 여전히 시민권을 얻지 못했고 "공식적인 행사에도 참여하지 못했다."[110] 보다 넓은 정치 참여의 길을 열었던 바로 그 개혁이 때에 따라서는 여성의 참여를 가로막는 작용을 했다. 엘런 우드Ellen Wood는 이렇게 말한다. "민주주의가 발전함에 따라 여성의 위상이 오히려 약화되어 온 것이 그리스 역사의 두드러진 특징으로 간주된다."[111] 보다 많은 남성이 정치에 관여하게 된 점이 여성으로 하여금 공적인 생활 공간을 발견하기 어렵게 만들었다. BC 5세기에서 BC 4세기경에 단지 농촌 지역과 스파르타와 같이 상대적으로 덜 민주적인 도시 국가들에서 여성의 지위가 약소하게나마 더 향상되었다.

아스파시아

고대 세계에 사는 여성에 대한 가혹한 태도는 특히 BC 5세기 레토릭 전문가 여성인 아스파시아Aspasia 얘기에 호기심을 갖게 한다. 수전 재럿과 로리 옹이 쓴 바와 같이 "아스파시아가 쓴 글은 남아 있지 않다. 그녀는 일부 참고 문헌을 통해 알려진다. 페리클레스의 생애에 대한 플루타르코스의 글 속 서사의 일부 문단과 플라톤의 대화록 《메넥세노스*Menexenus*》에서 그녀의 것이라고 보는 연설 속에 가장 풍부한 내용이 들어 있다." 아스파시아가 전설 속 인물이었다는 일부 역사가의 주장에 대해 재럿과 옹은 "소크라테스의 네 제자가 주는 암시가 아스파시아는 정말 실재했던 인물이며 페리클레스와 지식과 정치술을 공유했던 레토릭 선생이었다는 플루타르코스의 주장을 확인하는 데 도움을 준다"고 말한다.[112]

아스파시아(BC 470~BC 400)는 아나톨리아 서부 해안에 있던 그리스 식민 도시 밀레토스(오늘날 터키에 속하는 지역) 출신이었다. 위대한 그리스의 장군이자 연설가였던 페리클레스는 "연인이자 영원한 친구"[113]인 아스파시아와 함께 살았다. 그들 사이에는 아들 하나가 있었던 것으로 알려진다. 그리스어로 그처럼 교육받은 여성은 '헤태라hetaera,' 즉 (부자들과 사는) 정부(매춘부)다. 이러한 여성은 예외적으로 교육받고 공적인 자리에 나서거나 심지어 스피치를 할 수도 있었다.

아스파시아의 경우 스피치 작가와 말재주꾼, 그리고 레토릭 선생으로서의 능력도 그랬지만 정치에 관한 지식도 상대가 없을 정도로 출중했다. 그녀는 "소크라테스를 포함해서 많은 이들에게 레토릭 기술을 가르쳤고, 이른바 소크라테스식 문답법Socratic method을 발명했을 것"[114]이라고도 알려져 있다. 고대에서 가장 영향력 있었던 레토릭 연설의 하나라고 하는 페리클레스의 유명한 "추도 연설"을 아스파시아가 썼다는 주장도 있다. 플라톤은 《메넥세노스》에서 소크라테스가 전사한 남성을 위한 공식적인 장례식에서 갑자기 연설해 줄 수 있느냐는 요청을 받았을 때, 아스파시아에 대해 다음과 같이 대답했다고 한다.

> 메넥세노스여, 내게는 레토릭 기술이 아주 탁월한 여인이 있으니, 당연히 그렇게 할 수 있지. 그 여인은 아주 훌륭한 여러 연설가들을 키워 냈어. 그중 한 사람이 바로 모든 헬레네인 중 최고인 크산티포스Xanthippos의 아들 페리클레스 아닌가.[115]

아스파시아 얘기는 두드러진 한 여성의 위대한 레토릭 기술과 함께 레토릭 영역에서의 그리스 여성에게 존재했던 엄중한 한계를 모두 강조한다. 셰릴 글렌Cheryl Glenn은 그리스 여성이 직면했던 장벽의 증거로서, "아스파시아는 공적 영역에서 스스로를 돋보이게 했던 고대 그리스의

유일한 여성이었던 것으로 보인다"고 말한다.[116]

사포

이 장의 앞부분에서 고대 세계의 일부 레토릭 전문가는 연설가로서보다는 주로 글 쓰는 작가로 활동했다고 언급한 바 있다. 이소크라테스가 그 대표적인 예다. 여성은 자신의 레토릭 기술을 발전시키려고 할 때 종종 제약받았다고도 했다. 여기서도 아스파시아처럼 주목할 만한 예외가 있었다.

또 다른 예외로 사포(BC 620~BC 570)를 들 수 있다. 그녀는 레스보스 섬 출신의 작가이자 시인이었다. 그녀가 쓴 시의 일부는 전해져 내려오지만 그녀에 대해서는 별로 알려진 게 없다.

레스보스는 그리스 본토의 동쪽 북에게해 쪽에 위치해 있으며 현재의 터키 지역 서쪽 해안에서 그리 멀지 않은 곳에 있다. 고대에 그 섬은 그리스의 일부였고 여성을 존중했던 것으로 이름나 있었다. 그럼에도 불구하고 사포의 업적은 놀라운 것이었다. 그녀는 고대 그리스에 기록을 남긴 몇 안 되는 여성 예술가다. 그녀가 그리스인에게는 널리 이해되지 않았던 변증법으로 글을 썼다는 사실에도 불구하고 그리스 전역에서 그녀는 서정시로 유명해졌다. 철학자 플라톤과 정치인 솔론은 사포를 상당히 호의적으로 언급한다. 사포는 여행을 많이 다녔으며 리라lyre(고대 현악기)를 연주했고 그걸 가지고 다니면서 서정시lyrics를 썼다(서정시는 본래 '리라로 쓰여진' 것을 뜻했다).

사포의 심오한 개인적 시는 자국은 물론 외국에서도 호평을 받았고 그로 인해 그녀를 기리는 동상이 세워지기도 했다. 심지어는 그녀의 닮은 모습을 새겨 넣은 동전이 발행되기도 했다. 그녀는 섬에서 추방된 귀족 집안 출신이었다. 그녀는 여성과 정치인의 범죄 사이에 존재하는 낭만적인 사랑을 포함한 논쟁적인 이슈를 시에서 개진하기도 했다. 사포의 시를 특징짓는 열망의 강렬함은 〈애원*Please*〉이라는 짧은 시에서 분명하게 드러난다.

> 공길라, 오늘밤 여기 내게로 돌아와요.
> 나의 장미인 그대, 당신의 리디아 리라를 갖고.
> 당신 주변에 영원히 맴도는 빛
> 욕망하는 아름다움이여.
> 당신의 옷마저 내 눈길을 빼앗네.
> 나는 황홀경에 빠졌네: 한때는 사이프러스에서 탄생한 여신에게 불평하던 내가 아니었던가.
> 지금은 내가 애원하오니
> 이로 인해 내가 품위를 잃지 않게 되기를,
> 무엇보다 당신이 내게로 돌아오길 바라오.
> 죽을 수밖에 없는 모든 여성 중 오직 한 사람
> 난 누구보다 그녀가 보고 싶소.[117]

결론

프리드리히 니체는 "법정에서의 능변에 대한 사람들의 필요가 레토릭이라는 인문학의 발전을 가져왔음에 분명하다"고 했다. 니체는 또한 레토릭이 민주주의에 중요한 여러 습관을 가르쳤다고도 했다.

> 아주 특이한 의견이나 관점에 대해서 관용하는 데 익숙해져야 하며, 그러한 의견이나 관점의 반격을 즐기는 것에 대한 너그러움에도 익숙해져야 한다.

기꺼이 말하려고 하는 것과 같이 흔쾌히 들으려고도 해야 한다. 한 사람의 청중으로서 적용되는 레토릭 기술의 진가를 어느 정도는 인식할 수 있어야 한다.[118]

레토릭과 민주주의는 공존하는 것이다. 둘 다 번창하기 위해서는 서로가 필요하다. 고대 그리스의 소피스트는 레토릭 기술을 발전시키는데, 그리고 민주주의를 발전시키는 데 일정한 역할을 했다.

그리스에서 소피스트의 수는 그렇게 많지 않았다. 아주 오랫동안 그리스 사회에서 의미 있는 요소가 되었던 것도 아니다. 주요 소피스트는 BC 450년에서 BC 380년까지 약 70년 동안 아테네에서 활동적이었다. 그럼에도 불구하고 도발적이고 개혁적인 레토릭 전문가들은 그리스인의 삶과 사고에 놀라운 영향을 미쳤다. 드 로밀리는 "레토릭과 철학 양자를 가르친 것은 소피스트가 소개했던 아이디어에 의해, 그리고 그들이 시작했던 토론에 의해 영원히 흔적을 남기게 되었다"고 말한다.[119] 왜 그렇게 되었을까?

첫째, 소피스트는 문명화되고 민주적인 사회에 대한 설득적 담론의 중심성을 강조했다. 이러한 문제에 대한 그들의 생각은 통찰력이 있었고 도발적이었다. 둘째, 언어의 힘에 대한 그들의 인식은 서구 세계에서 계속 이어져 온 지적 발전을 위한 하나의 궤적을 만들었다. 소피스트의 이론적 탐구는 사회생활에서 언어의 역할에 대한 논의에 중요한 것으로 남아 있다. 셋째, 법은 인습적인 것이고, 진리는 상대적인 것이라는 소피스트의 관점은 그 뒤 그들의 정치사상과 철학사상에 영향을 미쳤다. 끝으로 소피스트는 레토릭 훈련을 교육의 중심에 두었는데, 그것이 그 후 수세기 동안 계속해서 영향력을 발휘한 하나의 개혁이 되었던 것이다.

레토릭과 교육에 대한 소피스트의 접근을 보면 몇몇 놀랄 만한 선구적인 요인이 있다. 하지만 지금에 와서는 정치와 언어와 레토릭에 대한 그들의 일부 통찰력만이 제대로 인정받고 있다. 학자들은 레토릭과 관련된 선생, 이론가 및 실천가 집단의 기여를 재평가한다.

그러나 소피스트가 몇 가지 피할 수 없는 윤리적인 우려에 직면하게 했다는 점도 주목해야 한다. 레토릭은 권력의 원천이며, 권력은 좋게도 혹은 나쁘게도 사용될 수 있다. 일부 주도적인 소피스트는 언어의 도덕적 사용을 강조한 전통적인 그리스 사상을 무시한 것으로 악명이 높았다. 프로타고라스와 같은 소피스트는 우월적인 도덕적 가정에서 선호되는 입장에서가 아니라, 특정 쟁점의 어느 쪽에서든 설득적인 입장을 만들 수 있다고 주장했다. 누가 언어 권력에 접근해야 하며, 그러한 권력이 어떻게 사용되어야 하는지와 같은 언어 권력에 대한 문제 제기는 레토릭 역사의 영원한 한 특징이 되었다. 소피스트에 의해 제기된 레토릭, 권력, 윤리에 대한 오랜 토론은 아테네에 있는 가장 위대한 철학자의 관심을 끌었다. 소피스트의 레토릭 관점에 대한 그의 공격이 다음 장의 주제다.

이 장에서는 고대 그리스 도시 국가에서 여성이 공적인 스피치를 하는 데 제약을 받았다는 사실에도 주목했다. 이는 (여러 제약에도 불구하고) 주목할 만한 여성 작가나 레토릭에 있어 천부적인 자질을 가진 여성이 없었다는 점을 의미하는 것은 아니다. 시인 사포는 소피스트 등장 이전 세대에 뛰어난 언어적 자질로 널리 알려져 있었다. 그 뒤 아테네의 민주적인 개혁 시기에 헤태라였던 아스파시아는 뛰어난 레토릭 전문가, 토론자, 레토릭 선생으로서 명성이 높았다. 페리클레스와 소크라테스 등을 포함하는 아테네의 일부 지도적인 공인은 그녀로부터 추론과 설득의 기법을 배웠다. 더군다나 시장에서 말할 수 있었던 스파르타 여성의 자유는 우리에게 언어의 전략적 사용이 공식적 절차나 형식적 상황에 제한되지 않는다는 점을 상기시켜 준다.

3장

플라톤과 소피스트

칼리클레스Callicles,• 그대가 가는 길은 무엇이든 아무런 가치가 없다네.

_ 플라톤의 《고르기아스》에 나오는 소크라테스의 말 (527e)

2장에서 언급한 바와 같이, 소피스트는 수십 년 동안 그리스에서 논쟁의 대상이 되었다. 소피스트를 비판한 대표적 인물 중에는 위대한 철학자 플라톤이 있다. 그는 《고르기아스》에서 소피스트 레토릭을 공격했다. 그 후에 나온 《파이드로스*Paedrus*》에서는 진정한 레토릭 기술을 제시하기도 했다.[1] 소피스트와 그들의 철학은 플라톤 대화의 다른 부분뿐 아니라 그의 《소피스트*Sophist*》와 《프로타고라스*Protagoras*》에도 언급된다.[2] 거의 30년 동안 이루어진 플라톤의 레토릭 공격에 대해 "특이하고 극단적"이라고 평하지만, 이러한 플라톤의 견해는 레토릭과 철학 사이의 긴 경쟁 관계를 만들어 냈다.[3] 레토릭과 철학 연구는 오랜 역사를 거

• 《고르기아스》에서 소크라테스의 대화 상대자 중 가장 비중이 큰 인물로 정치철학자다. 그에 대한 문헌은 《고르기아스》가 유일하기 때문에 실존 인물인지는 명확치 않다. — 옮긴이

치면서 서로 불편한 관계를 계속 이어 왔다.[4]

플라톤은 《고르기아스》에서 레토릭에 따라 붙었던 여러 쟁점, 즉 레토릭이 권력과 어떤 연관성이 있는지, 청중을 조작할 잠재력은 없는지, 그리고 레토릭이 어떤 주제에 대한 참된 지식, 즉 레토릭이 진리와 어떤 관계가 있는지 등과 같은 쟁점을 예상했다. 따라서 《고르기아스》 속 대화는 특히 소피스트에 대해, 그리고 일반적으로는 레토릭에 대해 일정한 가치를 부여하는 것으로 보인다. 플라톤은 《고르기아스》에서 소피스트에 반대하는 주장을 하기 때문에 레토릭 전문가로서 자신의 능력을 드러내는 것을 염두에 둔 것으로 보인다. 조지 케네디는 "플라톤의 어떠한 대화도 레토릭에 의해 상처받고 있지 않다"고 하면서 그를 "완벽한 레토릭 전문가"라 평한다.[5]

플라톤은 《고르기아스》에서 소피스트에 대해 맹렬하게 비난했는데, 그러한 비난은 소피스트와 레토릭에 대한 태도에 영향을 미치지 않을 수 없었다. 그러나 앞으로 알게 되겠지만, 그런 《고르기아스》에서도 플라톤이 레토릭의 '올바른' 이용을 어느 정도는 감안했다는 점을 암시한다. 먼저 《고르기아스》에서 그가 소피스트의 궤변술을 어떻게 취급했는지 자세히 살펴본다. 그러고 나서 그 뒤에 나온 대화록 《파이드로스》에서 잠재적으로 유익한 레토릭 이용에 대한 플라톤의 생각도 알아본다.[6]

플라톤은 민주주의에 대해서는 유보적이었다. 그것은 변심할 수 있는 데모스(즉 일반적인 공중 또는 보다 정확하게는 민중)에 대한 우려에 크게 기인한다. 아테네의 상위 계층이었던 플라톤은 지도자는 소규모 엘리트, 즉 그가 말한 "철인왕들philosopher kings"에 한정되어야 한다고 믿었다. 그가 레토릭에 계속 관심을 두었지만 청중을 통제할 수 있는 레토릭의 매우 강력한 힘 때문에 그 기술을 상당히 불신했다. 레토릭의 그러한 힘은 전제 군주가 도시를 통제하기 위해 사용할 수도 있고 철학자가 사람들을 진리로 이끌기 위해 이용할 수도 있다고 보았다. 플라톤은 설득적인 말하기 재주로 생계를 꾸려 가던 이들에게는 의혹의 눈길을 보냈고, 동시에 참된 지식을 가진 이들이 사용하는 레토릭은 도시 국가에 질서와 정의를 가져다줄 수 있을 것이라고 생각했다.

플라톤의 《고르기아스》: 시험대에 오른 레토릭

《고르기아스》에서 플라톤의 스승이자 플라톤 자신의 생각을 대변하는 주인공 소크라테스는 레토릭과 정치, 그리고 정의에 대해 세 명의 소피스트와 논쟁을 벌인다.[7] BC 387년경에 쓰여진 초기 대화록 《고르기아스》는 소크라테스와 플라톤, 고르기아스, 폴루스, 칼리클레스 등의 입장을 반영하는 상상적 대화로 이루어진 실질적 논쟁을 통해 여러 요소를 뒤섞어서 말해 준다. 플라톤은 특히 소피스트를 겨냥하여 주장을 펼치지만, 청중, 특히 정치인을 설득해서 생활비를 버는 누군가에 반대해서 소송을 제기한다. 플라톤은 설득적인 말을 행사하는 모든 이들을 집합적으로 레토릭 전문가(레토레스rhetores)라고 규정하는데, 그는 그들을 전혀 존중하지 않았다. 레토릭학자 브라이언 비커스Brian Vickers에 따르면, "플라톤은 모든 정치인과 연설가를 아첨꾼이자 사람들을 부패시키는 존재라고 함께 엮어서 거칠게 매도했다."[8]

플라톤만이 전문적인 설득자를 의심했던 것은 아니었다. 유명한 연설가였던 데모스테네스도 "공적인 영예를 팔았던 '비난받아 마땅하고 신도 미워할 만한 레토릭 전문가들'이지만 그들 자신은 마치 전혀 그렇지 않은 것처럼 구는 연설가들에 대해 논했다." 조시아 오버는 "데모스테네스는 《왕관에 대하여*On the Crown*》(18.242)에서 자신의 반대자인 아이시네스Aeschnes는 가짜 연설가이며, 그의 재능은 도시 국가에 아무 쓸모없는 것이라고 주장하면서 그에게 모욕적인 비난을 쏟고 있다"고 말한다. 그는 또한 "이는 결국 진정한 연설가는 자신의 능력을 도시 국가의 선을 위해 사용할 것으로 기대되는 그런 존재임을 제시해 주는 것"이라고 덧붙인다.[9] 소피스트는 아테네에서 가장 두드러지면서도 논란이 된 존재였다. 때문에 플라톤이 공격하기에 딱 좋은 그런 표적이 되었다. 아테네 정치인(즉 소크라테스를 죽음에 이르게 한 바로 그 사람들) 역시 《고르기아스》 속 많은 주장이 그들에 반대되는 입장에 있었던 것처럼 비난의 대상이 되었다. 따라서 케네디는 《고르기아스》를 "모든 레토릭과 모든 레토릭 전문가에 대한 비판서"라고 평한다.[10]

《고르기아스》에서 플라톤은 레토릭에 대해 예리한 일련의 질문을 제기했는데, 그중 많은 것이 고대 그리스에서 중요했던 것처럼 오늘날 관점에서 봐도 중요한 것이다. 레토릭의 본질적인 특징은 무엇인가? 레토릭은 그것이 가진 속성상 오도하는 경향이 있는가? 법과 정의가 참된 로고스의 합리적 근거 없이 단순히 설득에 의존하게 될 경우 사회에 무슨 일이 일어나는가? 이러한 대화는 사사로운 가정의 저녁 파티에 모인 소피스트들과 여타 손님 등 소규모 청중 앞에서 이루어진 것이다. 《고르기아스》 속 이야기는 처음에는 소크라테스와 유명한 소피스트인 고르기아스 간의 대화로 시작되다가, 그다음에는 젊은 소피스트 폴루스와, 그리고 끝에 가서는 아주 비열한 더욱 나이 많은 소피스트인 칼리클레스와 그의 집에서 나누는 대화로 극이 마무리된다.

플라톤은 여러 곳에서 "돈을 좇는다"거나 "지나치게 교육적인 것처럼 떠벌린다" 혹은 "허풍을 떤다"면서 소피스트를 비난했다.[11] 그러나 그의 일반적인 주장은 소피스트의 레토릭은 정의에 대한 적절한 인식을 구체화시키지 못하며, 그러기 때문에 도시 국가에는 위험하다는 것이다.[12] 소피스트는 단지 여론(독사doxa)을 조작함으로써 정의에 대한 설득을 추구한다는 것이다. 그러면서 참된 정의는 지식(에피스테메episteme)에 바탕을 두며 개인과 도시 국가의 안녕을 보장해 준다고 플라톤은 본 것이다.[13]

《고르기아스》에 또 다른 중요한 쟁점이 존재했다. 플라톤은 단지 지불 능력에 따라 이루어지는 고급 교육에 대해서는 의심의 눈초리로 바라보았다. 레토릭에 대한 소피스트의 교육은 플라톤 자신이 대표하는 전통적인 귀족 체계를 위협하는 것이었다. 동시에 소피스트가 제공한다고 주장했던 일종의 자기 함양은 자신의 천부적인 능력을 연마하는 것에 대한 아테네인의 신념과 조화를 이뤘다. 이러한 가치의 갈등이 아테네 내에 심각한 긴장을 만들어 냈다. 《고르기아스》 곳곳에 그러한 긴장이 생생하게 자리 잡고 있음을 볼 수 있다.

고르기아스와의 토론: 레토릭의 특성과 이용

《고르기아스》의 앞 부분에서 소크라테스는 유명한 소피스트에게 "그가 가진 기술의 힘과 그가 가르친다고 공언한 것이 무엇인지"(447)[14]에 대해 묻고 싶다고 언급한다. 더 중요한 것은 소크라테스가 "레토릭은 어떤 일단의 대상에 관심을 갖는지"를 알고 싶다는 점이다. 이러한 문제 제기는 의술이나 의학이 인간의 몸에 대한 지식에 관련된 것이듯이 참된 기술이나 학문, 즉 테크네는 어떤 일단의 대상에 대한 지식과 관련된 것이라는 플라톤의 신념을 반영해 준다. 주요 소피스트는 자신들이 테크네를 가르친다고 주장했기 때문에 소크라테스가 그에 대해 문제를 제기하는 것은 당연하다. 어떤 테크네를 실행하는 자는 그 기술에 대해 설명(즉 로고스, 여기서는 합리적 설명을 의미)할 수 있어야 했다. 그러한 기술이 그 목적을 어떻게 달성하는지를 분명하고도 논리적인 용어로 설명할 수 있어야 한다는 것이다. 그러한 이론적 토대가 없으면 그것은 테크네일 수 없으며, 참된 기술 실행자는 그러한 이론을 표현할 수 있어야 한다는 것이다.

그러나 더욱 중요한 것은 로고스 그 자체는 어떤 실천을 보다 고결하고 도덕적인 것으로 만들어 줄 수 있는 일종의 변형력을 갖고 있다는 플라톤의 신념이다. 따라서 특정한 로고스가 없다는 것, 즉 합리적으로 설명할 수 없다면 어떤 실천을 선의와 미덕이 없는 낮은 수준이라고 격하시키는 것이다. 물론 소피스트는 아레테, 즉 선의와 미덕을 가르칠 수 있다고 주장했다. 철학자 제시카 모스Jessica Moss는 플라톤에게는 로고스가 실천에 참된 선의와 미덕을 불어넣음으로써 그것들을 변형시킬 수 있는 힘이었다고 주장한다. 즉 로고스의 진정한 힘은 "경험과 같은 낮은 단계의 지식 상태를 기술(테크네), 지식(에피스테메), 또는 다른 형태의 지혜로……" 바꾸는 것이다. 이러한 변형력은 분명히 "설명적인 언급explanatory account"인데, 이는 "본래 선했던 사람들, 즉 비전문적인 보통 사람들도 이해할 수 있게끔 사실의 근저를 이루는" 것을 드러내 주고, 그에 선의와 미덕의 지위를 부여해 주는 것이다.[15] 소크라테스는 이런 종류의 레토릭한 설명, 즉 이러한 변형적인 로고스를 고르기아스와 그의 동료들에게서 찾고자 했지만 찾지 못했다. 재닛 앳윌Janet Atwill은 테크네가 하나의 잠재적 능력(두나미스dunamis), 즉 어떤 종착점이기보다는 역동적인 과정으로 기능하는 힘이라고 본다. 당시의 많은 그리스 사상가에게 그것은 "하나의 독특한 지식 모델"[16]이었다. 그래서 소크라테스는 그가 고르기아스에게 질문한 바와 같이 마음속에 뭔가 아주 구체적이고 아주 중요한 무언가를 갖고 있었다.

소크라테스의 레토릭에 대한 표면상의 악의 없는 질문이 레토릭의 거장에게 대답하기 어려운 질문은 당연히 아니었을 것이다. 만약 베를 짜는 것이 직물과 관련이 있고, 노래를 작곡하는 것이 음악과 관련된 것이라면, 레토릭은 무엇과 관련이 있는 것인가? 고르기아스는 처음에는 (친근한 청중에게 둘러싸여 아마도 입심 좋게) 자신이 레토릭(레토리케rhetorike), 즉 "말과" 관련된 기술을 가르친다고 답한다. 이는 그리스어 레토리케를 기록상으로는 가장 먼저 사용한 것이다. 레토릭학자 에드워드 시아파Edward Schiappa는 플라톤이 그 용어를 만들었다고 결론 내린다.[17]

소크라테스는 레토릭이 언어를 사용하여 나름의 목적을 달성하는 다른 기술들(테크나이technai. 테크네의 복수)과 구별되지 않는다고 하면서 레토릭이 말과 관련이 있다는 그러한 답변에 만족하지 않는다. 그 뒤 소크라테스는 레토릭이 만들어 내는 좋은 결과가 무엇인지 고르기아스에게 질문하면서 다른 방책을 취한다(451). 참된 기술은 통상 바람직하고 유용한 성과, 즉 기능(에르곤ergon)을 만들어 낸다는 것이다. 예컨대, 보트를 운항하는 기술은 (항상 그렇지는 않지만) 승객을 태우고 정확한 목적지까지 데려다준다. 특정 기술이나 기법의 진정한 실행자는 그러한 목적이나 성과, 즉 기능에 대한 지식에 의해 움직이는 사람이라는 것이다.

또다시 고르기아스의 대답은 실질적이기보다는 웅변적이다. 그는 레토릭이 "가장 위대한 선과, 개개인을 위한 사적 자유의 원천뿐 아니라 자신의 나라에서 다른 이들을 지배할 수 있는 힘의 원천"을 만들어 낸다고 주장한다. 소크라테스는 이처럼 뻔히 얼버무리며 넘어가는 대답에 만족하지 않고, 다시 고르기아스에게 이의를 제기한다. 개인적인 권력을 획득케 하고 도시에서 영향력이 있는 사람으로 만드는 설득적인 말의 능력은 참된 기술을 구성해 내지 못한다는 것이다.

소크라테스의 질문에 답하려는 두 번째 시도에서 고르기아스는 레토릭의 범위를 설득적인 말로 좁힌다. 그러나 이것이 테크네의 영역에 대한 충분한 정의인가? 소크라테스는 아니라고 생각한다. 주제에 상관없이 모든 가르침은 연구 대상이 된 주제에 대한 일종의 설득을 포함한다. 모든 선생은 자신의 가르침에 따라주기를 원한다. 결국 모든 기술은 설득을 포함하는가? 고르기아스는 그렇다고 하면서 레토릭의 영역은 아직 규정되지 않고 있다는 데 동의한다. 그 대화의 시작에서부터 고르기아스는 자신이 레토릭이란 주제를 탐구함으로써 소크라테스의 질문을 기꺼이 받아들일 의향이 있음을 내비친다.

고르기아스는 결국 "소크라테스여, 내가 말하는 설득이란 (바로 얼마 전에 내가 그것은 정의와 불의를 다룬다고 말했던 것과 같이) 법정과 여타 공적인 집회에서 사용되는 그런 종류의 것이다"라고 단언한다(454). 그러나 그 철학자는 정의에 대한 "참된 지식(에피스테메)"과 "단순한 믿음(피스티스pistis)" 또는 "단순한 의견(독사)" 사이에는 중요한 차이가 있다고 주장한다. 소크라테스는 고르기아스가 정의에 대한 단지 믿음과 의견을 다루는 것이지 그에 대한 참된 지식을 다루는 것은 아니라고 주장한다. 그 이유는 뭘까?

플라톤에 따르면 정의를 다루는 학문은 기술 또는 테크네와 같이 이해하는 데 오랜 시간이 걸린다. 이미 언급한 것처럼 테크네는 기능(에르곤)이나 유용한 결과를 만들어 냈다. 테크나이는 의술이나 항해술과 같은 기술을 포함하지만, 거기에는 기능적인 도시를 만들어 내는 통치의 기술 및 군사적 승리를 이루어 내는 전투 지휘generalship 기술도 있는 것이다. 연구가 필요하지만 간단히 조각이나 도자기와 같은 작품을 만들어 내는 실천은 생산적인 기술, 즉 포이에시스poieses로 분류된다. 소피스트는 그들의 레토릭 기술이 하나의 테크네로 인식되기를 원했다.

어떤 복잡한 주제에 대한 이해를 위해서는 오랫동안의 연구가 필요하다. 그리고 연설가는 어떤 재판에서 스피치를 하기 위해 할당된 짧은 시간 안에 정의와 같은 어려운 주제에 대해 배심원을 가르칠 수도 없다. 그러므로 소피스트는 정의에 대한 대중적 믿음과 의견에 호소해야 한다. 고르기아스는 레토릭 전문가가 법정에서 하는 것은 정의에 대한 믿음을 만드는 것이지 그에 대한 참된 지식을 만드는 게 아니라는 데 동의한다. 소크라테스는 (소피스트에 의해 실천된) 레토릭에 대한 이처럼 중요한 요약된 진술에 반대한다. "그래서 레토릭은 정의와 불의에 대한 믿음을 만들어 낼 수 있는 설득 효과가 있는 것처럼 보이지만 그에 대한 가르침을 줄 수는 없다." 놀랍게도 고르기아스는 "그래요" 하고 답한다. 그러자 소크라테스는 소피스트 레토릭에 대한 자신의 비난 중 하나를 제기한다.

> 레토릭 전문가는 법정과 공적 집회에서 무엇이 옳고 그런지를 가르치는 선생이 아니라 단지 믿음을 만들어 내는 자다. 왜냐하면 분명히 그렇게 짧은 시간 안에 그렇게 많은 군중을 결코 가르칠 수는 없기 때문이다. (455)

정의에 대해 가르치기 위해서는 그 주제에 대한 참된 지식이 요구되며, 그처럼 심오한 지식은 열심히 연구를 해야만 얻어지는 것이다. 이는 한두 시간의 스피치로 특정 배심원에게 정의에 대한 '단순한 믿음'을 갖게 하는 것과는 아주 거리가 먼 주장이다. 능란한 레토릭 전문가가 사람들로 하여금 자신들이 정의를 이해한다고 생각하게 할 수 있다고 한 것은 분명히 그렇다. 그러나 레토릭이 정의를 가르친다고 하는 것에 대해서는 극히 부정적으로 보았다. 플라톤은 참된 지식의 부재 속에서 정의에 대한 순간적인 믿음을 갖게 하는 것은 위험하다고 주장한다. 그러한 마음 상태에 있는 사람은 불의를 저지를 수 있으며, 그렇게 기만적인 사회 역시 마찬가지라는 것이다. 그 뒤 소크라테스는 참된 지식보다 단순한 믿음에 대한 이러한 의존이 왜 레토릭이 대규모 청중, 즉 "무지한 사람들 속에서" 가장 잘 작동하는지를 덧붙인다(459). 유식한 청중 앞에서는 레토릭 전문가가 단순히 근거 없는 믿음을 만들어서 설득할 수는 없을 것이라고 본 것이다.

플라톤이 소피스트에 대해 가장 우려한 바는 그들이 정의에 대해서는 어떠한 이해도 하지 못하면서 정의에 대해 가르친다고 주장하는 점이다. 그는 이를 아주 위험한 짓이라고 보았다. 고르기아스와의 대화에서 소크라테스는 정의를 제대로 이해하는 사람은 불의한 일을 결코 하지 않는다고 주장한다. 이는 정의를 이해하는 것이 곧 정의를 사랑하는 것이며 동시에 불의를 싫어하는 것이기 때문이라는 것이다.

소크라테스와 폴루스: 권력으로서의 레토릭

고르기아스는 늙은 철학자의 수중에서 더 이상 곤혹스러운 상황에 놓이고 싶지 않았다. 그러나 그의 젊은 학생인 폴루스(Polus는 어린 숫망아지를 뜻함)는 그렇게 현명하지는 못했다. 플라톤은 레토릭은 참된 기술, 즉 테크네라고 주장하는 글을 썼던 또 다른 소피스트를 이러한 인물로 설정한다.[18] 폴루스는 자기 스승을 옹호하기 위해 용감하게 나섰지만 그리 주의 깊지는 못했다. 고르기아스가 정의를 이해하지 못한다고 소크라테스가 말하자 이에 화내며 반박했다. 그 철학자가 "아주 무례했다"는 것이다. 소크라테스가 아테네에서 가장 위대한 소피스트에 대해 말하면서 어떻게 그렇게 오만할 수 있단 말인가? 소크라테스는 폴루스에게 흥분을 가라앉히고 (짧게라도) 레토릭을 옹호하는 주장을 해 보라고 요구한다.

폴루스에게 있어 레토릭은 "기술 중에서도 가장 고귀한 기술"이었다(448c). 그는 소피스트의 가르침에 푹 빠져 있던 많은 아테네인, 특히 레토릭을 명예와 부에 이르는 길로 생각했던 젊은 세대를 대변했다. 법조계와 군대, 정계 등에서 권위와 영향력을 갖는 삶이 당대 젊은이를 끌었듯, 고귀함, 지위, 권력 등이 폴루스를 레토릭으로 유인했다.

고르기아스와 같은 레토릭 전문가는 "그 나라에서 가장 큰 힘," 즉 "전제 군주와 같이 행동하고, 자기들이 원하는 누구든 죽일 수 있고, 재산을 몰수할 수 있으며, 마음에 둔 누구든 추방할 수 있는" 권력을 행사했다(466b-c). 폴루스가 밝히는 바와 같이 아테네에서는 말하는 것과 권력은 아주 밀접한 관계에 있었다. 오버는 "아테네의 연설가가 행사하기를 원하는 어떤 권력이든 권위든 영향력이든 간에 직접적인 공적 커뮤니케이션이 가장 중요한 위치에 있었다"고 말한다.[19] 레토릭은 그것이 지닌 조작과 강제력 때문에 실천가들을 매료시켰다는 점이 확실히 플라톤의 가장 큰 우려였다. 아델 스피처Adele Spitzer는 "폴루스는 [권력을] 획득하는 데 관심을 둔다…… [그리고] 폴루스가 그 전형적인 예라면, 권력은 고삐 풀린 힘임에 분명하다"고 본다.[20]

잔재주로서의 레토릭

소크라테스와 폴루스 간의 대화에서 플라톤은 참된 기술과 거짓 기술 간의 차이를 설명하는 유명한 비교를 보여 준다. 폴루스가 소크라테스에게 레토릭이 어떤 종류의 것이라고 생각하느냐고 물을 때, 그 철학자는 그게 "더럽고," "추잡한" 것이라고 말한다. 그는 레토릭을 즐기는 음식을 조리하거나 기분을 좋게 하는 민간요법을 행하는 사람들이 갖게 되는 능력과 같이 경험과 반복된 실행으로 얻어지는 잔재주knack(엠페이리아empeiria 또는 트리베tribe)에 비유한다. 그러한 것들은 의료나 건강을 회복하게 하는 참된 지식과는 무관한 것이어서 자신이 무엇을 하는지 이론적으로 설명할 수 없다. 이러한 활동이나 그와 유사한 활동은 "무엇이 최선인가에 대한 고려 없이 즐거움을 목표로 하기" 때문에 참된 기술이 아니라 "아첨술(콜라케이아kolakeia)"에 불과하다는 것이다(465).

다른 기술과 잔재주에 대한 레토릭의 관계

소크라테스는 폴루스와의 대화에서 레토릭이 무엇인지에 대한 자기 나름의 설명을 하기 위해 일련의 비유를 제시한다. 그는 참된 기술과 거짓 기술 각각이 육체와 정신의 건강을 나타낸다고 보고 이 양자를 묘사한다. 참된 기술들(테크나이)은 육체와 정신에 진정한 건강을 가져다주는 것이다. 각 참된 기술의 모방이나 위조는 사실 그렇지 않은데도 자신이 건강하다고 생각하도록 사람들에게 아첨을 부리는 것이다. 진정한 건강은 사람이 정신적, 육체적인 힘을 갖고 그것이 좋은 목적을 지향하도록 하는 그런 안녕한 상태를 말한다. 건강은 학문적 훈련이 요구되고 따라서 고통도 포함될 수 있는 기술을 통해 추구되는 이상적인 상태인 것이다.

소크라테스는 건강 관련 네 가지 기술을 논의하는데, 둘은 육체에 관한 것이고, 둘은 정신에 관한 것이다. 각각의 경우 유지와 회복에 관계된 기술이다. 신체적 건강을 유지하는 기술을 소크라테스는 체육 또는 신체 교육이라고 했고, 그러한 교육을 실행하는 이를 신체 트레이너나 코치라고 명명했다. 의술은 잃어버린 신체 건강을 회복시키는 기술이며, 그 실행자는 곧 의사다. 그래서 체육술gymnastic은 몸의 건강을 유지하고 의술medicine은 건강을 잃었을 때 그것을 회복시키는 것이다. 트레이너는 전자의 테크네를 실행하는 사람이고, 의사는 후자의 테크네를 실행하는 사람이다.

정신과 관련된 기술을 보면, 정신 건강을 유지하는 기술을 소크라테스는 입법술legislation이라고 했다. 플라톤은 이를 통해 무엇을 의미하고자 했는가? 그는 입법가가 하는 일이란 사람들이 적절히 행동하고 도덕적으로 나쁘게 되지 않도록 도움을 주는 그런 법을 만드는 일이라고 보았다. 따라서 좋은 입법가는 도시 국가 구성원에게 건강한 정신을 유지하도록 도와주는 것이다. 그러한 입법가는 선과 악에 대한 건전한 지식은 물론, 어떻게 하면 선을 추구하고 악을 피할 수 있는지에 대한 지식도 소유하고 있어야 한다. 이러한 방식으로 정신 건강이 유지된다는 것이다.

그러나 개인이 나쁜 길로 갈 경우에는 정신을 건강하게 회복시키는 기술도 있다. 소크라테스는 그러한 기술을 사법술justice이라고 명명하고 그 실행자를 범죄나 부도덕한 행위로 비뚤어진 정신을 제자리로 되돌리

건강 관련 기술

	육체	정신
유지	체육술	입법술
회복	의술	사법술

도록 하기 위해 벌칙을 가하는 법관이라고 했다. 그 경우 법관이 정의를 판단하며 정의와 그것을 이루는 방법에 대해 설명할 수 있다는 것이 중요하다.

플라톤의 대화록 《고르기아스》에서 소크라테스가 폴루스와 대화하는 과정에서 설정한 육체와 정신에서의 건강에 관한 네 가지 참된 기술에 대해 살펴보았다. 앞의 표는 우리가 건강 관련 기술을 이해하는 데 도움을 준다.

소크라테스는 또한 이러한 참된 기술 각각의 위조 또는 가짜, 즉 안녕이나 건강의 느낌을 만들어 내는 거짓된 실행을 폭로하려고도 했다. 이러한 가짜 기술이나 재주는 폴리스 구성원들이 실은 그렇지 않은데 건강한 것처럼 생각하도록 아첨한다는 것이다. 그렇다면 소크라테스 자신이 설정한 네 가지 건강 관련 기술에 반대되는 모방 기술이란 무엇을 말하는 것인가?

소크라테스는 체육술의 모방에 대해서는 이를 "화장술the knack of makeup"이라고 했다. 이러한 가짜 기술에는 얼굴과 머리칼에 색깔을 넣는다든지, 아름다운 의상을 입는다든지, 나이 든 사람을 젊어 보이게 하고 실제보다도 더 건강하게 보이도록 인위적인 도움을 주는 것들이 포함된다. 단지 건강해 보이는 외양은 분장사에 의해 만들어지는 것이며, 미용사에게 건강에 대한 참된 지식을 요구하는 것은 결코 아니다.

소크라테스는 의술의 모방에 해당되는 것은 "요리술cookery"이라고 했다. 이는 누군가에게 만족감을 주기 위해 입맛에 맞는 음식을 준비하거나 다양한 질병에 관한 민간요법을 만드는 데 참고하는 것을 말한다. 플라톤은 분명히 의술에 대비되는 것으로 닭고기 수프 만드는 법을 머릿속에 두었을 것이다. 어떤 사람들은 (오랜 경험과 실행을 통해 얻은) 일시적으로 더욱 건강해진 것 같은 느낌이 들도록 음식을 만드는 그런 재주가 있다. 그러나 그런 재주는 신체와 질병 또는 그 치유에 대한 지식 없이 효과를 낸 것이다. 요리사가 되거나 민간요법의 치유자가 되는 데 의학적 지식이 필요한 것은 아니다. 다시 말하지만, 그들은 건강이 회복된 것 같은 기분을 주는 정도의 요리와 수프 또는 음료를 만드는 재주만 있으면 되는 것이다. 그러나 요리사는 자신의 혼합물이 어떻게 작용하는지 설명할 수 없다. 그래서 소크라테스의 비유에서는 화장술이 체육술과, 그리고 요리술이 의술과 대비되는 것으로 나타난다.

소크라테스는 입법술의 모방은 "궤변술sophistic"이라고 했다. 이는 입법부에서 자신 또는 자신의 지역 주민에게 이익을 줄 목적으로 입법에 영향을 주기 위해 긴 연설을 하는 것을 말한다. 그런데 이게 왜 거짓 입법술인가? 특정 소피스트가 법의 형태에 영향을 주기 위해 레토릭을 사용할 때, 그는 도덕적 선의를 보장할 것 같은 것을 발견하려는 데 관심을 갖는 것이 아니라, 자기 이익이나 자신을 택한 사람들의 이익을 보호하려는 법을 통과시키는 데 더욱 관심을 갖는다. 그러한 법은 정당한 삶을 살아가는 사람을 도와주지 않기 때문에 누구에게도 이익이 되지 않는다. 반대로 그러한 법은 오히려 실제가 그 반대일 수 있는 경우에 누군가가 마치 정당하게 살아간다고 생각하도록 속이는 것이다.

끝으로 소크라테스는 사법술을 위조한 것이 바로 레토릭 그 자체라고 단언한다. 돌이켜 보면, 정의의 목적은 부당하거나 비도덕적인 행위로 병들었던 영혼에 건강을 회복시켜 주는 것이다. 소피스트에 의해 이루어지는 법정 레토릭은 병약한 영혼의 건강을 회복시켜 주는 데 관심을 갖는

건강 관련 거짓 기술

	육체	정신
유지	화장술	궤변술
회복	요리술	레토릭

것이 아니라 법관과 배심원을 오도하는 데 더 관심을 둔다. 소피스트는 정의에 대한 지식을 결여하고 있으며, 정의에 관한 믿음을 만들어 내는 기법에 익숙하다. 그들은 청중이 불의를 범하도록 이끌어 갈 수도 있다. 소크라테스는 불의를 당하는 것이 (당신이 자신에 대해서 알게 되는) 최악의 상황은 아니라고 생각한다. 불의를 저지르는 것이 더 나쁜 것이다.

소크라테스는 권력과 명예는 전제 군주에게만이 아니라 현명하고 정의로운 개인에게도 속한다는 것을 폴루스에게 보여 주려고 한다. 그는 폴루스로 하여금 "나쁜 일을 하고서도 법의 심판을 받지 않는 것은 모든 악 중에서도 가장 큰 죄악이다"라는 불합리한 것처럼 보이는 결론을 받아들이도록 만들고 있다. 따라서 레토릭은 자신뿐 아니라 친구들도 법의 심판을 받도록 사용되어야 한다는 것이다. 이것이 바로 정신 건강을 회복시켜 주는 기술, 즉 테크네로서의 플라톤의 정의관과 일치하는 것이다.

> 범죄는 숨겨져서는 안 된다. 빛이 비추어져서 범인은 벌을 받아야 하고 다시 제대로 성장해야 한다. 남자라면 자신과 친구들로 하여금 기꺼이 이를 악물고서 고통을 감내하게 해야 한다. (480c-d)

폴루스가 사랑했던 기술은 (그것이 힘을 가져오기 때문에) 정의를 가져오는 그것의 힘 때문에라도 귀중하게 여겨져야 한다는 것이다.

소크라테스와 칼리클레스: 강한 자가 살아남는다

《고르기아스》에서 레토릭에 대한 소크라테스의 세 번째 대화는 악명 높은 소피스트인 칼리클레스와 나눈 것이다. 그는 "자연적 정의"의 강력한 옹호자였는데, 인간 사회에서는 자연 상태에서와 같이 강자가 약자를 지배한다는 것이다. "나는 자연에 따르는 것이 정의라고 인식한다. 보다 낫고 보다 지혜로운 사람이 지배해야 하며 열등한 사람보다 더 유리한 위치에 있어야 한다"(490). 칼리클레스는 도시 국가에서의 민주주의의 바로 그 근간(노모스에 의한 법, 사회적 합의에 근거한 규정)을 멸시한다. 약자는 강자를 통제하기 위해 그처럼 "비자연적인" 규제를 정교하게 만들고 있다. "법과 규칙의 제조자들은 사실 다수자인 약자다"(483).

칼리클레스는 강한 자는 서슴없이 욕망을 추구해야 한다고 주장한다. 칼리클레스에 따르면, 이처럼 걷잡을 수 없는 욕망의 추구가 "아름답고 정당한" 삶이라는 것이다.

> 이제 나는 서슴없이 본래 아름답고 정당한 것이 무엇인지를 당신에게 설명할 것이다. 충만한 삶을 살고자 하는 사람은 자신의 욕망이 최대가 되게 하고 그러한 욕망이 억압받지 않도록 해야 한다. 자신의 열정이 완전히 충만하게 되었을 때 용기와 지식을 통해 그러한 열정을 쏟아부을 수 있어야 하며, 모든 순간적인 욕망이 심장 속에 빨려들듯이 그것을 충족시킬 수 있어야 한다." (492~493)

정당한 삶에 대한 소크라테스의 고상한 주장에 대해 이를 무시해 온 칼리클레스는 도덕성을 선의와 미덕(아레테aretē)보다는 욕망(헤도네hedone)을 따르는 것으로 재규정한다. 그 과정에서 그는 아테네의 전통적 도덕성으로 쉽게 돌아가고 있다.

소크라테스는 칼리클레스가 자유롭지 않고 자신의 욕망과 청중, 즉 민중(데모스)의 욕망 모두의 노예가 된다고 단언함으로써 이러한 혁명적 주장에 반박한다. 자기 자신의 노예라는 사실은 칼리클레스가 연설을 하기 위해 아테네 민회에 발을 들여놓기 전에는 분명한 사실이었다. 소크라테스는 이렇게 말한다. "만약 당신이 민회에서 연설을 한다면, 그리고 아테네 민중이 반대를 한다면, 당신은 무엇을 원하는지에 대해 바꾸어 말하게 될 것이다"(481d-e). 칼리클레스는 자기 욕망과 청중에게 충실히 복무한다. 자신의 영명함과 빼어난 레토릭 기술에도 불구하고 그는 이러한 힘에는 저항할 수 없었다.

소크라테스에 따르면, 칼리클레스는 자기 자신의 주인이 아니라, 권력과 쾌락을 향한 욕망에 이끌려진 존재다. 소크라테스는 칼리클레스의 가짜 사랑, 즉 아테네 민중에 대비되는 자신의 참된 사랑, 즉 철학으로 자신의 궤변적 반대자를 유혹한다. 소크라테스가 자신의 주장, 즉 자기 레토릭을 청중, 즉 칼리클레스에게 적용하고 있음을 볼 수 있다. 칼리클레스를 권력과 쾌락을 사랑하는 존재로 규정함으로써, 소크라테스는 칼리클레스가 정의에 몰입하는 삶을 살게 된다면 그에게는 바로 권력과 쾌락과 같은 것이 주어질 것이라고 약속하는 그런 주장들을 구성하고 있다. 그러나 칼리클레스는 설득되지 않았다.

그는 자신과 같은 강한 자가 약자에 의해 종종 성공적으로 매혹당하거나 노예로 전락하게 된다고 주장한다. 그는 소크라테스의 정의 지향적 삶에 대해 반대한다. 칼리클레스가 보기에 그것은 단순히 노모스의 산물일 뿐이라는 것이다. 칼리클레스는 욕망과 권력에 대한 자신의 철학을 방어하는 과정에서 놀라운 비유를 든다.

> 우리는, 사람들이 사자 새끼에게 그러하듯, 유아기 때부터 멋진 목소리의 주문呪文으로 우리 중 가장 강력한 자의 특성을 만들어 가고 있다. 우리는 평등한 것이 곧 도덕적인 것이며 오직 이것만이 아름답고 정의로운 것이라는 걸 계속 반복함으로써 그들을 노예화시키고 있다. 만약 어떤 사람이 이러한 모든 관습과 관행을 뒤흔들고 타개해 버리면서 그로부터 벗어나기에 충분한 능력을 가진 것으로 드러난다면, 나는 그가 우리의 법령과 매력과 주문, 즉 이처럼 많은 비자연적인 모든 입법을 짓밟아 버리길 아직도 바라고 있다. 우리의 노예는 우리의 주인이 되어 앞으로 나아갈 것이며 자연적 정의의 빛은

밝게 빛날 것이다! (483d-484a)

플라톤은 《국가*Politeia*》에서, 어린아이의 교육을 어머니와 보모에게 맡기는 것과 유사한 은유를 스스로 사용했다. 자연 상태에서는 거칠고 다루기 힘든 아이들이 그리스 가치의 세심한 반복 교육을 통해서만이 생산적이고 충성스러운 시민으로 변화되는 것이다. 그러므로 교육은 설득적인 시도, 즉 레토릭한 마술 속에서 이루어지는 일이다. 어느 한 전문가가 플라톤의 관점에 대해 쓴 것처럼, 그리스의 가치를 압축한 이야기들은 곧 어머니와 보모가 "우유를 아기에게 먹이는 것"과 같은 것이다. 플라톤은 이러한 지속적 가치 반복은 "주문呪文(에포이다이epoiddai)과 같이 작동한다는 것이다.[21] 주문은 치유 효과가 있는 것으로 생각된다. 심지어는 임산부에게 분만을 유도하는 중에도. 따라서 도덕적 마법에 아이가 노출되는 것은 출생 전부터도 이미 시작되는 셈이다.

소크라테스는 자기주장에 대한 칼리클레스의 묵살에도 흔들리지 않았다. 그는 계속해서 (지혜를 사랑한다는 뜻인) 철학에 의해 계도되고 참된 건강과 행복에 이르는 정당한 삶에 대한 옹호를 계속해 나간다. 레토릭 역시 다른 사람들로 하여금 정의롭게 살도록 설득하기 위해 이용되어야 하는 것이다.

> 이는 자신의 날들을 보내는 가장 좋은 방법이다. 정의와 다른 선의를 추구하면서 살고 죽기. 우리 스스로 그렇게 하자. 그리고 남들에게도 같은 것을 하도록 권유하자. 당신 자신이 믿고 당신 자신이 간곡히 원하는 방식을 포기하게나. 칼리클레스, 왜냐하면 그대가 가는 길은 어느 것이든 가치가 없기 때문이라네. (527e)

칼리클레스는 설득이 불가능하다. 부당한 레토릭을 그렇게 오래 실행했는데도 그는 그것의 진실을 확신한다. 철학은 "미성숙한 소년들"과 시간을 보내는 데 만족하는 유약한 이들을 위한 일이다. 칼리클레스의 목적은 레토릭이 자신에게 가져다준 날 권력raw power이다. 그는 소크라테스가 폴루스와 고르기아스에 반대해서 경고했던 바로 그 위험을 드러내 보여 준다. 불의한 삶을 영위하고 지혜를 증오하였음에도 불구하고, 그는 자신이 정의롭게 살고 있다고 생각한다.

《고르기아스》가 남긴 것

대화집 《고르기아스》는 소피스트의 레토릭을 정의의 토대도 제대로 갖추지 않은 설득적 스피치를 만들어 내기 위한 한낱 잔재주에 불과한 것이라는 플라톤의 비판을 보여 준다. 그처럼 열악한 레토릭을 실행하는 것은 정의롭지 못한 사회로 이끌 수 있기 때문에 위험하다. 젊은이로 하여금 그와 같은 일을 하게 교육시키는 것은 비난받아 마땅하며, 결국 도시 국가를 부패시킨다.

소크라테스는 이 논쟁에서 이기고 있는가? 주요 경쟁자, 즉 고르기아스, 폴루스, 칼리클레스 그 누구도 레토릭과 철학에 대한 소크라테스의 주장에 확실히 동의하지 못한다. 특히 칼리클레스와의 대화 결과는 불확실하며, 이러한 결론은 플라톤이 정의롭지 못한 삶의 방향을 바꾸는 것에 대해 상당히 유보하고 있음을 보여 준다. 소크라테스 자신이 이 대화에서 전문적인 레토릭 실천가로 행위하고 있으며, 그가 대단한 기법을 사용해서 자기주장을 하지만 칼리클레스의 마음을 바꾸기에 충분치 않음에 주목할 필요가 있다. 그럼에도 불구하고 플라톤의 《고르기아스》는 참된 레토릭 기술이 레토릭의 목적인 정의와 함께 존재한다는 것을 넌지시 암시하고 있다.

플라톤은 레토릭과 소피스트에게 공정했는가

로마의 위대한 연설가인 키케로가 아테네를 방문한 동안 《고르기아스》를 읽은 뒤 다음과 같은 말을 했다. "그 작품 속에서 플라톤에 대해 내가 가장 놀란 것은 그가 레토릭 전문가를 조롱하는 과정에서 그 자신이 가장 두드러진 레토릭 전문가인 것같이 내게 비춰졌다는 점이다."[22] 다른 독자도 아마 그와 비슷한 생각을 했으리라.

브라이언 비커스는 플라톤이 《고르기아스》에서의 소피스트에 반대하면서 자기에게 유리하게 판을 짰다고 본다.[23] 비커스는 소크라테스가 개연성(에이코스), 위트, 믿음, 심지어 조롱 등에서 나온 레토릭한 주장의 방식에는 반대하지만, 자신의 목적에 도움이 될 때는 그런 방식을 사용했다고 언급한다. 마찬가지로, 리처드 에노스는 《고르기아스》에서 플라톤의 경우는 "소피스트적인 레토릭과 연관된 유형의 레토릭한 주장"으로 봐야 한다고 말한다.[24] 따라서 《고르기아스》의 핵심에는 이처럼 심오한 모순이 존재하는 것이다.

플라톤은 또한 소피스트를 실제 그들이 그랬던 것보다 정의에 대해 부당하게 공격한 이들로 묘사함으로써 소피스트를 불공정하게 다루기도 했다. 예컨대, 칼리클레스의 경우는 전형적인 소피스트보다 훨씬 더 극단적인 예라고 할 수 있다. 그리고 다시금, 플라톤은 (칼리클레스가 실제로 자신의 귀한 스승인 소크라테스를 죽게 했던 재판을 부추겼던 것같이) 그 대화 속에 숨겨놓은 의제를 지닌 듯했다. 에노스는 고르기아스에 대한 묘사도 과장되었다고 본다. 에노스는 "플라톤의 유명한 대화에서 레온티니의 고르기아스에 대한 편향된 특징 묘사는 대단히 잘못 전해진 것"이라고 말한다.[25]

플라톤은 레토릭은 일부 의견을 듣고서 마치 진리를 발견한다고 생각하게 하고, 불의를 범하고 있으면서도 정의를 실현한다고 생각케 하며, 절망적으로 아픈 상황인데도 건강하다고 생각하게 만들면서 청중을 기만한다고 주장한다. 레토릭은 가장 기만한 레토릭 실행자들조차도 그들이 실은 여론의 노예가 되어 있을 때조차 마치 진정한 힘을 행사한다고 생각하게끔 기만하게 만든다는 것이다. 그러나 이러한 것이 그가 입증하기를 원한 사안이었다면 플라톤은 소피스트를 거부하기 위해 왜 소피스트적인 기법을 써가면서 자신의 소송을 위태롭게 하는 것인가? 왜 그는 레토릭에 반대하면서도 레토릭을 사용하는 것인가? 플라톤이 레토릭 전문가들에게 맞서는 소송을 제기하면서 자신의 탁월한 레토릭 실력을 드러내 보이기를 원치 않았다면, 이런 물음에 대한 만족스러운 답변은 없었을 것이다.

여기서 1장에서 언급했던 레토릭 역사의 여러 주제 중 하나, 즉 레토릭이 진리와 갖는 관계와 마주치게 된다. 소피스트는 레토릭이 독사, 즉 사람들의 여론으로부터 특정한 순간(카이로스)에 유용한 진리를 공들여 만들어 낸다고 생각했다. 소크라테스는 이러한 종류의 일시적인 진리는 어떤 것도 진리가 아니라고 보았다. 그러나 그러한 진리가 민주주의에 본질적인 것인가? 그 철학자에게 진리란 초월적이며 절대적인 것이며, 무지한 청중을 설득해서 얻어지게 되는 것은 결코 아니라는 점이다. 레토릭에 반대하는 플라톤의 주장은 개연성과 여론으로부터 서로 반대되는 주장들을 계량하여 진리를 찾는 민주주의의 어떤 측면, 즉 민중에 의한 지배로 확장된다.

《고르기아스》의 또 다른 그리고 연관된 관심은 레토릭이 청중과 갖는 관계다. 소크라테스에 따르면, 소피스트는 청중에게 그들이 듣기를 원하는 것을 말하려고 한다는 것이다. 소크라테스는 이런 식으로 청중이 결국은 연설가를 통제하는 상황으로까지 간다는 것이다. 소피스트가 청중을 조작하려 하기 때문에 연설가의 경우 그러한 양자의 관계가 종종 역전되기도 한다는 것이다. 청중을 우쭐하게 만드는 동안 진리는 무시된다. 소크라테스에게 진리는 청중과는 독립적으로 존재한다. 청중은 그들이 듣고 싶은 것을 말하는 영악한 화자에 의해 쉽게 기만당하기 때문에, 진리를 청중을 설득하면 되는 문제로 만들면 매우 위험하다.

레토릭과 권력의 관계 역시 고르기아스의 관심사다. 소피스트는 설득이 자신들에게 가져다주는 권력, 즉 아첨을 해서 획득되는 청중 통제를 원한다. 소크라테스의 경우, 권력은 참된 지식을 바탕으로 한 자기 통제이며, 그 목적은 정의다. 권력에 대한 후자의 개념은 소피스트적인 레토릭으로 제공할 수 있는 것이 아니다. 다음은 레토릭에 대한 플라톤의 다른 주요 진술이 담긴 《파이드로스》를 살펴본다. 그 문헌에서는 레토릭이 다소 다른 취급을 받게 된다. 심지어는 테크네의 지위까지, 혹은 참되고 유용한 기술로 간주되기도 한다.[26]

플라톤의 《파이드로스》에서의 레토릭: 진정한 기술?

레토릭을 얘기하는 두 번째 대화집 《파이드로스》에서 플라톤은 진정한 레토릭 기술을 넌지시 비춘다. 이는 소피스트들에 의해 실행되고 《고르기아스》에서 비판한 것과 같은 기술이 아니었다. 사실 이러한 플라톤적 레토릭 기술은 플라톤 자신은 예외였을지 모르겠지만 아테네에서는 아무도 실행하지 않았을 수 있다. 고전학자 재클린 드 로밀리는 "《파이드로스》에서 플라톤은 또 다른 종류의 레토릭을 인식했을 수 있다"고 말한다. 드 로밀리는 이를 "변증법의 과학"이라고 이름 붙였다.

> 《파이드로스》에서는 《고르기아스》와의 대비를 통해 소피스트의 레토릭이 갖는 약점들을 강조한다. 그러나 그것은 확실히 《고르기아스》에서 표현된 플라톤의 첫 번째 반응이 갖는 힘을 약화시키지는 않는다. 《고르기아스》에서 플라톤은 도덕성의 이름으로 레토릭을 신랄하게 거부하려 했던 것이다.[27]

《파이드로스》에서 플라톤은 레토릭이 개인의 선과 사회의 선을 위해 사용되어야 한다고 제안하지만, 소피스트 레토릭에 대한 자신의 초기 비판을 철회한 것은 아니었다.

《파이드로스》는 레토릭을 논의하는 데 이를 직접적으로는 묘사하지는 않았다. 대화 내용도 사랑과 불멸과 영혼과 시에 대한 플라톤의 견해를 제시해 준다. 그러나 실질적으로는 레토릭이 중요한 위치를 점한다. 그 책 속 대화의 많은 부분이 스피치로 이루어져 있으며, 그중 하나는 그리스 스피치 글쓰기의 가장 위대한 업적으로 간주된다. 참된 스피치 기술의 목적은 서로 다른 종류의 인간 영혼에 대한 연구와 전략적인 언어가 어떻게 이처럼 상이한 영혼들에 영향을 미치는지에 대한 연구를 통해 질서 있는 사회를 이루는 데 있다고 플라톤은 주장한다. 특히 레토릭에 대한 플라톤의 생각에서 의미심장한 점은《파이드로스》에 나타나 있는 사랑과 레토릭 주제의 상호 작용에 관한 것이다.

《파이드로스》는 소크라테스와 소피스트 리시아스의 제자이자 책 제목 인물이기도 한 파이드로스Paedros 간의 대화를 보여 준다. 파이드로스는 "레토릭에 도취해 있는 아직은 덜 성숙한 젊은이"다.[28] 그는 스피치를 좋아하고 위대한 연설가들이 구사하는 언어의 아름다움에 흠뻑 빠져 있다. 소크라테스는 이 젊은이가 육체적으로뿐 아니라 지적으로도 매력적인 청년이라는 것을 확실히 알고 있다. 따라서 에로틱한 사랑과 레토릭의 주제는 양쪽 모두에게 자연스러운 관심으로서 나타난다. 파이드로스의 매력에 고무된 소크라테스는 (그런 주장을 한 유일한 경우이긴 하지만) 실제 자신이 경우에 맞는 스피치를 할 수 있다고 주장한다.

대화의 초기 부분은 세 가지 스피치를 둘러싸고 발전해 나간다. 파이드로스는 리시아스가 그것을 스스로 썼다고 하면서(BC 234~BC 231), 이들 중 첫 번째 것을 소크라테스에게 읽어 준다. 그 스피치의 주제는 사랑이다. 파이드로스는 그것을 "특히 언어 사용에 있어서, 믿을 수 없을 만큼 유창한" 매우 뛰어난 작품이라고 생각한다.[29] 그러나 그것은 장점이라고는 없는 장황하면서도 미숙한 것임이 드러난다. 그 스피치는 진정으로 사랑하는 자보다는 "사랑하지 않는 자"가 더 낫겠다고 주장한다. 즉 사랑하는 사람을 좋아하지 않는 것이 실제 그를 좋아하는 것보다 낫다는 것이다.

소크라테스는 별로 감명받지는 않았지만 동일한 주제에 대해 더 나은 스피치를 약속한다. 소크라테스의 스피치는 리시아스의 스피치보다 잘 조직화되어 있고 또 잘 제시되고 있다. 소크라테스는 그처럼 불경한 주제에 대해 말하는 것에 대해 당황하는 듯 가장하지만 앞선 스피치가 기량이 떨어진다는 것을 입증해 보이고 싶어 한다. 소크라테스는 여러 주제에 대해 얘기하는 두 번째 스피치를 하게 된다. 사랑은 시인의 무아지경에 가까운 "신성한 광기divine madness"로 기술된다. 소크라테스는 또한 인간의 영혼, 영혼 불멸, 그리고 영혼의 여러 유형에 대해서도 논의한다. 여기서 그 유명한 마부 신화가 영혼의 세 유형 간의 관계를 보여 준다. 이러한 신화와 그것이 레토릭과 갖는 관계에 대해 논의하기 전에 플라톤의 마음 또는 영혼 이론에 대해 간략히 살펴보는 것이 도움이 될 것이다.

영혼의 복잡성

《국가》와 다른 대화집에서 드러났듯이 영혼(프시케psyche)은 복잡하며, 세 부분으로 이루어져 있다고 플라톤은 믿었다. 이들 각 부분은 그 나름의 이익을 추구하며 개인의 생각과 행위를 통제하기 위해 다른 두 부분과 투쟁을 벌인다는 것이다.[30]

플라톤은 각각의 특징적인 사랑에 따라 영혼의 세 부분을 구분한다. 한 부분은 지혜를 사랑하는 것으로 철학자의 영혼이 이 부분에 지배된다. 두 번째 부분은 명예와 영광을 사랑하며 마음의 군부 계층 사람들이 이 부분의 영혼에 의해 통제된다. 세 번째는 욕구나 욕망을 사랑하는 부분이다. 이 부분에 의해 통제되는 사람들은 기쁨을 추구하는 것으로 삶을 보내며 마음의 평화나 자기 통제에 대해서는 잘 모른다. 영혼의 이 세 부분 이론은 앞서 《고르기아스》 논의에서 검토했던 플라톤의 정의관을 보완한다. 《고르기아스》에서 소크라테스, 폴루스, 칼리클레스는 서로 다른 사랑에 의해 통제되는 영혼을 대변한다고 할 수 있다. 소크라테스는 지혜 사랑, 폴루스는 명예 사랑, 칼리클레스는 욕망 사랑에 의해 각각 통제되는 사랑을 나타낸다고 할 수 있다.

마부 신화

플라톤의 영혼 이론은 마부 신화를 이해하는 관건이다. 그의 두 번째 스피치에서 소크라테스는 영혼이란 "날개를 단 말들과 마부로 이루어진 한 팀에서의 힘의 합성체와 같다"고 말한다(256a). 그 신화에서 소크라테스는 "모든 영혼을 세 부분으로 나누었는데, 말의 형태를 한 두 번째 부분과 세 번째 부분이 마부로 이루어진 것"이다(253). 지혜 사랑 부분은 마부 그 자체로 묘사되며 마부는 두 힘센 말을 통제하려고 애쓴다. 소크라테스는 "그중 하나는 고상하고 멋지며 잘 길들여진 것"이며, 또 다른 하나는 "그와 반대로 우리 마부가 어렵고 수고로운 일을 해야만 하는 것"이라고 말한다.

'고상하고 멋진' 말은 쉽게 통제된다. 마부는 말을 하고 말은 마부가 '말만 해도' 그에 반응한다. 이 말은 명예를 사랑하는 존재다. 이 말은 인간 영혼의 명예 사랑 부분과 이 부분에 의해 통제되는 사람을 나타낸다. 명예를 사랑하는 이는 지혜를 사랑하는 이의 아래에 있거나 있어야 한다. 다른 말은 거칠고 강하며, 추악하고 마부의 명령에 주의를 기울이지 않는다. 이처럼 제멋대로 구는 말은 "험하게 채찍을 휘두르거나 박차를 가해야" 할 것이며 영혼의 욕망 사랑 부분을 나타낸다. 이런 말은 그냥 내버려 두면 오히려 마부를 조정하려 들 것이며 마부를 위험에 빠뜨리게 될 것이다.

현명한 마부는 자신의 통제하에 있는 상이한 종류의 말에 대해 잘 알고 있으며, 이들 각각을 어떻게 통제해야 하는지도 안다. 말들이 적절히 통제될 때 영혼은 평화와 행복을 향유하게 된다.

> 보다 나은 지식 부분이 승리하고 질서 있고 철학적인 삶의 길로 이끌어준다면, 학문적 성취와 자기 통제를 할 수 있기 때문에 그들의 삶은 행복하고 조화로워질 것이다. 그들은 영혼 속에 깃든 악의 근원을 제압하고 선의 원천을 자유롭게 했다. (256)

마부 신화는 성적 이미지로 가득 차 있으며, 레토릭에 대한 소크라테스의 생각보다 더 구체적으로 에로틱한 사랑에 대한 그의 이해를 보여 준다. 그러나 마부 신화에 따라 전개되는 파이드로스와 소크라테스의 대화는 스피치 글쓰기와 스피치하기, 그리고 참된 레토릭 기술에 관한 것이다. 따라서 《파이드로스》에서 보면 (신화를 각각의 관심과 연관된 것으로 만드는) 사랑과 레토릭 간에는 어느 정도 관계가 있다. 그렇다면 그러한 관계란 무엇인가?

레토릭 기술의 구성 요소

파이드로스는 어떤 연구가 참된 레토릭 기술을 만들어 낼 것인가 하는 의문에 대한 답을 제공한다. 확실히 그러한 기술은 정의와 여타 선의와 미덕에 대한 지식을 포함한다. 소크라테스는 "선이나 악에 대해 아무것도 모르는 연설가가 그와 같은 무지 상태에서 한 도시를 설득하려고 할 때" 그 결과는 위험스러운 것이다. 그러므로 레토릭을 사용하려는 지혜를 사랑하는 사람은 진리를 잘 공부해야 한다. 소크라테스는 "나는 진리를 모르는 사람에게 스피치 기술을 배우도록 할 생각이 전혀 없다"고 말한다. 그리고 진리는 철학을 열심히 공부할 때라야만 알게 되는 것이다.

소크라테스는 레토릭을 "말(로고이logoi)을 통해 영혼에 영향을 미치는 기술(테크네 프시카고기아techne psychagogia)"이라고 규정한다(261). 플라톤은 고르기아스가 레토릭에 대한 자신의 입장을 기술하기 위해 사용했던 같은 단어인 프시카고기아를 선택한다. 프시카고기아는 영혼을 이끈다는 것을 의미한다. 그리고 소피스트의 용어를 플라톤이 사용했다는 것은 (고르기아스가 자신의 이름으로 그 대화에서 제공하지 못했던) 레토릭 기술에 대한 합리적 설명을 플라톤 자신이 제공하고자 한다는 것을 제시한 것일 수도 있다.

플라톤의 레토릭은 말과 논리적 주장(로고이)을 통해 영혼을 진리로 이끄는 기술이다. 따라서 레토릭 기술의 근간을 이루는 것은 진리에 대한 지식과 영혼에 대한 지식이다. 플라톤은 "과학적인 방법으로 다른 사람에게 말을 하는" 사람은 누구나 스피치가 전달되는 "대상의 특성을 정확히 기술"할 준비가 이미 되어 있어야 한다고 쓴 데서 이 점을 단언한다. 그리고 소크라테스는 "바로 이것이 아마도 영혼일 것"이라고 덧붙인다(270). 소크라테스는 이러한 지식의 윤곽을 나름대로 그린다.

> 사실 스피치의 기능은 영혼에 영향을 미치는 것이기 때문에, 화자가 되려는 사람은 거기에 얼마나 많은 영혼이 있는지 알아야 한다. 자, 그러면 그들 영혼의 수는 얼마나 되고, 또 어떤 종류인지 말해 보라. 그러면 아마도 개개인은 이런 유형 아니면 저런 유형으로 구분이 될 것이다. (271)

레토릭 전문가는 서로 다른 심리적인 유형에 대한 이해를 통해 "각 본성의 유형에 맞는 스피치의 종류를 발견해야 한다"(277b). 연설가는 숙련된 심리학자, 영혼의 식자여야 한다. 그리고 소크라테스의 스피치 기술 역시 로고이에 대한 지식에 의존하기 때문에 연설가는 각 유형의 영혼에 설득력을 갖는 논리적 주장의 목록을 많이 알아야 한다. 드 로밀리는 플라톤의 레토릭 기술은 "서로 다른 종류의 로고이와 서로 다른 종류의 영혼들에 대한 철저한 분류" 위에 구축되어 있다고 말한다.[31] 마찬가지로 그루베는 "화자는 영혼의 여러 부분, 그 수와 특성에 대해 배워야 한다. 그는 서로 다른 주장의 종류를 분류해야 하며, 자신이 기법을 자신의 심리학에 연결시킬 때 그 각각이 언제 적절한지 또 왜 그런지도 분류해야 한다"고 본다.[32] 《파이드로스》는 여러 주장을 서로 다른 종류의 사람들에게 적용시키는 능력은 레토릭 기술 또는 테크네에 중심적인 것이라고 주장한다. 화자는 "각각의 특성 유형에 맞는 스피치 종류를 찾아내야 한다."[33]

영혼 기술로서의 레토릭

그렇다면 이처럼 진정한 스피치 기술로 이루어지는 스피치는 어떻게 구성되는가? 그리고 스피치하는 목적은 무엇인가? 소크라테스는 연설가의 스피치 구성 과정과 관련하여 다음과 같이 기술한다.

> 단순한 영혼은 단순한 스피치로 표현되어야 하는 반면에, 복잡하고 불안정한 영혼을 표현하기 위해서는 복잡한 스피치로, 즉 매번 변화하는 복잡한 영혼의 분위기에 정확하게 맞추어진 스피치로 표현하는 그런 방식으로 각 스피치를 배열하고 장식한다. (277)

"교육의 목적이건 설득의 목적이건" 영혼의 특성이 그러한 논의를 허용하는 한, 영혼과 논리적 주장(로고이)에 대한 "철저한 지식을 가졌을 때만이 과학적인 방법으로 스피치를 만들어 내는 것이 가능할 것이다"(277b). 어떤 목적을 위해 그러한 기술이 실행되는가?

레토릭, 조화, 정의

플라톤이 생각하는 레토릭 기술의 목적은 개인과 도시 국가를 건강하게 만드는 질서를 세우기 위한 것이다. 그러한 건강은 영혼의 지혜 사랑 부분이 다른 두 부분으로 하여금 자발적으로 지혜 사랑 부분의 통제를 받아들이도록 설득할 때 가능한 것이다. 마찬가지로 도시 국가에서 지혜를 사랑하는 사람들이 다른 종류의 사람들로 하여금 자신의 통제를 받아들이도록 설득할 수 있는 것이다. 따라서 레토릭 기술의 목적은 다른 낮은 단계 부분이 지혜를 사랑하는 사람에게 자발적으로 복종하도록, 즉 영혼에는 물론 도시 국가 속에 조화와 정의를 만들어 내는 복종을 하도록 하는 것이다.[34]

《파이드로스》는 계속해서 사랑의 주제도 다룬다. 사랑은 레토릭한 그림의 어디쯤에 들어가 있는가? 지혜를 사랑하는 사람의 레토릭 기술은 영혼의 다른 두 부분의 사랑에 대한 철저한 이해를 통해 나름의 자리를 잡게 된다. 플라톤 연구자인 존 몰린Jon Moline은 "지혜 사랑 부분은…… 각 부분이 무엇을 사랑하는지를 알아야 하며, 각 부분이 무엇을 사랑하는지를 약속해 주기 때문에 효과적인 그런 담론을 구성해야 한다"면서 나름의 해결책을 제시해 준다. 몰린은 그에 덧붙여 "지혜 사랑 부분의 임무는 설득을 통해 다른 부분을 끌고 가는 것이며, 생경한 부분에 자신의 의견을 잘 옮겨 담는 것"이라고 말한다.[35] 이것이 바로 지혜를 사랑하는 자가 영혼을 알아야 하는 이유다. "자신에게 생경한 부분의 수와 특성을 제대로 알지 못하면 이러한 일을 성공시킬 수 없을 것"이기 때문이다.[36] 일단 지혜를 사랑하는 이가 이러한 지식을 갖게 되면 이처럼 "생경한 부분들"을 자신의 통제하에 둘 수 있는 주장을 준비할 수 있는 것이다.

지혜를 사랑하는 이의 레토릭은 다른 두 부분의 사랑에 대한 철저한 이해를 통해 길을 잡아 나가게 된다. 그루베에 따르면 "레토릭 전문가의 방법은 존재하는 여러 종류의 서로 다른 사랑"을 분별하는 것이다.[37] 결국 레토릭의 목적은 지혜 사랑하는 사람에 대한 상대적으로 낮은 쪽의 자발적 복종인 것이다.

요컨대, 플라톤의 심리/사회학적 레토릭은 "이른바 선의와 미덕virtue이라는 우리 삶의 선한 질서화"를 위해 설득을 이용하는 것이며, 이는 바로 "훌륭한 정부가 지혜로운 지배자에게 복종하는 하위 명령자들에 의존하는 것과 같이 이성에 복종하는 두 하위 부분의 올바른 질서화에 의존하는 것이다."[38] 따라서 플라톤의 레토릭 기술은 다음과 같은 두 개의 서로 연관된 연구를 포함한다.

(1) 영혼의 세 가지 상이한 유형 또는 부분과 각각의 사랑에 초점을 맞춘 인간 영혼에 관한 심리학적 연구
(2) 각 유형의 영혼을 향한 여러 주장(로고이)에 대한 논리적 연구

이러한 레토릭 기술의 궁극적 목적은 조화, 선의와 미덕, 건강 또는 플라톤이 좋아하는 용어를 사용하자면 정의다.

진리에 대한 레토릭의 관계

레토릭에 관한 플라톤의 논의는 레토릭이 진리를 발견하는지, 진리를 단지 전파하는 것인지 의문을 낳는다. 이러한 의문에 대해 의견이 서로 엇갈린다. 수전 재럿은 플라톤의 레토릭이 진리를 발견하지 못하며, 이는 변증술을 택한 철학의 역할이라는 입장이다. 따라서 레토릭은 옹호advocacy 역할만을 갖게 되며, 보다 철학적으로 엄격한 변증술이 진리를

드러낸다는 것이다.[39] 이에 비해 패트리샤 비젤Patricia Bizzell과 브루스 허츠버그Bruce Herzberg는 다른 견해를 갖고 있다. 그들은 《파이드로스》에서는 레토릭이 "진리에 이르는" 한 수단이며, 소크라테스가 "파이드로스에게 레토릭에 대해 말하고 경험이 부족한 사람의 오해를 바로 잡음으로써 자신의 심중에 있는 진리를 알아내고 있다"고 주장한다.[40]

플라톤의 레토릭 기술은 철학자가 개인과 도시 국가에서 정의를 세우기 위해 이용한 하나의 도구다. 레토릭은 소피스트 부류의 정치적 스피치를 통해서는 확실히 발견되지 않는 진리 인식을 도와준다. 그것은 또한 정의에 대한 정확한 이해를 전파하기 위해서도 이용될 수 있다. 엄격하고도 비판적인 문제 제기인 변증술은 정의를 추구하는 레토릭의 한 요소다. 《고르기아스》에 있는 플라톤의 대화가 그 한 사례다. 그가 《파이드로스》에서 레토릭을 영혼 기술soul-craft로 다룬 것은 레토릭을 정치 봉사의 한 도구로 만들고자 했던 이소크라테스의 경향성에 대한 한 답변이라고 볼 수 있다. 그러나 이소크라테스의 범헬레니즘은 진리와 정치, 또는 레토릭과 관련된 플라톤의 적절한 견해를 담은 것은 아니다.[41]

말하기에서 글쓰기로

끝으로 플라톤과 소피스트 사이의 논쟁은 구두 커뮤니케이션의 주된 형태로서의 말하기가 글쓰기로 점차 넘어가기 시작하다가 크게 바뀌는 큰 흐름의 시작을 나타낸다. 앞서 살펴본 대로 소피스트들은 그들의 말하는 능력과 말하기 기술로 발달한 레토릭 때문에 널리 알려지게 되었다. 그러나 이소크라테스와 플라톤은 자신들의 생각을 글의 형태로 기록하고 유포시켰다.

인간의 사유 구조에서 일어나는 변화에 부응하면서 서방 세계는 교육과 통치government의 구두 문화에서 문자 문화로 바뀌어 갔다. 고대 그리스와 같은 구두 문화는 정보를 받아쓰지 않고도 그것을 놓치지 않기 위한 여러 기법이 필요했다. 그래서 그들은 이야기나 시와 같이 쉽게 기억할 수 있는 형태를 개발했으며, 여러 레토릭 장치와 같은 스피치 표현법을 창안해 내기도 했다. 그중에서도 특히 월터 옹Walter Ong 신부는 구두로부터 문자 문화로의 변화에 관한 의문점을 탐구했다. 뒤에서 이처럼 중요한 문제에 대한 그의 생각을 좀 더 자세히 살펴볼 것이다.[42]

결론

플라톤은 특히 훈련받은 레토릭 실행자가 설득적인 언어를 사용했을 때 그것이 지닌 큰 힘을 인식했다. 그는 이러한 힘에 존재하는 큰 위험도 알고 있었다. 그가 보기에는 소피스트가 당시 아테네 사회에 명백히 드러난 그런 위험을 보여 주었다. 개인적인 동기와 목적에 이바지하는 레토릭의 힘은 정의와 같이 민감한 이슈에 대해서는 무지한 공중에 호소하면서 한 사회를 파괴적인 방향으로 끌고 간다고 본 것이다. 플라톤은 《고르기아스》에서 레토릭이 지혜 사랑과 정의에 대한 참된 지식과 결합하지 않을 때 레토릭의 실행에 내재된 문제를 폭로하고자 했다. 플라톤은 또한 독자에게 '훌륭한 삶'을 구성하는 것이 무엇이라고 생각하는지를 묻는다. 훌륭한 삶이란 것이 즐거움과 다른 사람들을 지배하는 데 이바지하는 개인적인 힘에 있는가, 아니면 선의를 실천하고 지혜를 추구하는 데 있는가? 레토릭은 어떤 목적에든 기여할 수 있으며, 그러한 기술의 적절한 이용을 결정하는 개개 실행자에게 달려 있다는 것이다.

지혜 사랑과 정의의 지식 위에 누군가 세운 진정한 레토릭 기술이라는 게 실제로 있을 수 있는가? 아마도 플라톤이 《파이드로스》에서 제시한 것과 같이 그러한 기술이 있을 수는 있을 것이다. 그런 기술은 인간 영혼의 상이한 유형에 대한 철저한 지식뿐만 아니라 어떻게 하면 주장을 각 유형의 영혼에 소구할 수 있을지에 대한 철저한 지식으로 이루어져 있을 것이다. 더군다나 진정한 레토릭 전문가는 진리와 정의를 이해하고 있을 것이다. 이러한 기술의 목적은 사회를 적절히 질서 잡을 것이며 그 결과 건강한 도시 국가가 될 것이다.

《고르기아스》와 《파이드로스》에서 플라톤은 레토릭에 대한 두 가지 그림을 제공한다. 하나는 부패된corrupt 것이고, 다른 하나는 선한virtuous 것이다. 잘못된 레토릭의 사용에 대한 그의 생각은 과장된 것일 수 있고, 훌륭한 레토릭에 대한 생각은 유토피아적일 수 있다. 그럼에도 불구하고 플라톤은 레토릭 역사를 채색했던 중요한 많은 주제를 예견했다. 거기에는 레토릭과 권력과의 연계성, 레토릭의 진리 인식에 대한 관계, 사회에 영향을 미칠 수 있는 잠재력 등이 포함되어 있다. 그 대화 속에는 레토릭의 내용이 하나의 학문으로서 적절한 것인지 하는 문제 제기는 물론, 연설가와 청중과의 관계에 제기된 윤리 문제 역시 다루어진다. 따라서 플라톤의 《고르기아스》와 《파이드로스》는 레토릭 기술과 자유로운 사회에 관련한 레토릭의 많은 함의를 보다 잘 이해하고자 하는 이들이 공부하는 데 여전히 도움이 된다.

4장

아리스토텔레스의 레토릭

레토릭이란 특정 상황에서 이용 가능한 설득 수단을 발견해 내는 능력(두나미스)이다.

_ 아리스토텔레스, 《레토릭》

레토릭에 대한 서구 사상의 발전에 주된 기여를 한 인물은 그리스의 위대한 철학자 아리스토텔레스(BC 384~BC 322)다. 그리스 북부 스타게이라에서 태어난 그는 젊은 시절인 BC 367년에 아테네로 갔다. 당시 아테네에서 레토릭은 이미 잘 구축된 학문이었다. 유명한 소피스트 고르기아스는 아리스토텔레스보다 60년 전에 아테네로 와서 13년 전에 세상을 떠났다.

아리스토텔레스의 초기 교육은 "언어와 시, 음악, 지리 등의 통상적인 공부뿐 아니라 체육관에서의 육상 훈련 등도 포함됐던 것 같다." 조지 케네디에 따르면, 아리스토텔레스는 또한 "아버지로부터 의술도 어느 정도 배웠다." 그의 아버지는 마케도니아왕 아민타스의 주치의였다.[1]

아리스토텔레스는 열일곱 살쯤에 철학과 천문학에 관심을 가진 지식인 모임인 플라톤의 아카데미아에 들어가서, 당대의 가장 뛰어난 철학자와 과학자로 구성된 지식인 모임에 합류하게 되었다.[2] 아리스토텔레스는 그 아카데미아에서 20년 동안 활동했다. 아테네에 있던 플라톤 학교의 주된 경쟁 대상은 이소크라테스가 설립한 학교였다. 레토릭에 대한 이소크라테스의 생각은 2장에서 살펴본 바 있다.[3] 포브스 힐Forbes Hill은 "아리스토텔레스가 처음에는 소피스트와 다투던 정통 플라톤주의자로 시작했다"고 본다.[4] 그러한 다툼에는 분명 레토릭에 대한 쟁점도 포함되었을 것이다.

아리스토텔레스는 아테네에서 실행되던 레토릭 기술에도 관심을 가졌다. 처음에는 레토릭에 대해 플라톤과 같이 회의적인 태도를 지녔다가, 이후 레토릭 기술에 대한 체계적인 연구로 관심을 돌렸다. 아리스토텔레스는 점차 과학 쪽으로 관심을 기울였다. 다방면에 천재였던 그는 끝없는 호기심과 지적 에너지를 지녔다. 그가 쓴 책만 해도 550권 정도가 되며, 오늘날 기준으로 보면, 총 6,000페이지 이상의 분량이 되는 글을 썼다고 추정된다.[5] 그가 쓴 책의 3분의 1 정도만 현존하며, 그중에 영향력 있는 《레토릭*Rhetoric*》도 포함되어 있다.[6]

아리스토텔레스는 "[플라톤의] 아카데미아 소속이었을 때인" BC 350년경 레토릭을 가르치기 시작했다. 그의 수업은 "일반인에게도 공개된 것으로 보이며, 아카데미아에서 일종의 보충 수업으로 오후에 제공되었고, 말하기 실습도 있었다고 한다."[7] 《레토릭》에서 아리스토텔레스는 자신이 세운 학교인 (철학을 가르치던) 리케이온Lykeion(리케움Lyceum)에서 레토릭 공부를 정당화하려는 노력의 일환으로, 더 고급 수준의 학생을 위해 레토릭에 대한 체계적 접근법을 제시했다. 아리스토텔레스는 스승이 가졌던 도덕주의적 입장을 20년 동안 피해 가면서, 레토릭에 대해 실용적이고 과학적인 접근을 했다.

아리스토텔레스의 레토릭 이론은 상당 부분이 플라톤의 비판에 대한 반응이었으며, 동시에 레토릭에 대한 소피스트의 부적절한 활동에 대한 반응이었다고 할 수 있다. 그에 따르면, 소피스트의 글은 "주로 비

본질적인 것들을 다루며," 법정 연설에 초점을 맞춘다. 아리스토텔레스는 소피스트가 진정한 레토릭 기술을 발휘하지 않았다는 플라톤의 입장에 동의했다(1354a). 진정한 레토릭에는 말하는 것 그 이상의 무언가가 있으며, 이는 다른 것이 실현해 내는 것보다 시민 생활에 더욱 중요한 점이 있었던 것이다.

아리스토텔레스의 레토릭 체계는 그 이전의 어떤 것보다 큰 영향력을 미쳤고 아직까지도 공적, 사적 담론의 여러 측면에 가치 있는 통찰력을 준다. 아리스토텔레스는 당시 아테네에 유포되던 피상적인 교재류의 수준을 향상시켜야겠다고 생각하는 한편 레토릭이 테크네, 즉 진정한 기술이 아니라는 플라톤의 비난을 역시 고심했던 것으로 보인다. 《레토릭》에 나오는 많은 주장은 "《고르기아스》의 일부에 직접적으로 반대되는" 입장에 서 있기도 하다.[8] 그러한 주장 중 하나로 《레토릭》을 시작한다.[9]

레토릭의 개념

아리스토텔레스의 《레토릭》은 여러 복잡한 문제에 맞닥뜨리게 한다. 그 책에 대한 학자들의 해석도 다르다.[10] 이러한 불확실한 면은 초기 원고가 그에게서 배운 학생들의 노트에서 비롯됐다는 사실 때문이다. 또한 학자들은 《레토릭》의 일부(아마도 (유머에 관한?) 완전한 부록책이라는 주장도 있지만)가 분실된 것으로 본다. 이러한 점을 유념하면서 우리는 설득적 말하기와 민주 사회에서 그러한 말하기가 갖는 역할에 관한 아리스토텔레스의 복잡한 이론에 대해 살펴볼 것이다.

《레토릭》은 세 부분 혹은 세 권의 책으로 나뉜다. 1권은 레토릭의 영역에 대해 규정하고 세 가지 유형의 연설에 대해 기술한다. 2권은 성격과 감정에 따른 레토릭 방법과 레토릭의 기술적 입증에 대해 논의한다. 3권은 스타일과 배열의 문제를 다룬다.

레토릭과 변증법

아리스토텔레스는 레토릭에 관한 자신의 책을 "레토릭은 변증법의 대응물counterpart of dialectic"이라는 주장으로 시작한다(1354). 뒤의 기술은 아리스토텔레스의 또 다른 책 《토피카*Topica*》에서 논의된다. 대응물이라는 용어는 그리스어 안티스트로포스antistrophos라는 말의 번역어다(465). 그 용어는 플라톤의 《고르기아스》에서 소크라테스가 레토릭을 "요리술의 대응물"이라고 했을 때 사용했던 것과 같다. 레토릭을 변증법의 테크네에 대한 대응물이라고 함으로써 아리스토텔레스는 레토릭을 단지 요리하는 잔재주와 유사하다고 한 스승의 주장에 답하는 것일 수 있다. 아리스토텔레스는 레토릭에 그보다는 더 많은 게 있다고 확신한다.

변증법은 널리 받아들여지는 생각이나 의견(엔독사)에서부터 시작해서 일반적인 관심이나 쟁점을 토론하는 방법이었다. 아리스토텔레스는 《토피카》에서 자신이 "일반적으로 받아들여지는 의견에 기초해서 모든 제시된 문제에 대해 삼단 논법으로 추론할 수 있는 방법"을 추구한다고 했다.[11] 변증법은 철학의 기본적 문제를 해결했으며, 실질적인 쟁점을 통한 추론에도 이용될 수 있었다.[12] 변증법은 문제의 양면에 대한 비판적 검증을 가능하게 함으로써 기존 사상을 검증하고 새로운 사상을 발견했다.[13]

레토릭과 변증법은 통념(엔독사)으로 시작한다. 즉 둘 다 일반적으로 공히 받아들여지는 의견에서부터의 추론과 관련된다. 그러나 레토릭은 변증법이 회피하는 뒷받침 자료, 즉 화자의 특성과 청중 속에서 생겨난 감정으로부터의 입증을 이용한다.[14] 따라서 레토릭의 전형적 형태는 공적 스피치, 즉 공중을 대상으로 말하기인 반면, 변증법은 짧은 질의응답과 연관된다. 레토릭의 청중은 논리에 있어서 형식적인 훈련이 부족한 반면에, 변증법은 상당히 훈련된 소규모의 어떤 입장이나 주장을 옹호하는 이들advocates이 말하는 것이다. 끝으로 레토릭은 "클레안테스는 카이로폰에게 강도죄를 저질렀는가?"와 같이 통상 구체적인 쟁점을 해결해 나간다. 그와는 반대로 변증법은 《고르기아스》에서 토론하는 "불의로 고통받는 게 나은가, 아니면 불의를 저지르는 게 더 나은가?"와 같이 일반적인 문제에 대해 얘기한다.

따라서 《레토릭》과 《토피카》에서 각기 논의된 레토릭과 변증법은 널리 받아들여진 의견으로부터 일정한 범위의 논제에 대한 잠정적 결론에 이르기까지 두 개의 보완적인 추론 기술을 보여 준다. 아리스토텔레스는 레토릭을 "변증법의 대응물"이라고 부름으로써 레토릭을 한편에서는 궤변술과, 다른 한편으로는 철학적 탐구와도 구분하려 했던 것 같다. 그리고 레토릭은 스타일 문제와 관련이 있지만 그 자체가 아름답고 감동적인 언어, 즉 아리스토텔레스가 《시학*Poetics*》에서 말한 토픽에 관한 연구 그 자체도 아니다. 레토릭은 궤변술, 변증법, 또는 시작술詩作術/poetry과는 다른 것이다. 그렇다면 레토릭은 언어를 사용한다는 점에서는 서로 밀접히 연관된 다른 것들과 무엇이 다른가?

레토릭과 변증법: 유사점과 차이점

유사점

- 모든 사람과 연관된 문제를 다룬다.
- 구체적인 과학 또는 기술에 속하지 않는 문제를 다룬다.
- 어떤 사건이나 사례의 어느 한쪽 편에서 추론할 수 있다.
- 통념 또는 일반론에서 시작한다.

레토릭과 변증법의 차이점

	변증법	레토릭
목적	주장을 검증	생각 또는 자신을 방어
실행자	추론 전문가	보통 시민
방법	질의응답	스피치
쟁점	일반적인 문제	구체적인 문제
청중	소규모 청중	대규모 청중
주장	삼단 논법	약식 삼단 논법
입증	주장	주장, 성격, 감정

발견 기술로서의 레토릭

아리스토텔레스는 《레토릭》 1권 2장 시작 부분에서 레토릭에 대한 두 번째 개념을 규정한다. 이는 레토릭에 대한 가장 유명하면서도 가장 영향력 있는 개념 규정이 되었다. "레토릭이란 어떤 주어진 경우에 가용한 설득의 수단to endekhomenon pithanon을 발견해 내는 능력(두나미스)"이라는 게 그것이다(1355b). 이러한 주장에서 아리스토텔레스는 레토릭을 실제적인(연설적인) 면보다 발견적인(창안적인) 면을 더 고려하고 있음에 유의할 필요가 있다. 그의 레토릭 기술은 완성품이라기보다 하나의 과정이다.

아리스토텔레스는 레토릭을 설득적이고 인상적인 스피치를 하는 것에 대한 조언으로서가 아니라 설득적 주장과 소구를 발견하는 것에 대한 공부로 표현한다. 소피스트는 학생에게 모범적이고 인상적인 스피치를 암기하고, 모방과 계속적인 연습으로 설득을 배우기 위해 토론하는 것을 가르쳤다. 아리스토텔레스는 학생에게 어떤 상황에서든 설득적인 것을 발견할 수 있는 탐구적이고 합리적인 능력을 가르쳤다. 그가 테크네에 대해 기술한 바가 있는가? 테크네는 다른 기술들에 의해 얘기되지 않은 관심사를 얘기해야 한다. 아리스토텔레스에게 레토릭의 영역은 '어떤 다른 기술의 기능'이 아닌, '가용한 설득의 수단을 발견해 내는 것'이다. 레토릭의 목적은 변증법, 논리, 시작술을 포함한 다른 기술들에 의해 성취된 것이 아니다. 그는 다음과 같이 설명한다.

> 모든 다른 기술은 가르치는 사람이 그 자신의 특정 주제에 대해 설득할 수 있다. 예를 들면 의술은 무엇이 건강한 것인지 아닌지에 대해서, 기하학은 크기의 특성에 대해서, 산수는 숫자들에 대해서 설득할 수가 있는 것이다. 다른 기술과 과학도 그 점에서는 마찬가지다. (1355b)

다른 기술과 같이 레토릭도 그 자체의 주제가 있다. 바로 설득의 수단이다. 《고르기아스》에서 플라톤이 레토릭은 그 자체의 인식 가능한 연구가 없다고 한 비난에 아리스토텔레스는 답하려고 했던 것 같다.

아리스토텔레스는 또한 어떠한 기술도 모든 경우에 다 그 목적을 달성하는 것은 아니라고 언급한다. 의술이 이 점을 입증해 준다. 의술은 우리가 어떤 상황에 있을 때 건강하도록 도와줄 수 있다. 모든 경우에 다 건강을 보장해 주는 것은 결코 아니다. 마찬가지로 레토릭의 "기능은 설득에 단지 성공하는 것이 아니라 특정한 경우의 상황이 허용하는 경우에 그러한 성공에 가까이 갈 수 있는 수단을 발견하는 것"이다(1355b).

아리스토텔레스는 레토릭은 하나의 기술이며 따라서 그것은 체계적으로 연구될 수 있는 것이라고 주장한다. 그러나 그는 레토릭과 변증법이 (각기 육체적인 능력이기보다는 정신적인 능력이고 물질적인 형태가 아니라 스피치의 형태로 그 자체를 보여 주기 때문에) 다른 기술들(테크나이)과 다를 바 없다는 것을 주장하는 데 다소 주저함을 보여 준다. 의술과 같은 다른 기술이 하듯 둘 다 어느 것도 서로 별개인 일단의 사실을 명시적으로 다루지는 않는다. 레토릭과 변증법은 뚜렷한 나름의 특징이 있는 기술, 즉 탐구와 표현의 기술이다(1359b). 레토릭의 분명한 기능(에르곤)은 여러 선택지 중 어떤 결정을 내려야만 할 때, 의술이나 전투 지휘술과 같이 우리를 가르쳐 줄 수 있는 구체적인 기술이 없을 때, 그리고 엄격한 추론에 대한 훈련이 되어 있지 않은 청중을 대했을 때 우리가 합리적 추론을 할 수 있게 해 주는 것이다(1357a).

왜 레토릭이 유용한가

특정 테크네는 일단의 분명한 관심사를 다룰 뿐 아니라, 사회적 유용성을 만들어 낸다. 예컨대, 통치술은 도시 국가에 안정과 평화를 가져왔다. 아리스토텔레스는 일찍이 《레토릭》에서 레토릭 기술이 왜 도시 국가에 유용한 것인지 그에 대해 네 가지 이유를 제시한다.

첫째, 레토릭은 그것이 진리와 갖는 관계 때문에 사회적으로 유용하다. 아리스토텔레스는 다음과 같이 말한다.

> 참된 일과 정당한 일은 그 반대 것을 이기는 자연스러운 경향이 있다. 그래서 배심원[청중]의 결정은 그것이 반드시 어떠해야 하는 것이 아니라면, 패배자는 화자 자신 때문임에 분명하며 그래서 그들은 비난을 받는 것이다. (1355a)

아리스토텔레스는 만약 모든 다른 모든 것이 동일하다면 참되고 정당한 생각은 자력으로 이기게 된다고 믿는다. 이런 주장은 진리를 자연세계(피시스)로부터 나타나는 것으로, 따라서 관찰할 수 있거나 근거가 분명한 것으로 보는 그의 관점에 뿌리를 둔다.[15] 그러나 분명히 모든 다른 것들은 종종 동등하지 않고, 공적 논쟁을 주고받는 과정에서 우세한 참되고 정당한 말에 의존할 수 없는 것이다. 따라서 참되고 정당한 사고조차도 유능한 화자와 필자의 변호가 필요하다.

레토릭의 사회적 유용성과 관련된 둘째 이유는 청중의 특성에서 비롯된다. 아리스토텔레스는 "일부 청중 앞에서는 가장 정확한 지식을 소유하고 있더라도 우리가 그들에게 확신을 갖도록 말하는 것은 쉽지 않을 것"이라고 말한다. 왜 그런가? 아리스토텔레스의 대답은 "거기에는 가르칠 수 없는 사람들이 있다"는 것이다(1355a). 이러한 말은 일반 공중의 추론 능력에 대한 혹독한 비난인가, 아니면 청중 중 일부가 갖는 특성에 관한 단순한 관찰인가?

경험에 비추어 볼 때, '사실'에 관한 간단한 표현만으로는 일부 청중을 설득하는 일이 어렵다는 것을 단언적으로 말해 준다. 그런 상황에서 레토릭이 우리에게 뭔가 하도록 가르쳐 주는 바는 무엇인가? 아리스토텔레스는 "거의 대부분의 사람들에 의해 받아들여지는 의견으로부터 추론하는 것"이라고 답한다. 그는 "자, 여기서 우리는 일반 청중을 어떻게 다룰까 하는 경우 (우리의 설득 및 주장의 양식으로서) 모든 사람들이 가지고 있는 생각들notions을 이용해야 한다. 아리스토텔레스는 언어적인 기교를 쓰거나 그럴듯한 주장을 옹호하지 않을뿐더러 학생들에게 전달할 메시지의 내용을 희석시키라고 요구하지도 않는다. 그보다는 레토릭은 (바로 그 자체의 특성상) 주장된 의견과 이미 청자가 이미 지닌 믿음 사이에 연결점을 만든다고 주장한다. 아마도 이는 우리의 경우를 다른 이들의 경험과 가치와 신념에 결합시키는 청중 적응audience adaptation의 가장 중요한 차원일 것이다. 아리스토텔레스에 따르면, 레토릭은 이러한 기법에서 우리에게 가르침을 주며, 그것은 어떤 민주주의에서나 매우 가치 있는 기법이다.

레토릭이 갖는 유용성에 대한 아리스토텔레스의 세 번째 이유는 우리에게 소피스트의 양면 접근법two-sided approach을 환기시킨다. 그는 "사실이 무엇인지를 명확하게 볼 수 있으려면, 그리고 만약 다른 쪽[옹호자]

이 불공정하게 주장할 경우 우리 쪽에서 그가 틀렸음을 반박해 입증하려면, 특정 문제에 대해 반대되는 양쪽 입장에서의 설득을 이용할 수 있어야 한다"고 말한다. 2장에서 언급한 바와 같이 레토릭에 대한 소피스트적인 가르침은 특정 이슈에 대해 서로 반대되는 입장에서 주장하는 실습을 포함한다. 이는 아리스토텔레스가 언급한 두 가지 이유 때문에 상당히 가치 있는 훈련이었다. 그것은 ("가용한 설득의 수단" 모두를 발견하기 위해) 어떤 경우든 모든 사실을 볼 수 있도록 도와주며, 잘 짜여진 반대 주장으로 어떤 주장에나 답할 수 있도록 가르쳐 주기 때문이라는 것이다. 아리스토텔레스는 우리가 청중에게 실제로 사안의 양면을 제시해야 한다고 제안했던 것은 분명히 아니다. 그보다는 실질적 사실, 즉 레토릭은 우리에게 어떤 이슈에 대한 찬성과 반대를 생각할 수 있도록 가르치며, 이것이 유용한 기법이라는 것이다. 실제 이러한 생각의 습관은 특정한 경우에 대한 여러 주장을 제공해 주며, 반대자의 입장에 반박하는 데도 도움을 준다.

레토릭의 유용성에 대해 아리스토텔레스가 제시하는 네 번째이자 마지막 이유는 자기 방어에 대한 비유다. 시민들로 하여금 자기 팔다리로는 자신을 지키라고 하면서 "말과 이성으로는 [스스로를] 방어"할 수 없다고 가르치는 것은 매우 우스꽝스러운 일이다. 아리스토텔레스는 "합리적인 스피치의 이용은 자신의 팔다리를 이용하는 것보다 훨씬 더 인간적인 특징"이라고 주장한다. 레토릭을 아는 사람은 "크게 해악이 될 수 있는" 능력을 사용할 수도 있다는 반론에 대해 아리스토텔레스는 "그런 것은 선 이외의 모든 것, 무엇보다도 강인함과 건강, 전투 지휘술처럼 가장 유용한 것들에 공히 반대하는 비난"이라고 격분하면서 대응했다. 가장 유용한 것이 가장 위험스럽기도 하지만, 레토릭은 아주 유용하다고 본 것이다.

아리스토텔레스는 레토릭을 학생에게 유익한 것이라고 추천할 수 있는 실질적인 기술, 즉 테크네라고 표현한다. 레토릭의 개인적인 유용성을 넘어, 레토릭에 대한 이해는 도시 국가에도 이익이 된다. 레토릭은 진리와 정의 수호, 즉 참되고 정당한 생각을 지킬 수 있게 하고, 약한 주장은 반박할 수 있도록 하며 잘못 피소된 사람이 자신의 주장을 펼칠 수 있도록 해 준다. 더군다나 레토릭은 판단이 필요한 많은 정치적 쟁점을 비판적으로 검증할 수 있도록 해 준다. 레토릭은 또한 도시 국가의 중요한 결정을 하는 대규모의 공적인 청중을 대상으로 분명하고도 설득력 있게 소통할 수 있도록 도와준다. 끝으로 레토릭은 시민에게 자기 방어를 위한 가치 있는 자원을 제공해 준다는 것이다.

약식 삼단 논법

아리스토텔레스가 레토릭을 다룸에 있어 중심이 된 것은 (그가 말한 것으로 유명한 주장의 한 유형 또는 추론의 한 방법인) 약식 삼단 논법(엔티메마enthymema)이다. 아리스토텔레스가 이 개념으로 의도했던 것이 무엇이었는가에 대한 많은 논쟁이 있다.

《레토릭》 앞부분에서 아리스토텔레스는 약식 삼단 논법을 "삼단 논법의 일종," 즉 레토릭한 삼단 논법a rhetorical syllogism이라고 불렀다(1354). 삼단 논법은 일반적 전제(대전제)에서 출발하며, 그러한 전제의 특정한 적용(소전제)를 거쳐 구체적인 결론에 이르는 연역적인 주장이다. 아리스토텔레스 유명한 사례, 즉 "모든 사람은 죽는다. 소크라테스는 사람이다. 그래서 소크라테스는 죽는다"는 삼단 논법적 추론을 입증하는 데 종종 이용되곤 한다.

이는 삼단 논법이지만, 삼단 논법을 약식 삼단 논법, 즉 레토릭한 삼단 논법으로 만드는 것은 무엇인가? 아리스토텔레스는 약식 삼단 논법과 그가 예증(파라데이그마paradeigma)(또는 예)이라고 한 또 다른 유형의 주장을 대조시킨다. 이는 특정한 예 또는 적은 수의 사례로부터 개연성 있는 일반화로 끌고 가는 귀납적인 주장이다.[16] 그는 "예증이란 귀납이며, 약식 삼단 논법은 삼단 논법," 즉 연역이라고 씀으로써 이를 요약한다(1356).

그러나 레토릭한 연역 또는 삼단 논법이라고 한 약식 삼단 논법에 대한 이러한 초기 개념 규정은 너무 좁게 봐서 아리스토텔레스가《레토릭》전체를 통해 발전시킨 것과 같은 완전한 개념을 나타내고 있다고는 볼 수 없다. 예컨대, 그는 자신의 글에서 어떤 면에서는 모든 레토릭의 내용이 약식 삼단 논법이라고 제시하기도 했다. 우리는 아리스토텔레스가 심중에 둔 것을 보다 정확히 이해하기 위해 이러한 개념을 추적해 볼 필요가 있다.

청중과 함께 구성된 주장

아리스토텔레스는 레토릭을 화자와 청중에 의해 공유된 신념을 포함하는 여러 주장과 호소로 구성된 것이라고 이해함이 분명하다.[17] 그리스어 엔티메마enthymema는 문자 그대로 "내적으로 이해된grasped internally" 것과 같은 뭔가를 의미한다. 이 단어의 어근 티모스thymos는 우리를 인간으로 만드는 (깊은 사고가 아니라 강한 감정에 따르는) 본능적 또는 감정적인 자아를 뜻한다. 따라서 어떤 주장이 약식 삼단 논법적이라고 하는 것은 그러한 주장이 청중의 확신과 관련이 있을 뿐 아니라 청중의 감정이나 확고한 신념을 사로잡고 있음을 의미했다. 약식 삼단 논법은 청중이 연설가의 언어 및 전달에서 드러내는 입장에 대해 열렬한 동조를 감지한 "진심 어린heartfelt" 주장이다. 감정과 이성은 그리스인의 사고에서는 분리되지 않았지만 공적인 숙의를 통해 합리적인 판단에 이르는, 마찬가지로 아주 중요한 일의 면면으로 보였던 것이다.[18]

청중과 화자에 의해 공유된 기본적인 신념에 대한 동조가 이미 그렇게 분명해지게 되면 이처럼 서로 받아들여진 신념은 말 그 자체 속에 명시적으로 언급할 필요가 없다. 그처럼 언급되지 않은 이성은 문자 그대로 청중과 화자 모두에 의해 "내적으로 이해된" 것이다. 따라서 약식 삼단 논법은 연설가와 청중에 의해 동시에 구성되고 완성되는 것이다. 로이드 비처는 약식 삼단 논법의 "성공적인 구성은 화자와 청자의 공동 노력을 통해 이루어지는 것이며, 바로 이것이 본질적인 특성"이라고 말한다.[19]

예컨대, 내가 "우리 축구팀은 훌륭한 팀임에 분명하다. 우리의 경쟁자조차도 우리를 칭찬하기 때문이다"라고 주장했다고 가정해 보라. "누군가는 그들이 아주 뛰어난 성적을 내지 않는다면 경쟁자를 칭찬하지 않는다"라는 내가 분명히 언급하지 않은 전제를 언급할 필요가 없는 것이다. 내가 어떤 재판 상황에서 "왓슨과 존스는 같은 실형을 받을 것이다. 왜냐하면 그들의 죄는 같기 때문이다"라고 주장한다면 약식 삼단 논법의 감정적인 면은 명료하게 이해될 것이다. 내가 말하지 않은 주장, 즉 "동일한 범죄는 동일한 형을 받는다"는 주장을 청중은 이해하고 받아들이는 것이다. 그러한 동조는 청중에 의해 받아들여질 뿐 아니라 열렬히 지지된다. 아리스토텔레스의 경우, 모든 레토릭은 그러한 약식 삼단 논법적인 교환에 의해 특징지어진다. 그러한 약식 삼단 논법적 교환은 확고히 신념화된 또는 '진심 어린' 확신에 근거한 동의를 포함하는 화자와 청자 사이의 거래다.

민주적인 논증

아리스토텔레스의 레토릭에 대한 앞서의 논의에서 이미 얘기한 바와 같이 고려해 볼 만한 약식 삼단 논법의 또 다른 측면이 있다. 1장에서 상황 의존적 문제에 대해 추론하는 경우, 절대적인 확실성이 불가능한 쟁점을 추론할 때 레토릭이 유용하다고 얘기했던 것을 상기해 보라. 아리스토텔레스는 레토릭은 고도로 훈련된 전문가 집단이 아니라 일반 공중 수용자 앞에서 주장을 펼칠 때 이용하게 된다고 덧붙인다. 끝으로 레토릭이 공적인 구성원들 사이에 관점을 자유로이 교환함으로써 쟁점이 해결될 수 있는 민주 사회에서의 토론을 특징짓는 담론 형태라고 할 수 있다.

우리가 레토릭하게 주장을 한다는 것은 공적인 가치에 대한 예민한 인식을 갖고서 주장을 하는 일이며, 성공적인 레토릭은 청중이 믿는 것을 연결시키는 일이라고 결론 내릴 수 있다. 레토릭은 그 자체의 특성으로 인해 쟁점을 해결하는 데 공동적 접근이나 민주적 접근을 취한다. 아리스토텔레스는 이러한 사실을 인식함으로써 약식 삼단 논법을 자신의 레토릭 이론의 중심에 놓았다. 그리고 레토릭을 민주 사회의 공적 담론 기술이라 이해했다. 약식 삼단 논법은 연설가로 하여금 청중의 신념과 가치 및 경험을 당연히 고려하게 하는 주장으로서 연설가와 청중을 동등하게 하고 통합시키는 효과를 갖는다. 레토릭 실천에서 사람들 자체를 무시할 수는 없다. 약식 삼단 논법은 아리스토텔레스의 레토릭 이론에 중심으로써 그는 이 사실을 강조한다.

세 가지 레토릭 상황

아리스토텔레스는 연설에 대한 체계적인 연구는 다양한 연설 종류, 연설 상황과 청중, 그리고 각 연설 유형이 제시하는 쟁점을 설명해야 한다고 생각했다. 그는 연설을 스피치가 일어나는 상이한 상황, 특정 연설의 대응 목적(텔로스telos), 그리고 청중의 각기 다른 역할 등을 반영하는 세 가지 범주로 나눈다. 이러한 구분은 《레토릭》 1권의 4~15장에서 논의된다.[20]

먼저 아리스토텔레스는 법을 논의하는 입법 기관에서 제시되는 정책 연설deliberative oratory을 논한다. 이 연설은 여러 자원의 이용과 도시 국가가 직면한 문제에 대한 해법을 말하는 것이다. 정책 연설 시 청중은 도시 국가의 미래를 위해 무엇이 좋은 것인지에 주로 초점을 맞추는 심판관이나 의사결정자(크리테스krites)다. 아리스토텔레스는 이러한 첫 번째 유형의 레토릭을 심보울레우티콘symbouleutikon, 실질적 문제에 대해 자문하는 사람을 심보울로스symboulos(즉 조언자)라고 했다. 연설가는 종종 도시 국가에서 자신의 역할을 기술하기 위해 이러한 용어를 사용하기도 했다.

둘째, 아리스토텔레스는 장례식에서 행하는 혹은 군사적인 승리 뒤에 행하는 의식 연설을 언급했다. 아리스토텔레스는 그러한 연설을 기술하기 위해 에피데익티콘epideiktikon이라는 용어를 사용했는데, 여기서 의식 연설epideictic oratory이라는 말이 생겨났다. 의식 연설은 위대한 업적을 이룬 시민을 찬양하고, 악한 행동에 대해서는 공개적으로 비난하거나 고인을 칭송하기도 했다. 그러한 연설을 할 때 청중은 화자의 발표나 과시적 표현을 지켜보는 구경꾼(테오론theoron)이다.

셋째, 아리스토텔레스는 법정 연설forensic oratory이라고도 하는 디카니콘dikanikon을 탐구했다.[21] 법정 스피치는 통상 범죄 피의자 개인에 대한 고소와 변호를 포함한다. 아테네 법원에는 공식적으로 훈련받은 재판관이 따로 없다. 훈련된 변호사나 여타 관리들이 있는 것도 아니다. 법원은 대개 보통 시민에 의해 운영되며 법이 명확하게 제시되는 것도 아니다. 그러한 법정 연설을 위해 각 청중 구성원은 과거의 사건에 대해 나름의 판단을 제시하는 심판관(크리테스krites)이다. 사실 시민 배심원들은 특정 법이 본인이 참여하고 있는 그 사건에 적용되는지 여부를 결정해야 하며, 또한 적절하다고 여겨지면 그 법을 어떻게 해석할지도 결정해야 한다. 아테네 법정에서는 그 일이 감당하기 어렵게 되는 경우도 있는데, 이는 그리 놀랄 만한 일은 못 된다.

제임스 서턴James Sutton은 이들 세 가지 유형의 연설 가운데 아리스토텔레스는 첫 번째 것, 즉 정책 혹은 의회 연설을 더 선호했다고 주장한다.[22] 그것은 물론 세 번째 유형의 연설, 즉 법정 연설에 대한 소피스트들의 선호와는 반하는 진술이다. 아리스토텔레스는 다른 두 연설보다도 정책 연설 논의에 더 많은 시간을 할애했으며, 법정 연설을 하는 데는 상대적으로 덜 관심을 가졌다. 이는 아마도 연설가 입장에서는 가장 안 좋은 결과를 가져온다고 믿었기 때문일 수도 있다.

정책 연설(의회 연설 또는 정치 연설)

앞서 살펴본 바와 같이 소피스트는 특히 그들의 법정 발언으로 잘 알려져 있다. 즉 그들은 배심원을 감동시켜서 짧은 시간 안에 자신들에게 유리한 판단을 내리게 할 수 있는 능력에 크게 의존하는 일종의 레토릭 때문에 유명해진 것이다. 법정 레토릭은 종종 감정적 소구를 강조하며 개인적 특성에 호소한다. 사실 이러한 소구는 가끔 말도 안 되는 양상으로 전개되는 경우도 있다. 아리스토텔레스는 입법 기관에서 행해지는 연설이 전체 도시 국가에 영향을 주기 때문에 더욱 중요하고 더 많은 사람에게 이익이 된다고 보았다. 따라서 그는 그러한 정치적 말하기가 법적인 말하기보다 자신의 레토릭 분석을 위한 더 나은 모델임을 인식했다.[23] 아리스토텔레스는 "정치적 연설의 경우는 덜 중요한 것에 대해 말할 유인이 덜하다. 정치적 연설은 보다 넓은 혹은 큰 쟁점을 다루기 때문에 법정 연설보다는 부도덕하거나 무원칙한 것에 덜 관여하게 된다"고 했다(1354b).[24]

1권 4~8장에서 논의된 정책 연설은 도시 국가를 위해 가장 최선이 되거나 가장 이익이 되는 조치(심페론sympheron)나 방침인지의 문제에 대해 발언을 하게 된다. 따라서 의회 레토릭은 특정한 정책이나 계획에 찬성하거나 반대하는 입증을 따지는 것이 포함된다. 그것은 미래를 지향하며 무엇을 해야 할 것인가에 대한 판단에 영향을 미치게 된다. 정책 연설의 지도 원리는 에우다이모니아eudaimonia인데 이는 안녕, 행복, 번영 등을 의미한다.[25] 정책 연설의 목적은 아테네 도시 국가의 안녕에 기여하는 정책을 수립하고 조치를 취해 나가는 것이다. 그러므로 정책 연설가는 법, 정치, 경제, 무역, 전쟁 등의 문제를 이해해야 하며, 보편적인 선에 기여하는 시민 생활의 특성도 잘 파악해야 한다.

정책 연설에 공통된 논리적 추론의 유형은 많은 종류의 의사 결정 속에서 발생한다. 정책 연설은 시간과 돈과 자원의 지혜로운 사용과 관련된 문제에 대해서도 언급한다. 만약 여러분이 어떤 종류의 차를 살지, 또는 그냥 차를 살지 말지를 결정하려고 한다면, 여러분은 아리스토텔레스가 말한 정책 연설에 관여하는 것이다. 마찬가지로, 학교 이사회가 전통적인 '여름 방학' 방식보다는 연중무휴 방식을 채택할지를 결정하려는 경우, 이사회는 정책적 추론에 관여하는 것으로 머잖아 정책 연설을 듣게 될 것이다.

요컨대, 정책 연설은 여러 조치에 관계되고 미래 지향적이며 자원의 가장 적절한 사용의 문제를 다루는 것이다. 정책 연설가는 청중이 좋은 미래라고 생각하는 것, 청중이 최선의 이익이라고 생각하는 것, 그리고 그들이 낭비라고 생각하는 것이 무엇인지 알아야 한다. 정책 연설가는 또한 가용한 자원, 어떤 활동이나 조치를 완수하는 데 소요되는 시간, 특정 계획을 추진해 나가는 과정에 생겨나는 장애를 극복하는 방법 등에 대해서도 파악해야 한다.

의식 연설

1권 9장에서 아리스토텔레스가 생각하는 두 번째 유형의 말하기는 의식 또는 의례적인 연설이다. 의식 연설(에피데익티콘)은 장례식이나 전쟁 영웅을 기념하는 일과 같은 공적 의식을 그 특징으로 한다. 의식 연설은 무엇이 영예롭고 영광스러운 것인지를 보여 주려는 것을 목적으로 하며 찬양(에파이노스epainos)과 비난(소고스psogos)의 쟁점을 다룬다. 2장에서 소피스트가 자신의 기법을 실행하고 보여 주기 위한 수단으로 에피데익시스, 즉 배열의 스피치를 이용한다고 언급한 바 있다. 정책 연설이 경험의 문제를 다룬다면, 의식 연설은 선악의 문제를 다룬다.

고전학자 제프리 워커Jeffrey Walker는 고대 그리스에서 의식은 전문가들이 일반적으로 생각했던 것보다 더욱 중요했다고 주장한다. 의식 연설의 목적은 단지 오락적인 것뿐 아니라 청중 구성원들이 "여론을 형성하게 하거나 심지어는 특정 주제에 대한 기존의 신념과 태도를 바꾸도록 용기를 심어 주려는 데도 두었다"는 것이다. 아테네에서의 공적 말하기와 글쓰기는 정책 결정을 하거나 유죄냐 무죄냐 하는 판단을 내리도록 하는 것이 아닌 경우도 많았다. 청중의 생각에 대한 '고려'도 의식 연설의 구체적인 목적이었다.

에피데익시스는 문자 그대로 '전시하기,' 즉 특정 아이디어, 실행, 조치 등의 선의와 미덕을 표현하거나 "입증"하는 것이다. 의식 연설가는 특정 행동이나 조치의 미덕이나 위대함을 모든 이들이 볼 수 있게 보여 주기 위해 그러한 행동이나 조치를 확대하는 방식을 취한다. 의식의 목적은 실용적이기보다는 관념적이다. 그것은 청중으로 하여금 생각하게 하고 감정을 드러내게 하며 새로운 생각을 받아들이게 한다. 이소크라테스는 그러한 목적을 추구했던 저술가의 좋은 예에 해당한다. 워커는 "의식[의례]은 특정한 사회나 문화가 살아 있다는 가치와 신념의 기본 코드를 만들어 내고 배양하는 것"이며, 이는 정말 중요한 사회적 역할이라고 결론짓는다.[26]

어떤 이가 훌륭한 또는 용기 있는 일을 했을 때 그렇게 행동한 이유를 우리가 제시하려면 언제나 (우리는) 의례적으로 추론한다. 우리는 선의와 미덕을 기술하며, 특정 개인이 그것을 어떻게 발휘하고 드러냈는지를 보여 준다. 한 운동선수가 엄청난 압박을 받으면서도 훌륭한 스포츠맨십을 발휘했다면 아마도 스포츠 작가는 그를 칭송하는 글을 쓸 것이다. 또한 정치 칼럼니스트가 부패를 이유로 어떤 정치인을 비난하는 글을 썼다면 그 언론인의 글쓰기도 의례적인 것이라 할 수 있다. 마틴 루터 킹 목사의 유명한 "나는 꿈이 있어요" 연설은 의식 연설의 또 다른 예다. 그 연설에서 킹 목사는 정의와 조화, 평화의 가치를 옹호한다. 의식 연설은 선의를 가진 사람의 경쟁심을 고양시키고 시민의 안녕에 중요하다고 생각되는 특정 가치를 강조한다.

법정 연설

《레토릭》 1권 10장에서 15장 사이에서 논의된 법정 연설은 여러 면에서 정책 연설이나 의식 연설과는 다르다. 법정 말하기에서 주된 관심은 정의(디카이온dikaion)의 문제를 다루는 것이다. 아리스토텔레스는 "법정에서는 자원의 현명한 이용에 대한 논쟁이 아닌, 기소(카테고리아kategoria)냐, 방어(아폴로기아apologia)냐 하는 것만이 문제가 된다"고 했다.[27] 더군다나 한 변호사가 법정 연설을 하는 경우, 초점은 미래에 있는 것이 아니라 "무엇을 했는가?" "누가 그것을 했는가?"와 같이 지난 과거 문제에 초점이 맞추어지는 것이다. 다른 법적 문제는 원고의 진정성과 처벌의 적정성 등이 포함된다.

법정 연설은 과거를 재구성한다. 따라서 법적인 화자는 가용한 입증이 특정 가설을 지지할 수 있도록 특정 배심원을 확신시키는 기술이나 기법을 갖추고 있어야 한다. 법적인 변호인은 특정 피의자가 문제의 범죄를 저지를 수 있었는지 아닌지를 효과적으로 주장할 수 있을 정도로 인간의 특성에 대해서도 세심한 관찰자가 되어야 한다. 이러한 변호인은 또한 시민이 생각하는 정의가 무엇인지를 잘 이해해야 하며 정의에 대한 공적 가치에도 익숙해야 한다.

무슨 일이 일어났고, 그것이 옳은지 그른지를 우리가 결정하려고 할 때는 언제나 법적으로 정해진 절차에 따라서 추론한다. 그러한 경우에 우리는 그럴듯한 가설에 대한 가용한 입증으로부터 추론하며, 정의에 대한 우리의 신념도 개입한다. 만약 내가 새로운 은행법이 로비 압력 때문에 통과되었기에 그 법은 빈곤층에게 불공평하다고 주장한다면, 나는 법적으로 추론하는 것이다. 나는 은행이 로비에 쓴 많은 돈에 대한 입증과 새로운 법으로 인해 가난한 사람들이 돈을 빌리기가 더 어려워졌음을 보여 주는 추가적인 입증을 가지고 내 주장을 뒷받침해 나갈 것이다. 내 주장을 만드는 과정에서 나는 또한 기회 균등에 대한 널리 공유된 가치와 연결시키려고 애쓸 것이다. 무엇이 옳은가 혹은 정당한가 하는 문제는 법정 상황 바깥에서 자주 발생하지만 이런 문제를 주장하기 위해 사용되는 추론은 대개 유사하다. 과거 행동에 대한 평가를 뒷받침하기 위해 입증이 면밀히 조사되고, 정의의 기준이 적용되며, 그렇게 하여 결국 그 행동이 정당하거나 아니면 부당한 것으로 판단된다.

기술적 입증

아리스토텔레스가 주장한 바와 같이 레토릭이 하나의 기술art이라면 그 경우 레토릭은 무엇을 가르쳐야 하며, 레토릭을 배우는 학생은 무엇을 공부해야 하는가?[28] 이는 소크라테스가 고르기아스에게 했던 것과 같이 플라톤이 그의 제자 아리스토텔레스에게 했을 법한 질문이다. 아리스토텔레스는《레토릭》1권 2장에서 레토릭의 테크네를 구성하는 세 가지의 기술적 입증들entechnoi pisteis을 제시하면서, 이 질문에 대한 초기의 답을 준다. 그는 또한 서류나 "고문으로 얻어낸 증언"과 같은 비기술적인 입증들atechnoi pisteis도 인식했다. 그러한 것은 주장할 때는 유용할지 모르겠지만, 적절한 레토릭 연구의 일부라고 할 수는 없다.

레토릭 기술로 배운 입증인 세 가지 기술적 입증이란 (1) 로고스, 즉 주장과 논리적 추론과 (2) 파토스pathos, 즉 다양한 감정의 명칭과 원인, (3) 에토스ethos, 즉 인간적 특성과 선의 등이다. 아리스토텔레스가 기술이라고 인식했던 레토릭을 특징짓는 이러한 입증에 대해 좀 더 자세히 살펴보자.

로고스: 올바른 주장의 논리

아리스토텔레스는 첫 번째 기술적 입증인 로고스를 1권 2장에서 논의하기 시작한다. 우리가 이미 앞에서 접했던 중요한 그리스 용어인 로고스(복수는 로고이)는 여러 가지 의미를 갖고 있다. 간단히는 어떤 하나의 단어a word를 의미하기도 하고 복수형으로는 어떤 문서의 글이나 스피치의 말words을 가리킬 수도 있다. 그것은 또한 언어, 담론, 주장 또는 하나의 전체 사례an entire case로 표현된 어떤 생각의 의미를 뜻하기도 했다. 로고스는 또한 일반적으로 지적 능력이나 합리성을 말하기도 했다. 로고스와 관련된 능력은 인간을 다른 동물과 구분하는 두드러진 인간적 특성이었다. 따라서 존 랜들John Randall은 로고스에 맞추어 행동하는 것은 곧 "지적으로 활동하는 것"이라고 본다.[29]

BC 4세기경에는 그리스인이 생각하는 것과 말하는 것을 그렇게 분명하게 구분하지는 않았다.[30] 하나의 활동은 또 다른 활동과 가깝게 연결되어 있었다. 언어words는 전형적으로 구두 표현을 의미했다. 예컨대 묵독은 전혀 알려지지 않았다. 문자 언어written words는 곧 구두 언어spoken words였으며, 로고스는 생각과 말하기 모두를 의미했다.[31]

《레토릭》에서 아리스토텔레스는 말words, 주장, 또는 스피치 논리에서 가용한 입증이라는 의미로 로고스를 사용했다. 로고스는 추리나 추론 연구, 즉 형식 논리에 밀접히 연관된 연구였다. 그러나 《레토릭》에서 그는 변증법 전문가의 논리보다는 사람들이 공적인 쟁점에 대해 실제 추론하는 방법에 더 관심을 가졌다. 로고스는 실질적인 의사 결정에 이용되는 주장, 특히 약식 삼단 논법에 관한 연구였다.

파토스: 청중의 감정에 대한 심리학

아리스토텔레스는 비록 청중의 감정을 조작했던 화자에 대해서는 비판적이었지만 감정 연구는 레토릭을 체계적으로 다루는 데 매우 중요하다고 생각했다. 아리스토텔레스에게 파토스는 청중이 좋은 결정을 내릴 수 있도록 "그들을 올바른 마음의 틀 속에 두는 것"이었다. 그는 이런 유형의 입증을 《레토릭》 2권 1장에서 11장까지 논의한다.

파토스라는 용어는 청중을 움직이도록 하는 힘을 지닌 설득적 메시지를 부여하는 감정적 소구를 의미하는 데 종종 사용된다. 그러나 감정에 대한 아리스토텔레스의 관심은 청중의 판단에 영향을 미칠 수 있는 감정의 능력과 특히 관련이 있다. 조너선 반스Jonathan Barnes는 "연설가는 설득하려 하거나, 다른 말로 판단에 영향을 주려고 한다. 그러므로 감정을 자극한다는 것은 감정이 판단에 영향을 미치는 한에서만 그에게 의미를 갖게 되는 것"이라고 말한다.[32] 래리 안하트Larry Arnhart는 "감정과 판단 사이의 관계를 제시함으로써 이러한 관계는 열정, 즉 감정에 관한 [아리스토텔레스의] 후속 논의의 중요한 주제가 되고 있다"고 말한다.[33]

유능한 화자는 청중의 추론에 영향을 미치고 그들을 행동으로까지 이끄는 강력한 신념과 느낌을 갖게 할 수도 있다. 아리스토텔레스는 연설가는 토론을 이기기 위한 단순히 실용적이거나 소피스틱한 관심사가 아니라 정확한 판단을 위한 도덕적 배려를 하라고 제안한다. 훌륭한 연설가와 소피스트의 차이는 각각의 상이한 동기나 목적에 있다는 것이다. 훌륭한 연설가는 훌륭한 의사 결정을 지원함으로써 도시 국가에 기여하는 것을 목적으로 삼는 반면, 소피스트는 소송에서 이겨 돈을 버는 데 목적을 둔다는 것이다. 따라서 파토스 연구는 진리를 발견하고 진리에 따라 행동하기 위한 도덕적 고려에 의해 지배되는 감정의 심리학 연구인 셈이다.

아리스토텔레스는 우리 모두가 경험하는 분노, 공포, 수치심, 연민과 같은 감정을 검토한다. 그는 자기 나름의 전형적인 체계적 방식으로 여러 감정과 그 반대되는 감정을 규정한다. 예컨대, 분개는 연민과 거의 반대되는 감정이다. 아리스토텔레스는 각각의 감정을 경험하는 이유나 근거에 대해 논의하고 있는데 다양한 감정에 대해 그는 상당히 폭넓고 자세하게 다룬다. 예컨대 분노는 "자기 자신이나 자신의 친구와 관련된 것에 대해 타당한 이유 없이 가해진 분명한 모욕에 대해 드러내 놓고 보복하려는 충동"이라는 것이다(1378a). 그는 계속해서 "세 가지 종류의 모욕이 있는데 그것은 멸시, 앙심, 오만 등이다. 모욕당하는 이들 세 가지 느낌 각각의 원인에 대해 논의를 이어간다.

아리스토텔레스는 "공포는 미래에 있어서 다소 파괴적이거나 고통스러운 악에 대한 정신적 그림에 기인하는 고통이나 혼란으로 규정할 수 있다"고 했다(1382). 또한 그는 위협적 소구란 우리 대부분에게 공통된 세 가지 공포에서 비롯된다고 했다. 첫째는 자신이나 사랑하는 이들에게 닥칠 수 있는 죽음이나 신체적인 피해에 대한 두려움이 있다. 둘째는 직장을 잃었을 때와 같이 건강이나 부를 상실하거나 안전을 잃었을 경우도 공포를 느낀다. 셋째로 우리는 권리나 자유가 박탈되는 경우에도 공포를 느낀다는 걸 알고 있다. 연민에 소구하는 것은 통상 도움을 받지 못하는 누군가 혹은 무언가가 피해를 입었다고 하는 경우에 해당되며, 그러한 피해가 다른 이에 의해 부주의하게 혹은 고의적으로 일어나게 되면 이런 소구는 더욱 강화된다. 따라서 아이들과 보호받지 못한 동물이 종종 연민을 소구하는 데 원천이 된다.

따라서 감정은 의사 결정에 있어 불합리한 장애가 아니다. 그보다는 그러한 감정은 특정 유형의 상황이나 주장에 대한 합리적 반응이다. 아리스토텔레스의 감정 이론 전문가인 W. W. 포턴보프W. W. Fortenbaugh는 "아리스토텔레스의 감정 분석은 조리 있는 주장reasoned arguments에 대한 감정의 관계를 분명하게 만들어 준다"고 말한다.[34] 그 위대한 철학자는 "감정적 반응이 조리 있는 설득에 열려 있는 지적 행위임을 보여주었던 것"이다.[35] 감정적 소구는 설득적 담론의 합리적이고 유의미한 요소로 봐야 하며, 청중을 조작하기 위해 이용하면 안 된다. 파토스는 사실 합리적으로 추론된 것의 일부다. 어떤 결정이 이루어지는 모든 경우에는 누군가 경험해야 하는 합당한 감정이 있기 마련이다. 아리스토텔레스의 생각은 "트라시마코스•와 고르기아스 같은 레토릭 전문가들이 아주 멋지고 매혹적으로 감정적 소구의 발언을 한 것"에 대한 반응일 수 있다.[36] 포턴보프는 "아리스토텔레스의 기여는 감정에 대한 매우 색다른 관점을 제공함으로써 감정적 소구를 더 이상 비합리적인 현혹으로 보지 않게 한 것"이라고 본다.

아리스토텔레스의 파토스는 상이한 감정을 불러일으키는 '방법'과는 거리가 있다. 그보다 그것은 레토릭을 배우는 학생에게 (청중의 감정 상태를 논쟁 중인 특정 쟁점의 특성 및 진지함에 맞추어서 적응시키려는 목적으로) 인간의 감정적 반응을 이해할 수 있게 도와주려는 세밀한 감정의 심리학이라 할 수 있다.

• BC 5세기 그리스 아테네에서 활동한 소피스트로 플라톤의 《국가》에 등장하는 인물이다. — 옮긴이

에토스: 화자의 특성에 대한 사회학

아리스토텔레스는 그가 에토스라고 말한 기술적 입증에 대해서는 《레토릭》 2권 12~17장에서 논의한다. 거기서 그는 화자의 특성이나 개인적인 신뢰도가 갖는 설득적 잠재력을 인정한다. 아리스토텔레스는 에토스란 화자가 말하는 과정에서 발현시켜야 하는 것이지 청중이 갖고 있던 이전의 평판에 근거해서 주어지는 것은 아니라고 생각했다(1356). 그는 청중이 스피치의 전달이나 다른 외연적으로 드러난 것에 근거해서가 아니라 화자의 진솔성이 반영된 스피치의 내용과 합리적인 구조에 근거해서 화자의 특성을 판단한다고 분명히 생각한다.

아리스토텔레스는 좋은 특성good character, 즉 화자의 인격이나 품성을 세 가지 구성 부분으로 나눈다. 에토스를 제대로 드러내기 위해 화자는 "프로네시스phronesis(지능, 실천적 지혜), 아레테(도덕적 미덕, 탁월성), 에우노이아eunoia(선의)" 등을 보여 주어야 한다.[38] 아리스토텔레스는 파토스와 같이 초기 레토릭 선생들이 마구 남용했다고 본 화자의 특성 연구를 명예 회복시키고자 했다. 그는 특히 소피스트의 후예인 법정 변호인이 파토스와 에토스를 과도하게 사용함으로써 레토릭에 오명을 씌웠다고 생각한 것 같다.

유능한 레토릭 전문가는 공동체의 믿음이 곧 특정인을 믿을 수 있는 사람으로 만든다는 점을 이해해야 한다. 아리스토텔레스의 파토스 연구가 청중의 감정에 대한 심리학이듯이, 그의 에토스 연구는 화자의 특성에 대한 사회학이다. 그것은 청중에게 누군가를 믿도록 만드는 궤변적 지침이 아니라, 아테네인이 신뢰할 만한 개인의 자질이라고 생각하는 것이 무엇인지를 주의 깊게 연구하는 것이다. 아리스토텔레스는 젊은이, 중년, 노년의 전형적인 성격 특성에 대해서 논의한다(1388~1390). 그는 부와 권력, 그리고 '출신 배경'과 성격적 특성과의 관계에 대해서도 검토한다(1390~1391).

아리스토텔레스는 로고스, 파토스, 에토스라는 세 가지 기술적 입증 중에서도 에토스가 잠재적으로 가장 설득적이라고 봤다. 사람들은 화자가 지식이 많고 믿을 수 있고 마음속에서 자신들과 가장 깊은 이해가 있다고 확신할 때 화자가 말한 것을 진실이라고 받아들일 가능성이 훨씬 더 높을 것이다.

요컨대 아리스토텔레스는 레토릭 기술은 논리적 연구(로고스), 심리학적 연구(파토스), 사회학적 연구(에토스)가 결합된 것이라고 보았다. 로고스와 파토스, 에토스는 레토릭 전문가에게 입증의 원천, 즉 설득 가능하도록 하는 자료를 제공해 준다. 숙련된 레토릭 전문가는 그러한 입증, 즉 '설득의 수단'을 '발견해 내는 능력'을 지닌 것이다. 또한 이러한 능력은 '어떤 주어진 상황'에 적응할 수 있는 것이다. 이러한 입증이 발견되면 그러한 입증은 세심하게 이루어지는 설득적 균형에 사용될 수가 있다. 평판이 좋은 모든 레토릭 활동의 목적은 도시 국가에서의 삶을 개선시키는 것이어야 한다.

토포이: 주장의 유형

로고스, 파토스, 에토스라고 하는 기술적 입증은 아리스토텔레스가 정책 연설, 의식 연설, 법정 연설에 각각 이용될 수 있을 것 같다. 그러나 특정 종류의 입증과 주장의 유형도 다른 것보다는 특정한 경우에 더 많이 사용되었다. 그리스어 토포스topos(복수 토포이topoi)는 원래 '장소'를 의미하고, 주장의 어떤 유형을 뜻하게 되었다.[39] 아리스토텔레스는 《레토릭》에서 두 가지 종류의 토포이에 대해 기술한다.

특수 토포이

세 가지 연설 상황에 이용된 주장에 관심의 초점을 맞추면서 아리스토텔레스는 자신이 특수 토포이eidei topoi/special topics라고 한 것에 대해 말한다. 이는 그가 말한 세 가지 레토릭 상황 또는 문제의 어느 하나에 특별히 중요한 주장을 말하는 것이다.

아리스토텔레스는 특별히 정책 연설에 관심을 보였다. 그는 《레토릭》 1권 4~8장에서 ("재정, 전쟁과 평화, 국방, 수출입, 법률 제정 등"(1359b)[40]을 포함하여) 정책 연설을 하는 이가 이용해야 하는 주장과 지식에 대해 논의한다. 아리스토텔레스는 인간적인 행복(에우다이모니아)과 사람들이 좋은 삶이라고 생각하는 것의 구성 요소에 대해서도 검토한다. 행동 방침이 유용한지 무용한지, 정당한지 부당한지, 현명한지 우둔한지, 행복에 기여하는지 아닌지의 여부를 입증할 수 있는 어떤 주장이나 일정량의 정보는 정책 연설가 입장에서는 특별히 이용할 수 있는 주장이었다.

반대로 의식 연설을 하는 이의 특수 토포이는 인간의 선과 악, 그리고 누군가가 찬양할 만한지 비난할 만한지를 입증할 수 있는 것과 관계가 있었다. 따라서 어떤 개인이 선의를 갖고 있는지 아니면 반대로 악한 것인지를 판단하는 데 도움을 주는 주장과 정보는 의식 연설가의 특수 토포이에 해당된다고 할 수 있다.

마찬가지로 법정 연설가는 범법 행위의 원인, 그런 행위를 하도록 만든 욕구, 그리고 범죄를 저지르도록 만든 범죄자의 특징 등을 이해해야 한다. 또한 정책 연설가는 시민과 도시 국가를 위해 최선이라고 생각되는 주장을 완전히 이해해야 한다.

일반 토포이

아리스토텔레스는 세 가지 레토릭 상황의 어느 것에나 유용한 주장과 전략을 일반 토포이koinoi topoi/common topics라고 불렀다. 이러한 것은 종종 보편적인 주장이라고도 했다. 《레토릭》 2권 23장에서 아리스토텔레스는 스물여덟 가지의 일반 토포이 목록을 제시한다. 이 목록에는 모든 종류의 토론과 말하기 상황에 이용될 수 있는 폭넓은 주장과 전략이 포함되어 있다. 이들 토포이에 어떤 특별한 질서나 체계가 있는 것 같지는 않지만 분류 제안이 가끔 놀라울 때도 있다.

보편적인 주장에 대한 아리스토텔레스의 간단한 목록에는 서로 반대되는 것을 고려하고 있음이 드러난다. 어떤 이는 평화란 것이 경제적인 문제를 초래하기 때문에 번영을 위해 전쟁이 필요하다고 주장한다. 또 어떤 이는 상관관계가 있는 아이디어에서 추론할 수도 있다. 누군가 당신에게 선물이라고 줬다면 마땅히 그 선물을 받았어야 했다는 식이다. 또한 스물여덟 가지의 일반 토포이 목록에는 (상대방이 당신에 반대하기 위해 사용했던 동일한 비난을 당신의 상대방에게 이용하는 것과 같이) 형세를 역전시키는 것과 같은 전략도 있다. 바람직한 결론을 끌어내기 위해 어떤 중요한 말의 미묘한 차이를 고려하는 것과 같은 약간의 언어적 수단도 포함된다. 예컨대, 어떤 변호사는 "당신은 내 의뢰인을 고소한 행동에서 당신이 이익을 얻었다고 말했다. 만약 당신이 그의 행동에서 이익을 얻었다면 그것은 유익한 행동이다. 유익한 행동은 기소되지 않을 수 있다"고 정당화할지도 모른다. 이는 말장난인가? 그러나 이런 것은 아마도 레토릭 전략의 한 원천으로서 어떤 옹호자가 말에 대해 스스로 생각하도록 순치시키는 하나의 수단이라고 할 수 있지 않을까.

일반 토포이는 또한 일반적인 것으로부터 특수한 것으로 연역적으로 혹은 여러 가능한 경우를 구분하여 나열하는 식으로 추론하는 것과 같은 주장을 포함하고 있기도 하다. 그러한 구분 주장은 다음과 같이 이루어지기도 한다. "그러한 재난의 원인에는 단지 세 가지만 있다. A와 B와 C가 그것이다. 이 경우 A와 B는 혐의가 전혀 없다. 따라서 원인은 C임에 분명하다."

스물여덟 가지의 일반 토포이는 물론 전부가 아니다. 아리스토텔레스의 세 가지 레토릭 상황 어디에나 사용할 수 있는 주장, 전략, 언어적 고려를 유형화한 제안 목록이라고 할 수 있다. 로고스에 관한 많은 연구는 특수 토포이와 일반 토포이의 조합을 다룬다. 그러한 연구에서는 아리스토텔레스가 자신의 토포이 목록을 일반적인 것과 특수한 것으로 나눈 것에 대한 상당한 논의가 이루어져 왔다. 그 목록은 여러 주장을 새로 만들어 내거나 발견해 내는 지침이 되었다.[41]

그러나 토포이(아리스토텔레스가 토포이를 다룬 것)에 대한 다른 이해 역시 고려할 만한 가치가 있다. 예컨대, 윌리엄 그리말디William Grimaldi는 아리스토텔레스가 토포이에서 의도한 바는 개인과 사회가 직면한 일련의 문제에 대해서 생산적으로 생각하는 방법을 제안하고자 한 데 있었다고 주장한다.[42] 토머스 콘리Thomas Conley는 토포이는 이미 마무리된 주장들을 "정당화"하는 수단이었다고 말한다.[43] 도노번 옥스Donovan Ochs는 아리스토텔레스의 토포이는 주장들을 발명하기 위한 체계로 의도되었다기보다는 약식 삼단 논법의 일차적인 요소로 이해해야 한다고 주장한다.[44]

일반적인 오류

레토릭 전문가는 훌륭한 주장에 대한 이해와 함께 여러 가지 잘못된 형태의 추론에 대해서도 알아야 한다. 아리스토텔레스는 《레토릭》 2권 끝에서 진지하거나 합리적으로 보이지만 보다 엄밀한 검사가 이루어지지 않은 아홉 가지 유형의 약식 삼단 논법을 목록화한다. 그의 생각에 이것들은 오류다. 아리스토텔레스는 오도하는 말장난, 부분을 가지고 전체를 추론하는 오류, 그리고 심지어는 "왜, 그러한 주장을 하다니…… 정말 무례하구먼!"과 같이 분개하는 언어 사용과 같은 책략에 대해 논의한다.

아리스토텔레스는 또한 어떤 반대자가 하나의 이례적인 예를 가지고 일반화를 추론함으로써 마치 정당한 주장인 것처럼 보이게 하는 점도 언급한다. 따라서 유명한 과학자 칼 세이건Carl Sagan이 높은 급여를 받는 교수이기 때문에 내가 모든 교수의 급여 수준이 높다고 주장하는 경우를 생각해 볼 수 있다. 아리스토텔레스는 먼저 있었던 사건을 이유로 드는 오류와 같은 인과적 오류에 대해서도 주목한다. 즉 누군가가 "이라크 침공 이후 불경기가 왔다. 따라서 군사 행동이 경제적인 어려움을 초래한다"는 논리를 펼칠 수도 있다. 누군가는 관련 사실들을 생략함으로써 기만적으로 추론할 수도 있다. 어떤 정치인이 의료 개혁안에 서명하지 않았다고 해서 그가 의료 개혁에 반대한다고 주장할 수도 있다. 그 정치인이 자신의 의료 개혁안 도입을 준비한다는 것은 언급하지 않은 채로 말이다.

아리스토텔레스의 스피치 스타일관

아리스토텔레스의 《레토릭》 3권은 스피치의 전달, 스타일, 배열 등에 대해 논의한다. 아리스토텔레스는 자신이 전달 문제는 체계적인 논의를 할 만한 가치가 있는 것은 아니라고 생각하지만, 그 역시 레토릭의 일부이기 때문에 논의는 해야 한다고 말한다. 그는 "어떤 것이 얘기되는 방식은 그것의 이해도에 영향을 미치기" 때문에 전달은 청중이 스피치를 어떻게 받아들이는가에 중요할 수 있다는 점을 인정한다. 그럼에도 불구하고 "극적 능력dramatic ability은 천부적인 재능"이기 때문에 효과적인 전달을 가르치기가 어려운 것이다. 관심이 있다면 전달에 도움이 되게끔 말씨나 발음을 가르치는 선생을 찾아 나서겠지만 어떤 테크네를 적절히 공부한다는 것은 결코 쉬운 일이 아니다.

스피치 스타일, 즉 언어적 표현 방식은 경우와 상황에 적절한 것이어야 한다. 무엇보다도 화자는 명료해야 한다. 아리스토텔레스는 "현재의 통상적인 (명사나 동사와 같은) 단어를 사용해야 명료성clearness이 보장된다"고 했다. 따라서 화자는 매일매일 사용하는 구두 언어에 늘 귀를 기울여야 한다. "자연스러운 것이 설득적"이기 때문에 유능한 연설가는 말을 할 때 인위적 느낌을 줄 정도로 기술적 장치를 많이 사용해서는 안 된다는 것이다. 스타일에 대한 아리스토텔레스의 이러한 조언은 소피스트의 지나치게 스타일화된 말하기는 물론 이소크라테스의 과도하게 기교를 부린 문자 스타일에 대해서도 반대하는 그의 입장을 나타낸 것이다.

은유와 다른 장치

아리스토텔레스는 "은유는 다른 어떤 것도 할 수 없는…… 스타일에 명료함, 매력, 그리고 다른 어떤 것도 해 줄 수 없는 특별함을 부여해 준다"고 함으로써 독자들에게 은유를 사용하는 데 대한 도움말을 준다. 훌륭한 은유적 비교는 "제대로 맞는 것이어야 한다. 이는 표현되는 것에 적절히 상응하는 것이어야 한다는 것을 의미한다." 잘못된 은유의 "부적절성은 쉽게 인지되는데 그것은 비유하는 것과 비유되는 것 둘이 함께 병렬됨으로써 그 둘 사이의 조화에 대한 기대가 강조되기 때문"이다. 따라서 적절한 비교를 하는 데 매우 세심한 주의를 기울여야 한다.

아리스토텔레스는 은유를 함축적인 주장으로 이용하는 것에 대해 실질적인 조언을 해 준다. 예컨대, 어떤 행동이나 사람을 칭찬해 주기를 원한다면 "같은 선상에 있는 더 나은 것에서 당신 나름의 은유를 택해야 한다. 반대로 폄하하려 한다면 뭔가 더 나쁜 것에서 택하면 된다"(1405a). 따라서 어떤 글에서 내가 돈을 요구하는 노숙자를 긍정적으로 묘사하거나 그 행위를 좋게 표현하기를 원한다면 나는 그것을 구도자의 행위에 비유할 수 있다. 반대로 만약 그 행위를 폄하하려 한다면 도둑질에다 그것을 비유할 수도 있을 것이다.

아리스토텔레스가 은유를 만드는 것에 대해 조언해 주고는 있지만, 이러한 조언과 관련된 실질적인 기법은 기술의 범위를 넘어서고 있다. 은유는 "가르쳐질 수 있는 어떤 것이 아니다"는 것이다(1405a). 아리스토텔레스는 계속해서 직유, 리듬, 반대 명제와 같은 스타일 관련 여러 장치에 대해 논의한다. 그는 언어에 아름다움을 부여하는 것과 관련해 더욱 자세히 공부하기를 원하는 학생을 위한 스타일 관련 장치와 방법을 《시학》에서 다룬다.

2장에서 논의한 바와 같이 일부 소피스트(가장 두드러지게는 고르기아스)는 레토릭의 미학적 관점, 특히 구두 언어의 소리에 큰 관심을 보여 왔다. 그러나 고르기아스는 청중을 사로잡을 수 있는 구두 언어의 능력과 관련해서 청각적 미학auditory aesthetics에 관심을 가졌던 것으로 보인다. 반면에, 아리스토텔레스의 관심은 도시 국가에서 정치적 담론을 개선시킬 수 있는 기술을 발전시키는 것으로, 좋은 스타일이란 청중의 관심을 끌어서 스피치를 보다 잘 기억할 수 있게 하는 것이었다.

결론

아리스토텔레스는 레토릭 기술을 체계적으로 다루는 일에 착수했으며 많은 설명을 통해 이를 성공적으로 수행했다. 레토릭에 대한 그의 논의는 그가 썼던 가장 완성도 높고 통찰력 있으며 영향력 있는 저술 중 하나로 남아 있다. 그럼에도 불구하고 일부 학자는 아리스토텔레스의 레토릭 이론이 실천적 연설가보다도 레토릭학자에게 더 큰 관심을 받고 있다거나 아리스토텔레스 당대보다도 그 뒤에 더욱 영향력을 발휘했다고 언급한다.

아리스토텔레스에게 레토릭은 "어떤 상황에서 가용한 설득의 수단을 발견해 내는 능력"이었다. 변증법 기술과 같이, 그것은 하나의 주제군에 한정된 것이 아니고, 개연성 있는 결론으로 추론해 들어가며, 특정 쟁점의 어느 한편에서의 주장을 개발하기 위해 효율적으로 사용될 수 있다. 또한 레토릭은 시학과 같이, 언어의 아름다움에도 관심을 가진다. 그러나 레토릭은 특별히 추론 훈련을 받지 않은 사람들로 구성된 대규모 청중에게 메시지를 적용시킨다는 점에서 독특한 것이다. 더군다나 레토릭은 행복, 선의와 미덕, 정의 등을 고려하는 것과 같이, 공동체의 가장 중요한 가치와 관련된 공적 의미를 갖는 문제를 다루었다.

아리스토텔레스는 성공적인 레토릭 전문가는 제시되는 주장을 잘 이해해야 한다고 봤다. 그러나 감정과 좋은 성품에 대해 철저히 이해하는 것도 중요하다. 레토릭 전문가는 또한 실행되는 특정 종류의 연설과 관련된 일정 범위의 실질적인 쟁점도 이해해야 한다. 그리고 연설가, 즉 레토릭 전문가가 어느 정도 천부적인 극적 능력을 가지고 언어의 미학적 차원을 잘 이해한다면 그것도 도움이 된다. 참으로 기량이 출중한 화자가 된다는 것은 정말 쉽지 않은 일이었다.

그리스 레토릭의 중요 주제는 여러 세기 동안 레토릭 이론가들의 사고에서 중요한 역할을 해 왔다. 사실 그리스의 레토릭 이론은, 특히 그 주제에 대한 아리스토텔레스의 논의는 아직까지도 말하기와 글쓰기 모두에서 많은 가르침을 위한 토대를 제공해 준다. 다음 장에서는 그리스 레토릭의 전통이 또 다른 거대 문명의 문화적 맥락에서 어떻게 바뀌었는지 살펴보고자 한다.

5장

로마의 레토릭

레토릭은 스페인에서 시리아까지, 남부 영국에서 북아프리카까지 뻗어 있던 공통된 한 제국 문화의 교육적, 정치적 기반을 형성했다.

_ 조이 코널리Joy Connolly[1]

고전학자 만프레트 푸만Manfred Fuhrmann은 "고대 세계의 모든 교육 관련 주제와 같이 레토릭은 그리스인이 만들었고, 로마인은 그것의 형식과 주제를 모두 충실하게 채택했다. 즉 헬레니즘 시기의 최상의 것은 거의 그대로 받아들였다"[2]고 말한다. 고전학자 에리히 그루언Erich Gruen이 지적했듯,

> (동시에) 로마인은…… 헬레니즘 문화와 복잡하고도 고통스러운 관계를 갖고 있었다. 지식인은 헬레니즘 문화에 도취했으면서도 이를 경계했고, 그리스의 언어와 문학, 예술 및 학습에 대한 열정은 물론 그 문화를 전용하면서도 통제하려는 열정도 함께 지녔다.[3]

그리스 문화와 로마 문화의 이러한 긴장 관계에도 불구하고 그리스 기반의 레토릭 연구는 로마에서 일반 교양 교육의 중심에 굳건히 자리

잡았다. 그 이유를 보면 다음과 같다. 첫째, 레토릭은 정치에서의 개인적 성공을 위한 하나의 수단이었다. 둘째, 레토릭은 정치 논쟁, 법적 소송, 주요 쟁점에 대한 시민을 대상으로 한 연설의 방법을 제공했다. 셋째, 레토릭 연구는 세련됨, 지혜로움, 성취도 등을 나타내는 언어적 기법을 발전시켰다. 끝으로 레토릭은 로마의 지배 계층과 일반 민중으로 하여금 불평등한 이들의 공동 노력 위에서 특정한 정책적 안배를 협상할 수 있게 해 줬다. 로마 사회에서 의미 있는 역할을 수행하려면 레토릭을 숙련하는 것이 사실상 중요한 요건이었다. 따라서 레토릭 교육은 로마인에게 매우 중요했다.

로마의 가장 위대한 연설가이자 레토릭 이론가인 키케로와 로마의 가장 유명하고 성공적인 레토릭 선생이었던 마르쿠스 파비우스 퀸틸리아누스Marcus Fabius Quintilianus(35~100)와 같은 레토릭 전문가는 연설을 가르치는 것과 관련된 광범위한 저술을 했을 뿐 아니라 정교한 레토릭 교수법을 개발하기도 했다. 이들은 크게 성공했고, 미국 독립 혁명 전까지 유럽인은 이러한 레토릭 교수법을 이용했다. 인류 역사에서 레토릭과 그것을 가르친 로마식 방법만큼 교육적 지배력을 그렇게 강력하게 장악했던 주제와 관련 교수법은 없었다. 이 장은 레토릭을 중시했던 로마 사회의 특성과 로마 레토릭의 실제, 그리고 로마의 레토릭 교육법 등에 대해 살펴보고자 한다. 로마의 가장 영향력 있던 연설가이자 레토릭 이론가 키케로의 레토릭 사상을 다루는 데 상당 부분을 할애할 것이다.

로마 사회와 레토릭 장소

우리가 로마나 로마 세계에 대해 말할 때 거의 BC 300년부터 AD 400년까지 적어도 700년이라는 매우 긴 시기 동안 다양한 정치 형태로 존재했던 사회에 대해 얘기하게 된다. 이 시기에 지중해 연안의 많은 지역은 이탈리아 로마라는 도시에 수도를 둔 한 문화에 지배되었다. 또한 로마에 대해 말할 때는 두 개의 아주 다른 지배 체제하에 있던 로마를 구분해야 한다. 하나는 로마 공화정이라는 제한된 민주주의 체제이고, 다른 하나는 로마 제정이라는 독재 또는 전제 군주 체제를 말한다.

레토릭과 정치권력

하나의 주권적 정치 체제로 건국되던 때에 로마는 선출된 집정관과 원로원, 민회에 의해 통치되던 공화국이었다. 그러나 이는 오늘날의 서구는 물론 고대 아테네에서 보던 그런 시민 중심의 민주주의와는 달랐다. 투표하거나 권력을 행사하기 위해서는 자기 땅을 가지고 있거나 군부나 영향력 있는 집안처럼 권위 있는 집단의 구성원이어야 했다.

로마 공화정이 성장함에 따라, 로마로부터 아주 멀리 떨어져 사는 다양한 사람을 규합하기 위해서는 레토릭이라는 학문으로 연구된 소통 방법을 공유하는 것이 통일체를 통치하고 유지하는 데 아주 중요했다. 레토릭은 또한 일상적인 정치적, 사회적 삶을 형성하는 데 기본 역할을 수행했다. 스피치 훈련과 논리적인 사고의 함양, 그리고 서로의 협동을 이끌어내는 능력의 배양과 함께, 레토릭은 로마 문명을 떠받드는 중요한 원천(아마도 모든 문명의 원천)이었다. 키케로는 《창안에 대하여*De Inventione*》에서 "인간은 한때 짐승처럼 야만 상태에서 산야를 떠돌며 거친 음식으로 생명을 유지하며 살던 시기가 있었다. 그 시기에 인간은 마음속에 이성이란 게 없었고 오직 육체적인 힘으로만 살았다"라고 썼다(1.2). 조이 코널리는 키케로의 경우 레토릭과 문명이 함께 도래한 것으로 보았다고 언급한다.

마그누스 비르[A] magnus vir, 즉 한 위대한 사람이 인간의 잠재력을 알고, 벌판에 흩어져 있던 사람들을 이성과 스피치를 통해 한곳으로 재촉하여 모은 이래로. 따라서 능변이야말로 사람들을 움직인 최초의 운송체다. 능변이 최초의 정치 사회 속에 사람들을 모았다. 그것이 가진 힘없이는 문자 그대로 정치란 것을 상상할 수 없는 것이다……[4]

지배자와 피지배자

로마는 가부장제였으며, 로마 공화정에서 권력은 통상 특정 문중, 즉 영향력 있는 가문의 남성에게 속했다. 스무 군데도 채 되지 않던 매우 영향력 있던 가문은 그 힘이 막강해서 외부인이 정치적 우위에 서기는 (불가능한 것은 아니지만) 어려웠다. 키케로는 로마 정치에서는 '신인'이었으며, 정치적 아웃사이더였다. 그러나 그는 가문 배경 없이도 충분한 지적 능력과 레토릭 자질로 영향력 있는 인물이 되었다.

로마인은 정치권력이 특질character과도 불가분의 관계가 있다고 생각했고 그러한 성격은 가문이나 가계 체제와도 관련된다고 믿었다. 제임스 메이James May는 "특질은 로마 공화정의 사회적, 정치적 환경에서 아주 중요한 요소였다"면서 "토박이 로마 연설가에게 상당한 영향을 미쳤다"고 말한다. 특질은 특정인의 행동을 "요구하거나 결정하는" 다소 고정된 특성이라고 여겼다.[5] 사실 특질이란 게 그렇게 고정된 것이기 때문에 가계를 통해 유전되며 유명한 조상은 화자에게 필요한 용기나 지혜를 불어넣어 주기 위해 공개적으로 하는 스피치 과정 중에 나타나기도 한다고 믿었다. 따라서 연설가와 개인의 특질은 로마인에게는 불가분한 개념이었다.

로마인은 개별 시민의 의견보다는 시민의 집단적 반응, 즉 레스 푸블리카res publica를 더 중시했다. 이러한 이유 때문에 입법 기관에서 연설할 시민의 권리가 보장되지 않았던 로마에서는 아테네의 이세고리아와 같은 권리는 없었다. 조이 코널리는 다음과 같이 말한다.

아테네인은 자유로운 남성 간에 법적, 정치적 평등성을 구축함으로써 부와 출생에서의 불평등성을 보상했다. 지위와는 상관없이 모든 시민이 투표했고 배심원으로서 봉사했으며 (원한다면) 민회에서 말할 수 있었다.

그러나 로마에서는 "불평등이 정치 체계의 기반이었다."[6] 이러한 불평등은 귀족patrician과 평민plebeian과 같은 오래전부터 있었던 뚜렷한 차이에서 보듯, 로마 문화의 기원에 드러나 있었다. 그러한 기본적 차별은 지속되었다. 예컨대, 로마의 배심원은 부자 시민으로만 구성되었다. 로마에서는 대부분의 공적인 스피치는 선출된 관리에 의해 전달되었는데, 이는 지배자와 피지배자 사이에 존재하는 가장 큰 격차를 나타냈다. 그럼에도 불구하고 정치인은 시민이 모여 있는 집회(콘티오contio) 장소(즉 포럼)에서 연설하는 것으로 기대됐으며, 그러한 집단의 반응은 정책 형성에 중요한 것이었다. 화자들은 적극적으로 청중의 동의를 얻고자 했으며, 그들 스스로 청중의 이해와 조율시키고자 했다. 누군가의 조상들이 그들의 고상한 특질을 전승시켜 왔다는 믿음이 로마 시민에게 어느 정도는 확장되었는데, 그것을 화자들은 청중에게 환기시키고 싶어 했다.

로마법은 지배자와 피지배자 사이의 힘을 균등화하려고 했다. 로마인은 그 법에 대해 나름 평가했다. 법이 강력한 개인보다는 우위에 있다고 생각했다. 고대 로마의 역사가인 티투스 리비우스Titus Livius가 말했듯이 "법의 힘은 사람의 그것보다 크다."[7] 법과 종교는 로마인과 로마인을 서로 묶어 주는 힘이었다.

레토릭과 로마 통치

로마 공화정에서 가장 중요한 지배체는 원로원이었다. 대내외 정책 모두에 힘을 가졌다. 원로원은 정치적 지혜를 가진 것으로 생각되는 사람들로 구성되었다. 라틴어 세나투스senatus는 어른의 협의체, 즉 원로원을 뜻한다. 원로원은 약 300명 정도(BC 81년 이후에는 600명 정도로 늘었다)로 구성된, 입법 기관이기보다는 자문 기관이었다. 부유하고 권력 있는 원로들은 경제적 자격을 충족하는 한, 살아 있는 동안에 나름의 자리를 차지했다. 대부분 그들은 로마나 식민지 중 어디엔가 별도의 정치 활동을 하는 집무실을 소유했다.

로마 공화정은 평민의 대표 기구와 지배 엘리트의 기구, 그리고 강력한 힘을 지닌 개인들 사이의 견제와 균형을 이루는 복잡한 체제에 기반해서 작동했다. 이러한 구조 속에서 한 집단 혹은 심지어는 한 개인이 특정 정책에 반대함으로써 정부의 전횡을 실질적으로 막는 것이 가능했다. 원로원이나 다른 기구에서 설득적 스피치를 한다는 것은 이 기간 로마의 통치와 팽창에 기본 바탕이 되는 동의를 이끌어내고 동맹을 이루어 나가는데 아주 중요한 일이었다. 해럴드 고토프Harold Gotoff가 말했듯이 로마 공화정 기간에는 "연설을 하는 것이 전문 정치인의 필수 수단이었다." 그렇듯 스피치를 잘하는 일은 정치적 성공에 핵심적인 것이었다.

키케로와 같은 원로는 스피치할 때마다 자신의 뛰어남과 권위를 선보였다.[8] 레토릭은 많은 주요 이슈들이 논의되는 원로원에서뿐 아니라 법정과 공적 포럼에서 맹위를 떨쳤다.

> 그 연설가는 사실 속에서 남의 약점을 이용하거나 말로 장난을 치는 그런 존재일 수가 없었다. 그는 참된 지혜와 달변을 지닌 인물이어야 했다. 그의 스피치에 피고인의 운명이 걸려 있었고, 반대자에 대한 평판이 좌우되었으며, 그 스피치에 한 사회의 대의는 물론 그 사회의 결의가 얼마나 강한지, 그 사회가 가장 숭배하는 것이 무엇인지, 그리고 그 사회의 미래 향방이 어떻게 될 것인지가 달려 있었다.[9]

군사적 무력과 참여적 통치 체제를 통해 로마인은 이탈리아반도에서 지배력을 공고히 할 수 있었으며, 거의 BC 200년까지 지중해의 다른 영역에까지 영향력을 확대할 수 있었다. BC 240년에서 BC 140년이라는 긴 전쟁기를 거치며 로마 군대는 이미 알려진 세계의 상당 부분을 점령했다. 레토릭과 그것이 허용했던 협동적인 정책 결정은 공화정의 성공에 군사력처럼 중요했다.

BC 130년까지 로마는 부유하고 강력한 제국이었지만, 한편으로는 여러 세력 간 다툼이 많았다. 땅을 소유한 부유층과 노동하는 빈곤층 사이의 갈등도 있었다. 정권은 늘어나는 불행을 느끼는 사람들에 대한 통제력을 유지하기 위해 강력한 군대에 더욱더 의존하게 되었다. 원로원이 더욱 무자비하게 권력을 휘두르게 되자, 일부 장군이 로마에서의 상황을 통제하고자 했다. 그 결과 결국 BC 100년경 로마 제국이 출현했고, 실질적인 군주제로 접어들었다. 폼페이우스Pompeius와 크라수스Crassus 두 장군은 힘을 합쳐 BC 70년에 로마를 완전히 통제하게 된다. 집정관의 지배하에서 원로원은 정책 결정 기관으로 기능을 계속했다. 이 기간에 가장 중요한 로마의 연설가였던 키케로는 원로원에서도 단연 돋보였다. 레토릭 기량은 권력을 획득하는 데는 물론 로마에서 통치 행위를 하는 데 여전히 중요한 요소였다.[10] 이러한 사실을 가장 잘 보여 준 인물이 키케로다.[11]

레토릭과 로마 교육

교육받은 로마인은 곧 그리스 언어와 문화에 몰입하게 되었다. 귀족인 로마인은 자기 아이들을 레토릭, 철학, 그리고 여타 학문을 공부하라고 아테네로 보내는 것을 자랑으로 삼았다. 레토릭은 여러 세기 동안 로마 교육의 핵심을 차지했다. 고전학자인 G. M. A. 그루베가 지적한 바와 같이 “그리스-로마 시대를 통해 레토릭은 고급 교육의 필수적인 내용으로 남아 있었다."[12] "레토릭은 로마 제국에 있어서 교육 체계 그 자체였다." 레토릭학자 캘빈 트루프Calvin Troup는 공화정 말기 이후에조차도 "레토릭은 로마 제국의 교육 체계였다"[13]며 유사한 입장을 표명한다.

로마의 레토릭 중심 교육 체계는 주요 방식에는 오늘날 근대적인 교육 접근법과는 달랐다. 지금의 우리 교육법이 문자 텍스트에 크게 의존하는 것과 같이, 고대 그리스와 로마 교육도 같은 식으로 전달되었을 거라고 가정하기 쉽지만, 실은 그렇지 않았다.

로마의 젊은이를 위한 교육은 주로 구두 표현 수단으로 발전했다. 정치에 있어서와 마찬가지로 구두 언어가 교육의 중심에 있었다. 기억과 인용도 중요했다. 유창하게 말하는 것, 즉 웅변이나 구두 언어 기술이 사회적 영향력과 정치적 성공의 관건이었다. 당시의 구두 우선적 문화는 문자 교재에 기반을 둔 문화보다 기억 훈련이 무척 중요했다. 문자 텍스트가 비교적 드문 곳에서는 기억이 중요하기 마련이다.

그리스는 로마 학교에 항상 존재하는 것이었다. 모든 주제를 그리스어로 가르쳤으며, 레토릭 교육은 그리스의 레토릭 이론을 따랐다. 로마의 레토릭에 관한 문헌은 초기 그리스의 기술들(테크나이)이나 텍스트를 따랐다. 특권 가문의 젊은 남성을 교육하는 일은 엄격한 방법에 따라 진행되는 "여러 해 동안의 레토릭 교육"을 포함했다. 레토릭 전문가들과 철학자들이 레토릭 교육을 제공했다.[14] 숙련된 레토릭 선생은 역사, 법, 수학, 천문학과 같은 분야의 전문 교사를 포함하여 로마에서 새롭게 부상하는 전문가 계층에 속했다. 레토릭 전문가의 영향력이 커지는 것을 두려워한 일부 정치인들이 레토릭을 가르치는 일을 금지하기도 했다.

레토릭 교육은 토론과 논쟁에서 말하는 기술과 재간才幹을 강조했다. 과거로부터 전해져 오는 위대한 스피치를 기억하고 전달하는 것 역시 강조되었다. 암기된 스피치의 한 유형인 콘트로베르시아controversia는 레토릭 고급반 학생이 발표하는 모의재판 스피치였다. 이러한 종류의 실습은 장차 연설가가 되기를 꿈꾸는 이에게 법정 변호인으로서의 자신의 잠재력을 드러내게 해 주었다. 수아소리아suasoria는 좀 더 기본적인 실습으로 레토릭을 공부하는 더 어린 학생을 위한 실습 스피치다. 전형적인 수아소리아 실습은 중요한 공인에게 조언하도록 하는 내용 등을 포함했다.

로마의 레토릭 훈련은 (언어의 미학을 효과적인 스피치의 중심이 되게 하면서) 스타일과 발음 역시 강조했다. 뒷부분에서 다룰 디오니시우스 롱기누스Dionysius Longinus도 '언어 음악'에 대한 자신의 관심을 언급했던 주요 학자였는데, 레토릭에 관한 그의 글에서 소리와 리듬에 대해 탐구한 바 있다.[15] 그러나 키케로와 퀸틸리아누스 같은 로마의 레토릭 전문가는 마그네시아의 헤게시아스Hegesias 같은 일부 초기 레토릭 전문가의 장식적이고 화려한 (소아시아에서 비롯된) 아시아 스타일을 거부하는 경향이 있었다. 아시아식 레토릭 전문가는 그리스 일부 소피스트들이 취했던 지나친 과장을 따라 하려고 했다. 다소 직접적이면서도 장식이 강한 스타일에 대한 로마의 선호는 그것을 아테네적인 것으로 보았다. 그러나 누구 못지않게 소리가 좋은 레토릭 수단이라면서 그것을 즐겼던 키케로조차도 가끔은 아시아식에 빠져든다며 스스로를 질책했다.

그러나 레토릭 훈련을 보는 관점에 있어서 단순히 효과적인 화자를 만들어 내는 것보다 더 방점을 두는 게 있었다. 로마인은 정치적 현실(과 사회적 분화)뿐만 아니라 제국을 유지해야 하는 실질적인 필요를 항상 인식했다. 따라서 조이 코널리에 따르면 "레토릭 훈련에 포함되는 육체적, 정신적 기법을 적절히 잘 섞어야 한다는 필요는 그 자체가 로마 지배 계층의 가치를 반영하고 그것의 전통적인 지배를 강화하기 위해 설계된 것"이다.[16]

젊은 연설가를 꾸준히 훈련시키는 데도, 즉 로마 레토릭 교육의 레토릭에도 전략적인 목적이 있었는가? 분명히 그렇다. 중요한 이유가 있기 때문이다. 로마의 가치에 뿌리를 두고 로마의 사회 구조를 반영하는 공통의 레토릭은, 라틴어와 로마법과 유명한 로마의 길이 그랬던 것과 같이 제국의 평창과 유지에 매우 중요한 것이었다.

키케로의 레토릭 이론

마르쿠스 툴리우스 키케로는 BC 106년 1월에 태어나 BC 43년 12월에 세상을 떠났다. 로마 역사상 키케로만큼 많이 알려진 인물도 없을 것이다. 크리스티안 하비히트Christian Habicht에 따르면, "고대에서 그만큼 잘 알려진 인물은 없다…… 율리우스 카이사르Julius Caesar와 율리아누스 황제조차도 한참 뒤에 있을 정도다."[17] 키케로는 자신의 오랜 정치적 경륜을 통해 내내 "공개적으로든 비밀 서한을 통해서든 자기 자신에 대해서는 언제나 한결같이 기꺼이 말하고자 했음"을 입증해 보였다.[18] 그의 주요 공개 연설문 106편 중 58편이 현존한다. 게다가 그가 쓴 편지 800여 편과 그가 받은 100편 가까운 편지, 그리고 레토릭에 관한 적어도 책 6권과 철학서 7권도 있다.

키케로는 당대의 가장 위대한 연설가이자, 다작 저술가였다. 그는 BC 79년에서 BC 77년 사이 그리스와 소아시아를 방문하는 동안 로데스의 몰로Molo(아폴로니우스의 몰론)와 함께 레토릭을 공부했다. 키케로는 많은 그리스의 개념을 라틴어로 번역하면서 그리스 철학의 많은 부분을 로마 세계에 소개했다.

존경받는 철학자이자, 변호사이며 정치가인 키케로는 로마의 청중에 대해서도 놀라운 이해력을 가졌다.[19] 키케로 전문가 고토프는 "모든 레토릭의 입장, 모든 예화, 모든 주장, 모든 스피치의 억양, 그리고 이들 각각이 표현되는 방식은 특정 상황에 한정된 청중의 태도를 통제하고 유도하기 위해 계산되어 제시되고 있다"고 평한다.[20] 공개 연설의 거장,

뛰어난 웅변은 정치인이자 변호사로서의 키케로의 경력을 여실히 말해 주었다. "당시 교육을 받는다는 것은 곧 유창한 웅변술을 숙달해서 이용한다는 것을 의미했던 한 시대를 [키케로가] 몸소 보여 주었다."[21] 그의 산문 스타일은 상당한 호응을 받아서 수세기 동안 품격 있는 라틴어의 표준이 되다시피 했다.

《창안에 대하여》와 《헤레니우스를 위한 레토릭》

이미 앞에서 언급했던 것처럼, 로마인은 레토릭 교육의 그리스적 방법을 아주 충실히 따랐다. 그것은 키케로의 《창안에 대하여》와 저자 미상의 《헤레니우스를 위한 레토릭*Rhetorica ad Herennium*》과 같은 유명한 로마 문헌에 잘 나타나 있다.[22] 이들 저술은 BC 85년경 거의 같은 시기에 쓰여졌다. 《창안에 대하여》는 그리스의 레토릭 이론을 로마의 목적에 맞게 구성한 젊은 시절의 키케로가 노력한 결과물이었다.

상당한 영향을 미쳤던 《헤레니우스를 위한 레토릭》은 기본적으로는 라틴어로 쓰여진 그리스 레토릭 문헌이지만 로마인을 위해 로마인이 쓴 "우리의 첫 번째 완전한 헬레니즘적인 레토릭"●이라고 불렸다.[23] 그것은 레토릭 관련 얘기들을 다루면서 많은 사례들로 채워져 있고 상당히 포괄적으로 이해하기 쉽게 쓰여졌다. 이 책은 오랫동안 인기리에 널리 이용되면서 여러 언어로 번역되었고, 학생들에게 레토릭을 소개할 때

● 헬레니즘은 '그리스와 같은 문화'라는 뜻이다. BC 334년 알렉산드로스 대왕의 동방 원정에서부터(알렉산드로스 대왕 사후) BC 30년 로마의 이집트 병합 때까지 그리스와 오리엔트가 서로 영향을 주고받음으로써 생긴 역사적 현상이다. 이로 인해 세계 시민주의, 개인주의적 경향이 나타났으며 자연과학이 발달했다. 이에 비해 헬레니즘과 종종 대비되는 헤브라이즘은 신에 대한 복종과 윤리적 행동을 위하여 다른 모든 이상을 포기하는 태도를 의미한다. 이는 구약 성서에 기초한 유대인의 세계관과 가치관에 기반을 둔다. — 옮긴이

키케로의 《창안에 대하여》와 더불어 자주 이용됐다.

《창안에 대하여》와 《헤레니우스를 위한 레토릭》을 비롯해 라틴어로 레토릭과 같은 학술적 주제를 가르친다는 것은 (종종 아테네에서) 그리스어로 교육을 받았고 때로는 그리스어를 말하기도 했던 로마의 상층 계급에게는 의심스러운 활동으로 비춰지기도 했다. 그리스어로 레토릭을 가르치는 것은 레토릭과 결합된 정치권력이 여전히 엘리트 영역에 남아 있음을 확신시켜 주었다. 그럼에도 불구하고 라틴어 기반 레토릭 교육은 레토릭의 청중과 영향력을 크게 확대시켰으며, 레토릭은 특별한 아테네식 교육에 돈을 대거나 로마에서 그리스어 선생을 고용할 수 있는 지배 계층의 것만은 더이상 아니었다.

로마 세계에서 널리 읽힌 《창안에 대하여》와 《헤레니우스를 위한 레토릭》과 관련해서, 브라이언 비커스는 "고대에서 가장 유명했던 이 두 권의 레토릭 책은 어떤 것보다도 널리 퍼져나가 많이 읽힌 책이었을 것"이라고 말한다.[24] 이들 두 문헌은 사법적 주장을 강조하는데, 이는 의회 연설에 더 비중을 두었던 아리스토텔레스적 전통보다는 소피스트적 전통을 더 선호하였다.

《창안에 대하여》(BC 87)는 키케로가 열아홉 살 때 쓴 레토릭에 관한 그의 첫 번째 책이었다. 연설술에 관해 기록하고 생각한 것을 모아서 정리한 이 책은 로마 공화정 말기에 키케로 자신과 같은 젊은이들에게 레토릭을 어떻게 가르칠 것인가에 대한 단상을 제공한다.[25] 그러나 그 책은 레토릭의 특성이나 실천에 관한 체계적으로 잘 정리되어 있지는 않았다. 키케로는 후에 그 책이 "초보적이고 상당히 거칠게 표현된 것"이라고 했으며, 마틴 클라크Martin Clark는 "상당히 기술적인 것"이라고 평한다.[26] 그 책은 논리와 담론에 관한 그리스 스토아 학파의 접근 방식에 의존하는 것처럼 보인다. 그리스 철학과 레토릭 이론을 로마 청중에게 가져오려고 한 키케로의 노력은 나름대로 독특하면서도 의미심장한

점이 있었다. 그는 그리스 용어의 의미를 표현할 수 있는 라틴어 용어를 만들어 내는 데 탁월한 능력을 가졌다.[27]

《창안에 대하여》를 읽어 보면 키케로의 레토릭 경력의 주요 주제는 지혜와 능변의 통합the union of wisdom and eloquence인 것 같다. 그는 이렇게 썼다. "가장 첫째이면서 우선적인 것은…… 능변 없는 지혜는 나라의 선을 위해 하는 게 거의 없다. 그러나 지혜 없는 능변은 통상 아주 해로울 뿐 아니라 결코 도움이 되지 않는다."[28] 지혜는 로마인이 다른 무엇보다도 예찬하는 선이었다. 그러나 로마인의 지혜에 대한 개념은 플라톤의 명상적인 '지혜를 사랑하는 사람'과는 달랐다. 로마인에게 지혜는 본래 매우 실천적인 것이었으며 공적, 사적으로 좋은 결정을 내리도록 하는 것이었다.

키케로 모델에 의거해 레토릭 전문가는 훌륭한 통치를 하는 데 중요한 철학, 윤리학을 비롯한 여러 학문을 공부했다. 거기에는 항상 레토릭과 지혜에 관심을 보였던 키케로의 실천적 취향이 반영되어 있었다. 레토릭은 사회적 삶을 가능하게 하는 문명화의 힘이었다. 레토릭 기술에 의해 우리는 (《고르기아스》 속 플라톤과 칼리클레스의 논쟁을 연상케 하는) 폭력과 강자의 지배를 향한 인간적 경향을 극복하는 것이다. 그러나 레토릭의 위대한 힘은 위대한 지혜에 의해 조절될 때만이 유용한 것이다. 키케로에 따르면, "국가는 오로지 모든 인간사의 지침인 지혜가 수반된다면 유창한 연설로부터 많은 이익을 얻는다."[29]

레토릭의 기본 원리

《창안에 대하여》에서 키케로는 레토릭사에 가장 괄목할 만한 큰 기여를 한 "연설의 다섯 가지 기본 원리"를 제시했다. 그러나 그는 이러한 다섯 가지 구분이 자신이 새롭게 제시한 것이 아니라고 했다. "사람들이 언급한 바와 같이 권위 있는 레토릭의 구성 부분은 창안invention, 배열arrangement, 표현expression, 기억memory, 전달delivery이다."[30] 키케로의 기본 원리는 연설가의 작업을 단위별로 나누는 유용한 수단을 제공하는데, 이들 각 단위는 일련의 연구 과정을 제시해 준다.

레토릭의 기본 원리는 누군가에게 스피치 구성 방법을 가르치는 일 그 이상의 것이다. 그러한 원리는 말하는 것에, 그리고 그에 앞선 생각에 질서를 부여했다. 레토릭은 이러한 방식으로 합리적이라고 생각되는 것을 규정하는 데 중요한 역할을 수행했다. 또한 그러한 기본 원리와 그러한 원리가 창안과 연결된 체계는 연설가가 되려는 이들의 삶을 단련시켰다. 코널리에 따르면, "레토릭의 실천적 측면은 엄격한 훈련과 주의를 기울인 세심한 표현을 강조하는 것과 함께, 키케로의 도덕적 자아 형성에도 실질적인 영향을 미쳤다."[31]

첫 번째 구성 원리는 창안(인벤티오)이다. 이를 키케로는 "타당하거나 타당한 주장처럼 보이는 것의 발견"이라고 했다. 뒤에서는 적절하고 효과적인 주장을 개발하는 기법을 가르치는 데 이용된 방법을 검토하게 될 것이다. 많은 로마의 레토릭 훈련은 창안에 초점을 맞추는데, 《창안에 대하여》의 가장 많은 부분이 여기에 집중한다.

두 번째 원리는 배열(디스포시티오) 또는 "적절한 순서가 있는 것으로 보이게끔 주장들을 나누어 놓는 것"이다. 특정한 스피치를 위해 관련 자료들을 발견하는 것에 더하여, 연설가는 이들 자료(구체적으로는 주장)를 어떻게 효과적으로 정돈해야 하는지 알아야 한다.

세 번째 원리는 표현(엘로쿠티오)으로 "발견된 자료에 적절한 언어를 맞춰 넣는 것"에 주로 초점을 맞춘다. 연설가는 자신의 주장을 매력적이면서striking 설득력 있는 구절로 전달하는 언어 구사 능력이 있어야 한다. 위대한 언어는 청중의 관심을 끈다. 키케로는 《브루투스*Brutus*》에서 이러한 구절을 언급하고 또 입증한 바 있다. 거기서 그는 접속사 생략법

asyndeton이라고 하는 아주 큰 효과를 내는 한 방법을 이용했다. 또한 그가 그 구절의 마지막 문장에서는 다접속사 사용법polysyndeton, 즉 부가적인 접속사를 포함하는 방법을 사용함으로써 그것을 어떻게 반전시키는지도 보여 준다.

> 듣고 있던 청중은 환호한다. 연설이 그렇게 만든 것이다. 청중이 몰두하면 말하는 이도 유쾌하다. 그리 생각하지 않는가? 연설은 기쁨을 주기도 하고, 슬픔을, 웃음을, 눈물을, 때로는 지지와 증오를 불러일으키기도 한다. 무시하게 하기도 하고 시기하게 하기도 하며, 연민과 부끄러움과 후회와 분노를 야기시키기도 하고 환호하게도 한다. 희망을 갖게도 하고 두려움을 느끼게도 한다. 이러한 것들은 눈앞에 있는 사람들의 마음이 말과 생각과 전달로 기술적으로 관리됨으로써 일어나는 것이다. (188)[32]

키케로의 네 번째 원리는 앞의 세 가지보다는 레토릭에서 덜 중심적인 것이긴 하지만 모든 걸 적어두는 데 익숙한 현대의 독자에게는 다소 충격적일지 모르겠다. 그는 "기억(메모리아memoria)은 특정 스피치의 주제와 말에 대한 굳건한 정신적 포착mental grasp"이라고 했다. 우리는 이미 구두 문화에서 기억의 중심성the centrality of memory을 언급한 바 있다. 연설가는 글로 쓴 노트 없이 길고 복잡한 주장들을 전달했기 때문에, 훈련된 기억은 매우 중요한 것이었다. 실제 공적인 스피치는 여러 시간 동안 계속되고 기억에 의존해서 전달됐기 때문에, 학생들은 긴 실습 스피치를 기억해야 했다.

키케로의 마지막(다섯 번째) 구성 원리인 "전달(프로눈티아티오pronuntiatio)은 스피치 주제와 스타일의 품격에 맞는 방식으로 목소리와 몸을 통제하는 것"이다.[33] 로마의 법정이나 원로원에서의 스피치는 하나의 연기 실행이었다. 능숙한 연설가에게는 어떤 연기자의 모습과 균형을 잃지 않는 침착함과 힘과 품위가 필요했다. 연설가는 움직임과 제스처와 자세와 표정과 목소리의 톤과 크기 등을 실습했다. 자신의 넓적다리를 때리거나 발을 동동 구르거나, 심지어 전쟁에서의 상처를 드러내기 위해 자신의 토가toga를 열어젖히는 등을 하는 로마 연설가의 표현은, 로마에서의 전달이 오늘날의 정치인의 특성이라고 할 수 있는 "(방송에 나와서) 카메라에 대놓고 얘기하는talking head" 공적 스피치 방식과는 아주 다른 문제였다.

창안과 기억 공부

오늘날의 변호사만큼 잘 훈련된 것은 아닐지라도 로마의 많은 연설가는 법정 논쟁에 특별한 관심을 가졌다. 로마 법규는 아테네인의 법규보다 매우 복잡했다. 실제 로마인은 법과학이나 법철학이라는 법학jurisprudence 개념을 창안하고 이를 잘 다듬어 왔다. 그들은 그리스인의 테크네 개념을 법 연구에 적용시킴으로써 그러한 개가를 이루었다. 레토릭을 완전히 숙달하는 데 엄청나게 긴 기간이 걸리는 것과 같이 로마의 법규를 제대로 숙달하는 데도 여러 해 동안의 집중적인 공부가 필요했다. 법에 통달한 사람을 법률가jurist라고 했으며, 그들의 조언은 많은 정치인과 사당私黨 사람들에게도 매우 가치 있는 것으로 여겨졌다.

스타시스 체계

법정 연설가를 훈련시키는 데 여러 주장의 발견이라고 할 수 있는 창안이 상당한 주목을 받았다. 법정에서 긴 주장을 계속하기 위한 기억 역시 주요 관심사였다. 이에 따라 창안과 기억을 가르치는 여러 다양한 방법이 등장했다.

키케로는 《창안에 대하여》 1부에서 예상되는 갈등의 지점, 즉 스타시스stasis의 지점을 포함하는 법적 사례를 개발하는 방법을 제시한다.[34]

예컨대, 법적 논쟁에서 사실의 쟁점issues of fact은 무엇이 일어났는가, 그게 언제 일어났는가와 같은 문제를 포함한다. 사실의 쟁점은 그 소송을 주장하는 양 당사자 사이의 충돌 지점, 즉 동의가 정지되고 주장이 제기되는 지점이 된다.

법적 논쟁에 있어서 스타시스의 다른 지점들 역시 비슷하다. 예컨대, 일단 사실의 쟁점이 주장이 되면 개념 규정의 쟁점issues of definition이 등장하게 될 것이다. 키케로는 "특정 개념에 대한 논란은 사실에 대한 동의가 있고 일어난 일이 어떤 말로 불려야 하는지에 대한 의문이 있을 때 일어난다"고 했다.[35] 개념적 문제는 이러한 행위를 우리가 어떻게 분류할 것인가, 아니면 보다 구체적으로 이것이 살인자에 대한 것인가 등을 포함한다. 개념에 대한 논쟁은 그에 이어 특성의 쟁점issue of quality에 대한 주장, 즉 그 행위의 심각성을 언급하는 주장들로 이어질 수 있다. 격분한 순간에 저지른 살인인가? 개인적인 이익을 위해 이미 사전에 치밀하게 계획된 것이었나?

끝으로 그 소송이 진행되는 방식에 대해서 어느 한쪽이 반대를 제기한다면 절차의 쟁점issues of procedure은 스타시스의 여러 순간을 만들 수 있다. 이와 관련해 키케로는 다음과 같이 말했다.

> 누가 그 행위를 할 수밖에 없었고 누구에 대해서 그럴 수밖에 없었으며, 또는 어떤 방식으로, 어떤 법정에서, 어떤 법 아래서, 언제, 그리고 일반적으로는 절차의 형태가 변하고 있고 틀린 것으로 입증되고 있다는 주장이 있다는 것 등 여러 문제 제기가 있을 것이다.[36]

키케로는 나아가 이들 네 가지 스타시스의 지점, 즉 사실, 개념, 특성, 절차 등의 각 제목 아래 일어날 수 있는 부가적인 쟁점으로 다시 하위 분류한다.

스타시스 체계를 공부한 학생은 법적 소송에서 불일치가 일어날 것 같은 핵심 지점을 따라감으로써 생각하는 방법을 배웠다. 스타시스의 지점들은 복잡한 소송을 구성 문제component questions별로 나누어 주었다. 스타시스는 연설가로 하여금 반대 주장을 예상하고 공개적으로 표현하기 전에 특정 사례의 강점과 약점을 미리 분별할 수 있게 했다. 스타시스 체계에서 각 문제에 연관된 주장은 학생들의 사고 패턴 속에 통합될 때까지 계속 반복 연습되었고, 결과적으로는 레토릭 범주에 따른 심상mind을 형성하게 되었다.

스타시스와 같은 체계 속에서 훈련하는 것은 법정 화자만을 위한 준비였던 것으로 생각하기 쉽다. 그러나 조이 코널리는 그러한 레토릭 교육은 오늘날 시민 생활의 참여를 위한 중요한 요건인 비판적 사고에도 기본적 가르침을 제공한다고 본다. 그러면서 코널리는 다음과 같이 덧붙여 말한다.

> 그것은 사실(무엇이 일어났는가?), 상황(어떤 조건 아래서 범죄 행위가 정당화되는가?), 법적 해석(성문법의 한계는 무엇인가?), 그리고 법의 정확한 적용(어떤 법정이 옳고 그름을 판단할 수 있으며, 어떤 사람들이 공개적으로, 무엇에 대해서, 언제 말할 수 있는가?) 등의 문제와 같은 시민적 논란거리의 여러 요인을 파악해 보도록 화자를 훈련시키는 것과 같이, 입증과 여러 법적 갈등 및 동료 시민에게 미치는 영향을 어떻게 평가해야 할지 등 시민적 교육의 기초를 가르치는 것이다. (2.28)[37]

로마인은 어떤 사회든 그 사회가 직면한 중요한 문제를 파악하기 위한 합리적 방법을 개발함으로써, 민주적 과정의 중요한 요소를 만들어 나가고 있었던 것이다.

로키: 기억에서 창안으로

스타시스 체계가 어떤 소송이 취하게 될 방향을 예상하는 하나의 수단을 제공했다면, 로키 체계loci systems는 가장 공통된 주장을 범주화하고 조직화함으로써 주장의 옹호자들에게 잠재적 주장들을 제공해 주었다. 우리는 4장에서 아리스토텔레스의 토포이 논의에서 창안에 관한 유사한 방법을 이미 접한 바 있다.[38]

로키 또는 "위치 체계location systems"는 기억을 수단으로 시작해서 창안 방법으로 발전해 갔다. 기억과 관련된 가장 최초의 위치 체계는 그리스 시인 시모니데스Simonides(BC 556~BC 468)에게서 비롯된 것으로 본다. 그는 특정 사항을 잘 알려진 공공건물의 이미지나 위치 등에 대한 기억과 함께 연상함으로써 자신의 기억 능력을 발전시킨 것으로 유명하다. 로마의 연설가들은 종종 오랫동안 기억한 것을 가지고 말했기 때문에 기억을 훈련하는 일은 매우 중요했다.

위치 체계는 특히 효과적인 것으로 밝혀졌다. 연설가는 스피치 속의 특정 주장을 익숙한 건물의 특정 장소와 연결시키곤 했다. 문자 그대로 각 주장을 그 장소에다 연결시킨 것이다. 주장을 회상하는 것은 길을 쭉 따라가며 건물을 지나가며 정신적인 산책을 하는 것이었다. 그러한 수단으로 연설가는 기록 노트 없이도 두세 시간의 복잡한 스피치를 인용하면서 기억의 성과를 즐겼다.

위치 체계는 점차 설득적 주장을 발견하기 위한 방법으로 발전했다. 로키loci는 나중에 회상해 내기 위해 특정 주장을 위치시키는 장소를 말했는데 그리스어로는 토포이topoi(장소)라고 했다. 이는 여러 주장의 범주나 유형, 즉 특정 소송을 발전시켜 나가는 데 탐구할 수 있는 일반적인 유형이 되었다. 그와 같이 토픽 체계topical systems는 기억뿐 아니라 창안 교육도 지원했다.

이러한 기본적인 범주나 유형을 배우는 일은 앞으로 연설가가 될 사람들이 어떤 사례를 공개적으로 표현하기 위한 준비로서 특정 사례를 통해 논리적인 근거에 따라 추론하도록 훈련시키는 것이기도 했다. 보다 정교한 토픽 운영 계획topical schemes은 복잡한 레토릭 문제를 파악하는 가능성을 제시하기도 했다. 어떤 학자는 키케로의 후기 저작인 《토피카*Topica*》에 제시된 체계가 그의 초기 저술인 《창안에 대하여》에 제시된 체계보다도 상당히 덜 기계적이라고 했다.[39] 로키는 어떤 주장을 빨리 발견해 내기 위한 연설가의 인위적인 술책은 아니었다. 그보다는 자연스러운 사유 과정을 자극하고 훈련시키는 경향이 있었다.[40] 스타시스 체계와 같이, 토픽 체계는 재판이 진행되는 동안 예상치 못했던 도전에 답하는 스피치를 비롯해서 광범위한 여러 상황 속에서 연설가에게 도움이 되는 레토릭 습관을 함양시켜 주었다.

사람 요인과 행위 요인

로마 토픽 체계의 가장 많은 부분은 법정 말하기를 지원하기 위해 만들어졌다. 키케로의 《창안에 대하여》에서 논의된 법적 주장들은 종종 두 가지 유형의 제목으로 작성됐다. 즉 고소를 당한 사람 요인과 문제가 된 행위 요인이 그것이다.[41]

먼저 선의와 미덕 및 사람의 성격 등을 강조하는 문화에서는 피고소인의 평판을 둘러싼 문제가 제기되었다. 키케로는 "사람 요인과 관련해서는 이름, 성격, 생활방식, 운, 습관, 느낌, 흥미, 목적, 성취, 사건들, 스피치 등을 생각할 수 있다"고 했다.[42]

따라서 로마의 변호인은 (오늘날 독자는 소송 결정과는 전혀 무관하다고 생각하는) 한 개인의 출생지와 그의 부양 방식, 심지어는 가족 이름과 같은 쟁점들을 고려했을 수 있다. 마이클 레프에 따르면 키케로의 11개 개인적인 속성 요인은 (후에 어떤 이들은 20개 이상의 항목으로 나누기도 하지만) "모두를 포함한 것이 아닐 뿐만 아니라 그 목록에 있는 항목을 어떤 일관성 있는 논리 구조 속에서 합리화하려고 했던 것도 아니다."[43] 이러한 개인의 로키는 고소나 변호와 관련하여 가능한 주장을 단순히 제시했던 것이다.

두 번째, 혐의가 제기된 행위를 둘러싼 문제 제기가 있기 마련이다. 과거 사실에 대한 쟁점은 법적 탄원에서 여전히 중요한 것이다. 키케로의 행위 요인 목록은 사람에 관한 목록보다 길고 보다 구체적이다.[44] 대략 다음과 같이 구분된다.

(1) 행위 그 자체와 연관된 쟁점으로, 이는 동기와 행위의 특성을 나타내는 약식 진술과 같은 쟁점을 포함.
(2) 행위의 실행과 관련된 쟁점으로, 이는 시간, 장소, 상황 등에 대한 고려에 주목.
(3) 행위의 부가 사항이나 문제가 된 행위가 다른 행위와 비교, 대조 혹은 어떻게 관련되는지 등의 다른 행위와의 관계에 대한 쟁점.
(4) 행위의 결과로, 이는 행위의 실행에 따라 발생한 일에 근거한 쟁점, 주로 행위에 대한 공적 반응을 의미.[45]

사람 및 행위의 로키는 로마 레토릭 문헌의 공통된 특징이었으며, 여러 세기 동안 레토릭 교육에 여전히 중요한 것으로 남아 있었다.

키케로의 《연설가에 대하여》

키케로는 상당히 길고도 특별한 경력을 거친 뒤인, BC 58년 카틸리나 Catilina 사건으로 인해 추방되었다. 카틸리나는 키케로가 집정관으로 있던 BC 64년에 공화정을 전복시켜려고 했던 원로원 의원이었다. 키케로는 그러한 위험스러운 음모를 폭로했으며 '카틸리나 탄핵Catiline Orations'으로 알려진 유명한 연설에서 그 음모자들도 폭로했다. 키케로는 재판 없이 (카틸리나 외의) 다른 음모자들을 처형했다. 이 일로 인해 키케로는 추방되었다. 폼페이우스는 추방된 지 1년 후 키케로의 로마 복귀를 허락했다. 그 뒤 키케로는 정치적인 면에서는 더 이상 중요한 인물이 아니었지만, 시민들 속에서는 여전히 큰 인기를 누렸다.[46]

BC 55년 키케로는 글을 쓰러 소유지인 시골로 가기 위해 은퇴했다. 이 기간에 쓴 책이 《연설가에 대하여*De Oratore*》인데 바로 그해에 출간된 것으로 추정된다. 레토릭에 대해 매우 잘 정리한 이 책은 《고르기아스》에서 플라톤이 한 레토릭 기술 비판에 대한 하나의 반응이었다. 《연설가에 대하여》는 대화로 구성되어 있지만 플라톤의 논쟁적 대화와는 다른 것이었다.[47] 이 책에 등장하는 크라수스, 안토니우스Antonius, 루푸스Rufus, 코타Cotta 같은 인물들은 서로 논박을 하는 것이 아니라, 레토릭에 대한 이해를 높이기 위해 서로 대화를 했다.

지혜와 능변의 통합

이미 언급한 바와 같이 지혜와 능변의 통합은 키케로주의자들의 일관된 주제다. 키케로는 "나는 능변이야말로 고도로 교육받은 사람의 훈련된 기술에 의존한다고 생각한다"고 했다.[48] 여타 로마의 레토릭 전문가와 같이 키케로는 근면 성실한 학생이 완벽한 연설가perfectus orator의 역할을 수행할 준비를 하게 하려고 애썼다. 키케로는 무엇보다도 한 사람의 정치가였으며, 그가 말하는 완벽한 연설가란 언제나 국가 가치를 천명하는 그런 정치 지도자였다. 레토릭 전문가의 철학이나 역사 연구조차도 로마의 정치적 복지에 이바지해야 했다.

키케로는 품위와 학식을 지닌 레토릭 전문가와 지도자가 결합된 이러한 이상을 위해 나름의 노력을 쏟았다. "연설가에게는 논리학자의 세심함과 철학자의 사유와 매우 시적인 탐닉과 변호사의 기억과 비극 배우의 목소리와 가장 완벽한 연기자의 자세가 있어야 한다." 그러나 그런 사람은 자주 나오지 않는다. 그래서 키케로는 "사람의 아들 중에서 완벽한 연설가를 발견하기란 아주 드물다"고 결론짓는다.[49]

정치적 리더십을 위한 준비로서의 능변에 대한 이러한 고려가 매우 적었기 때문에 키케로가 그러한 이슈를 얼마나 중요하게 여기고 있는지를 이해한다는 것은 어려울 수 있었다. 스피치는 로마의 통치와 정의 및 일반적인 시민 생활에 근본적인 것이었다. 따라서 한 개인이 지혜롭고 책임 있는 화자가 될 수 있도록 준비하게 만드는 것은 무시하기 힘든 절실한 문제였다.

키케로의 일차적인 레토릭 관심은 단지 청중의 관심을 유지하는 것에 그 목적이 한정되지 않았다. 그는 유창한 레토릭을 문명의 토대라고 보았다. "평화와 안정을 향유했던 모든 자유로운 나라에서는, 그리고 무엇보다도 그러한 공동체들에서는 다른 어느 곳보다도 항상 이러한 능변의 기술이 번창했다."[50] 키케로는 능변을 시민적 선의와 미덕과 개인적인 선의와 미덕을 서로 연결시키는 관건이라고 봤다. 즉 능변을 화자와 국가와 시민 청중의 선의와 미덕 사이의 역동적인 상호 작용이라고 본 것이다.[51]

키케로의 경우는, 아리스토텔레스가 에토스를 레토릭 안에서의 기술적인 연구가 되어야 한다고 한 것처럼, 화자의 성품이 스피치하는 말에서 명료하게 드러나는 그런 것은 아니었다. 그보다 선의와 미덕을 갖춘 성품virtuous character이란 로마적 사유와 어울리면서 삶의 전 과정 속에서 이루어지는 여러 결정과 활동을 통해 그 자체를 드러내는 개인의 내재적인 특성이었던 것이다. 키케로는 성품을 품위dignitas, 가치 있는 성취res gestae, 견고한 평판existimatio으로 구성된 것으로 봤다.

키케로는 플라톤이 《고르기아스》에서 소피스트를 공격하며 지혜와 능변을 분리했다고 비난했다. 그 대화의 등장인물인 소크라테스가 "지혜로운 사유의 과학을 유창한 스피치의 과학과 분리했다"는 것이다.

> 이는 의심할 바 없이 혀와 두뇌 사이의 (어리석고 무익하며 비난받아 마땅한) 단절을 야기시킨 원천이다. 이는 우리에게 생각하기를 가르치는 선생과 우리에게 말하기를 가르치는 선생에게로 우리를 나누어서 데리고 가는 것이다.[52]

키케로는 "혀와 두뇌"의 재통합을 추구했다. 그럼으로써 위대한 사상가이면서 동시에 위대한 화자인 그런 사람들을 만들어 내고자 했다.

청중 중심

청중 역시 키케로의 레토릭 이론에서 주요 관심사다. 키케로는 그 자신이 위대한 지식인이었지만, 레토릭은 연설가에게 보통 시민과 그들의 정당한 권리 및 관심, 즉 좀 더 포괄적이면서도 미묘한 차이를 나타내는 개념의 한 차원인 레스 푸블리카를 고려할 것을 요구했다고 생각했다. 로마의 정치 생활은 일반인들이 있는 데서 일어났으며 종종 그러한 일반인들을 포함했다. 따라서 연설가는 일반인들의 관심에서 멀리 떨어져 있어서는 안 되었으며, 그런 점에서는 다른 기술 실행자와는 달랐다. 이와 관련해 키케로는 다음과 같이 썼다.

> 훈련받지 않은 이들의 이해나 정신적 능력으로부터는 멀리 떨어져 있는 아주 뛰어난 다른 예술과는 달리, 연설에서는 일상생활의 언어로부터 벗어나거나 공동체 의식이 허용하는 범위를 넘어서는 것은 가장 큰 죄가 된다.[53]

공적인 레토릭은 로마 시민의 가치를 반영해야 하며, 연극에 가까운 적극적인 표현으로 청중의 관심을 끌어야 한다. 키케로는 무대 연출의 요소를 배우기 위해 배우를 관찰했다. 여러 주장과 장식, 그리고 호소는 보통의 청자도 접근 가능하고 즐거움을 주는 것이어야 한다고 본 것이다. 돌이켜보면, 플라톤은 훈련되지 않은 "무지한" 시민 청중에게 영합하는 레토릭을 비판했다.

키케로는 다른 한편 다양한 감정을 불러일으키는 방법에 대한 자세한 논의에서 분명히 드러나듯, 청중에 대해 진지하게 연구했다. 예컨대 그는 청중에게 분노를 일으킬 수 있는 열다섯 가지 상이한 방식을 기술하기도 한다.

> 분노를 불러일으키는 것은, 특정인에 대해 증오심을 갖게 하거나 어떤 행위에 대해서 심각한 공격심을 야기시키게 된다……. 어떤 사람 혹은 사건 요인이든 분노를 일으키는 요인으로 확대 적용될 수 있고 얼마든지 그 근거로 기여할 수 있다.[54]

그러나 키케로는 시민 청중을 무슨 큰 흠결로 보기보다는 중요한 하나의 실제fact로 보았다. 로마의 시민은 로마 그 자체였다. 그들은 고려되어야 할 대상이지, 비난받을 대상이 아니라는 것이다.

연설가의 특성

키케로의 완벽한 연설가는 법, 정치, 국내외 경제, 군사적인 일, 무역과 같은 국제적인 쟁점까지도 이해해야 했다. 연설가는 또한 시와 다른 예술에 대해서도 알아야 했다. 철학을 아는 것은 기본적인 것이었으며 키케로 스스로가 저명한 철학자였다. 더군다나 연설가는 가장 강력한 효과를 낼 수 있도록 말과 주장을 배열하고 표현함으로써 언어와 전달 양면에서 나름대로의 "독특한 스타일"을 구사할 수 있도록 노력해야 했다.

아리스토텔레스와 같이 키케로 역시 감정emotions을 연설가 연구의 일부로 만들었다.

> 자연이 인간에게 부여한 모든 마음의 감정은 상세하게 이해되어야 한다. 청

중의 마음을 진정시키거나 고무시키는 데 연설가의 온전한 힘과 과학이 작동될 수 있어야 하기 때문이다.[55]

《연설가에 대하여》 2권에서는 감정에 대해 길게 논의하고 있고, 연설가가 청중 속에서 어떻게 강력한 느낌들을 불러일으킬 수 있는지에 대해 설명한다.[56] 위대한 연설가는 현안이 된 쟁점에 적합한 감정을 끌어낼 뿐 아니라 그와 같은 감정을 경험하기도 한다. 키케로는 다음과 같이 말했다.

> 청중이 분노를 느끼거나 증오 또는 나쁜 생각을 갖게 되는 것, 어떤 것에 대해 공포를 느끼는 것, 또는 연민의 눈물을 줄이도록 하는 것 등은 특정 주창자가 중재 재판관에게 불어넣는 이러한 모든 감정이 눈에 띄게 각인되거나, 그보다도 주창자 스스로에게 상당히 체화되지 않으면 불가능한 것이다.[57]

《브루투스》와 《연설가*Orator*》와 같은 작품에서 키케로는 연설에 세 가지 기능을 부여했다. 즉 가르치고(도케레docere) 기쁨을 주고(델렉타레delectare), 설득하는 것(모베레movere)이었다. 설득은 청중의 감정을 움직이는 것과 관련이 있었다.

끝으로 연설가는 위트와 교양과 참신함, 그리고 배우처럼 무대에 등장하고 목소리를 적절히 조정할 수 있는 능력을 갖추어야 한다. 연설가가 알 필요가 없는 것이 있겠는가? 그렇지가 않다. 진정한 연설가는 찾기가 쉽지 않다. 극히 제한된 사람만이 많은 기술을 완전 숙달할 수 있기 때문이다. "정말 내 의견으로는 모든 면에서 완벽한 연설가는 있을 수 없다. 어떤 연설가라도 모든 중요한 주제와 기술에 대한 지식을 다 갖추고 있지는 않은 것이다."[58] 연설가의 소명은 높은 수준의 지식을 갖추는 것이며, 그의 역할이 그래서 중요하고 연구한 만큼 자신의 직무를 수행하는 것이 보증되는 것이다. 전체 국가의 건강과 복지, 즉 "헤아릴 수 없이 많은 개개인의 안전과 전체 국가의 안전은 연설가들에 달려 있다."[59]

유머에 대한 키케로의 생각

레토릭 역사에서 키케로가 기여한 바 중에는 연설에서의 유머에 관한 것도 있다. 연설가를 위한 유머의 딜레마는 다음의 두 가지 점에서 발견된다. 첫째는 유머에는 "매우 크고도 빈번한 유용성이 있다"는 점이고, 둘째는 위트를 공부해서 배운다는 것은 "절대 불가능하다"는 점이다.[60] 키케로는 이러한 어려운 토픽에 대한 약간의 지침을 연설가에게 제공해 주려고 했다.

무엇보다도 가장 중요한 점은 유머를 사용할 때 품위를 유지하는 것이다. 그것은 청중의 감수성을 존중한다는 것을 의미한다. "사람들과 화젯거리, 그리고 상황에 대한 세심한 고려가 있어야 한다. 그럼으로써 익살이나 농담이 품위를 손상시켜서는 안 된다"는 것이다.[61]

유머의 이점이 실현될 수 있으려면 이처럼 중요한 규칙, 즉 청중에 대한 존중이 반드시 수반되어야 한다. 유머는 연설가에게 여러 이익을 준다. 유머는 사람에게 선의를 갖게 한다. 유머는 "화자에게 선의를 갖게 하며" "어떤 공격을 잽싸게 막아내거나 공격할 만큼" 재치 있게 유머를 구사하는 화자에게 청중은 감동한다. 올바른 유머는 또한 특정 연설가가 "우수하고 재주가 있으며 멋진" 사람이라는 점을 드러내게 한다. 그러나 무엇보다도 유머가 스피치에서 "가장 좋은 점은 지루하지 않게 하는 것"이다.

이러한 이점에도 불구하고, 연설가가 청중을 웃게 하는 일에는 한계가 있다. 즉 "가장 세심한 고려가 요구되는 쟁점"이 있다. 인간적인 고통에 관한 것은 농담을 해서는 안 된다. 즉 범죄를 포함하는 두드러진 패악이나 가련함과 같은 것이다. 그는 "공중은 가엾은 사람을 조롱하는 사람을 싫어하는 반면, 조롱보다도 더 가공할 만한 무기에 의해 아주 불쾌한 상처를 입곤 한다"고도 했다. 연설가는 어떠한 상황에서도 "존경받는 인물을 인정머리 없게 비난"해서는 안 된다.[62] 연설가가 저속한 익살이나 단순한 흉내를 낸 농담을 해서는 안 된다는 것을 키케로는 덧붙였다. 지나친 농담을 하게 되면 연설가는 바보처럼 보이는 등 낭패를 당할 수 있다는 것이다.

키케로는 위트(파케티아이facetiae), 재밌는 얘기, 잘 알려진 사람 흉내 내기 등을 포함한 유머의 여러 원천을 인식했다.[63] 위트는 "특정 어절이나 묘사 속에 언급된 것을 통해 깨닫는 것이다." 키케로는 재미와 재치를 레토릭 유머의 합당한 원천이라고 생각했다. "때와 장소 등 상황에 대한 고려와 통제 및 자제 등이…… 연설가와 어릿광대를 구별한다."[64] 레토릭에서 유머의 가장 어려운 점은 언제 그것을 사용하며, 언제 자제 또는 삼가느냐 하는 것이다.

키케로는 "진정한 농담(요키ioci)이라면 꾸밈없고 진지한 생각도 도출될 수 있어야 한다"고 반복해서 강조했다.[65] 따라서 연설가는 유머로서 가치가 있는 것이 무엇인지를 알아야 하며, 청중의 감수성에 대해서도 알아야 한다. 청중이 진지한 문제라고 생각하는 토픽을 연설가가 가볍게 여기는 것보다 더 위험한 일은 없다. "웃긴다고 모든 게 재치 있는 것은 아니다."[66]

키케로는 사람들 흉내 내기(이미타티오imitatio)는 피하거나 아주 드물게 사용해야 한다고 경고한다. 바보처럼 보일 위험이 매우 크다. 얼굴 찌푸리기 역시, 음란 외설처럼 연설가의 품위를 떨어뜨린다.[67] 어떤 유형의 유머는 섬세하긴 하지만 웃을 정도는 아닐 수도 있다. 예컨대, 여러 의미를 가진 모호성을 즐기는 것은 학자적 표시일 수는 있지만, 큰 웃음을 자아내지는 못한다. 여기 키케로의 예를 하나 들어보자.

야밤에 열심히 공놀이를 하다가 신성한 동상 훼손 혐의까지 받던 악명 높은 티티우스. 그가 경기장에 나타나지 않아 동료들이 그를 찾자, 베스파 테렌티우스는 "그는 팔이 부러졌어"라며 그가 오지 않은 것을 사과했다.[68]

특히 효과적인 유머는 "반대자에게서 낚아챈 말로 그 가해자를 역으로 비난할" 때 발생한다. 열띤 토론 중에 필리푸스는 카툴루스(이름이 '어린 개'를 의미)에게 "누구 보고 짖냐?"고 하자 카툴루스는 "내가 도둑을 봤거든" 하고 차갑게 답했다.

웃음은 철자에서 유사한 것을 병치하거나, 특정 스피치를 하는 어떤 위치에다가 잘 알려진 시의 한 부분을 이용해 쓴다든가, 또는 기존의 어떤 표현을 전혀 예상치 못한 방식의 다른 의미로 사용하는 것에 의해 생겨날 수도 있다. 특정 용어가 비유적으로 의미하는 바를 문자 그대로 하거나 반대로 문자 그대로 의미하는 바를 비유적으로 취할 때도 유머 있는 말이 될 수 있다.[69] 앞의 경우로는 검열관 카토가 루키우스 나스키아에게 "양심적으로 말해서, 기혼남인 것에 만족하느냐"고 묻자 나스키아는 유머 있게 "결혼한 건 확실하지만, 정말 완전히 만족하진 않아"라고 답한 것을 키케로가 예로 들었다.[70]

기량이 뛰어난 연설가의 경우는, 유머로 청중의 관심을 끌고 붙잡으면서 그의 명민함을 입증해 준다. 그러나 키케로는 언제 어디서나 위트 있게 하려다 보면 청중을 불쾌하게 하고 연설가를 바보처럼 보이게 할 수도 있는 이중적 위험성이 있다고 충고한다.

키케로의 종말

키케로의 삶은 율리우스 카이사르와의 적대의 결과로 갑자기 끝난다. 지배 집정관들과 키케로와 같은 강력한 원로원 원로들 사이에 긴장이 고조되었다. 카이사르 장군이 부상함에 따라 로마는 시민 전쟁 직전까지 갔다. 힘 있는 여러 원로는 카이사르에 반대했다. BC 49년경 카이사르는 갈리아에서 돌아와서 루비콘강을 건너 자국을 침공하는 내전을 통해 로마 제국에 대한 절대적 통치권을 장악했으며 종신 독재자가 되었다. 로마의 법정은 폐쇄되고 키케로는 퇴임을 강요당했다.

그러나 화려하고 논쟁적인 이 연설가는 평화롭게 죽지 못했다. 그는 BC 44년 카이사르 암살 이후 권력을 장악한 마르쿠스 안토니우스 장군에 의해 살해당했다. 그의 머리와 손은 잘려서 광장 연단에 매달렸다. 다른 잠재적 반대자들에게 황제에 대항해서 입을 놀리면 어떻게 되는지를 무섭게 상기시켜 준 것이었다.

그 후 레토릭 사상과 실천에 미친 키케로의 영향은 전무후무한 것이었다. 그는 실제로 중세 시대 레토릭 이론 모든 것의 원천이었다. 키케로에 따르면, 참으로 숙련된 연설가는 (국가에 도덕적 리더십뿐 아니라 정치적 리더십을 제공하는) 아주 고도의 소명의식을 지니는 자였다. 레토릭은 아리스토텔레스가 말한 설득의 가용한 수단을 발견해 내는 능력을 뛰어넘는 하나의 힘이었다. 키케로는 "마음을 움직이고 청자의 의지를 굽히게도 할 수 있는" 레토릭 능력에 관심을 가졌다.[71] 그러나 그는 스피치의 힘으로 문명 과정을 만들 수 있는 충분한 천부적 재능과 노력을 쏟을 의지를 갖춘 개인의 잠재력에도 확신을 가졌다.

퀸틸리아누스

이소크라테스가 고대 아테네에서 가장 유명하고 가장 성공한 레토릭 선생이었던 것과 같이 로마의 레토릭 교육 방법을 가장 정교한 수준으로 발전시킨 사람은 퀸틸리아누스였다. 로마의 시인 마르쿠스 발레리우스 마르티알리스Marcus Valerius Martialis가 로마 젊은이의 교육에 대한 그의 기여를 다음과 같이 표현할 정도로 유명했다.

> 퀸틸리아누스, 다루기 힘든 젊은이들을 일깨운 최고의 지도자,
> 퀸틸리아누스, 로만 토가Roman toga의 영광이여![72]

퀸틸리아누스의 학생은 다들 크게 성공했으며 그의 명성을 널리 알렸고 교육 과정에서 배운 그의 생각을 지지했다. 그가 가르친 유명한 제자 가운데는 역사가인 푸블리우스 코르넬리우스 타키투스Publius Cornelius Tacitus와 더 젊은 정치인 플리니우스Plinius•도 있었다.

스페인에서 태어난 퀸틸리아누스는 로마에서 레토릭을 공부했는데, 당시 스승은 웅변가 도미티우스 아페르Domitius Afer였다. 퀸틸리아누스는 처음엔 법정 변호인으로 유명해졌고 그 뒤로는 레토릭 선생으로 명성을 날렸다.[73] 95년에 출판된 그의 《레토릭 강론*Institutes of Oratory*》은 12권으로 된 연설가 교육을 위한 평생 지침서였다.[74]

레토릭에 대한 퀸틸리아누스의 접근은 키케로의 것을 거의 그대로 따랐다. 키케로와 마찬가지로 퀸틸리아누스 역시 로마의 레토릭을 특징으로 되어가던 장식적 과잉을 거부하고 분명하고도 직접적인 스타일을 지지했다. 그는 레토릭 전문 연설가의 아주 화려한 라틴어보다는 직접적인 스타일이 더욱 "자연스러운" 것이 되게 했다. 퀸틸리아누스는 키케로의 레토릭 다섯 가지 기본 원리를 되풀이했을 뿐만 아니라, 완벽한 연설가의 이상을 더욱 고양시켰다.

• 플리니우스(25~79)는 고대 로마의 정치가, 군인, 학자 등을 역임한 후 나폴리만의 해군 제독으로 재임했다. 저서 《자연사*Historia Naturalis*》는 당시 예술·과학·문명을 총망라한 대백과전서다. 정치가인 그의 조카 플리니우스(62?~113)와 구별하기 위해 대플리니우스로도 부른다. — 옮긴이

유능한 화자를 훈련시키는 일은 사실 태어나면서부터 시작하는 것이다. 퀸틸리아누스는 부모에게 심지어 아이의 보모조차도 적절한 라틴어를 구사해야 한다고 주의를 환기시킨다. 당시 로마에는 위대한 화자임을 드러내는 한 표시로서 훌륭한 라틴어 문법에 대한 관심도 점차 커져갔다. 부모도 예외가 아니었다. "엄마를 포함해서 양친 모두 가능하면 높은 수준의 교육을 받아야 한다." 아이들 친구 역시 "엄격하게 선택되어야 한다."[75] 훌륭한 연설가를 만드는 데는 상당한 노력이 필요하다는 것이다. 그는 "[부모는] 아이의 가장 초기 교육부터 특별한 관심을 가져야 한다"고 주장했다. 퀸틸리아누스는 아주 뛰어난 연설가가 되기 위해 어린 시절부터 준비해야 한다고 강조하면서도, 그는 아이들은 공부를 스스로 즐겨야 한다고도 했다. 이제 막 자라나는 아이들이 부담스러운 과제와 지나치게 짜증나는 연습 때문에 공부에 대한 흥미를 잃어버리는 것을 부모는 원치 않을 것이라는 점도 또한 강조했다.

토가

퀸틸리아누스는 로마의 존경받는 연설가라면 토가마저도 적절하게 입어야 한다고 했다. 그가 관심 갖는 것은 단지 외양뿐 아니라 말하는 동안의 효과적인 제스처도 해당되는 것이다. 고전학자 앤드루 윌리스해드릴 Andrew Wallace-Hadrill은 다음과 같이 말한다.

> 시누스sinus, 즉 팔을 뻗는 것이 너무 높아도 안 되고 너무 낮아도 안 된다. 발테우스balteus, 즉 벨트는 너무 빠듯해서도 안 되고 느슨해서도 안 된다. 옷 주름인 폴드fold는 어깨를 덮되 목까지 덮어서는 안 된다. 그렇지 않으면 옷이 꼭 조여서 넓은 가슴에서 풍기는 품위를 떨어뜨리게 될 것이다. (11.3.140-1)

로마 지배자들과의 밀접한 관련성에도 불구하고, 토가 그 자체는 여러 면에서 그리스의 의복에서 본뜬 것이었다.

토가는 우아하게 입기 어려운 옷이었다. 긴 연설의 열기 속에서는 불편할 수 있었다. 월리스해드릴은 "퀸틸리아누스의 《레토릭 강론》 독자는 그 옷의 진정한 거북함, 즉 대중 앞에서 최소한의 동작을 취하면서 옷이 헝클어지지 않고 말하기 어렵다는 것을 점차 알게 된다……"고 말한다.

물론 숙련된 화자는 토가가 무대 소품 같은 것으로 이용될 수도 있고 스피치가 길어짐에 따라 예의를 벗어나도 된다는 것을 알고 있었다. 스피치의 본론으로 들어가게 되면,

> 폴드를 어깨에서 스르르 풀리게 할 수도 있고, 논쟁이 격렬해지면 토가를 목과 윗가슴 쪽에서 당겨 버릴 수도 있다…… 스피치의 끝에 가서는 무슨 일이든 허용되는데, 땀에 젖고 입은 옷이 헝클어지고 토가도 늘어져서 거의 떨어져 나가기도 한다. (11.3.144-6)[76]

레토릭과 훌륭한 시민

퀸틸리아누스는 레토릭을 비르 보누스 디센디 페리투스vir bonus, dicendi peritus, 즉 말하기로 숙련된 훌륭한 시민 기술이라 규정했다. 경험과 기술에 더해, 이러한 공식은 레토릭에 관한 도덕적 기능을 의미한다. "단순한 설득"은 퀸틸리아누스의 관심사가 아니었다. 그보다 그는 로마의 이익을 위해 레토릭의 힘을 이용하는 데 강한 관심을 보이는 훌륭한 시민의 역할을 연설가에게 부여했다. 진정한 연설가는 보수적인 시민이어야 하며, 부단한 연습과 면밀한 교육을 통해 연마한 자연스러운 선물을 선의와 미덕에 보태는 그런 영예로운 사람이어야 한다.

[도덕성이] 의심스러운 성격의 개인은 레토릭 훈련을 한다고 해서 도덕

적으로 좋은 능변을 모방할 수 없다. 그러나 레토릭 공부는 훌륭한 사람의 성격을 발전시킨다. 《레토릭 강론》 서문에는 다음 내용이 언급된다.

> 나의 목표는 완벽한 연설가 교육이다. 이를 위해 무엇보다도 중요한 점은 그가 훌륭한 사람이어야 한다는 것이다. 따라서 우리는 그가 천부적인 스피치 능력이 있어야 할 뿐 아니라 동시에 좋은 품성을 지녀야 한다는 것이다.[77]

레토릭의 힘은 도덕적으로 훌륭한 개인에게만 한정되는가? 레토릭은 도덕적 사회의 특정한 비전을 촉진시키는 데 사용되어야 하는가? 퀸틸리아누스는 레토릭 교육을 예찬할 만한 특성과 특정한 정치적 전망을 지닌 선택된 소수에 한정함으로써 이러한 의문에 대한 자신의 답을 우리에게 주었다. 물론, 교육 대상을 제한한다고 이러한 문제가 해결되는 일은 아닐 것이다.

시민-연설가 교육시키기

퀸틸리아누스에게 레토릭을 배운다는 것은 엄선된 학생에게는 엄청 힘들고 어려운 일을 의미했다. 그러나 그것은 위대한 선생 아래서 공부하는 행운이기도 했다. 그는 "능숙한 스피치는 순간적인 영감의 결과가 아니라 연구와 분석과 실습과 적용의 산물"이라고 했다.[78] 퀸틸리아누스의 레토릭 교육 체계는 아주 세밀한 부분까지 계산된 것이었다. 《레토릭 강론》은 《연설가에 대하여》에 제시된 것과 같은 키케로의 레토릭 이론에 큰 영향을 받았으며, 템노스 출신 헤르마고라스Hermagoras와 같은 그리스 레토릭 전문가로부터의 여러 요소 또한 통합했다.

비한정적, 한정적 문제 제기

퀸틸리아누스의 경우, 레토릭은 구체적인 한정적인 질문definite questions과 부정적不定的인 비한정적인 질문indefinite questions 등 두 가지 종류의 질문을 다루었다. 비한정적 질문은 사람과 시간, 장소에 대한 구체적인 준거 또는 다른 특정한 한정 없이 논의된다. 그러니 비한정적 질문은 사변적이다. 예컨대 우주는 섭리에 의해 지배되는가와 같은 신학적인 질문이 포함될 수 있고, 과연 정치에 참여해야 하는가와 같은 더욱 재미없는 쟁점이 포함될 수도 있다.

한정적 질문은 구체적인 개인, 사실, 장소, 시간 등과 관련된 쟁점을 포함한다. 그러한 질문에는 카토는 결혼해야 했나, 크라우스는 절도 혐의가 있는가와 같은 것이 있다. 아리스토텔레스는 비한정적 문제 제기는 변증법의 영역에 할당하고, 레토릭은 두 번째 유형의 문제 제기에 한정했다. 퀸틸리아누스는 레토릭의 영역을 사실적factual(한정적)인 쟁점과 사변적speculative(비한정적) 쟁점 양쪽에 할당함으로써 레토릭의 영역을 넓혔다.

근거

퀸틸리아누스는 법정 소송을 해결하는 데서 제시되는 구체적인 쟁점, 즉 그런 경우에 가장 기본적인 것, 즉 근거bases에 대해서도 논의했다. 그러한 근거는 논쟁에서의 스타시스, 즉 갈등과 불일치의 여러 지점points of stasis와 밀접히 연관되어 있다. 퀸틸리아누스는 존재existence, 개념definition, 특성quality이라고 칭한 세 가지 근거를 제시했다. 존재는 무엇이 일어났는가, 즉 사실의 문제다. 개념의 근거는 특정 사건의 범주화와 관련된 것이다. 끝으로 특성의 근거는 한때 개념 규정되었던 행위의 강도, 즉 격렬함이나 심각성과 관련된다.

입증

퀸틸리아누스는 입증이 네 가지 원천에서 비롯된다고 보았다. 첫째는 감각적 인식이 입증으로 인정될 수 있다고 보았다. 따라서 목격한 증거는 강력한 입증물이다. 둘째는 그리스의 엔독사, 즉 신념이나 의견 개념과 유사한 일반적인 동의도 입증으로서 인정할 수 있다. 따라서 사람들은 절망적인 상황에서는 절망적인 행동을 할 것이라는 관찰로부터도 입증이 도출될 수 있다. 세 번째로 입증은 법과 공통의 합의에 의해서도 끌어올 수 있다. 따라서 입증은 법규나 계약에 의거할 수도 있다. 끝으로 특정 논란에 대해 양쪽에서 모두 인정하게 되는 경우에도 입증의 원천이 될 수 있다.

로키

퀸틸리아누스는 《레토릭 강론》에서 키케로와 거의 비슷하게 로키 체계에 대해 기술했다. 그러나 그는 로키를 어떤 주장을 발견해 내기 위한 장치로 보기보다는 가르치는 도구로서 그것이 지니는 잠재력을 활용했다. 퀸틸리아누스의 로키는 빠른 회상을 위해 암기하는 것이 아니라 사유의 습관을 발전시키기 위한 실습용이었던 셈이다.

퀸틸리아누스에 따르면 로키의 "진정한 기능은 학생의 논쟁 기술을 촉진시키는 데 도움을 주고, 소유한 재능을 교육 발전시키며, 공적 영역에서 일어나는 소송에서 보다 예리한 통찰력을 갖게 하는 것"이라고 마이클 레프는 말한다.[79] 다양한 종류의 논쟁을 훈련시키는 목적은 빠른 판단과 사유가 요구되는 어떠한 상황에서도 미래의 연설가 지망생에게 도움이 될 수 있는 지적 습관을 갖게 하는 것이다. 이러한 기능은 논쟁에 대한 "지속적인 훈련"을 요구했다. 이와 관련해 퀸틸리아누스는 다음과 같이 썼다.

> 음악가의 눈이 비록 다른 데 가 있을지라도 낮은음과 높은음 그리고 중간음

을 만들어 낼 수 있는 습관의 힘처럼 연설가의 생각도 가능한 여러 다양하고 수많은 주장에 의해 지체됨이 없도록 이를 이겨내야 한다. 그러나 연설가는 초대되지 않은 자신을 스스로 드러내야 하며, 작가가 글을 쓸 때 글자나 음절에 일일이 신경 쓰지 않듯이 주장이 연설가의 생각을 자연스럽게 따라 나와야 한다.[80]

키케로와 퀸틸리아누스의 토픽 체계에 이어진 토픽 체계들은 레토릭 교육 훈련의 핵심적인 특징으로 계속 남아 있으면서 200~500년 사이에 계속 나타났다. 중심 토픽의 변화는 끝없이 계속되었다. 어느 한 인기 있는 토픽 체계에서는 그 행위 앞에 뭐가 있었나(안테 렘ante rem), 행위 그 자체에서 일어난 것은 무엇인가(인 레in re), 행위를 둘러싼 상황이 어땠나(키르카 렘circa rem), 그리고 그 행위 다음에 무엇이 일어났나(포스트 렘post rem)와 같이 행위의 로키가 공간적, 시간적 고려에 따라 배열되었다.

법정 연설의 여러 부분

퀸틸리아누스는 학생들에게 (그가 가장 관심을 가졌던) 법정 연설을 가르쳤는데, 그는 법정 연설을 다섯 부분으로 나누었다. 이는 키케로의 《창안에 대하여》와 작자 미상의 《헤레니우스를 위한 레토릭》과 같은 서로 다른 로마의 레토릭에 공통된 접근법이었다. 첫 번째 부분은 도입(부)(엑소르디움exordium)이다. 이는 청중으로 하여금 연설에 귀를 기울여 듣도록 설계된 부분이다. 두 번째 부분은 소송에 대해 이해하는 데 가장 중요한 사실에 대한 진술(나라티오narratio) 부분으로, 어떤 결정을 내려야 하는 것에 대한 주제의 본질적인 특성이 드러나기를 바라는 부분이다.

법정 연설의 세 번째 부분은 입증 제시(콘피르마티오confirmatio) 부분으로, 이는 사실 진술을 하는 동안 개진한 주장을 뒷받침하는 입증을 제시하기 위해 고안된 부분이다. 네 번째는 반박(콘푸타티오confutatio)에 이르

고대 로마에서의 주요 레토릭(주장/논증) 교육

• 키케로: 연설의 다섯 가지 기본 원리 (1) 창안, (2) 배열, (3) 표현, (4) 기억, (5) 전달
• 스타시스 체계: 키케로의 《창안에 대하여》 (1) 사실의 쟁점, (2) 개념의 쟁점, (3) 특징의 쟁점, (4) 절차의 쟁점
• 토픽 체계: 키케로 외 (1) 사람 요인: 이름, 성격, 생활방식, 운, 습관, 느낌, 흥미, 목적, 성취, 사건, 언행 (2) 행위 요인: 행위 그 자체, 행위 실행, 행위 부가 사항, 행위 결과 관련 쟁점
• 퀸틸리아누스의 문제 제기 (1) 한정적인(구체적인) 질문, (2) 비한정적인(부정적否定的인) 질문
• 퀸틸리아누스의 근거 (1) 존재(사실의 문제), (2) 개념(특정 사건의 범주화), (3) 특성(행위의 강도나 심각성)
• 퀸틸리아누스의 입증의 원천 (1) 감각적 인식, (2) 통념, (3) 법률, 계약 및 합의, (4) 허용이나 인정
• 행위의 로키 (1) 그 행위 앞에 뭐가 있었나 (2) 행위 그 자체에서 무엇이 일어났나 (3) 행위를 둘러싼 상황은 어땠나 (4) 그 행위 다음에 무엇이 일어났나

게 되는데, 이 부분에서는 반대 주장들에 답하게 된다. 끝으로 결론(페로라티오peroratio)이 제시되는데, 이는 연설가가 이미 제시했던 소송의 전반적인 강점을 다시 증명해 보이는 부분이다.[81]

레토릭을 가르치는 퀸틸리아누스의 고도로 세련되고 기술적인 접근은 괄목할 정도로 성공적인 것임이 입증되었다. 그의 학생들은 로마의 가장 영향력 있고 유명한 시민의 일부가 되었으며, 퀸틸리아누스의 엄격하고 철저한 교육이 자신들의 성공에 크게 기여했다고 시인했다.

롱기누스: 《숭고함에 대하여》

《숭고함에 대하여*On the Sublime*》는 훌륭한 글쓰기 원리를 강조한 유명한 로마의 레토릭 관련 문헌이다.[82] 많은 학자는 이 문헌이 아주 초기에 레토릭 이론을 문학 비평에 적용시킨 것이라고 본다. 즉 어떻게 하면 훌륭한 글을 쓸 수 있는지, 그리고 그러한 글이 레토릭의 목적을 어떻게 달성할 수 있는지에 대한 논의에 레토릭 이론을 적용시킨 초기 글로 본다. 거기에는 천 년이 넘는 기간 동안 50명 이상의 작가가 언급된다. 예컨대, 브라이언 비커스는《숭고함에 대하여》를 "레토릭과 문학 비평의 아주 뛰어난 통합"이라고 평한다.[83] 그루베도 이 문헌에 대해 "고전적 유물에 대한 모든 비평 작업 중에서 단연코 가장 빛나는 것"이라고 평가한다.[84]

언어의 감정적 힘

《숭고함에 대하여》 저자는 언어의 감정적 힘에 특히 관심을 가졌다. 저자가 누구인지는 불분명하지만 전통적으로 롱기누스라고 추정한다. 작품의 저술 연대는 1~3세기로 추정된다. 이 책 저자는 키케로 이후의 작가에 대해서는 언급하지 않기 때문에 1세기로 보는 것이 맞을 것 같다. 물론 저자와 그 시기가 불분명하긴 하지만, 레토릭 원리들이 효과적인 표현을 가능하게 하는 수단이라는 저자의 통찰은 의심의 여지가 없다.

언어, 스타일 그리고 힘

논쟁이나 주장에 대한 아리스토텔레스의 관심이 로마에서 키케로에 의해 이어져 나갔다면, 언어의 순수한 힘과 레토릭 스타일의 효과에 대한 고르기아스의 관심은 로마에서 롱기누스에 의해 발전되었다고 할 수 있다. 제인 톰킨스에 따르면 롱기누스는 "언어는 힘의 한 형태이며 과거 텍스트를 공부하는 목적은 그러한 힘을 끌어내게 하는 기술을 얻기 위해서"[85]라고 생각했다. 롱기누스의 언어 잠재력 이론theory of language's potency은 (감정을 훌륭한 아이디어와 결합시킨 문학 작품이 독자에게 미치는 영향의 한 척도인) 그가 "고상함the sublime/sublimity"이라고 한 개념을 중심으로 조직화되어 있다. 톰킨스는 "고상함에 대한 롱기누스의 인식은 순수한 힘으로서의 시에 대한 개념 인식과 같은 것"이라고 강조한다.[86]

훌륭한 글쓰기의 다섯 가지 원천

롱기누스는 독자에게 "훌륭한 글쓰기의 가장 생산적인 다섯 가지 원천이 있다. 이들은 모두 표현의 힘을 전제로 하는데 그것 없이는 결코 좋은 글쓰기를 할 수 없다"고 했다.[87] 롱기누스는 자신의 관심사로서 글쓰기에 대해 언급하지만, 고대에서 글쓰기와 말하기 사이의 관계는 지금보다 더욱 밀접한 것이었다. 쓰인 담론조차도 통상 크게 읽혔다. 묵독이란 로마인에게는 거의 알려지지 않았다.

그렇다면 훌륭한 글쓰기를 위한 다섯 가지 원천, 즉 자질이란 무엇인가? 롱기누스는 "가장 우선적이고 중요한 것"은 "정신적 구상의 활력"이며, "두 번째는 강력하면서도 탁월한 감정"이라고 했다. 글쓰기에 위대하고도 열정적인 생각을 불어넣는 것은 누가 가르쳐 줄 수 있는 그런 게 아니다. 롱기누스는 "대부분의 경우, 이들 두 가지는 천부적인 것이라고 했다. 그럼에도 불구하고 롱기누스는 여섯 개의 장에서 위대한 작가를 구별하는 자질을 논의하는 데 상당한 시간을 할애한다. 사포나 데모스테네스, 플라톤 등에 의해 드러난 문학적 천재성과 초월적 영감은 기술적인 완성 이상으로 롱기누스에게 흥미로운 것이었다.

훌륭한 글쓰기를 위한 다른 자질은 "기술적인 훈련을 통해서도 발전시킬 수 있다." 이들 다른 자질이란,

(말하기와 사유 모두에 있어서) 적절한 비유를 생각해 내는 것, 그다음에 단어 선택과 비유적이고 예술적인 언어 사용을 포함하는 고상한 용어를 선택하는 것, 그리고 마지막으로 다른 모든 것을 포함하면서 위엄 있고 나름대로 독특하게 단어를 배열하는 것이다.[88]

그렇게 함으로써 레토릭 기술은 표현을 향상시키는 여러 가지 방법과 생각에 부합되는 적절한 어휘 선택 및 그 단어의 가장 효과적인 배열, 즉 작문을 가르쳐 줌으로써 훌륭한 작가가 되게끔 만들어 줄 것이다.

사례 이용

롱기누스는 초기 로마와 그리스 작가뿐 아니라 동시대 작가들로부터도 이러한 원리 원칙에 관한 많은 사례를 제시한다. 그가 좋아한 사례로 이미 2장에서 논의했던 그리스 작가 사포가 있다. "예컨대, 사포는 각 경우에 사랑의 격정에 수반되는 감정을 선택한다"고 했다. "가장 중요하고 강렬한 세부 사항을 기술적으로 선택하고, 그러한 것을 서로 연결시키는 데 그녀는 어떻게 그렇게 뛰어나게 잘할 수 있었나?" 롱기누스는 독자에게 이러한 원리를 예시해 주는 사포의 가장 유명한 시 한 구절을 제시한다.

신들의 벗인 그, 내 눈엔 더없이 행복한 사람처럼 보이네.
앞에 앉아서 그대를 응시하는 남자
당신 옆에 가까이 앉아 조용히 그대에 귀 기울이네.
은빛 속삭임,
사랑의 낮은 미소로 웃음 짓네. 오, 이럴 수가! 이는 오로지
떨리는 내 가슴속에서 요동치는 심장을 휘젓고 있네.
짧은 한순간 그대를 본 것뿐인데,
난 곧바로 할 말을 잊네.

그래요. 내 혀는 망가지고, 내 온몸 구석구석
육신 아래에선 미묘한 불길이 나를 아프게 하네.
내 눈에는 아무것도 보이지 않고, 귓속에선 혼란스러운 소리만 물결치네.
식은땀은 강물 되어 흐르고, 팔다리는 온통 떨림뿐이네.
가을 잔디보다도 더 창백해져 버렸네.
위협스러운 죽음의 고통에 사로잡혀 난 불안에 뜨네.
사랑에 취해 나는 길을 잃고 말았네.[89]

스피치 표현

롱기누스는 또한 레토릭한 표현법이나 글쓰기와 말하기 능력을 발전시키기 위한 레토릭 수단에 대해서도 많은 조언을 제시한다. 예컨대, 그는 “어떤 표현법을 가장 잘 사용하는 것은 그것이 어떤 표현법이라는 사실 자체를 전혀 눈치채지 못할 때다”라고 했다.[90] 레토릭한 표현은 글쓰기와 말하기를 발전시킬 수 있는 강력한 수단일 수는 있지만, 작가나 연설가가 독자나 청중을 위해 그것을 사용할 때는 아주 신중해야 한다는 것은 의심의 여지가 없다.

> 표현법을 잘못 사용하면 듣는 이의 마음속에 의도적으로 덫을 놓아 오도하는 느낌처럼 뭔가 이상하다는 생각을 불러일으킨다. 이러한 일은 결정권을 가진 한 사람의 판단자, 특히 독재자나 왕 또는 이름난 지도자에게 말할 때 발생한다. 그는 어떤 전문가의 번지르르한 표현을 듣고서는 어리석은 아이처럼 다른 이들보다 한 수 앞서 있다는 생각으로 쉽게 화를 내기도 하고, 잘못된 추론으로 특정인이 자신을 모욕한다고 생각하며, 때로는 비록 자신이 설득에 넘어가지 않은 채 스스로 화를 통제하다가도 결국은 참지 못하고 완전히 격노할 수도 있다.[91]

롱기누스는 레토릭한 표현을 논의하는 데 상당한 시간을 보낸다. 그리고 다양한 수단과 방법에 대한 그의 기술은 독자나 청자에게 그것이 미치는 영향에 대한 설명까지도 해 준다. 롱기누스에 따르면, 접속사 생략으로 알려진 방법은 작성하는 목록에서 and와 같은 연결사를 생략하는 것이다. 이를테면, 단어를 연결사 없이 막 쏟아내는 경우가 있는데, 화자 자신이 그걸 일일이 인식하지 못할 수도 있다고 했다. 크세노폰은 "방패 위에 방패," "그들은 밀고 싸우고 죽이고 죽고"라고 말했다.[92] 그러나 레토릭한 표현에 대한 롱기누스의 주된 관심(즉 《숭고함에 대하여》에서의 중심적인 관심)은 청중에게 강력한 감정을 불러일으킬 수 있는 말의 가능성이다. 브라이언 비커스는 "청중을 돋보이게 하는 것은 표현과 느낌 간의 기능적 관계라는 것이 그의 인식이다. '레토릭한 표현은 모두 스타일을 더욱 감정적이고 자극적인 것으로 만든다.' 그리고 감정(파토스)은 '숭고함의 본질적인 부분'"이라고 말한다.[93]

롱기누스는 글쓰기의 감정적인 영향력은 예의, 즉 위엄 있거나 적절한 것과 당면한 주제와 부합되는 것에 대한 세련된 관심에 의해 항상 지배된다. 진정한 레토릭 전문가는 단순히 수용자를 속여서 감정적으로 반응하게 만들기 위해 비굴해서는 안 된다. 그런 저열한 전략은 소피스트나 하는 일이다. 문학이나 스피치의 내용은 기술적으로 채용된 레토릭한 표현에 의해 감정적 표현이 일어날 수 있게 해야 한다.

《숭고함에 대하여》는 여러 방식으로 레토릭 전통을 발전시키고 있다. 첫째, 말과 글, 즉 언어가 지닌 감정적 힘을 탐구했다. 이는 고르기아스까지 거슬러 올라가는 전통이며 아리스토텔레스에 대한 관심이기도 했다. 롱기누스는 잘 발달된 주제물과 수용자의 감정적 반응 간의 관계에 대한 일관된 관심을 보여 주었다. 그는 감정 조작을 통해 자신이 원하는 청중을 만들어 낼 수 있다고 믿었던 고르기아스보다는 파토스를 레토릭한 입증으로 간주한 아리스토텔레스와 그의 생각에 더 가까웠다. 둘째로 《숭고함에 대하여》는 키케로의 구두 레토릭에서 문자 레토릭으로의 관심 증가로 강조점이 변화하고 있음을 보여 준다. 물론 거기에는 아테네 이소크라테스의 경우로부터 분명해진 글쓰기와 레토릭 사이의 오랜 관계가 있다. 글쓰기에 대한 이러한 강조는 오늘날까지도 레토릭의 역사에 있어서 중요한 역할을 계속 수행한다. 셋째로 롱기누스는 문학 비평(텍스트에 대한 세심한 분석, 그러한 텍스트가 수용자에게 미치는 영향 분석 등)의 창시자라고도 볼 수 있다. 이러한 역할로 인해 롱기누스는 그리스와 로마 레토릭 전통에서 아주 중요한 인물로 자리 잡고 있다.

후기 로마 제국의 레토릭

놀랄 것도 없이 황제들의 권력이 커지고 원로원의 힘을 능가함에 따라 정책 형성 수단으로서의 레토릭의 중요성은 줄어들었다. 그러나 레토릭 교육 훈련은 사람들을 광활한 로마 제국의 통치 및 관리자로 기여하도록 준비하는 수단으로 여전히 존재했다.

제2 소피스트 현상

제2 소피스트 현상The Second Sophistic은 50~100년경의 시기에 있었던 현상을 말하는데, 그 기간 중 본래의 그리스 소피스트와 연결된 일부 연설적 요소들이 로마 제국 일부에 재도입되었다. 그루베는 제2 소피스트 현상이 "주로 제국의 그리스 방면, 특히 아시아 지역 쪽에서 일어난 '전시성 연설display oratory'의 승리라는 것으로 가장 잘 묘사될 수 있다"고 본다.[94] 앞선 여러 세기 동안 그리스는 "알렉산드로스 계승자들의 전쟁, 로마의 정복 전쟁, 후기 공화정 아래 로마 지방 총독의 강권 지배 시기, 로마의 시민 전쟁" 등을 경험했다.[95] 이러한 전쟁 시기에 뒤이어 제국 동부의 도시들은 다시 번창하기 시작했다. 스미르나, 에페소스, 안티오케이아와 같은 도시에서는 연설가들이 내용보다는 스타일을 강조한 스피치로 대규모 청중을 즐겁게 함으로써 생활해 나갈 수 있었다.

이처럼 새로 등장한 소피스트는 종종 자신의 대단한 기억력과 극적인 전달력으로 청중을 즐겁게 하면서 "여러 경기와 국제적인 행사에서 스피치를 전시물로 만들었다." 이 당시에는 "명성이 난 소피스트라면 누구든 아시아의 어떤 도시에서나 좋은 청중과 좋은 대가를 보장받을 수 있었다."[96] 크리소스토모스Chrysostomos('황금의 혀'라는 뜻)로도 알려진 디오 코케이아누스Dio Cocceianus(40~120)는 당시 인기 있는 연설가였다. 그는 여기저기 다니면서 조각과 시의 이점, 공적인 화자가 되기 위한 준비, 그리스 비극 등과 같은 여러 비정치적인 주제에 대해 얘기했던 스토아 철학자였다.

제2 소피스트 현상의 또 다른 걸출한 연설가로 아일리우스 아리스티데스Aelius Aristides(117~?)를 들 수 있다. 그 역시 의료에 관한 연속 스피치를 비롯하여 비정치적인 주제를 전문적으로 다루었다. 그는 아스클레피오스●신이 꿈속에 나타나 말했다며 그 신에 의해 건강에 대한 도움을 받았다고 주장했다. 아일리우스 역시 플라톤의 공격에 반박하며 레토릭을 옹호하는 스피치를 했다.[97]

크리소스토모스와 아일리우스와 같이 (레토릭적 실천에 대한 새로운 관심에도 불구하고) 제2 소피스트 현상은 공공 정책 형성과 법적 결정에 영향을 미치는 수단으로서 과거에 가졌던 레토릭의 힘과 우월성이 심각하게 약화되었음을 보여 준다. 결과적으로 레토릭은 제국 지배의 특성 때문에 제약될 수밖에 없었다. "제국을 공격하는 것은 큰 범죄가 되었다." 동전에는 제국의 이미지를 새겨놓았기 때문에 동전을 훼손하기만 해도 사

● 그리스-로마 신화에 나오는 의술의 신이다. — 옮긴이

형에 처해지는 범죄 행위로 간주되곤 했다. "그러므로 로마의 연설가들은 (안전을 위해 가장 우선적으로) 정치적 연설을 꺼렸다.[98]

그러나 이는 제2 소피스트 현상이 레토릭을 오락 형태로만 이용했다는 의미는 아니다. 이 시기 레토릭 전문가가 실행한 중요한 역할도 생각해 볼 수 있다. 우선 로마에서 활동하던 이 그리스 연설가들은 그리스 문화를 보존하고자 했다. 조지 케네디에 따르면 이들 후기 소피스트는 "언어와 문학과 레토릭과 종교에서의 헬레니즘 전통을 보존하고자 했던 문화적 보수주의자들이었다는 점에서 이전의 그리스 소피스트와는 다르다."[99]

토머스 콘리는 제2 소피스트 현상 동안 레토릭 전문가가 행한 두 번째 중요한 역할을 제시한다. 앞선 시기에도 그랬던 것처럼 이 시기의 레토릭 전문가는 교육자였다. 콘리에 따르면, 가자, 알렉산드리아, 아테네, 콘스탄티노플 같은 도시의 로마 대학들에 레토릭 교육소가 설립되고 자금 지원도 있었다.[100] 사실 아테네에서와 같이 로마에서도 레토릭 훈련은 (비록 지방 관리나 변호인일지라도) 정치 생활로 입문하려는 야심 찬 젊은 이들을 위한 중요한 수단이었다. 그러나 시민-연설가가 의회에서는 더 이상 의미 있는 힘을 행사할 수 없었다.

후기 로마 제국에서 레토릭이 관리를 훈련시키는 한 방법으로, 그리고 오락의 한 형태로 축소되는 것은 레토릭과 민주주의가 서로 밀접하고도 중요한 관계에 있음을 보여 준다. 민주주의가 번창할 때는 레토릭과 그에 대한 연구 역시 활발하다. 민주주의가 쇠락할 때는 자유로운 공적 담론의 방법으로서 레토릭의 역할이 약화되듯 레토릭 역시 쇠락하게 된 것이다.

공적 담론으로서의 레토릭의 의미가 실제 로마에서는 줄어들었지만, 레토릭 기술은 (그것이 로마에서 진화함으로써) 그것을 만들었던 문명보다 더 오래 지속되었다. 역설적이게도 로마의 레토릭은 로마 공화정이나 로마 제국 어느 것과도 공유하는 바가 거의 없는 문화 속에서 재탄생했다.

레토릭의 역사 속에서 이러한 특이하고도 중요한 현상은 다음 장에서 논의한다.

결론

로마 세계에서 레토릭은 시민들로 하여금 개인적인 성공과 발전, 시민 생활에의 참여, 그리고 공적 서비스를 위해 준비하게 했던 열정적인 교육의 한 중심으로 제공되었다. 레토릭과 (개인적이고 또한 정치적인 양면에서) 권력의 관련성은 로마 전통에서 아주 분명했다. 레토릭 훈련은 영향력 행사와 개인적 발전을 위한 중요한 관건이었다. 롱기누스와 여타 초기 문예 비평가들의 지도하에 레토릭은 글쓰기에서의 독창성과 영광을 달성하는 수단으로 간주되었다.

로마인은 그리스인으로부터 레토릭을 배웠지만, 그 기술은 나름의 것으로 발전시켰다. 키케로와 퀸틸리아누스와 같은 로마 이론가들은 법적 소송의 로키를 아주 높은 수준의 정교함에 이르도록 발전시켰다. 그러나 롱기누스와 같은 작가들 역시 (그리스인이 보기에는 거칠고 저속한 것으로 보였던) 라틴 언어를 아주 아름답고 힘이 있으며 장엄한 것으로 변형시키는 데 그리스 레토릭의 통찰력을 이용했다.

로마 레토릭에서는 청중, 즉 수용자가 핵심 요소였다. 키케로에게는 (다른 위대한 로마의 레토릭 전문가들과 같이) 수용자의 취향, 감수성, 가치에 대한 고려가 언제나 중요한 것이었다. 게다가, 지혜와 능변을 통합시키려고 한 키케로의 바람에서인지 아니면 레토릭을 말하기에 숙달된 훌륭한 시민으로 본 퀸틸리아누스의 레토릭에 대한 정의에서인지, 아무튼 윤리적인 차원이 레토릭에 대한 로마적 사유에 주목하게 한다.

명료하고 설득력 있게 말하고 글 쓰는 능력인 레토릭은 로마인에게 있어 가장 실질적인 언어적 능력이자 잠재력이었다. 이러한 능력은 로마의 레토릭 이론이 가장 좋은 상태에서 그러한 이론과 함께 로마인에게 잘 기여할 수 있는 도덕적 책임을 수행했던 것이다.

6장

기독교 유럽과 북아프리카의 레토릭

우리는 그동안 침묵을 충분히 강요받았다. 수많은 입으로 이젠 외쳐라 — 나는 세상이 침묵 때문에 썩었다고 생각한다.

_ 시에나의 카타리나Caterina da Siena

콘스탄티누스 대제는 후기 로마 제국에서 기독교가 상당한 기반을 다졌다고 보고, 313년 로마인을 위해 이를 합법화했다. 4세기에 로마가 멸망했을 때, 그 후계인 유럽 기독교 국가는 그 영역 안에서 이미 움트고 있었다. 제국에 대한 야만적인 정복과 함께 레토릭은 다른 많은 학문과 마찬가지로 이미 애초부터 심각한 몰락을 감내해야 했다. 북유럽과 서유럽 사람들의 초기 로마 영토로 대규모 이주하였고, 이로 인해 로마와 그리스 전통은 매우 급격히 쇠락했으며, 도서관이 파괴되는 등 고전 학습의 종말을 재촉하기도 했다. 도시 중심부와 교육 기관도 농촌 지역으로 인구가 이동함에 따라 위축되어 갔다.

그러나 이는 레토릭의 고전적 전통이 서구에서 완전히 사라져 버렸다고 말하는 것은 아니다. 조지 케네디는 “고전 레토릭은 죽지 않았다. 문법과 레토릭을 가르치던 일부 개인 교사는 이탈리아와 갈리아의 도시에서 거의 언제든 찾아볼 수 있었다"고 말한다.[1] 이탈리아의 여러 도시가 눈에 띄게 시민 생활을 재건하기 시작했듯이 레토릭도 다시 중요한 연구를 했다. 과거에도 그러했던 것처럼 베네치아와 볼로냐 같은 도시에서 입법과 사법적 기능 양쪽에 레토릭은 중심이 되었다. 레토릭 기술 역시 권력의 새로운 무대인 교회에서 아주 중요한 위상을 갖게 되었다.

레토릭, 긴장, 그리고 파편화

로마 문화는 비잔틴 제국의 등장과 함께 동쪽에서 지속되었는데, 그 제국은 오늘날 이란에서 북아프리카를 거쳐 스페인에 이르는 무슬림 제국인 우마이야드 칼리파국에 길을 내주었다. 이 책의 11장에서는 그리스-로마의 레토릭 전통을 보존해서 서유럽에 전승시켜 준 무슬림 문명의 역할에 대해서 다룰 것이다.

로마 제국 몰락 이후, 서구 세계에서 가장 중대한 문화 현상은 기독교가 부상하여 결국 헤게모니를 갖게 된 것이라고 할 수 있다. 교회가 궁극적으로는 공적 생활은 물론 심지어 사적 생활의 모든 영역을 사실상 통제하게 되었다. 그리스와 로마 문화를 특징지었던, 그리고 고전 레토릭 전통의 발전과 밀접한 관계에 있던 입법 기관과 법정은 중세 유럽에서는 크게 위축되었다. 그럼에도 불구하고 레토릭은 (공적이면서도 실천적인 기술인 레토릭 자체의 속성에 따라) 5~15세기 유럽 기독교 사회의 필요에 나름대로 적응했다. 그러나 그리스와 로마 레토릭에 대한 중세 유럽의 적응은 풍부한 고전 전통을 상당히 제한적이면서도 파편적으로만 이용하는 양상을 보였다.

중세 유럽인은 그리스 레토릭보다는 로마 레토릭에 더 익숙했으며, 그것도 로마 이론의 극히 일부에만 그랬다. 중세 초기에는 고대 그리스 지식은 유럽인에게 거의 완전히 배제되었으며 그리스 레토릭의 많은 부분 역시 거의 알려지지 않았다. 로마 제국의 유산을 야만적으로 정복하여 사회적 파편화를 초래했고, 알렉산드리아 등지에 있던 고대 도서관들이 파괴되면서 고전적 유물인 수많은 문헌을 사라지게 했다.

로마 거장 퀸틸리아누스의 레토릭에 대한 다권본多卷本인 《레토릭 강론》은 종종 훼손된 불완전한 필사본으로만 잔존해 왔다. 거의 10세기 동안 스페인 학자들은 일부 고전 문헌을 복구하고 번역하고 배포하기 시작했다. 그러나 고전적 전통을 재구성하는 과정은 매우 느리게 진행되었다. 아리스토텔레스의 《레토릭》은 "헤르만누스 알레만누Hermannus Alemannu가 1256년에 그것을 (아랍어에서) 라틴어로, 그리고 뫼르베크의 기욤Guillaume de Moerbeke이 1270년경에 그것을 다시 (그리스어에서 라틴어로) 번역하기 전에는 라틴 서부Latin West•에 알려지지 않았다."[2]

레토릭에 관한 고전 작품이 중세 시대에 많이 잃어버리고 손상되었는데, 거기에 예외도 있었다. 그중 두 작품이 특히 중요한 것이었다. 키케로의 《창안에 대하여》와 저자 미상의 《헤레니우스를 위한 레토릭》이 그것이다. 이들 두 작품은 널리 알려졌고, 중세 레토릭 문헌과 실천 대부분의 토대가 되었다.[3] (4세기에 활약한 레토릭학자이자 철학자) 가이우스 마리우스 빅토리누스Gaius Marius Victorinus의 《키케로의 레토릭에 대한 논평 *Commenta in Ciceronis Rhetorica*》은 중세 시대에 키케로를 어떻게 해석하고 가르쳐야 하는지에 큰 영향을 미쳤다.[4] 캐슬린 웰치Kathleen Welch는 "《창안에 대하여》가 중세 시기의 대부분에 이용 가능하였고 따라서 그 시기에

• 로마가 이탈리아의 여러 고대 민족을 복속시키고 지중해 전역으로 세력이 확장되면서, 라틴어가 제국의 언어로 사용되었다. 로마 제국이 동서로 나뉘면서 그리스어를 사용하는 제국의 동부(그리스 동부)와 라틴어를 사용하는 서부(라틴 서부) 사이의 언어 장벽이 점차 높아졌다. 중세에는 라틴어를 사용하는 서부 유럽 사람들을 가리켜 '라틴인'이라고 통칭해서 부르기도 했다. — 옮긴이

자주 인용되었던 키케로의 유일한 텍스트였음을 언급하는 점이 흥미롭다"고 말한다.[5] 《창안에 대하여》와 《헤레니우스를 위한 레토릭》이 "중세 시대 라틴 유산에 해당되는 주요 작품"이었던 것이다.[6]

초기 중세 시대에 교육받은 유럽인과 북아프리카인은 종종 의심의 눈으로 고전 전통을 보았다. 그리스와 로마의 고전은 결국 과거 이교도인 비기독교도의 산물이라는 것이다. 로마의 황제는 신으로 숭배되기를 원했으나 기독교인에게는 용납될 수 없는 일이었다. 바로 203년에 기독교인은 로마 황제 셉티미우스 세베루스Septimius Severus의 명령에 따라 카르타고 지역에서 순교했다. 그러한 기억은 빨리 사라지지 않았다.

특히 레토릭은 그것이 청중을 조작한다는 이유로, (종종 진실을 희생시키는) 그것이 지닌 설득 목적 때문에, 그리고 기독교인을 박해했던 막강한 황제와의 관련성 때문에 의심받았다. "심한 적대감은…… 레토릭 기술을 이교도 로마의 온갖 부도덕성의 잔재로 본 기독교도 학자들의 태도를 보여 주었다."[7] 이런 이유 때문에 적은 수의 상당히 기술적인 로마 작품만이 중세 레토릭 교과 과정 대부분의 기초를 이루었다.

레토릭의 수용은 점차 부상하던 기독교 유럽에서 상당히 천천히 이루어졌다. 키케로의 작품과 일부 다른 저술은 5세기경 기독교 사제인 성 아우구스티누스St. Augustinus가 자신의 영향력 있는 책 《기독교 교리에 관하여*On Christian Doctrine*》에서 그에 대한 지지를 표명한 이후에나 제대로 이용할 수 있게 되었다.[8] 그럼에도 불구하고 이교도 유물에 대한 교회의 불만 때문에, 후기 중세 학자들은 종종 레토릭에 관한 고전 작품에서 유용한 요소들만 발췌해서 그것을 기독교 문화의 목적에 기여하게 만들었다. 이런 식으로 고전 레토릭 전통은 분해되고 파편화되고 본래의 텍스트(원전)에 대한 지식 없이 이용되기도 했다.[9]

더군다나 이 시기에는 레토릭의 본래 연설술은 점차 글을 잘 쓰는 문체written style로 인식되어 갔다. 주장의 발견과 배열을 통해 설득적 스피치를 발전시키는 레토릭의 전통적인 역할은 점차 보기 어려워졌다. 변증법과 논리가 이처럼 중요한 창안적, 즉 발견적 기능을 대체하였다. 중세 유럽에서의 레토릭의 특성과 사회적 기능 양면에서 일어난 극적인 변화를 추적하기 위해서는, 레토릭이 새로운 교과 과정에서 점유했던 위치를 고려하는 것이 도움이 될 것이다.

중세 초기의 레토릭

중세 시기에 키케로적 레토릭은 교육과 시市 행정, 상업, 사적 생활, 교회 실무 등에 다양한 방식으로 영향을 미쳤다. 중요한 여러 지적 인물이 기독교 유럽과 북아프리카의 맥락 안에서 고전 레토릭을 적응시키고 해석하는 과정에서 중요한 위치에 있었다.

성 아우구스티누스

450~1000년에 레토릭은 교회의 기능 수행에 있어 중요한 것이 되었다. 교회 지도자들은 그들의 교육과 반대자들과의 논쟁, 그리고 복음주의 등의 지침 마련을 위해 레토릭 전통에 주목했다. 키케로가 그러한 전통의 중심을 차지했다. 다른 학문 영역은 물론 중세 사상에 미친 그의 영향력은 대단했다. 크리스티안 하비히트는 위대한 로마 연설가가 "그리스 철학을 중세 시대의 학자들에게 접근 가능하게 만들었다"고 본다.[10] 키케로의 전반적인 영향은 중세의 아주 초기부터 분명했다. 그러나 곧 살펴보겠지만, 키케로의 영향이 매우 컸던 곳에서도 여전히 혁신은 일어났다.

아우구스티누스의 세계와 작품

히포의 성 아우구스티누스(353～430)는 (180～450년에 기독교 신학에 많은 영향을 미친 글을 썼던 일군의 신학자 집단인) 초기 교부 중 가장 위대한 교부였다. 기독교는 기독교가 번성하던 초기 수세기 동안 북아프리카 지역에도 급속히 퍼져나갔다. 알렉산드리아와 같은 일부 아프리카 도시는 기독교도의 삶과 학술 활동의 중심지가 되었다. 아프리카는 또한 기독교 이단의 출현을 위한 옥토이기도 했다. 아우구스티누스의 삶은 북아프리카 기독교의 발전과 영향력을 고스란히 보여 준다.

아우구스티누스는 쇠락해 가는 서로마 제국의 일부였던 지금의 알제리 지역에 있던 타가스테라는 도시에서 태어났다. 그는 스스로를 베르베르인, 즉 아프리카인으로 생각했으며, 로마 시민의 지위를 향유하면서 고향에서 라틴어를 공부하며 성장했다. 그의 어머니 모니카는 독실한 기독교도인이었으며 나중에는 (유명한 아들과 같이) 성인으로 시성되었다. 아우구스티누스가 열일곱 살이 되던 370년 그의 아버지는 레토릭 공부를 하라고 그를 카르타고로 보냈다. 거기서 그는 키케로의 작품을 공부했고 그 영향을 받았다. 레토릭에 탁월한 능력을 보인 그는 레토릭 공부와 실행의 중심지였던 로마에 잠시 다녀오기 전인 몇 년(376～384) 동안 카르타고에 머물면서 레토릭 선생으로 활동했다.[11]

아우구스티누스가 살던 그 시기는 망해 가는 로마 문화와 부상하는 기독교 문화 사이의 갈등이 특징이던 때였다. 거의 10년 동안 그는 (나중에는 그가 거부했던 이교도 집단인) 마니교로 알려진 비밀 종교 단체를 추종했다. 그는 제국 도시인 밀라노에서 (후에 그 자신이 "거짓말 직책"이라고 했던) 레토릭 교수가 되기도 했다.[12] 아우구스티누스는 또한 플라톤에 대한 새로운 해석을 표방하며 플로티누스Plotinus(204～270)가 발전시킨 철학 사상 유파인 신플라톤주의 요소를 받아들이기도 했다.

아우구스티누스는 유명한 연설가였고, 레토릭 선생이기도 했다. 그는 키케로를 근간으로 해서 레토릭을 가르쳤고, 제2 소피스트 현상에 영향을 받았다. 그를 연구한 캘빈 트루프에 따르면, "제2 소피스트 현상은 내용에는 거의 관심이 없었고 대신 전달, 스타일과 장식을 강조했다. 레토릭에 대한 이러한 접근은 4세기경의 로마 학교를 지배했다……." 트루프는 아우구스티누스의 "레토릭과 제2 소피스트 현상은 거의 동의어"라고 단언한다.[13]

아우구스티누스는 밀라노에서 레토릭을 가르치며 제국의 연설가로서 기여하던 중(384~386) 기독교 지도자이자 유명한 연설가였던 암브로시우스Ambrosius(340~397)를 알게 되었다. 처음에는 아우구스티누스는 암브로시우스의 신학보다는 레토릭 기술에 흥미를 가졌지만 곧 바뀌게 되었다. 암브로시우스는 일련의 설교와 토론을 통해 아우구스티누스가 기독교도로 개종하는 데 기여했다. 387년 아우구스티누스는 암브로시우스에게 세례를 받았다.[14] 그리고 391년에 사제 서품을 받았다. 그 뒤 아우구스티누스는 로마령 북아프리카 주요 항구 도시인 히포의 주교직에 올랐다.

그는 주교로서 30년 이상 봉사했다. 많은 시간을 교구 주민에게 기독교 교리를 가르치는 데 쏟았고 여러 이교 집단에 대항하는 글을 썼다. 397년에 자신의 초창기 삶과 기독교도로의 개종에 대해 기술한 《고백록*Confessions*》을 출간했다. 그 책에는 그가 한때 가르쳤던 레토릭에 대한 통렬한 비판도 있었다. 413~426년에 그는 교회가 오래된 로마 제국을 대신하는 새로운 질서라고 본 위대한 《신국*City of God*》을 썼다. 아우구스티누스 생의 마지막은 로마 제국의 종언이나 마찬가지라고 할 수 있다. 가이세리크Gaiseric 치하의 반달족이 430년 히포를 포위해 공격하였고, 석 달 뒤 그가 죽었기 때문이다.

아우구스티누스의 레토릭 이론

아우구스티누스의 초기 교육은 고전 로마 모델에 입각해 이루어졌다. 이는 그 교과 과정의 핵심이 레토릭이었음을 의미했다. 그 시대의 많은 젊은이처럼 아우구스티누스도 레토릭을 부와 명성을 얻는 길이라고 여겼다. 레토릭은 그에게 "우수한 스피치 기술을 갖게 되면 명예를 얻고 부를 축적하여, 세상에서 성공하게 만들어 준다"고 생각했다.[15]

개종하기 전에는 그도 소피스트같이 살고 믿고 가르쳤다. 하지만 나중에는 (《고백록》에서 주장한 주요 핵심으로서) 다름 아닌 그의 심중에 있던 레토릭에 대한 소피스트 모델을 공격했다. 트루프에 따르면, "아우구스티누스는 실천 레토릭으로서의 레토릭은 결코 포기하지 않았으며," "그는 단지 제2 소피스트 현상의 남용만을 거부했을 뿐"이었다.[16] 아우구스티누스는 레토릭 전통의 많은 부분을 기독교 교회와 기독교 사회에 유용한 것으로 받아들였다.

한 사람의 기독교 지식인으로서 아우구스티누스는 교회에서의 로마 레토릭의 잠재적인 이용을 위해 나름대로 노력했다.[17] 《파이드로스》에서의 플라톤과 같이 아우구스티누스는 진리의 추구, 특히 그의 경우는 기독교 성서의 진리 추구에 도움을 줄 수 있는 레토릭의 진정한 기술을 추구했다. 아우구스티누스는 기독교 사제의 두 가지 임무를 인식했다. 성서의 내용을 발견하고 또 가르치는 것이다.[18] 그는 또한 세 번째 임무에 대해서도 상당히 많은 양을 할애해서 쓰는데, 성서적 진리가 공격받았을 때 그것을 방어하는 것이다. 레토릭은 (그 기원이 비기독교도에서 시작되었고 빈번한 오용이 있었음에도 불구하고) 바로 기독교 교사들이 이러한 임무를 수행하는 데 도움을 준다는 것이다. 레토릭의 고전 이론이 진리에 대한 새로운 기독교적 이해에 적용되어야 했던 것이다.

설교자의 딜레마: 표현 불가능한 것을 표현하기

초월적 진리의 원천으로서의 완전한 신은 기독교 연설가에게 있어서는 하나의 심각한 문제가 아닐 수 없었다. 레토릭의 도구인 언어는 유한한 상징체계다. 이에 비해 신은 무한하며 유한한 기호로 적절히 묘사할 수 있는 것이 아니다. 그러나 신은 설교자가 신을 말해야 한다고 명령한다. 따라서 아우구스티누스는 신에 대한 레토릭은 불가능하면서도 회피할 수 없는 것이라는 딜레마에 직면했다. 그는 무한한 신에 대한 영원한 진리를 표현할 수 있게 하는 레토릭을 만들어 내야 하는 기독교적 목적에 그가 한때 로마 학교에서 배웠던 고전 레토릭의 자원을 적용시키고자 했다.

이러한 딜레마에 대응하여 아우구스티누스가 발전시킨 레토릭 이론은 여러 면에서 플라톤적이다. 신을 생각하기 위해서는 마음이 정화되어야 했다. 청중으로 하여금 신성한 진리를 받아들이도록 준비시키는 것이 레토릭의 과정이다. 설교자는 마음을 타락시켰던 잘못을 교정해 주는 것이다. 훌륭한 설교는 정신적 계몽의 길을 예비하면서 마음을 적절히 정화시키는 것이다. 바람직한 레토릭 역시 설교자로 하여금 영혼의 건강을 상시 바르게 유지하게끔 이끌어 주는 것이다. 따라서 아우구스티누스의 기독교 레토릭은 잘못을 뉘우치게 하고 거짓된 생각을 신성한 진리로 바꿈으로써 병든 영혼을 치유하게 했던 것이다. 이는 영혼을 다스리는 "진정한 레토릭"에 대한 플라톤의 이해를 연상시키는 과정이기도 하다.

기독교화된 레토릭은 설교자로 하여금 성서에서의 신성한 진리를 발견하고 신자에게 이러한 진리를 가르치는 것을 지원해 준다. 그러나 레토릭은 또한 누군가의 메시지를 분명하고 힘 있게 그리고 호소력 있게 표현하는 것을 도와주는 것이기도 하다. 아우구스티누스는 각각의 목적에 기독교적인 의미를 부여하면서 키케로적인 레토릭의 목적, 즉 가르치고, 즐겁고 기쁘게 하며, 감동시키는 것이라는 데 동의했다. 설교자는 (잘 가르치기 위해) 그 주제에 대해 알아야 한다. 그는 또한 (신자들을 즐겁고 기쁘게 하기 위해) 그들의 감정에 어떻게 가닿아야 하는지도 알아야 하며, 신자들이 기독교적인 삶을 살도록 (감동시키기 위해) 설득하는 방법을 알아야 한다.

기독교 교육자의 딜레마: 기독교 학교에서의 로마 레토릭?

앞서 아우구스티누스가 설교자로서 직면한 딜레마(즉 유한한 레토릭 속에서 무한한 신에 대한 진리를 소통하는 수단을 발견하는 딜레마)에 대해 얘기했다. 그러나 아우구스티누스는 기독교 교육자로서의 두 번째 딜레마에도 직면했다. 레토릭 기술은 주교로서의 그의 교육적 과업에 필수불가결한 것이었다. 그러나 레토릭 전통은 기독교 원리와 종종 갈등 상황에 있었다. 키케로와 같은 막강하고도 세계적인 로마인이 그 기술을 개발했으며 아우구스티누스 시대의 기독교인은 이교도 로마에 대해서는 부정적인 생각을 가졌다. 레토릭은 종종 말재주를 통해 의심스러운 목적을 달성하고 설득하려는 그런 기술이기도 했다.

따라서 레토릭은 아우구스티누스를 두 번째 딜레마에 놓이게 했다. 즉 레토릭은 이단자를 반박하는 데뿐만 아니라 자신의 신도를 가르치는 데도 유용했다. 더 나아가 핵심적이기까지 했다. 그러나 의심스럽고 잠재적으로는 위험한 것이기도 했다. 아우구스티누스는 신앙심이 없는 자에게 레토릭이 이용돼서는 안 된다고 합리화함으로써 이러한 딜레마를 해결했다. 더군다나 성경 그 자체는 기독교인을 위한 능변 모델이었다.[19] 그는 이러한 문제를 레토릭에 관한 가장 중요한 작품인 《기독교 교리에 관하여》에서 다룬다.

《기독교 교리에 관하여》

레토릭에 대한 아우구스티누스의 주된 작품은 연설 안내서인 《기독교 교리에 관하여》다. 이 책은 키케로의 《연설가에 대하여》 및 《연설가》와 밀접한 연관이 있다. W. R. 존슨W. R. Johnson은 그 책을 "인본주의 레토릭humanistic rhetoric의 전통에 있어서 가장 영향력 있고 가장 귀중한 책,"[20] 제임스 머피는 "초기 중세 시대의 가장 의미심장한 책의 하나"라 평한다.[21] 머피의 평가는 당시 부상하고 있던 기독교 문화를 위해 레토릭을 되살려 낸 아우구스티누스의 능력에 근거한 것이다. 머피는 다음과 같이 설명한다.

> 《기독교 교리에 관하여》는 성서를 이해하기 위해 관련 자료를 발견해 내는 수단modus inveniendi과 발견된 아이디어를 표현하는 수단modus proferendi이 다르다는 것을 지적하는 것으로 시작한다. 아우구스티누스는 공식적인 학교 교육을 통해서나 위대한 모델에 대한 공부를 통해서 인간적인 담론 기술, 특히 레토릭을 공부할 것을 교회에 강력히 권고했다.[22]

아우구스티누스는 교회가 고전 레토릭 문헌에서 유용한 것들을 이용할 것을 권고했다. 레토릭 교육이 로마 레토릭의 특징인 정교한 토픽 체계와 장식 체계를 배우는 것으로 넘어가서는 안 된다는 것이었다. 아우구스티누스 관점에서의 교육은 존 워드John Ward가 말한 "적절한 사유와 내용의 주입"에 집중되어야 했다.[23]

기호

《기독교 교리에 관하여》는 기호와 기호가 나타내는 사물과의 관계에 관한 정교한 이론을 만들어 냈다. 이 책의 2권에서 아우구스티누스는 세계를 사물과 그것을 가리키는 기호라는 두 개의 넓은 범주로 나누었다. "기호는 우리로 하여금 (특정 사물이 감각에 부여하는 인상을 넘어) 무언가에 대해 생각하게 만드는 어떤 것이다." 문자도 기호다. 그러나 아우구스티누스는 물리적인 대상 세계가 신을 가리키는 하나의 기호 체계라고 파악했다. 인간 존재 역시 신의 형상으로 창조되었다는 점에서 일종의 기호다. 따라서 창조된 질서는 (그 자체로 끝이 아니라) 우리를 신에게로 돌아가도록 하기 위해 사용되어야 한다.

기호와 기호화된 사물 사이의 이러한 구분은 기독교 설교자가 성서 속에서 만나게 되는 대상에서의 두 가지 다른 종류의 의미를 구분할 수 있게 해 준다. 예컨대, 성경 이야기에서 바위와 나무는 바위라는 단어와 나무라는 단어로 기호화된 물리적 대상이다. 그러나 바위나 나무는 그 자체가 그 나름의 정신적 의미를 지닌 기호이기도 하다. 바위는 성인 바오로가 한 모세 이야기에서의 바위가 그랬다고 제시했던 것처럼 그리스도를 나타낼 수도 있다. 나무는 영원한 생명을 나타낼 수도 있다.

아우구스티누스와 레토릭 교육

아우구스티누스의 교육에 대한 언명은 레토릭에 관한 그의 문헌에서 여러 군데 보인다. 기독교 복음이 보존되고 널리 알려질 수 있으려면 성경 읽고 그것을 믿게 해야 하므로 교육이 필요하다. 존슨은 《기독교 교리에 관하여》의 목적이 대부분 교육적이라고 본다. 그에 따르면, "《기독교 교리에 관하여》는 성직자들과 교육을 많이 받은 신도들이 성경을 읽고 그들이 배운 것을 그들보다 교육을 덜 받은 동료 기독교인과 어떻게 공유할 것인지를 계도하도록 도와주기 위해 쓰여졌다."[24] 아우구스티누스가 교육에 접근하는 핵심은 그 자신이 레토릭에서 훈련받았던 것이었다.

아우구스티누스는 독자에게 다음과 같은 질문을 제시했다. "진리와 거짓 둘 다가 레토릭 기술을 이용해서 자기 주장을 펼친다면, 거짓에 대항하여 싸우는 진리가 전혀 무장하지 않은 옹호자의 편에 당연히 설 것이라고 누가 감히 말할 수 있겠는가?"[25] 이러한 질문에 대한 함축된 답변은 진실은 레토릭으로 훈련된 옹호자를 필요로 한다는 것이다. 모든 사람의 행복은 모두가 복음의 진실을 이해하고 받아들일 수 있어야만 성취될 수 있는 것이며, 복음의 진리는 기독교인이 레토릭의 원리를 이해할 때 더욱 효과적으로 전파될 수 있는 것이다.[26] 이러한 해법에 이르는 과정에서, 아우구스티누스는 중세 유럽 레토릭을 위한 하나의 궤도를 설정한 셈이다.

마르티아누스 카펠라

또 다른 북아프리카인 마르티아누스 카펠라Martianus Capella는 레토릭 전통이 기독교와 양립할 수 없었던 5~6세기 사람들 사이에 깊은 인상을 심어준 후기 로마 레토릭 전문가다. 신비주의에 큰 관심을 가졌지만 종교에 대해서는 거의 고려하지 않았던 법조인인 카펠라는 아우구스티누스가 살았던 같은 시기에 그리 멀지 않은 곳인 북아프리카의 카르타고에 살았다. 당시 카르타고는 로마의 북아프리카 모든 지역에서 가장 좋은 레토릭 학교의 고장이었다.[27]

《필로로기아와 메르쿠리우스의 결혼》

카펠라는 7개의 교양 과목을 탐구하며 엄청나게 방대한 작업을 한 인물로 유명하다. 그의 《레토릭 책*Book of Rhetoric*》을 포함한 《필로로기아와 메르쿠리우스의 결혼*De Nuptiis Philologiae et Mercurii/The Marriage of Philosophy and Mercury*》(429년경)은 엄청난 대작이었다. 퍼시벌 콜Percival Cole은 카펠라의 작업을 "그동안 쓰여진 책 중에서 가장 성공적인 교과서"라고 평한다. 확실히 그 책은 중세 학교에서 가장 널리 사용된 책이었다.[28]

카펠라는 다소 기이하며 방대하고 이교도적 주제를 드러낸 《필로로기아와 메르쿠리우스의 결혼》에서 메르쿠리우스•가 중세 교과 과정의 핵심을 구성하는 7개 교양 과목을 신부 필로로기아에게 선물로 주는 결혼을 상상한다. 이 일곱 가지는 문법, 논리학, 레토릭, 기하학, 산수, 천문학, 화성학 등이다.[29] 이들 과목은 산수, 기하학, 천문학, 화성학으로 이뤄진 콰드리비움quadrivium이라 부른 4개의 고급 과정과 문법, 레토릭, 논리학 등으로 이루어진 트리비움trivium이라 부른 3개의 기초 과정으로 나뉘었다. 각 과목은 복잡한 우화 속에서 특정한 인물로 의인화되고 있다.

카펠라의 접근은 널리 애용되었고 문법과 레토릭, 논리학은 공적 서비스와 교회에서의 봉사를 준비하는 이들은 누구나 기본적으로 공부해야 하는 것이 되었다. 문법은 작문과 글쓰기 스타일 및 적절한 구문에 대한 공부뿐만 아니라 호메로스의 작품과 같은 중요한 문학 원전에 대한 공부도 포함했다. 작문과 문예 비평은 근대적인 교과 과정과 아주 비슷하다고 할 수 있다. 논리학은 연역적 추론을 지배하는 규칙을 보여 주었다. 카펠라가 글을 썼던 시기에는 레토릭이 학교 교과 과정을 지배했다. 레토릭 공부는 개념상 대개가 키케로적인 것이었다.

여성으로서의 레토릭

카펠라는 레토릭의 역사에 또 다른 혁신을 도입했다. 그는 레토릭을 중세 시대 동안 계속되어 온 전통인 중무장한 여성으로 나타냈다. 왜 이러한 특별한 은유가 이루어졌을까? 조이 코널리는 다음과 같이 설명한다.

> 여성들(혹은 여성)과 '레토릭'의 중세적 의인화 간의 관계는 여성 몸의 자연스러운 태생적 능력에 의해 설명된다. 임산부이자 보육자인 여성은 의미심장한 여러 표현과 엄청나게 많은 비유를 만들어 냄으로써 인간의 스피치를 풍

● 그리스 신화 속 제우스와 아틀라스 딸 마미아의 아들인 헤르메스를 로마 신화에서는 메르쿠리우스라 한다. — 옮긴이

요롭게 하는 존재다.[30]

그러나 레토릭은 또한 중세 예술에서 무기를 운반하는 것으로도 묘사되는데, 아마도 보육자가 전사이기도 하다고 제시하는 것 같다. 레토릭은 항상 양날의 칼로서 동조를 끌어내기도 하지만 반대자를 파멸시키기도 하는 것이다.

보에티우스

안티시우스 만리우스 세베리누스 보에티우스Anticius Manlius Severinus Boethius(475～524)는 후기 로마의 정치인이자 철학자인데, 500년경 고트왕국 테오도리쿠스 대왕의 법정에서 유명한 인물이 되었다. 그는《철학의 위안*The Consolation of Philosophy*》으로 잘 알려져 있다. 그 책은 그가 감옥에 있는 동안 테오도리쿠스 대왕의 포악한 성향에 도전하려고 쓴 것이었다.

어린 시절에 고아가 된 보에티우스는 로마의 한 귀족 집안에 입양되었다. 발전된 그리스 문화와 언어에 몰두한 그는 아리스토텔레스의 많은 저술을 그리스어에서 라틴어로 번역하였다. 이집트의 알렉산드리아에 있는 그리스어 학교에서 교육을 받았던 그는 그리스를 완전히 이해하려 했던 마지막 로마 철학자였다고 할 수도 있다. 그는 그리스와 후기 로마 문화를 이어주는 교량적 역할을 한 것과 마찬가지로, 유럽에서 로마 문화가 기독교 문화로 이동하는 과정에 있었던 과도기적인 인물이었다. 보에티우스는 "플라톤과 아리스토텔레스에서 키케로에 이르는 시기까지의 위대한 고대 사상가들을 모두 아우를 수 있는 곳을 찾는 절충주의"를 시작한 인물로 일컬어진다.[31] 그는 524년 테오도리쿠스의 명령으로 처형당했다.

수학, 철학, 변증법, 레토릭을 포함하는 광범위한 주제에 대가였던 보에티우스는 《서로 다른 토픽에 대하여*De Topicis Differentiis/On the Different Topics*》에서 변형된 로마의 토픽 체계를 제시했다.[32] 그는 키케로가 죽은 지 거의 600년 뒤에 그의 토픽 체계를 부활시키는 데 심혈을 기울인 두 번째 책 《키케로의 토피카*In Ciceronian Topica*》를 썼다. 이 책은 상당히 오랫동안 관심을 끌었다. 존 워드는 보에티우스의 그 책은 중세 시대 "학교들에서 《헤레니우스를 위한 레토릭》과 《창안에 대하여》 정도는 아니지만, 상당히 널리 읽혀진 유일한 책"이었다고 밝힌다.[33] 일부 학자들은 보에티우스가 그리스와 로마의 토픽 체계에 관한 연구를 보존했다는 점을 인정한다. 그가 번역한 아리스토텔레스의 논리 관련 책들은 500년이란 긴 기간 동안 유럽에 제공된 아리스토텔레스 작품의 거의 전부였다.

보에티우스가 주장 관련 토픽을 다루는 방식은 키케로의 《창안에 대하여》와 《토피카》의 영향을 많이 받았다. 그들 저술에서 키케로는 우리가 그 뒤의 《연설가에 대하여》에서 발견하게 되는 그러한 기술의 달인이라기보다는 "규칙과 행동 수칙 등을 가르치는 선생"이었다.[34] 따라서 보에티우스의 작품은 그 자체가 종종 지나치게 규범적이고, 체계 구속적이며, 실용적이지 못하다는 비판을 받기도 했다.

보에티우스에게는 레토릭이 고전 시기에 변증법으로 알려진 기술적인 연구처럼 보였다. 그럼에도 《서로 다른 토픽에 대하여》는 가장 인기 있었던 중세 레토릭 입문서로 남아 있다. 레토릭이 보에티우스의 손에서 상당히 딱딱하고 체계적인 것으로 취급된 것은 그 책이 쓰여진 억압적 환경을 어느 정도 반영한다고 볼 수 있다. 전제적이거나 권위주의적인 정부 아래서는 어디서나 레토릭의 역할이 주장에 대한 기술적인 연구, 공무 소통에 있어서의 형식적인 규정이나 오락의 한 형태로 항상 심각하게 제한되어 왔던 것이다.

레토릭과 중세 교육

교육적 실천이 중세 시대의 긴 과정을 지나면서 발전되어 왔듯이 스콜라 철학으로 알려진 지적인 운동은 유럽 쪽에서 지배적인 것이 되었다. 스콜라 철학은 787년 카롤루스 대제의 칙령으로 설립된 수도원 학교의 한 교수법으로 본래 발전해 온 것이었다. 교육에 대한 폐쇄적이고 권위주의적인 접근이었던 스콜라 철학은 대개 아리스토텔레스의 고전에서, 그보다 좀 적게는 플라톤의 저술에서 비롯된 전제들의 변화되지 않고 고정된 부분을 둘러싼 구조 논쟁structured disputation에 초점을 맞추었다. 스콜라 철학은 기독교적인 가르침을 고대 철학자들의 사상과 조화시키려는 노력으로 발전해 갔다. 스콜라 철학적 전통의 가장 큰 성취는 토마스 아퀴나스Thomas Aquinas(1225~1274)의 《신학대전*Summa Theologica*》이다. 이는 아리스토텔레스 사상과 기독교 교리를 통합하려는 노력의 연장선에 있는 것이었다.

디스푸타티오와 센텐티아이

중세 시대에는 상당 기간 완전한 고대 작품을 이용할 수 없었기 때문에 종종 맥락과는 유리된 개별적인 문장과 다소 긴 파편적 조각들이 스콜라식 논쟁에서 특정 주장이나 의견을 입증해 보이기 위해 이용됐다. 아리스토텔레스 및 일부 여타 원전들과 이처럼 유리되어 동떨어진 진술들을 센텐티아이sententiae라고 했다. 어떤 저자들은 교육적 목적과 논쟁적 목적을 위해 많은 센텐티아이를 수집해서 선집을 만들었다. 특정 텍스트의 의미를 알아내는 방법으로 이해되는 스콜라식 논쟁은 하나 이상의 센텐티아이로 제시되는 논쟁 가능한 주장이나 의견 또는 문제에 초점을 맞추었다. 디스푸타티오disputatio(권위 있는 진술에서 끌어온 일반적인 주제들을 놓고 논쟁하는 것)에 의한 교육은 레토릭하고 변증법적인 실천이 중세 시대에 그 나름대로 만들어 냈던 하나의 방식을 보여 준다.

나름 경직되긴 했지만 스콜라식 방법은 그 아래서 훈련받은 학생들에게는 나름대로의 이점이 있었다. 찰스 노어트Charles Nauert가 말한 것처럼 "그것의 가장 좋은 점은 여러 가능한 의견을 모으고 맞는 의견으로 보이는 것을 결정하게 함으로써 질서정연하고 합리적인 방식으로 각각의 쟁점을 탐구했다는 것이다."[35] 그러나 불행하게도 센텐티아이를 이용해서 훈련받은 학생들의 경우는, 문장들이 본래 있었던 텍스트에서 분리되어 있었기 때문에 본래의 맥락에 있었던 특정 진술의 실질적인 의미가 종종 상실되었다. 이러한 과정에서 사상의 편린이 전체 책이나, 이론, 또는 저술의 일정 부분에서 제대로 재현되지 않았기에 고전 저자들이 사라져 버렸다. 노어트가 언급한 바와 같이 "각 저자의 의견이 단 하나의 문장으로 축소되고 그것의 본래 맥락으로부터는 완전히 분리됨으로써 권위 있는 사람들의 의견을 단순화시키고 왜곡시켰다."[36]

여성과 교육

중세 시기에는 여성의 문학 활동 범위가 보다 확대되어 중세 여성의 교육과 표현의 기회에도 변화가 일어났다. 역사학자 알브레히트 클라센Albrecht Classen은 "중세 초기 이후 여성이 보다 높은 수준의 배움의 기회가 있었다는 사실과, 여성이 그 시기의 문학적인 창작 활동에 어떻게 기여할지를 꽤 잘 알고 있었다는 사실을 인정하는 것은 매우 중요하다"고 말한다. 셜리 커지Shirley Kersey에 따르면, 수도원 교육에 더하여 여성은 "캐슬 학교castle schools, 법정 학교, 대성당 학교, 대학교회 학교, 동네 학교, 도제제도 및 대학교 등" 여러 종류의 학교에서 교육을 받을 수 있었다. 여성은 또한 부모와 다른 친척, 개인 지도 교사, 여자 가정교사, 교구

사제 등에게서도 교육을 받을 수 있었다.[37]

많은 지역에서 문자 해독력이 크게 증가했으며 많은 여성이 라틴어와 프랑스어도 배웠다. 9~12세기에 유럽에는 남성보다 많은 여성이 문맹 상태를 벗어났다. 이 시기에는 많은 남성이 군복무에 소환되거나 십자군으로 외국에 보내졌는데, 이것이 그들의 교육을 방해했다. 여성은 같은 이유로 실용적인 기술, 특히 의술을 배웠다. 부상당한 군인에게 의료적 조치가 필요했기 때문이다.

도서 발행 부수도 증가했는데, 이 시기 책들은 보다 폭넓은 주제를 다루었다. 종종 글을 깨친 여성 측의 요구로 인해 출판된 서간문이나 모험담과 같은 새로운 문학 장르가 인기를 끌었다. 카펠라의 일곱 가지 교양 과목을 널리 가르쳤는데, 이는 점점 더 많은 여성이 레토릭에 노출되었음을 의미했다. "고전 학문classical scholarship에서 남성과 성공적으로 경쟁하는" 높은 수준의 교육을 받은 수녀와 수녀원장도 등장했다.[38] 그들 중 일부는 논리학과 레토릭에 관한 책을 쓰기도 했다. 대학이 등장했고 놀라운 속도로 성장했다. 상위 계층 여성은 특히 교육과 글 쓰는 기회, 경제적 자원에 접근할 수 있었다. 클라센은 다음과 같이 말한다.

> 적어도 12~13세기 이후 우선은 가정에서, 그리고 종종 특히 도시에서 책임을 맡고 있던 고상한 부유층 여성들이 지역 산업계에서도 중요한 위치를 차지했다고 하는 충분한 역사적 증거를 우리는 갖고 있다. 더군다나 수도원과 수녀원에 있던 여성들은 그들의 지적 기술과 문예 능력에 있어 높은 평판을 받았다.[39]

레토릭 교육에 대한 접근이 더욱 용이해지고 변화하는 사회적 요구와 맥락에 대한 레토릭 형식의 융통성이 확대됨에 따라, 한동안 폐쇄적이고 권위적인 것으로 생각됐던 문학 세계로 여성들이 진입해 들어가는 것도 더욱 수월해졌다. 중세 시대에 존경받던 여성 학자로는 독일의 수녀 라데군트Radegund(520~587), 영국 휘트비의 수녀원장 힐다Hilda(614~680), 독일의 극작가인 흐로츠비타Hrotsvitha(935~1002), 시골 여성이면서도 박학다식한 천재였던 빙겐의 힐데가르트Hildegarde(1098~1179), 프랑스 작가이자 강사였던 엘로이즈Heloise(1090~1174), 그리고 유명한 프랑스 시인 마리 드 프랑스Mari de France(1160~1215) 등을 들 수 있다.

레토릭의 지속성

마조리 커리 우즈Marjory Curry Woods에 따르면, 중세 교과 과정의 한 구성 요소로서의 레토릭은 긴 기간에 걸쳐 두드러진 일관성을 보여 왔다. "예컨대, 1150년경 솔즈베리의 존John of Salisbury이 쓴 스승인 샤르트르의 베르나르Bernard of Chartres를 기리는 추도사에 적용된 문법과 레토릭을 가르친 기법이, 13세기에서 15세기까지 내내 일관되게 사용되고 있었다"고 그는 본다. 일부 레토릭 교재들은 사실 전체 중세 시기에 이루어진 교육의 토대가 됐다. 사실 이렇게 보면, 레토릭의 지속성은 놀라운 것이다. 우즈는 "중세 시기 초기에 작문에서 레토릭 교육의 토대를 형성했던 책들은 그 뒤 천 년 이상 가르쳐졌다"고 말한다.[40]

그처럼 괄목할 만한 지속성은 중세 교육에서 레토릭 훈련이 지니는 중요성은 물론, 고전 전통에 대한 레토릭의 높은 문화적 의존을 돋보이게 한다. 유럽에서 중세 시기가 진행되면서, 레토릭 전통은 세 가지의 두드러진, 그러면서도 서로 연관된 기술로 발전해 나갔다.

중세 절정기의 레토릭 기술

중세 유럽 레토릭의 절정기였던 1100~1300년에 레토릭 기술은 설교와 서간과 시작詩作에 관한 입문서에 성문화되었다.[41] 존 워드는 레토릭의 적응성과 중세 이론가, 교사, 실천가의 실질적인 정향과 관련해서 이렇게 말한다. "중세 시대에 레토릭을 공부하던 학생들 각 세대는 또 다른 세대로 계속 이어져 나가듯이, 우리의 전달자들sources은 동시대인들이 고전적인 레토릭 문헌 전체를 가르치고 공부하는 것이 그들 시대의 필요나 요구에 계속 부합하도록 하는 길을 나름대로 잘 찾아내고 있다."[42]

그러나 중세 레토릭 저자들이 교회 상황 바깥의 말하기와 관련된 본래 이론은 거의 혹은 전혀 만들어 내지는 않았다는 것은 상당히 흥미로운 일이다. 제임스 머피는 "중세 시대에는 세속적인 말하기에 대한 주요 책은 만들어지지 않았는데, 이는 고대 그리스와 로마에서 그런 저술을 진작시켰던 정치적 기류가 중세 유럽에서는 존재하지 않았기 때문"이라고 본다.[43] 우리는 처음에는 연설로서의 레토릭에 관한 전통적 개념에 매우 가까운 레토릭 기술을 보게 되겠지만, 그 뒤로는 레토릭을 글쓰기 교육에 적응시키는 것을 보게 된다.

설교술

레토릭은 그 나름의 독특한 관리, 담론, 교육 및 예술 형태를 발전시켰던 광범위한 교회 위계의 필요에 맞게 만들어졌다. 교회의 목적에 가장 용이하게 연결된 기술이 설교preaching/ars praedicandi였다. 11세기 후반부터 15세기까지 설교는 유럽에서 중요하고도 널리 통용되는 기술이었다. 도미니크회의 수사와 프란체스코회의 수사와 같은 설교자 교단이 교회 내에 등장했다.[44] 중세 기독교 시기, 특히 13세기 동안 수많은 설교 안내

서가 만들어졌다.[45]

주제, 설교, 그리고 도덕적 설득

후기 중세 시기의 설교 안내서 전형은 바스보른의 로베르Robert of Basevorn가 만든 《설교의 형식*Forma Praedicandi/The Form of Preaching*》이다.[46] 그러한 안내서를 통해 받았던 설교 교육은 간단한 성경 텍스트나 주제의 의미를 청중의 도덕적 행동 및 종교적 이해를 향상시키는 목적 쪽으로 확장하는 것을 강조했다. 설교를 듣는 다수의 청중이 문맹이었고 통상 성서의 내용에 별로 익숙하지 않은 것으로 인식되었다.[47] 중세 레토릭 전문가인 제임스 머피는 주제적 설교thematic preaching를 다루기 시작한 것은 1230년경 파리와 같은 유럽의 대학 중심지에서였다고 본다. 그것은 설교에 대한 하나의 접근 방법으로서 당시 "매우 인기가 있었고" "아주 큰 영향력을 발휘했다."[48]

구조와 내용

《설교의 형식》에서 로베르는 대부분의 설교preaching는 설교sermon 구조에 대한 이해가 안 되어 있다고 불평한다. 그러나 그러한 인식은 당시의 교회에도 아주 중요한 것이었다. 그는 "설교와 교육은 신의 교회를 위해 반드시 필요한 것이기 때문에 설교의 형식을 기술적으로 표현하는 과학도 마찬가지로 필요한 것이거나 그 이상"이라고 했다.[49] 아리스토텔레스가 레토릭의 기술art이나 테크네를 제시하고자 했던 것처럼, 로베르도 독자에게 설교의 기술을 제공하고자 했다. 설교하는 근거에 대한 체계적 설명뿐 아니라 설득적 설교, 즉 그는 "적당한 길이의 시간 안에 많은 사람이 칭찬받을 만한 행동을 하도록 설득하는" 그런 설교 기술을 제공하고자 했다.[50] 설교는 이론적인 탐구라기보다는 주로 도덕적인 설득이었다. 키케로와 같이 로베르는 설교자는 지적인 사람, 즉 지혜와 능변이 통합된 사람이어야 한다고 생각했다. 설교자의 "출중한 지식"은 "신조the

Articles of Faith, 즉 십계명에 대한 분명한 지식과 죄인 것과 죄가 아닌 것의 차이에 대한 분명한 지식"을 포함했다.[51]

로베르는 주제 개발에 의한 설교 방법에 대해서도 논의한다. 세 부분으로 나누는 것이 주된 관심이 되었다. 즉 주제들은 "셋을 넘는 진술을 포함해서는 안 되거나 혹은 셋으로 전환할 수 있어야 한다." 그는 한 개의 장章을 셋으로 나눌 수 있는 가능성에 대한 논의에 집중하면서 이 점을 강조한다. "어쨌든 많은 진술이 있을 수 있다. 내가 그것을 셋으로 나눌 수 있는 한, 나는 충분한 말할 거리를 가진 셈이다."[52] 설교가 세 부분으로 나누어질 수 있어야 한다는 이러한 생각은 오늘날의 설교까지도 계속 이어지고 있다.

청중 중심적 설교 모델로서의 예수

좋은 설교에 대한 모델을 탐구하는 과정에서 로베르는 예수에게 관심을 돌리고 있다. 그는 "예수가 설교에서 사용했던 모든 방법을 이해하는 것은 쉬운 일이 아니다"라면서 "내가 믿는 바와 같이, 예수는 선의 원천이자 기원으로서 그 자신 속에 칭찬할 만한 모든 방법을 다 포함하고 있었다"고 했다.

예수의 사례에서 끌어온 설교 방법에 관한 로베르의 목록은 청중 중심적이며 약속, 위협, 사례, 근거 등이 포함되어 있다.[53] 흥미로운 것은 청중에 따라 적절한 설교 방법이 선택된다는 것이다. 예컨대, "좋고 동조적인" 청중은 하늘의 약속과 같은 "달콤하고 아름다운 약속"에 이끌려져 온다. "완고한" 청중에게는 신의 심판과 같은 위협의 사용이 필요하다. 사례는 이야기 또는 우화다. 로베르에 따르면, 이는 매우 폭넓게 사용됐다. 더군다나 사도 바오로는 청중에게 말할 때 "위대한 성공의 이유와 근거"를 이용한 것으로 얘기된다.[54]

로베르는 책의 상당히 긴 부분을 "청중 설득하기"에 할애했다. 그는

"시작 부분에 주제의 목적을 위해 적절히 끌어들일 수 있는 정말 경이로운 일과 같이 뭔가 심오하고 흥미로운 것을 두는 것"과 같은 상당히 실질적인 제안을 한다. 이러한 것이 청중의 관심을 끌지 않는다면 설교자는 항상 "다소 무서운 얘기나 사례로 그들을 겁먹게" 할 수도 있다는 것이다.[55] 그처럼 적절히 대응하는 결정을 다루는 성경 구절을 이해하기 쉽게 밝혀주고, 청중의 이해를 깨우치게 하며, 그들이 보다 선한 행동을 하게끔 하는 설교자의 키케로적 목적을 지원해 주었다.

서간술

중요한 편지 쓰기식 레토릭 기술, 즉 서간술art of letter-writing에 대한 관심은 중세 시기 동안, 이탈리아뿐 아니라 영국과 프랑스 등에서 크게 증가했다.

요크의 앨퀸

초기 중세 시대 서간술의 대표 인물인 앵글로색슨계 신학자 요크의 앨퀸Alcuin of York(735~804)은 북부 잉글랜드에서 태어나고 거기서 교육을 받았다. 그러나 앨퀸은 자기 생의 상당 부분을 프랑스 카롤루스 대제의 궁중에서 보냈고, 프랑스 도시 투르에서 사망했다.

앨퀸은 레토릭과 관련해 《레토릭에 대한 논쟁*Disputatio de Rhetorica*》을 썼는데, 그 책의 내용은 키케로의 《창안에 대하여》에 크게 의존했다. 그 책에서 앨퀸은 자신을 레토릭과 통치 문제에 관해 카롤루스 대제와 대화하는 상대로 설정해 놓고 있다.[56] 아마도 앨퀸은 그 책을 레토릭에 관해 카롤루스 대제를 가르치는 수단, 즉 훌륭한 통치자 교육의 중요한 한 측면으로 삼고자 했던 것 같다. 역사학자들은 그가 카롤루스 대제에게 레토릭의 기본 원리를 가르친 것으로 보고 있다.

앨퀸은 키케로가 레토릭을 이해한 것과 아주 비슷하게 레토릭을 문명화하는 기술이라고 했으며 훌륭한 연설가(와 왕)는 선의와 미덕을 가진 사람이어야 한다고 보았다. 앨퀸의 《레토릭에 대한 논쟁》을 보면 성 아우구스티누스의 영향을 받은 것 역시 분명하다. 카롤루스 대제는 아우구스티누스의 작품을 크게 낭송하는 것을 즐겨 들었다고 기록되어 있다. 앨퀸은 또한 변증법과 문법에 관한 책도 썼다.

이미 언급한 바와 같이 앨퀸은 키케로를 따르는 로마 레토릭 전통과 인문학에 익숙했다. 그는 카롤루스 대제에 의해 촉발되어 그 뒤 꾸준히 지속되고 폭넓게 이루어진 (카롤링거 르네상스Carolingian Renaissance•로 알려진) 교육·문화 운동에서 이러한 기술과 학문을 촉진시켰다. 앨퀸은 성 아우구스티누스가 수세기 전에 레토릭을 기독교 시기에 적응시키는 과정에서 겪었던 것과 같은 저항에도 직면했다. 당시 독자는 레토릭이 본래 이교도에게서 비롯된 것이었다는 점 때문에 그에 대해 상당한 의구심을 가졌던 것이다.

서간을 많이 쓰기도 했던 앨퀸은 카롤루스 대제를 비롯한 유명 정치인들에게 연락하는 데도 편지를 이용했다. 그가 쓴 편지는 300편 넘게 아직 남아 있다. 그것은 앨퀸이 편지를 쓸 때도 고전(키케로주의적인) 레토릭 모델을 따랐음을 보여 준다. 앨퀸과 같은 거장이 쓴 편지를 접한 학생들은 그 스타일과 구조를 그대로 따르곤 했다.

이 시기에 읽기와 글쓰기는 교육을 어느 정도 받은 사람에게도 도전적인 것이었다. 필사된 텍스트 하나가 서로 다른 사람의 손에 의해 다양한 사본이 될 수 있었다. 단어들 사이에 띄어쓰기 없이 제공되기도 했다. 구두점도 대개는 몰랐다. 바로 이러한 도전적 상황에서 앨퀸은 유럽

• 8세기 말 카롤루스 대제의 문화 장려에서 비롯된 프랑크왕국의 고전 문화 부흥 운동을 말한다. — 옮긴이

전체에 널리 퍼지게 된 (카롤링거 서체Carolingian minuscule라는) 간단하고, 표준화되고, 뚜렷이 읽을 수 있는 라틴어 표기 형태를 만들어 냈다.

중세 전성기의 이탈리아 전통

중세 말기에 북이탈리아의 도시 볼로냐는 편지 쓰기의 중심지가 되었다. 볼로냐는 전략적으로 상업 중심지에 위치했고, 법 주해자나 법학자 집단의 본향이 된 한 주요 대학(1088년 설립)으로 유명했다. 이 법 전문가들은 기독교 유럽을 위해 로마법의 유스티니아누스 법전을 되살려 내고 있었다.

중세 시대의 전성기(1000~1300) 동안, 변호사와 공공 관리, 교회 행정가, 공증인notary은 모두 공식적인 편지의 세부 사항을 이해해야 했으며, 그러한 공식 서한은 공식 문서, 성직자의 칙령 또는 상업적인 계약서와 종종 겹치기도 했다. 이는 잘 훈련된 서한 작성자와 서한 작성 지침이 상당히 필요하게 되었음을 의미하는 것이었다. 딕타멘dictamen,• 즉 서간 문헌의 수는 매우 많았다. 폴 크리스텔러Paul Kristeller는 그러한 아주 특별한 관심에 대한 나름의 생각을 다음과 같이 제시한다.

> 서간 문헌 및 그와 연관된 여러 시도에 속하는 문헌은 고전 고대로부터 보존되어 온 비교 가능한 어떤 것보다 많았고, 중세 시대에 만들어진 키케로에 관한 레토릭 관련 해설 같은 약간이라도 레토릭한 다른 것들보다도 양적으로 많았다.[57]

기독교 유럽의 위계적 성격과 상당히 세분화된 정부의 특성은 여러

• 라틴어 '딕타멘dictamen'은 중세 서양의 공문서 작성술을 의미하기도 한다. 구술을 받아 적는 일에서 비롯되었는데, 교황청의 문서 작성술과 로마식 문체가 모범으로 간주되었다고 한다. — 옮긴이

교회와 정부 관리들 사이에서의 상호 소통 관계가 매우 공식화되었음을 의미하는 것이었다. 서간문 작성자는 상당히 혼란스러울 정도로 다양한 공적 관계와 협상을 해야 했고, 아주 높은 문맹률, 특히 라틴어를 사용하는 경우는 더욱더 높은 (때로는 90%가 넘는) 문맹률 속에서 일을 해야 했다. 따라서 편지는 물론 읽고 쓸 수 있는 사람들은 시민 생활과 상업적이고 종교적인 생활에서 중요해졌다. 비젤과 허츠버그에 따르면, "공식적인 편지는 법이나 상업적인 거래의 유일한 기록인 경우가 많았고, 따라서 그것은 법적인 위상까지 갖게 되었다."[58] 편지 쓰기를 가르치고 실행한 그 당시의 레토릭 전문가를 딕타토레스dictatores라고 했는데. 이는 레토릭에 숙련된 어떤 사람을 가리키는 보다 일반적인 함축적 의미를 나타냈다.

왜 편지인가?

특별히 레토릭 기술로서의 편지 쓰기에 대해 그러한 관심을 기울이는 이유는 무엇인가? 로마를 상기시키는 과거의 형식을 생각하지 않고서는 왜 편지를 그냥 쓰지 못하는가? 나디아 마골리스Nadia Margolis에 따르면, "라틴어 서간술(아르테스 딕탄디Artes dictandi 또는 딕타미니스dictaminis)은 10세기 동안에 뚜렷이 분리된 레토릭의 한 하부 영역으로 자리를 잡았으며, 그 목적은 편지 쓰기를 하나의 장르로 표준화하고 인정받게 하는 것이었다." 이는 나름의 통찰력을 보여 준다. 그는 편지 쓰기와 관련해서 "그러한 편지들이 정부의 통치와 정책 결정에 가장 효율적이고 강력한 언어적 도구로서 기여한 이후, 그것이 세속적이고 기독교적인 관료 집단에 갖는 즉각적인 유용성으로 인해……" 고도의 레토릭적 정교함에 이를 정도로 발전했다고 덧붙인다.[59] 따라서 여기서는 편지 쓰기를 가르치는 것으로 레토릭과 시민 생활이 만나게 된 것이지만 이들 양자의 밀접한 관계는 그것이 그리스와 로마에서 그러했던 것과 같이 다시 한 번 분명해졌던 것이다.

가장 인기 있던 편지 쓰기 안내서는 《편지 쓰기 백과*Summa Dictaminis*》였다. 이는 13세기의 중요한 레토릭 선생이었던 귀도 파바Guido Faba가 쓴 것이었다. 파바는 볼로냐 출신으로 적극적으로 정치 활동을 하던 학자였다. 왜 편지 쓰기가 중세 시대 전성기에 중요한 기술로 등장했는지에 대해 파바는 다음과 같이 언급했다.

> 서한epistle은 두 가지 이유 때문에 발명되었다. 첫째는 그것을 통해 친구들의 비밀이 감추어질 수 있다. 에피스톨로epistolo라고 말하는 것은 곧 "나는 감춘다"는 것이다. 두 번째는 전달하는 것을 전령보다는 편지가 더 잘 표현해 줄 수 있다. 즉 전령이 모든 것을 기억할 수 없기 때문이다. 모든 것에 대한 기억을 유지하고, 어떤 것이든 실수나 잘못을 결코 하지 않는 것은 인간적인 특성이라기보다는 신적인 특성이기 때문이다.[60]

이처럼 파바는 비밀성과 명료성을 편지에 관심 갖게 되는 두 가지 이유라고 여겼다.

구두 편지

우리는 편지 수신인이 그 편지를 혼자서 조용히 읽으면 비밀이 보장될 것이라고 가정할 것이다. 그러나 이는 그런 경우가 아니었다. 통상적인 경우는 (작성자 아닌 다른 사람인) 전달자가 그 편지를 종종 여러 청취인이나 믿을 만한 사람들이 있는 가운데서 수신자에게 소리내어 읽어 주었다. 캐럴 포스터Carol Poster와 리처드 우츠Richard Utz는 다음과 같이 말한다.

> 통상 편지는 문자를 깨친 자라면 그것을 가져온 사람에 의해서나 어떤 다른 매개자에 의해 공개리에 읽혀지곤 했다. 그리고 많은 경우, 그 전달자는 편지 내용에 대해 좀 더 세세한 얘기를 하고, 그에 대해 궁금한 것이 있을 경우

그에 답해 주거나, 은밀한 정보인 경우에는 사적으로 (구두로) 편지 내용을 보충해 줄 것으로 기대됐다.[61]

아마 오늘날 우리 시대의 고도로 개인적인 관행과는 달리, 정치적 또는 종교적인 공식적 편지 쓰기는 편지의 내용을 드러내어 제시하는 것이었다. 그래서 레토릭으로 훈련된 비서(공증인)는 편지 그 자체가 제대로 구조를 갖추게 하고 세련되고 설득적인 문건이 되게 만들었던 것이다. 마틴 카마고Martin Camargo는 그 과정을 다음과 같이 설명한다.

> '글쓴이author'는 먼저 그 편지가 전달하고자 하는 것을 간단히 요약 제시한다. 그러면 그 비서나 공증인이 이러한 구두 요약을 잘 다듬곤 했다. 그렇게 해서 바람직한 메시지는 분명하게 잘 표현된 부분들로 표준화된 순서에 따라, 첫 인사말과 마무리 인사말의 정형화된 문구가 발송인과 수신인의 지위와 신분에 맞게, 그리고 기술적으로 구성된 문장들로 이루어진 글로 배열되었으며, 그 각 구절은 기분 좋게 끝내는 매끄러운 형식 중 하나로 마무리가 됐다.[62]

그러한 과정의 마지막에 있는 편지 수신인은 읽는 이라기보다는 듣는 이였다. 그래서 편지의 리듬과 소리, 즉 귀에 대한 호소가 그것의 내용적 명료성보다도 더 중요했다. 카마고는 "현대의 편지, 특히 개인적인 편지는 통상 비공식적이고 거의 대화체에 가깝다. 그런데 중세의 것은 가장 정형화되었고, 아주 자연스럽지 않은 담론 형태였다.[63] 따라서 필사 서류같이 보이는 것은 (초기 연설 전통에서 크게 의존했던) 구두 소통 형태로 속히 바뀌었다. 그런 상황에서 비밀성이 유지될 수 있으려면, 편지를 낭독할 때 누군가 나타날 수 있다는 데 대해 상당한 주의를 기울여야 했다.

안내서

편지 쓰기 안내서는 1100년경에 가장 널리 퍼졌다. 편지들은 단순한 스타일로 구성될 수도 있었고 거의 시처럼 쓸 수도 있었다. 그리고 아주 인기 있는 안내서는 관심 있는 독자에게 어떻게 하면 그러한 효과를 낼 수 있는지를 말하기도 했다. 이탈리아의 레토릭 전문가들은 11~13세기 동안 편지 쓰기를 높은 기술로 발전시켰다. 머피는 이렇게 말한다. "베네딕토회 수사인 알베리크Alberic가 키케로적인 레토릭을 편지 쓰기에 체계적으로 적용시킨 최초의 인물이라고 일반적으로 알려져 있는데, 그는 1087년에 중부 이탈리아의 몬테카지노 수도원에서 글을 썼다."[64] 수많은 편지 쓰기 문헌이 그 뒤 2세기 동안 계속 쏟아져 나왔다.

시간이 지남에 따라 편지 쓰기의 초점은 법적 문서를 기록하고 번역하는 것이 되었다. 니콜라스 만Nicholas Mann은 다음과 같이 설명한다.

> 고전 시대에 공적 말하기 기술에 관한 연구였던 것이, 12세기경에는 서간술, 즉 편지 쓰기 기술에 관한 연구가 되었다. 그리고 그 지식은 후원자들과 법적인 직업에 적용시켰던 편지 쓰기 기술 실행자들dictatores에 관한 연구가 되었다.[65]

레토릭은 다시 그 나름의 적응성과 유용성을 입증했으며, 이제 편지에 의한 법적인 동의와 상업적인 계약, 그리고 개인적인 요구들을 소통하기 위한 하나의 방법으로 재구성되었다.

앞서 언급한 바와 같이, 볼로냐는 편지 쓰기 연구의 중심이 되었다. 찰스 폴하버Charles Faulhaber는 볼로냐의 안내서가 "시냐의 본콤파뇨Boncompagno da Signa(1165~1235)와 피렌체의 베네Bene da Firenze(1220년에 활약), 그리고 1228년에 《편지 쓰기 백과》를 출간한 귀도 파바(1190~1243) 등과 같은 세 거장에 의해 절정에 달했다"고 말한다.[66] 파바는 "편지 쓰기를 다론" 8권의 책을 썼는데 모두 편지 쓰기 기술의 중요성을 강조했다.[67] 볼로냐에서 편지 쓰기 교수를 지낸 파바의 경우, 편지 쓰기는 "아주 실질적인 연구 분야"였다.[68] 따라서 그의 《편지 쓰기 백과》는 "제한된 수의 간명한 수칙을 담은 실습 지침서"였다.[69] 파바의 일부 안내서는 여러 토착 언어로 이용할 수가 있었고, 그에 따라 독자와 영향력도 계속 증가했다.

많은 편지 쓰기 안내서는 다양한 종교적, 법적, 개인적, 사업적인 문제에 대해 상이한 사회적 신분과 지위를 가진 사람들이 서로 소통할 때 이용되었던 많은 형태의 편지들을 전해 주었다.

구두에서 문자 표현으로

편지 쓰기의 발전은 유럽 문화가 구두로 표현된 스피치를 넘어 "글로 쓰여진 텍스트 우선으로의 이동"을 보여 준다.[70] 말 레토릭에서 글 레토릭으로의 변화가 일어난 셈인데, 레나토 바릴리Renato Barilli가 지적하듯, 이는 부분적으로 "후기 중세 시기에는…… 시민 생활이 공적 토론의 기회를 거의 제공하지 않았기 때문이다."[71]

문자 텍스트로의 이러한 의미심장한 문화적 전환은 15세기 중반 요하네스 구텐베르크Johannes Gutenberg의 인쇄기 발명으로 강화되었다. 문자 표현을 향한 이러한 경향에 따라, 레토릭의 중심은 논쟁의 문제에서 배열과 스타일의 문제로 이동하기 시작했다. 이러한 변화는 13세기 논리에 대한 아리스토텔레스의 저술들이 유럽으로 유입됨으로써 더욱 고무되었는데, 당시 이는 변증법적 구두 논쟁에 대한 관심에 불을 붙였다. 그러나 논쟁은 레토릭보다는 논리에 대한 관심으로 간주되었으며, 레토릭 전문가들은 종종 문자 스타일의 구성 요소를 성문화하는 데 그쳤다. 앞서 언급한 것처럼, 우리는 또한 편지 쓰기조차도 편지를 소리 내어 읽는 그런 실행을 통해 공적 말하기의 한 요소를 계속 유지해 왔었다는 점에 유념해야 한다.

편지 쓰기 기법

휴대전화로 문자를 주고받거나 인터넷으로 이메일을 하는 세상에서는 편지를 쓴다는 것이 한물갔거나 고풍스러운 일로 보일지도 모른다. 그러나 중세에서는 편지 쓰기에 관한 여러 기법을 익히는 데 상당한 훈련이 필요했다. 편지를 보내기 위해 그것을 접고 준비하는 것만 해도 상당히 진전된 기술이었다. 카마고가 언급한 바와 같이,

> (완성된 편지를 발송하기 위해 준비하는 것과 관련된 기술 같은 여타 기술들은 말할 것도 없고) 글쓰기 능력, 즉 펜과 잉크와 양피지나 종이에 의해 물리적인 텍스트를 만들어 내는 것은 상당 부분 훈련된 전문가들만이 할 수 있는 일이었다.[72]

이들은 중세 세계의 레토릭 전문가인 공증인들이었다. 문자 해독률이 극도로 낮았던 시기에, 그리고 글을 쓸 줄 아는 사람이 별로 없고, 더군다나 글을 잘 쓰는 사람은 더 희귀했던 그때에 그들 일에 대한 수요는 엄청났다.

편지의 구성 부분

편지 쓰기 지침서에 따르면, 하나의 편지는 대개 다섯 부분으로 나누어졌다. 고전학자 조지 케네디는 "다섯 부분으로 된 표준 서간체 구조"는 법정 스피치의 전형적인 로마식 구분을 연상시킨다고 설명한다.

> 인사말salutatio/greeting, 수신자의 선의를 얻어내는 서론captatio benevoluntatiae/exordium, 본론narratio[언급되는 문제의 세부 사항을 나타내는 편지 부분], 특정 요구나 알림petitio(구체적인 요구나 요청, 또는 알림), 그리고 비교적 간단한 결론conclusio.[73]

통상 그랬듯이, 이러한 매뉴얼은 편지의 각 부분에 대해 어느 정도 자세하게 설명한다. 예컨대, 서론의 역할인 선의를 구하는 것은 다양한 방식으로 이루어진다. 예를 들자면, "만약 편지를 보내는 이가 그의 성취나 의무 또는 자신의 동기에 관해 어떤 것을 겸손하게 말한다면, 그는 선의를 얻게 될 것이다"라는 식으로.[74]

비교적 긴 편지를 축약하는 방법 같은 편지 쓰기의 다른 세부 사항 역시 고려되고 있다. 그러나 이러한 모든 것 중에서, 당신과 당신이 편지를 쓰는 사람 사이에 정확한 관계를 설정하는 것과 같은 인사말(살루타티오salutatio)이 가장 크게 주목받았다. 인사말은 상대방으로 하여금 듣도록 만드는 데 매우 중요한 것이며, 만약 듣지 않게 된다면, 그 편지는 무시되거나 더욱 나쁘게는 수신자를 모욕하는 것이 될 수 있었다.

지극히 중요한 인사말

볼로냐 지역에 살았던 익명의 저자가 쓴 《편지 쓰기의 원리*The Principles of Letter Writing*》라는 책은 편지 쓰기의 전형적인 안내서였다. 그에 따르면 편지의 인사말은 "관련된 사람의 사회적 지위와 신분에 부합되는 친밀한 감정을 전달하는 인사 표현"이었다.[75] 이는 당연한 말임에도 불구하고 확실히 적절한 인사말을 쓰는 것은 그렇게 쉽지만은 않았다. 부제나 주교 또는 서기 등과 같은 직함은 항상 정확하게 사용해야 한다. 편지의 주제뿐 아니라 작성자와 수신인 각각의 지위와 신분 역시 고려되어야 한다. 그 책 저자는 교황의 인사말의 한 모델을 제시한다.

> 하느님과 그분의 사랑하시는 아들 우리 주 예수 그리스도 안에서, 그의 종들의 종인 인노첸시오 주교가 위엄 있는 로마 N황제께 인사와 함께, 교황의 축복을 전합니다.[76]

다른 형식의 인사말로는 "고위 성직자가 그의 아랫사람에게" 보내는 것과 "가까운 친구나 동료에게" 보내는 것, "신하가 그의 신성한 왕에게" 보내는 것들도 포함되어 있었다.[77] 예컨대, 가까운 친구에게 보내는 편지의 인사말은 공식화되어 "가장 친애하는 친구, N에게," "가장 사랑하는 동료" 또는 "가장 총애하는 벗" 또는,

> 진정한 사랑을 베풀어주시는 귀도 님, 논리학자로서의 직업적인 길을 걷고자 하는 N이 어떠한 적대감도 없이 더욱 깊은 사랑의 연대로 함께하기를 소망하오며, 귀도 님께서 영원히 사시고, 만복 넘치며, 항상 명예롭게 사실 뿐 아니라, 귀하께서 주시는 사랑 또한 영원하시고, 항상 행복한 삶을 영위하시며, 언제나 귀하께서 선한 길로 가시도록 더욱 굳건히 붙잡아 주시기를 앙망하나이다.[78]

그처럼 정교한 인사말이 오늘날에는 아주 단순하게 "귀도 님께Dear Guido"가 된 셈이다.

가능한 인사말은 수없이 많다. 연관된 관계만 해도 흥미롭게 다양하다. 예컨대, 그 책에는 "잘못을 저지른 아들"이 부모에게 보낸 인사말도 포함되어 있다.

> 피터와 매리에게, 한때는 두 분의 아들이었지만 지금은 자식 사랑을 잃어버렸으며, 한때는 두 분에게 사랑을 받았지만 지금은 이유도 없이 가치 없게 되어 버린, 무엇이든 할 수 있다고 했던 그가 이제는 아무것도 할 수 없는 것처럼 보이는…… 두 분을 양친 부모로 두었던 N이."[79]

수식어가 너무 많고 형식적이지만, 적절한 인사말은 편지를 받는 사람과 보내는 이의 관계를 설정하는 것이었다. 그러한 글쓰기는 중요한

종교적, 시민적, 사업적인 관심사 영역에서도 물론 이루어지기 시작했다.

편지 쓰기와 시민 생활

비커스는 아주 축약된 말로, 편지 쓰기 매뉴얼들은 "인간사에 있어 언어 조작과 관련된 가장 정교한 기법들의 발전상을 담고 있었다"고 말한다.[80] 그는 "귀도 파바의 여덟 권의 책을 예로 들면서 그중 네 권은 수많은 엑소르디아exordia," 즉 (서두에서) 독자의 선의를 얻어 내는 방법을 단순히 모아 놓은 것이라고 말한다. 그처럼 특별하게 정교한 처리들은 모든 가능한 목적은 물론, "고도로 구조화된 사회에서 발송인과 수신인 사이의 신분과 지위의 모든 가능한 조합"에 맞추고자 하는 것이었다.[81]

편지 쓰기는 교회에 의해 지배되고 새롭게 등장하는 상업적 계급에 의해서도 영향을 받는 위계적인 문명의 복잡한 사회적, 행정적, 사업적인 여러 일 처리를 다루고 유지해 나가기 위한 하나의 틀을 제공했다. 그러한 상황에서 편지들은 사회적 상호 작용을 촉진시켰으며 합의를 만들어 내고 기록할 수 있게 했다. 공식적인 편지는 다른 이점도 있었다. 신중하게 쓴 편지들은 당시 유럽 사람들의 거칠고 어려운 삶에 우아하고 고상한 것이 무엇인지 그 척도를 제공해 주기도 했다. 또한 편지 쓰기는 레토릭과의 밀접한 연계를 통해 고전적인 고대 저술들과도 연결할 수 있게 해 주었다. 서간술은 (이전에 종종 그랬듯이) 레토릭을 시민 삶의 중심에 있게 했다. 폴하버가 쓴 바와 같이, 편지 쓰기는 "자신의 삶을 교회와 국가라는 행정 기구를 운영하는 데 맡겼던 모든 사람들의 훈련에서 반드시 거쳐야 할 필수 과정이 되었다." 이는 또한 "편지 쓰기 실행자들이 많이 필요하게 되었고, 그들의 위치가 나름 상당히 중요했음"을 의미했다.[82] 고전적 전통에서 그랬듯이, 레토릭으로 훈련된 개인은 많은 이들에게 상당히 가치 있는 자산이었던 것이다.

여성과 편지 쓰기

편지 쓰기는 점점 더 많은 여성이 문학에 참여할 수 있게 만들었다. 이런 형태의 표현에는 책 저술이나 설교의 경우보다 제약이 덜 했으며 고전 언어에 대한 지식이 필요하지도 않았다. 이미 언급한 바와 같이, 중세 후기에는 여성에 비해 남성에게 더 적은 교육 기회가 주어졌다. 젊은 남성은 그 시기에 자주 징집되어 전쟁터로 보내졌다. 게다가 귀족의 장자長子들에게만 읽기를 가르쳤고 그것도 제한된 주제와 작품만 읽도록 했다. 클라센에 따르면, "반대로 여성은 통상 선택의 여지는 적었지만 보다 통합된 교육을 받았고 읽고 쓰는 기술을 실습할 수 있는 더 많은 여가 시간을 가졌다."[83]

그에 상관없이, 남성적인 글쓰기 스타일은 여성을 위한 교육 기회가 더욱 증가할 때도 지배적이었다. 맬컴 리처드슨Malcolm Richardson은 레토릭 형태가 작가에게 젠더 관련 제약을 실제 부가할 수 있는지 탐구했다. 소규모 가족 사업에 책임을 진 여성에 관한 연구에서 리처드슨은 이렇게 말한다. "중세에 사업상 글을 쓰는 이들의 레토릭은 기본적으로 비문학적인 산문(편지 쓰기를 지배했던 중세 레토릭의 일부, 즉 딕타멘)을 쓰는 다른 이들의 것과 같은 레토릭이었다." 그리고 그는 편지 쓰기의 레토릭 형식은 공적, 사적 통신correspondence의 경우 보편적으로 받아들여졌다고 본다.[84]

리처드슨은 중세 시기 비교적 잘나가던 이들의 "일상생활"은 "마상시합을 하는 중세 기사와 음유시인보다는 변호사와 같은 법조인들을 사고팔고 거래하는 일과 더 큰 관련이 있었다"고 말한다. 그리고 여성이 가족의 사업 관련 일을 관리하는 데 종종 책임을 지고 있었기 때문에 편지 쓰기 기술을 구사하는 데도 반드시 관여했다는 것이다.[85]

남성 스타일의 지속

리처드슨은 또한 그 시기의 독특한 여러 요인 때문에 남성과 여성의 편지 쓰기 스타일이 눈에 띄게 다르지는 않았다고 본다.

> 거의 묻지 않는 질문이 있다면 그것은…… 아마도 이런 것일 게다. “상업 영역에서 중세 시대 여성의 글쓰기는 남성의 그것과 다른가?” 비록 한정된 근거에 의한 것이긴 하지만, 적어도 지금까지 할 수 있는 분명한 대답은 아마 “아니오”일 것이다. 남녀가 모두 쓴 어느 정도 숫자의 편지를 함께 섞어서 필자의 이름을 가려 놓으면, 별 차이를 발견해 내기 어려울 것이다.[86]

왜 그런가? 리처드슨의 첫 번째 답변은 편지가 어떻게 쓰여졌는가와 관련이 있다. 이미 언급한 바와 같이, 종종 고용주가 쓰라고 한 것을 비서가 받아쓴 것이다. 받아쓰기는 편지 쓰기 안내서에 기술된 대로 정형화된 편지 형식에 맞춰서 하는 것이다. 그리고 “편지는 거의 항상 남자 비서나 전문 필경사들이 썼다.” “많은 여성의 생각을 여성이 썼을 것이라고 우리가 중세 세계에 대해 생각하고” 있지만 리처드슨은 그렇지 않다고 말한다.[87]

두드러지게 여성적인 스타일이 존재하지 않았던 두 번째 이유는 편지 쓰기 전통 그 자체에 의해 부가된 상당히 경직된 형식과도 관련이 있다. 리처드슨은 “편지 쓰기의 공증인 형식이 모든 것을 결정했다”고 본다. 특정 편지의 권위는 작가로서의 글쓴이의 기법도 아니고 그 작가의 것이라는 가치 때문도 아닌, 그 편지가 풍기는 형식에서 나왔던 것이다.

> 딕타멘 형식의 편지 쓰기를 따르려는 모양새를 조금이라도 내지 않았던 편지는 권위를 갖지 못했다. 그것은 레토릭 장식에 대한 중세적 감각을 거스르는 것이었다. 마치 오늘날 법정에 출두하는 변호인이 넥타이를 매지 않고 법

정에 나타나는 것과 같이, 아무리 진지한 목적이 있어도 그것이 가볍게 여겨질 위험성이 있었다.

따라서 여성의 목소리는 사업상 편지에서는 필히 남성의 목소리가 되는 것이다. "여성이 사업을 하기 위해 편지를 이용하기 시작했을 때, 그들(과 그들의 비서들)은 실질적인 선택권이 없었다. 가부장적인 목소리를 택해야 했다. 결국 거기엔 여성적인 딕타멘은 없었다."[88] 이런 형식이 그 걸로 "보편적이면서도 권위적인 목소리"를 전달했기 때문에 두드러지게 남성적인 목소리가 "상업적 레토릭에서 하나의 상수"가 되었다.[89]

중세 문화 전반에 걸쳐 이처럼 보편적인 레토릭 목소리가 부가된 것에는 드러나지 않은 이점도 있었을 것이다. 리처드슨은 "정말 긍정적인 말로 마무리짓기 위해서, 표준화된 상업적 레토릭을 따랐던 여성들을 아주 선의를 갖고 보면, 그런 레토릭이 이 여성들에게 레토릭하게는 남성과 동등한 기회를 주었다고 정당화해서 주장할 수는 있을 것"이라고 덧붙인다.[90]

시에나의 성녀 카타리나

편지 쓰기 활동에 가해지는 거부할 수 없는 제약에도 불구하고, 중세의 일부 여성은 독특한 방식으로 레토릭에 영향력을 발휘하는 나름의 길을 모색해 왔다.[91] 크리스티 플렉켄슈타인Kristie Fleckenstein은 예를 들어, 이탈리아의 평신도 시에나의 카타리나(1347~1380)가 "그녀 시대의 한 난제(명상적 삶과 활동적 삶)를 레토릭 행동을 위한 기회로 바꾸어 놓을 수 있었다"고 말한다. 카타리나는 공식적인 교육을 받지는 않았고 그녀의 편지는 대부분 받아쓰기한 것이지만, 그럼에도 그녀는 "세속적이고 기독교적인 정책들에 영향을 미칠 만큼 독특하고도 강력한 매개자 역할을 했다." 추정하기로는 그녀가 쓴 편지의 3분의 1 정도는 다른 여성에게 보낸 것이었다.

카타리나는 도미니크 수도회에 입회하면서 자신이 살던 시기의 정치적 상황에 깊은 관심을 가졌고 교회 개혁을 위해 많은 곳을 두루 다녔다. 그녀의 편지들은 교황 그레고리오 11세와 여타 기독교 및 세속적인 권력자의 조치에 영향을 미쳤다고 생각된다. 카타리나는 《하느님의 섭리에 대한 대화집*The Dialogue of Divine Providence*》(1378) 저자이기도 하다.

기도하는 이의 명상적인 삶과 기여가 여성의 이상적 삶으로 고무되던 시기에, 카타리나는 가부장 시대에 여성의 존재를 부각시키기 위해 편지 쓰기라는 레토릭 활동과 불쌍한 이들을 쉼없이 돌보는 일을 삶의 요소에 결합시켰다. 그녀의 편지들은 편지 쓰기 기술의 걸작으로 간주되며, 위대한 문학으로서 그 나름의 위상을 갖고 있기도 하다.

카타리나의 설득적 영향력은 괄목할 만한 것으로 당시 교황들에게까지 영향을 미쳐서 종종 교황들이 그녀의 조언에 주의를 기울였다. 그녀는 “교육은 물론 귀족적인 가족 배경, 강력한 후원 등의 문화적 자본을 갖지 못했다.” 또한 그녀는 “빈약한 문자 해독력에다, 정신적인 어떤 동맹 조직도 없었으며, 공식적인 신학 훈련도 받지 못했다…… 정치적인 연결 고리도 없었다.” 그럼에도 불구하고 이처럼 뛰어난 여성은 그가 살았던 세계를 변화시키기 위한 유용한 레토릭 수단을 적절히 이용하고 또 그에 적응했다.[92]

시작술

12세기에는 쓰기 스타일에 대한 관심이 지배적이었다. 이러한 관심은 시작술詩作術/ars poetriae/the art of poetry에 대한 새로운 (그리고 매우 규범적인) 접근으로 발전했다. 시 쓰기에 대한 문헌에는 방돔의 마티유Mathieu de Vendôme가 쓴 《작시술*Ars Versificatoria*》(1175), 뱅소프의 조프루아Geoffroy de

Vinsauf가 쓴 《새로운 시학*Poetria Nova*》(1213), 그리고 멜클리의 제르바이 Gervais of Melkley가 쓴 《시의 기술*Ars Poetica*》(13세기 초) 등이 포함됐다. 이들 책은 레토릭 문헌에서 오랫동안 논의되어 온 레토릭 장치와 수단의 미학적 잠재력에 크게 주목했음을 보여 준다. 시 쓰기에 대한 관심은 문법의 기술, 즉 문법술에 대한 수많은 책의 등장에 반영되어 있는 것처럼 라틴어 문법에 대한 새로운 관심과 밀접히 연결되어 있었다.

아리스토텔레스는 《레토릭》 3권에서 은유와 여타 스타일 관련 수법을 다룸에 있어 그 미묘한 차이까지 다룬 내용을 제공해 주었다. 그러나 중세의 시작詩作 안내서에서 스타일을 다룬 것은 상당히 초보적인 것이라고 기술되고 있다. 에드몽 파랄Edmond Faral은 안내서 그 자체가 "피상적이며" "깊이 있는 논리를 결여한" 것으로 본다.[93] 브라이언 비커스는 시 안내서에서의 그러한 흠결은 안내서가 "근원적으로 라틴 산문을 쓰려고 배우는 학생들을 위한 연습용 책자들"이라는 사실 때문이라고 설명한다.[94] 시작술에 대한 주요 관심사는 즐겁게 하는 효과를 내려는 방식으로 단어들을 배열했던 것으로 나타나고 있다. 편지 쓰기 안내서와는 달리 시작 안내서의 수는 비교적 적은 편이었다. 이러한 시작 안내서 중 가장 유명한 것 중 하나인 뱅소프의 조프루아가 쓴 것을 살펴보기로 하자.

뱅소프의 조프루아

뱅소프의 조프루아가 쓴 《새로운 시학》은 중세 시작 안내서 중 가장 널리 유통된 것으로 아직 200개 이상의 필사본이 존재한다.[95] 1210년경에 쓰여진 그것은 13세기에 쓰여진 라틴 운문에 아주 큰 영향을 주었으며, 15세기에 이르기까지 특히 프랑스와 영국에 권위를 계속 행사했다.[96]

조프루아는 유명하고 널리 연구된 BC 1세기 로마의 "'옛 시인' 호라티우스Horatius"를 대체시키기 위해 시작에 대한 그 나름의 새로운 접근을 하려고 했다. 그러나 로마는 완전히 잊혀지지 않았다. 키케로적인 편지 쓰기 원리는 이런저런 비슷한 시작 안내서에서 다시 한 번 분명히 드러났으며, 그것은 학교 수업용으로 쓰였다.

계획의 필요성

제임스 머피에 따르면, 독자를 위한 하나의 모델로서 운문 형식의 여러 행으로 쓰여진 《새로운 시학》은 "그 주된 관심사가 시적인 서사, 즉 시적인 이야기에 적절한 것으로 생각되는 스타일과 구조"라는 입장에 있었다.[97] 머피가 제시하듯, 이 시기 많은 시들은 스토리에 대해 얘기했다.

바스보른의 로베르가 설교를 이끌어 가는 형식의 필요를 강조했던 것과 마찬가지로, 조프루아는 시를 쓸 때도 특정한 계획이 필요하다고 강조한다. 한 유명한 여는 글에서, 조프루아는 다음과 같이 말한다.

> 만일 어떤 사람이 집을 짓는다면, 그의 손이 먼저 급하게 서두르지는 않는다. 우선 마음속에서 수직과 수평의 다림줄로 측량을 하고, 일정한 계획에 따라 사전에 마음속으로 일련의 단계를 정해 본다. 몸의 손이 움직이기 전에 마음의 손이 전체를 그려낸다. 그의 건물은 그것이 실체화되기 전에는 하나의 계획으로 존재하는 것이다.[98]

조프루아의 건축 메타포는 누군가 시를 쓰기 전에 정신적인 계획이 필요함을 언급하고자 했던 것이다. 시는 아름다운 단어들로 생각에 옷을 입히는 여성으로 의인화된다.

> 어떤 계획이 당신 마음의 비밀스러운 곳에서 특정 주제를 처리할 때, 그때에는 시가 당신의 재료에 언어로 옷을 입히게 되는 것이다. 그러나 그녀가 도우려 온 점을 생각하면, 그녀 스스로 의상 담당자로서 적절하게 도울 수 있도록 준비시켜야 한다. 머리에서 머리칼이 헝클어지지 않도록 하고, 몸에 옷이

누더기 걸친 꼴이 되지 않도록 하거나, 기분이 나쁘게 되지 않도록 작고 세세한 것에까지 신경을 쓰도록 해야 한다.[99]

계획된 글쓰기를 위한 그처럼 언급된 고려에도 불구하고, 학자들은 시작 안내서에서 작품 구성에 기울였던 실질적 관심은 거의 알아차리지 못했다. 학생에게 제공된 조언의 대부분은 특정 문장의 올바른 시작始作을 추천하거나, 특정한 문구를 더욱 마음에 들도록 만드는 레토릭 표현을 개발하는 등 매우 사소한 디테일에 초점이 맞추어져 있었다.

시적 기법의 개발

조프루아는 독자에게 마음을 즐겁게 해 주는 시의 한 요소와 같은 현란한 은유를 만들어 내는 다양한 수단과 방법에 관한 조언을 해 줬다. 여러 은유와 그 발전은 오늘날 독자에게도 상당히 익숙한 것일 수 있으나, 시 쓰기와 관련하여 조프루아가 가르친 다른 면들은 그렇지가 않다.

예컨대, 《새로운 시학》에서는 어니스트 갈로Ernest Gallo가 "주어진 문장을 변화시키는, 그래서 가장 마음에 드는 형식을 선택할 수 있는 체계적인 방법"이라고 한 변환법(콘베르시오conversio/conversion)에 대해 논의한다. 변환법은 학생에게 문장 속에 있는 하나의 중요한 명사를 택해서 그 경우를 변화시키도록, 즉 문장에서 문법 역할을 변화시키도록 했다. 따라서 "만약 기본 문장이 '광채가 그의 얼굴을 비추고 있다Splendour illuminates his features'라면," 거기서 광채splendour는 그 문장의 주어인데, 가능한 변화 하나는 "그의 얼굴은 화려함의 빛으로 눈부시다His face dazzles with the light of splendour"인데 여기서 화려함splendour은 소유격으로 사용된다. 두 번째 가능한 변환은 "그의 얼굴은 빛과 결혼했다His face is wed to splendour"인데 여기서 "빛splendour"은 이제 하나의 간접적인 대상으로서 여격與格에 해당된다.[100] 교수법으로서 그러한 접근이 갖는 유용성은 분명하다. 그것은 언어 속의 가용한 자원을 강조한다. 그러나 위대한 시를 창조하기 위한 지침으로서 가치가 있는지는 의문스럽다.

일부 시작 교사들은 위대한 라틴어 거장, 특히 오비디우스Ovidius를 모방하는 것을 강조했다. 그와 관련해 우즈는 다음과 같이 언급한다.

> 우리에게까지 내려온 중세 학생의 작문은 학생이 그들이 읽었던 문학 텍스트로부터의 소재를 어떻게 재작업했는지를 보여 준다. 계속 존재해 온 그것들 대부분은 오비디우스의 작품, 특히 《변신 이야기*Metamorphoses*》에 기반을 두는데, 그것의 뒤섞인 서사들은 중세 교사들에게 짧은 작문 과제를 위한 완벽한 주제들을 제공해 줬다.[101]

더 고급 수준의 학생들은 자신의 글쓰기에서 레토릭 도구와 수단을 연습하는 것을 뛰어넘어 "보다 큰 작품의 구조를 분석하기" 시작했다.[102]

따라서 일부 중세 시작 교육은 학생들에게 글쓰기의 기초와 비판적인 분석 방법 양쪽에 대한 엄격한 지침을 제공했다. 우즈는 글쓰기 교육의 한 방법으로서 "중세적 방법이 교육학적으로는 괜찮다"고 결론짓는다.[103] 그러나 브라이언 비커스는 "단테든, 초서●든, 원탁기사 시인(가웨인Gawain)●●이든 그 시인들은 시의 형식에 대해 알았던 것이 무엇이든, 시작술로부터 배우진 않았다"고 결론짓고 있다.[104]

시적 주장

그러나 갈로는 글쓰기 스타일이 항상 중세 시인들의 중심된 관심사인 것

● 여기서 초서는 《캔터베리 이야기*Canterbury Tales*》를 쓴 영국 시인인 제프리 초서Geoffrey Chaucer(1342?~1400)를 말한다. — 옮긴이

●● 가웨인은 아서왕의 원탁기사로, 아서왕의 조카다. — 옮긴이

은 아니었을 것이라고 주장한다. 주된 예로 베르길리우스Vergilius의 《아이네이스*Aeneis*》를 이용함으로써 일부 중세 시작법 선생들은 베르길리우스가 미학적인 경험으로서가 아니라 그보다는 주요 인물인, 아이네이스의 영웅주의를 뒷받침하는 주장으로서 자신의 시를 만들었다고 했다.

연대기적으로는 실제 이야기의 중간에 일어나는 영웅주의 행동을 시에서는 그것으로 시작한다는 바로 그 사실이 베르길리우스의 방법을 가장 강력한 주장을 맨 먼저 하는 위대한 연설가의 방법과 유사하도록 만든다. 갈로는 베르길리우스를 "대단한 레토릭 전문가a master of rhetorician"라고 보고 다음와 같이 언급한다.

> 아이네이스의 선행을 크게 부풀리고, 영웅의 영광에 누가 되는 사실은 그 영향을 줄이기 위해 사실을 조작했다. 시인의 목표는 곧 연설가의 목표다. 둘 다 각자 나름의 입장을 주장한다.[105]

아마도 조프루아는 자신의 안내서를 읽는 시인 지망생의 마음속에 그러한 레토릭 감각을 키우려고 했을 것이다. 만약 당신이 특정 시를 통해 어떤 교훈을 가르치고자 한다면 "당신이 시작하는 레토릭 감각이 어느 특정한 진술에 침잠하게 하지 말고, 그 첫 부분이 좀 더 보편적인 선언을 향하도록 하라."[106] 즉 시를 시작할 때는 일반적인 주장을 하는 속담이나 그와 어느 정도 유사한 수단과 방법으로 시작하라는 것이다. 갈로는 "시인은 우리로 하여금 그가 우리에게 보기를 원하는 바로 그러한 방식으로 자신의 주제문을 보게끔 글을 시작함으로써 자신의 글에 대한 우리의 반응을 통제할 수 있다"고 말한다.

이러한 모든 것은 시인이 곧 레토릭 전문가라는 것을 말해 준다. 즉 시인은 자신이 쓰는 글을 통해 독자에게 최대한 설득적인, 심지어는 논쟁적인 효과를 달성하려 한다는 것이다. "요컨대, 시작술은 근본적으로 레토릭한 것이다. 시인은 특정한 관점에 관해 주장한 것이다."[107] 만약 조프루아에 대한 갈로의 해석이 맞다면 비커스 등의 비판은 다소 무딘 것이다. 시작술 안내서가 항상 오비디우스를 따르는 스타일을 주로 가르치려고 했던 것은 아니다. 항상 잘했다고 인정받은 것도 아니었다. 아마도 그들의 목적은 베르길리우스를 따르면서 경우에 따라 논쟁적인 경우에 소재를 효과적으로 선택하고 배열하는 것을 가르치려 했던 것일 게다. 만약 이러한 가정이 나름의 가치를 갖는다면 왜 그렇게 많은 (분명히 주장들인) 중세 편지들이 시적 운문 부분들을 포함하는지도 설명할 수 있을 것이다.

마리 드 프랑스

중세 후기 동안 일어난 문화적인 변화 중 하나는 점차 증가하는 여성 독자층의 출현이었다. 일부 유형의 책은 남성 독자보다 더 많은 여성 독자가 있었으며, 이미 앞에서 언급했던 바와 같이, 남성보다도 여성이 문자 해독률이 더 높았다. 그들이 대학에 들어갈 수 없었다는 사실이 "반드시 그 시기에 문학적 담론에 여성이 참여할 수 없었던 것을 나타내는 것은 아니다."[108] 더군다나 학계의 라틴어보다도 여러 지역 언어로 출판되는 간행물이 계속 증가했다.

당시 시는 여성 독자에게 인기가 있었으며, 12, 13세기에 여성 시인이 출간한 작품들의 상당수는 아직도 현존하고 있다. 예컨대, 마리 드 프랑스가 1160~1215년에 쓴 시는 널리 읽혔다. 프랑스에서 태어난 그녀는 생의 대부분을 영국에서 살았고 헨리 2세의 궁중과도 관계가 깊었으며 프랑스어와 영어로 말하고 글도 썼다. 그녀는 시는 물론 인기 있는 연애 소설도 썼고 당시의 지배적인 성 풍습에 도전하는 논쟁적인 주제를 다루기도 했다. 마리가 시와 능변 간의 관계를 보았다는 것은 시인은 "침묵해서는 안 된다"는 그녀의 믿음과 같이 운문으로 된 그의 시에서도 분명히 드러난다.

> 신으로부터 지식과 능숙한 말 실력을 받은 사람은
> 누구든 침묵하거나 그걸 감추어서는 안 된다.
> 당당히 그걸 드러내야 한다.[109]

시를 포함한 '말의 능숙함'을 공개적으로 표현해야 한다는 생각은, 시 쓰기가 단지 단어를 멋지게 배열하는 문제라는 인식에 다시 도전하는 것이다. 마리의 주장은 또한 능변이 중요한 사회적 역할을 한다는 점을 제시해 준다. 이는 이소크라테스, 아리스토텔레스, 키케로의 도시 국가 중심적인 레토릭 이론을 상기시키는 개념이기도 하다.

조앤 페랜트Joan Ferrante에 따르면 마리 드 프랑스의 잘 알려진 작품집은 《단시短詩*Lais*》, 《우화집*Fables*》, 《성 파트리스의 연옥*St. Fatrick's Purgatory*》 등이다.[110] 마리의 시는 중세 후기에 매우 인기가 있어서 "스칸디나비아 고어古語, 중세 영어, 중세 고지 독일어, 이탈리아어와 라틴어"를 포함한 "여러 언어로 번역되거나 개작되었다."[111] 마리는 때때로 유랑하는 음유시인의 노래에서 들은 이야기를 개작하여 복잡하고 잘못된 연애 관계 주제를 발전시키기도 했다. 그녀의 시는 매우 인기가 있었고 후대 시인들에게도 큰 영향을 끼쳤다.

결론

중세 시기인 400~1400년까지 천 년 동안, 키케로의 《창안에 대하여》와 일부 다른 고전 원전들은 다양한 교육적, 정치적, 사회적 목적에 적용되고 이용되었다. 로마의 북아프리카인이었던 성 아우구스티누스는 그리스-로마의 고전적인 고대 시기와 기독교 유럽의 헤게모니 시기 사이에 핵심적인 연결 고리가 되었다. 그 자신이 훈련된 레토릭 전문가였던 아우구스티누스는 기독교를 옹호하기 위해 레토릭을 이용했고 기독교적 진리에 대한 유능한 지지자들을 갖추도록 하기 위해 레토릭 기술을 기반으로 한 기독교 교육을 주장했다. 아우구스티누스와 거의 같은 시기에 고전 레토릭 전통에 의존하면서 글을 썼던 마르티아누스 카펠라는 오늘날의 교육에까지도 영향을 미치고 있는 교양 과목의 교과 과정을 설계했다. 후기 로마 작가인 보에티우스는 고전적인 토픽 체계의 재건을 통해 고전 레토릭의 통찰력을 새로운 사회적 상황에 맞게 받아들이도록 남다른 노력을 보였다.

제임스 머피가 탐색해 낸 중세의 세 가지 레토릭 기술(즉 설교, 편지 쓰기, 시작술)은 그리스-로마 레토릭을 후기 기독교 유럽의 사회적 상황에 적용했던 것이다. 기록을 유지하고 사회적 위계를 보존해 나가야 한다는 필요성이 편지 쓰기 기술(고전 레토릭 범주를 새로운 문화적 위기 상황에 적용시킨 것)을 등장시켰던 것이다. 종종 제대로 교육을 받지 못하고 완전히 기독교도가 된 사람들에게 기독교 원리를 가르칠 필요 역시 설교의 레토릭을 요구하게 되었다. 쓰기 교육에 대한 점증하는 요구와 문자 언어의 미학적 잠재력에 대한 커져 가는 관심, 그리고 시의 잠재적인 논쟁적 이용에 대한 인식 등이 고대로부터의 레토릭적 통찰을 시 쓰기에도 적용시켰다.

중세 유럽에서 고전 레토릭을 적용한 것은 고대 체계들을 모방한 것일 뿐 아니라 닥쳐오는 문화 변동기에 이용 가능한 일단의 이론과 실천을 실제 적용시킨 것이었음을 보여 주는 구체적인 방식이었다는 것을 학자들은 최근에 이르러서야 이해하기 시작했다. 그러나 고전 레토릭은 아테네의 민주주의나 로마 공화정의 실질적인 필요를 다루기 위해 개발된 것이었다. 그것은 대개 "엘리트주의적이고 위계적인" "중세 기독교적 학습"에는 항상 잘 맞지는 않았다. 존 워드가 지적했듯이 중세 레토릭은 "그러므로 인기 있는 배울 거리에 사람들이 더 쏠릴 것이라 가정하고, 애초 학교 교실보다는 극장용으로 설계된 기술의 주된 장점들을 채택할 수가 없었다."[112]

그러나 중세적 삶의 다른 실제들은 그리스와 로마 레토릭에서 영감을 찾으려는 중세적 경향을 이해하는 가운데서 설명되어야 한다. 워드에 따르면, 아마도 이러한 요인 중에서 가장 의미심장한 것은, 개인이 "비기술적인nontechnical 수준에서, 설득해야 하는 상황에 직면했다는 것이다." 설득이 교회의 설교 연단에서 이루어지든 아니면 이탈리아의 공직자 사무실에서 이루어지든 간에, 고전 레토릭 전문가들의 통찰력은 성공적인 설득에 아주 중요한 것으로 여전히 남아 있었다.[113]

7장

르네상스 시대의 레토릭

마음의 움직임을 통제하는 것, 당신의 말을 듣는 사람을 당신이 원하는 쪽으로 움직이게 하는 것, 그리고 그를 다시 그가 본래 있던 자리로 즐겁게, 애정을 가지고 다시 돌아가게 하는 것. 내가 실수한 것이 아니라면, 바로 이러한 것들이 유창한 언변eloquence의 힘이다.

_ 콜루초 살루타티Coluccio Salutati(1331~1406)

14세기부터 17세기에 이르는 기간 동안 유럽에서는 엄청난 지적, 사회적 변화가 일어났다. 기독교 세계관과 가톨릭교회를 포함해 여러 세기 동안 유지되어 왔던 생각과 제도가 급속하게 바뀌었다. 요하네스 구텐베르크가 1450년대 초에 인쇄기를 발명했는데, 이것이 인쇄물의 광범위한 유포와 확산을 가능하게 했다. 1492년 크리스토퍼 콜럼버스Christopher Columbus의 유명한 항해에서 드러난 바와 같은 탐험들은 유럽인이 기존에 생각했던 것보다 더 넓은 세계가 있음을 보여 주었다. 유럽은 16세기 프로테스탄트 종교 개혁뿐 아니라 여러 전쟁으로 계속 분리되는 양상을 보였다.

이러한 문화적 변혁기에 레토릭 전통은 유럽의 교육과 사회생활에서 특히 두드러진 역할을 했다. 레토릭이 그리스와 로마, 기독교 유럽의 교육과 문화에 있어서 두드러진 요소였던 반면, 르네상스 시기 동안에는 레토릭이 문명에 가장 큰 영향을 미쳤다고 할 수 있다. 브라이언 비커스에 따르면, "편의상 1400~1700년까지인 유럽 르네상스 동안, 영향을 끼친 범위뿐만 아니라 가치에서도 레토릭은 가장 크고 두드러진 영향을 미쳤다."[1]

레토릭은 글쓰기와 설득의 방법으로서, 개인적 개선을 위한 하나의 길로서, 여성이 공적 영역에 진입하도록 하는 하나의 발판으로서, 시민적, 상업적 이해관계를 관리하는 한 수단으로서, 그리고 고대와 현대의 문학 텍스트를 연구하는 하나의 비판적 도구로서 르네상스 시기에 활짝 꽃이 피었다. 레토릭은 도덕적 개선을 이루는 데 도움을 주었으며, 보다 깊이 생각하고 품위 있게 행동하게 하는 조력자가 되기도 했다.

르네상스 레토릭은 사회적 상황 속에서 스스로 어떻게 행동해야 하는지 처방적 지침의 기반을 제공했다. 이러한 현상의 가장 유명한 사례는 이탈리아 작가 발다사레 카스틸리오네Baldassare Castiglione의 대화록 《궁정인*The Book of the Courtier*》(1528)이다.[2] 개인적인 발전과 연설 기량에 대한 그의 기준은 로마의 탁월한 연설가 모델, 특히 키케로가 《연설가에 대하여》에서 말한 완벽한 연설가에 대한 묘사였다. 궁정인의 매너와 스피치는 스프레차투라sprezzatura,● 즉 편안한 고상함과 근거 있는 자신감으로 특징지어졌다. 그의 책은 6개 언어로 번역되었으며 유럽 여러 나라에서 읽혔다.

레토릭에 대한 르네상스의 관심은 이탈리아의 상업적인 문화의 발전과도 깊은 연관이 있었다. 피렌체와 같은 도시들은 "논의와 토론과 합의 과정에 의해 지배됐다."[3] 따라서 시의 관리들은 시민과 다른 관리들을 설득할 수 있는 수단을 원했는데, 레토릭이 그러한 수단을 제공했다. 비커스가 표현한 대로 "레토릭이 사람들로 하여금 했으면 하는 것을 하도록 설득할 수 있었기 때문에 지역 대표자와 조력자에게는 레토릭이

● '아무리 어려운 일이라도 무척이나 쉬운 것처럼 해 내는 것'을 의미한다. — 옮긴이

필수적인 것"이라는 지배적인 태도가 존재했다.[4]

이 장은 1350~1700년 레토릭 연구의 일부 중요한 추이에 대해 다룬다. 먼저 이탈리아를 중심으로 인본주의Humanism로 알려진 중요한 지적 운동에서 레토릭이 행했던 역할을 살펴본다. 이탈리아의 인본주의는 르네상스의 교육과 예술, 시민 생활 등에 미친 레토릭의 영향력을 논의하기 위한 기반을 제공해 준다. 이 장의 마지막 부분에서는 레토릭에 대한 후기 르네상스의 비판과 영국에서의 레토릭 번성, 그리고 대화적 레토릭으로의 선회 등에 대해서도 다룬다. 우선 르네상스 시대 동안 더욱 커진 여성 레토릭 전문가의 역할을 논의하는 것으로 시작할까 한다.

르네상스의 여성 레토릭 전문가

르네상스 시대에 레토릭의 두드러진 특징은 이전 시기에 비해 여성의 관여가 크게 늘었다는 점이다. 여성은 서구 역사에서 그 이전보다 르네상스 시기에 교육의 기회가 더욱 많아졌으며, 그들이 공부하고자 했던 주제 중 하나가 레토릭이었다. 그러나 여성의 교육 접근성, 특히 교육이 여성에게 제공한 사회적 유동성이 과장되어서는 안 된다.

르네상스 시기 여성 작가 연구의 권위자인 카타리나 윌슨Katharina Wilson에 따르면, 르네상스 시기 교육에 대한 여성들의 접근은 높은 사회적 신분을 갖게 되는 출생의 특권을 통해 주로 이루어졌다. "중간 또는 하위 계층 여성에게는 그러한 기회가 없었으며, 어떠한 계층의 여성 집단도 자유롭게 공부만 하거나 연구만 할 수 있는 처지에 있지는 않았다."[5] 그 당시 남성에게 주어졌던 것과 같은 사회적 지위가 넘어설 수 있는 그런 기회가 여성에게는 주어지지 않았다. 윌슨에 따르면, "여성 학자들의 경우 교육과 지적 성취를 통해 법정에서나 공국公國, 대학, 그리고 전문 직업 조직의 권력 구조에서 자신의 출생 신분을 넘어 출세할 수 있는 기회는 극히 적었다."[6] 그러나 레토릭을 공부할 수 있는 기회를 가졌던 일부 여성은 여성 교육에 대한 열렬한 옹호자가 되었다.[7]

그 기간 중 여성 교육에 대해 호의적으로 글을 썼던 여성 중에는 루이제 라베Louise Labe(1520~1566), 라우라 체레타Laura Cereta(1469~1499), 마들렌 데 로셰Madeleine des Roches(1520~1587)와 그의 딸 카틀린Catherine(1542~1587) 등이 있었다.[8] 1487년에 카산드라 페델레Cassandra Fedele라는 여성은 "인본주의적 학습의 가치에 대해 파도바대학의 학생과 교수에게 연설을 했다."[9] 체레타는 여성을 위한 교양 교육을 옹호하면서 가상의 남성 반대자에게 기백 넘치는 편지를 썼던 작가였다.[10] 그 시기 조반니 보카치오Giovanni Boccaccio와 후안 루이스 비베스Juan Luis Vives 같은 일부 남성 작가들도 여성을 위한 교육을 지지했다.

르네상스 시대에 공적으로 발언하는 여성에 대한 상당한 반대가 있었지만, 일부 여성은 자신의 공적 연설로 인해 명성을 얻었다. 예컨대, 후아나 바스Joanna Vaz는 유창한 언변으로 르네상스 역사에 기록되어 있다. 그러나 불행히도 바스와 같은 인물에 대한 우리의 현재 지식은 매우 제한되어 있다. 그러나 많은 학자들이 르네상스 시기의 여성 레토릭 전문가에 대한 역사 기록을 찾는 작업을 계속하고 있다. 바스는 그리스어, 라틴어, 히브리어를 읽고 쓸 수 있으며, 포르투갈 공주의 가정교사로 임명되어 1540년부터 1570년까지 리스본의 왕궁에서 활동했다.[11] 그녀의 말하는 능력은 매우 유명했지만, 그녀의 스피치에 대한 기록은 남아 있지 않다. 17세기에 유창한 언변으로 유명한 또 다른 여성으로는 푸블리아 호르텐시아 데 카스트로Publia Hortencia de Castro가 있다. 그녀는 당대 신학자들과 논쟁한 것으로, 그리고 스페인의 펠리페왕 앞에서 연설해 달라고 초대받은 것으로도 유명하다.[12]

크리스틴 드 피상

크리스틴 드 피상Christine de Pisan(1364～1430?)은 베네치아 공화국에서 점성학 교수와 시의회 의원을 지낸 토마스 드 피상Thomas de Pisan의 딸이다. 그녀는 "유럽 최초의 전문 작가가 됐다."[13] 크리스틴은 프랑스 샤를 5세 시절 한때 궁중에서 살았는데, 거기서는 도서관에도 갈 수 있었고, 배운 사람들과 교제도 할 수 있었다. 그녀는 거의 독학으로 대부분의 시간을 읽고 쓰는 일에 바쳤다.

크리스틴 드 피상의 삶을 연구한 제니 레드펀Jenny Redfern에 따르면 "그녀의 독학은⋯⋯ 단테와 보카치오와 같은 동시대인뿐 아니라 그리스와 로마의 저자들이 쓴 역사, 과학, 시 등을 포함했다."[14] 당시 그녀가 읽던 광범위한 문헌 중에는 고전 레토릭도 포함되었다. 그녀는 언어도 공부했는데 프랑스어, 이탈리아어는 물론 라틴어도 했던 것 같다.

크리스틴은 폭넓은 독자층을 지녔던 당시 아주 드문 여성 작가였으며, 여성에 대한 기존의 지배적인 생각을 바로잡는 데 탁월한 재능을 발휘했다. 제니 레드펀은 크리스틴이 여성들에게 "자신들의 삶에서 의미를 발견하고 가치 있는 행동을 해나가기를 격려했다"고 본다. 레드펀은 "그녀의 목표는 당시의 텍스트에서 두드러졌던 여성성에 대한 모략과 비방에 저항하는 것이었다"고 덧붙인다.[15] 크리스틴은 여성의 진보와 발전을 위한 관건으로서 언어의 힘을 인식했다. 레드펀에 따르면, "그녀의 가장 중요한 교훈은 여성의 성공은 효과적인 말하기와 글쓰기를 통해 얼마나 잘 관리하고 중재할 수 있느냐 하는 여성의 능력에 달려 있다는 것"이었다.[16]

크리스틴은 오랜 기간의 경력 동안 적극적인 레토릭 전문가로서 언어의 힘을 이용하면서 자신이 지지했던 것을 모델로 삼았다. 레드펀이 지적한 바와 같이, 그녀는 시와 산문을 쓰며 왕성하게 활동했는데, 1399년부터 1429년까지 적어도 "30년 동안 유명한 작품 41권"을 낼 정도였다.[17] 그녀의 작품이 인기 있었던 여러 요인 중 하나는 그녀가 학술적인 라틴어보다는 프랑스 지역 언어로 글을 썼기 때문이었다.[18] 라틴어는 남성 쪽의 언어였기 때문에, (지역 언어로 글을 쓴) 그녀의 작가적 판단으로 문자 해독력이 있는 여성이면 누구나 그녀의 독자가 될 수 있었던 것이다.

논쟁을 벌인 작품

아마도 크리스틴의 가장 인기 있었던 저술은 《여인의 도시에서 찾은 보물*The Treasure of the City of Ladies*》일 것이다. 그 책은 본래 《여인의 도시*Book of the City of Ladies*》라는 이름으로 1401년 처음 출간됐다. 이 책은 특히 인기가 있어 무려 18판까지 나왔으며, 나중에는 프랑스어, 네덜란드어, 포르투갈어로도 번역되었다. 그 책에는 "여성에 대한 노골적인 옹호"를 담고 있었고, 그런 점에서 "당시로서는 아주 이례적인 것"이었다.[19]

이러한 언급이 제시하는 바와 같이, 그녀는 당시의 여러 논쟁에 적극적으로 관여하는 여성 옹호자로서, 즉 논쟁을 일으키는 입장에서 글을 썼다. 그녀는 자신의 책 일부에서 당시 인기 있던 책에서 표현된 여성에 대한 신랄한 비판에 답하고자 했다. 당시 장 드 묑Jean de Meun의 《장미의 로맨스*Romance of the Rose*》와 같은 소설은 여성을 비도덕적이고 참된 성취를 이루지 못하는 존재로 묘사할 정도였다. 레드펀이 "여성 혐오 소설"이라고 부른 이러한 책이 중세 후기에는 인기가 있었다.[20] 크리스틴은 드 묑에 대해 "여성에 대한 명예훼손일 뿐 아니라 여성을 잘못 다루는 남성을 용납하는 것"이라고 공격했다.[21] 그녀는 이처럼 비꼬는 글들에서 여성에게 가해지는 수많은 잘못된 비난에 대항해 여성을 옹호했다. 그녀의 다른 작품으로는 《운명의 변화*The Changes of Fortune*》(1400~1403)와 《크리스틴의 희망*Vision of Christine*》(1405) 등이 있다.

크리스틴의 작가로서의 성공에도 불구하고, 그녀는 특별히 여성 레토릭 이론을 만들어 내지는 않았다. 조지 케네디는 이 시기에는 "어떤 여성도 레토릭에 대한 설명을 썼다고 알려진 바 없다"고 썼다.[22] 이는 상당히 의미 있는 관찰이다. 사회에서 레토릭이 어떻게 이해되는지, 그리고 레토릭을 어떻게 수용해야 할지를 결정하는 것은 레토릭의 실천이라기보다는 레토릭 이론이기 때문이다. 르네상스 시기 동안, 레토릭 이론은 여전히 남성의 영역 안에 머물러 있었다.

이탈리아 인본주의

이탈리아반도를 중심으로 전대미문의 규모로 되살아난 레토릭은 인본주의자umanista로 알려진 일군의 저자들을 중심으로 발전했다. 이탈리아 인본주의자는 르네상스 기간 중 고전 언어와 레토릭의 부활에 그 나름의 책임이 있었다. 그들의 교과 과정, 즉 인본주의 연구studia humanitatis는 자유롭고 적극적인 정신에 중요한 것으로 여겨지는 공부(레토릭, 시학, 윤리학, 정치학 등)의 교육 패러다임을 제공했다. 이들 공부는 오늘날 교양 과목의 토대를 형성했으며, 그중에서 레토릭이 중심에 있었다. 돈 애벗Don Abbott은 "레토릭 공부를 인본주의 공부와 분리하기는 어렵다"고 말한다.[23]

인본주의는 14세기 초 이탈리아 북부의 상업 도시에서 시작되었다. 이 시기에 이탈리아는 여러 평의회와 위원회, 영향력 있는 가문의 구성원이 운영하는 "여러 도시 공화국이 되었다."[24] 인본주의는 복잡한 시정부 형태로 있던 피렌체를 비롯한 여러 도시에서 주도적 역할을 하는 가문의 가족을 교육시키려는 노력의 일단으로 발전했다. 고대 로마처럼 부유한 일부 가문은 피렌체에서 권력을 장악했으며, 그들의 유창한 언변은 그러한 권력을 유지하고 행사하는 데 도움이 되었다.

인본주의자의 특징

우리가 인본주의자로 이해하는 이탈리아어 우마니스타umanista는 "고전 문학과 레토릭을 포함하여 그와 연관된 기술을 가르치는 선생과 배우는 학생"을 의미했다. 이들은 중세 시대 그들에게 부여했던 상당히 제한적이거나 사변적 의미를 거부하고, 그것의 참된 본래 의미를 찾기 위해 옛 작품을 읽고자 했다.[25]

저명한 르네상스 학자인 라우로 마르티네스Lauro Martines는 르네상스 이탈리아에서 인본주의 운동을 이끌어가는 지적 가치를 다음과 같이 요약한다. 첫째, 인본주의자는 "텍스트를 바르게 이해하는 것의 중요성"을 지속적으로 강조했다. 마르티네스는 "이는 본래의 진본 텍스트를 만들던 눈으로, 초기의 기존 필사본을 수집 및 분석하고, 가장 나은 철학적 기법을 적용시키는 것을 의미했다"고 덧붙인다. 그는 인본주의자들이 고전 학문을 만들어 낸 것으로 본다.[26] 몇몇 주도적인 인본주의자는 가톨릭교회 도서관에서 수집해 소장하고 있던 수많은 고대 두루마리 문헌에 접근할 수가 있었다. 사실 많은 글을 쓴 교황 비오 2세(1405~1464) 등 여러 교황을 포함한 수많은 교회 성직자가 인본주의자였다.

둘째, 인본주의자는 단어words와 구절phrases의 정확한 가치 정립을 위해 "텍스트를 역사적 맥락 안에" 두려고 했다.[27] 이러한 방식으로 그들은 텍스트를 해석하는 학문인 해석학과 같은 연구에 기여하고자 했다. 6장에서 언급한 바와 같이, 고전 원전을 개별적인 진술이나 문장으로 쪼개는 학문적 실천은 본래의 의미뿐 아니라 저자의 정체성마저 상실케 했던 것이다. 찰스 노어트에 따르면, "인본주의자는 플로릴레기아florilegia라고 부르는 고전 텍스트의 주요 구절 발췌와 그에 대한 해석을 포기하면서 일정한 맥락 안에서 각 의견을 읽어내고, 저자가 의도한 진정한 의미를 찾으면서, 본래의 전체 텍스트로 돌아갈 것을 강조했다."[28] 결국 고전 저자들은

"역사의 특정한 순간에 살면서 구체적인 쟁점에 대한 자신의 입장을 말과 글로 토로하는 진정한 인간 존재로 재등장했다"는 것이다.[29]

셋째, 인본주의자는 "말이나 문건, 데이터, 사건, 역사적 인물 등과 같은 확인 가능한 사실들을 강조했다." 그 결과, 그들은 자신들의 비판적이면서도 역사적인 글에서 "역사적 신화를 드러내고 그에 도전하는" 방향으로 움직여 갔다. 그와 비슷한 입장에서 노어트는 "인본주의자들은 고대 텍스트들은…… 로렌초 발라Lorenzo Valla와 에라스뮈스Erasmus 같은 인본주의자가 발명한 철학적 방법(즉 단어나 말의 기원에 관한 체계적 연구)에 의해 비판적 평가를 받게 되었음을 성공적으로 주장했다"고 말한다. 그는 바로 이러한 점에서, 인본주의 학자가 "숙달된 고대 언어에 기반을 두지 않은 고대의 법적, 의학적 또는 심지어 성서적 원전 연구는 어떠한 것도 타당하지 않다고 주장했기" 때문에 아주 심각한 학문적 갈등도 있었다고 본다.[30]

넷째, 이탈리아 인본주의자는 정치학, 전쟁, 전기傳記 등을 조망하면서 세속사에 대한 관심을 복원시켰다. 따라서 그들은 역사 연구를 학교 교육에 도입했고, "역사 쓰기"를 신성 개입 논쟁에서 해방시켰다. 끝으로 마르티네스는 "인본주의는 고고학, 금석학epigraphy, 화폐 연구numismatics, 지형학topography 등과 같은 여러 가지 새로운 학문을 등장시켰는데, 이들은 역사 연구와 전대미문의 새로운 느낌을 주는 부산물인(먼 과거에 대한 매력이기도 한) 골동품 연구에도 도움을 주었다"고 본다.[31]

공증인

이 시기에 레토릭이 되살아나는 데는 교육받은 공증인 계층의 부상이 중요했다. 레토릭 훈련을 받은 이들 비서진은 이탈리아 상업 도시가 기능할 수 있게 했던 많은 협의와 협상을 교섭하고 기록하고 소통하는 책임을 졌다. 이탈리아의 강력한 공국에서는 "시의 관리와 상업을 위해 교육받은 일꾼들이 필요했는데, 그 필요성은 교회의 그것보다 더 컸다"고 할 수 있다. 레토릭을 교육받은 전문가에 대한 수요가 증가함에 따라, 그들은 상당한 영향력을 지닌 "새로운 식자 계층으로 등장했다."[32]

르네상스 시기 레토릭은 "동시대의 삶을 위한 기법"이 되었다.[33] 대학에 간 이들은 "레토릭과 변증법, 그리고 법적인 요소에 대해 라틴어로 강의를 들었다."[34] 공증인은 종종 "정확한 글쓰기와…… 말하기 기술을 강조하는" 레토릭 과목들을 택했다. 이들 과목을 배우는 학생들은 "많은 경우 키케로를, 일부는 베르길리우스나 심지어는 세네카Seneca를 읽기도 했지만, 더 많게는 후기 라틴 작가들의 책을 읽기 위해 대학에 가기도 했다."[35]

로마 레토릭의 보완적 구성 요소였던 로마법은 피렌체와 같은 신흥 도시를 위한 하나의 모델로 선택되기도 했다. 한때 다시금, 레토릭으로 훈련을 받은 공증인과 변호사는 로마 문화의 중요한 도관導管/conduit이었다. 노어트에 따르면, "변호사와 공증인이 고대 로마법을 공부하고 숙고하고 적용해야 할 필요가 생기자 그것은 법뿐만 아니라 고대의 언어, 문학, 제도 및 관습 등에 대한 관심도 발전시키게 했다."[36] 몇몇 주요 인물들은 결과적으로 유럽의 모든 것에 영향을 미쳤던 지적 운동인 인본주의 발전에 특히 중요한 역할을 했다.

고전 전통의 회복

고전 언어에 대한 관심이야말로 레토릭에 대한 르네상스 인본주의적 애착을 보여 준다. 그리스와 로마 작가에 대한 관심은 강렬했으며, 레토릭에 대한 고전 작품은 여러 지역 언어로 번역되어 널리 읽혔다. 따라서 읽을 줄 아는 이면 누구든 고전 레토릭에 대한 지식 이용이 가능했다. 읽기는 곧 모방도 얼마든지 가능하게 했다.

르네상스 인본주의를 연구한 저명한 학자 폴 크리스텔러에 따르면,

"인본주의자의 새로운 기여는 잘 쓰고 잘 말하기 위해서는 고대 것을 공부하고 모방하는 일이 반드시 필요하다는 굳건한 믿음을 보탰다는 것이다."[37] 르네상스의 레토릭 전문가는 언어, 텍스트, 사상, 스타일 등 고전 전통의 모든 특징을 재발견하려는 희망에서 아테네와 로마를 되돌아보았다. 그러한 '고전주의'는 완전한 르네상스 인본주의 프로젝트를 표방했다. 그 목적은 고전적 노선을 따라 교육은 물론 사회까지도 개혁하는 것이었으며, 그러한 노력의 중심에 레토릭이 있었다.

트레비존드의 게오르게

트레비존드의 게오르게George of Trebizond(1395~1472)는 중세 시대에 해체된 레토릭의 여러 장르와 방법을 하나의 체계화한 전체 속에 다시 통합시키고자 했다.[38] 크레타섬에서 태어난 비잔틴 그리스 학자인 게오르게는 1453년 콘스탄티노플이 몰락하자 많은 그리스와 라틴계 학자와 함께 이탈리아로 이민을 왔다. 이들 이민자는 자신들이 가지고 온 정확하고 완전한 그리스어 필사본들로 이탈리아 도서관을 확장 발전시키는 데 크게 기여했다. 게오르게는 그리스 작가의 레토릭 이론을 회복시키려고 애썼다. 그는 그리스의 필사본, 특히 아리스토텔레스의 저술을 쉬지 않고 열심히 라틴어로 번역했다. 그러한 노력으로 인해 당초 그리스어에 익숙하지 않았던 인본주의자들도 많은 그리스 사상에 접할 수 있었다. 게오르게의 가장 유명한 책인 《다섯 권의 레토릭 책*Five Books of Rhetoric*》(1434)은 그리스와 라틴의 레토릭 이론 모두를 함께 다루었다. 그에 따라 그 책은 "르네상스 최초의 새로운 레토릭 완전 정복판"이라고 불렸으며, 고대의 완전한 고전 레토릭 전통을 되찾은 가장 대표적인 작품이라는 지위를 얻었다.[39] 게오르게는 고르기아스 등의 고대 그리스 소피스트를 찬양하고, 대화집 《고르기아스》에서 그들을 비난했던 플라톤의 공격을 오히려 평가절하했다. 그는 플라톤을 비판함으로써 몇몇 유명한 학자로부터 비난받았는데, 그들 중 일부는 그리스 원전 번역의 정확성에 문제를 제기하기도 했다.

고전 시기에 나왔던 엄청나게 많은 고대 그리스어와 라틴어 텍스트를 발견함으로써 그 시기에 대한 관심이 크게 늘어났다. 중세 레토릭에서는 키케로의 영향이 두드러지긴 했지만, 그 영향도 몇 안 되는 키케로의 저술(특히 《창안에 대하여》 등)에 나오는 상당히 제한된 범주의 개념에 한정되었다. 그러나 르네상스에는 굉장히 많은 고전 원전에 관한 진지한 연구가 레토릭의 이론과 실천에 아주 밀접하게 연결되었다. 예컨대, 제임스 머피는 "1500년까지, 즉 인쇄술이 발명된 지 단 40년 만에 이미 완전한 키케로 전집을 유럽 전역에 걸쳐 인쇄된 형태로 이용할 수 있었다"고 말한다.[40]

비잔틴 시대의 그리스어 필사본들이 서방으로 유입되고 퀸틸리아누스의 《레토릭 강론》과 키케로의 《연설가에 대하여》의 완본 텍스트가 15세기 초에 발견됨으로써 르네상스 시기에는 레토릭에 더욱 매료되었다.[41] 이들 중요한 저술의 발견과 함께 이탈리아 학자들은 중세 학자들이 그랬던 것보다 더 자신들에게 가용한, 더욱 풍요롭고도 다양한 레토릭 이론을 가지게 되었다.[42] 다시 찾게 된 레토릭은 대개 로마 것이었고, 이탈리아에서 부흥하는 도시 지배 엘리트들은 "그 모델을 통해 고대 로마 공화국 쪽으로 계속 일관되게 눈길을 돌렸다."[43] 마리오 니촐리오Mario Nizzolio(1498~1576) 같은 많은 인본주의 작가에게 있어 고대 레토릭 전통의 심장부는 키케로였다.

그리스 레토릭 원전을 포함한 다른 고전 원전 역시 널리 이용할 수 있게 되었으며, 고대 문헌의 현대 유럽 언어로의 번역도 급속히 이루어졌다. 이들 필사본의 많은 부분은 무슬림 학자들이 보존했고, 아베로에스Averroes(1126~1198. 이븐 루시드Ibn Rushd라고도 함)와 같은 권위 있는 인물에 의해 수세기 전에 아랍어로 번역되었다. 아베로에스는 발전해 가는 정치적, 종교적 사상과 제도의 적절한 수단으로 레토릭을 그 스스로 열렬히 지지했던 사람이었다. 마지드 파크리Majid Fakhry가 말한 바와 같이 "아베로에스는 《레토릭》과 《시학》뿐만 아니라 아랍과 시리아 전통 안에서 논리적 텍스트의 일부를 형성하고 있던 아리스토텔레스의 전체 글을 해설하거나 다른 말로 바꾸어 표현한 것으로 알려져 있다."[44] 무슬림 문화가 북아프리카로부터 스페인을 거쳐 유럽에 들어갔던 것과 같이 그리스 원전은 아랍어에서 유럽의 지역 언어로 번역되었던 것이다.

플라톤과 아리스토텔레스는 르네상스 학자들에게 인기 있었다. 상당히 강렬했지만 플라톤에 대해 다소 오도된 관심을 가졌던 이른바 신플라톤주의가 16세기 이탈리아에서 발달했다.[45] 새롭게 발견된 많은 저작에도 불구하고, 작자 미상의 로마 문헌인 《헤레니우스를 위한 레토릭》은 15세기 후반 그것이 키케로의 저술이 아닌 것으로 판명된 이후에도 르네상스 레토릭 전문가들이 여전히 선호했다고 한다.

페트라르카

프란체스코 페트라르카Francesco Petrarca(1303~1374)는 초창기 이탈리아 인본주의 작가로, 인본주의 운동의 기원과도 가장 빈번히 연상되는 인물이다. 그는 페트라르크Petrarch로 더 잘 알려져 있다. 그는 "그 세대에서 가장 뛰어난 학자이자 창의적인 작가"이며, 인본주의의 아버지로 불렸다.[46]

아레초에서 태어난 페트라르카는 젊은 시절 대부분을 남부 프랑스 도시인 아비뇽에서 보냈는데, 거기서 그는 프라토 출신의 한 공증인에게 교육을 받았다. 그 시기 동안 아비뇽은 "서구의 외교적, 문화적 중심지"였는데, 이는 부분적으로 교황 클레멘스 6세가 그 도시를 자신의 수도로 만들었기 때문이다.●[47] 아비뇽은 고전 텍스트를 소장한 교황 도서

● 이 시기는 아비뇽 유수Avignonese Captivity인데, 이는 1309년부터 1377년까지 7대에 걸쳐 로마 교황청을 남프랑스의 론강변의 도시 아비뇽으로 이전한 기간을 말한다. — 옮긴이

관의 본거지였고, 이에 따라 유럽 도처에서 온 편지로 인해 학자와 사람들의 눈길을 끌었던 중요한 학문 연구의 중심지가 되었다.[48]

페트라르카는 시 쓰기를 좋아했지만 편지를 통해 그의 지적 영향력을 발휘했다. 한 전기 작가는 "친구와 동조자에게, 그리고 가끔은 그의 적과 경쟁자에게 보낸 그의 편지는 널리 유포되고 그의 명성을 높였다"고 했다.[49] 니콜라스 만에 따르면, 페트라르카는 "편지가…… 가장 선호되면서도 다양성을 지닌 르네상스의 문학 장르가 되는" 길을 열었다.[50] 페트라르카의 고전 연구에 대한 각별한 관심은 전파력이 강해서 당시 《데카메론*Decameron*》(1353)을 쓴 위대한 작가 조반니 보카치오(1313~1375) 마저도 고전 연구에 압도당했다.[51]

페트라르카는 언어가 갖는 조화와 아름다움의 가능성보다는 레토릭의 "설득적 힘"에 더 많은 관심을 가졌다.[52] 그러나 그와 콜루초 살루타티 같은 초기의 다른 이탈리아 인본주의자들은 고도로 설득적인 레토릭이 "참된 (기독교) 지혜에 의탁하지 않으면 왜곡될 수 있다"는 점을 두려워했다.[53] 페트라르카는 "영혼이 품위를 갖지 않으면 스피치가 품위를 가질 수 없다"고 했다.[54] 에우제니오 가린Eugenio Garin은 페트라르카의 입장을 "내적인 것과 외적인 것, 마음과 스피치 사이에는 풀리지 않는 관계가 있다"고 요약한다.[55] 페트라르카의 주장은 레토릭 미학에 대한 진술, 즉 아름다운 스피치는 아름다운 영혼에서 나온다는 것으로 읽을 수도 있다.

키케로와 로마의 위대함

페트라르카는 당대의 다른 특권층 소년들이 그랬듯이, "라틴 문법과 초급 논리, 레토릭, 산술 등"을 공부했다.[56] 그의 아버지와 개인 교사는 레토릭 훈련을 시켰으며 젊은 페트라르카는 특히 키케로에 관심이 많았다. 그는 말년에 "나는 자연스러운 공감을 통해서든, 키케로에게 가장 큰 존경심을 가졌던 아버지의 제안 때문이든, 나 자신을 키케로에게 완전히 바쳤다"고 했다.[57] 법을 공부하러 가면서도 그는 키케로를 계속 읽었고 자신의 문학 교육에 베르길리우스의 시 공부까지도 더했다.

페트라르카는 고전 레토릭, 특히 키케로 레토릭에 대한 관심을 되살렸다. "그는 자신의 모델로 키케로를 받아들여, 그 장인의 완전한 작품들을 복원하는 일을 자신의 과업으로 삼았다."[58] 로마 역사와 문화 전문가인 그는 로마 역사가 리비우스(BC 64~AD 12)에 대한 당대의 대표적인 권위자가 되기도 했다. 페트라르카는 개인적으로 리비우스의 《로마사》의 많은 부분을 복원시켰으며, 이런저런 라틴 필사본을 찾기 위해 널리 탐사를 다녔고, 그는 결국 로마 필사본 최다 소장자가 되었다.

이러한 페트라르카의 힘과 열정은 상당 부분 이탈리아가 과거 로마의 위대함으로 돌아가는 것을 보고 싶어 하는 열망에서 나왔다. 찰스 노어트가 언급한 바와 같이, 페트라르카는 "자기 시대 이탈리아의 우울증은 이탈리아인이 도덕적 자질, 특히 (로마가 지닌 위대함의 비밀이었던) 공동체의 복지에 대해 다시 심혈을 기울이게 될 때라야만 치유될 수 있을 것이라고 믿었다."[59] 니콜라스 만은 "수많은 고대 유산의 물리적 출현은 과거의 문명이 현재에도 여전히 살아 있으며 이는 문명에 대한 호기심을 다시 생기게 할 것이라는 생각을 갖게 해 주었다"고 본다.[60]

로마의 위대성을 재건한다는 것은 키케로의 지혜와 능변의 통합을 다시 살린다는 것을 의미했다. "도덕적 선의와 유창한 설득 힘의 통합은 [페트라르카가] 사랑했던 로마의 특별한 탁월함이었다." 페트라르카는 "로마의 위대함은 이탈리아 젊은이들이 지혜와 능변에 대한 적절한 교육을 받는다면 재건될 수 있다"고 믿었고, 로마에 대한 이러한 향수를 교육적 의제로 옮겨 놓았다. 이탈리아 교육의 이러한 레토릭적 전회轉回는 대학에서 논리와 과학에 부여했던 기존의 지배적인 지위를 제거하고 "그 대신 고대 로마 교육에서 지배적이었던 윤리와 레토릭에 대한 강조로 대

치”시키는 것을 의미했다.[61]

피코 델라 미란돌라

피코 델라 미란돌라Pico della Mirandola(1463~1494)는 아주 젊고 영리한 인본주의자였는데, 31세에 하인에 의해 독살된 것으로 알려져 있다.[62] 그의 초기 철학 훈련은 대부분 스콜라 철학 중심으로 이루어졌다. 단테의 《신곡》을 거꾸로도 암송할 정도로 전설적인 기억력 소유자였던 피코는 유명한 인본주의자인 마르실리오 피치노Marsilio Ficino(1433~1499)로부터 철학의 많은 부분을 배웠다.

피코의 주된 관심은 그리스 철학, 특히 플라톤의 대화였다. 그는 플라톤의 이상주의에 느슨하게나마 기초한 철학적, 종교적 사상 일파인 신플라톤주의로 알려진 지적 운동을 형성하는 데 일조했고, 금석학과 마술, 연금술 등을 받아들이기도 했다.[63]

신플라톤주의, 마술, 레토릭

신플라톤주의는 유대 신비주의 작품인 《카발라*Kabbalah*》와 그리스와 이집트에 기원을 둔 마술서인 《코르푸스 헤르메티큠*Corpus Hermeticum*》을 포함한 상당히 난해한 저술과 긴밀히 공동 보조를 취했다. 고대 그리스에서 두드러졌던 레토릭과 마술 사이의 연결은 피코의 유명한 《인간의 존엄에 대한 연설*Oration on the Diginity of Man*》에서 다시 표현되어 등장했다.[64] 피코는 레토릭에 못지 않게 마술에도 관심을 갖고 있었다. 그 둘은 그에게서 분리될 수 없는 것이었다. 고르기아스는 이미 수세기 전에 레토릭은 실제를 변경시키는 언어적 수단이며, 마술은 같은 목적을 달성하기 위한 단지 또 다른 방법이라고 언급한 바 있었다. 윌리엄 코비노William Covino는 “사실 서구의 지성사를 통해 볼 때, 마술사와 연설가는 비슷한

인물들이다. 종종 같은 사람이기도 했다"고 말한다.[65]

역사가 존 버크John Burke는 우리가 레토릭과 마술 사이에 뭔가 놀라울 정도의 관계가 있음을 이해하는 데 도움을 준다. 고대 이집트의 전설에서 헤르메스로 알려진 신 토트●가 언어를 발명했다. 이러한 신화는 전설적인 이집트 작가 헤르메스 트리스메기스투스Hermes Trismegistus의 것으로 보는 마술서 《코르푸스 헤르메티쿰》의 놀라운 인기 때문에 르네상스 시대에도 새롭게 널리 알려졌다. 사실 그런 비전祕傳의 마술서는 그리스와 이집트에서 익명의 여러 작가가 1~3세기 동안 집필해 왔다.

> 이러한 마술적 언어관으로 보면, 말과 글, 즉 언어는 관습적 사용으로 사물에 붙여진 단순한 언어적 상징이 아니다. 언어는 사물과 밀접한 관계를 가지며, 한 단어와 그 단어가 표현하는 신성한 생각 사이에 직접적인 상응성이 존재한다.

이렇게 말한 버크는, 따라서 언어의 마술사인 레토릭 장인이 구사하는 경우 "말은 아주 특별한 효과를 만들어 낼 수 있다"고 덧붙인다.[66] 사람과 사건들은 숙련된 연설가의 통제 아래 두게 되는데, 이는 셰익스피어의 《폭풍우*The Tempest*》와 크리스토퍼 말로Christopher Marlowe의 《포스터스 박사*Dr. Faustus*》●● 같은 르네상스 시대의 작품에서 탐구된 한 주제이기도 하다.

● 문자를 발명하여 인간에게 주었다고 전해지는 이집트의 신이다. — 옮긴이.

●● 크리스토퍼 말로가 1588~1592년에 쓴 《포스터스 박사》는 중세 파우스트 전설에 기초한 희곡이다. 괴테의 《파우스트*Faust*》와 소재는 같지만, 각 인물의 성격은 다르다. 백과百科의 학문에서도 만족하지 못하는 포스터스가 마법으로 메피스토펠레스를 부르고 영혼을 악마에게 팔아 버리는 조건으로 24년간 극한적 욕망을 한껏 부린다는 내용이다. 르네상스인의 영광과 비참을 상징하는 작품이다. — 옮긴이

언어를 통한 질서 부여

피코의 철학에서 중요한 것은 인간은 자연의 혼돈스러운 세계에 질서를 부여하기 위해 언어를 이용한다는 확신이었다. 우리는 언어라는 인간화된 도구를 통해 문명화된 세계를 창조했다. 그것은 인간만이 지닌 능력이며 언어에 의해서만 가능한 자유다. 크리스텔러는 "피코는 자신 삶의 행로를 선택할 수 있는 인간의 자유를 특히 강조했다"고 말한다.[67] 인간은 자신의 운명을 선택할 수 있다는 점에서 다른 동물과 다르다.

선택할 수 있는 우리의 힘과 능력, 그리고 그에 따라 문명을 창조할 수 있는 능력은 우리가 지닌 언어 능력의 직접적 결과다. 이러한 언어, 특히 레토릭의 문명화하는 힘은 마술적인 것과 다름없다. 피코의 경우, 언어의 마술은 인간으로 하여금 세상의 가장 깊숙한 곳에, 자연의 심연 속에, 그리고 신의 보물 창고와 신비 속에 숨겨진 기적을 살필 수 있게 한다고 보았다.[68] 그는 피치노와 여타 다른 이들과 같이, 개인적 발전뿐 아니라 시민의 진보를 위해 레토릭에 있는 이러한 힘과 능력을 활용하고자 했다.

레토릭과 감정

피코와 같은 인본주의자는 설득에 대한 관심에 고무되어 인간의 의지와 감정emotions에 대해서도 연구했다. 비커스에 따르면, 감정이라는 토픽에 대한 인본주의자의 생각은 "레토릭 심리학의 새로운 하위 학문인 파톨로기아pathologia를 만들어 냈다." 감정의 원천은 아펙투스affectus로 간주했다. 적절히 조율된 감정을 소유한 연설가는 어떤 주제와 관련된 특정한 감정을 경험하며, 청중과 같은 감정을 가지려고 애쓴다는 것이다. 이러한 이론은 키케로의 원리에서, 그리고 아리스토텔레스가 파토스를 다루던 데서 비롯되었다.

언어의 감정적 힘에 대한 고려는 (마술의 경우와 같이) 엘로쿠티오, 즉 레토릭 스타일에 대한 르네상스 레토릭 전문가들의 강력한 관심 속에서 드러난다. 1540~1640년 그 시기에는 엘로쿠티오를 발전시킨 비유tropes, 장식schemes, 그리고 형용이나 표현figures 등으로 알려진 레토릭 도구에 대한 "엄청난 열정"을 볼 수 있었다.[69]

로렌초 발라

로마에서 태어난 로렌초 발라(1407~1457)는 "모든 인본주의 학자 중에서 가장 널리, 그리고 가장 큰 영향력을 미친 인본주의자"로 일컬어진다.[70] 그의 저술 《변증법적 논쟁*Dialectical Disputations*》(1435)과 《라틴어의 품격*Elegancies of the Latin Language*》(1444)은 스콜라 철학을 공격하고 레토릭에 기반을 둔 인간 이해에 대한 새로운 접근을 제시한 것으로, 특히 후자의 경우는 "후기 인본주의자의 바이블"로 간주된다.[71]

발라는 고전 라틴 문어체 전문가였다. 피터 맥Peter Mack에 따르면, 고전 라틴어의 풍부한 특징을 재건하려고 했던 그의 《라틴어의 품격》은 "15세기 말과 16세기에 많이 읽히고 상당한 가치를 발휘했다."[72] 발라는 키케로 모델을 넘어서는 적절한 라틴 모델의 개념을 확장했는데, 그는 퀸틸리아누스 저술의 강력한 지지자였다. 발라의 연구에서 핵심은 대학에서의 변증법과 철학이 아니라 레토릭이 교육을 위한 적절한 기초라는 것이다. 레토릭은 변증법보다 더욱 이해하기 쉽고 포괄적이며 철학보다 더 많은 정보를 제공해 준다고 보았다.

사제 교육 훈련을 받았던 발라는 나폴리와 밀라노에서 고전 문학과 철학을 공부했다. 그는 그리스 고전 문헌을 라틴어로 번역하고 성경의 그리스어와 라틴어 판본을 비교함으로써 신약 성서 연구를 발전시켰다. 고전 언어에 대한 그의 전문 지식과 라틴어 문어체에 대한 그의 심오한 이해는 그간 상당히 영향력이 있고 고대 문헌이라고 주장된 일부 문헌이 위조된 것임을 밝혀내기도 했다. 이러한 위작 중에서 가장 오명을 남긴 것으로는 로마 황제 콘스탄티누스 1세가 서유럽 전체를 로마 가톨릭교회에 물려줬다고 기록한 《콘스탄티누스의 증여*The Donation of Constantine*》●였다. 발라는 "언어 연구에 대한 열정을 통해 철학과 역사 비평의 토대를 구축했다."[73] 에라스뮈스와 후안 루이스 비베스Juan Luis Vives를 포함한 위대한 인본주의자들은 "어떤 식으로든 발라의 제자"였다.[74]

철학에 대한 연설의 우위

발라의 독실한 기독교 신앙심과 레토릭에 대한 강력한 관심은 그를 고대 원전 연구로 이끌었다. 그는 교황 에우제니오 4세에게 보낸 글에서 자신의 삶의 목적은 "연설 연구를 통해 신을 기쁘게 하고 사람을 돕는 것"이라고 썼다.[75] 발라는 《쾌락에 대하여*De Voluptate*》에서 기독교 문화는 초기의 이교도 그리스 문화보다 우월하다고 주장했다.[76] 발라의 경우, 르네상스에서의 인본주의는 기독교를 거부하는 것이 아니라 수도원 같은 명상적 경건함을 거부한다는 것을 의미했다.[77] 그의 종교는 적극적이고, 공개적이며, 철학의 달인인 연설을 중심으로 발전했다. 제럴드 시겔Jerrold Seigel에 따르면, 발라의 관점에서는 "모호하고, 비열하고, 무기력한 철학자들보다 연설가들이 윤리 문제를 보다 분명하게, 무게 있게, 당당하게 다루었다."[78] 철학자들은 학술적인 문제만을 다루면서 그들이 몸담은 대학의 울타리 안에서 끝도 없이 논쟁만 벌였다는 것이다. 그에 반해 레토릭 전문가들은 시민의 삶 속에서 적극적으로 활동했고 사회의 선

● 로마 황제 콘스탄티누스가 교황 실베스테르 1세(314~335)에게 전 이탈리아와 서부 도시국가에 대한 영토권과 안티오키아, 콘스탄티노플, 알렉산드리아, 예루살렘 교회에 대한 수위권을 인정했다는 가짜 문서를 말한다. 이 문서는 가짜 교령집과 그 밖의 법령집에 들어 있는데, 8세기경에 만들어진 것으로 추정된다. — 옮긴이

을 위해 일했다는 것이다.

발라는 철학자의 윤리 논쟁은 보통 사람의 도덕적 감정에도 못 미친다고 보았다. 도덕적 진실은 "상식의 기준"에서 발견되며, 레토릭은 그러한 공동의 도덕 기준을 만들고 지속시키는 데 도움을 준다는 것이다.[79]

다른 학문과 레토릭의 관계는 어떤 연구가 모든 연구 중에서 가장 위대한가라는 강렬하면서도 종종 개인적인 토론을 유발시켰다. 15세기에 에르몰라오 바르바로Ermolao Barbaro는 피코에게 편지를 보냈는데, 거기서 그는 철학자를 "우둔하고 무례하며 교양 없는 야만인"이라고 비난했다.[80] 다른 이들도 철학은 레토릭에 종속된다고 주장했다. 어떤 한 주장은 레스res(어떤 주장의 내용이나 문제)와 베르바verba(어떤 주장을 표현하는 말) 사이에 존재하는 르네상스의 특징에 초점을 맞추었다. 적어도 레토릭 전문가들에 따르면, 철학자가 레토릭에 의한 베르바 없이 레스를 소유하면 철학을 지루하고 거의 의미 없는 연구로 만든다고 여겼다.[81]

철학의 학술적 지식이 아닌, 레토릭 기술은 키케로의 로마에서 그랬던 것처럼 르네상스에서는 교육받은 이의 당연한 특징이 되었다. 도널드 켈리Donald Kelly는 다음과 같이 말한다.

> 레토릭 달인은 도덕적이고 정치적인 의미에서뿐 아니라 문학적이고 철학적인 의미에서 보편적인 인간uomo universale이라는 생각을 실천해 낸 사람이다. 달리 말해서 연설가는 르네상스 인간의 전형이자 패러다임이었다.[82]

르네상스 시대 레토릭 전문가는 지혜는 능변과 늘 함께한다고 생각했다. 지혜를 능변으로 표현한다는 것은 법, 신학, 심지어 의학과 같은 토픽들을 나름대로 연구함을 의미했다.

활동적인 삶

발라, 피코, 페트라르카와 같이 여타 르네상스 인본주의자들은 활동적인 삶vita activa, 즉 정치적으로나 시민적으로 관여하는 삶을 옹호했다. 레토릭은 특히 키케로 모델에 대한 이해로서 이러한 삶의 중심에 있었다. 브라이언 비커스는 다음과 같이 언급한다.

> 적극적인 개인은 나라의 삶에 관여했으며, 레토릭은 그 관여의 중심에 있었다. 그것은 개인에게 어떤 도시나 나라가 직면하고 있는 실질적인 문제의 해결을 도와주는 기본적 분석력뿐 아니라 표현력도 가르쳐 주었다.[83]

인본주의자는 중세 기독교 사회에서 장려되었던 수도원 생활을 모델로 하는 홀로 생각하는 명상적이고 관조적인 삶vita contemplativa에 의문을 제기했다. "모든 형태의 스피치"는 문명화된 사회를 건설하는 협동적 과제에 중요한 것이다. 따라서 "순전히 혼자서 쓰고 생각하는 것은 잘못된 것으로 간주되었다."[84] 신성한 진리에 대한 혼자만의 명상이라는 (수도원의 규정으로 명문화된) 초기 기독교 모델은 (스피치speech/oratio와 이성reason/ratio이라는 공적 자산의 사적 오용으로) 반사회적인 것으로 거부되었다. 비커스가 언급한 바와 같이, "스피치는 사회적 교환의 전제 조건이다. 따라서 (키케로식 인본주의가 가장 싫어하는) 침묵이나 고독은 그러한 조건을 거부하는 것이다."[85]

사회 문제를 해결하는 데 이성을 적용시키는 것이 곧 레토릭이라는 인식을 둘러싸고 새로운 이상이 발전해 나가고 있었다. 활동적인 삶은 누구든 자신이 속한 도시나 국가에 빚지고 있다는 인본주의적 신념을 반영했다. 즉 "개인의 의무는 자신에게 시민권과 언어를 준 나라를 위해 우선적으로 부가되어야 하며, 그다음에 동료 시민, 가족, 친구에게, 그리고 마지막으로 자신에게 부가되어야 한다."[86] 레토릭은 활동적인 시민적 관여의 삶을 살아나가는 관건이었다.

스피치가 인간을 특징짓는 능력이라고 인식될 때, 침묵에 의해 스피치를 거부하는 일은 자신의 인간성을 부정하는 것이며, 자신의 공동체에서 새로운 사상을 빼앗는 것이다. 인본주의자들은 스피치가 개인을 위해서는 인간화의 잠재력을 가지고 있고, 사회를 위해서는 문명화의 잠재력을 갖고 있는 것으로 확신했다. "인간의 대화는 고양시키는 힘을 가지고 있다. 대화는…… 우리의 마음을 순화시키고 영향도 미친다."[87] 구두 언어는 또한 문화를 형성하며 인간의 문명을 존재 가능하게 만든다. 마이클 무니Michael Mooney는 "이러한 전통의 중심에는 사회의 접착제이자 사회 변동의 수단이라는 언어의 개념이 존재한다"고 본다.[88]

스피치는 인간이 가장 높은 수준의 인간적 성취인 문명을 창조하는 수단이다. 따라서 명상적인 삶을 옹호하는 이들이 추천했던 것과 같이 스피치를 피하는 것은 인간의 본질을 거부하는 것이며 문명에 저해되는 것이다. 기도와 명상이 아니라 레토릭과 능변이 시민의 영역에서 건설적이고, 협동적인 활동을 가능하게 한다. 유창한 언변은 인간의 마음을 개화시키고 마음속 거친 충동을 순화시킴으로써 인간의 존재감을 높이고 사회생활을 가능하게 한다. 스피치는 분명 인간의 특징적인 능력이다. 그러면서도 레토릭이 지닌 인간화의 잠재력은 또한 그림과 같은 다른 상징 형태로도 표현될 수 있다.

후안 루이스 비베스

또 한 명의 저명한 인본주의자인 후안 루이스 비베스(1492~1540)는 피코가 죽기 2년 전 스페인의 발렌시아에서 태어났다. 그의 초기 교육은 스페인에서 이루어졌는데 피코의 경우와 같이 스콜라 철학 전통에서 교육을 받았다. 비베스는 "종교 재판의 공포를 피해" 17세 때 스페인을 떠났다.[89] 그는 파리에서 공부했는데, 거기서 인본주의 사상에 매료되었다.[90] 그는 아우구스티누스의 《신국》 판본을 편집했다. 제임스 캐머런James Cameron에 따르면, 비베스가 결국 "에라스뮈스의 친구이자 제자가 되었는데, 에라스뮈스로부터 영향을 받은 그는 자신의 '거대 교육학 체계'의 배경이 됐던 인본주의 원리에 크게 동화되었다."[91] 1523년 비베스는 매리 공주를 교육시키고 옥스퍼드대학교에서 가르칠 수 있게 초청되어 영국으로 갔다. 그 후 그는 고향 스페인으로 돌아가지 않았다.

스페인의 또 다른 유명 레토릭 전문가 퀸틸리아누스와 같이, 비베스는 레토릭 교육의 가능성에 관심이 많았지만, 그의 교과 과정에는 다른 많은 주제에 대한 연구도 추가되었다. 퀸틸리아누스의 《레토릭 강론》과 함께 비베스의 《학문론*De Disciplinis*》(1531)과 《레토리카에*Rhetoricae*》(1533)는 어머니에 의한 초기 교육에서부터 고급반 학생을 위해 제공되는 교육에 이르기까지 일련의 교육 과정을 제시해 준다.[92]

비베스가 키케로와 이소크라테스에 학문적으로 의존하고 있는 점은 (비록 그가 고전적인 전통을 깨고 "당대의 요구에 적합한" 레토릭을 발견했다고 주장하지만) 그의 《화법*De Ratione Dicendi*》(1532)에 명백히 나타난다.[93] 그러나 그 과정에서 비베스는 레토릭을 주로 스타일의 영역에 남겨둔 채 레토릭으로부터 주장을 분리시켰다. 그의 교과 과정의 목적은 평화를 위해 힘 있게 말할 수 있고 열심히 일할 수 있는 매우 도덕적이며 생각이나 느낌을 잘 표현하고, 기독교 행동 원리를 체화하는 개인이었다.

레토릭과 르네상스 교육

르네상스 시기 레토릭은 교육적 실천에 강력한 영향을 미쳤다. 비커스는 "그 시기에 출간된 것으로 알려진 레토릭 교재의 양이 엄청났다"고 말한다. 놀랍게도 14세기 말에서 18세기 초 사이에 유럽에서 나온 레토릭 책만 해도 2,500종 이상이었다. 이들 책이 당시 학교에서 통상적으로 사용되었다면, 이는 이 시기에 "수백만 명의 유럽인이 레토릭에 관한 실용적인 지식을 지녔음을 의미하는 것이다. 이는 남성뿐 아니라 여성까지 포함해서 많은 전문가 집단을 포함하는 놀라운 숫자다."[94]

로테르담의 에라스뮈스가 쓴 《풍요로운 스타일*On an Abudant Style*》이라는 책 한 권만 해도 16세기에 (어느 세기에 내놓아도 괄목할 만한 기록이라 할 수 있는) 150판을 냈다.[95] 돈 애벗은 르네상스 유럽에서 일어난 레토릭의 엄청난 확장세에 대해 언급한 바 있다. 그는 당시 레토릭을 "르네상스 주제the Renaissance subject"라고 부르며 "레토릭이 르네상스 지식인의 생각뿐 아니라, 르네상스 학교의 교과 과정을 지배했다. 아주 특별하다고 할 정도로"라고 덧붙인다.[96]

레토릭한 장식과 표현

레토릭은 하나의 학문으로서 엄청난 지위를 누렸으며, 전체 학교 교과 과정이 레토릭을 중심으로 구성되었다. 교육 목적으로 레토릭을 체계화하는 데 아주 강력하고도 때로는 과도하다고 할 정도의 노력이 기울어졌다. 조바니 밥티스타 베르나르디Giovani Baptista Bernardi는 《레토릭 동의어사전*Thesaurus Rhetoricae*》(1599)에서 5,000개 이상의 레토릭 용어에 대해 규정했다.[97] 학생들은 레토릭 표현을 계속 반복해서 배움으로써 그처럼 많은 표현을 암기하도록 했다.[98]

토머스 슬론Thomas Sloane은 양쪽 주장에 대한 고전 레토릭의 강조 역시 발라와 에라스뮈스와 같은 르네상스 저자를 특징지었다고 말한다.[99] 르네상스 학교에서 젊은 학생들을 위해 "편지 쓰기 안내서, 비유와 표현 지침서, 그리고 속담 사전들"이 레토릭 훈련에 사용되었다. 피터 맥에 따르면, "스피치의 표현과 그 이름을 배우는 것은 학생들이 이를 남용하게 했지만, 대신 학생들이 그러한 이용 방식에 잘 적응하도록 만들었다." 마찬가지로, 에라스뮈스의 《코피아*De copia*》에서 "당신의 편지는 나를 아주 기쁘게 한다"는 것을 말한 200가지 방법의 사례를 읽는 것은 치밀하고 반복적인 글쓰기 경향을 크게 고무시켜 주었을 것이라고 본다. 그러나 이는 학생이 주어진 표현을 이용할 경우 여러 대안 가운데서 어떤 것을 선택하는 데 도움을 주었을 수도 있다. 거기에는 같은 글에 주어지는 199개의 다른 어미나 어형 변화들이 있었기 때문이다. 그것은 또한 학생들이 그 문장이나 문단을 다시 쓸 수 있게도 했을 것이고 그들에게 그런 재작성이 어떻게 다른 목적에 기여하고 다른 것을 강조하게 만들었는지를 보여 주기도 했을 것이다.[100]

따라서 엄격하고 반복적인 레토릭 훈련은 당시 그것의 유용성에 대해 가끔 스스로 의문을 가졌던 학생들에게 실질적인 이득이 되었다. 에라스뮈스는 또한 학생들에게 "내가 살아 있는 한 당신을 기억할 것이다"를 라틴어로 말할 수 있는 200개 이상의 방식을 제시하기도 했다. 《코피아》나 《풍요로운 스타일》은 이름을 참 잘 지은 것 같다.[101]

스피치의 여러 표현: 사례

다음은 르네상스 레토릭 전문가들이 목록화했던 스피치의 여러 레토릭한 장식과 표현 중 일부를 소개한다. 물론 그러한 장식과 표현법에 해당되는 최근 사례도 있다.

- 접속사 생략(법)asyndeton: 나열된 단어나 구절 사이에 접속사를 생략하는 것.
  (예) She returned from the games covered with golden medals, dresses in deserved glory, basking in the praise of her nation. (그녀는 금메달을 목에 걸고 영광의 옷을 입은 채 조국의 찬사를 받으며 경기를 끝내고 돌아왔다.)

- 은유(법)metaphor: 특정한 물건, 사람 또는 아이디어를 분명히 또 다른 물건, 사람 또는 아이디어에 비유하는 것.
  (예) "O my luve is like a red, red rose, freshly sprung in June/ My luve is like the melody, that's sweetly play'd in tune." (오 나의 사랑은 6월에 싱그럽게 피어나는 붉은 장미와 같구나/ 나의 사랑은 달콤하게 조화를 이루며 울려 퍼지는 멜로디와도 같구나.) _ 로버트 번스Robert Burns, "붉은, 붉은 장미A Red, Red Rose"

- 역언법逆言法/paralepsis: 피상적으로 혹은 대충 언급하거나 분명히 생략함으로써 어떤 쟁점이나 문제를 제기하는 것. (중요 부분을 생략함으로써 오히려 주의를 끄는 생략법)
(예) "Let me say, incidently, that my opponent, my opposite number for the Vice Presidency on the Democratic ticket, does have his wife on the payroll and has had··· for the past ten years··· Now just let me say this: That's his business, and I'm not critical of him for doing that." (어쨌든 말 좀 하겠습니다. 민주당 공천 후보 명단에 있는 나의 반대자, 부통령 후보가 되고자 하는 나의 반대자는…… 지난 10년 동안…… 자신의 아내를 급여 대상자 명단에 올려놨습니다. 자 이제 말해 볼까요. 그게 바로 그의 일입니다. 그렇다고 그를 비난하지는 않겠습니다.) _ 리처드 닉슨 Richard Nixon, "기금 연설Checkers Speech," 1952.

- 다접속사 사용(법)polysyndeton: 나열되는 단어와 구절 사이에 접속사를 넣는 것.
(예) "Today marks my final roll call with you, but I want you to know that when I cross the river my last conscious thoughts will be — of The Corps, and The Corps, and The Corps." (오늘 저는 여러분과 마지막 점호를 합니다. 그러나 나는 여러분이 알아주기를 바랍니다. 내가 죽으며 마지막 숨을 거두는 그 순간에도 나는 우리 부대를, 그리고 부대를, 그리고 또한 부대를 생각할 거라는 걸 알아주기 바랍니다.) _ 더글러스 맥아더 장군General Douglas MacArther, "사관생도에게 하는 연설 Speech to the Cadets," 1962.

- 의인법prosopopoeia: 존재하지 않는 개인이나 집단을 언급하는 것.
(예) "But you will not abide the election of a republican President! In that supposed event, you say you will destroy the Union; and then you say, the great crime of having destroyed it will be upon us! (그의 동료 공화당원들에게 말할 때는 없던, 남부 민주당 대표자들의 주장에 대한 대응 중에) (여러분은 공화당 대통령이 뽑히는 걸 당연히 용납하지 않을 겁니다! 만일 그렇게 되면, 미합중국을 박살 낼 거라고 말합니다. 그런데 여러분은 미합중국을 박살 낸 큰 죄가 우리한테 있을 거라고 말하고 있습니다.) _ 에이브래햄 링컨, 1860.

- 제유법synecdoche: 부분을 나타내는 데 전체를 이용하거나 전체를 나타내는 데 부분을 이용하는 것.
(예) (1) The United States invaded Iraq in 2003; (2) lend me a hand. (미국이 2003년에 이라크를 침공했다; 손 좀 빌려다오.)

레토릭과 뇌

스피치 표현에 대한 르네상스의 관심은 중요한 문제를 제기한다. 레토릭 장식은 단지 언어를 꾸미는 하나의 방식인가, 아니면 레토릭의 역사 속에서 일관되게 나타나는 그 이상의 어떤 것인가?

문예학자 리처드 래넘은 은유와 같은 레토릭한 장식에 대한 인간의 끌림에 대해 놀랄 만한 설명을 제공해 준다. 즉 뇌의 경제성 때문이라는 것이다. 생물학자 에드워드 O. 윌슨Edward O. Wilson에 따르면, 레토릭한 표현은 "우리와 같은 종種의 기본적인 진화 전략"을 드러내는지도 모른다. 래넘은 윌슨을 인용해 "뇌는 그 자체의 작은 크기와 짧은 생애를 보상하기 위해서 간결함에 의존한다"고 말한다.

윌슨은 (인간의 발전 과정을 보면) 인간의 뇌는 "기억을 확대하고 계산을 빨리하기 위한 요령tricks에 의존하도록 강제되고 있다"고 본다. 그리고 이러한 요령들은 "혼란스러운 감각 경험을 언어로 표시된 유용한 목록으로 일단 쓸어 모으고, 빠른 재현을 위한 목록으로 잘 정돈해 놓도록" 해 주는 "유추와 은유" 기능의 발전을 포함한다는 것이다. 래넘은 스피치의 레토릭한 표현이 "존재하는 이유"와 관련해, 그것들은 "일종의 데이터 압축기, 즉 반복적인 조사를 하는 동안에 아주 급속히 이루어지는 대체물임"을 의미하는 것일 수 있다고 결론짓는다. 이는 레토릭한 표현이 정보를 소환하는 데 우리의 시간을 아껴주고, 인간의 대뇌피질에서 가치 있는 공간을 아껴준다는 것이다.[102] 따라서 은유와 여타 레토릭 장치에는 '단순한 장식' 그 이상의 것이 있다는 것이다.

레토릭과 르네상스 미술

르네상스에 대한 논의는 당시 만들어진, 특히 남부 유럽에서 만들어진 유명한 미술품에도 관심을 갖게 한다. 르네상스 인본주의의 미술에 대한 강한 흥미와 그것의 레토릭에 대한 몰입 사이에는 직접적인 관련이 있었다. 로런스 프렐리Lawrence Prelli는 "르네상스 인본주의자들은 레토릭적 (특히 의식적인epideictic) 범주를 통해 예술을 통합했던 시각 미학을 이론화하고 실천했다"고 말한다.

레토릭 규칙은 시와 마찬가지로, 그림 그리기나 다른 예술과도 종종 결합되었다. 따라서 어떤 화가는 캔버스에 재현되는 주제를 통해 고상한 인물이나 미덕을 묘사하려고 했다. 아테네 사람들이 의식적인 연설을 듣는 것과 같이 관람자인 수용자는 그림을 봄으로써 그림의 주제와 같은 선의와 미덕을 표현할 용기를 갖게도 되는 것이다. 화가 역시 "키케로가 그의 《연설가에 대하여》에서 얘기한 이상적 연설가에게 부여했던 과업(즉 시민적 선의와 미덕의 전파)과도 비견할 만한" 레토릭적인 시도에 관여했다.

프렐리에 따르면, 르네상스 인본주의자는 "그림은 말 없는 시이고, 시는 말하는 그림이다"라는 표현을 받아들였다. 화가와 시인은 (고대 그리스와 로마의 위대한 연설가들처럼) "도덕적 의미와 함께 묘사된 사람과 사건의 이상화된 이미지나 패턴 또는 사례를 관객에게 '가시화'시켜 주려고 했으며, 그렇게 함으로써 관객은 그러한 것을 '응시'하고 자신의 행동에 그것들을 반영하거나 모방하려고 했다"는 것이다.[103]

변증법으로의 선회

엄청난 성공에도 불구하고 레토릭은 르네상스 시기에도 비판을 받았다. 일부 영향력 있는 학자들은 15세기와 16세기에 레토릭이 스타일과 표현에 관심을 보인 것을 두고 이를 깎아내렸다. 레토릭보다는 논리와 변증법이 학자에게는 더 적절한 연구이며, 논쟁에서의 주장은 변증법에 속한다는 것이었다. 15세기와 16세기 동안 특히 두 학자가 논쟁에 관한 변증법의 입장을 공고히 하는 데 의미 있는 역할을 했다.

아그리콜라

첫 번째 인물은 네덜란드 학자 룰로프 하위스만Roelof Huusman(1444~1485)인데, 훗날 로돌푸스 아그리콜라Rodolphus Agricola라는 라틴어 이름의 역사가로 더 잘 알려졌다.[104] 많은 레토릭 이론가처럼 아그리콜라는 법을 공부했다.[105] 1468년 이탈리아에서 공부를 시작하여 10년 정도 머물렀다. 이탈리아에 있는 동안 그는 라틴어와 그리스어 공부에 몰두했다. 그는 이탈리아 인본주의 전통에 크게 영향을 받았다. 그 후 그의 사상은 스콜라 철학 교육의 가장 중요한 주제였던 변증법으로 스콜라 철학 교육을 개혁하는 데 결과적으로 성공했던 인본주의 사상가들에게 다시 영향을 미쳤다.[106]

아그리콜라는 페트라르카의 업적을 찬양했으며, 그 위대한 인본주의자의 전기도 썼다. 인본주의의 영향하에서 그는 고전, 특히 레토릭과 변증법에 관심을 기울였다. 페트라르카를 포함한 많은 인본주의자들과 같이 그는 '말하기와 연설'은 인간 문명의 발전을 위해 신이 내린 선물이라고 주장했다.[107] 찰스 노어트는 "따라서 그는 문명의 재탄생이라는 인본주의 사상의 분명한 개념을 갖고 있었다"고 본다.[108]

1479년 아그리콜라는 유명한 책 《변증법 발견*De Inventione Dialectica*》을 완성했는데, 사후 30년 뒤인 1515년에 로마에서 출간되었다. 노어트에 따르면, 그 책은 "출간 이후 16세기 중반까지 논리에 관한 가장 중요한 입문서"가 되었다.[109] 아그리콜라는 레토릭 전문가의 장식보다는 스피치의 논쟁적 이용에 더 관심을 기울였다. 분명한 논리 전개와 효과적인 가르침이 변증법의 목적이 되어야 한다고 한 그는 연구와 실천 모두에서 변증법이 레토릭보다는 더 우위에 있다고 본 것이다.

레토릭 격하

아그리콜라는 《변증법 발견》에서 여러 유형의 주장에 대해 논했지만, 스타일적인 고려에는 별로 관심을 갖지 않았다. 그는 스타일에 대한 고려는 레토릭의 범주에 속한다고 보았다. "레토릭은 우리에게 오로지 귀를 붙잡으려는 미끼로 언어적 장식과 꾸밈, 그리고 언어의 고상함만을 제공해 준다"고 했고, 변증법은 "스피치 속에 포함된 어떤 문제에 대해서나 확신을 가지고 말하는 보다 근본적인 영역"이라고 주장했다.[110]

따라서 아그리콜라는 능변을 장식으로 보고 그것을 그냥 레토릭으로 치부해 버리면서 고대로부터의 유서 깊은 키케로적 짝이라고 할 수 있는 지혜와 능변을 분리했다. 변증법이 스피치 내용의 모든 것, 즉 지혜를 독차지하면서 분명한 승자로 등장했다.

특정 스피치의 내용과 관련하여 아그리콜라는 누군가가 수용적인 청중에게 어떤 것을 설명하는가, 아니면 설득할 필요가 있는 청중 앞에서 어떤 것을 주장하는가에 따라서 설명과 주장을 구분한다. 그의 레토릭 이론은 어떤 주장을 찾아내고 평가하는 활동을 더욱 강조하고 있으며, 토포이, 즉 화제話題 연구의 재건에 특히 관심을 보였다.[111] 그는 또한 당시의 표준적인 레토릭 책들에서 통상적이었던 것보다는 훨씬 더 철저하게 감정에 대해서도 논의했다.

아그리콜라는 에라스뮈스, 필리프 멜란히톤Philip Melanchthon, 비베스, 그리고 특히 페트뤼 라무스Petrus Ramus를 포함한 레토릭과 변증법에 관해 글을 쓴 뛰어난 학자들에게 영향을 미쳤다.[112] 월터 옹은 "[아그리콜라의] 중요성은 아무리 과장해도 지나치지 않다"고 말한다. 옹은 아그리콜라의 논리는 그의 뒤를 잇는 여러 세대 동안 (절대적인 의미에서) 완전무결한 논리가 됐다고 덧붙인다.[113]

페트뤼 라무스

아그리콜라의 중요성은 그의 제자인 프랑스 학자 페트뤼 라무스(1515~1572. 프랑스 이름으로는 피에르 드 라뮈Pierre de La Ramée)에 의해서 강조되었다. 라무스에 따르면, "자신이 가르쳤던 '진정한 변증법'은 어디에서 갑자기 나타난 것이 아니라, 바로 로돌푸스 아그리콜라의 변증법으로부터였다는 것을 동세대들에게 환기시켜야 했다."[114]

16세기 파리대학 레토릭 교수였던 라무스는 스콜라 철학을 격렬히 반대했다. 그는 아리스토텔레스와 키케로 같은 권위에 결코 기대지 않은 대안적인 학습 방법을 제안했다. 피터 맥이 언급한 바와 같이 우상 파괴적인 입장에 있었던 라무스는 "당시 학계에서 신이나 다름없었던 아리스토텔레스, 키케로, 퀸틸리아누스 등을 신랄하게 공격하는 것을 자신의 학문적 입장으로 삼았다."[115] 그는 아리스토텔레스의 가치는 물론 키케로의 레토릭에 대해서도 회의적이었다. 아리스토텔레스는 "레토릭과 변증법의 혼돈을 초래한 인물"이기 때문이고, 키케로는 매우 장황한 데다 스피치할 때 "스스로를 억제 또는 견제할 수 없었기 때문"이라는 것이다.[116]

라무스는 퀸틸리아누스에게도 학문적인 빚을 지긴 했지만, 위대한 로마의 선생인 퀸틸리아누스조차 라무스의 《퀸틸리아누스 레토릭 반론*Arguments in Rhetoric against Quintilian*》(1549)에서는 분노의 공격 대상이 되었다. 라무스는 자신의 라틴어 구절인 "말 잘하는 선한 이Vir bonus bene dicendi"에서 요약 제시한 바와 같이, 퀸틸리아누스가 제시했던 선하고 언변이 탁월한 완벽한 연설가 개념에 반대했다. 언변이 탁월한 사람 역시 악한 사람일 수 있다는 분명한 사실을 무시했던 그러한 관점은 라무스가 볼 때, "아무짝에도 쓸데없는 바보스러운" 것이었다.[117]

라무스는 레토릭 전통을 무시하는 자기 입장을 동시대인에게 확산시켰다. 그는 레토릭 연구를 중심으로 형성된 이탈리아의 표상인 인본주의를 경계했다. 옹은 "아주 실질적인 의미에서 레토릭 중심 문화를 대표 상징하는 이탈리아 인본주의는 북유럽의 변증법 또는 논리 중심 문화에 반대했다"고 말한다.[118] 라무스는 교양 교육에 있어 (덜 레토릭적인) 후자 모델, 즉 북유럽 쪽의 논리 중심 문화를 선호했다.

라무스는 이탈리아 인본주의를 정형화했던 고전 전통에 대한 자기 부정적 반응의 일부로서 레토릭 연구에서 창안을 제거해 버렸다. 대신 그것을 《변증법의 구조*Institutes of Dialectic*》(1543)에서 변증법에다 할당했다. 레토릭은 단지 언어적 장식에 불과하며 별로 중요하지 않다는 것이다. 그의 엄청난 지적 영향으로 인해, 레토릭은 그 나름 하나의 연구로서 가졌던 지위를 상당히 잃게 되는 처지에 놓이게 되었다. 그러나 라무스는 레토릭을 폄하시키려고 한 자신의 노력으로 인해 이성과 언어 사이를 틀어지게 함으로써 보다 극적인 영향력을 행사했을 수도 있다. 래넘은 라무스가 "이성을 스피치에서 벗어나게 한" 교육 모델을 발전시킴으로써 "생각을 언어와 분리시켰다"고 말한다.[119] 언어가 다른 학문적 발견을 표현하는 중립적인 도구가 되었으며, 교육받는 사람들에게 더이상 가치 있는 기술적 내용으로 보이지는 않게 되었다는 것이다.

라무스 이후의 레토릭 문헌은 스타일과 장식에 대한 논의 쪽으로 기울어지는 경향을 보였다. 그러한 글들에서는 주장을 발견하는 시민적 담론 기술로서의 레토릭 가능성은 크게 줄어들었다. 그것은 상당히 제한된 실질적인 적용으로 인해 주변화된 연구가 되었다. 그럼에도 불구하고 인본주의의 전통에 힘입어 레토릭은, 변증법 같은 다른 수단에 의해 발견된 통찰력을 주로 장식하는 기술로나마 그 나름의 영향력을 계속 행사해 왔다.[120]

영국의 르네상스 레토릭

15세기와 16세기 동안 유럽 대륙에서는 아그리콜라와 라무스의 비판 아래 레토릭이 어려움을 겪었지만, 영국은 1500년과 1600년 사이에 레토릭 기술에 대한 관심이 증가했기 때문에 레토릭이 특히 비옥한 곳으로 발전해 갔다.[121] 레토릭을 가르치는 입문서도 엄청 쏟아져 나왔다. 레토릭 전통은 또한 철학자 프랜시스 베이컨Francis Bacon(1561~1625)의 사상과 희곡 작가 윌리엄 셰익스피어(1564~1616)의 문학적 성과 등을 포함하는 영국의 지적이고 예술적인 생활에 상당한 영향을 미쳤다.[122] 르네상스 레토릭을 특징짓는 장식 스타일이 과학의 역할이 보다 커진 새로운 시대에 부합되는지에 대한 토론도 더욱 치열해졌다.

레토릭 교육

레너드 콕스Leonard Cox의 《레토릭 기술 또는 기예*The Art or Craft of Rhetoric*》(1530년경)는 영국에서 쓰여진 최초의 실질적인 레토릭 문헌이다. 그 책의 레토릭 표현은 거의 키케로적이다. 그것은 주로 키케로의 다섯 가지 원리를 중심으로 구성되어 있다. 리처드 셰리Richard Sherry의 《계략과 비유에 관하여*Treatise of Schemes and Tropes*》(1550)는 언어의 장식적 사용에 초점을 맞춘다. 토머스 윌슨Thomas Wilson의 《레토릭 기술*The Arte of Rhetorique*》(1553)은 영어로 된 중요한 초기 레토릭 교재다. 비록 레토릭을 독학으로 공부하려는 이들을 위해 쓴 것이긴 하지만 이 책은 영국의 튜더 왕조에서 레토릭을 가르치기 위한 교재로 널리 사용됐다.

조지 케네디가 쓴 바와 같이, "그러한 책들이 쓰인 것은 일부 학교에서 영어 교사들이 영어로 작문하고 영어의 진가를 알게 되면서 학생들을 훈련시킬 필요가 있음을 처음으로 인식했다는 지표였다."[123] 고전 레토릭의 위대한 영어 장인인 셰익스피어는 이러한 책들이 출간되던 시기에 학생이었다.

16세기 영국에서 레토릭 인기는 리처드 레이놀드Richard Reinold의 《레토릭 기본서*A Book Called the Foundation of Rhetoric*》(1563)와 로저 애스컴Roger Ascham의 《학교 교사*The Scholemaster*》(1570)와 같은 문헌의 출현에 의해 가시화되었다. 그 책들은 레토릭에 대한 키케로적 접근을 택했으며 그러한 레토릭 기술을 사회적 개선을 촉진시키는 수단으로 제시했다. 16세기 후반에는 가브리엘 하비Gabriel Harvey의 《연설가*Rhetor*》(1577)와 헨리 피첨Henry Peacham의 《능변의 정원*The Garden of Eloquence*》(1577)이 나왔다. 《연설가》가 레토릭에 대한 라무스적 접근의 책이었던 반면, 《능변의 정원》은 영어 산문 스타일의 발전에 초점을 맞추었다. 뒤에서 살펴보겠지만, 문자와 구두 스타일을 향상시킬 수 있는 레토릭의 가능성에 대한 영국인의 관심과, 영국 학생들의 사회적 개선을 증진시킬 수 있는 레토릭의 능력에 대한 영국인의 관심은 여전히 중요한 것으로 남아 있었다.

마술, 과학, 그리고 스타일

앞에서 인본주의자, 특히 이탈리아 인본주의자들이 언어의 마술적 효과에 아주 큰 관심을 가졌다고 언급한 바 있다. 레토릭의 스타일과 마술적 효과 사이의 연관 관계에 대해서는 르네상스 시대 영국에서 상당한 논쟁이 있었다.

라이언 스타크Ryan Stark는 중요한 연구인 《17세기 영국의 레토릭과 과학과 마술*Rhetoric, Science and Magic in Seventeenth-Century England*》(2009)에서 영국에서의 마술과 레토릭을 둘러싼 이러한 논쟁을 탐구한다.[124] 그 시기에 레토릭 스타일은 누군가의 정치적 선호와 심지어 누군가의 정신적인 상태를 가리키는 것으로 간주될 수 있었다. 단순하거나 '경험적인' 스타일의 선택은 난해하거나 신비한 것을 회피했던 과학적인 사고의 증거였던 반면, 역설과 같이 레토릭한 반전을 표현하는 화려한 스타일은 마술적인 힘에 대한 어떤 신념을 제시할 수 있었다. 스타크에 따르면, "새로운 시대"의 "예의 바르고 침착하며 평이한 레토릭"은 대륙 쪽 레토릭 전문가들의 더욱 오래되고 보다 정교한 스타일과는 어느 정도 선을 그었다.[125]

영국 레토릭 이론가들은 레토릭의 새로운 길을 모색함으로써 17세기 영국에서는 일종의 레토릭 혁명이 일어났다. 레토릭은 당시 특히 이탈리아에서는 레토릭과 마술의 결합으로 인해 치열한 경쟁 영역이 되었다. 소규모 과학자 집단이 프랜시스 베이컨 등의 저작에 대해 논의하면서 과학적 연구를 발전시키려는 노력의 일환으로 1660년 왕립협회를 만들었다. 이에 상응하여 담론에 대한 과학적 모델이 영국에서 주장되었는데, 그중 하나는 단순하면서도 꾸미지 않은 스타일을 요구하는 것이었다.

왕립협회 회원들은 과학적 레토릭을 발전시킴으로써 인본주의자들의 주술적인 과거에서 벗어나고자 했다. 언어는 황홀하게 만드는 유혹이 아니라 분명하게 표현하는 직설적인 연구에 맞는 학술적 도구여야 한다는 것이다. 장식적인, 즉 마술적인 것으로부터 단순한, 즉 과학적인 산문으로의 변화는 계몽주의의 전조가 되었으며 단순한 스타일을 옹호하는 유명한 철학자 존 로크 같은 경험주의 사상가들이 부상하는 전조가 되었다.

그러나 이런 비교적 덜 꾸미는 스타일로 변화하는 데는 나름의 부작용도 있었다. 스타크는 장식적 레토릭으로부터 벗어나는 이러한 움직임으로 인해 구두 담론에 대한 관심이 감소했다며 다음과 같이 주장한다.

> 월터 옹과 대부분의 다른 레토릭학자들은 인쇄 언어의 대량 유포가 르네상스와 계몽주의 레토릭에서 구두 언어의 중요성을 감소시킨 주된 힘으로 작용했다고 본다. 그러나 마술의 붕괴가 더 근본적인 것이라고 지적한다.[126]

후기 르네상스와 대화적 레토릭

마들렌 드 스퀴데리

마들렌 드 스퀴데리Madeleine de Scudéry(1607~1701)는 후기 르네상스인 17세기 중반에 활동한 소설가이자 수필가로서 레토릭의 사회적인 잠재력에 아주 큰 관심을 가졌던 여성이다. 제인 도나워스Jane Donawerth에 따르면, "프랑스에서 1640~1680년에 나온 문헌을 보면 마들렌 드 스퀴데리가 여성으로서는 처음으로 아주 정교한 초기 현대 레토릭 이론을 제시했다"고 했다. 《명화 속의 여인들*Les Femmes Illustres*》(1642)과 같은 책에서 "드 스퀴데리는 여성이 스스로 교육을 받고 아름다운 외모보다는 글쓰기를 통해 자신들의 사회적 지위를 추구해 나가도록 여성을 격려 고무시킨다"고 했다.[127] 천부적인 재능을 지닌 그녀는 한 여성으로서 (그녀가 가입하지도 않은 권위 있는 조직인) 아카데미 프랑세즈Academic Francaise에서 뛰어난 언변으로 상을 받기도 했다.

대화적 레토릭

도나워스는 《대화*Conversations*》(1680)와 《새로운 대화*Conversations Nouvelles*》(1684) 같은 책과 여러 소설에서 "드 스퀴데리는 르네상스 시대 프랑스의 살롱 문화를 위하여 대화의 레토릭(과 편지 쓰기), 즉 여성을 포함하는 (또는 여성을 중심으로 한) 이론을 펼치고 있다"고 본다. 레토릭에 대해 새롭고도 두드러지게 사회적인 접근을 하면서, "드 스퀴데리는 무엇보다도 대화를 통해서 지적 탐구가 이루어지고 공동체 건설이 이루어지는 여유로운 세상을 상상한다." 실제, 대화가 "사적인 담론뿐 아니라 공적인 담론을 위한 그녀의 모델"이 되었다. 도나워스는 "그녀의 이론에서 중심적인 것은 동조적이며, 듣는 이들의 이해관계에 계속 민감하고, 즐거움을 주

는 것이어야 하며, 청중에게 자기 의견을 강요하는 것이어서는 안 된다"고 덧붙인다.[128]

드 스퀴데리는 "여성들은 대화를 하나의 기술로서 가르치고 이론화했고," "대화를 다른 커뮤니케이션 형식을 위한 하나의 모델로 이용했으며," 그에 따라 "근대적인 작문 이론들이 중요하게 될 것이라고 예상했던" 그 뒤의 일련의 진전들을 미리 제시해 주고 있었던 것이다. 도나워스는 "대화conversation, 협동 작업collaboration 및 양자 대화dialogue에 대한 이러한 강조가 우리의 레토릭 개념에 추가시킨 것은 무엇인가?"라고 묻는다. 그에 대한 대답의 하나는 일부 초기 이론(대표적으로는 키케로의 이론)과 같이 스피치의 문명화하는 힘을 찬양한다는 것이다. 그녀는 "그리스의 소피스트를 따라, 키케로는 언어를 인간성을 야만의 상태에서 문명의 상태로 이끄는 힘으로, 그리고 공적 스피치를 통해 사람들이 스스로 자신을 위한 법을 만들도록 하는 정치적인 힘"이라고 덧붙였다.[129] 이는 르네상스 시대 내내 되풀이하여 언급됐던 것이다.

드 스퀴데리에게 언어는 "공적 말하기를 통해서가 아니라 일반인 속에서 일상 도덕을 가르치고 심화시키는 대화를 통해서 사회를 함께 묶는 접착제"였다. 도나워스는 여성 레토릭 이론가들이 일반적으로 이러한 경향성을 나타낸다고 본다. "하나의 집단으로서 여성 이론가들은 대화, 협동 작업, 그리고 양자 대화에 기반을 둔 커뮤니케이션 모델을 제시함으로써 우리로 하여금 레토릭의 역사에 대한 이해의 폭을 넓히게 했다."[130]

결론

레토릭은 르네상스 시기에 가장 두드러진 성과를 냈다. 레토릭 연구에 관한 책의 수는 물론 그러한 주제를 다룬 사람의 수, 그리고 교육이 레토릭 중심으로 구성된 정도는 정말 놀랄 정도다. 레토릭은 르네상스 시기 동안 교육의 언어이자 피교육자의 언어이기도 했다.

인본주의자들은 1300~1700년에 레토릭을 크게 촉진시켰다. 페트라르카, 피코, 비베스, 발라와 같은 지적 선각자들이 레토릭에 쏟았던 관심과 당시 철학이 교육의 토대라는 데 반대했던 그들의 주장은 레토릭 지위를 크게 격상시켰다. 인본주의는 되찾은 고전 원전들을 숭배했다. 되살아난 (대개는 키케로적) 고전 레토릭은 문화와 교육 및 실제 새로운 사회 질서에 대한 새로운 사고방식을 튼실히 자리 잡게 했다.

르네상스 연설가(즉 보편적인 인간)는 교양 과목을 부각시키고 지혜와 능변을 결합한 키케로 모델을 착실히 추구해 나갔다. 명상적 삶에 대한 수도원적 이상에 대한 반응으로 페트라르카는 시민적 관여의 활동적인 삶을 옹호했다. 레토릭은 자기 발견과 개선, 그리고 효과적인 통치를 위한 관건이었다. 레토릭의 영향은 시와 그림 그리기와 같은 순수 예술의 규칙에까지 확대되었다.

그러나 변화는 진행 중이었다. 르네상스 말기에는 마들렌 드 스퀴데리와 같은 개혁적 인물에 의해 대화적 형식의 새로운 레토릭이 탐구되기도 했다. 영향력 있는 학자 페트뤼 라무스는 레토릭의 지적 지위에 타격을 가하면서 레토릭의 도덕적 주장을 변증법 학문으로 옮겨 놓았다. 그러나 16세기에 영국에서는 레토릭이 아주 중요한 연구가 되었다. 18세기 영국에서의 레토릭 영향에 대해서는 다음 장에서 다룬다.

8장

계몽주의 레토릭

말하기의 모든 목적은 네 가지로 요약해 볼 수 있다. 모든 스피치는 이해하여 깨치게 하고, 상상을 하게 하며, 욕망과 열정을 갖게 하고, 의지에 영향을 미치고자 하는 것이다.

_ 조지 캠벨George Campbell

근대는 17세기 말 또는 18세기 초 어딘가에서 시작되었다. 그때는 계몽주의로 알려진 심대한 지적 변화가 일어난 시기였다. 근대성은 이성을 권위보다 더 중요시하고, 사회적인 문제에 대해 과학적 해법을 추구하며, 우주를 물리적인 법칙에 지배되는 것으로 이해하면서 전통적인 종교 사상과 텍스트에 대해 과감하게 문제 제기하는 것 등을 포함한다. 그러한 일이 적극적으로 일어나면서, 유럽의 지적 생활에도 주요한 변화가 일어났다.

이러한 변화를 가져오는 데는 여러 학자와 사상가가 특히 중요한 역할을 했다. 아이작 뉴턴Isaac Newton(1642~1727)은 《프린키피아*Principia Mathematica*》(1687)에서 우주를 지배하는 물리 법칙을 기술했으며, 존 로크는 《인간오성론*Essay Concerning Human Understanding*》(1690)에서 사상에 대한 경험적 근거를 제시했다. 데이비드 흄David Hume(1711~1776)의 《인간의 이해력에 대한 탐구*Enquiry Concerning Human Understanding*》(1748)는 마음이 세상을 어떻게 이해하는지를 탐구했고, 장자크 루소Jean-Jacques Rousseau(1712~1778)는 《사회계약론*The Social Contract*》(1762)에서 개개 시민을 중심으로 한 정부론을 개관했다. 볼테르Voltaire(1694~1778)로 더 잘 알려진 프랑수아 마리 아루에Francois-Marie Arouet는 《철학사전*Dictionairre Philosophique*》(1764)과 여러 책에서 기독교적 신념의 토대에 대해 신랄한 비판을 가했다.

이 장은 앞부분에서 17세기와 18세기 유럽 대륙에서, 그리고 그 뒤로는 영국에서 이루어진 레토릭 이론의 발전 양상에 대해 탐색한다. 르네상스 인본주의의 영향은 영국의 마거릿 캐번디시Margaret Cavendish와 이탈리아의 잠바티스타 비코Giambattista Vico 같은 과도기적 저자에게서 분명히 드러난다. 우리는 인간 마음, 즉 심성의 레토릭한 진화에 관한 비코의 혁신 이론뿐 아니라, 문화 형성에 있어서 서사가 갖는 역할에 관한 그의 견해도 검토할 것이다. 또한 심리학과 논증에서부터 설교와 스타일에 이르기까지, 레토릭 전문가들이 여러 문제를 제기했던 영국에서의 그 후 발전상도 탐구할 것이다. 이 기간 동안 레토릭은 또한 여가 시간의 유익한 이용이라든지 심지어는 고자질하는 듯한 아일랜드식 억양을 어떻게 고칠 것인가와 같은 그러한 쟁점들도 탐구했다.

변화하는 레토릭의 역할

계몽주의 레토릭 이론은 기억과 창안 체계와 같은 전통적인 관심으로부터 스타일과 훌륭한 전달과 같은 미학적인 문제로 옮아갔다. 계몽주의 시대에 대한 대표적 학자인 바버라 워닉Barbara Warnick은 이러한 변화는 16세기 프랑스의 인본주의자이자 논리학자인 페트뤼 라무스와 17세기에 엄청난 영향력을 과시한 르네 데카르트René Descartes의 영향을 반영하는 것이라고 본다. 이미 언급한 바와 같이, 몇몇 후기 르네상스기 저자들은 주장과 증명을 레토릭에서 분리시켜 변증법적 관심거리가 되도록 만들었다. 워닉은 그 결과 레토릭 연구에서는 '관리적'인 측면을 강조하게 되었다고 말한다. 즉 "추론을 통한 지식의 발견과 타인들에 대한 내용 전달을 구별하는 것"으로 바뀌었다는 것이다.

앞서 살펴본 바와 같이 초기에 레토릭은 지식 발견도 하고 전달도 하는 두 가지 역할을 다했다. 17세기 말과 18세기 저자들은 종종 레토릭은 후자의 책임, 즉 전달하는 쪽으로 돌리고, 새로운 지식의 발견은 과학이나 철학의 역할에 맡기는 것처럼 보였다. 워닉은 그에 따라 담론을 새로 만들어 내는producing 레토릭으로부터 담론의 수준을 향상시키는enhancing 레토릭으로의 변화를 인식했다. 그녀에 따르면, "창안과 담론 생산에 대한 관심이 줄어든 반면, 수용적 우월성의 문제에 대한 강한 관심은 그 나름의 자리를 잡으면서 부상했다."[1]

창안에 대한 고려가 계몽주의 레토릭에서 완전히 부재했다고 말하는 것은 상당히 과장된 것일지 모르지만, 워닉이 관찰한 내용은 18세기와 19세기 초 영국 레토릭 이론에서 생겨난 것이다. 이 장에서는 주장, 증명과 기억에 대한 초기의 관심과는 대조적으로 스타일과 취향, 전달, 그리고 상상에 대해 강조하는 것에 주목하라. 또한 공적 담론을 생산하는 데 집중하던 레토릭으로부터 인간 심성과 개인적인 자기 발전, 그리고 심지어는 여가 활동 구성과 같은 사적인 관심에 더 초점을 맞추는 레토릭으로 변화되는 양상을 보게 될 것이다.

마거릿 캐번디시

17세기 중반, 가장 흥미를 끌고 도발적인 레토릭 전문가로는 영국 뉴캐슬의 공작부인 마거릿 캐번디시(1623~1673)를 들 수 있다. 토머스 루카스 경과 엘리자베스 사이에서 여덟 번째로 태어난 마거릿은 음악과 예술뿐 아니라 읽기와 글쓰기 교육도 받았다. 그녀는 일찍이 글쓰기에 흥미를 갖고 익혀서 젊은 나이에 여러 책을 써냈다. 마거릿은 (찰스 1세의 왕비) 앙리에타 마리 궁의 일원이었는데, 1640년대 다른 왕족들과 함께 프랑스로 추방당했다. 거기서 그녀는 뉴캐슬의 공작 윌리엄 캐번디시William Cavendish를 만나 결혼했다.

유럽에서 사는 동안 마거릿은 비공식적으로 과학과 철학을 공부했다. 그녀는 오늘날 과학에 해당하는, 이른바 자연철학에 대해 6권의 책을 쓰기도 했다. 캐번디시는 르네상스 인본주의 레토릭 전문가들의 글을 읽었으며 특히 셰익스피어와 로마의 시인 오비디우스를 예찬했다. 그녀는 또한 토머스 홉스Thomas Hobbes의 철학에 영향을 받은 것 같다. 영국으로 돌아와서는 당대의 앞서가는 과학과 철학계의 인물들과 알고 지내면서 그들과 종종 토론을 벌이기도 했다.

글쓰기 경력

1650년대 영국으로 돌아온 마거릿 캐번디시는 자신의 이름으로 계속 글을 썼는데, 당시 여성으로서는 흔치 않은 일이었다. 그녀의 출판물은 학자들에 의해 종종 미숙한 것으로 묵살되었는데, 그것은 여성으로서 감히 책을 출간했기 때문이었다. 그녀는 문학적 명성만을 추구하면서 글을 썼던 최초의 영국 여성이라고 할 수 있다.

독자에 대한 예리한 감각으로 스스로 자신을 적극적으로 홍보하던 캐번디시는 자신에 대한 비판을 무시했고, 화려하면서도 널리 알려진 (때로는 파격적인 옷을 입고 나타나는) 공개 행사를 기획하기도 했다. 독자에 대한 관심과 문학적 규범에 동조하지 않으려는 욕구 때문에 그녀는 자신이 "자연스럽다"거나 혹은 "거칠다"고 말한 글쓰기 스타일을 채택했다.[2] 캐번디시는 특히 여성 작가의 글이 과격하거나 극단적일 경우 당시 그들 자신이 직면하게 되는 장애물에 대해 잘 알고 있었다. 그래서 그녀는 당시 여성에 의해 통상적으로 쓰인 그런 종류의 책은 쓰려고 하지 않았다. 당시 여성이 통상적으로 쓴 책으로, 그녀는 "우리 여성이 글을 쓸 때는, 어떤 헌신이나 사랑, 혹은 의약품 영수증이나 요리 또는 제빵사에 대해, 혹은 보완적인 편지나 한두 편의 시…… 정도를 썼다"고 했다.[3]

캐번디시는 수많은 에세이를 비롯해 14권의 책도 출간했다. 그녀의 가장 잘 알려진 책인 《세상의 올리오*The World's Olio*》를 포함한 많은 글은 당대에 논쟁이 되었던 철학적이고 과학적인 쟁점을 다루었다. 그녀는 희곡과 시뿐만 아니라 논픽션도 썼다. 전적으로 여성에 의해 운영되는 한 행성을 상상한 초기 SF 소설인 《불타는 세계*The Blazing World*》를 쓰기도 했다.

마거릿 캐번디시는 1673년 50세에 세상을 떠났다. 폭넓은 영역의 글쓰기, 한 여성으로서 철학적이고 과학적인 논쟁에의 참여, 그리고 누구나 쉽게 할 수 있는 글쓰기 스타일에 대한 선호 등은 그녀를 17세기의 독특한 레토릭 실천가로 자리매김하게 했다.

비코와 인간 사상의 레토릭

캐번디시가 사망한 시기 즈음에 태어난 잠바티스타 비코(1668~1774)는 그리스인에 의해 세워진 고대 남부 이탈리아 도시이자, 비코가 살았던 시기에는 스페인이 지배한 도시인 나폴리 출신의 매우 획기적인 레토릭 교수였다.[4] 나폴리는 오래되고 복잡한 역사를 자랑해 왔다. 즉 정치, 문화, 지식, 기독교 세력들이 그 자체의 풍부한 지적 환경에 기여해 온 그러한 역사를 자랑으로 삼아 왔던 것이다. 당시 유명한 대학의 본고장인 나폴리에서는 연설 대회가 여전히 흔하게 열렸다. 17세기 나폴리에서는 변호사와 법이 역시 우월한 위치에 있었으며 비코도 본래는 법조 경력을 쌓기 위해 공부했다. 인본주의 역시 그 도시에 큰 영향을 미쳤다. 결국 비코의 관심은 문학과 역사, 수학, 철학 및 레토릭 쪽으로 기울었다.

비코의 부친은 서적 판매상이었다. 젊은 시절 비코는 독서로 많은 시간을 보냈다. 그는 거의 은둔자가 되어 철학과 법, 문학 등을 독학으로 공부했다. 그는 특히 논리와 정치학, 그리고 스페인 학자들의 형이상학 저술에 빠져들었다. 비코는 또한 플라톤을 공부했으며 르네상스 시대 자신보다 앞서 활동했던 피코와 피치노 등의 신플라톤주의에도 상당한 흥미를 느꼈다. 1697년 비코는 나폴리에서 레토릭 교수가 되어 40년 동안을 일했다. 특이하면서도 영향력 있는 그의 이론들은 레토릭은 물론 그와 연관된 시와 신화 등에 관한 자신의 친숙한 이해를 드러낸다.

비코와 데카르트

레토릭과 문학에 대한 비코의 애착은 그로 하여금 수학자이자 철학자 르네 데카르트(1596~1650)에 대한 반응으로 열정적으로 글을 쓰게 만들었다. 데카르트는 레토릭을 멸시했으며, 레토릭을 학계의 눈에 잘 띄지 않는 주변부로 밀쳐 버렸다. 비코는 《우리 시대의 공부법*On the Study Methods of Our Time*》(1708)에서 수학적 입증은 레토릭 전문가의 연설에서 그랬듯 상징에 의존하는 것과 다를 바 없다고 했다. 따라서 데카르트가 몹시 사랑했던 수학적 입증은 그 수학자가 제시했던 것처럼 필수적이고 변화하지 않는 진리에 근거를 둔 것은 결코 아니었다.

과학이 미래 사회를 위한 합리적 근거를 제공해 준다는 생각은 17세기에 이미 일정한 영향력을 발휘했다. 비코는 자신이 위험스러운 문화적 발전이라고 본 것에 대한 답을 찾고자 했는데, 그것은 레토릭에 대한 튼튼한 이해와 실천만이 과학적 합리주의의 치명적인 부작용에 유일한 해결책이라는 것이었다. 비코는 논리가 아니라 레토릭이 인간 문화를 위한 믿을 만한 토대를 제공하며, 그가 말한 시적 스피치poetic speech라는 것이 문명화된 행위와 문명 그 자체의 토대라고 주장했다. 과학의 무익한 방법과 개인적인 이성에 대한 숭배는 위대한 사회를 번창하게 하는 공통된 믿음과 가치, 공동체의 판단과 같은 공통 신념sensus communis을 약화시키려고 위협한다는 것이다. 비코의 과학 지배에 대한 공포는 과장된 것이라고 볼 수 없다. 비코가 보기에 데카르트 모델은 위험했다. 그는 건설적이고 공동체적인 레토릭만이 데카르트의 체계적 의심법method of systematic doubt이 지니는 부식腐蝕 효과로부터 문명을 구원할 수 있다고 보았다.

레토릭과 상상력

인간의 마음을 다루는 인류학자로서의 작업으로, 비코는 논리와 철학이 아닌 고대 시와 신화라는 예상 밖의 두 영역에서 인간 사유의 근원을 찾아보려고 애썼다. 이러한 비정통적인 접근이 나폴리의 잘나가던 학자들로부터 그를 소외시켰다. 별종이라는 딱지가 붙은 비코는 "모호하고 사변적이며, 부적절하고 (이탈리아인 입장에서는 상당히 엉뚱한) 심지어는 더러 미친 사람으로 무시당했다."[5] 그러나 은둔하다시피 한 그 사상가는 결코 단념하지 않았다.

유명한 계몽주의 인물들과는 달리, 비코는 초기 역사 시기를 "어둠과 비합리성" 시대로 격하시키지 않았다.[6] 오히려 "원시인"은 이성의 약점을 대신하는 강력한 상상력을 지녔기 때문에 필연적으로 "시인"이었다.[7] 인간의 사유 과정은 논리적인 연역에서 비롯되는 것이 아니라 레토릭 전문가들이 레토릭 장치와 수단rhetorical devices이라고 한 것에서 비롯된다고 보았다. 비코의 경우, 스피치의 그러한 표현은 인간의 상상력에 본래 있던 고유한 것이었다. 레토릭은 곧 생각thinking, 즉 인간 마음의 가장 최초의 각성이었다. 레토릭은 초기 인류로 하여금 혼란스러운 인식에 질서를 부여하도록 했고 감각적 무의미로부터 의미를 창출해 내게 했으며, 그로 인해 협동적이고 기능적인 사회를 발전시킬 수 있게 했다는 것이다.

이탈리아 철학자이자 비코 해설가이기도 한 에르네스토 그라시Ernesto Grassi에 따르면, 비코는 "인간에게 중요한 문제는 인간 세계를 만들어 나가는 과정에서 그들 스스로 우리를 설득하는 문제"라고 하면서,[8] 논리가 아닌 레토릭에서 그러한 인간 세계 건설의 도구와 수단을 찾았다.[9] 우리의 최초 선조는 스스로 발견한 혼란스러운 자연 세계를 어떻게 '인간화'했을까? 비코의 답은 레토릭으로 해결했다는 것이다.

직관력

비코는 자신의 가장 유명한 책인 《새로운 과학*New Science*》(1725)에서 역사적 방법은 수학과 같이 정확할 수 있으며 그것은 데카르트에 대한 또 하나의 도전이 될 수 있다고 주장했다.[10] 공적 생활에서의 결정은 확실성에 근거한 것이 아니라 신중한 사려 분별에 의한 선택이나 개연성에 입각한 판단에 주로 근거한 것이다. 그러한 의사 결정은 교육 훈련을 받은 연설가의 능변에 의해 증진되고 널리 알려지게 된다는 것이다. 비코는 폭넓게 교육받은 화자라는 키케로의 개념에 크게 매료되었다. "잘 말할 수 있는 능력을 갖춘 공복은 전반적인 학습 과정을 통해 나름의 정보를 갖게 된다."[11] 그러한 사람은 지혜와 능변을 통합하여 시나 국가를 위한 실질적이고도 도덕적인 지도력을 발휘했다는 것이다. 연설가는 공동선을 위해 현명하게 말했던 영웅적인 인물이었던 것이다.

레토릭은 문명을 이룩하는 모든 기술에 토대가 되는 것이었다. 인간의 사회적 삶은 시적 언어, 즉 본래 무질서했던 자연에 레토릭을 통해 질서를 부여하는 인간의 마음에 의해 출현하게 되었다는 것이다. 그러한 "자연의 인간화humanization of nature"는 논리적인 추론을 통해서가 아니라, 비코가 직관력ingenium/ingenuity, 즉 유사성이나 관계를 이해하는 능력이라고 한 선천적으로 타고난 능력에 의해 이루어지는 것이다. 창의력은 "멀리 떨어져 있는 것과 분명히 무관한 것 사이에 있는…… 유사한 것"을 발견함으로써 이루어진 실제 판단을 알려준다.[12] 그라시는 "관계를 보는 통찰력insight은 추론 과정을 통해서 가능한 것이 아니라, 창안과 발견(인벤티오)과 같은 원래의 내적 투시in-sight를 통해서만 가능한 것이다"라고 말한다.[13] 창안에 대한 이러한 관심은 고전적 토포이 체계, 즉 주장의 발견이 이루어지던 고대의 수단에 대한 비코의 지속적인 관심을 잘 말해 준다. 관계를 발견하고 그럼으로써 시민적 생활의 근거를 발전시키는 것은 직관력이 적절히 발휘된 것이다.[14] 그러한 직관력 행사를 통해 "우리는 우리의 감각적 인식 안에서 우리 앞에 놓인 것을 뛰어넘게 되는 것이다."[15]

직관력은 초기 인간이 자신들의 경험을 인식했던 신화를 구성할 수 있게 해 주었던 자연스러운 서사 능력인 판타지아fantasia를 보완한다. 인식을 초월하고, 이야기와 공동 신념을 통해 경험에 질서를 부여함으로써 우리는 인간이 된다. 그리고 타고난 레토릭 기량이 "인간성을 구성하는 언어"를 제공해 주는 것이다.[16] 과학이 아닌 레토릭이 인간적 성취의 관건이다. 비코는 "과학은 능변의 모든 배지를 완전히 다 떼버린 채 가르쳐지고 있다"고 했다.[17] 과학에서는 어떠한 도움도 받기 어렵다는 것이다.

직관력을 통해 얻은 통찰력은 논리적이기보다는 시적이며, 합리적이기보다는 직감적이다. 그러한 생각은 논리와 같이 이미 아는 것을 단지 재구성하는 것이 아니다. 그것은 새로운 지식을 만드는 것이다. 비코는 자신의 이론에 관한 이러한 영감을 키케로와 레토릭 전통에서 발견했다. 데카르트와 같은 철학자는 증명 가능한 입증의 방법에만 관심의 초점을 맞춤으로써 인간 사유에 있어 중요한 레토릭 요소를 무시했다고 보았다.

레토릭과 인간 사유의 진화

비코에 따르면, 최초의 인간들은 "순수한 추상적 사유에 의해서가 아니라 상상력이라는 능력을 통해서 자신들의 세계를 창조하게 되었다."[18] 캐서린 길버트Katherrine Gilbert와 헬무트 쿤Helmut Kuhn은 그러한 개념을 "시인의 상상력이란 인간성의 어린 시기에 대한 자연스러운 표현"이라고 말한다.[19] 비코의 사유 발달 이론은 "당대 다른 학자들에 의해 제시됐던 어떤 다른 이론과는 비교할 수 없을 정도로 풍부하고 완전히 발달된 것"이다.[20]

"세상의 유년기" 동안 인간의 사고는 은유와 비교를 통해 발달했다. 생각이 아주 풍부한 상상력으로 가득 찼던 초기 시인들은 사물들을 사람에 비유했다. 즉 자연을 의인화했다. 비코는 이러한 초기의 은유적 경향을 "시적인 사유 양식poetic mode of thought"이라고 했다.[21] 은유를 발견하는 능력은 아쿠테차acutezza(명민함), 즉 위트, 날카로움 또는 정신적 예지의 결과였다.[22] 레토릭한 말놀이는 "분리되어 있거나 분명히 무관한 것들 사이에 존재하는 관계를 보는, 잘 연마된 능력의 하나인 기민하게 상상할 수 있는 마음에서만 올 수 있다"는 것이다.[23] 레토릭한 수단과 방법을 지닌 능력이 창조적 사유를 가능하게 했다는 것이다.[24]

"우리 마음의 일차적인 활동"인 은유로부터, 인간의 사유는 어떤 부분을 전체로 대체하는 것, 하나의 매개물을 가지고 어떤 행위를 대체하는 것, 하나의 기호를 가지고 의미화된 어떤 것을 대체하는 것, 즉 환유metonym로 나아간다. 환유로부터 인간 사유는 제유synecdoche의 가능성으로 발전해 가는데, 제유에서는 전체 대상이 부분을 나타낸다. 언어 발달에 대한 비코의 마지막 단계는 역설irony이다. 역설에서는 간접적인 진술이 직접적인 의미를 수반하거나 어떤 것은 그 반대를 의미하기도 한다.[25]

인간으로 하여금 무질서한 자연에서 문명을 창조하도록 한 의미 형성 능력은 논리학자의 연역적 추론에서보다는 시인의 꿈속에서 드러났다. 비코는 자신이 "판타지아"라고 칭한 능력에 대해서 글을 쓰는데, 그는 "판타지아는 여러 감각으로부터 모아서 서로 연결시키고 자연스럽게 나타난 것들의 감각적 효과를 과장되게 확대해서 그것들로부터 아주 선명한 이미지들을 만들어 낸다"고 했다.[26] 그것은 레토릭한 비유rhetorical tropes에 의해 자연스럽게 이끌려진 상상력이 감각적 인상 데이터the data of sense impression에 대해 자세히 부연해 주며 인간적 특징을 갖는 삶을 가능하게 한다. 프랑스의 위대한 역사학자 폴 아자르Paul Hazzard는 "만일 이탈리아만이라도 잠바티스타 비코에게 귀를 기울였다면…… 18세기 우리 선조는…… 이성이 우리의 일차적 능력이라고 믿지 않았을 테지만, 실제로 상상력은 우리의 일차적 능력이었다"고 말한다.[27]

비코의 신화론: 문명 형성력으로서의 서사

계몽주의 학자들이 이성의 원시 형태로서의 신화를 비판하던 때에 비코는 신화적 서사야말로 문명 형성에 기초가 되는 것이라고 주장했다. 그는 《새로운 과학》과 또 다른 저술들에서 레토릭 전문가로서 고대 서사 연구에 대한 자신의 통찰력을 보여 주면서 이 주제를 폭넓게 다루었다. 조지프 말리Joseph Mali는 "비코의 신화 이론은 신화학자들에게 현대 신화학에 큰 영향을 미친 것으로 상당히 오래 인식되어 왔다"고 말한다.[28] 그럼에도 불구하고 비코의 작업은 당대에는 상당히 무시되었으며 신화는 계몽주의 사상가들에게 계속 묵살되어 왔다. 신화의 중요한 의미는 20세기 중반까지도 완전히 재구축되지 못했다.

비코에게 신화는 "문명 발전의 초기부터 필수적이고 전적으로 예찬할 만한 것이었으며," "역사에 활기를 불어 넣는 창조적 자극제였다."[29] 비코의 신화 체계 연구는 신화가 논쟁보다 열등한 것이 아니라, 논쟁의 기초이자 그 원천이라고 제시했다. 즉 신화는 로고스의 근거이자 원천이라는 것이다. 논쟁적 주장이 아닌 서사가 문명의 토대를 마련했다는 것이다. 비코는 역사적 사건은 우리가 (그러한 사건에서) 신화에 내재된 일관성 있는 서사적 패턴을 인식할 수 있는 경우에만 알아차릴 수 있는 어떤 패턴을 반영한다고 주장했다.[30]

비코는 신화, 즉 미토스mythos와 이성, 즉 로고스를 "서로 다르지만 양립 가능한 담론 양식으로" 제시함으로써 신화를 고대의 기원설 영역에서 또 다른 합리적 담론의 영역으로 격상시켰다. 신화는 초기 인류에게 실체에 투영된 상상적 이야기를 통해, 그리고 신화에서 도출된 경험적 이론에 의한 그 밖의 것에 의해 "실체를 알도록" 했다. 로고스는 관찰로부터 추론하며, 미토스는 "형이상학적 의미"를 접하게 한다.[31] 따라서 비코의 경우, "우리의 모든 문화적 창조"는…… 신화의 재현이기 때문에 신화는 역사와 문화에 대한 중요한 단서들을 전해 주는 것이다.[32] 신화는 인간 세계 자체를 형성하는 토대가 되는 것이다.

따라서 신화를 공부하는 일은 자기 이해는 물론 인간 문명의 기원에 대한 이해와 우리가 현재 사는 세계를 구성하는 데 매우 중요한 것이다. 인간의 경험은 "우리의 상상력의 힘 또는 "세상을 전적으로 완전히 질서 잡히게 만드는" 상상력의 힘인 "판타지아에 의해서 느껴지고 또 형성되는 것이다."[33] 비코는 신화의 '과학'을 채용함으로써 인간의 마음과 문화를 탐구했다. 그리하여 그는 클로드 레비스트로스Claude Levi-Strauss(1908~2009)와 제임스 조지 프레이저James George Frazer와 같은 후속 신화 연구자를 위한 길을 닦아 주는 역할을 했다.

비코의 사상은 르네상스 인본주의의 후기 기록 정도 혹은 한 재미있는 괴짜의 작업 정도로 주변화되어 왔다. 그러나 20세기에 들어서 그가 가진 생각의 독창성이 몇몇 주도적인 지적 인물에게 인식되기 시작했다.

독일의 철학자인 한스게오르크 가다머Hans-George Gadamer(1900~2002)가 1960년대에 비코에 대해, 특히 공동 신념이라는 개념과 인간 경험의 중심을 이루는 언어에 대한 작업, 그리고 레토릭 이론에 관심을 가졌다. 도널드 필립 베렌Donald Philip Verene은 가다머가 "비코의 사상이 어떻게 레토릭의 인본주의적 전통에 뿌리를 두고 있는지를 강조한다"고 말한다.[34] 또한 《담론의 회귀선*Tropics of Discourse*》(1986)이라는 중요한 책을 쓴 헤이든 화이트Hayden White의 서사 이론에도 비코가 큰 영향을 미쳤다.[35] 화이트는 서사의 기본 구조에 관심을 가졌던 신세대 연구자들을 위해 비코를 해석하려고 애썼다.

18세기 영국의 레토릭

레토릭사가 윌버 새뮤얼 호웰Wilbur Samuel Howell에 따르면, 레토릭은 한때 영국에서 "인기 있는 담론 기술의 주역"으로 자리를 잡았다. 레토릭은 점차 "언어에 의한 유일한 소통 기술……"이라는 권리를 주장하기에 이르렀다.[36] 그처럼, 레토릭은 영향력 있는 교육 운동에서도 중요한 것이었다. 레토릭에 대한 관심은 이 시기의 철학 및 심리 이론의 중심을 이루기도 했다. 이후 레토릭 이론들이 종종 "브리티시British"라는 이름을 붙이지만, 이들 사상가의 대부분은 스코틀랜드인이었고, 한 사람은 아일랜드인이었다. 따라서 18세기 레토릭 이론이 적용될 당시에는 브리티시라는 게 잉글랜드에 국한된 것은 아니었다.

영국 교육에서의 레토릭

18세기 동안 영국 레토릭 교육은 계속 옥죄어 오는 사회 변화에 대한 반응으로 이루어졌다. 영국과 스코틀랜드 교회의 저자들은 계속되는 종교적 회의론에 답하면서 설교 교육으로 레토릭 전략을 가르쳤다. 그에 덧붙여 영어 산문은 구두 담론으로부터 문자 담론으로 옮아가는 변화의 일부로 더 우월한 것으로 새롭게 간주되기 시작했다.[37] 글쓰기 교육이 강조되면서 학교에서는 말하기 공부로서의 레토릭은 점차 빛을 잃게 되었다.[38]

다른 사회 변화는 레토릭이 교육에서 중요한 것으로 부각되도록 장려하는 분위기였다. 영어는 학계 언어로 라틴어를 대체해 나갔으며, 보다 많은 사람들이 교육받을 기회를 갖게 되었고, 영어에 대한 관심 또한 증가했다. 영국의 여러 섬 거주자들은 고유의 토착어 자원을 적극적으로 탐구하기에 이르렀다.

유명한 스코틀랜드 출신 경제학자 애덤 스미스Adam Smith(1723~1790)는 말을 잘하는 사람은 아니었지만 1748년 에든버러에서 레토릭에 관한 일련의 강의를 하기도 했다. "그것은 영어와 영어의 사용이 이제는 누구에게나 적용되는 보편적인 것이고 극히 현대적인 현상으로 간주할 필요가 점차 커져 가고 있다는 반응 속에서 이루어진 것이다……"[39] 더군다나 여성은 이 시기에 영국 대학에 수적으로도 더 많이 진학하게 되었으며, 글쓰기와 영어의 적절한 사용에 대한 교육 수요 역시 증가했다.[40] 그리고 도시화를 통해 사람들이 영국의 시골에서, 스코틀랜드에서, 그리고 아일랜드에서 런던과 같은 도시 중심으로 이동하게 되었다. 이들 새로운 도시 거주자 중 많은 이들은 자신의 시골식 어투, 즉 사투리가 개인적인 발전 가능성을 제한한다고 생각했다. 따라서 그들은 레토릭 교육의 한 요소인 '적절한' 발음 교육을 받고자 했다. 위니프레드 호너Winifred Horner에 따르면, 영국 사회에서 상향 이동하려는 잠재력(즉 "훌륭한 영어" 구사력에 의존하는 이동성)이 언어 교육, 특히 글쓰기 교육에 대한 막대한 수요를 만들어 냈다.[41] 따라서 18세기에 많은 영국 공중은 여러 가지 이유로 레토릭 교육을 필요로 하게 되었다.

공중

'공중the public'이란 말과 관련해서는 약간의 주의가 필요하다. 18세기 동안 오늘날 얘기하는 공중과 공적 영역이라는 새로운 의미가 형성되고 있었기 때문이다. 보통 사람들이 새로운 장소에서 그들의 의견을 말하고 쓸 수 있었으며, 다양한 상황에서 서로의 생각들을 개진할 수 있었다. 공개된 광장에서든 회당이나 커피하우스든, 아니면 새로이 인기를 얻던 그날그날의 정기간행물에서든 시민은 종교적, 사회적, 정치적 이슈에 대해 시민에게 말하고 연설했던 것이다.

공적 영역의 확대와 자신의 의견을 개진하는 공중의 증가로 인해, 레토릭 기술에 대한 새로운 이해가 점차 강화되었다. 레토릭이 '연설 경쟁'이던 고대 모델은 '공적 생활에 대한 참여'라는 레토릭의 새로운 모델이 발달함에 따라 그 위상이 약화되었다. 케네스 크밀Kenneth Cmiel에 따르면, (조지 캠벨, 애덤 스미스 등) 당시 스코틀랜드 레토릭 이론가들은 "키케로주의자와 같은 조작적 목적을 삼갔으며, 레토릭은 자신의 논리 정연한 주장을 어떻게 설득력 있게 소통할 것인지를 가르쳐야 한다고 주장했다."[42]

연설법 운동

레토릭이란 공적 상황에서 자신의 견해를 효과적으로 표현하는 훈련된 능력을 통해 개인의 자기 발전을 이루어 나가는 수단으로 항상 생각되어 왔다. 그러한 기술은 또한 개선과 발전의 경로로서, 엘리트 집단에 진입해 들어가는 길로 기능했다. 7장에서 얘기했던 카스틸리오네의 《궁정인》의 경우를 되돌아보면, 그것은 르네상스 독자를 위해 키케로의 완벽한 연설가에 대한 이미지를 새롭게 재구성하려 했던 것이라고 할 수 있다. 레토릭 교육에서 연설법 운동the elocutionary movement은 우리로 하여금 레토릭의 연기적 측면, 그리고 (점차 증가하는 도시 문화에 바람직한 목적이라고 할 수 있는) 매너를 세련되게 하고 침착하게 몸의 균형을 잡으며 자신을 표현하는 능력을 향상시키는 수단으로서의 레토릭에 주목하게 만든다.[43]

18세기 영국 사회는 당시 유럽의 다른 사회와 비교해 볼 때 사회 진보에 대해 비교적 개방적이었다. 커피하우스와 집회소, 자유사상가 모임, 토론 모임은 여러 사회 계층 사람들이 섞여서 만나는 상당히 매력적인 곳이었기 때문에 관심을 끌었다. 여성도 이러한 공적 상황에 종종 참여했다. 계급적 차이는 여전히 견고한 편이었지만, 특히 마음먹고 자신의 발전을 도모한다면 사회 계층 이동도 가능했다. 스피치가 사회 계급을 나타내는 하나의 표징이었기 때문에, 자기 발전에 있어 스피치만큼 중요한 게 없었다. 당시 열망을 가진 젊은 도시인의 목적은 신사나 숙녀 티가 나게 말하는 것이었다.

게다가 점차 늘어나는 전문 직업(특히 법, 정치, 종교 등)은 공적인 화자로서 필요한 기술을 요구했다. 유명한 작가였던 리처드 스틸Richard Steele, 조지프 애디슨Joseph Addison, 조너선 스위프트Jonathan Swift 같은 이들은 당시 영국에서의 말하기와 글쓰기 수준에 대해 매우 비판적인 글을 썼다. 그러한 비판은 적절하고도 효과적인 언어 관리 지침을 마련해야 한다는 긴박감을 갖게 했다. 당시 영어 교육은 학생으로 하여금 능숙한 표현을 위한 영어의 잠재력을 탐색하고 개선할 수 있게 하는 준비가 제대로 되어 있지 않았던 것이다.

토머스 셰리던

종종 있는 일이지만, 레토릭은 18세기 후반에 강력해진 사회적 필요에 답했다. 아일랜드의 배우이자 교육자였던 토머스 셰리던Thomas Sheridan (1719~1788)은 준비가 된 학생에게 적절하고 효과적인 공적 말하기 지침을 제공했다. 사실 그는 자신이 크게 개선해야 한다고 생각했던 것, 즉 훌륭한 레토릭 전달을 경시해 왔던 바를 시정하기 위해 영국 교육의 전반적 개혁을 추구했다. 《영국 교육론*British Education*》(1756)에서 그는 형편없는 설교가 영국 종교의 건강은 물론 영국 자체의 건강을 실제로 위협한다고 했다.

공적 말하기를 잘하는 것이 가져다주는 긍정적 효과에 대한 셰리던의 신념은 굉장히 강했다. G. P. 모어먼G. P. Mohrmann에 따르면, 셰리던은 연설법에 대한 연구는 "종교와 도덕성, 입헌 정치를 발전시키며, 언어의 개선을 뒷받침해 주고, 모든 기술들의 궁극적 완성을 위한 길을 닦아 줄 것"이라는 입장을 고수했다.[44] 셰리던은 연단에서의 설교도 "모든 반대에 대항하여 종교를 효과적으로 지지해 내거나 그러한 반대를 불식시키는 주된 수단이 되어야 한다"고 했다.[45]

전달의 중요성

훌륭한 전달은 누군가의 메시지가 긴요하고 진실되다는 것을 청중에게 확신시키는 데 매우 중요한 것이다. 청중에게 어떤 아이디어를 확신시키기 위해서는, 어떤 개인이든 반드시 "먼저 당신이 그것을 믿도록 스스로를 확신시켜야 한다." 이러한 일은 "당신이 말하는 목소리의 톤이 마음에서 우러나오고 그것이 (성실하게 진심으로 말하는 사람에게서 자연스럽게 나오듯) 외양이나 제스처에서도 그대로 드러나지 않는다면" 일어나지 않을 것이다.[46]

당시 셰리던은 영국 설교 수준이 낮은 것을 깊이 우려하며, 《강연 과정 입문*A Discourse Introductory to a Course of Lectures*》(1759)에서 다음처럼 설명했다.

> 대중 집회에서 한 사람이 일어나서 최소한의 부끄러움도 없이, 받아들이기 어려운 톤과 아주 어색한 억양으로, 모두가 귀를 막고 싶을 정도인데도, 아주 부적절하고 잘못된 강조를 남발하면서, 어떤 의미는 은폐하거나 왜곡시켜 가면서까지, 그것도 엄청난 망신과 수치가 될 것이라는 두려움도 없이 수많은 청중에게 어떤 담론을 전달한다…… 이런 일이 하느님께 봉사한다는 명분 속에…… 실제 일어나고 있다.[47]

셰리던의 가장 유명한 저서 《연설 강연집*A Course of Lectures on Elocution*》은 1762년에 출간되었다. 이 책은 셰리던이 대영 제국 여기저기서 했던 강연 모음집이다.[48] 그는 창안과 같은 다른 전통적인 요소보다는 전달을 강조하면서 연설법의 원리를 제시했다.

말하는 목소리를 교육 및 훈련하는 것은 적절한 발음이 그러하듯 효과적인 공개 발표에서 매우 중요한 것이었다.[49] 연설법을 공부하는 학생들에게는 잘 알려진 희곡 대사나 책의 구절들을 읽도록 과제가 주어졌다. 그러나 흔히 우리가 어떤 배우에게서 기대하는 것처럼, 셰리던은 전달을 단순히 목소리에 한정된 문제로만 보지 않았다. 얼굴과 몸 역시 공적인 상황에서의 말하기 기술에 대한 논의에서 일정한 역할을 하게 된다고 보았다. 사실 표정 짓기, 제스처, 자세, 동작 등을 고려하는 연설법 전문가들의 지침은 당시 독자에게는 말하기보다는 오히려 동작하기를 가르치는 것으로 상당히 충격적으로 받아들여졌다.

연설법의 전달에 대한 강조와 (암기한 스피치의 극적인 표현과 같은) 교수법에서의 연설법 사용은 레토릭에서의 논증적 주장이나 창안에 대한 관심을 약화시키는 데 기여했다. 그에 따라 학문 영역에서는 레토릭에 대한 존중감이 줄어들었다. 그러나 연설법 그 자체는 영국과 미국의 공교육에서 표준이 되었다.

스코틀랜드 학파

케네스 크밀은 《민주적인 능변*Democratic Eloquence*》에서 18세기 스코틀랜드 레토릭 이론가 집단의 영향력에 대해 언급한다. 스코틀랜드 레토릭 학파의 구성원에는 조지 캠벨, 휴 블레어Hugh Blair, 애덤 스미스 등이 포함되어 있다. 그들의 새로운 레토릭은 능숙한 연설과 주장에 대한 영국적 개념에 영향을 미쳤을 뿐 아니라 미국의 레토릭 교육의 기틀을 잡는 데도 상당한 영향을 미쳤다.

크밀은 초기 미국 교육과 관련해서 "스코틀랜드 학파의 교재들이 초창기에 사용되던 키케로적 레토릭을 바꾸거나 그와 균형을 맞추기 위해 미국 전역의 학교로 파고들었다. 1783년 브라운대학교가 영국에 블레어의 《레토릭*Rhetoric*》을 주문했으며, 1784년 처음으로 미국판이 출간됐다"고 말한다. 뒤에서는 레토릭 교육과 실천에 영향을 미친 스코틀랜드 이론가 세 명의 레토릭에 대한 새롭고도 다소 상이한 접근에 대해 살펴보게 될 것이다.[50]

순문학 운동

18세기 동안 문학과 글쓰기에 대한 영국의 관심은 확대되었다. 대니얼 디포Daniel Defoe(1660~1731), 새뮤얼 리처드슨Samuel Richardson(1689~1761) 같은 작가가 쓴 소설은 점차 증대되던 오락용 읽기에 대한 대중의 욕구를 만족시키면서 높은 인기를 누렸다. 수많은 책이 작가 지망생에게 명료함과 우아함, 그리고 아름다움을 이루는 데 도움을 줄 거라고 약속했다. 헤럴드 하딩Herold Harding이 관찰한 바에 따르면,

> 18세기 후반에는 30여 명의 저자가 쓴 레토릭과 문예 비평에 관한 50개 이

상의 교재와 에세이집, 강연집, 논문집이 영국과 아일랜드와 스코틀랜드에서 출간되었다. 문학과 글쓰기 교육에 대한 관심이 매우 높았다.[51]

바버라 워닉은 레토릭 스타일에 대한 이러한 강조가 영국의 고유한 것은 아니라고 하면서, 영국 순문학 운동belletristic movement의 프랑스적 뿌리를 추적한다.[52] 순문학belles lettres(줄여서 bell-let) 연구는 레토릭으로부터 논증을 배제하려 한 페트뤼 라무스의 초기 노력이 뒤늦게 나타난 효과를 보여 준다고 할 수 있다. 순문학 운동은 문학과 문학 비평 및 글쓰기 연구로 발전해 갔다. 워닉에 따르면 "순문학적 레토릭과 순문학 연구는 담론의 구체적인 특성과 그러한 특성의 효과를 검증하는 데 특히 관심을 가졌다."[53] 레토릭에 대한 이러한 미학적 접근은 "생산production이 아니라 수용reception에 초점을 맞추었다."[54] 레토릭학자 허먼 코헨Herman Cohen은 순문학을 "모든 언어 담론에 적용될 수 있는 보편적 원리"를 발견하려고 했던 광범한 지적 운동의 한 외부 작업으로 본다.[55] 이러한 관심은 당시 과학적 글쓰기에 나타났던 반미학적 충동의 부상에 대한 하나의 반대 움직임이었던 것으로 보인다.

독자의 부상

논증이나 주장의 창안 또는 생산에 관한 연구로서의 레토릭으로부터 독자와 청중에게 미치는 언어의 보편적 효과에 관한 연구로서의 레토릭으로의 이동은 강조점의 중요한 변화를 나타낸다. 순문학 운동은 설득적 주장에 대한 고전적 강조로부터 세련된 담론에 대한 감상이나 공감 쪽으로 레토릭의 방향을 옮겨 놓았다. 레토릭은 소비주의적 양상을 띠게 되었다. 즉 쓰여진 문건에 대한 수용자의 반응이 중심적인 역할을 하게 되었다고 보게 된 것이다. 이러한 강조는 소설처럼 실질적인 상업적 가치를 지닌 출판물의 출현과도 부합한다.

순문학에 대한 관심은 1760년대와 1770년대에 커졌으며, 스타일 문제가 한층 관심을 받으면서 더욱 부각되었다. 더글러스 에닝거Douglas Ehninger에 따르면, "순문학의 레토릭과 관련해서는 휴 블레어의 《레토릭과 순문학 강좌*Lectures on Rhetoric and Belles Lettres*》(1783)에 그것의 고전적이면서도 가장 영향력 있는 표현이 깃들어 있다." 순문학 운동과 관련된 중요한 다른 작품으로는 "윌리엄 배런William Barron의 《순문학과 논리 강좌*Lectures on Belles Lettres and Logic*》(런던, 1806), 알렉산더 제미슨Alexander Jameison의 《레토릭과 순문학의 문법*A Grammar of Rhetoric and Polite Literature*》(런던, 1818) 등"이 포함된다. 에닝거는 또한 "케임스 경Load Kames의 《비평의 요소*Elements of Criticism*》(에든버러, 1762)는 아름다움의 본질과 취향의 토대에 대해 연구 조사한 500페이지나 되는 책으로 그 조사에는 '레토릭적인 것과 시적인 것'이 함께 포함되어 있다"고 평한다.[56] 다음에는 이들 중 케임스 경과 휴 블레어의 저작에 대해 좀 더 집중해서 살펴보고자 한다.

케임스 경

레토릭이 미학 쪽에 더 근접함에 따라 취향과 예절과 몸가짐의 문제가 레토릭 이론화에서 중심이 되었다. 케임스 경으로 더 잘 알려진 헨리 홈Henry Home(1696~1782)과 같은 일부 레토릭 이론가들은 영국 문학의 새로운 시대에 맞는 미학 이론을 탐구하는 과정에서 장엄함이나 고상함과 같은 고대의 오래된 원리로 되돌아갔다.

케임스는 문학적 스타일과 언어의 아름다움에 관심을 가졌던 철학자 겸 변호사였다. 로마의 작가 롱기누스를 따라 케임스는 《비평의 요소》에서 장엄함의 특징은 큰 나무나 높은 계곡 또는 대양大洋과 같이 "웅장한" 대상물에 의해 전달된다고 주장했다. 그러한 대상이 출현했을 때 경험된 감정은 글쓰기에서도 거의 비슷할 것이라고 했다. 케임스는 셰익스피어가 《줄리어스 시저*Julius Caesar*》에서 이러한 효과에 도달했다고 보았다.

> 아주 큰 대상이 불러일으킨 즐거운 감정이 시인들에게서 떠나지 않았다.
>
> — 그는 좁은 세상 위에 다리를 벌리고 앉아 있네.
> 거인colossus처럼, 그리고 우린 사소한 사람들
> 그의 거대한 다리 아래를 걷고 있네.
> _《줄리어스 시저》, 제1장 3막[57]

독자의 미적 감각에 대한 소구는 강한 감정을 불러일으킨다. 케임스는 고르기아스와 같이 말소리가 청자에게 전달되는 효과를 탐구했다. 특정한 말소리와 억양, 그리고 말의 조합은 예측 가능한 효과를 유발시키며, 심지어 입 모양까지도 말의 힘에 차이를 만들어 낸다.

> 바로 가까이에 이어져 있으면서 각각이 같은 혹은 거의 같은 크기의 입 모양으로 발음되는 음절은 약하고 미미한 소리를 만들어 낸다. 프랑스어인 dit-il[deet-eel](말하기를 혹은 왈)과 pathetique[pa-tet-eek](감동적인) 같은 단어들을 보라. 다른 한편으로, 가장 작은 한 음절에 이어지는 가장 큰 음절은 반대로 두드러진 불일치 때문에 적절한 이름, 즉 단절hiatus에 의해 구분되어지는 이음 연결을 만들어 낸다. 가장 알맞은 이음 연결은 적절한 한계 안에서 입 모양이 번갈아 커지기도 하고 작아지기도 하는 곳에서 이루어진다. 예를 들면, alternative(대안), longevity(장수), pusillanimous(겁많은) 같은 것을 발음하는 경우다."[58]

순문학 운동에서의 다른 이들과 같이, 케임스는 취향taste 개념에 대

해 강한 흥미를 갖고 있었다. 케임스는 취향이나 문학과 다른 예술의 높은 수준을 인식하고 감상할 수 있는 능력은 개개인이 갖는 천부적인 것이라고 보았다. 예컨대, 빵을 위해 육체노동에 의존하는 사람들은 취향을 추구하지 않는다는 것이다. 이것이 엘리트주의적인 생각처럼 들린다면, 실제 그렇다. 케임스는 문학과 예술에 있어 보다 나은 예술적 성취를 인식할 수 있는 독자와 청중을 가진 더욱 발전된 사회를 마음속에 그렸다. 태생적인 능력이 적절한 교육을 통해 개선될 수는 있지만, 그러한 개인은 만들어지는 것이 아니라 태어나는 것이었다. 워닉에 따르면 "케임스의 이론에는 (공개적으로 잘 드러나지는 않지만) 취향에 대한 스코틀랜드 관점의 표면 아래에 엘리트주의가 분명히 존재한다."[59]

휴 블레어

휴 블레어(1718~1800)는 에든버러에서 태어나서 교육받은 스코틀랜드 출신 설교자로서 순문학 운동에 중요한 기여를 했다. 유명한 장로교 설교자였던 블레어는 1762년 에든버러대학교에서 레토릭과 순문학 담당 흠정 강좌 책임자Regius Chair로 임명되었다. 1783년에는 《레토릭과 순문학 강좌》를 출간했다. 이 책은 영국을 비롯해 다른 나라에서도 널리 읽혔으며 많은 판을 찍어냈다. 블레어는 영문학을 전공한 학생이었고 셰익스피어 작품의 편집자이기도 했다. 당시 블레어의 레토릭 이론에서 스타일, 취향, 아름다움, 예절과 몸가짐 등이 중심을 이루었다는 것은 별로 놀라운 일이 아니었다. 블레어는 케임스와 같이 사상적으로는 아리스토텔레스, 키케로, 롱기누스, 퀸틸리아누스와 같은 고대의 여러 레토릭 전문가들에게로 돌아가고 있다.

블레어의 목적은 학생들의 삶을 향상시키는 것이었다. 키케로의 완벽한 연설가가 능변과 지혜, 우아함, 매력, 위트를 갖춘 사람이듯이, 블레어의 학생들은 취향과 능변, 비판적 감각, 스타일 등의 자질을 발전시켜 나갔다. 레토릭의 목적은 단순히 효과적인 스피치를 하는 것 그 이상이었다. 레토릭은 공적 영역에서의 우아한 표현과 사적 영역에서의 향상된 미학적 경험을 결합하는 그런 삶을 준비하는 것이었다. 그러나 키케로에게 연설가는 보다 큰 사회적 선의를 위해 레토릭을 이용하는 역동적인 공인이다. 이에 비해 블레어는 여가를 즐기고 사회적인 출세를 추구하는 취향적 시민이라는, 보다 지엽적인 모델을 발전시켰다.

레토릭의 관심이 구두 담론뿐 아니라 문자 담론을 포함하여 더욱 커짐에 따라, 그에 상응하는 변화가 레토릭의 영역에서 일어났다. 레토릭을 더 이상 공적 업무와 관련된 기술로만 보지 않게 되었다. 그것은 사적인 삶의 일부로 되어 가고 있기도 했다.

취향

공적 영역에서 사적인 세계로의 이러한 변화는 미학적 경험들의 발전된 인식인 취향 개념에 대한 블레어의 언급에서 분명히 드러난다. 취향은 부분적으로는 "아름다움에 대한 자연스러운 감수성" 문제이지만, 블레어는 이러한 능력이 경험과 교육을 통해 향상될 수 있다고 믿었다. 따라서 그는 독자가 자신의 사적인 삶을 향상시키기 위해 능력을 개발해 나가야 한다고 주장했다.[60] "인간의 삶에서 취향이 자연스럽게 만들어 내는 행복 효과 때문에 취향의 함양이 더욱 권장되는 것이다."

블레어의 조언에는 두드러지게 근대적인 면이 있는데, 그는 여가 시간이 있는 교육받은 중산층의 증가와 휴식의 필요성을 언급한다. 그는 공적인 삶의 "가장 활동적인 영역"에서 사는 사람들은 "업무에 항상 시달릴 수는 없다"고 했다. 더군다나 "심각한 일을 하는 전문직 종사자는 그런 심각한 생각의 연장선상에 계속 놓여 있어서는 안 된다." 즉 심각한 주제와 부담스러운 문제에 그들의 정신적 에너지를 항상 쏟아부을 수는 없다는 것이다. 취향의 개발은 문학처럼 기분 전환의 향유 기회를 증진시켜 준다. 블레어는 독자에게 사적 생활로 돌아가서 이를 향유하는 것과 노동 및 공적 생활의 일 사이에 균형을 잡으라고 권고한다.

스타일

스타일은 계속 변한다. 그것은 "특정한 사람이 언어를 통해 자신의 인식을 표현하는 특정한 방식"이다.[61] 그 경우 스타일은 특정인의 '사고방식'과 직접적으로 연관된다. 따라서 "우리가 어떤 작가의 글 구성을 검토할 때, 많은 경우, 감상sentiments과 스타일을 구분하는 것은 아주 어렵다."[62] 블레어의 경우는 특정인의 언어적 표현 방식이 그가 생각하는 것의 입증을 제공해 준다고 보았다.

스타일을 공부하는 사람들이 유념해야 할 두 가지 고려 사항이 있다. 블레어는 이를 "명확성perspicuity과 장식ornament"이라고 하면서 다음과 같이 말했다.

> 언어에 요구되는 가장 중요한 점은 우리의 생각을 다른 이들의 마음속에 정확하게 전달하는 것이다. 그리고 동시에 그런 상황에서 다른 사람들을 즐겁고 흥미롭게 함으로써 우리가 추구하는 인상이나 감동impressions을 가장 효과적으로 강화시키는 것이다.[63]

블레어의 경우, 스타일 공부의 핵심에는 실천적인 문제가 있다. 레토릭은 설득적으로 자신의 주장을 펼치는 것이다. 따라서 레토릭의 스타일은 수용자를 끌어들여야 하며 명확하게 표현해야 한다.

블레어는 스타일에서 명확성, 즉 명료성clarity만큼 중요한 것은 없다고 본다. 결국 특정 메시지에 명료성이 부족하면 모든 걸 잃게 된다. 블레어에 따르면 이렇다. 만일 자신의 주제가 어렵다고 주장한다면 그것은 명료성이 부족하기 때문이다. 이는 양해가 되지 않는다. 어려운 주제를 분명하게 설명할 수 없다면, 제대로 이해하지 못한 것이다.[64] 자신의 주장을 제대로 펼치기 위해서는 올바른 용어를 분명하게 선택하고 "모호한 말이나 신조어"는 피하며, 항상 자신의 수용자와 자신의 주제에 맞는 적절한 방식으로 말하라는 것이 명료성에 대한 블레어의 조언이다. 블레어는 젊은 독자에게 "특정한 문장의 의미에 별로 중요하지 않은 것을 덧붙이는 것은 항상 그 문장을 오염시킨다"는 점을 환기시킨다.[65] 이는 지금까지도 여전히 훌륭한 충고다.

조지 캠벨

스코틀랜드 출신 작가 조지 캠벨(1719~1796)은 18세기 후반의 레토릭 이론가였다.[66] 스코틀랜드의 대학 도시인 에든버러, 글래스고, 애버딘은 18세기에 지적 활동이 가장 왕성했던 곳이었다. 캠벨은 애버딘에서 태어났는데, 거기서 그는 어린 시절 조기 교육을 받았다. 그 뒤 그는 애버딘 소재 마리샬대학에서 법을 공부했고 오늘날 심리학에 해당하는 것도 공부했다. 그 후 그의 관심은 신학 쪽으로 옮겨갔고 성직자가 되기 위한 공부를 했다. 결국 그는 1748년 스코틀랜드 교회 성직자가 되었고, 1758년 마리샬대학 학장에 임명되었다. 1771년 같은 대학에서 신학을 가르치기도 했다.

설교자이자 종교적 논객으로서 캠벨의 유명한 저서인 《기적에 관한 논문*Dissertation on Miracles*》(1762)은 데이비드 흄이 1748년 출간한 기적에 관한 논쟁적 주장에 대한 다소 늦은 반응으로 널리 읽혔던 책이다.

캠벨은 더욱더 회의론적이고 과학적으로 되어가던 시기에 기독교 설교를 위한 합리적 근거를 나름대로 찾으려 했다. 레토릭에 특히 깊은 관심을 가졌던 그는 마음mind에 대한 새로운 사상이 이러한 주제가 이해되는 방식을 변화시킬 것으로 인식했다. 레토릭에 관한 그의 주된 업적인 《레토릭 철학*The Philosophy of Rhetoric*》은 1776년에 출간되었다.[67] 설교와 기독교 변증론apologetics에 관한 캠벨의 관심은 그의 레토릭 이론을 해석하는 중요한 틀을 제공해 준다.[68]

과학적 레토릭

레토릭에 대한 캠벨의 작업은 당시 영국 철학 사상을 반영한다.[69] 그의 저술은 그가 지지하는 철학자들은 물론 토머스 홉스 등과 같이 그와 대립하는 사람들에게도 영향을 받은 것으로 드러난다. 그는 프랜시스 베이컨과 존 로크(특히 로크의 영향력 있는 심리학 이론)의 저술을 공부했다. 캠벨은 데이비드 흄과는 첨예하게 대립했지만, 그에게 크게 빚지고 있음을 인정했다. 사실 캠벨 저작 연구의 권위자인 로이드 비처에 따르면, "캠벨의 철학과 그의 인간성 이론은 둘 다 주로 흄으로부터 영향받은 것으로 레토릭에 대한 그의 생각에도 큰 영향을 미쳤다."[70]

캠벨은 레토릭에 대한 생각을 애버딘 철학 회원들 앞에서 글을 읽음으로써 점검했다. 그가 설립을 도왔던 이 학회는 토머스 레이드Thomas Reid, 제임스 비티James Beattie, 알렉산더 제러드Alexander Gerard 같은 사상가들이 소속되어 있었다. 그러나 비처에 따르면, "당시 지적 운동에서 흄이 주도적인 인물이었는데, 그러한 지적 운동 안에서 캠벨은 자신의 《레토릭 철학》 거의 전체를 마음속으로 계획하고 점검했다."[71] 캠벨은 새로운 발견으로 인정받은 주제에 대해 조직되고 합리적인 설명으로 "과학적" 레토릭을 발전시켰다. 그는 "모든 기술은 과학에 근거한다"고 했다.[72] 그의 레토릭은 윤리학과 심리학 같은 분야에서의 발전도 반영했다.

조지 케네디는 "근대 철학이 과거를 넘어 엄청난 걸음을 내디뎠음은 18세기에 이미, 고대의Ancients 수호자들조차도 널리 믿고 있었다"고 말한다.[73] 새로운 발견을 통해서 캠벨은 어떻게 인간의 마음이 작동하는지를 이해하고자 했으며, 그러한 이해에 근거한 레토릭에서의 과학적 교육을 제공하고자 했다.[74] 최신 지식을 레토릭 연구에 적용시키는 데 그가 관심을 보였다는 것은 아리스토텔레스와 키케로, 퀸틸리아누스 등과 같은 고전 원전들이 레토릭 이론에서 중세나 르네상스 시기에 비해 덜 중요해졌다는 것을 의미했다.[75]

레토릭과 심리학

베이컨과 로크에 의해 계도된 계몽주의 사상가들은 마음mind을 상이한 자질capacities이나 '능력faculties'으로 나누는 경향이 있었다.[76] 능력 심리학faculty psychology 관점에서는 마음이란 통일된 실체가 아니라 서로 다르고 인식 가능한 자질이나 능력, 이해, 상상력, 열정, 의지 등으로 구성되어 있는 것이다. 각각의 능력은 생각하고 행동하는 과정에 그 나름의 독특한 책임이 있다. 이러한 관점은 레토릭을 "의지의 보다 나은 구현을 위해 상상력에 이성을 적용시킨 것"으로 본 베이컨의 유명한 레토릭 정의에 반영되어 있다. 캠벨 역시 레토릭한 비유들은 기술적인 구성물이라기보다는 마음의 자연스러운 언어라는 비코의 관점에 동의했던 것 같다.

캠벨의 경우, 능변은 "담론이 그 목적에 적응하는 기술이나 재능"이었던 것이다.[77] 그러나 이러한 목적은 어떻게 가장 잘 달성되는가? 캠벨의 이론에서는 각각의 정신적인 능력이 실제 그 자체의 언어를 말한다는 것이다. 이해는 논리의 언어를 말하는 반면에 열정은 감정의 언어를 말한다고 본다. 그 각각은 역시 서로 다른 기능을 수행한다. 이해는 정보를 수집하고 만족하게 되면 확신을 가지고 반응한다. 상상(력)은 아름다움을 인식하며, 열정은 동기를 부여하고, 의지는 누군가를 행동하게 하는 것이다.

따라서 각 능력은 설득 과정, 즉 레토릭에서 일정한 역할을 수행한다. 캠벨이 말한 바와 같이, "말하기의 모든 목적은 네 가지로 축약해서 말할 수 있다. 모든 스피치는 이해하여 깨치게 하고, 상상하게 하며, 욕망과 열정을 갖게 하고, 의지에 영향을 미치려고 하는 데서 이루어진다."[78] 누군가의 이해가 되었든, 상상력이 되었든, 욕망과 열정이 되었든, 의지가 되었든 간에 이러한 상황의 중심에는 청중이 있다. 워닉에 따르면, "《레토릭 철학》과 《설교단 연설법 강좌*Lectures on Pulpit Eloquence*》에서 드러난 캠벨의 주된 목적은 스타일과 표현이 청중의 여러 능력에 소구하는 담론 능력에 어떻게 기여했는지를 기술하는 것이었다."[79]

설득 이론

레토릭에 대한 캠벨의 가장 영향력 있는 기여는 그의 설득 이론이다. 호웰이 설명한 바와 같이, "그는 다른 사람들을 설득하고자 하는 저자는 두 가지를 반드시 해야 한다." 캠벨에 따르면 그 첫째는,

> 수용자 마음속에 있는 욕구나 열정을 자극하는 것이며, 둘째는 그들의 판단을 만족시키는 것이다. 그가 수용자를 설득하려는 행동과 그가 자극하는 열정의 욕구 만족도 사이에는 밀접한 관련성이 있다.[80]

설득은 감정과 이성 양자 모두를 다루는 문제다. 수용자는 논증 없이는 믿지 않고, 감응 없이는 행동하지 않기 때문이다. 그는 "설득이 목적인 경우에는 반드시 열정[감정]을 사로잡아야 한다"고 했다.[81] 캠벨은 이런 식으로 감정과 이성의 관계를 설명한다. 즉 "감정은 아이디어를 생동감 있게 전달하고 빛나게 함으로써 효과를 드러내며, 이성은 그 주제의 본질이 인정하는 가장 최선의 강력한 주장들을 제시함으로써 효과를 내는 것"이라고 했다.[82] 능력 이론the faculty theory은 분명히 지금도 유효하다. 유능한 화자들은 열정에 호소하는 생생하거나 '화려한' 이미지와 이해를 위한 강력한 주장을 여전히 공들여 만들고 있다.

캠벨의 이론에서 역시 중요한 것은 그럴듯함plausibility이라는 개념이다. 그럴듯한 서사는 수용자의 경험과 밀접한 관계를 갖기 때문에 즉각 믿을 만한 것이 된다. 워닉은 "그럴듯함은 묘사된 것이 (수용자의 상상력에 소구하기 위해서) 경험과 기대에 부합한 것이 되도록" 기술하는 데서부터 발전했다고 말한다.[83] 서사에서의 그럴듯함은 "온전한 주장과 사실을 이용하여" 표현하는 데서 인식하게 되는 '그럴듯함'에 직접 상응한다.[84] 따라서 설득은 누군가의 서사의 그럴듯함을 보완해 주는 누군가의 주장들이 갖는 그럴듯함의 결과물이다.

유창한 언변 교육

캠벨의 학생들은 온전한 추론과 굳건한 입증을 가지고 특정한 명제를 방어하는 방법뿐만 아니라 특정 메시지를 분명하고도 매력적으로 표현하는 법을 배웠다. 그러나 그들이 추구한 목적은 초기 레토릭 전문가들이 가졌던 목적을 넘어서지는 않았다. '기독교 연설가'는 고대의 연설가보다 더 힘든 과제를 떠안았다. 왜냐하면, "기독교 연설가의 목적은 순간적인 효과가 아니라 영속적인 효과, 즉 마음과 성향을 완전히 바꾸어야 했기 때문이다."[85] 유창한 언변에 요구되는 것은 "하느님의 사랑을 위해 다중multitude에게 지혜롭고 정의로우며 선한 존재가 되라고 설득하는 것"보다 더 큰 것은 없다.[86]

이런 목적을 달성하려면 (그 문제에 관해서 어떤 성공적인 연설가든) 설교자는 말의 기술자verbal artist가 되어야 함을 의미했다. 우리가 믿고 있는 많은 것은 직접적인 경험보다는 상상력에 대한 분명하고 확신에 찬 소구를 통해서 오는 것이어서, 연설은 "어떤 의미에서 그림을 그리는 것이다. 그래서 연설가는 자신이 말한 것들을 청중의 상상력으로 마음속에 인상적으로 재현할 수 있도록 주제들에 대한 생생하면서도 빛나는 이미지를 드러내 보여 주어야 한다."[87] 상상력에 영향을 미치는 이러한 능력이야말로 진정으로 유창한 언변을 나타내는 표지다.

캠벨의 레토릭은 공인, 즉 성직자의 관심과 연결된 실천적 목적을 지녔다. 효과적인 화자는 (청중으로 하여금 행동하도록 하기 위해) 인간의 마음과 그러한 마음을 사로잡을 수 있는 언어의 자원을 모두 이해하는 사람이다.

리처드 와틀리: 고전 레토릭을 되살리다

스코틀랜드 학파의 개혁에도 불구하고, 보다 전통적인 레토릭은 역시 19세기에도 살아남았다. 영국의 성직자이자 더블린의 주교였던 리처드 와틀리Richard Whately(1787~1863)는 옥스퍼드에서 교육을 받았으며, 전통적인 논리와 레토릭에 깊은 관심을 가졌다. 아우구스티누스처럼 와틀리는 생애 후반기의 상당 부분을 매우 적극적인 설교자이자 논쟁가로 활동했다. 위트가 넘치면서도 매우 날카로운 논객이기도 했다. 달리 말해서 그는 논쟁의 세계에 살았다고까지 말할 수 있다. 와틀리는 캠벨이 연역적이고 도덕적인 추론의 보완적인 관계를 오해했다고 주장하면서 그의 삼단 논법적 논리를 반박했다. 와틀리가 이해했던 도덕적 추론은 논증의 전제를 발견하는 것인 반면, 삼단 논법적 논리는 이러한 전제로부터 결론을 끌어내거나 다른 논증을 평가하는 방법을 제공한다는 것이었다.[88] 레이 매케로Ray McKerrow는 "와틀리에게 있어, 논리의 적절하면서도 유일한 역할이란 담론을 구성하고 평가하기 위한 도구로서의 역할"이라고 말한다.[89]

논쟁

와틀리는 레토릭의 토대가 되는 광의의 철학적이고 심리학적인 쟁점에는 특별히 관심을 두지 않았다. 캠벨이 마음은 어떻게 작동하는가에 관심을 가졌던 반면, 와틀리는 그러한 쟁점은 전혀 언급하지 않았다. 와틀리의 레토릭은 실천적인 논쟁과 관련된 이슈에 집중했다. 이러한 입장에서 그는 고전적 전통의 핵심 요소인 창안의 중심성the centrality of invention(즉 설득적인 주장의 발견)을 되찾고자 했다. 와틀리는 설득 이론 때문이 아니라, 논쟁의 여러 유형과 토론 원리에 대한 통찰력 있는 논의 때문에 유명했다. 그에게 레토릭은 논쟁적인 논박 기술이었다. 그러한 쟁점들은 논쟁적인 반박 기술로서의 레토릭의 공적 실천에 대한 그의 관심에서 생겨났다. 그의 주된 관심은 잘 훈련된 공적 옹호자 양성에 있었다.

유추

레토릭의 역사에서 와틀리의 기여에는 유추에 대한 논의도 있었다. 그는 유추를 "제시된 예가 그것이 적용된 것과는 다소 떨어져 있는" 어떤 주장이라고 규정한다. 이것이 의미하는 것은 무엇인가?

와틀리가 든 예가 유용하다. 만약 한 의사가 특정 약물이 사람에게 유해하다고 했다면, 이는 그의 경험에서 나온 것일 수 있다. 그러나 그 의사가 같은 약물이 동물에게도 해롭다고 했다면, 이러한 결론은 경험에 의해서라기보다는 유추에 의해서 끌어온 것이다.[90] 와틀리는 이러한 직접적인 비교 유형을 "다른 것과 유사한 관계 속에 있는 것과" 비교하는 것을 포함하는 보다 비유적인 비교 유형과 구분한다.[91]

따라서 와틀리의 예를 따르면, 씨앗과 그 씨앗에서 자라나는 식물의 관계와 같이 달걀은 닭과 유사한 관계에 있는 것이다. 이들 양자(즉 씨앗과 달걀)는 그것을 발생시켰던 종의 새로운 일원을 만들어 낼 수 있다. 그러나 와틀리는 몸과 마음 사이에서 (덜 직접적이며 보다 비유적인 비교 유형의) 유추를 발견한다. 다시 말하자면, 몸과 마음은 문자적으로도 다르다. 그래서 우리가 사람들의 몸이 서로 아주 다른 것과 같이 그들의 마음 역시 아주 다를 것임에 분명하다고 추론을 할 때, 우리는 간접적이거나 비유적인 유추로부터 추론을 하고 있는 것이다.

추정과 입증 책임

와틀리는 토론 상황에서 추정과 입증 책임burden of proof과 같은 전통적 개념을 체계화했다. 추정은 "어떤 것에 반하는 어느 정도 충분한 근거가 제시될 때까지는 정당한 입장이나 위치에 있음을 의미하는 것처럼, 기반의 선점을 의미한다.[92] 다시 말해서, 어떤 것의 진실성에 문제를 제기하는 것처럼 도전에 직면하기 전에는 추정하는 진술이 진실된 것으로 가정한다는 것이다.

오늘날 가장 분명한 예로는 우리의 사법 체계 안에서 채용하고 있는 무죄 추정을 들 수 있다. "죄가 입증될 때까지는 무죄로 추정된다"고 말하는 것은 무엇을 의미하는가? 와틀리가 지적한 바와 같이, 그것은 "물론 우리가 그가 무죄임을 당연하게 받아들인다는 것은 아니다. 만일 그렇다면 그는 즉각 방면되어야 할 것이기 때문이다." 그것이 의미하는 바는 "'입증의 부담'이 고소인이나 고발인에게 있음"을 의미하는 것이다.[93] 그렇다면 "입증 책임"이란 게 무엇인가?

와틀리는 피고인 개인의 사례에서, 무죄로 추정된다는 것은 "그가 자신의 무죄를 입증하도록 요구되지 않거나 (사실이 밝혀질 때까지는) 범인으로 취급되지 않는다"는 것을 의미한다고 말한다. 입증 책임은 고소인이나 고발인으로 하여금 (피고가 반드시 답해야 하는) 피고 개인의 무죄에 대한 충분한 의문을 제기할 것을 요구한다. 그러나 합리적인 사람이 볼 때 입증이 충분하다고 인정하기 전까지는 입증 책임은 해소되지 않는 것이다. 입증 책임을 충족시킨다는 것은 아무거나 "입증"하는 것이 아니다. 그것은 피고인의 무죄에 대해, 일단 겉보기에라도, 상당한 의문을 제기할 만큼의 입증을 제시하는 것을 의미한다.

와틀리는 독자에게 "나는 죄가 없어요"와 같이 "부정적인" 진술로 입증하려고 애쓰지 말라고 한다. 따라서 그는 기독교인이 공격을 받는 것과 관련해서 기독교인에 반대해서 제시되는 모든 의문이나 문제에 답하려는 것은 잘못된 것이라고 생각했다. 그보다는 기독교인은 추정을 즐겼다고 보았는데, 이는 어떤 방어를 요구받기 전에, 기독교 반대자들에게 기독교에 대한 본질적인 의문을 제기해 보라고 오히려 요구했다는 것을 의미하는 것이다.

> 기독교는 존재한다. 기독교적 신의 기원을 부정하는 사람들은 기독교에서 말하는 인간의 기원과 관련해서도 그에 합당한 자기들 나름의 분명한 근거를 밝혀줄 의무가 있다. 그것은 초월자의 도움 없이 어떤 방식으로 인간이 생겨났는가를 입증하는 것이 아니고, 그렇게 등장하게 되었을지 모르는 인식 가능한 방식을 언급하게 하는 것이다.[94]

물론 추정은 시간의 흐름에 따라 변할 수 있다. 그리고 와틀리의 관찰 역시 오늘날에는 동일한 방식으로 이해되지 않을 수도 있다.

와틀리는 추정과 입증 책임이란 개념을 의회 회의실에서 가져와서 종교와 사법과 정치와 관련된 공적 논쟁의 일부가 되게 만들었다. 그러한 개념은 결국 법과 경쟁적인 토론에서 모두 중요한 용어가 되었다.

마리아 에지워스

계몽주의 시기의 레토릭 전문가들은 토픽에 대해서 다양한 관심과 접근을 보인다. 그러한 다양성에 영국계 아일랜드 소설가 마리아 에지워스Maria Edgeworth(1768~1849)의 작품을 덧붙일 수 있다. 에지워스는 독자에게 도덕 교육을 할 목적으로 종종 글을 썼다. 예컨대 그녀는 젊은 독자를 위해 도덕적 교훈이 있는 소설들을 썼는데 영국은 물론 프랑스에서도 인기가 있었다. 에지워스는 또한 (오늘날 비판적 사고 교육이라고 볼 만한 것을 옹호하는 작품인) 《실천 교육*Practical Education*》(1798)과 같은 책에서 교육 이론에 대해 쓰기도 했다. 에지워스의 가장 영향력 있는 작품은 3권짜리 소설 《벨린다*Belinda*》와 여성의 생활상을 특별히 그린 단편 모음집 《상류 사회 이야기*Tales of Fashionable Life*》(1809, 1812)다. 당시 에지워스는 제인 오스틴Jane Austen(1775~1817)과 경쟁 관계에 있었다. 이 두 사람이 당시의 주요 여성 작가로 여겨졌다.

에지워스는 남성 레토릭의 지배에 관심을 쏟았는데, 그것은 아마도 역시 유명 작가였던 아버지가 자신의 초기 작품들을 검토하고 편집하려 했기 때문으로 보인다. 1795년 그녀는 남성과 여성 레토릭의 문제를 제기한 남편-아내 관계에 관한 풍자물을 출간한 바 있다. 제인 도나워스에 따르면, "자기정당화를 하는 고상한 과학에 관한 에세이An Essay on the Noble Science of Self-Justification"(1795)라는 글은 "남성적인 레토릭 논문에 대한 풍자적 패러디"를 보여 준다.[95] 에지워스의 전략은 "아내의 눈을 통해" 당대의 남성적 레토릭 이론을 읽는 것이었다. 도나워스는 에지워스를 "18세기 말 교육 철학의 개혁자……"라 평한다.[96]

남성 레토릭을 패러디하기

에지워스는 여성에게는 그 나름의 독특한 논쟁적 스타일이 있다고 주장하면서 기술을 과학으로 "환원하는reducing" 레토릭의 목적을 패러디한다. 도나워스는 "에지워스는 캠벨의 '과학적인' 《레토릭 철학》에서 제시된 바와 같은 계몽주의 레토릭의 목적에 대해 문제를 제기한다"고 말한다. "에지워스는 전통적인 레토릭 기법을 조롱하듯 패러디하여 변형시키고 있으며 기혼 여성의 목소리와 힘에 대한 억압뿐 아니라 레토릭 속에서의 위험한 조작의 잠재력에 대해서도 저항한다."[97] 그녀는 또한 객관적 입증이 불가능한 기준인 취향을 강조하는 순문학 운동뿐만 아니라 연설법 운동도 풍자한다.

도나워스는 "에지워스는 18세기 레토릭 기준의 수동적 소비자가 아니라 그러한 기준들을 초월한 역설적 독자였다"고 결론짓는다.[98] 동시대 레토릭에 대한 자신의 풍자적 비판을 구성해 나가는 과정에서 에지워스는 자신이 초기 레토릭 전통에 대해서도 잘 알고 있음을 보여 준다.

결론

18세기 레토릭에 대한 학문적 관심은 인간의 사유 과정의 기원에 관한 비코의 관심에서부터 새로워진 능변 감각에 대한 토머스 셰리던의 연구에 이르기까지 상당히 폭넓은 범위의 관심을 반영해 준다. 레토릭 전문가들은 표현에 있어서 스타일의 중요성, 개인적 발전에 있어서의 레토릭 교육 훈련의 기여, 주장를 위한 입증의 기준과 같은 고대로부터의 오래된 주제들을 탐구했다. 그러나 조지 캠벨의 과학적 레토릭이 보여 준 바와 같은 새로운 영역에 대해서도 살펴보았다.

유럽의 오랜 고전적 질서는 서구 레토릭 연구에 새로운 길을 열어 주었다. 예컨대, 비코의 이론은 그만큼 새롭고 심오해서 학자들이 아직까지도 그 의미를 알아내려고 애쓸 정도다. 그럼에도 불구하고 당시 레토릭학자들은 (종종 그들 노력의 배후에 있는 국가주의적인 충동과 함께) 창안과 전달과 같은 보다 전통적인 관심을 보여 주었다. 예컨대, 토머스 셰리던은 영국의 언어와 함께 궁극적으로는 전통적인 영국적 제도들을 발전시키고자 했다. 휴 블레어와 케임스 경은 영국 문학에 대한 평가를 고양시키고자 했다. 리처드 와틀리는 영국 교회를 강화시키려 했고, 조지 캠벨은 설득 이해를 위한 스코틀랜드와 영국의 철학이 지닌 통찰력을 이용하려고 했다. 그에 따라 영국의 발전과 복지를 위한 관심이 영국 계몽주의 레토릭 이론의 상당 부분에 투영되었다. 부상하는 세계 제국으로서의 영국의 지위는 영국의 언어와 제도를 (그 힘에 있어서) 유럽의 그것과 동일시하는 인식을 요구하는 것처럼 보였다. 심지어는 영국 청교도주의의 발전도 레토릭으로 잘 훈련된 설교자를 요구했던 것이다.

이는 계몽주의 시기가 초기의 레토릭 학문과 완전히 단절된다는 것을 말하는 것은 아니다. 캠벨의 (각각의 능력이 그 자체의 언어를 말한다는) 인간 마음의 레토릭에 대한 '과학적' 관심은 영혼의 각 부분은 그 나름의 레토릭을 구사한다는 복잡한 영혼에 대한 플라톤의 생각을 우리에게 환기시킨다. 《파이드로스》에서 플라톤이 레토릭을 "말을 통해 영혼[혹은 마음]에 영향을 미치는 기술"이라고 규정하고 있는 점을 상기해 보라. 여전히 레토릭과 마음의 관계에 대한 캠벨의 입장은 몇 가지 측면에서 플라톤의 그것과는 다르다. 논증의 문제에 초점을 맞추어 레토릭을 다루는 와틀리의 입장은 창안적 관심과 논증 기술이 지배했던 더욱 오래된 레토릭 개념에 뿌리를 두고 있다. 반면, 아름다운 언어의 힘에 대한 순문학 운동의 관심은 고르기아스와 롱기누스에서 고전적 유사점들을 찾아낸다.

따라서 18세기는 레토릭이 교육적이고도 학문적인 고려에서 주도적인 위치, 즉 서구 역사 과정에서 여러 차례 차지했던 그 위치로 다시 돌아가고 있음을 보여 준다. 그러나 워닉이 주장하는 바와 같이, 중요한 여러 예에서 드러나듯, 레토릭의 역할은 공적 담론을 생산하던 데서 그것의 소비를 증진시키는 쪽으로, 지식을 발견하던 데서 다른 학술적 발견을 관리하는 쪽으로, 공적인 문제에 외적으로 초점을 맞추던 데서 마음과 상상(력)에 내적 초점을 맞추는 쪽으로 이동한다. 그럼에도 불구하고 (에지워스가 풍자적으로 다루는 것을 포함하여) 레토릭이 논의되는 여러 다양한 방식과 레토릭이 구사될 때 요구되는 많은 고려 사항, 그리고 레토릭의 발전과 보급에 쏟은 에너지, 이런 모든 것들은 발견과 변화가 지적 생활의 상징이던 시기에도 과거의 오래된 학문, 즉 레토릭이 갖는 적실성을 보여 준다.

9장

현대 레토릭 I
: 주장, 수용자, 과학

사실은 아무렇게나 볼품없이 무의미하게 우리에게 나타나지 않는다. 그것은 늘 스스로를 이야기나 드라마 같은 것으로 조직화해 자신을 드러낸다.

_ 매리 미즐리Mary Midgley

8장 끝부분에서 언급한 바와 같이, 구두 표현에 초점을 맞추었던 레토릭의 고전 전통은 리처드 와틀리가 살던 훨씬 이전부터 이미 쇠락의 길을 걸어 왔다. 레토릭이 학문적인 연구 대상으로서 그 지위가 약화된 것은 19세기 말까지도 계속되어 온 일이다. 레토릭에 대한 논의가 고대 그리스에서 시작된 이래 아마도 가장 저평가된 위치에서 레토릭 이론에 대한 관심이 되살아난 것은 20세기에 접어들어서일 것이다. 과학적인 사유가 지배함에 따라 불확정한 상황 의존적 쟁점을 추론하는 방법은 과학적인 방법보다 열등하다며 무시되어 왔다. 논리실증주의logical positivism는 물론 모든 쟁점에 대한 해법으로 과학적 기준을 적용하려는 지적 노력은 확실히 레토릭을 한물간 쓸모없는 것으로 만들어 왔다.

그러나 20세기가 계속 진행되면서 인간의 사회적, 도덕적 문제를 다루는 수단으로서의 과학적 사유에 대한 신뢰는 심각하게 훼손됐다. 2차 세계 대전의 참극과 파시스트 정권에 의해 취해진 사회 개조에 대한 '과학적' 접근은 지식 세계를 혼란에 빠뜨렸다. 많은 지식인은 '과학적 사회주의'가 산업자본주의의 불평등에 대한 실질적인 대안이 될 수 있는가에 대해 의문을 제기하기 시작했다. 과학은 그것이 이루어 낸 인상적인 많은 기여에도 불구하고, 침략과 인종주의, 경제적 착취, 그리고 정치적 지배와 같이 그간 지속되어 온 인간적 문제를 해결하는 데 실패했다.

인간적 가치를 논의하는 새로운 접근이 필요하게 되었으며, 어떤 이는 어떻게 하면 정의롭게 통치할 수 있는가와 같이 계속 반복되어 온 도덕적 문제를 해결하는 데 구체적으로 초점을 맞추었다. 도덕적 숙의에 대한 일상적 추론 과정의 중요성을 인식하면서 일부 사상가들은 일상적인 주장들, 즉 "시장 상황marketplace"에서의 주장들을 특징짓는 구조에 주목하였다. 그리고 일부 사상가들은 인간 가치에 대한 새로운 언어를 탐구하거나 합리적 담론이 배양될 수 있는 조건들을 알아보고자 했다. 새로운 레토릭과 새로운 합리성에 대한 이러한 탐구 과정에서 논증argumentation과 수용자와 합리적 토론이 일어나는 조건과 같은 레토릭 전통의 그러한 기본 요소에 대한 관심이 되살아났다.

과학은 사회 문제에 대한 납득할 만한 해결책을 제시해 주지 못했을 뿐 아니라 과학자 역시 많은 과학적 담론이 틀에 박히게 공식화된 것도 아니고, 임상적이거나 삼단 논법적인 것이 아니라 오히려 전략적이고 논쟁적이며 레토릭하다는 것을 인식했다. 과학적 논쟁 속에서 경합하는 여러 이론 중에서 '최종적으로 승리한' 이론이 통상 가장 설득적인 방식으로 드러난 이론이었던 것이지, 입증 비중이 가장 크다고 반드시 이론으로 지지되는 것은 아니었다. 더군다나 인간적인 동기가 과학적인 데이터를 해석하고, 과학이 실행되는 제도를 만들며, 연구 기금을 배정하고 심지어는 이론을 공식화하는 데 일정한 역할을 수행했다. 과학은 지적 지배력을 행사한 지 한 세기 이상이 지난 뒤에야, 그것의 중요한 특성이 레토릭하다는 점이 드러났다. 경제학과 천문학, 심리학, 문학, 생물학, 수학 등 여러 학문 분야의 학자들은 레토릭이 자신들의 전문가적인 삶에서 중요한 역할을 수행한다는 것을 인정한다.

논증과 합리적 담론

20세기 후반 레토릭 연구에 있어 중요한 성취는 일상적인 논증의 합리성을 평가하는 수단을 제공한 것이다. 차임 페렐만과 위르겐 하버마스 Jürgen Habermas와 같은 학자는 일상적인 주장 속에 자리 잡은 가치의 위치를 입증하고 그러한 주장이 가장 평등하고도 합리적으로 개진될 수 있는 조건에 대한 이론을 제공함으로써 그러한 일상적 주장의 구조를 밝혀냈다. 이러한 중요한 지적 작업의 목적은 현대 사회에서의 담론 실천을 증진시키고, 보다 합리적인 사회를 구축하며, 그에 따라 인간의 사회적 삶의 질을 향상시키는 것이다.

페렐만과 올브레흐츠타이테카: 뉴 레토릭

차임 페렐만은 가치들이 경합할 때 도덕적 주장들이 어떻게 합리적인 것으로 구축될 수 있는지에 관심을 기울였던 폴란드 태생의 벨기에 철학자이자 법률이론가였다. 그의 레토릭 이론은 대개 2차 세계 대전 중에 겪었던 경험에 대한 반응이었다. 2차 세계 대전은 그에게 서구 문명의 존망이 가치에 대한 합리적인 공적 담론에 달려 있다는 확신을 갖게 했다.[1] 그것은 더 이상 종교나 절대적인 이데올로기에 의존할 수 있는 것이 아니었던 것이다.[2]

페렐만과 그의 동료 루시 올브레흐츠타이테카는 가치를 포함하는 담론에 관한 비과학적이고 비유신론적인 토대에 대해 연구했다. 이러한 연구는 그들에게 고대 레토릭 학문에, 보다 구체적으로는 그러한 전통의 두 가지 요소인 논증과 수용자에 관심을 갖게 했다. 그들은 주요 저서인《뉴 레토릭*The New Rhetoric: A Treatise on Argumentation*》에서 "우리가 전통적인 레토릭에서 지키고자 하는 것은 수용자에 대한 생각, 즉 어떤 스피치를 생각만 해도 바로 떠오르는 바로 그 생각이다"라고 말한다.[3] 고전 그리스나 로마의 레토릭 전문가처럼 들리겠지만, 그들은 "설득하고 싶은 상대를 아는 것이야말로 모든 효과적인 논증의 예비 조건"이라고 본다.[4]

어떠한 주장도 스스로 자명한 진리인 것은 없다. 다원주의적인 사회적 상황에서는 신이나 또 다른 절대 진리에 의지하는 것이 불확정한 상황 의존적 쟁점과 관련된 주장들을 옹호해 주지는 않는다. 더군다나 인간 가치와는 유리된 형식 논리가 행동의 지침이 되는 것은 적절하지 않다. 지속적으로 공적 주장을 하는 과정을 통해서만 가치 기반 명제를 합당한reasonable 것으로 만들어 나갈 수 있다. 이러한 이유 때문에, 공중을 개입시키고 확신시키는 주장들이 페렐만과 올브레흐츠타이테카의 관심의 중심에 자리 잡고 있다.[5]《뉴 레토릭》의 많은 부분은 일상적 담론에 흔히 있는 주장들의 여러 유형의 목록이라고 할 수 있다.

페렐만과 올브레흐츠타이테카는 합리적 담론을 가능하게 하는 데 (주장과 아울러) 수용자도 아주 중요하다는 것을 강조한다. 그들에 따르면, "모든 논증은 마음을 붙잡는 것을 목표로 하며, 바로 그러한 사실에 의해 지적 접촉이 존재함을 가정한다." 레토릭은 어떤 주장을 가지고 수용자와 접촉하는 데서 발전해 나간다. 어떤 주장의 특성은 주장의 내적 구조에서가 아니라 그 주장이 설득하는 데 성공한 수용자의 특성으로부터 나타난 결과다. 페렐만과 올브레흐츠타이테카가 강조한 바와 같이 수용자는 "상당할 정도로 주장이 택하는 방향은 물론 그러한 주장의 특성, 즉 그들 주장에 부여하는 의미를 결정하게 될 것이다."[6] 따라서 아이디어를 검증하는 데 수용자의 역할은 연설가의 역할만큼이나 중요하다. 페렐만과 올브레흐츠타이테카의 수용자 이론은 아마도 현대 레토릭 이론에서 이러한 토픽과 관련된 가장 발전된 분석이라고 할 것이다.[7]

수용자 중심성

페렐만과 올브레흐츠타이테카의 레토릭 이론에서는 세 가지 특징의 수용자가 특히 중요하다. "첫 번째는 모든 인간, 아니면 적어도 보통의 모든 성인으로 구성되는 그러한 '보편적 수용자universal audience'다."[8] 보편적 수용자는 지엽적이거나 개인적인 편견을 초월하여 특정 주장의 타당성 여부를 검증할 수 있는 시험대가 된다.[9] 두 번째 수용자는 "특정 화자가 대화하는 과정에서 접하는 바로 그 대화 상대the single interlocutor"다. 그리고 주장의 타당성 여부를 검증할 수 있는 세 번째 수용자는 자신의 행위에 대해 숙의하거나 정당성을 부여하는 '발화자 자신the subject himself'이다.[10]

특정 수용자, 출발점과 가치

페렐만과 올브레흐츠타이테카는 특정 수용자particular audience, 즉 누군가가 얘기를 하는 실질적 사람들인 수용자에게 가치를 둔다. 특정 수용자들과 그들의 "의견 및 가치"에 대한 이러한 고려는 페렐만과 올브레흐츠타이테카가 주장에 대한 레토릭적 접근이라고 구별해서 보는 것이다. 레토릭적 관점은 "화자가 상대해서 말하는 수용자의 의견과 가치에 대해, 그리고 더 특별하게는 화자가 언급한 것들 각각에 대한 수용자의 집착 정도에 기본적인 관심을 보이는 것이다."[11]

공적 가치는 그리스와 로마에서도 공적인 주장의 출발점이었다. 레토릭 전문가들은 실제 수용자들이 믿고 가치를 부여하는 것에 연설가들이 주의를 기울여야 한다는 것을 오랫동안 인식해 왔다. "모든 사회적인 연대나 환경은 지배적 의견과 의심의 여지없는 믿음에 의해, 그리고 너무도 당연한 것으로 받아들이는 전제들에 의해 구별될 수 있다."

그렇다면 공중the public에 대해 플라톤이 믿었던 바와 같은 그런 믿음이 변한 것인가? 아니면 아리스토텔레스가 생각한 바와 같이, 그러한 믿음은 건전한 레토릭한 소구의 바로 그 근거가 되는 것인가? 페렐만과 올브레흐츠타이테카는 아리스토텔레스의 입장에 서 있다. "이러한 관점은 그러한 문화의 필수적인 부분을 형성하며, 특정 수용자를 설득시키기를 원하는 연설가는 반드시 스스로를 자신의 수용자에게 적응시켜야 한다."

페렐만과 올브레흐츠타이테카는 자신들의 주장에서 '출발점starting points'을 논의하는 데 상당한 시간을 쏟았다. 이렇게 공유된 가치는 논증을 발전시킬 수 있도록 연설가와 수용자 사이의 합의 지점이 되는 것이다. 그들은 "논증의 출발점은 물론 전개 지점은 사실 수용자의 동의를 상정한다"고 본다.[12] 이 지점에서 수용자는 보통의 시민들로 이루어진 특정 수용자다.

페렐만과 올브레흐츠타이테카는 자신들의 출발점을 두 개의 일반적 부류로 나눈다. 하나는 "사실과 진실 및 추정"을 포함하는 (그들 말로) "실제the real"라는 것이다. 또 다른 하나는 "선호하는 것과 연관된 가치, 위계 및 일련의 주장"을 취하는 (역시 그들 말로) "바라는 것the preferable"이다. 따라서 구성적인 논증을 시작하는 데 필요한 합의의 한 원천(즉 '실제')은 잘 확정된 사실과 널리 받아들여지는 진실, 또는 추정presumptions이라 불리는 더 이상 다툼이 없는 공약commitment으로 화자와 수용자가 모두 받아들이는 것에서 찾아진다.

논증의 출발점의 두 번째 원천은 "선호하는 것," 즉 통상 가치와 가치 위계(예: 집단의 안전권이 개인의 표현 자유보다 중요하다)로 이해되는 것, 그리고 조직에서 개인적 의사 결정보다 집단적 의사 결정을 우선시하는 것과 같은 선호 등에서 발견된다.

그러한 동의 지점으로부터 논증 과정을 통해 더 나은 합의에 이를 수 있다. 중요한 점은 논증이 생산적으로 시작되고 진행되기 위해서는 동의하지 않는 부분 간에 합의점이 필요하다는 것이다. 동의 지점에 관한 이러한 연구는 계속해서 페렐만과 올브레흐츠타이테카의 중심적 관심사가 되고 있다. 그것은 다원주의 사회에서 가치와 관련된 문제를 논의하는 합리적 방법을 발견하고자 하는 것이다.[13] 공동체의 공통된 믿음과 경험에 뿌리를 둔 논증의 출발점이라는 아이디어는 공적 담론의 근거를 제공해 주기 때문에 (공동으로 갖고 있는 관점과 가치라는) 아리스토텔레스의 통념(엔독사)이라는 개념을 떠올리게 한다.

그러나 페렐만과 올브레흐츠타이테카는 실제의 수용자 앞에서 가치에 대한 주장과 관련된 심각한 문제를 인식했다. 특정 집단의 신념에만 바탕을 둔 레토릭은 편견에 사로잡히거나 편협한 지역주의에 빠질 수가 있다는 것이다. 더군다나 특정 수용자만이 애착을 가질 수 있는 주장은 흔히 가장 합리적인 사람들에게는 받아들여지지 않을 수 있다. 특정 수용자들에게 제시되는 주장과 관련된 이러한 문제를 해결하기 위해 페렐만과 올브레흐츠타이테카는 자신들의 가장 중요한 개념이 된 것을 도입하게 되었다.

보편적 수용자

서로 다른 수용자들의 판단이 서로 충돌한다면, 특정 아이디어가 정말 합리적인지를 누가 최종적으로 결정하는 것인가? 일부 예들에서는, 훈련된 전문가들로 이루어진 엘리트 수용자들이 "모든 합리적인 존재에게 제시될 수 있는 규범과 가치를 만들어 내려는 데" 도움을 준다.[14] 그러나 전문가의 판단마저도 특정 수용자의 동의를 받아야 하는 경우가 있으며, "정치적인 권위와 국가 권력을 사용하려는 철인왕"이 모든 이에게 하나의 도덕적 기준을 강제하는 위험을 우리가 무릅 쓰는 경우도 있다.[15]

보편적 수용자를 호출한다는 것은 특정 수용자에게서 항상 일어나는 지엽적인 편견이나 선입견에 굴하지 않고 그러한 특정 수용자를 위한 주장을 만들어 내는 데 도움을 주려고 하는 어떤 정신적 단련을 하는 것이다. 성실한 연설가는 눈앞의 수용자를 마음속에 그려 보면서, 매우 합리적인 개인들로 구성된 수용자들이 자신의 주장에 어떻게 반응할 것인지를 고려하게 될 것이다. 페렐만은 《정의론*Justice*》에서 "나는 [이성]을 다른 능력들과 대립되는 능력이라고 보지 않는다…… 나는 그것을 어떤 특권적 수용자a privileged audience, 즉 보편적 수용자라고 생각한다"고 말한다.[16] 페렐만과 올브레흐츠타이테카는 모든 경우에 이용 가능하며, 어떤 특정 수용자의 도덕적이고도 합리적인 제약에 예속되지 않는 이성적인 사람들로 이루어진 수용자를 염두에 두고 있다.

보편적 수용자라는 개념을 통해, 페렐만과 올브레흐츠타이테카는 합리적 옹호자는 특정 사회 집단을 초월하는 합리성의 전망을 가지고 있다는 자신들의 확신을 드러낸다. 합리적인 옹호자는 "모든 사람에게 받아들여질 수 있는 행동 원리에 동조하고자 하며, 보편적일 수 없는 행동 원칙은 불합리한 것으로 본다."[17] 합리적 연설가는 지나간 당면 관심사들을 조망하면서 "합리적일 수 있는 것은 유사한 상황에서 모든 사람을 고무시킬 수 있는 선례일 수 있어야 한다"는 것을 인식한다.[18] 요컨대, 페렐만과 올브레흐츠타이테카는 하나의 주장이 진실하다고 하는 가장 높은 확신 지점은 "보편적 수용자의 동의가 있을 때 이르게 된다"고 했는데, 그들은 그 지점이 "화자에 의해 상상된 보편성과 일치성"이라고 본다.[19]

단일 수용자

실질적인 의미에서 우리의 주장들이 보편적 수용자들에게 제대로 먹힐 만한 것인지 어떻게 알 수 있는가? 확인하는 한 방법은 한 사람이 직접 다른 사람과 논쟁을 할 때 일어나는 것을 면밀히 조사해 보는 것이다.

페렐만과 올브레흐츠타이테카는 "한 사람의 청자 앞에서 행하는 논증"은 온당함reasonableness에 대한 어떤 특별한 주장claim을 할 수 있다고 말한다. 플라톤의 《고르기아스》는 한 사람의 청자인 수용자 앞에서 자신의 주장을 행하는 적용 사례다. "소크라테스와 마주하며 대화를 나누는 각각은…… 특정한 관점을 가진 정치인이며, 그들의 대립적 주장들은 우선 자신이 제시한 명제에 대한 공중의 애착을 촉진시키기 위해 배치되어야 한다."[20]

단일 청자a single listener는 반대 주장을 제기하고, 반박도 하면서, 보다 명료하게 말할 것을 요구함으로써 누군가를 반대하는 한 수용자처럼 행할 수 있다. 바로 그 개인 청자는 어떤 경우에는 이러한 역할을 잘 실행해서 실제 보편적 수용자를 대신할 수도 있다. "청자는 자신의 의지대로 보편적 수용자의 다른 구성원과 같은 추론 능력을 가진 것으로 가정된다."[21] 따라서 우리의 주장이 세심한 평가자인 단일 수용자 앞에서 성공하면, 그들 주장은 보편적 수용자에게도 소구할 만한 것일 수 있다.

수용자로서의 자기 자신

우리는 통상 스스로를 자신의 주장에 대한 수용자로 생각하는가? 페렐만과 올브레흐츠타이테카는 "스스로 숙의하는 주체the self-deliberating subject"는 때때로 "보편적 수용자의 화신으로도 간주될 수 있다"고 말한다.[22] 예컨대, 우리는 이미 알고 있는 허울만 그럴듯한 그런 주장으로 우리 자신을 기만할 수는 없다. "이성을 가진" 개인, 즉 자신의 주장을 자기 스스로에게 향하게 하는 개인은 "다른 사람들을 설득해서 억지로 끌어들이려는 과정을 경멸하기 마련이다." 더군다나 그러한 개인은 이러한 과정 안에서 진심을 벗어날 수 없으며, 자기주장에 대한 "가치를 검증하는 데 어느 누구보다도 좋은 위치에 있게 된다."[23]

과학적이든, 정치적이든, 법적이든 혹은 종교적이든 누군가가 개진하는 주장의 유형에 관계없이, 수용자는 발언에 노출된다. 그러므로 논증은 수용자 이론에서 분리되어서는 제대로 이해될 수 없다. 모든 주장은 일정한 수용자에게 적응하는 것이다. 여기에 플라톤이 《고르기아스》에서 우려를 제기한 이래 계속 비판을 받아온 레토릭과 관련된 하나의 사실이 존재한다. 설득될 필요가 있는 수용자가 드러내는 것presence은 수용자 적응적인 주장이 불합리하다는 것을 의미하는가? 페렐만과 올브레흐츠타이테카는 그렇게 생각하지 않는다. 이미 살펴본 바와 같이, 그들은 수용자와 주장에 관한 이론 모두 도덕적 쟁점에 관한 담론의 합리성을 추구하려고 했다는 입장을 보였다. 도덕적 담론에 대한 합리적 접근을 찾아내는 것은 21세기 레토릭 이론에서 여전히 중요한 한 문제로 남아 있다.

드러냄

논증 과정에서 연설가는 특정 수용자를 관련된 사실들을 보게 하거나 어떤 아이디어의 진실을 경험하도록 이끌어 가려 한다. 페렐만과 올브레흐츠타이테카가 말하는 드러냄presence 개념은 그들의 뉴 레토릭new rhetric에 시각적 차원visual dimension을 끌어들인다. 그들은 "화자가 집착하는 것 중의 하나는 실제로는 존재하지 않지만 '[그] 주장에 중요한 것"으로 생각되는 것을 언어적 마술magic만으로 존재하게 만드는 것"이라고 말한다.[24]

일종의 마술로서의 레토릭에 대한 이러한 언급은 고르기아스나 (피치노와 같은) 르네상스 인본주의자가 말했을 어떤 것처럼 들린다. 페렐만과 올브레흐츠타이테카는 레토릭(특히 유능한 레토릭 전문가의 통제 속에 있는 레토릭)이 생각의 방향을 이끌어 가는 힘을 지녔다고 본 고르기아스와 인본주의자와 같은 생각을 공유하고 있다.

위르겐 하버마스와 합리적 사회

독일의 사회학자이자 언어철학자인 위르겐 하버마스는 1929년에 태어났다. 경험을 강조했던 페렐만과 다른 유럽 지식인과 같이 하버마스는 2차 세계 대전에서 큰 변화를 겪었다. 그는 독일 지식인이 국가사회주의에 의미 있는 반대를 하지 못한 것에 대해 특히 관심을 두었다. 그리고 페렐만과 같이 하버마스는 인간 가치 문제에 대한 합리적 담론의 조건을 탐구하기 시작했다.

하버마스는 정치적 부패와 범죄, 계급 전쟁을 인문학에서 제기해야 하는 주요 문제였다고 주장했다. 그는 "비판적 합리성은 우리가 가장 소중히 여기고 위안으로 삼는 가정들을 계속 검증해 나가는 데 있다"고 단언한다.[25] 현대의 대규모 경제에 대한 집중된 통제와 과학의 힘은 공중에게는 의사 결정 과정에 거의 역할을 할 수 없게 만들어 놓았다. 그에 따라 하버마스는 개인적인 해방을 목표로 한 "이상적 스피치 공동체" 이론을 제시했다.[26] 기능적이고 정의로운 사회에 대한 하버마스의 비전은 서구 철학의 전통에 뿌리를 두고 있으며 사회 정의에 대한 마르크스주의 분석에도 영향을 받았다.[27] 하버마스는 설득에 대해서는 의심의 눈길을 주면서도 많은 레토릭 이론가들을 사로잡았던 일부 쟁점에 관심을 갖기도 했다.[28]

하버마스는 레토릭에 대해 구체적으로 쓰지는 않았지만, 철학이든 과학이든 예술이든 혹은 정치든 간에 인간 노력의 어떠한 측면도 합리적으로 순수하거나 편향적이지 않은 경우는 없다고 이해했다.[29] 결국 각 영역은 그 나름의 영역에 적합한 기준에 따라 토론이나 대화를 통해 그 자체의 제안이나 명제를 검증해야 하는 것이다. 하버마스는 프랑스의 살롱 전통에 강한 호기심을 보이기도 했다. 살롱의 경우, 여러 견해들에 대한 건설적 비판과 함께 자유롭고 동등한 담화가 이루어졌다. 그 결과 서로 동등한 입장에서 합리성을 존중하는 담론을 발휘할 수 있게 된 것이다. 하버마스는 《공론장의 구조 변동*Structural Transformation of the Public Sphere*》(1962), 《합리적 사회를 향하여*Toward a Rational Society*》(1970), 《의사소통 행위 이론*The Theory of Communicative Action Theory*》(1984) 등의 저서에서 (모든 사람에게 중요한 아이디어들이 논의되고 정교화되는) "공론장public sphere"에서의 합리적 담론 가능성을 탐구했다.

합리적 사회는 서로 동등하게 이야기하는 해방된 개인들을 기반으로 해서 세워지는 것이다. 그러한 사회의 시민은 정치적, 경제적 의사 결정에 의미 있게 참여한다. 현대 산업 사회에서 개인에게 적대적으로 가해지는 강력한 힘들(특히 전문가의 지배)에 대해서는 맞대응할 준비를 적절히 갖춘 "시민 스스로 소통함"으로써만이 견제할 수 있다. "이는 지배로부터 완전히 공개적이면서도 자유로운 데까지 확장된 이상적인 보편적 소통 조건에 의해서만 보장될 수 있다."[30]

전환 사회transforming society는 보다 넓은 선택지 속에서 보다 큰 선택을 보장해 주는 사회를 의미한다. 그러한 사회에서는 "관습과 전통에 의해 보장되던 동의가 주장에 대한 합리적 평가……에 의해 대치된다는 것"인데, 이는 하버마스를 곧바로 계몽적 전통의 위치에 있게 한 견해다.[31] 그는 《기술의 유혹*The Lure of Technology*》(2016) 같은 책에서 이러한 일련의 사상을 계속 발전시켜 나간다. 정치적 의사 결정은 "이성에 의해 계도된 공유 의지의 자유로운 형성"에 의해 이루어져야 한다는 사실을 우리의 "디지털 혁명"이 변화시키지는 않는다.[32]

문화적 전통, 특히 경제적 불평등을 낳게 하는 그런 사상들은 논증을 통해 철저히 조사해야 한다.[33] 초월적 가치들은 그러한 전통에 대한 하나의 시험대로서 기여한다. "이성, 진리, 정의와 같은 사상은…… 우리가 물려받은 전통을 우리가 비판할 수 있는 것에 관한 이상ideals으로서 기여한다."[34] 하버마스는 이처럼 계속되는 비판적 과정의 "극적인 예들"은 "신화적이고 종교적인 세계관에 대한 타당성 주장이 체계적으로 의문시되고 검증될 수 있을" 때 생겨난다고 본다. 하버마스는 그러한 비판적 작업이 "고전 시기 아테네인"의 철학에 나름의 동력이 되었다고 본다.[35]

의사소통 행위

하버마스는 특정 사회가 더 이상 합리적이지 않을 때 존재하는 이데올로기적 지배를 극복하는 열쇠로서 논증의 상호 작용적인 비판적 과정을 찾아냈다. 그는 그러한 비판적 담론을 의사소통 행위communicative action라고 한다.[36] 수전 웰스Susan Wells는 의사소통 행위를 "관계를 맺고 해석을 통해 행동하는 상황에 대해 공통된 이해에 도달하려고 애쓰는 두 사람 이상의 상호 작용"이라고 말한다. 그러한 유대의 목적은 "함께 행동하는 것이며, 이는 그들이 어떻게 행동할지 서로 동의하는 것을 의미한다."[37]

바바라 풀트너Barbara Fultner는 하버마스의 의사소통 행위 이론의 핵심은 세 가지 공약commitments으로 이루어져 있는데, 그 각각은 특정 업무의 수행과 관련된 것이라고 말한다. "스피치 행위를 하는 과정에서 화자는 사안의 실상을 제시하고 청자와의 상호 주관적 관계를 구축하며 자신의 의도를 표현한다."[38] 웰스는 그러한 의사소통 행위는 "어떠한 방해도 받지 않는 의사소통 과정에서" 스피치가 "진실성truth, 적합성appropriateness, 진솔성sincerity의 기준을 따른다는 공통된 인식"의 맥락에서만 일어나게 된다는 점을 덧붙인다.[39] 그러한 동의에 의해 이루어지는 상호 작용적인 의사소통 행위가 하버마스의 합리적 사회 이론에서 중심적인 것이 되고 있다.

잘 훈련된 대화가 하버마스의 입장에서는 합리적 공론장으로 가는 길이다. 대화는 여러 제안과 그것을 떠받치는 가치들을 검증할 수 있게 한다. 그러한 논증적 상호 교환의 목적은 상호 주관적 동의intersubjective agreements, 즉 서로 독립된 참여자들이 공개적이고 공정하게 이루어진 주장에 입각한 대화를 통해 이룬 합의에 이르는 것이다. 토머스 매카시 Thomas McCarthy는 하버마스가 이성reason을 "통일과 화해를 이루는 치유의 힘"으로 본다고 생각한다. 하버마스의 경우, 그러한 통일은 신비스러울 만큼 '절대적인' 것에서 발견되는 것이 아니라 강요되지 않은 합리적 동의의 상호주관성 속에서 발견된다는 것이다. 참된 진술은 "강요되지 않은 이성의 힘에 의해 이루어진 상호주관적 인식에 의해서만 보완되고 구해질 수 있는 것이다."[40] 합리적 의사소통은 "문제가 되는 주장의 타당성 여부에 대한 동의를 얻어내기 위한 목적 속에서 "'보다 나은 주장의 강요되지 않은 힘'을 중심으로 발전해 나간다."[41]

의사소통 능력과 공론장

하버마스의 보편적 또는 공식적 화용론pragmatics 이론은 (이데올로기적 지배로부터 시민을 자유롭게 해 줄 수 있게 하는 공개적이고 평등한 담론 형성을 목적으로) 언어를 합리적으로 이용하기 위한 규칙을 제시한다. 그러한 대화는 하버마스의 '공론장'에서 일어나는데, 이는 단순히 여러 견해가 표현되는 공적인 장소 그 이상의 것을 의미한다. 공론장은 지배적인 정치 체제에 제한을 받지 않는 자유로운 개인들이 서로 공개적인 논의를 하는 그런 장소를 말한다. 수전 웰스는 "공론장에서는 정치, 사회, 문화의 여러 문제가 일반적인 말로 표현되며 합리적 토론에 열려 있다"고 말한다.[42] 지배보다는 합리적인 공론장이 공정하고 합리적인 의견 교환을 더욱 향상시킨다는 것이다.

합리적 의사소통은 세 요소를 포함하는 의사소통 능력communicative competence이라는 조건이 충족되었을 때만이 가능한 것이다. 첫째는 진실 주장이 화자와 청자 사이에 공유된다. 즉 화자는 자신과 청자가 똑같이 이해하는 주장을 한다. 둘째는 청자는 화자의 의도를 이해하고 받아들인다. 즉 유능한 청자가 진실 주장에 깃들어 있는 동기에 대해서 이해한다. 하버마스는 인간의 의사소통을 활성화시키는 기저 동기에 주목하면서 전통적으로 레토릭적인 정향rhetorical orientation을 보여 준다. 의사소통 능력의 세 번째 요소는 화자가 청자의 세계관에 적응하는 것이다.[43] 하버마스의 "간주관적" 정향이 다시 분명해진다. 그의 목적은 "상호" 그리고 "강제되지 않은" 의사소통인 것이다.

비판 이론과 이데올로기 비판

비판 이론critical theory은 담론의 숨겨진 전제와 의미를 드러내는 담론에 대한 체계적 분석이다. 이러한 과정은 이데올로기가 비합리적이고, 검증되지 않은, 강제적인 사유 체계라는 것을 폭로함으로써 해방의 프로젝트를 지원한다. 예컨대, 기술적 사유는 특정 사회의 담론에 존재하는 여러 가능성을 봉쇄시킴으로써 하나의 이데올로기가 된다. 한 예로 교육개혁이 기술 이데올로기 속에서 고려될 때는 일부 가능성은 배제되고 다른 가능성이 특권을 누리게 된다. 교육은 수학과 과학과 같은 연구를 강조하고 또 자금 지원도 하면서 기술 서비스 쪽으로 이동한다. 그에 반해 철학과 문학 같은 학문은 별로 중요하지 않은 교육의 장식품 정도로 격하되어 버린다.

이데올로기의 영향은 정책 수준에서만 느껴지는 것이 아니다. 이데올로기 지배의 문제는 인간의 마음과 같이 깊숙이 자리 잡고 있다. 하버마스의 경우, 허위 이데올로기는 잘못된 사유를 유발하며 이는 계속해서 허위의식false consciousness이나 실제와 세계와 사람에 대한 왜곡된 생각을 갖게 한다는 것이다. 그리고 비판 이론은 (우리가 얘기하고 생각하는 방식에 대한 분석을 통해) 새롭고도 해방적인 의식을 추구해 나간다는 것이다. 매카시는 "하버마스의 주장은 간단히 말해 비판 이론의 목적, 즉 모든 형태의 불필요한 지배로부터 자유로운 삶이란 진실이라는 말에 내재되어 있고, 그것은 모든 의사소통 행위에서 기대되는 것"이라고 말한다.[44]

비판적 평가

비판가들은 하버마스의 이론이 의사소통 채널에 대한 접근이나 의사소통 능력, 그리고 사회적인 권력과 같이 사람들 사이에 존재하는 실질적인 차이에 대한 설명을 제대로 하고 있지 않아서 상당히 단순하다고 보았다.[45] 그들은 서로 동등하게 얘기하는 합리적 시민에 대한 하버마스의 비전은 그러한 종류의 대화가 이루어지는 것을 가로막는 광범위한 사회적 불평등을 무시한다고 보았다. 또한 그의 의사소통 행위 이론은 "유럽과 북미의 기술 문화와 연관된 구체적인 합리성 구조"를 선호하는 것으로 보이며, 이로 인해 "세계의 다른 지역"에 이용된 기준이 후진적인 합리성을 보여 줄 때는 "가부장적인 지침paternalistic guidance"이라는 비난을 받게 되는데, 하버마스도 이러한 비난에서 자유롭지 않다.[46]

이미 앞에서 우리는 하버마스가 담론 목적의 설득에는 상당한 의구심이 있었다고 언급한 바 있다. 분명히 합리성의 부재라고 보았기에, 설득에 대한 이러한 반감은 그의 작업에 또 다른 비판을 야기시킨 바 있다. 조이 코널리는 "합리적 담론 양식을 레토릭하다는 오명으로부터 보호하려 하면서, 하버마스 이론은 감정과 편견의 커뮤니케이션을 '정화'하려고 애쓰는 서구 철학의 전통 속에 그대로 묻어 두고 있다"고 말한다.[47] 공적 담론의 비레토릭 모델non-rhetorical model을 만들려고 한 프로젝트는, 사람들이 서로 설득하도록 결정된 자연스러운 옹호자들이기 때문에 결국 실패할 수밖에 없다는 것이다.

비판가들은 하버마스 이론의 다른 부적절함과 맹점도 지적했다. 예컨대, 마리 플레밍Marie Fleming은 "하버마스 이론을 처음에는 기대했지만 결국은 페미니즘 연구자들을 실망시켰다. 문제는 젠더 문제에 대한 그의 일반적인 관심 부족 그 이상의 것"이라고 말한다. 실질적인 쟁점은 하버마스의 공적, 사적 구분에 대한 기본 접근 방법이 "오늘날의 사회 이론과 정치 이론을 재개념화하고 있는 페미니즘의 시도와는 근본적으로 다른 것으로 드러나고 있다"는 점이다. 플레밍은 다음과 같이 모순을 지적한다. "포용과 평등을 목표로 하는 이론이 왜 성 평등 확보가 필요하다는 데 대해서는 즉각적이고 긴급한 관심을 갖지 않는가?"[48]

이러한 비판에도 불구하고 하버마스는 의사소통 능력의 제 조건 속에서 대화를 시작할 때는 스스로 상호 작용하도록 최대한의 기회를 갖고 이데올로기의 제약으로부터 자유로운 상태에서 독립적으로 행동해야 한다고 주장한다. 보다 합리적인 사회에 대한 하버마스의 관심은 그를 (공적인 토론에서는 주장들이 어떻게 지지를 받게 되는가에 대한 설명이라든지 윤리적인 설득 행위에 대한 설명과 같이) 레토릭 이론들과 공통된 일부 요소들을 공유하는 합리적인 소통 이론으로 나아가게 했다.

과학 레토릭

진화 이론이나 지구온난화와 같은 분명히 과학적인 관심사에 대한 공적인 토론은 과학에 대한 담론이 심각하게 정치화되고 개인적인 동기, 정치적인 압력, 조직적인 의제에 영향을 받는다는 사실을 보여 준다. 이러한 관찰은 20세기의 많은 학자들을 향해 과학이 과연 긴 역사를 통해 레토릭의 차원을 이미 습득하고 있었는지 질문을 던지게 했다. 스티븐 툴민Stephen Toulmin과 유사한 입장인 허버트 시몬스Herbert Simons는 1990년에 쓴 글에서 이렇게 말한다. "학자들이 하나의 학문을 구축하는 과정에서 레토릭 소구와 주장에 의존할 수밖에 없었다."[49] 자연과학과 사회과학이 인간적 동기에 의해 영향받지 않고, 언어적인 전략에 의해 오염되지 않은 것으로, 즉 레토릭하지 않은 것으로 공중에게 자신을 드러냈던 특히 20세기 끝에서 이러한 언급이 있었다는 것은 상당히 주목할 만한 일이다. 그러나 시몬스가 제시한 바와 같이, 학자들은 과학을

포함한 학계 학문의 방법과 절차 및 언어가 본질적으로는 종종 레토릭하다는 것을 인식하게 되었다.[50]

이러한 관측은 자연과학과 사회과학의 구성원 일부에게는 (그들 학계가 비합리적인 설득의 영역과는 거리를 두고 있는 것으로 자신들을 홍보해 왔기 때문에) 받아들이기 어려운 것이었다. 하지만 이러한 객관성이라는 입장조차도 본질적으로는 레토릭한 것일 수 있다. 즉 객관성이라는 것은 과학이 협동적인 인간 활동에서 레토릭과는 무관한 영역이라는 것을 공중에게 설득시키려는 하나의 전략이라는 것이다. 따라서 과학은 그 동기와 설득적 전략에 비판적인 검증을 하는 것이 부적절하다는 식으로 보호된 영역이라는 지위를 상정한다. 그런 식의 검증되지 않은 과학은 그만큼 그에 상응하여 과학의 사회적 힘이 커지고 있음을 인식했던 셈이다.

과학에 대한 통상적인 취급은 (종종 이야기되는바) 과학은 설득이라는 것이 불가능하고 불필요하며, 드러내기 쉬운 규칙에 따라서 진행이 된다는 것이다. 예컨대, 브라이언 보이드는 과학에 대해 표준 서사가 되는 것을 연결시킨다.

> 과학은 거짓임을 입증하는 증거에 스스로를 드러내기 때문에 길게 보면 가장 엄격하게 선택된 아이디어 위에서만 유지되고 구축되는 것이다. 이러한 키질 전략winnowing strategy은 모든 과학의 아이디어가 맞다는 것을 입증하는 것이 아니다. 어떤 다른 절차에 의해 이루어질 수 있는 입증되지 않은 아이디어에 대한 입증된 아이디어의 비율을 늘려나가는 것이다.[51]

보이드의 말이 맞는가? 확실히 레토릭한 용어인 과학의 '전략'은 예술, 역사 또는 철학에 의해 추구된 전략들보다도 '검증된' 결과를 만들어 낼 가능성이 더 큰가? 과학적인 방법은 '어떤 다른 절차'인 경우보다도 우리를 더 믿을 만한 결론으로 우리를 이끌고 갈 가능성이 높은가?

그러한 주장들은 입증하기도 또는 반박하기도 어려울 것이다. 그러나 이는 핵심에서 벗어나 있다. 보이드는 과학에 대한 인기 있는 서사, 즉 지금까지 (어떠한 문제 제기도 없기 때문에 따로 입증할 필요가 없을 정도로) 잘 구축된 것을 반복한다. 그러나 그것은 또한 과학의 레토릭한 특성을 (아마도 고의로) 무시하는 서사이기도 하다. 그 결과, 과학에 대한 이야기는 불완전하기 때문에 (그래서 위험스럽게도) 오도될 수도 있다.

선구자들

과학의 단일체적인 성격은 20세기 후반에 와서 심각한 도전에 직면하게 되었다. 헝가리의 과학자인 마이클 폴라니Michael Polanyi는 영국에서 여러 해 동안 가르쳤는데, 《과학과 신념과 사회*Science, Faith and Society*》(1946)와 《개인적 지식*Personal Knowledge*》(1958)에서 주관적 판단의 역할에 대해 나름의 주장을 폈다. 그는 모든 지식은 개인적이고 감정적인 특성을 갖고 있고 완전한 객관성이란 불가능하며, 과학은 기계적 규칙을 따르지 않는다고 본다.

토머스 쿤Thomas Kuhn 역시 《과학 혁명의 구조*The Structure of Scientific Revolution*》(1962)에서 과학에 대한 일반적인 견해에 도전적인 관점을 제시한다. 쿤은 과학이라는 모델들이 더 많은 연구에 의해 점차 세련화되는 것과 같이 그렇게 선형적으로 발전해 나가는 것이 아니라고 본다. 과학적 이해의 "패러다임 전환paradigm shifts"은 예상할 수 없는 방식으로 급속히 새로운 모델을 받아들인다고 주장한다. 더군다나 이러한 새 모델들은 종종 통상적으로 이해되는 과학적 연구와는 무관한 이유들로 인해 발전해 나간다는 것이다. 과학철학자이기도 한 스티븐 툴민이 과학적 아이디어는 생물학적 유기체들과 상당히 유사하게 "진화한다"고 주장함으로써 이 점에서는 쿤에 반대했다. 상당히 흥미로운 지점이다.

그 뒤 오스트리아의 과학철학자 파울 파이어아벤트Paul Feyerabend는 《방법에 반하여*Against Method*》(1975)와 《자유로운 사회에서의 과학*Science in the Free Society*》(1978)에서 과학에 대한 레토릭적 접근의 문을 더욱 넓혔다. 그는 "과학적 방법the scientific method"이라는 특정 연구 방법이 있다는 것을 거부하고 과학자들이 일단의 특정한 규칙에 따라서 연구를 수행한다는 데 의문을 제기했다. 그는 과학 또한 하나의 이데올로기라며 과학자들은 어떤 다른 신화가 아닌 그들 자신의 신화에 밀착되는 경향이 있다고 주장했다.

파이어아벤트의 견해는 그의 멘토였던 철학자 칼 포퍼Karl Popper(1902~1994)에 지대한 영향을 받았다. 포퍼는 과학적 이론이란 것은 입증된 주제라기보다는 왜곡 가능성falsifiability을 반박, 즉 반증한disproof 주제라고 주장했다. 포퍼는 또한 그가 쿤과 같은 인물에게 해당되는 과학의 주관적 관점에는 반대했지만, 과학의 실제는 우리의 언어 사용에 굳건히 뿌리를 둔 것이라고 주장한다.[52]

보다 최근에 영국의 과학철학자 매리 미즐리는 강력한 영향력을 발휘하는 과학적 모델인 진화론은 많은 과학자들에 마치 종교처럼 취급된다고 주장했다. 미즐리는 이를 두고 "우리 시대의 창조 신화"라 부른다. 그녀는 "진화론은 우리의 기원을 얘기함으로써 우리가 무엇인지에 대한 생각에 영향을 미치고 있다. 그것은 생물학적인 이론으로서 공식적인 기능을 넘어 우리의 생각뿐 아니라 우리의 느낌과 행위에까지도 영향을 미치고 있다"고 말한다.[53] 미즐리에 따르면, 기원에 관해 설명하고, 사고의 방식을 제시하며, 우리를 우주로 이끄는 것은 바로 신화의 특성이라는 것이다.

미즐리는 잘못된 이야기나 원시적 서사를 의미하는 것으로 '신화'라는 용어를 사용하지 않는다. 그보다는 '신화'를 설명력을 가진 서사라는 의미로 사용한다.[54] 미즐리는 현대 과학이 아주 강력하게 신화적인 특성을 발전시켜 왔다고 주장한다. 신화는 "우리의 상상적 전망"을 형성하며 그에 따라 "우리가 세계를 이해하는 중심"이 된다는 것이다. 따라서 "우리의 중요한 생각을 분산시키거나 혼란시키는 것이 아니라, 그러한 생각에 필수불가결한 부분이다."[55] 역사나 종교적인 신화와 마찬가지로 과학적 신화도 역시 그런 것이다.

미즐리는 과학적 신화가 공적 논쟁에서 행하는 전략에 특히 깊은 관심을 가졌다. 우리의 설득적 레토릭 전략rhetorical maneuver은 우리의 주장을 (예컨대 진화에 관한 서사와 같이) 널리 받아들이고 있는 과학적 서사와 병행함으로써 관련시킨다. 그녀는 "우리의 논쟁을 지배하는 많은 전망은 마치 과학에 근거를 두고 있는 것처럼 보이지만 실제로는 환상에 의해 주입된 것"이라고 본다. 이런 식으로 "모든 종류의 주제들에서 상당히 많은 교리가 과학에 속한 것이라는 권위를 획득하기 위해 과학적 이미지를 사용해 왔다"는 것이다. 이에 더해 미즐리는 "과학적 신화는 기술적이라는 소리를 내기 때문에 사람들은 그러한 상징적 메시지를 참된 진실로 받아들인다"고 말한다.[56]

그 결과, 많은 현대 신화는 "실제 우리의 생각과 행위에 영향을 미치고 있는데" 그러한 힘은 그 신화들이 "과학의 옷을 입고 있는 것으로 보이기 때문이다."[57] 더군다나 그 신화들은 과학적 기대와 사실 해석에 영향을 미치는 상상적 패턴을 표현한다.[58] 과학에 대해 널리 받아들여지는 서사들은 어떤 데이터가 우선적인 것이고 데이터를 어떻게 해석해야 할지 등에 대한 본보기를 제공한다. 미즐리는 우리가 물리적인 세계를 이해하기 위해 이용하는 신화들은 선택할 수 있지만 "어떤 신화나 비전을 이용하지 않고 그것을 이해할 수 있는 선택권은 결코 없다"고 덧붙인다.[59]

폴라니, 파이어아벤트, 포퍼, 쿤, 미즐리와 그 밖의 여러 사람들은 이미 과학에 대한 레토릭 연구의 길을 준비하고 있었다.

과학에 대한 레토릭적 접근

1970년대에 미국의 레토릭 비평가들은 과학의 레토릭적인 요소를 연구하기 시작했다. 레토릭학자 존 린John Lyne은 다음과 같이 말한다.

> 나는 과학 담론들이 생각과 행위와 우리 시대의 문화에 큰 영향을 미치기 때문에, 그리고 그러한 영향은 (과학적 담론이 공적인 영역에서는 설득과 별로 관계가 없다는 의견을 받아들일지라도) 상당할 것이기 때문에 과학적 주장들을 조사한다.[60]

린은 무엇을 말하고 있는가? 우리가 과학의 레토릭적 특성을 무시할 때 과학의 엄청난 문화적 힘이 견제되지 않고 커져 버린다는 것이다.

수전 웰스가 언급한 것처럼, 역사적으로 과학적 담론은 "언어보다는 사물과 더 연관된 것으로," 그에 따라 "레토릭적인 유혹과는 무관한 것으로" 묘사되어 왔다.[61] 그러나 1980년대 후반에 이르러 문예학자인 찰스 베이저먼Charles Bazerman은 "설득은 주목받지 못하는 과학의 주변부가 아니라 바로 심장부에 있다"고 말한다. 이는 과학이 진리를 추구하는 믿을 만한 방법이 아니라는 점을 의미하는 것이 아니다. "진지하고 지적이며 책임 있는 연구 공동체 안에서 이루어진 지적 레토릭은 진리 추구의 중요한 한 방법"이라는 것이다.[62] 그는 과학 수행에서 설득이 행하는 중요한 역할을 강조한 것이다.

자연과학과 사회과학을 하는 일부 사람들은 자신들의 학문이 어떻게 작동하는지를 이해하는 한 수단으로서 레토릭에 관심을 보여 왔다.[63] 점차 과학자들은 찰스 윌러드Charles Willard가 쓴 바와 같이 "개인적인 선호와 기벽奇癖, 전통적인 지혜, 직업 정치, 그리고 자금 지원을 받기 위해 대중적 환심을 야기할 필요성 등 이 모든 것이 과학자들이 관심을 갖는

퍼즐 맞추기의 일부를 이루고 있다."[64] 즉 과학 행위는 (사업이라는 큰 관점에서 본다면) 종종 마치 정치판과 같이 무질서하거나 비합리적이거나 오염된 것으로 보이게도 된다.

검증되지 않은 과학의 힘

과학 담론의 레토릭적 특성에 대한 이해는 우리가 현대 문화에서 과학 관련 기관들이 갖고 있는 엄청난 힘을 고려할 때 특히 중요하다. 이러한 힘은 삶의 다른 영역에서는 흔히 있는 모호성과 전략들과는 무관하고 그에 전혀 영향받지 않는 그런 과학의 이미지에 직접 의탁한다.

과학 레토릭학자들은 과학에 대한 과학적 글쓰기에서, 그리고 과학자들이 어떤 프로젝트를 수행할 것인지를 결정하는 데 설득과 언어 전략이 갖는 위상을 보여 주었다. 일부 학자들은 과학적 텍스트의 이면에 있는 전제들을 인식하지 못하는 위험에 대해 언급한다. 예컨대, 웰스는 과학적 담론에서 중립성과 객관성을 내세우는 것은 그 자체가 중요한 것이라는 하나의 근거가 될 수 있다고 주장한다. 웰스는 "과학적 텍스트는 자연을 서로 연관된 지식의 대상으로 나누고, 시간에 따라 조작 가능하도록 하며, 인식 주체knowing subject에 영향을 주지 않고 변형될 수 있게 한다"고 본다. 즉 과학적 담론은 그것이 다루는 모든 것을 '객관화하며' 이런 방식으로 과학자를 과학적 연구의 바로 그 대상과 분리시키고 있다.

역사적으로 이러한 분리는 중요한 시점에서 극적인 결과를 초래한다. 웰스가 지적한 바와 같이, 막스 호르크하이머Max Horkheimer와 T. W. 아도르노T. W. Adorno는 "자연과학과 가장 밀접히 연관된 언어적 실천들은 (그것이 사회과학으로 전이되었을 때) 독재와 홀로코스트를 합리화했다. 즉 승리의 순간에 있던 계몽이 혼돈과 테러로 나타났던 것"이라고 주장한다.[65] 다른 이들은 과학적 합리성과 객관성이 가치와 신념에 영향을 미친다는 사실을 고려하지 않을 경우, 위험스럽게도 자연을 객관화시킬 뿐 아니라 인류 그 자체까지도 객관화시킨다는 위험에 빠질 수 있다고 주장한다. 예컨대, 스티븐 카츠Stephen Katz는 나치 레토릭에서의 인간의 객관화가 종종 편의주의와 기술의 이름으로 홀로코스트에 이르게 하는 결정에 기여했다고 주장한다.[66]

과학적 담론을 레토릭 분석으로 다루지 못한 우리의 문화적 실패는 과학적 텍스트에 대해 "순전히 합리적인 담론"이라는 특별한 지위를 갖게 한 오랜 전통을 만들고 말았다. 과학적 담론의 이처럼 특별한 지위는 또한 "다른 어떠한 담론 구성체도 어떻게든 공중에게 접근할 수 없게 만듦으로써 결과적으로는 과학적인 학문을 하는 자들만이 배타적으로 목소리를 내게 했다는 사실과도 관계가 있다."[67] 그러나 과학의 순수한 합리성과 방법론적 신뢰성은 이제 널리 도전받고 있다.

과학에서의 옹호

과학을 레토릭한 것으로 만드는 구체적인 특징은 무엇인가? 중요한 한 특징은 옹호advocacy 활동 그 자체다. 옹호 활동은 과학적 활동을 통상 그러하듯 단지 조사 연구investigation라는 식으로 봐서는 제대로 파악하기 어려운 그런 활동이다. 시몬스는 "연구 운동inquiry movement의 레토릭에서 한 가지 공통된 가닥은 연구inquiry와 옹호advocacy 사이의 전통적인 분리를 거부하는 것"이라고 말한다.[68] 자연과학자와 사회과학자들은 연구조사자들이지만 동시에 어떤 관점이나 이론 및 데이터에 대한 서로 다른 해석의 옹호자로 기능하기도 한다. 과학자들은 특정한 관점, 즉 그들이 옹호하는 관점을 지지하기 위해 설득적인 주장들을 만들어 내고 개진하는 것이다.

게다가, 과학자의 정치적 관점, 연구 자금의 출처, 개인적 신념 등은 데이터가 어떻게 수집되고 해석되는가에 영향을 줄 수 있다. 과학자들은 또한 어떤 문제를 조사할 것인지에 대한 의사 결정도 해야 한다. 때로는 이들 결정이 일부 연구 프로젝트를 지지하기 위한 연구 자금을 발생시키거나 다른 것을 지지하는 연구 자금 지원에 반대하는 현재의 정치적 논쟁과 관련되기도 한다. 또한 과학자의 데이터 발표와 그에 대한 해석은 설득적이어야 하고, 동료들 사이에서 그리고 더 궁극적으로는 일반 공중 속에서 공청회를 할 기회를 얻어야 한다.

과학과 공동체

존 린은 과학 레토릭은 과학이 "고도로 전문화된 소통 네트워크 안에서만 유지되는 집단적인 대규모 사업"이라는 사실에까지 확장해 있다고 말한다.[69] 즉 과학자들은 다른 과학자들과 지속적으로 소통을 계속해 나가야 하며, 이러한 소통은 우리가 레토릭에 대해 생각하는 동기 및 전략과 전혀 무관하지 않다. 린은 다음과 같이 말한다.

> 그러한 네트워크에의 참여는 과학적 실천의 아주 필수적인 요소다…… 이와 함께 해석 경쟁의 출현은 자존심과 함께 지출 비용을 정당화할 지속적인 필요를 부풀리게 된다. 과학자는 소통뿐만 아니라 레토릭 실천으로 가득 찬 하나의 영역을 갖게 되는 것이다.[70]

더군다나 과학 레토릭의 다른 학자들은 우리에게 과학 커뮤니케이션의 특징적인 형태(학술 논문)가 "전통적인 레토릭의 요소"인 "스타일과 표현 및 주장에서의 일정한 경향"을 반영한다는 점을 환기시키고 있다.[71]

린은 과학 역시 "우리의 공적 담론의 바로 그 구조의 일부"라는 점을 지적해 준다. 우리는 충격적일 정도로 많은 양의 정보를 우리 모두가 이용하는 시대에 살고 있기 때문에 "과학적 정보는 거의 대부분 누구든 요구할 수 있다." 따라서 과학적인 말은 정치적, 종교적, 교육적, 경제적 말의 일부가 되어 있다. 우리가 참여하는 어떤 포럼에서든 사람들은 서로를 설득하려고 하는데, 그곳에서 "우리는 설득의 한 자원으로 포진해 있는 현대 과학을 발견하게 된다."[72]

과학 레토릭에 관한 연구를 진지하게 하는 것은 "과학이라는 바로 그 언어 속에서 촉발되는 일종의 힘"을 더욱 잘 알게 되는 것이다.[73] 결국 과학이라는 언어(그것의 레토릭)는 우리가 통상 과학적인 것이라고 인식하지 않는 영역에서의 행동이나 결정에 영향을 미치는 것이다. 따라서 린은 "공적 담론에 관심을 갖고 있는 우리는 과학적 지식의 담론들이 (어떤 방식으로든 그럴 것이기 때문에) 가치와 행위 담론과 어떻게 맞물리고 있는지 관심을 가져야 한다"고 말한다.[74]

디어드리 매클로스키와 경제학 레토릭

일부 사회과학자들은 그들 학문에 대한 레토릭적 접근이 그들로 하여금 자신들의 연구가 갖는 레토릭 차원들을 제대로 인식하고 인정할 수 있게 했다는 점을 알았다. 예컨대, 경제학자 디어드리 매클로스키는 경제학에 대한 레토릭적 접근은 일부 경제학자들이 추정하고 있는 것처럼 "주장하는 것이 그렇게 비합리적인 것은 아니다"라고 본다. 매클로스키에 따르면, "그와는 아주 반대로 그러한 접근은 주장의 범위를 인위적으로 좁히는 것이 갖는 비합리성을 벗어나려는 것이며, 인간적으로 주장하는 것이 갖는 합리성을 지향하는 것"이다. 그녀는 레토릭은 "경제학자들이 주장하는 것을 어떻게든 공개적으로 드러내 놓게 한다"고 말한다.[75]

매클로스키가 경제학의 레토릭에 대해 말하는 것은 무엇인가? 적어도 이는 경제학자들이 그들 간에 경제 이론에 대해서 주장하며, 경제학의 여러 방법에 직접적으로 연결되지 않는 주장과 전략을 사용하면서 서로를 설득시키고자 한다는 것이다. 즉 경제학자들의 주장은 빈번하게 설득하려는 의도에서 전략적으로 틀이 잡히고 그럴듯하게 꾸며지며, 개인적인 편견과 선호와 가치를 반영한다는 것이다. 정말 놀랍지 않은가? 아마 아니라고 하겠지만, 그건 '경제학을 행하는' 것의 일부로서 통상 인정되지도 않을 것이다. 더군다나 공적인 영역으로 가게 되면, 경제학자는 '발견 사항'이 가장 유용한 증거 조사에 확실히 바탕을 둔 객관적인 연구조사자의 목소리를 채택해야 한다. 매클로스키는 학술적인 연구가 갖는 레토릭적 특성을 인정하는 것이 한 사람의 과학자가 의미하는 것이 무엇인지에 대한 이해 증진에 도움을 줄 수 있고, 과학 프로젝트를 실제로 발전시킬 수 있다고 생각한다.

매클로스키는 유럽 자본주의 발전에 대한 자신의 역사 연구에 레토릭이 미친 영향을 계속 추적했다. 그 주제에 관한 세 권의 연작, 즉《부르주아의 덕목*The Bourgeois Virtues*》(2007),《부르주아의 품격*Bourgeois Dignity*》(2011),《부르주아의 평등*Bourgeois Equality*》(2016) 등을 통해 (여러 다른 주장들을 검토한바) 유럽 문화가 진전되어 나가는 과정에서 "말이나 대화 혹은 레토릭이 경제에도 중요했고, 지금도 여전히 그러하다"는 자신의 입장을 발전시켜 나가고 있다.[76]

인류학에서의 레토릭

인류학 연구의 레토릭적 특성을 연구한 존 반 마넨John Van Maanen은 "특정 필자에 의해 추정된 서사적이고 레토릭적인 관행들이…… 인류학을 규정한다"고 말한다. 어떤 인류학자가 현장 작업에 대해 보고한 양식이나 스타일이 학문 공동체에 의한 보고서의 채택과 깊은 관계가 있다. 따라서 누군가의 경험을 보고하는 레토릭은 특정 문화에 대한 세심한 관찰이 그렇듯 인류학의 일부가 되는 것이다. 반 마넨은《현장 이야기: 인류학의 글쓰기에 대하여*Tales of the Field: On Writing Ethnography*》(1988)에서 다음과 같이 설명한다.

> 개인적인 표현 방식, 은유의 선택, 비유적 암시, 의미론, 수식 구절이나 평이한 말하기, 텍스트의 조직 등등 모든 것이 특정한 방식으로 문화적 묘사를 구성하는 데 일정한 작용을 하게 된다. 실험주의자들이 자의식을 갖고, 초현실주의적으로, 주목을 받으려고, 점과 선을 이용한 방식으로 글을 쓸 때는…… 전통주의자들이 중립적으로, 창백한 베이지색 톤으로, 사실 그대로 보고하는 방식으로 한발 물러설 때와 같이, 스타일이 선택의 중요한 문제가 되는 것이다. 어떤 스타일들은 어떤 주어진 시간에 다른 스타일들에 비해 인류학자 집단에서 더 잘 선택될 수 있는 것이다.[77]

레토릭학자 진 파네스톡Jeanne Fahnestock은《과학에서의 레토릭 표현*Rhetorical Figures in Science*》(1999)에서 과학적 담론에서 사용한 레토릭 장치에 대해 탐구한다.[78]

저명한 인류학자인 클리포드 기어츠Clifford Geertz 역시 인류학에서 설득의 역할에 대해 언급한 바 있다.

> 인류학자들이 진지하게 말하는 것을 우리가 받아들이도록 하는 그들의 능력이란 사실적인 것으로 보이게 하는가 아니면 개념적으로 고상한 것 같은 분위기를 연출하는가 하는 그런 것이 아니다. 그보다는 그들이 말하는 것이 자신들이 또 다른 삶의 형태, 즉 이런저런 방식으로 실제 "거기에 있었던" 또 다른 삶의 형태를 실제로 꿰뚫어 본 결과라는 것을 확신시켜 줄 수 있는 능력과 관련이 있는 것이다.

따라서 "오직 사실만을" 보고하는 과학자와 같은 인류학자, 즉 설득이라는 언어적이면서 스타일적 전략에도 전혀 동요하지 않는 냉정한 관찰자라는 인류학자에 대한 대중적 이미지는 반 마넨과 기어츠가 보기에는 정확한 것이 아니다. 인류학자의 작업을 이해하기 위해 표현 전략, 즉 레토릭을 이해해야 한다. 기어츠에 따르면, 설득을 추구하는 레토릭은 인류학자가 현장에서 자신의 경험들을 쓰기 위해 앉아 있는 것과 같은 그림 속으로 들어가는 것이다. "이러한 눈에 보이지 않는 기적이 일어났다고 우리를 설득시키는 것은 바로 글쓰기가 이루어지는 곳이다."[79]

학문적으로 성공한 인류학자는 레토릭 전문가이기도 하다. 자신의 작업이 가치가 있다는 것을 동료 학자들에게 "확신시키고" "설득시킬 수 있는" 글을 쓴 필자인 것이다. 기어츠는 교육받은 보다 많은 독자의 출현에 대해서도 말한다. 그는 "현장 작업을 개인적인 우연한 마주침으로, 인류학을 함께 믿을 수 있는 설명이 되게 하는 가장 직접적인 방법은 일지 형식…… 즉 세상에 대해 읽을 만한 뭔가로 만드는 것"이라고 본다.[80] 따라서 인류학자가 일지 형식을 선택하는 것조차도 마치 편지가 주관적이고 친근한 산문 장르를 취하는 것과 같이 전략적이고 설득적 선택이다. 기어츠에 따르면, 내가 심중에 분명한 독자를 별도로 설정해 놓지 않고 나의 사적인 관찰을 기록할 때, 독자에게 나의 어깨너머로 보게끔 하는 것은 레토릭 행위다.

존 캠벨이 보는 찰스 다윈의 레토릭

레토릭 분석은 자연과학에서의 논증에도 역시 적용되어 왔다. 생물학, 화학, 물리학, 천문학과 같은 과학이 어느 정도 레토릭하게 진행되어 왔는가 하는 점은 이해가 잘 되지 않았을 것이다. 그러나 존 캠벨John Campbell 같은 학자의 작업은 이러한 학문의 레토릭적인 특성을 조망하는 데 도움은 준다. 자연도태론theory of natural selection을 내세우는 과정에서의 찰스 다윈Charles Darwin(1809~1882)의 작업에 대한 캠벨의 연구는 자연과학에서의 담론에 관한 레토릭 분석의 좋은 사례가 되고 있다.[81]

캠벨은 하나의 종이 또 다른 종으로 진화해 나가는 기제를 다윈이 발견했다고 믿었을 때 봉착한 실질적인 문제에 대해 주목한다. 19세기 중반의 과학 세계는 물론 당시 일반인도 한 종에서 다른 종으로의 변화가 자연적인 과정에 의해 일어난다는 것을 받아들일 준비가 되어 있지 않았다. 당시 다윈은 전혀 다른 두 수용자들에게 자신의 아이디어를 어떻게 설득할 것인가 하는 레토릭적 문제에 직면하게 되었다.

자신의 레토릭 난제에 대한 다윈의 답은 자연 도태라는 언어였다. 캠벨은 이처럼 엄청 중요한 은유는 구체적인 설득 목적을 달성하기 위해 설계된 레토릭한 창안rhetorical invention이라고 주장한다. 더군다나 다윈은 (가축 사육을 진화 과정에 비유한) 자연 도태의 비유가 함축적으로는 레토릭 전략을 오도하고 있음을 알고 있었다. 기본적으로는 다른 두 현상 사이의 전략적 유추를 정교화함으로써 다윈은 '적자생존'의 암울한 원리를 희망적이고, 그래서 설득적인 전망으로 변형시켰다.[82]

왜 진화가 암울한 원리인가? 이러한 질문에 대답하기 위해서는 다윈 이론에 대한 역사적 이해가 필요하다. 캠벨은 "자연 도태는 맬서스의 인구 역학 이론의 진화에 적용된 것"이라고 설명한다.[83] 토머스 맬서스Thomas Malthus(1766~1834)는 "식량 공급은 산술급수적으로 증가하지만 인구는 기하급수적으로 증가한다"고 관찰한 바 있다. 결과는 "많은 유기체가 태어나는 만큼 사는 것은 아니다."[84] 즉 진화는 특정 종의 많은 수가 기아로 인한 조기 사망에 근거해서 예측되는 것이다. 논쟁 거리가 될 만한 다윈의 조치 중 하나는 "이처럼 완전히 부정적인 원리"에 "변이와 유전"이라는 개념을 보탠 것이다. 캠벨은 이렇게 말한다. "어떤 것이 변이, 유전, 존재를 위한 투쟁 등을 함께 결합되면, 그것은 차등 번식

differential reproduction으로 남게 된다. 이러한 차등 번식은 변하고 있는 환경의 끝없는 변화 속에서 실제 끊임없이 계속 이루어지는데 그 결과가 유기체의 변화나 진화인 것이다."[85]

다윈의 원리에서 진화는 우연히 일어나는 것이며 일정한 방향이 있는 것도 아니다. 생물학적인 삶은 어떤 특정한 방향으로 지향해 가는 것이 아니다. 그리고 그것은 신의 일이 아니다. 하지만 이러한 아이디어는 다윈 시대의 대부분 사람들이 받아들일 수 있는 것이 아니었다. 그러므로 다윈은 심각한 레토릭 문제에 직면했던 것이다. 그가 과학 공동체와 일반인을 설득시킬 수 없었다면, 진화는 단지 지적인 참신함으로만 남아 있었을 것이다. 다윈의 레토릭 문제는 레토릭적인 해결책을 요구했다.

다윈은 당시 사람들이 매우 종교적인 수용자라는 점을 고려해 종교적인 근거에 입각해 주장하는 것을 택했다. 그는 분명히 불유쾌한 어떤 자연 생태는 신에 의해 아직 마무리되지 않은 일이며 그다음에는 보다 '나은' 삶의 단계로 나아갈 것이라고 주장함으로써 '자연 도태'를 통해 진화가 자비로운 것으로 드러나게 만들었다. 캠벨에 따르면, "다윈은 자연의 여러 독특한 적응 중 일부를 택해서, 그러한 적응이 신의 은총에 대한 관습적 믿음에 이르게 했다는 식의 다소 난처한 상황을 강조하고 있다"는 것이다.

예컨대, 뻐꾸기 암컷은 다른 새의 둥지에다 제 알을 갖다 놓는다. 새끼들이 부화할 때는 그 새집 주인의 알은 깨뜨리고 그 주인새가 대신 엄마 노릇을 하면서 제 새끼를 키우게 한다는 것이다. 다윈은 다음과 같은 주장을 했다.

> 내 생각에, 제 갓난 형제들을 내쫓아 버리는 어린 뻐꾸기나 노예처럼 일하는 개미들. 그리고 애벌레의 생체 안에서 먹이를 먹는 맵시벌과의 유충 등과 같은 그러한 본능을 보는 것은 매우 만족스러운 일이다. 그런데 그러한 본

능은 특별히 주어졌거나 창조된 본능이 아니라, 모든 유기체의 발전을 가능하게 하는 일반 법칙의 작은 결과로서의 본능을 말하는 것이다.[86]

달리 말해서, 신은 다른 종에 잔혹한 뻐꾸기와 일부 개미 종, 그리고 특정 말벌을 설계하지 않았다. 신은 그런 잔혹성이 결국에는 보다 진전된 삶의 형태를 가져다줄 것이기 때문에 어마어마한 진화 과정에 필요한 것으로서 그러한 잔혹성을 허용했다는 것이다.

두 번째 전략은 독자에게 진화가 일어나는 것을 '보게끔' 고무시키는 것과 관련이 있다. 다윈은 별도의 해석이 필요 없는 객관적 사실을 간단히 눈으로 목격하는 것처럼 글을 썼다. 캠벨은 "진화적인 변화를 일으킬 수 있는 기제와 관련된 특정 사례를 구어체 언어로 제시한 다윈의 기법은 그의 많은 독자를 성공적으로 설득시켰다"고 본다. 핵심은 "마치 자기 이론이 사실로부터의 추론이 아니라 독자가 목격했던 사실이라는 것을 독자에게 확신시킨 것으로 보이게끔, 자연 도태에 의해 진화를 표현한 것"이었다. 따라서 다윈은 자신의 글에서 "사실과 관찰을 강조하고" "이론을 최소화했으며" 진화의 이야기에서 설명하는 사람이나 해설자를 제거해 버렸다.[87]

그러나 다윈의 성공 뒤에 있는 주된 레토릭 전략은 자연 도태의 은유가 자리 잡고 있었다. 방향성을 갖지 않는, 즉 무정향인 자연적 과정을 동물 사육자의 매우 의도적인 작업에 함축적으로 비유했다. 이러한 은유를 사용함으로써 다윈은 책략과 기만 사이의 절묘한 선을 걸어갔던 셈이다.

캠벨은 이렇게 말한다. "다윈 이론에서는 자연 상태에서든 사육 상태에서든 둘 다 멈출 수 없이 변이가 계속된다는 점에서 자연은 사육자와 같다. 그리고 이들 두 상태 모두 사육 동물들로부터 특정 개체들을 제거한다는 점에서 자연은 더더욱 사육자와 같다." 그러나 이에 더해 캠벨은 "자연 상태에서는 예견된 목적을 달성하기 위해 어떤 동물이나 식물을 의식적으로 선택하지 않기 때문에 자연은 사육자와 같지 않다"고 말한다.[88] 그런데도 아직까지 다윈이 진화에 대한 얘기를 한 것처럼 "자연은 (그의 주장을 위해 엄밀히 만들어진 독립체로서) 사육자와 근본적으로 유사하다"는 것이다.

다윈은 자신의 '관찰'은 직접, 그리고 자신의 아주 새로운 이론에 대한 해석 없이 이루어졌다는 점을 많은 독자에게 확신시켜 주었다. 다윈에 대한 캠벨의 연구는 과학적 담론에 대한 레토릭적 접근에 내재하는 어느 정도의 비판 가능성을 보여 준다. 그는 우리들에게 유명하고도 영향력 있는 과학자가 능숙한 레토릭 전문가로서도 활동했음을 보여 준다. 더군다나 캠벨은 다윈이 직면했던 레토릭적 딜레마와 그에 뒤따르는 윤리적 난제 모두에 동참해 보라고 독자에게 요구한다. 캠벨의 설명을 접한 이후로는 다윈을 단순히 한 사람의 과학자로만 볼 수 없게 되었다. 캠벨은 또한 우리로 하여금 과학 그 자체가 본질적으로 레토릭한 일임을 인식하게 도와준다.

반응

일부 레토릭학자들은 과학 담론의 레토릭 안에 레토릭이라는 단어가 위험스러울 만큼 지나치게 확장되고 있다고 봤다. 예컨대, 딜립 가온카Dilip Gaonkar는 "아주 다양한 담론적 실천들이 있음을 인식시키기 위해 레토릭을 계속해서 언급하는 것이 우리 시대의 한 습관이 되었다……"고 말한다.[89]

가온카는 "옛 사람들은 아마도 그 범위 바깥에 있을 것이라고 생각했을…… 여러 유형의 담론들을 포함시키기 위해 레토릭의 범주를 계속 확대시켜 왔다"고 본다.[90] 우리를 이끌어 갈 다른 기술이나 과학을 가지고 있지 않았을 때, 레토릭은 우리가 의사 결정을 하기 위해 이용했던 기술이라고 아리스토텔레스가 말했던 것을 상기해 보라. 가온카는 오늘날 레토릭이 과거에는 생각하지도 못했던 데까지 이르렀다고 본 것이다. "레토릭 역사에서 과거에는 없었고, 레토릭 전성기이던 이탈리아 르네상스 시대의 영광스러운 시기에도 없었는데, 레토릭 지지자들은 레토릭이 이제 범세계적인 양상이 되었다고 외치고 있다"는 것이다.[91]

모든 상징의 영역에서 어떤 것 그리고 모든 것을 설명하기 위해 "레토릭의 잡다한 주문"이 "레토릭을 아주 하찮게 만드는" 위험에 빠뜨리고 있다고 가온카는 설명한다.[92] 따라서 "매우 부주의하게 그리고 아무 데서나 레토릭을 이용하는 것"과 "레토릭 이용의 지나친 다양성"으로 인해 "어쩔 줄 몰라 하는 독자가 레토릭에 동기 부여를 하고 그 방향을 제대로 잡아나갈 희망을 포기하게" 만들 수 있다고 그는 우려한다.[93]

레토릭은 과학, 음악, 의학, 행형학penology 등을 포함하여 우리가 살아가는 수없이 많고 다양한 상징 세계를 이해하는 하나의 접근 방법으로 받아들여야 하는가? "X 레토릭" (여기서 X는 인간의 어떤 일을 의미할 수 있다) 말을 사용하는 것이 레토릭을 하찮은 일로 만드는 것인가? 가온카와 다른 일부 연구자는 과학 글쓰기의 레토릭에 재평가를 시도했지만 확실히 이처럼 계속 성장하는 연구 분야에 대한 관심을 약화시키지는 못했다.

데이비드 드퓨David Depew와 존 린은 과학 레토릭의 발전상을 조사해 왔다. 그들은 "레토릭 연구에 기여하고 동시에 과학 연구들……의 대화에서 레토릭의 자리매김을 추구하는, 비록 작긴 하지만 자부심을 느낄 만한 그런 학문 분야"라고 인식하고 있다. 과학에서의 수용자와 주장의 역할을 고려하면서 드퓨와 린은 다음과 같이 말한다.

> 과학적 논증……에 대한 레토릭적인 연구 접근은 (아무리 그들의 논리적 추론이 타당하거나 그들의 입증이 타당할지라도) 화자는 수용자들에게 권위를 가지고 말해야 하며, 수용자들은 그들이 마주하게 되는 레토릭 활동에서의 맥락 의존적인 레토릭 상황에 대해 상당히 많은 부담을 안고 있음을 인식하고 있다.

과학에 초점을 맞추고 있는 레토릭 전문가들은 "비유와 표현의 사용, 서사적인 설명, 새로운 장르 가능성에 대한 기대genre expectation, 그리고 과학에 대한 대화를 특징짓는 용어적 틀짓기terministic framing 등을 포함하여 레토릭한 선택을 하는 역할도 진지하게 고려하고 있다." 드퓨와 린은 현재 성장하고 있는 연구 분야를 기술하면서, 주요 과학자의 레토릭 분석(예: 다윈), 과학 레토릭 논쟁(예: 진화론 대 창조론), 과학적 글쓰기에서 비유와 표현법 사용 등을 포함한 과학 레토릭 연구의 16개 장르를 언급한다.[94] 과학 레토릭 분야는 이제 잘 구축된 것으로 드러나고 있으며 그 미래는 밝다.

결론

2차 세계 대전 이후 레토릭에 대한 관심은 유럽과 미국에서 시작되었다. 일부 학자들은 레토릭에 대한 고대 연구가 가치와 도덕적 행위에 대한 합리적 담론을 향한 길을 제공해 주는 것으로 생각했다. 그리고 다른 이들은 담론에서의 레토릭한 특징이 사회과학과 자연과학을 포함하는 폭넓은 학문 영역에 속하는 것으로 인식하기 시작했다.

뉴 레토릭을 추구하는 20세기 후반 레토릭학자들의 관심사 중에는 공적 주장의 기준에 관한 것도 있었다. 차임 페렐만과 루시 올브레흐츠 타이테카는 이러한 관심을 새로운 레토릭에 관한 자신들의 연구에서 수용자 이론에 연결시켰다. 주장과 수용자의 상호 작용은 20세기의 중심적인 지적 문제에 대한 그들 나름의 해결책이 되었다. 신에 대한 믿음과 같은 초월적 기준이나 과학에서만의 합리적 신뢰와는 무관하게 가치 주장을 테스트하고 검증하는 수단을 발견하게 되었다는 것이다. 서구 문화에서 비슷한 문제를 인식한 하버마스는 전체 사회가 보다 합리적인 담론을 행할 수 있게끔 준비할 수 있는 수단을 제시했다.

주장과 수용자에 대한 레토릭의 지속적인 관심은 20세기에 다양한 사회과학과 자연과학 연구에도 적용되었다. 과학 레토릭학자들은 과학자가 자신의 작업을 계속 추구해 나가는 기본적으로 레토릭한 방식에 대해 검토해 왔다. 과학 레토릭에 대해 글을 썼던 기어츠, 매클로스키, 캠벨, 파네스톡, 앨런 그로스Alan Gross를 비롯해 여러 학자들의 연구 결과를 읽고 그에 설득당한 사람들은 과학 담론이 그 말 그대로 들리지 않을 수 있다. 그 분야에 대해 검토했던 드퓨와 린은 다른 학문 분야가 그렇듯 과학 역시 레토릭하다고 결론짓는다.

10장

현대 레토릭의 이해 II
: 서사, 배치, 대상

레토릭은 언어 그 자체의 본질적인 기능, 즉 전적으로 현실적이며 계속 새롭게 거듭나는 기능에 뿌리를 둔다. 그것은 본래 상징에 반응하는 존재들에게서 협력을 끌어내는 상징적 수단으로서의 언어 사용인 것이다.

_ 케네스 버크

9장에서는 20세기 레토릭의 부활에 주된 역할을 했던 논증과 수용자에 초점을 맞추었던 레토릭의 학술적 논의에 대해 살펴보았다. 차임 페렐만과 루시 올브레흐츠티이테카와 같은 학자들은 눈앞의 긴급한 도덕적 현안을 해결하는 수단으로서 다양한 수용자에게 제시하던 전통적인 논증 형식들을 강조했다. 위르겐 하버마스는 어느 정도 지적 수준이 있는 시민 사이에서 이루어진 주장에 대한 그리스와 로마 모델에 주목하면서 일단의 소통 기준 내에서의 합리적 담론 조건을 탐구했다. 과학 운동의 레토릭은 사회과학과 자연과학을 학문 공동체 안에 자리 잡게 하면서 과학자들이 (우리 중 나머지와 같이) 수용자들 앞에서 자기주장을 한다는 점을 강조하고 있다.

그러나 오늘날의 다른 레토릭학자들은 상징 세계 안에서 이해하고 성공적으로 살아가는 수단으로서의 레토릭에 초점을 맞추어 왔다. 이 이론가들은 주장과 같은 레토릭의 한정된 요소에 초점을 맞추기보다는 레토릭의 문화적 맥락과 근본 구조를 강조한다. 이처럼 레토릭을 상황적인 것으로 이해하는 그러한 관점은 우리로 하여금 삶의 모든 것을 특징짓는 복잡한 상징적 상호 작용을 협상해 나갈 수 있게 한다. 이 장은 또한 시각적인 레토릭과 디지털 레토릭을 포함하여 새롭게 등장하는 레토릭적 상호 작용 영역을 다룬다.

맥락 속의 레토릭

현대의 몇몇 레토릭 이론가들은 레토릭이 발생하는 맥락이나 상황을 강조한다. 제임스 킨니비James Kinneavy는 "현대 레토릭에 있어 가장 강력한 개념 중 하나는…… 특정 담론은 그것이 만들어지고 해석되는 문화적, 상황적 맥락에 따라 판단되어야 한다"고 말한다.[1] 마이클 레프는 레토릭에 대한 상황적 접근은 연설에 뿌리를 둔 고전적인 레토릭 교육학의 자연스러운 확장이라고 본다. 레프에 따르면, "이러한 관점에서 레토릭을 가르치는 것은 담론의 상황적 특성과, 특정한 상황적 맥락이 담론적 실천을 제한하고 또 가능하게 하는 방식에 주목하게 만든다."[2] 레토릭에 대해 상황론적 접근을 하는 가장 대표적인 인물을 들면, 케네스 버크와 로이드 비처다.

케네스 버크와 상징적 행위로서의 레토릭

케네스 버크(1897~1993)는 20세기 미국의 가장 영향력 있는 레토릭학자다.[3] 광범위한 영역에 관심이 많은 버크는 주로 문예 비평가로 알려져 왔다. 그러나 그의 글쓰기는 철학, 드라마, 종교, 정치학, 역사, 레토릭 등 다양한 분야에 자유롭게 걸쳐져 있다.[4]

버크의 연구 범위는 매우 넓었고, 그의 영향력도 매우 컸다. 그가 구사하는 어휘는 상당히 특이했다. 시드니 후크Sidney Hook는 "버크의 독자가 직면한 가장 큰 어려움은 그가 의미하는 것이 무엇인지를 알아내는 것이었다"고 말한다.[5] 조지 케네디는 그를 "종종 변덕스럽고 별난 작가"라고 평한다.[6] 그러나 버크의 글이 지닌 난해함에도 불구하고 그를 이해하려는 노력은 레토릭 담론의 사회적 특성에 대한 버크의 진정한 통찰력으로 인해 그 나름 가치가 있었다. 가장 근간을 이루는 아이디어 중에는 레토릭이 인간적 통합을 가능하게 하며, 언어 사용은 상징적 행동이라는 것이다.

동일시

버크는 "말과 제스처, 소리의 고저장단, 순서, 이미지, 태도, 아이디어 등을 통한 [같은] 언어를 말할 수 있는 경우에만," 즉 "자신의 방식을" 다른 이의 방식과 "동일시함으로써identifying" 특정 개인을 설득하게 된다는 유명한 주장을 했다.[7] 버크는 설득을 말할 때 동일시identification와 같은 공통점을 강조한다. 로이드 비처는 동일시를 "버크 레토릭 이론의 핵심 용어"라고 본다.[8]

왜 동일시인가? 버크는 인간적 곤경은 소외나 다른 사람으로부터의 배제라고 요약하면서, 레토릭에서 유일한 해결책을 찾았다. 버크는 《동기의 레토릭*A Rhetoric of Motives*》(1950)에서 사람들이 타인으로부터 소외되지 않는다면, "레토릭 전문가가 그들의 통합을 굳이 주장할 필요가 없었을 것"이라고 말한다.

레토릭에 대한 버크의 관심은 인간 소외 극복의 상징적 수단을 찾는 데 초점이 맞추어져 있었다. "분리되어 있기 때문에 분명하고도 진지하게 동일시가 강조되는 것이다. 동일시는 분리에 대한 보상이다." 즉 동일시는 타인과 우리가 서로 분리되는 것에 대한 해독제인 셈이다.[9] 비처는 다음과 같은 말을 덧붙인다.

> (우리는) 분리와 공동체 의식 양쪽이 끊임없이 공존하는 조건을 경험한다. 이들 양자의 간극을 줄이려는 노력이 성공적일 때조차도 때로는 다른 결과를 만들어 낸다. 그리고 협동을 이루기 위해 지극히 애쓴 노동의 일부만이 (우리가 전쟁에 우리 자신을 끌어들이려고 진땀을 빼는 때와 같이) 분리를 단지 예견할 뿐이다.

레토릭은 "상징을 통일시킴으로써 공통된 의미를 찾고, 함께 행동함으로써 협동을 촉진시키는 길을 찾기 위해" 필요한 것이다.[10]

그러한 협동은 결코 완전하지 않으며, 영속적이지도 않다. 그럼에도 버크는 동일시하려는 노력은 인간 경험 속에 널리 퍼져 있다고 보았다. 그는 이렇게 말한다. "동일시는 농촌의 청중에게 '나는 본래 시골 소년이었습니다'라고 말하는 정치인부터, 사회적 지위가 묘한 사람들은 물론, 모든 존재의 원천과 진정으로 공감한다는 신비주의자에 이르기까지 폭넓게 걸쳐져 있다."[11] 상징적 상호 작용은 우리가 언어를 통해 상징 이용자로서의 우리를 통합시키는 공통성의 숨겨진 원천들을 인식하고 이용하기 때문에 분명 가능하다는 것이다.

동일시를 추구하는 과정에서 우리는 (문자 그대로 본질의 공통성을 의미하는, 신학으로부터 빌어온 용어인) 버크가 동질성consubstantiality이라고 한 상태를 이루려고 애를 쓴다. 버크는 우리의 공통된 본질, 즉 물리적 구현physical embodiment과 기대의 통일 및 언어 자체를 포함하는 상징 사용 등을 확신한다. 레토릭 실천을 통해 공감대를 형성함으로써 우리는 동질성에 이르게 되며 그렇게 하여 분리된 상처의 치유를 경험하게 된다는 것이다.

상징적 행위로서의 레토릭

레토릭의 목적은 서로 분리되고 소외되며 종종 경쟁 관계에 있는 개개인들을 함께 통합시키는 것이다. 버크는 가끔 이러한 인간적 소외의 조건을 "전쟁 상태"라고 불렀으며, 자신의 작업을 이러한 "전쟁 상태를 제거하는 방향으로" 이끌고 갔다.[12] 이러한 재조정 과정은 그가 언어란 것을 행위의 한 형태, 즉 상징적 행위라고 인식할 때에 더욱 촉진되었다. 버크는 투쟁과 분리라는 것은 인간 조건 속에 내재해 있는 것이며 그러한 문제를 레토릭한 방법으로 완전히 해결할 수는 없다고 보았다. 결국 레토릭 그 자체는 종종 투쟁을 구현해 낸다는 것이다. 토머스 패럴은 버크의 사유에서 "상징적 행동의 의미는 공감과 분리와 투쟁과 긴장 등의 개념을 포함해야 한다"고 말한다.

그럼에도 불구하고 레토릭은 우리의 가장 특징적인 인간 활동이며 자기 파괴를 피하려는 최선의 희망이기도 하다. 페렐이 지적한 바와 같이 버크에게는 "항상 의심받는 담론 실천과 인간적 예의의 가장 인간적인 구현인 실천 사이에는 궁극적으로 모순은 없다"는 것이다.[13] 버크에 따르면 우리는 인간으로서 항상 무언가 더 나은 것을 추구하며, 언제나 "완성을 향한 목표에 젖어 있다." 상징적 상호 작용을 통해 우리는 도달할 수 없는 완벽한 상태를 향해 계속해서 압박을 가하는 것이다. 항상 불완전하게.

상징적 유인으로서의 레토릭

케네스 버크의 거대한 프로젝트 중심에는 상징적인 것에 대한 불굴의 관심과 인간 행위자가 자신과 자기 공동체를 변화시키기 위해 사용한 상징에 대한 상당한 관심이 있었다. 버크가 바라는 것은 레토릭의 힘이 협동과 궁극적으로는 평화를 이루는 방향으로 사람들을 움직이게 하는 데 이용될 수 있을 것이라는 점이었다. 앞서 언급한 바와 같이 버크는 《동기의 문법*A Grammer of Motives*》(1945)에서 자신의 레토릭 관련 연구를 소개하면서 '전쟁 종식을 향한'이란 뜻의 라틴어 아드 벨룸 푸르피칸둠ad bellum purficandum을 골라 썼다.

버크에게 레토릭은 인간과 그가 처한 맥락을 규정짓고 변화시키기 위해 상징을 사용하는 것이다. 레토릭은 인간적 존재의 세 가지 기본 요소를 이해할 수 있게 해 준다. 즉 (1) 우리가 우리 자신과 우리 공동체를 규정하는 상징적 수단, (2) 상징을 해석하는 일로서 의미의 특성, (3) 인간적 동기와 행위가 그것이다.

버크는 레토릭의 근본 특성을 "상징적 유인symbolic inducement"이란 말로 요약한다. 그것은 전략적 상징 사용을 통해 협동을 도모하려는 노력이다. 아마도 그의 가장 유명한 레토릭 정의는 《동기의 레토릭》에 있는데, 이는 버크의 생각에 통찰력을 제공해 주는 개념이다.

> 레토릭은…… **언어** 그 자체의 본질적인 기능, 즉 전적으로 현실적이며 계속 새롭게 거듭나는 기능에 뿌리를 둔다. 그것은 본래 상징에 반응하는 존재에게서 협력을 끌어내는 상징적 수단으로서 **언어**를 사용하는 것이다.[14] (원문 강조)

버크는 언어가 우리 존재의 추상적인 측면이기보다는 구체적인 측면이며, 의미란 사람 간의 사회적 상호 작용에 의해 항상 새롭게 발전해 나가는 것이라고 믿었다. 레토릭은 우리의 상징적 존재성을 이해하는 관건이었다.

인간적이라는 것

버크는 상징을 사용하는 인간의 자연적인 경향성을 인간적인 것으로 규정했다. 그러나 상징 사용은 인간의 가장 좋은 특징과 가장 나쁜 특징을 반영하는 것이기도 했다. 인간적이라는 것은 "상징을 사용하는(상징을 만들고, 상징을 잘못 사용하기도 하는) 동물"이라는 것이며, "부정적인 것의 발명자"이기도 한 것이다. 인간 존재는 또한 "[우리] 자신을 만드는 도구에 의해 [우리의] 자연적 존재로부터 분리되기도" 한다. 즉 우리는 자연 세계로부터 우리를 절연시키는 세계를 만들어 가기도 한다. 결국 인간은 "위계정신에 의해 고통당하기도 하고" "완전함의 꿈에 젖기도 한다."

상징은 우리가 세계의 질서를 잡기 위해 사용한 도구다. 그리고 이렇게 질서를 만드는 행동은 우리를 둘러싼 것에 완전성을 부가하려는 우리 욕구를 드러낸다. 버크는 "무언가에 '적절하다고 생각되는' 이름을 붙여 주려는 단순한 욕구……가 본질적으로 '완벽주의적인 것'"이라고 말한다.[15] 언어는 뭔가에 질서를 부여하려는 우리의 욕구와 자연계의 내용에 이름을 붙여 통제하려는 바람, 그리고 타인들을 지배하려는 우리 자신의 노력을 드러내는 것이기는 하지만, 언어야말로 바로 우리 존재의 핵심이다. 다른 이들을 적으로 규정하는 언어는 그들을 파멸시킬 수 있다. 이를 통해 우리는 버크의 언어 이론을 마주하게 된다.

용어적 스크린

버크에게, 언어는 객관적인 존재를 묘사하는 객관적 도구가 아니다. 그보다는 상징이 우리 존재의 본질이다. 그러한 상징은 우리가 세상과 마주치게 되는 매개이며, 변화를 가져오게 하는 수단이다. 언어는 항상 전략적 차원을 갖게 되는데, 우리가 말하는 것과 같이 우리가 만드는 언어적 선택이 우리의 인식을 규정하며 우리의 의도를 드러낸다.

《상징적 행위로서의 언어*Language as Symbolic Action*》(1966)에서 버크는 이렇게 말한다. "어떤 주어진 용어가 비록 실제의 한 반영a reflection of reality일지라도, 용어가 갖는 그 자체의 특성으로 인해 그것은 실제에 대한 한 선택임에 분명하다. 그것은 또한 그와 같은 정도로 실제의 굴절a deflection of reality로서도 기능해야 한다."[16] 어떤 대상이나 사건 또는 사람을 기술하기 위해 사용되는 일단의 용어는 어떤 일부 요소를 주목하게도 하고 다른 어떤 것에 대한 관심으로부터 멀어지게도 한다. 즉 언어는 특정 장면에서 어떤 것을 드러내기도 하고 동시에 다른 것을 감추기도 한다.

따라서 모든 언어는 본래 레토릭하거나 전략적인 것이다. 예컨대, 내가 어떤 개인을 한 '시민'으로서보다는 한 사람의 '소비자'로 기술한다면, (그 순간에) 나는 사람에 대한 정치적 기술보다는 경제적 기술에 대한 나의 선호를 드러내는 것이다. 동시에, 나는 전략적으로 어떤 사람의 경제적 활동에 주목하게 하고, 그들의 정치적 활동에는 관심을 갖지 않게 한다. 따라서 시민이 아닌 소비자를 선택하는 것, 즉 미국의 많은 미디어 논의에서 두드러진 그러한 선택은 중립적이지도 객관적이지 않은 것이다. 그보다는 화자의 경우는 물론 그 화자가 주목하는 주제는 모두 상당히 레토릭한 입장을 취한다.

따라서 모든 용어와 상징은 우리가 세상을 인식하는 일종의 스크린이다. 버크는 이러한 현상에 자신이 "용어적 스크린terministic screens"이라고 이름 붙인 기원을 말하는데, 그것은 한 사진 전시에서 제시됐던 것이다.

> 내가 "용어적 스크린"에 대해 말할 때, 내가 한때 봤던 사진을 특히 마음에 두었다. 그것은 같은 대상에 대한 다른 사진들이었으며, 상이한 컬러 필터로 만들어진 차이를 보여 주었다. 기록된 특정 사건에 대한 다큐멘터리를 기술하기 위해 어떤 필터가 사용됐는가에 따라 하나의 사진이 질감은 물론 형태도 주목할 만한 차이를 드러냈다. 여기서 그 하나하나는 어느 정도 "사실적인" 것이라고 할 수 있다.[17]

마찬가지로 우리가 생각 속에서, 그리고 그에 따라 인식 속에서 이용하는 용어들은 우리 경험의 필터로서 기능한다. 다시 말하지만, 언어는 실제를 "반영하는 것"이 아니라 실제를 "선택하는 것"이다. 따라서 언어는 경험을 그대로 기술하지 않는다. 그보다도 언어는 우리로 하여금 어떤 것은 보게 하고, 다른 것은 무시하게 한다.

버크는 17세기 프랑스 철학자인 블레즈 파스칼Blaise Pascal로부터 용어적 스크린이라는 개념의 예시적 사용에 대해 얘기한다. 프랑스 가톨릭교회는 결투를 불법화했다. 파스칼은 "결투를 하고 싶어하는" 사람들은 "결투가 벌어질 장소를 단지 걸어가기"를 제안했다. 더군다나 "그들은 우연히 무장한 적을 만나는 경우에 자기 방어의 예비 수단으로 무기를 소지할 수 있을 것이다." 이런 방식으로 법을 어기지 않고도 "그들은 결투를 할 수 있었다."[18] 이런 예는 언어가 하나의 인식적 스크린으로 어떻게 기능하는지를 풍자적으로 보여 준다.

버크는 자신의 《상징적 행위로서의 언어》에서 용어적 스크린 개념을 다음과 같이 요약한다.

> 우리는 용어를 사용하지 않고는 어떤 것도 말할 수 없기 때문에 용어적 스크린을 사용해야 한다. 우리가 사용하는 용어가 무엇이든 그들 용어는 반드시 특정 종류의 상응하는 스크린을 구성한다. 그리고 그런 스크린은 어떤 것이든 반드시 다른 것이 아닌 하나의 영역[바라보는 방식]에 주목하게 한다.[19]

버크의 펜태드

레토릭 이론에서 가장 잘 알려진 버크의 기여는 《동기의 문법》에 제시된 드라마티즘의 펜태드dramatistic pentad(다섯 가지 요소)다.[20] 그 이름이 의미하는 바와 같이, 그 개념은 드라마의 세계로부터 끌어와서 레토릭 상황을 분석하기 위한 다섯 가지 구성 요소로 나누어져 있다.

버크는 단순한 "동작motion"과 목적 지향적인 "행위action" 사이의 중요한 특징을 묘사했는데, 이 둘의 주된 차이는 동기가 있었는지 여부에 따라 나뉘는 것이기도 하다. 동기는 대통령을 투표하거나 특정 직장을 떠나는 것과 같은 행위의 배후에 자리 잡고 있는 것이다. 동기는 인간적인 삶과 상호 작용을 전략적이고 의도적인 것으로, 즉 레토릭한 것으로 만든다. 따라서 인간의 행동을 이해하기 위해서는 인간의 동기를 이해해야 한다. 버크의 펜태드는 그러한 이해에 도움이 된다. 버크는 자신의 "동기의 문법grammer of motives," 즉 인간의 동기human motivation를 이해하고 평가하는 한 수단으로 펜태드를 제안했다. 그는 "우리가 사람들이 행하는 것이 무엇인지, 왜 그들이 그것을 행하는지를 말할 때 포함되는 것은 무엇인가?"라는 질문으로 시작한다.

드라마의 언어는 사람들과 조직들이 그들이 행하는 행동들을 왜 선택하는지를 평가하는 수단을 제공했다. 펜태드는 행동act, 장면scene, 행위자agent, 수단agency, 목적purpose이다. 간단히 말해 행동은 무엇이 행해졌으며 행해지고 있는가와 같이 이루어진 행위를 말한다. 장면은 행위가 이루어진 위치, 상황 또는 맥락을 말한다. 행위자는 그러한 행동을 한 사람이나 조직을 말하며, 수단은 행위자가 행동을 한 방법을 말한다. 끝으로 목적은 행위의 이유나 동기, 즉 의도된 목표를 말한다.

버크는 개인과 집단은 펜태드에서의 특정 요소에 대한 선호를 반영하는 동기 설명에 마음이 끌리게 된다고 본다. 이러한 점은 다음 예가 잘 보여 줄 것이다. 우리는 그간 미군이 중동에 개입하는 것에 대해 여러 설명을 들어 왔다. 물론 이러한 문제는 인간의 동기, 이 경우에는 미국 지도자들의 동기에 특히 주목하게 만든다. 미국이 중동에 개입하는 것에 대한 한 설명은 그 지역에 미국인의 출현을 촉진시킨 행동들을 강조했다. 예컨대, 미국의 안보를 위협했던 지역 내 국가들이 취한 행동 때문에 미국이 중동에 개입하는 것이다. 즉 미국의 중동 지역 군사 개입은 다른 국가의 행동에 대한 반응으로 정당화되는 것이다.

같은 문제에 대한 두 번째 대답은 장면 쪽을 강조하는 것이다. 즉 누군가는 미국이 중동에 개입하는 것은 그곳이 세계의 분쟁 지역인 데다, 그 지역은 석유 자원과 여러 이슬람 국가와 이스라엘 등이 불안정한 가운데 서로 얽혀 있기 때문이라는 것이다. 이러한 설명은 버크의 펜태드의 두 번째 요소인 장면 또는 상황, 배경 등을 강조한다.

미군의 중동 개입에 대한 세 번째 유형의 설명은 행위자 또는 결정권자와 조직에 초점을 맞춘다. 따라서 특정 상황에서 활동을 수행하는 행위자를 보려는 이들은 그 지역의 미군 개입은 국가 안보 이슈나 이데올로기적인 의무감 또는 특정 지역 지도자의 도발에 대해 반응하는 대통령이나 군부 지도자와 같은 미국 내 정책 결정자의 기질 때문이라고 주장할 수도 있다. 일단의 서로 다른 신념에 집착하는 상이한 행위자는 그 지역의 긴장에 대해 서로 다르게 반응했을 것이다.

세계관

버크는 펜태드의 다섯 가지 요소 각각을 특정 세계관 혹은 왜 일들이 그런 식으로 되는가에 대한 특색 있는 이론들과 연결시켰다.

버크는 행동 그 자체에 대한 강조를 이른바 사실주의realism, 즉 우리의 삶의 경험을 사실적 실제라고 보는 것과 연결시켰다. 우리의 동기에 대한 설명에서 행동을 중심으로 보는 것은 우리 존재의 객관적 실체와 우리들 결정의 결과적인 특성에 대한 믿음을 표현하는 것이다. 실제 세계에서 행동하는 것은 사건의 과정에서 객관적인 변화를 야기시킨다.

우리의 동기 설명에서 장면을 강조하는 것은 행동이 일어나는 상황을 집중 조망하는 것이다. 버크는 이러한 강조를 이른바 유물결정론materialistic determinism, 즉 자유의지의 역할을 배제하고 결정이 이루어지는 물질적 조건을 결정적인 것으로 보는 관점에 연결시켰다. 즉 장면에 대한 선호는 우리 스스로 알고 있는 상황 때문에 우리가 특정한 방식으로 행동할 수밖에 없다고 했다.

또한 버크는 행위자, 즉 행동하는 개인이나 집단에 대한 강조는 이상주의idealism 세계관과 연결시킨다. 이 철학은 행위자가 받아들인 정신적 혹은 도덕적 확신에 따라 상황을 변화시킬 가능성을 강조한다. 이 세계관에서는 인간 의사결정자가 설명의 중요한 자리에 놓인다.

행위체나 어떤 행동이 이루어지는 수단에 초점을 맞춤으로써, 버크는 세계를 문제와 그러한 문제에 대한 실질적인 혹은 인과적 해결책으로 보는 세계관, 즉 실용주의적 세계관pragmatic worldview을 제시했다. 동기에 대한 이러한 설명에서 필요한 것은 행위자에게 문제 상황을 해결하기 위한 적절한 도구를 제공해 주는 일이다. 교육, 돈, 기계 등 우리에게 유용한 장비나 요건이 우리가 행동하는 방식을 결정한다는 것이다.

끝으로 목적, 즉 특정 행동이 일어나는 이유에 대한 강조는 버크에게 있어 그가 신비주의mysticism라고 한 세계관, 즉 완전성이나 조화로운 통합에 대한 정신적 열망을 의미한다. 목적에 따라서 인간의 동기를 이해하는 것은 우리 자신을 성취 가능한 완성의 서사, 즉 유토피아적인 전망의 본보기들을 따름으로써 혼란을 벗어나도록 하게 하는 일이다.

비율

버크는 또한 펜태드는 특정한 레토릭 행동의 역학을 증명하기 위해 여러 요소가 비율ratios과 연결될 경우에 가장 도움이 될 것이라고 했다. 그러면서 그는 다음과 같이 말한다.

> 우리는 다섯 가지 용어들이 그들의…… 순열과 조합의 범위를 고려하면서 서로에게 향한 순전히 내적인 관계를 탐구하기를 원한다. 그렇게 해서 이들 여러 다양한 원천이 인간 동기에 대한 실질적 진술을 어떻게 표현하는지를 알기를 원한다.[21]

행위와 장면의 비율, 그리고 장면과 행위자의 비율, 이 두 가지 비율은 "동기 추정의 가장 중심에 있는 것이다." 따라서 버크는 자신의 이론이 지닌 상황 지향성을 다시 강조하면서 "행동과 행위자는 그것들을 포함하는 장면을 필요로 한다"고 설명한다.[22]

예컨대, 어떤 사람이 화자의 동기를 알아내기 위해서 장면이나 행위 비율을 강조할 수 있다. 에이브러햄 링컨은 유명한 게티즈버그 연설에서 전쟁터를 죽은 영웅을 영예롭게 하는 신성한 장소로 바꾸고자 했다. 자신의 연설에서 병사들을 영예롭게 하는 링컨의 행위로 전쟁터라는 장면은 신성한 땅으로 변화된다. 링컨의 연설 동기는 그의 행위가 이루어진 장면에 대한 행위의 관계 속에서 가장 잘 이해된다는 것이다.

또는 반대로 어떤 레토릭 비평가는 장면과 행위자 비율의 강조를 원할 수도 있다. 링컨이 게티즈버그에서 연설한 지 100년 뒤 링컨기념관 앞에서 연설하는 마틴 루터 킹 목사는 장면과 상호 작용하는 행위자의 한 사례다. 킹 목사는 1963년 링컨기념관에 있는 링컨 동상 앞에 섰다. 그는 특정 장면 안에 있는 자신의 존재를 강조함으로써 연설을 시작했다. "100년 전, 위대한 한 미국인은 해방선언문에 서명했고 우리는 오늘 그의 상징적인 그림자에 서 있습니다." 킹 목사의 연설 시작 부분은 "270년 전"이라고 했던 링컨의 친숙한 연설 시작 부분의 억양과 소리로 울려 퍼졌다. 행위자인 킹 목사는 링컨기념관 광장이라는 특정 장면에서 연설하고 있으며, 이들 두 요소의 비율은 우리로 하여금 킹 목사의 연설 속에 깃든 그의 동기, 즉 100년 전 링컨이 시작한 정의의 일을 진전시키는 킹 목사의 동기를 언뜻 느끼게 한다.

리처드 래넘은 "레토릭 분석은 비문학적인 텍스트와 사회생활의 관습에도 사용될 수 있다"는 "버크의 드라마적 접근이 갖는 힘은 버크적인 드라마티즘의 핵심적인 통찰력"이라고 요약한다.[23] 버크의 펜태드는 폭넓은 인간 활동에서 작용하는 동기와 전략들을 이해하는 데 도움을 준다.

형식

러시아의 유명한 희곡 작가인 안톤 체호프Anton Chekhov(1860~1904)가 친구에게 "제1장에서 자네가 벽에 걸려 있는 권총을 가지고 있다면, 마지막 장에서는 반드시 쏘아야 하네"라고 한 것은 유명하다. 이 인용문은 어떤 드라마의 사건은 우리로 하여금 어떤 다른 사건을 준비시킨다는 것, 즉 거의 요구한다는 것을 제시해 준다. 형식form에 대한 버크의 언급은 이러한 인식에 아주 가깝다.[24] 초기 저작인 《대응 진술*Counter-Statement*》(1931)에서 버크는 "욕구의 발현과 실현an arousing and fulfillment of desires"이라고 규정한 형식의 여러 '측면들aspects'을 인식했다.[25] 형식은 특정 수용자에게 맞추어진 레토릭 소구의 기저 구조에 대한 우리의 의식을 일깨워준다.

버크는 이러한 방식 중 첫 번째로 이른바 '삼단 논법형syllogistic form'을 들고 있는데, 이는 "단계적으로 진행되면서 완벽하게 이루어지는 논증 형식"이라고 기술한다.[26] 변호사의 마무리 주장을 그 예로 들 수 있는데, 이러한 마무리 주장은 논리적인 입증 구조에 따라, 즉 청중 앞에서 질서정연한 방식으로 나름대로의 정당한 사유를 갖고 개진하게 되는 것이다. 그러나 철통 보안된 건물을 뚫고 들어가는 액션 영화의 플롯 역시 아주 세심하게 준비된 계획이 추구되는 것처럼 삼단 논법 형식에 따라 밝혀지게 된다. 각 장면은 보안 수단을 어떻게 피해 가느냐에 대한 합리적 추론 과정의 특정한 단계를 나타내며, 각 사건은 우리가 잘 구성된 주장에서 어떤 진술 다음에 이어지는 진술을 기대하는 것과 같이 다음에 오는 사건을 냉정하게 예상하게 한다.

두 번째 형식은 삼단 논법보다는 '더 묘해서' 감지하기 어렵다. 버크는 그것을 "질적 진전형qualitative progression"이라고 했는데, 그는 이를 "특정 플롯에서의 한 사건은 우리로 하여금 어느 정도 다른 플롯의 사건을 준비하게 하는 것"이라고 본다.[27] 따라서 어떤 소설에서 한 순진한 희생자가 피해를 당했을 때, 우리는 가해자가 재판에 회부되는 다음 장면을 예상한다. 누군가 상해傷害를 입으면 우리는 도덕적 정의를 예상하며, 그러한 플롯은 정의가 구현될 때까지는 불완전한 것이 된다. 마찬가지로 한 정치인이 특정 집단을 (마약 불법거래자라며) 사회에 해를 끼치는 것으로 지목하면 우리는 그 집단에 대항할 군대를 부를 것으로 예상한다.

다음으로 "반복형repetitive form"은 "새로운 표현들로 하나의 원리를 계속 유지하는 것"이다.[28] 서로 다른 이미지나 주장이 동일한 사안을 반복 강조하기 위해 이용될 수 있다. 2008년 대통령 선거 캠페인에서 버락 오바마는 핵심 주제로 변화를 강조했다. 그와 보좌진들은 스피치와 광고, 노래, 일화집, 토론의 대사 등 다양한 메시지와 미디어로 공중 앞에서 변화에 관한 생각들을 제시했다. 이처럼 상이한 방법을 통해 동일한 원리를 되풀이하는 것이 반복형의 한 사례다.

일부 방식은 "전통형conventional form"으로 종종 인식되면서 사용된다. 우리는 스피치 시작 부분에서의 인사말이나 긴 호소의 끝 부분에 오는 감동적인 얘기, 그리고 일반적인 주장의 시작 다음에 오는 구체적인 사례를 예상할 수 있다.[29] 끝으로 "부차적 또는 부수적인 형식minor or incidental form"은 우리가 "은유, 모순, 폭로, 반전"과 같은 방법이나 어떤 중요한 것을 찾아내거나 분명히 보여 주려는 인식 가능한 여타 접근들에 직면하는 경우에 언제든 발생한다.

버크는 인간의 모든 (언어적 행위가 아닌) 상징적 행위는 레토릭한 특성을 드러낸다는 것을 입증함으로써 레토릭하면서도 문학적인 연구를 위한 새로운 전망을 열었다. 그러나 그는 자신의 특이한 언어와 자신의 생각을 표현하는 방법에 대한 비판을 회피하지 않았다. 예컨대, 브라이언 비커스는 버크의 레토릭 이론을 "고전 레토릭의 요소들을 하도 이상하게 바꾸어 놓음으로써 완전히 쓸모없게 만들어 버린 자기 멋대로의 매우 암시적이며서도 비역사적인 철학화"라고 평한다.[30] 그럼에도 불구하고 버크의 방대한 프로젝트는 인간적인 상징 행위의 충만한 확장성과 언어의 진정한 힘에 대한 매우 호소력 있는 매력을 드러낸다.

소피스트인 고르기아스와 르네상스 인본주의자들과 같이 버크는 레토릭을 말의 비물질성으로부터 의미와 실제를 만들어 낸 일종의 언어적 주술로 보았다. 윌리엄 코비노William Covino는 버크의 언어관을 설명하면서 "언어는 창조한다. 그래서 모든 발화utterance는 언제나 마력을 지닌 포고magical decree"라고 말한다.[31] 버크 자신도 그의 《문학 형식의 철학*The Philosophy of Literary Form*》에서 "그러한 마술적 포고는 모든 언어 속에 함축되어 있다"고 말한다.[32] 따라서 버크는 언어를 '상징적 행위'를 통해 우리 삶의 실체를 만들어 내는 것으로 보는 레토릭에 대한 고대의 존경스러울 만큼 탁월한 관점을 살펴보기 위해 20세기 시점에서 이를 소환했다.

로이드 비처와 상황적인 것으로서의 레토릭

상황론적 레토릭관에 대한 가장 영향력 있는 지지자는 위스콘신대학교 교수였던 로이드 비처다. 비처가 1968년에 쓴 "레토릭 상황Rhetorical Situation"은 미국 레토릭 이론 연구에서 하나의 전환점이 되었다.[33] 비교적 짧은 이 에세이는 레토릭을 특정 상황에 반응하는 담론이라고 규정했다. "레토릭 담론은 레토릭을 발생시키는 상황에서부터 레토릭 담론의 레토릭한 특성을 포함한다고 주장할 것"이라고 그는 말한다.[34] 이는 레토릭이 특정한 종류의 상황을 변경시키기 위해, 구체적으로 말하면 더 낫게 만들기 위해 사용된 언어라고 정의할 수 있음을 말하는 것이다. 비처는 레토릭을 "생각과 행위의 매개를 통해 실제를 변화시키는 담론의 창조에 의한…… 실제의 변경 양식"이라고 칭하면서, 버크적인 주제와 유사한 소리를 냈다. 비처의 레토릭 상황은 세 가지 요소, 즉 문제 상황exigence, 수용자, 그리고 여러 제약constraints에 의해 규정된다.

문제 상황

비처의 경우, 레토릭은 문제, 즉 반드시 그렇게 되어야 하는 것이 아닌 어떤 상황에서 시작한다. 비처는 문제 상황을 "긴급 상황에 의한 어떤 불완전성, 그것은 결함이고, 장애이며, 뭔가 손보기를 기다리는 어떤 것, 반드시 어떻게 되어야 하는 것이 아닌 어떤 것"이라고 규정한다.[35]

그러나 모든 문제 상황이 레토릭 상황을 구성하는 것은 아니다. 문제가 되는 어떤 특정한 상황은 담론에 의해 변경이 될 수 있는 것이어야 한다. 비록 어설픈 시 당국 때문에 제대로 눈을 치우지 못한 문제 상황이 있을 수는 있지만, 겨울의 시작은 특정 스피치에 의해 변경되는 것이 아니다. "문제 상황은 그것이 긍정적인 변화를 가능하게 할 때, 그리고 긍정적인 변화가 담론을 요구하거나 담론에 의해 도움을 받을 수 있을 때 레토릭한 것이다."[36] 1963년 존 F. 케네디 대통령의 암살 후에 바로 야기된 국가적 위기는 비처의 입장에서 보면, 레토릭한 문제 상황의 한 예라고 할 수 있다. 특정 스피치가 케네디가 사망했다는 사실을 변경시킬 수는 없었다. 그러나 린든 B. 존슨과 다른 이들에 의한 스피치는 국가적, 그리고 국제적 위기를 레토릭하게 개선하거나 상황을 호전시키는 데는 도움이 되었다. 오늘날에는 국가 보건 위기나 공립학교 실패와 같은 문제 상황을 들 수 있을 것이다. 각 상황은 레토릭한 반응을 요구하는 것처럼 보이는 어떤 문제를 반영한다.

레토릭한 수용자

비처의 레토릭 상황에서 두 번째 요소는 레토릭 이론의 불변의 인물인 수용자다. 그러나 비처의 관점에서는 모든 수용자가 레토릭한 수용자rhetorical audience는 아니라고 언급한 것이 거듭 중요한 부분이다. 레토릭한 수용자는 문제 상황에 반응하여 어떤 행동을 취할 수 있어야 한다.

비처는 "제대로 말하자면, 레토릭한 수용자는 담론에 의해 영향을 받을 수 있고 변화의 매개자가 될 수 있는 사람들로만 구성된다"고 말한다.[37] 달리 말해서, 단지 레토릭한 호소를 들었다고 해서 레토릭한 수용자인 것은 아니다. 미국 대통령 후보의 선거 캠페인 연설을 듣고 있는 캐나다 시민은 그가 미국에서 투표를 할 수 없기 때문에, 그리고 미국 대통령 선거 시기에 후보자나 미국이 직면한 문제 상황을 변경시킬 수 있는 일은 아무것도 할 수 없기 때문에 레토릭한 수용자의 일부가 아닌 것이다. 어떤 사람이 레토릭한 수용자가 되기 위해서는 레토릭한 영향력을 행사할 수 있어야 하고, 문제 상황을 개선시키는 것과 직접 연관된 방식으로 행동할 수 있어야 한다.

제약

끝으로, 비처는 레토릭 상황은 여러 제약constraints을 보여 준다는 입장을 유지한다. 이는 레토릭 상황의 세 가지 요소 중 세 번째 요소이며 이들 세 가지 요소들을 이해하는 데 가장 어려운 부분이다. '제약'이라는 단어는 누군가의 행동에 존재하는 어떤 문제나 한계를 상기시킨다. 그러나 비처 역시 자신이 제약이라고 쓸 때 여러 요인이 가능하다는 점을 염두에 두었다. "울타리boundaries"라고 하는 것이 "억제restrictions"라고 하는 것보다는 비처의 의도에 더 가까운 것 같다.

> 문제 상황과 수용자 외에 모든 레토릭 상황은 그러한 상황의 일부인 사람, 사건, 대상, 관계로 이루어진 일단의 제약을 포함한다. 그러한 제약은 문제 상황을 변경시키는 데 필요한 결정과 행위를 제약하는 힘을 갖고 있기 때문이다.[38]

비처는 제약을 아리스토텔레스의 《레토릭》에 있는 기술적, 비기술적 입증에 비유한다. 그는 분명히 제약이 창안 과정에서 레토릭 전문가에게 실질적인 제한을 가하는 요인임을 염두에 둔다. 그러한 제약은 연설가가 주장하고 소구할 것을 발견하고 배열하고 레토릭한 수용자에게 전달하는 것을 제한하기도 하고 가능하게도 하는 요인이다.

따라서 가용한 입증이나 가능한 주장, 수용자의 신뢰, 그리고 다른 여타 요인이 그러하듯 누군가 자신이 가진 레토릭한 능력도 하나의 제약이다. 모든 것은 하나의 레토릭한 메시지를 구성하는 동안 모든 것이 설명되어야 한다. 제약은 레토릭이 그 안에서 만들어지고 개선되어 나가는 울타리 같은 것이라 생각될 수 있을 것이다.

적절한 대응

비처는 레토릭 상황은 그러한 상황에 적합한 대응을 "요구하거나" "미리 만들어 내게 한다"고 주장한다. 이러한 점에서 그의 이론이 가장 강력한 비판에 열려 있다고도 볼 수 있다. 그럼에도 불구하고 그 점에 대해서 그는 "만약 상황이 '적절한' 대응fitting response을 하도록 한다고 말하는 것이 타당하려면, 상황이 적절한 대응책을 어떻게든 미리 만들어 내야 한다"는 점을 계속 주장해 왔다.[39]

비처가 의미하고 있는 것은 무엇인가? 그는 연설가가 수용자, 문제 상황, 그리고 제약과 같은 레토릭 상황의 요소를 평가하는 어떤 발명 혹은 창안 과정을 상상한다. 이러한 요소를 평가하는 경우에, 약삭빠른 연설가는 특정 상황을 개선시키기 위해 어떤 것이 적절하거나 효과적으로 말해 줘야 하는지 그 한계를 알아챈다는 것이다. 그때 연설가는 수용자, 문제 상황, 제약과 같은 것을 통해 자신에게 일러주는 레토릭을 말로 표현함으로써 적절하게 레토릭한 대응책을 만들게 되는 것이다.

로이드 비처의 레토릭 상황 이론은 여러 가지 레토릭한 사건을 평가하기 위한 접근 가능하면서도 강력한 도구를 제공해 주었다. 레토릭 상황에 대해 말하는 것은 상당히 많은 미국 레토릭 이론과 비평의 본질적인 측면이 되었다. 비처의 기본적인 통찰, 즉 레토릭은 특정한 상황에 의한 담론이자, 그러한 상황에 대응하는 담론이라는 그의 통찰은 특별히 도발적인 통찰이었다.

레토릭과 서사

20세기와 21세기 레토릭 이론에서의 한 중요한 움직임은 레토릭과 서사가 만나는 지점에서 발전했다.[40] 레토릭과 스토리 사이의 연결은 고대적인 것이기도 하다. 예컨대, 플라톤의 《파이드로스》에서 소크라테스가 인간 영혼의 특정 관점을 주장하는 마부 신화 이야기를, 그리고 구두에서 문자 담론으로 이동하는 데 내재된 위험을 제시하는 데 이집트 토트 신의 신화 이야기를 관련시켰다. 일부 최근 이론가들은 서사 개념을 레토릭의 모든 것을 포괄하는 데까지 확장시킨 반면, 다른 이론가들은 모든 소설 글쓰기에서 레토릭한 차원을 발견하기도 했다.

변화

소셜 네트워크로 소통하는 시대에, 무엇이 레토릭한 텍스트를 구성하는지를 누군가가 어떻게 결정하는가? 유동적이고 상호 작용적인 레토릭 상황에서 '정보원'과 '수용자'를 구분하는 것은 어려운데 그것을 해석적 실천은 어떻게 받아들일 수 있는가? 고전적인 사유에 뿌리를 박고 있는 레토릭 이론은 다양한 집단에 의해 만들어지는 복합적인 의미를 어떻게 명료하게 인식하겠는가? 단편적인 동영상과 인기 있는 노래들이 선거 운동 연설 및 사설 등과 경쟁하는 새로운 디지털 시대에 레토릭한 담론의 사회적 기능은 어떻게 가장 잘 설명되고 있는가?

레토릭 실천은 최근 수십 년간 변화되어 왔으며, 일부 레토릭 전문가들은 서사 이론 안에서 새로운 레토릭 형식과 기능들을 설명하는 데 필요한 유연한 구조를 발견했다. 예컨대, 수전 웰스는 서사가 그것의 이질성, 시간과 갖는 복잡한 접합, 그리고 서술자의 유연한 주제 위치 구성 등으로 인해 근대성 담론에서 중심적인 것이라는 것을 발견했다.[41] 웰스에 따르면, 서사는 "스타일과 주장의 형식 및 레토릭 관계의 상당한 다양성에 의해 그 특징이 드러나며, 지식knowledge과 생각reflection의 서로 분리된 궤도를 조직화하는 방식을 제공해 준다."[42] 일부 레토릭 서사 이론은 매우 적절한 분석 방법을 요구하는 다양한 문화적 상황에 반응하면서 발전해 왔다.

미하일 바흐친과 다성적 소설

러시아의 언어학자 미하일 바흐친Mikhail Bakhtin(1895~1975)은 문화적 맥락 안에서의 담론 문제에 일찌감치 주목했던 동시대 유럽 사상가 중 한 사람이었다.[43] 마이클 홀퀴스트Michael Holquist에 따르면, 바흐친은 "언어를 만들어 사용하는 인간 행위를 이해하고자 했다."[44] 바흐친은 특히 소설에 관심을 두었으며, 이러한 문학적 형식이 언어와 문화의 레토릭 특성과 관련해서 드러내 보여 주는 것에도 특별한 관심을 보였다.

바흐친은 삶의 대부분이 모호한 인물이다. 대학에서 학위를 완전히 이수한 것도 아니었고 단지 두 권의 책만 출간했다. 하나는 표도르 도스토옙스키Fyodor Dostoevsky에 관한 것이었고 다른 하나는 프랑스 작가 프랑수아 라블레François Rabelais에 관한 것이었다.[45] 그의 작업의 상당수는 사후에 출판되었고, 그의 아이디어는 훗날에야 큰 영향력을 발휘하였다. 그의 작업은 앨스테어 렌프류Alastair Renfrew가 이름 붙인 "자아-타자 관계"에 골몰했음을 보여 준다.[46] 그러한 관계에 대해 그가 선호했던 모델은 특히 도스토옙스키와 라블레의 소설 등에서 발견되는 것과 같은 허구적인 것이었다.

바흐친의 작품은 마르크스주의의 장점을 유지하면서 그가 살던 시대의 억압적인 소비에트 마르크스주의 정통으로부터는 벗어나고 있음을 보여 준다. 그는 글쓰기에서 '객관성'의 가능성을 의심했다. 즉 예술이 진리에 대한 단일적인 지식을 전달할 수 있다는 데 의구심을 가졌다. 하나의 이야기는 여러 집단 사이의 경제적 관계를 우발적인 것이 아닌 사실들의 문제로 표현함으로써 그러한 관계를 모호하게 만들 수 있다. 바흐친은 어떤 작가나 철학자가 인간의 조건에 대한 "정확하고도 적절한 견해"에 과연 접근하는지에 대해서 의문을 제기했다. 예컨대, 마르크스주의 분석은 그것이 단지 자본주의적 사유의 이데올로기적인 올가미를 벗어던졌다고 해서 사회적 상황에 대한 참된 그림을 보여 주는 것은 아니라는 것이다. 이야기하는 것은 어떤 제약 없이 개방적으로 열어두고 보아야 한다는 것이다.

이데올로기로서의 담론

바흐친은 모든 담론이 본래 이데올로기적이라고 생각했다. 그 이유는 두 가지 때문이다. 첫째, 바흐친은 (케네스 버크를 연상시키는 방식으로) 언어는 객관적 세계를 단순히 반영하지 않는다고 보았다. 그보다 언어는 세계를 구성하는 데 참여한다는 것이다. 언어를 사용하는 것은 어떤 구성 과정에 관여하는 것이며, 구성된 것이 우리의 세계관인 것이다. 말하기와 글쓰기는 결코 중립적이거나 몰가치적인 활동이 아니며, 해석적인 시도다.[47]

둘째로, 말하는 것은 어떤 입장을 말로 표방하는 것, 즉 주장하는 것이다. 우리가 말을 하거나 글을 쓸 때, 우리 자신의 신념 체계, 즉 이데올로기를 표방하는 것이다. 담론을 만드는 것은 자신을 드러내는 과정에 관여하는 것이다.

대화로서의 담론

언어 사용이 본래 이데올로기적이라면, 그것은 또한 본래 사회적이고 대화적이라는 것이다. 우리는 이미 선재先在하는 것, 역사적으로 구속된 것, 언어적인 것으로부터 우리의 스피치를 만들어 낸다. 스피치의 바로 그 내용인 언어는 사회적 과정의 산물이다. 우리는 결코 진공 상태에서 언어를 만들어 내지 않는다. 우리의 언어는 우리 이전에 말했던 수많은 이들의 의미와 의도에서 드러났던 것이다.

더군다나 모든 발언, 모든 말은 "양면적인 행위다." 즉 말의 의미는 "누가 한 말이냐, 누구를 위한 말이냐에 따라 공히 결정되는 것이다." 이는 말이라는 바로 그 특성으로 인해 "말은 확실히 화자와 청자, 연설가와 청중 간의 상호 작용적인 관계의 산물이다……" 그 결과,

> 말은 나 자신과 타자 사이에 놓인 다리인 셈이다. 그 다리의 한 끝이 나에게 달려 있다면, 다른 한 끝은 내 말을 듣는 사람에게 달려 있는 것이다. 말은 연설하는 이와 듣는 이, 그리고 화자와 그의 말을 듣는 상대가 같이 공유하는 영역인 것이다.[48]

그러므로 의미는 한 사람 이상의 참여를 항상 포함하는 협상된 영역이다. 따라서 담론은 언제나 사회적이거나 관계적인 기능을 수행한다. 담론은 또 다른 이에게 반응하는 것이거나 그로부터의 반응을 예견하는 것이다.

정치로서의 담론: 이종어 대 동종어

대화 현상으로서의 언어는 우리 각자가 "언어를 우리 자신의 의도와 융합시키려 하기" 때문에 정치 투쟁의 지점이 된다.[49] 더군다나 우리는 협동적으로 의미를 구성하기 때문에 그러한 의미 구성 과정에서 (독자가 저

자만큼 중요하듯이) 말을 듣는 청자는 말하는 화자만큼 중요하다. 이러한 이유 때문에 바흐친은 담론의 기본 단위를 기술할 때, 함축되는 고정된 의미의 문장sentence보다 잠재적 의미로 충만한 개인적인 진술의 함축된 의미를 갖고 있는 발화utterance라는 용어를 선호했다.

바흐친은 언어의 대화적 특징은 표현의 다양성을 위한 언어 본래의 가능성을 억압하려는 공식적인 (정부의) 노력에 의해 전복될 수 있다고 인식했다. 그래서 그는 자신이 이종어異種語/heteroglossia라고 칭한 개념을 부각시켰다. 그것은 어떤 문화에서나 항상 존재하는 언어 사용의 엄청난 다양성을 말하는 것이다. 순간순간의 반향이 사실 우리 각자가 매일 접하는 수용자, 사회적 상황, 그리고 주장되는 쟁점에 따라 수없이 다양한 '언어'를 사용하고 있음을 드러낸다.

바흐친은 이러한 이종어와는 대조되는 동종어同種語/monologia, 즉 국가나 공식적인 언어의 단성적이고 고정된 의미를 대비시켰다. 따라서 한 국가의 '공식적인' 언어는 대화와 속어 또는 직업 집단이 사용하는 특수한 어휘에서 들리는 것과 같은 그러한 언어에서의 수없이 많은 집단과 개별적인 변이와는 대조적인 것이라고 할 것이다.

여러 목소리 듣기: 카니발과 다성 소설

바흐친의 관점에서는 복합적인 '목소리'나 입장이 사회적 세계를 구성한다. 그러나 다양한 목소리는 항상 나타나지만, 모든 목소리가 동등한 가치를 가지는 것은 아니다. 계속적인 대화 과정 속에서 우호적이거나 그렇지 않은 것, 목소리의 상대적 가치는 계속적으로 주장되고 또 경쟁하게 된다. 바흐친은 다른 목소리들보다 어떤 목소리들에 더 큰 가치를 부여하는 그런 '제약'에서 자유로운 담론을 추구했다. 결국 바흐친은 (주장과 반응의 연쇄인) 대화를 검토하고, 특정 대화 속에 존재하는 다른 목소리, 특히 눈치채지 못한 채 지나갈 수도 있는 그런 목소리를 자유롭게 하는 데 초점을 맞추었다.

가장 훌륭한 문학은 바흐친이 카니발과 같은 것이라고 언급했던 질적 특성, 즉 제약 없는 것에 대해서 그냥 그대로 두고, 예측할 수도 없으며, 중구난방으로 찬양하는 그런 특성을 반영해 주는 것이다. 그는 프랑스 풍자 작가인 라블레의 작품에 존재하는 "즐거운 상대성joyful relativity" 같은 그러한 특성을 예찬했으며, 그것을 《도스토옙스키 시학의 문제점 *Problems of Dostoevsky's Poetics*》(1929, 1963)과 《라블레와 그의 세계*Rabelais and his World*》(1965)와 같은 책에서 탐구했다.

바흐친에게 소설은 언어의 대화적이고 카니발적인 특성을 입증하는 하나의 수단이었고, 단성적인 형식에 반대하기 위한 하나의 모델이었다. 조세핀 도노반Josephine Donovan은 바흐친이 소설을 "관료적 기득권을 중앙 집권화하고 다양한 지식 분야를 통일시키는 것에 대한 일종의 대중적 저항을 반영하는 무정부적이며 반항적인 장르……"로 보았다고 평한다.[50]

웨인 부스가 지적한 바와 같이, 소설은 실제에 대한 객관적 가치를 반영하지 않으며, "그것이 얼마나 과장되었는지와는 관계없이, 작가의 목소리는 항상 존재한다."[51] 담론이 취하는 형식조차도 의미와 융합되어 있으며 특정 관점을 지지 옹호하는 경향 면에서 이데올로기적이다. 부스는 "바흐친이 추구하는 것은 일종의 '자유롭게 된 관점의 숭고함sublimity of freed perspectives'인데 그것은 모든 허구적인 경우에 있어서 (다른 어떠한 경우들보다) 더욱 우월한 것이 될 것"이라고 본다.[52] 따라서 바흐친은 인간의 실존 자체인 바로 그 위대한 대화the Great Dialogue의 일부로서 우리가 "진리에 이르는 가장 나은 길"을 발견할 수 있도록, 다양한 관점을 위해 충분히 소리를 낼 수 있는 가능성을 추구했다.[53]

이러한 이유 때문에 바흐친은 도스토옙스키의 소설이 갖고 있는 다성적 특성polyphonic nature과 자신의 세계관을 충분히 발전시키고 온전하게 말하는 각 인물의 특징을 예찬했다.[54] 바흐친은 "독립적이고 흡수 병합되지 않는 목소리들과 의식, 전적으로 타당한 목소리들의 진정한 다성polyphony은 사실 도스토옙스키 소설의 주된 특성"이라고 했다.[55] 그래서 바흐친은 도스토옙스키의 작품을 사람들의 삶의 조건과 그들이 살아가는 진실에 대한 그들 사이의 지속적인 대화에서 여러 다양한 관점에 동등한 목소리를 허용하기 위한 하나의 모델로 보았다.

바흐친의 아이디어는 또한 주변화된 목소리에 귀를 기울이고, 이들 목소리가 사회의 '중심부'에서 말해진 것과 대치될 때 사회적이고 정치적인 삶이 어떻게 변형되는지 고려하기 위해 레토릭 이론가들에게 도전한다. 더군다나 대화 과정에서 구성되는 것으로서의 바흐친의 자아the self 개념은 '정보원sources'과 '수용자'에 대한 전통적 이해에도 도전한다.

웨인 부스와 소설의 레토릭

레토릭과 서사에 관심을 가졌던 웨인 부스는 바흐친의 작업을 예찬했다. 그는 소설 연구에서 레토릭한 접근을 한 것으로 아마 가장 잘 알려져 있을 것이다. 그는 《소설의 레토릭*The Rhetoric of Fiction*》(1961)에서 작가author와 서술자narrator 사이의 복잡한 관계를 검증했다.

부스는 일부 소설 작품이 "작가의 객관성 또는 비인격성"에 영향을 미친다고 했다.[56] 즉 작가는 자신의 인물들의 목소리 속에 작가 자신이 드러나지 않는 체한다는 것이다. 그러나 부스는 "작가의 판단은 그것을 어떻게 볼 것인지를 아는 누구에게나 항상 드러나며 항상 분명하다……"고 주장한다. 작가는 "어느 정도는" 자신의 "위장"을 선택할 수 있지만, 자신이 "사라지는 것을 선택할 수는 없다"는 것이다.[57]

지지자로서의 작가

부스는 작가는 존재조차도 하지 않는다는 "착각을 갖게" 해야 한다고 주장했던 장폴 사르트르Jean-Paul Sartre 같은 이들에게 답하고자 했다. 사르트르는 만약 작가가 "등장인물의 삶을 통제하는 것"으로 나타난다면, 등장인물은 "자유롭게 보이지 않을 것"이라고 말한다.[58] 그러나 부스는 작가는 자신의 작품 속에 나타날 뿐 아니라, 그들은 "순전히 보여 주기"의 "극적 현란함"에서 독자를 구원하기 위해서라도 존재해야 한다고 본다. 작가는 자신의 글쓰기에서 제거될 수 없다. "작가의 목소리는 실제 침묵되지 않는다. 사실 작가의 목소리는 우리가 소설을 읽는 목적 중 하나이며, 작가가 자기 자신의 자연스러움에 대해 아주 야단법석을 떨지 않는 한 그의 목소리로 인해 우리가 성가실 일은 결코 없다."[59]

바흐친과 마찬가지로 부스는 글쓰기에서 어떻게 작가가 가치 중립적인 입장을 택할 수 있는지 의문을 제기했다. 사르트르는 "작가는…… 짐승의 똥 무더기도 어떤 경치에서는 아주 중요한 부분으로 역할을 하며, 사악한 열정 역시 훌륭한 열정과 같이 삶에 있어서 본질적이라는 것을 알아야 한다"고 주장한다.[60] 그러나 부스는 그러한 주장조차도 일단의 가치가 다른 가치를 부각시키며, 그러한 가치를 옹호하는 것이라고 반박한다. 그러한 지지와 옹호가 근본적으로 레토릭 활동이라는 것이다. 그렇다면 작가는 주요 등장인물을 '보통 사람everyperson,' 즉 평범한 인간 구성원으로 선정함으로써 가치중립성을 달성할 수 있는가? 이러한 가능성에 대해 부스는 "동일한 도덕적, 지적, 미학적 가치를 가진 등장인물 사이에서조차도 모든 작가가 불가피하게 어떤 입장을 취하게 된다"고 말한다.[61]

따라서 웨인 부스는 소설 속에 작가의 레토릭한 목소리가 존재한다는 것을 문학 세계에 부각시킴으로써 그 나름의 큰 역할을 했다. 또한 그는 문학이라는 상징 영역에서 동기를 발견하는 데도 관심을 가졌는데, 이러한 관심을 통해 모든 상징 영역에 레토릭한 요소가 존재한다고 했던 케네스 버크 등의 거대 프로젝트에도 나름 기여했다고 볼 수 있다.

서사 되돌아보기

바흐친과 부스의 연구와 그들에 앞선 비코와 다른 이들의 작업은 인간의 심리학적 발전에 있어서 서사의 역할에 대해 기본적인 의문을 제기한다. 브라이언 보이드는 서사 능력의 심리학적 진화에 관심을 가진 문예학자다. 그는 시간을 관리하는 수단으로서 서사에 대해 다음과 같이 말한다.

> 뇌가 커짐에 따라 우리는 과거를 현재와 미래에 보다 유연하게 적용할 수 있게 되었다. 그러나 우리는 여전히 우리가 스스로 목격한 것과 기억하는 것들 안에서 그러는 것이다. 우리는 서사와 함께 처음으로 (그들이 나름의 추론과 미래를 경험하는 데 가장 도움이 된다고 생각했던 것을 전달할 수 있었던) 다른 사람과 경험을 공유할 수 있게 되었다. 우리는 자신의 시간 안에서 여전히 활동해야 한다. 그러나 서사와 함께하면, 우리는 현재와 자신의 한계로부터 어느 정도는 자유로울 수 있다.

서사가 확실히 레토릭한 이점이 있는 것은 분명하다. 과거와 현재와 미래 사이를 매개하는 데 항상 관심을 가졌던 기술art은 어쩔 수 없이 서사에 접근하게 될 것이다. 아니면, 비코의 관점이긴 하지만, 우리 안에 자리 잡은 타고난 스토리텔링 특징 때문에 서사에 의존하게 될 것이다. 보이드는 서사를 레토릭하게 직접 이용하는 것에 관심이 있는 것처럼 보이지만, "서사는 듣는 이들에게 현재에 대한 단서와 과거로부터의 암시, 미래 결정에 대한 추론을 위한 사례나 그와 유사한 것들을 제공해 줄 수 있다"고 말한다.[62]

보이드는 "특히 스토리는 우리가 여러 가지를 선택할 수 있고 어떤 우발적인 사태에 직면했을 때 취할 수 있는 행동을 생각하게 할 수 있는 능력을 키워 준다"고 덧붙인다.[63] 따라서 스토리는 행위의 가능한 과정을 검증하는 전략적 역할, 즉 의회식 정책 레토릭deliberative rhetoric의 기능이 있다. 서사는 또한 개인의 행동을 평가하고 세세한 삶을 둘러싼 이야기를 개발하며, 이러한 방식으로 청중의 반향을 불러일으키는 의식 담론epideictic discourse 같은 뭔가를 활성화시킬 수도 있다.

서사 레토릭에 대한 월터 피셔의 생각

미국 레토릭학자 월터 피셔Walter Fisher는 실제 모든 인간 커뮤니케이션은 서사narrative라고 주장한다.[64] 피셔의 연구에서 중요한 것은 내레이션narration, 즉 이야기라는 것이 어떤 아이디어의 도덕적인 내용을 '가치 평가' 혹은 저울질하는 수단을 우리에게 어떻게 제공하느냐 하는 것이다.

칼 월리스Karl Wallace에 따르면, 논리의 중심에 이유reason가 있듯이 가치에 대한 담론의 중심에는 "적절한 이유들"이 있는 것이다. 커뮤니케이션에 있어서의 서사의 역할에 관한 완전한 이론을 위해 사례를 확충하는 과정에서 피셔는 '이유의 논리logic of reason'를 개괄한다. 이러한 논리는 다음과 같은 고려 사항을 포함한다.

(1) 어떤 사실들이 실제 사실들인가?

(2) 생략된 사실은 무엇인가?

(3) 추론의 패턴은 무엇인가?

(4) 어떤 이유가 현안 쟁점과 관련되어 있는가?

(5) 어떤 정책 쟁점stock issues이 표방되었는가?

피셔는 "여러 이유의 논리를 좋은, 즉 적합한 이유의 논리로 변형시키기" 위해서는 다섯 가지 요소가 필요하다고 주장한다. 먼저 서사에서 진실한 것으로 생각되는 사실fact 개념에서부터 시작한다. 사실들은 중립적인 기준점은 아니다. 피셔에 따르면 사실로 간주되는 것은 특정 집단이나 개인의 가치를 드러낸다. 바흐친이 언어는 항상 어떤 입장이나 이데올로기를 전달한다고 했던 것과 같이 피셔도 사실들은 항상 가치를 드러낸다고 본다. 두 번째는 적절한 이유의 논리 속에 있는 적실성relevance 개념으로 이는 어떤 가치가 현안이 되고 있는 일을 해결하는 데 적합하거나 밀접한 관련이 있는지를 묻는다. 세 번째로 결과consequence 문제는 특정인의 삶의 행동에 내재된 특정 가치에 어느 정도 밀착되어 있는지의 효과와 관계가 있다. 네 번째 고려 사항인 지속성consistency은 어떤 가치가 개인이나 집단의 경험에 이미 확고히 자리를 잡았거나 그러한 경험에서 입증이 되었는지를 묻고 있다. 끝으로 초월적 쟁점transcendent issue은 우리에게 무엇이 인간 행동의 이상적인 기준인지를 묻고 있다. 그것이 사랑인지? 정의인지? 번영인지?[65]

서사적 패러다임

피셔는 전통적으로 레토릭한 은유였던 법보다는 이야기narration가 주장을 위한 은유를 더욱 잘 드러낸다고 여겼다. 그가 서사적 패러다임narrative paradigm이라고 부른 것은 사실 주장은 서사의 한 종種이며, 모든 서사는 분석되고 평가될 수 있는 합리적 구조를 가지고 있음을 제시한다. 피셔는 "훌륭한 커뮤니케이션은 그것이 서사적 합리성, 즉 신념과 행동에 대한 믿을 만하고 진실되며 바람직한 지침이라는 요건을 충족시킨다는 사실 때문에 훌륭한 것이라는 그런 생각을 서사적 패러다임이 더욱 진전시키고 있다"고 본다.[66] 스토리의 합리성은 피셔가 일관성coherence과 충실도fidelity라고 한 두 가지 주요 기준에 따라 판단될 수 있다.

먼저 특정 이야기의 일관성 또는 개연성probability은 구조적, 물질적 그리고 특성에서 지속성의 문제다. 즉 특정 스토리의 일관성을 평가할 때, 우리는 내적 요소가 그럴듯하다고 인식할 수 있고 믿을 만한 방식으로 서로 얽혀 있는지를 묻게 된다. 어떤 재판이 진행되는 동안 피고인은 문제가 되고 있는 사건에서 자신의 이야기를 관련시키고 있다고 가정해 보라. 피고인의 이야기 구조가 그럴듯한가? 그가 관계한 물질적 사실이 논리적인 방식으로 서로 엮여 있는 것처럼 보이는가? 그의 설명에 등장하는 인간 행위자들이 우리가 그들이 그럴 거라고 예상하는 대로 행동하는가? 이러한 것이 어떤 스토리, 즉 이야기의 일관성이나 개연성을 평가하는 문제다.

피셔에 따르면, 다음으로 충실도는 우리로 하여금 특정 이야기의 구성 요소가 "사회적 실제……에 대한 정확한 주장을 나타내고 있는지"를 묻게 한다.[67] 그는 서사의 충실도를 평가하는 다섯 가지 기준, 즉 사실, 적실성, 결과, 지속성, 초월적 쟁점을 제시했다. 이야기의 충실도를 평가하는 경우, 우리는 이야기의 내적 구조와 특성뿐 아니라 사회적 맥락 안에서 이야기가 갖는 도덕적 결과까지도 물어봐야 한다는 것이다. 서사는 어떤 가치를 제시하는가? 서사는 우리로 하여금 어떤 행동을 지향하게 하고 어떤 행동을 회피하게 하는가? 충실도는 보다 넓은 사회적 상황 안에 이야기들을 위치시키며, 그러한 맥락 안에서 특정 서사가 우리로 하여금 어떻게 살아가야 하는지를 제시해 주는지를 묻는다는 것이다. 피셔의 경우, 우리의 사유 과정은 삶 그 자체의 서사 구조에 기반을 두고 있으며, 그에 따라 이야기의 진실성을 평가할 수 있는 사람들의 "자연스러운 능력"에 의존한다는 것이다. 따라서 스토리, 즉 이야기를 잘 이해하는 것은 곧 삶을 이해하는 것이다.[68]

실현 가능한 지혜

커뮤니케이션을 도덕적 행동 지침이라고 한 피셔의 강조는 그를 프로네시스phronesis, 즉 실현 가능한 지혜practical wisdom라는 고전적 개념으로 연결시켜 준다. 피셔는 페렐만, 올브레흐츠타이테카, 하버마스와 같은 여러 현대 담론 이론가들과 비슷한 입장에서 다음과 같은 질문을 던진다. 즉 비과학적인 문제를 믿을 만한 합리적 방식으로 풀 수 있는 가능성은 없는가? 피셔의 경우, 정의는 어려운 사회적 쟁점에 대한 많은 논의를 알려 나가야 할 보편적인 가치다. 그는 철학자와 변호사와 같은 특권적이거나 엘리트 청중 영역에서 정의에 대한 주장의 합리성을 평가하기보다는 보통 사람이 그것을 하도록 하자고 주장한다.

월터 피셔에 따르면, 합리성은 삶 그 자체의 서사 구조와 이야기에서의 일관성과 충실도를 인식할 수 있는 일반인의 "자연스러운 능력"에 기반을 두어야 한다. 따라서 피셔의 경우, 정의의 문제는 우리가 사회 집단 안에서 말하는 이야기에서 다루어져야 한다는 것이다. 공동체의 실현 가능한 지혜는 공동체 안에서 널리 통용되는 이야기와 직접 관련될 것이며, 공동체의 정의에 대한 질적 판단 수준 역시 그러한 이야기에서 직접 그 결과가 나타나게 될 것이다.

스토리와 공동체에 대한 어니스트 보먼의 견해

레토릭학자 어니스트 보먼Ernest Bormann은 스토리가 공동체를 만들기 위해 레토릭하게 사용될 수 있는 방식을 탐구했다.[69] 그는 작은 집단들이 그들의 논의 속에서 이야기를 어떻게 공유하는지에 주목했다. 보먼은 집단이 공동의 환상이나 서사적 구성을 발전시킨다는 로버트 베일즈Robert Bales의 관찰로 시작하면서 익살과 민담, 설화, 의례 등과 같은 서사 구조는 사람들 속에서 동의를 만들어 내고 함께 받아들인 의미를 구축하는 데 아주 중요하다고 말한다.

보먼은 1972년에 쓴 "환상과 레토릭적 전망"이라는 에세이에서 집단 서사에 대한 베일즈의 관찰을 공적인 생활에 적용시켰다.[70] 서사는 사회 그 자체에 대한 특정 사회의 이야기의 일부가 되며, 그에 따라 집단 구성원으로 하여금 "행위하도록 강력히" 강제하고 그들에게 "영웅과 악당, 감정 및 태도로 채워진" 사회적 실제를 제공하면서 그들의 공동체 의식을 유지한다는 것이다.[71]

보먼은 공동체의 정체성은 전체 집단을 위해 의미를 갖는 이야기에서 생겨난다고 주장한다.[72] 상징적 수렴symbolic convergence은 집단 구성원이 같은 이야기를 공유하기 시작할 때 생겨난다는 것이다.[73] 집단은 공동의 판타지 주제fantasy themes(즉 이야기나 줄거리 구성)를 발전시키며 이러한 주제는 그 집단과 집단의 가치를 규정하게 된다.[74]

특정 집단의 이야기는 보먼이 내부 농담inside jokes이라고 한 것(집단의 구성원들만 이해하는 이야기를 압축한 것)을 포함할 것이다. 내부 농담은 반드시 우스워야 하는 것은 아니다. 그것은 특정 집단의 생활을 특징짓는 비교적 긴 이야기의 압축판인 단지 하나의 서사다. 보먼은 또한 다양한 집단이나 조직의 이야기에서 반복되는 기본 구성인 판타지 유형도 논의한다. 예컨대 많은 기업이 우리가 "우리 설립자 역시 괜찮은 분"이라는 제목을 붙여도 좋을 특정한 판타지 유형을 사용한다. 집단의 새 구성원에 의해 저질러진 비의도적인 모욕을 설립자가 용서해 줄 의지가 있다거나 또는 설립자의 대단한 관용에 대한 여러 이야기가 조직 내에 널리 퍼져 있는 식이다. 이들 이야기 각각은 회사 설립자를 '진정한 인간'으로 드러내려는 의도가 깔려 있다. 이러한 특정 판타지 유형은 많은 집단과 조직에서 공동 서사의 일부로 존재한다.

이야기는 특정 집단과 관련된 세계를 알게 하는 공유된 비전의 근간을 제공해 준다. 그렇게 함으로써 그 집단은 하나의 공동체로 성장해 간다. 시간이 지나면서 공유된 비전은 보먼이 조직 전설organizational saga이라고 말한 것으로 발전해 간다. 이는 전설의 형태로 집단의 역사를 나타내는 하나의 긴 이야기인 셈이다.[75] 보먼의 이론은 우리들로 하여금 하나의 집단이 공유된 정체성을 발전시켜 나가고자 할 때, 이야기가 얼마나 중요한지를 상기시켜 준다. 또한 그의 이론은 우리가 말하는 이야기에서 개인의 정체성과 공동의 정체성을 만들어 가기 때문에 서사가 매우 의미심장하다는 것을 제시해 주고 있기도 하다.

배치 레토릭

레토릭 이론에서 중요한 발전으로 "배치 레토릭rhetoric of display"이 있다. 이는 언어 기반의 담론보다는 시각적이고 재현적이거나 물질적인 담론에 초점을 맞춘 레토릭 분석을 말한다.[76] 배치 레토릭 접근은 여러 전통적인 언어 기반의 레토릭 수용자에게는 이전에 보지 못했던 무언가를 볼 수 있도록 하는 방식으로 설계되었다는 것을 인식한다.

배치 레토릭은 로런스 프렐리가 언급한 바와 같이 "우리에게 사실처럼 보이는 많은 것이 우리를 에워싸고 있고 우리의 주목을 받기 위해 경쟁하며, 우리에게 나름의 주장을 하고 있는 많은 배치를 통해 레토릭하게 구성된 것"이라는 중요한 사실을 강조한다.[77] 페렐만의 드러냄presence 개념과 특정 장면 안에서 행동하는 행위자에 대한 버크의 생각은 배치 레토릭이 초기의 레토릭 이론에서 제시되었음을 말해 준다.

배치 레토릭 연구는 시각적인 레토릭이 다양한 방식으로 여러 가지 레토릭 형식을 통해 어떻게 수용자들에게 영향을 미치는지를 탐구한다. 프렐리는 다음과 같이 말한다.

> 배치는 스피치와 문헌에서는 언어적으로 생성됐던 "이미지"를 통해 레토릭하게 드러난다. 그것은 스케치와 그림, 지도, 통계 그래프, 사진, 텔레비전과 영화 영상 등에서도 레토릭하게 나타난다. 그것은 우리가 살고 있는 가정에서도 그리고 미술관, 전시관, 기념과 동상, 공원과 묘지, 카지노와 테마파크,

동네의 길모퉁이와 가게 등 우리가 방문하는 많은 장소에서도 레토릭하게 드러난다. 그것은 또한 과학적 발견물을 "입증"하는 데서도, 정치적인 불만을 "시위"하는 데서도, 자신이 선호하는 정체성을 "말하는" 데서도 레토릭하게 드러난다.[78]

우리를 둘러싼 모든 시각적이고 물질적인 레토릭에 대한 인식은 이 책에서 제시하는 레토릭에 관한 그림을 완성하는 데 상당히 중요하다. 사실, 프렐리는 "배치 레토릭은 오늘날의 커뮤니케이션과 문화 곳곳에 널리 편재되어 있으며, 따라서 우리 시대의 지배적인 레토릭이 되고 있다"고 단언한다. 이는 우리가 알고 있는 웹 사이트와 영화, 시위, 미술관 전시물, 기사, 건축, 비디오 게임, 그밖에 현대 도시 환경에서 우리의 일상생활을 이루고 있는 설득적으로 구성된 수많은 메시지들이 바로 그런 것들이라고 할 수 있다. 따라서 배치 레토릭에 대한 이해는 더욱 영상 지향적인 사회에서 정보를 제대로 알고 있어야 하는 시민에게는 더욱 중요한 것이 되고 있다.

사물 레토릭

배치 레토릭은 이제 통상 물질적인 대상과 그러한 대상이 구성하는 네트워크에 대한 레토릭 연구를 포함하기에 충분할 만큼 상당히 광범위하다. 그러한 연구는 유물론으로 알려진 광의의 이론적 틀을 중심으로 발전해 온 일단의 이론과 비판적 접근들에 의존한다.[79] 유물론적 이론가들은 한 사람의 연설가가 중심이 되어 말을 하고 반면에 청중은 그 연설가의 말에 참여한다는 식의 과거의 오래된 모델에서 벗어나 '순환circulation' 또는 특정 문화 안에서 혹은 여러 문화를 걸쳐서 이루어지는 (영상이나 비디오 게임과 같은) 어떤 대상의 움직임의 패턴이나 궤적에 대해 이야기한다.

학자들은 특히 인간을 포함하는 서로 연결된 체계 안에서의 물질 그 자체 혹은 '사물'의 레토릭에 대해 말한다. 스콧 바넷Scot Barnett과 케이시 보일Casey Boyle 같은 이들은 "사물들이 생각을 불러일으키고, 느낌을 자극하며, 정동情動을 순환시키고, 우리 안에 당혹감을 유발시킨다"고 본다. 그렇다. 그러나 사물이 레토릭 행위자를 단련시키는가? 분명히 그렇다. 바넷과 보일은 "그러나 사물은 우리에게 의미하는 것 그 이상의 것이다. 그것은 인간 행위체와 인간의 의도성을…… 능가하는 영향을 미치고 있는 활기찬 행위자다. 다른 말로 사물들이 레토릭하다"고까지 말한다.[80]

유물론적 입장에서 연구하는 학자들은 네트워크화된 물질적인 대상과 과정 및 개념이 의미를 구성하는 데 중요한 역할을 수행한다는 행위자-네트워크 이론(ANT: Actor-Network Theory)에서 통찰력을 빌려 왔다. 프랑스 철학자 브뤼노 라투르Bruno Latour 등에 의해 개척된 (의미에 관한 이론인) 기호학 이론은 주체와 대상 간의 차이 같은 그러한 전통적인 차이에 도전한다.[81] '일반화된 대칭성generalized symmetry' 원리하에서는 하나의 대상이, 한때 인간 상징 사용자에게 자리를 내주었던 사회적 행위체social agency라고 생각될 수도 있는 것이다. 행위자-네트워크 이론에서는 의미란 것이 고립된 실체나 개념으로부터가 아니라 사람과 아이디어, 대상 간의 복잡한 상호 작용에서 나온다.

로리 그리스가 언급한 목적은 "사물의 레토릭한 삶을 발견하는 데 도움을 주려는 것이다……"[82] "1990년대 후반에 처음으로 하나의 용어를 만들었는데…… 그것은 신유물론new materialism이었다…… 이는 과학 연구와 페미니즘 연구, 그리고 정치 이론 등이 서로 영향을 주고받는 과정에서 나온 것으로 최근 학계에 알려진 하나의 학제적인 이론"이라고 그리스는 설명한다.[83] 그리스는 "신유물론은 학자들이 모더니즘적인 패러다임에 도전함으로써 여러 학문을 가로질러 일어난 비인간적 전회nonhuman turn의 일부라고 볼 수 있다"고 덧붙인다. 그러한 움직임의 목적은 "비인간적인 사물이 다른 많은 실체 곁에서 집단적으로 존재하는 가운데 행하는 의미 있고 적극적인 역할"을 인식하는 것이다. 신유물론은 "물질에 대한 우리의 태도 및 물질과 맺고 있는 우리의 관계에 대한 태도를 강조한다. 넓은 의미로 보면, 신유물론자는 물질이 활력이 있고 변형적이며 생물처럼 모양을 만들어 가는 그런 것이라고 인식한다."

언어 기반의 레토릭 전통과의 결정적인 차이로, 그리스는 레토릭 연구에서는 "언어에 너무 많은 권력이 부여되어 있다"고 말한다.[84] 그녀는 사물에 초점을 맞추는 것은 "시각 레토릭visual rhetoric에서 특히 중요하다"고 본다. 사물에 초점을 맞추는 것이 레토릭을 만들어 준다는 것이다. "마구 펼쳐진 사건처럼…… 즉 서로 다른 결과들이 시간과 공간 속에서 활성화되어 서로 흩어진 채로 진행되는 물질적 과정과도 같은…… 특히 디지털로 매개된 환경에서는 더욱 그러하다"는 것이다.[85] 그리스에 따르면, "우리가 만약 새로운 물질주의적 감수성으로 사물을 연구한다면, 우리는 그것의 사물-권력thing-power, 즉 (사물이 모두 서로 다른 정도의 권력을 가질 때도) 사물이 변화를 만들기 위해 다른 실체와 함께 작동할 때 얻게 되는 권력을 인식할 수 있다."[86]

오랜 레토릭 전통은 재점검해 볼 필요가 있으며, 아예 필요 없게 만들어 버릴 수도 있다. 그리스는 우리로 하여금 "레토릭이 어떻게 물질화되고 이동, 변형, 복제하며, 특히 공중이…… 그처럼 분산된 레토릭 활동과의 관계 속에서 어떻게 물질화하는지를 이론화하게 하는" "새로운 개념"을 요구한다. 우리는 단지 이러한 방식으로만 "시각 레토릭의 분산되고 상황 의존적이며, 전염성이 있는 과정을 설명할 수 있다."[87] 요컨대, 신유물론은 "물질의 역동적인 운동과 그것이 집합적 삶에 만들어 준 활력 넘치는 기여를 말해 주는 대칭적 설명symmetrical accounts을 만들어 내려고 나름 열심히 애쓰고 있다"는 것이다. 특히 그리스가 주장하는 바에 따르면, 시각 레토릭은 "시각적 사물들이 서로 다른 관계들 속에 들어가서 변화를 겪고 매우 다양한 결과를 촉발시키는 것과 같이, 그러한 사물들이 집합적 삶을 함께 구성해 나가는 힘을 어떻게 순환시키고 획득하는지 그에 대한 이론과 실천에서 드러냄으로써 그 나름의 역할을 할 수 있다"는 것이다.[88]

스콧 바넷과 케이시 보일은 이에 확실히 동의하면서, "인간성과 사회과학을 가로지르는 학문에서, 21세기의 첫 십 년은 사물로의 회귀a return to things로 특징지어졌다"고 말한다. 그러면서 그들은 다음과 같이 설명한다.

> 철학, 고고학, 인류학, 과학과 기술 연구, 문학 연구, 그리고 레토릭과 글쓰기 연구와 같은 분야에서는 (고대 문화에서 사물과 인간의 상호 의존 관계를 연구하는 고고학자를 비롯하여) 학자들이 그들 학문에서 사물들이 행하는 역할을 이해하려고 시도함에 따라 사물들이 점차 더 큰 주목을 끌고 있다.[89]

바넷과 보일은 "우리는 사물들 곁에서, 사물과 함께 활동하는 사물에 단순히 초점을 맞추는 것은 아니다. 사실 우리(인간)로부터 그것들(사물, 기술, 대상, 동물 등)을 떼어내는 어려움은 우리를 사물로 다시 되돌려 놓는 것을 보다 더 다급하게 만든다"고 말한다. 우리는 사물의 세계, 즉 "생각을 촉진하고 느낌을 자극하며, 정념을 돌게 하며, 우리 속에 당혹감을 불러일으키는 사물들"의 세계 안에 살고 있다. 사물은 객관적인 대상이 아니다. 그것은 인간 행위체와 의도성을 능가하는 효과를 유발시키는 (때로는 그것과 직접적인 갈등 관계에 놓이기도 하는) 생기 넘치는 행위자다. 그 결과, 그들은 "사물이 레토릭하다"고 말한다.[90]

그러나 사물의 레토릭한 특성에 대한 그러한 인식은 그만큼 비용을 치를 수도 있다. 바넷과 보일은 "사물들이 인간의 상징적 행위에 의해 레토릭의 범위와 의미를 만들어 냈던 레토릭에 대한 인식론적 이해에 (잠재적으로는 소모적인) 도전을 한다"는 충격적인 지적을 한다. 그러나 "인간 주체를 안다는 것에 대한 이러한 강조는 비인간적인 사물들을 (아마도 비非레토릭하기까지 한) 이차적인 지위로 격하시키고 있다." 확실히 "인간 주체를 안다는 것"이 이 책의 기본적인 전제였다. 따라서 사물들을 레토릭한 행위자로 이해하는 것은 분명히 그러한 기본 전제에 대한 심각한 도전이 될 수도 있을 것이다.

바넷과 보일은 "레토릭의 기존 틀에 비인간을 포함시키는 것은…… 간단한 말로는 그렇게 할 수 있을지 모르겠지만, 이러한 틀의 많은 것들이 레토릭의 영역에 포함되는 것과 그렇지 않은 것은 이미 앞서서 결정했기 때문에 시간이 지나면서도 충분히 지속될 수 있는 것임을 입증할 것 같지는 않다"고 본다. 존재하는 동안에, "사물들을 수동적인 도구나 인간 활동을 위한 배경이라기보다는 능동적인 행위자로 이해하기 위해서는 레토릭에 대한 다른 정향orientations이 필요하다……"는 것은 확실히 그렇다고 하겠다.[91] 우리는 지금 그러한 새로운 정향이 발전하고 있는 현실을 목격한다. 그럼에도 불구하고 (행위체에게는 중요하지만 사물들이 분명하게 표현할 수는 없는) 의도성과 같은 문제는 유물론자들이 말하긴 여전히 어려운 것으로 남아 있다.

디지털 레토릭

새로운 레토릭 형식은 디지털 문화와 온라인 경험에서 나오고 있다. 트위터와 같은 축약된 소통 형식, 페이스북 같은 SNS 소통 체계, 사물인터넷(IoT: Internet of Things), 그리고 인스타그램과 유튜브 같은 이미지와 동영상으로 된 거대한 지식 창고 등은 레토릭한 탐색을 요하는 개혁이다. 디지털화된 레토릭은 디스플레이, 전통적인 텍스트, 그리고 대규모 수용자에게 도달할 수 있는 잠재력 등을 통합함으로써 역시 이론적인 문제를 제기한다. 기존 레토릭의 어떤 요소가 인터넷 시대에도 여전히 설명력을 제공하는가? 설득은 이처럼 새로운 형식의 레토릭 교섭의 중심에 여전히 자리 잡고 있는가? 레토릭한 소구에 반응할 힘을 갖고 있는 온라인 수용자는 화자와 청자와 같은 개념들에 대해 우리가 갖고 있는 이해에 어떻게 영향을 미치는가?

주목 경쟁

언론인 니콜라스 카Nicholas Carr와 같이 온라인 세계를 조사 분석하는 사람들은 우리의 디지털 경험 구조가 우리에게 새로운 사유 방법을 가르쳐 준다고(아니면 강제한다고) 단언한다. 다른 말로 디지털 세계는 암시적인 레토릭implicit rhetoric에 기반해서 작동한다. 카는 《생각하지 않는 사람들: 인터넷이 우리 뇌를 바꾸고 있다*The Shallows*》에서 "방해 기술의 생태학ecology of interruption technology"이 온라인 경험의 바로 그러한 성격을 특징짓고 있다고 주장한다. 그처럼 구조화된 분산 환경이 온라인 경험 속에 설계되어 있어서 우리는 한 페이지에서 많은 시간을 보내지 못한다는 것이다.

더 많은 웹 페이지를 방문할수록 더 많은 광고를 경험한다는 이 주장은 디지털 경험의 경제학에 대한 카의 관찰에 뿌리를 두고 있다.[92] 이 점은 이른바 주목이라는 제한된 자원을 더 크게 공유하려는 전략으로(리처드 래넘이 레토릭 그 자체로 말하기도 했던 개념이기도 한) '주목 경제학' 개념을 연상시킨다. 만약 카의 말이 옳다면, 그때는 (주목을 방해받은 수용자가 일탈적인 반응을 보이도록 하기 위해) 배열과 같은 고전 레토릭 범주가 새로운 디지털 영역에서 재사용되는 것이다.

노스캐롤라이나대학교의 사회학자인 제이넵 투펙치Zeynep Tufekci는 "유튜브는 내가 찾아보기 시작했던 주류 정치 이슈보다도 점점 더 극단적인 내용을 추천한다"고 말한다. 그녀는 유튜브가 "계속해서 판을 키우는 것처럼 보이는 방식으로 영상을 홍보하고 추천하고 유포시킨다"고 결론짓는다. 그 결과, "수많은 이용자를 고려할 때, 유튜브는 21세기의 가장 강력한 양극화 기구가 될지 모르겠다"고 말한다. 투펙치는 자신의 분석에서 "주목 경제학으로서의 레토릭" 문제를 묻고 있다. "무엇이 사람들로 하여금 유튜브에 달라붙게 하는가? 그 알고리즘은 사람들이 시작했던 것보다 더욱 극단적인 내용에, 아니면 통상 선동적인 내용에 빠져들게 된다고 결론을 내린 것으로 보인다"는 것이다. 투펙치는 덧붙여 다음과 같이 말한다.

> 우리가 목격하는 것은 자연스러운 인간적 욕구를 컴퓨터를 이용하여 착취하는 것이다. '커튼 뒤를' 보기 위해서, 우리와 관계된 뭔가를 더 깊게 파기 위해서 말이다. 우리는 계속 클릭함으로써 더 많은 비밀과 더 깊은 진실을 알아낼 것 같은 자극적인 느낌으로 계속 그러는 것이다.

투펙치에 따르면, 특히 "얼마나 많은 사람(그중에서도 젊은 사람)이 정보를 얻기 위해 유튜브에 의지하는지를 고려해 볼 때," 계속 커져 가는 잠재적 위험 상황을 우리는 보고 있는 셈이다.[93]

디지털 민주주의인가, 감시 실험실인가?

여타 이론가와 비평가는 온라인 커뮤니케이션이 (특정 논의에서 수많은 사람을 관여시킬 수 있는 잠재력을 갖고서) 스피치나 신문 논설과 같은 초기 형식이 했던 것보다 더 민주적인 레토릭 형식을 대변하게 될 것이라고 예측해 왔다. 그러나 이처럼 새로운 개방적 참여 방식도 문제가 없는 것은 아니다. 예컨대, 우리가 그러한 논의에 참여하는 동안 우리는 논의의 장을 제공하는 실체에게 가치가 있는 우리 자신에 관한 데이터를 역시 발생시키고 있다. 그 역시 윤리적이면서도 레토릭한 다양한 쟁점을 불러일으킨다.[94] 특히 그중에서도 마리아 린드Maria Lindh와 잰 놀린Jan Nolin은 개인 정보의 온라인 공유와 증가하는 감시 사이의 관계를 연구해 왔다. 디지털 레토릭이 우리를 보편적 감시의 세계로 끌어들이고 있는가?

예술가이자 미디어 이론가인 클레이 셔키Clay Shirky는 인터넷 구조에 대한 권위자다. 그는 여러 다른 현상들 사이에서 새로운 공공 영역에서의 상호 작용에서 어떤 구조가 가장 도움이 될 것인지를 결정하기 위해 온라인 사이트의 아키텍처를 연구해 왔다. 그는 "레토릭 차원에서의 공유지의 비극이 많은 포럼에서 일어나고 있다. 모든 참여자에게는 좋은 대화를 할 수 있는 보상도 있지만 각 참여자는 가장 많은 주목을 끌 보상 역시 가지고 있다"고 말한다.[95] 일부 참여자들이 온라인 대화와 웹 페이지 의견란에서 다른 독자의 주목을 끌려고 하는 방식은 오히려 역효과를 낳는다. 셔키는 온라인 대화에 참여하기 위한 새로운 구조가 이러한 문제를 해결하는 데 도움이 될지 의문을 제기한다. 주목을 어떻게 달성하고, 구조화하고, 심지어는 통제할 것인지와 같은 쟁점은 확실히 새로운 세대의 레토릭 이론가들이 앞으로 해명해 나가야 할 것으로 보인다.

뉴 리터러시

안드레아 런스포드는 스탠포드대학교에서 레토릭을 가르치며 '스탠포드 글쓰기 연구'를 했다. 이 연구는 블로그 포스트에서부터 교과목 숙제에 이르기까지 15,000명의 학부생 글쓰기 표본을 분석한 것이다. 런스포드의 결론은 이렇다. "나는 그리스 문명 이래로 우리가 보지 못했던 유형의 리터러시 혁명 와중에 있다고 생각한다." 우리는 디지털 포맷이 글쓰기를 더욱 약화시키는 것이 아니라 고무시키는 것으로 드러나는 "뉴 리터러시New literacy"를 목격하고 있다는 것이다. 학생 세대가 참여하고 있는 글쓰기는 능동적이고 공적이며 전략적이고 설득적이다. 다른 말로, 전통적인 방식으로 레토릭하다는 것이다.

클라이브 톰슨Clive Thompson은 "런스포드 연구진은 학생들이 레토릭 전문가들이 카이로스라고 한 것, 즉 청중을 평가해서 자신의 논지를 가장 잘 이해할 수 있게 말의 톤과 기법들을 적용시키는 것에 아주 능숙하다는 것을 발견했다"고 말한다. 오늘날 학생들의 글쓰기는 "대화적이며 공적인 경향이 있는데, 이는 전통적인 편지 형식보다는 그리스의 주장 전통에 더욱 가까운" 경향이 있다는 것이다.

우리는 디지털 리터러시에 대한 런스포드의 연구에서 전통적인 레토릭적 관심사, 즉 수용자 맞춤형의, 설득적, 반응적, 계획적인 것으로서의 담론으로 되돌아가고 있음을 본다. 톰슨은 "런스포드의 학생들은 훌륭한 산문이란 세상에 영향을 미치는 어떤 것이다. 그들에게 글쓰기는 어느 정도 설득하고 조직하고 토론하는 것……"이라고 본다.[96] 담론의 이러한 특성은 2,400여 년 전에 아테네에서 가르쳐지던 것이다.

더글러스 에이먼Douglas Eyman은 디지털 레토릭을 "학제적인 노력"이라고 하면서, 디지털 레토릭이라는 용어는 "디지털 텍스트와 실행에…… 레토릭 이론을 적용시킨 것이라고 간단히 규정하면 될 것"이라고 말한다.[97] 그는 덧붙여 다음과 같이 설명한다.

> 다음의 이유 세 가지로, 디지털 레토릭에 관한 구체적인 공식적 표현을 분명히 할 필요가 있다고 생각한다. 이론적 수준에서, 그것은 먼저 인쇄된 텍스트나 스피치와는 통상 연관되지 않는 다른 분야의 이용과 그런 분야와의 결합 등을 고려하기 때문이다. 그것은 현재의 레토릭 이론과 방법에 대한 비판적 견해를 촉진시키고 새로운 이론과 새로운 방법이 개발될 수 있거나 개발되어야 하는지 문제를 제기할 수 있게 한다. 그리고 그것은 새로운 연구 분야가 등장하는 데 필요한 경계 조건을 제공해 주기 때문이다.[98]

에이먼은 "기술 레토릭의 개발"을 주장하고 있으며, "디지털 작업에서의 이데올로기와 문화 형식을 찾아내고 밝힐 수 있는 레토릭 방법"을 이용하는 비판적 목적을 주장한다. 에이먼은 디지털 "대화 상대자가 마치 인간 행위자human actors와 같은…… 그런 소프트웨어 행위자software agents일 수 있다는" 사실을 받아들이기 충분할 만큼 유연한 레토릭 "행위체agency" 이론을 요구한다. 소프트웨어 행위자들? 그것은 비인간적 행위자들이 레토릭 영역에 들어오고 있다는 것을 다시 한 번 보여 준다.

그러나 에이먼은 우리가 디지털 무대에서 다시 새롭게 시작해야 한다고 제시하지는 않는다. 레토릭 자원은 이미 가까이에 많이 있다는 것이다.

> 끝으로, 나는 디지털 레토릭은 전통적/고전적 레토릭, 현대 레토릭 이론, 시각 레토릭, 컴퓨터를 이용한 레토릭, 그리고 절차적 레토릭procedural rhetoric 등을 포함하여 기존 연구에 있는 유용한 레토릭 부문과 방법의 어느 것이라도 이용할 수 있다고 생각한다. 디지털 레토릭은 하나의 학제적인 분야로서, 광범위한 관련 학문의 여러 방법을 이용할 수도 있을 것이다.[99]

결론

상황적인 것으로서의 레토릭, 그리고 새로운 상황에 적응하는 것으로서의 레토릭에 초점을 맞추는 20세기와 21세기 일부 이론가들은 우리가 지금 레토릭을 어떻게 경험하는지에 대한 통찰력의 길을 열어 주었다. 누군가로 하여금 다양한 실제 생활 환경, 즉 법정, 입법 기관, 공적인 행사를 이해하고 그에 잘 대응하도록 하는 기술로서 레토릭 기술을 설명한 아리스토텔레스의 설명을 회상해 보라. 이 장은 레토릭이란, 끊임없이 변화하는 환경과 새로운 사회적 요구에 계속 적응해 나가는 것임을 제시해 준다.

이 장에서 우리가 고려하는 이론들은 레토릭과 상징적 세계에서 삶의 관계를 재발견한다. 케네스 버크는 우리들 삶의 상징적 특성, 그리고 상징과 인간적 동기가 어떻게 상호 작용하는지에 주목했다. 로이드 비처의 상황적 접근 역시 레토릭을 인간 행위자들이 불완전한 상황에서 더 나아지고자 하는 욕구로부터 사건에 레토릭적으로 대응하는 구조를 드러내는 것으로 보았다. 레토릭은 특정 유형의 상황에 대한 대응, 그리고 그러한 상황에 의해 예측 가능한 방식으로 구조화된 것으로 본 것이다.

20세기 초의 언어학자인 미하일 바흐친은 서사의 레토릭적 특성에 대한 매우 생산적인 논의의 장을 열었다. 그의 소설에서의 다성적('많은 목소리의') 가능성은 레토릭과 서사 간의 일반적인 관계에 대한 논의를 촉발시켰다. 웨인 부스는 소설에서 작가와 서술자 간의 미묘한 차이가 있는 관계를 탐구하면서 레토릭으로서의 서사에 대한 비전을 발전시켰다. 부스는 저자는 스스로를 숨기려는 노력에도 불구하고 항상 드러나기 마련이라고 주장했다. 월터 피셔와 어니스트 보먼 같은 학자는 레토릭의 서사적 특성에 대해 더욱 탐구해 들어갔다.

배치 레토릭 영역에서 연구하고 있는 로런스 프렐리 같은 학자는 전통적인 언어 미디어를 넘어서는 레토릭적 관심을 인식했다. 우리는 이제 미술과 건축, 그리고 기본적으로 언어에 기반하지 않은 여타 많은 영역에 존재하는 레토릭 요소들을 본다.

로리 그리스, 스콧 바넷, 케이시 보일 같은 유물론자는 브뤼노 라투르 같은 학자의 작업에 의존하여 행위체의 개념을 물질적인 대상을 포함하는 데까지 확대했다. 그것은 전통적인, 인간 중심적 레토릭 개념을 재검토하게 할 만한 하나의 발전이라고 할 수 있다.

우리는 또한 레토릭의 원리와 생산적인 공적 담론의 기준을 새로운 디지털 미디어에까지 적용시키는 노력에도 주목했다. 이러한 노력은 공적 영역이 의미하는 것에 대한 새로운 이해를 가능하게 했다. 또한 그것은 안드레아 런스포드에 의해 개진된 디지털 리터러시와 제이넵 투펙치에 의해 윤곽을 드러낸 디지털 회의주의digital skeptism 등과 같은 새로운 개념들을 낳기도 했다.

11장

현대 레토릭 III
: 텍스트, 권력, 대안

이제 '일상 언어'는 순수하지도 중립적이지도 않다.

_ 자크 데리다Jacques Derrida

남성들은 고대로부터 아주 오래되고, 명예로운 레토릭 전통을 갖고 있다.

_ 칼린 코스 캠벨Karlyn Kohrs Cambell

20세기 유럽과 미국에서는 언어와 문화와 권력의 관계에 관한 상당히 강력한 지적 움직임이 나타났다. 페르디낭 드 소쉬르Ferdinand de Saussure(1857~1913), 클로드 레비스트로스, 자크 라캉Jacques Lacan과 같은 학자들이 인간의 사고와 인간 사회를 구성하는 데, 그리고 우리의 자아 인식을 형성하는 데 언어가 갖는 역할을 탐구했다. 언어가 지닌 본래의 레토릭 특성에 대한 관심은 설득적 담론과 개인 및 집단이 권력을 획득하게 되는 전략 등에 대한 새로운 관심을 갖게 했다.[1] 철학자와 언어학자, 커뮤니케이션 이론가, 역사학자, 문예 비평가 등에 의한 국제적 논의는 담론을 학술 토론의 중심에 자리 잡게 했다.

이 장은 레토릭에 대한 전통적인 서구적 표현에 대한 대안을 다룬다.

20세기 말 담론에 대한 포스트모던한 접근법과 관련된 주제를 다룬 중요한 유럽 철학자 미셸 푸코와 자크 데리다의 작업에 대한 개관으로 시작한다. 이들은 단순한 이름 붙이기와 기존의 표준적인 분류에 대해 저항했기 때문에, 여기저기서 급진적이라고도 하고 보수적이라고도 했으며, 복잡하다거나 단순하다고 평가받기도 했고, 억압적이라고도 하고 해방적이라고도 했으며, 아주 훌륭하다고도 했고 혼란스럽다고도 했다. 그럼에도 불구하고, 권력의 특성과 지식의 원천, 의미의 구성, 사회생활의 구조와 같은 중요한 쟁점은 그들의 작업을 중심으로 한 논쟁을 활성화시켰다.

또한 이 장은 푸코와 데리다를 비롯한 여러 사람이 연구한 권력과 레토릭의 관계에 대한 통찰력으로 강력한 영향을 미친 페미니즘 레토릭 이론도 탐구한다. 우리는 서구 레토릭 전통 그 자체에 페미니스트의 반응을 특히 주목할 것이다. 여러 페미니즘 학자들은 남성 권력이 지속되어 온 원천을 분석하고자 권력과 언어에 대한 비판을 이용해 왔다.

이 장은 또한 비교 레토릭comparative rhetoric의 발전을 추적하면서 유럽 레토릭 전통에 대한 비서구적인 대안도 다룬다. 우리는 인도와 아프리카 레토릭 실천 사례를 다루는 데서 시작해 중국에서 특징적인 몇 가지 레토릭 발전도 탐구한다. 중세 이슬람교도가 레토릭 이론에 기여한 바와 같이 고대 이집트와 아즈텍 레토릭이 레토릭 이론에 기여한 사례도 다루게 될 것이다. 이러한 논의는 레토릭과 그것이 상징과 목적 및 수용자와 맺고 있는 관계에 대한 우리의 인식을 확장해야 함을 보여 준다.

포스트모던 레토릭

포스트모더니즘은 (근대 시기에 시작된 가치인) 유럽 계몽주의의 지적 가치에 대한 반작용이다. 18세기 중에 이성reason은 과거의 인간 문제를 해결하고 합리적인 사회를 만들어 나갈 수 있는 가장 최선의 희망으로 떠올랐다. 프랑스의 풍자 작가이자 극작가인 볼테르, 영국의 경험주의 철학자 데이비드 흄, 독일 철학자 이마누엘 칸트Immanuel Kant(1724~1804) 등과 같은 사상가들이 그 시기의 위대한 지식인을 대표한다.

이성에 대한 신뢰와 함께 근대성modernity이라는 것은 상징의 고정된 의미에 대한 믿음, 감각적 인식과 직접적인 관찰에 대한 신뢰, 진리를 추구하는 개별적인 인간 주체에 대한 권위 부여 등의 특성을 포함한다. 근대성이라는 언명하에서 아카데미의 학문이 분명히 발전해 나가는 것으로 보였다. 계몽주의 학자들은 역사, 인류학, 사회학, 물리학, 문학과 같은 주제를 탐구했는데, 그들은 미신과 잘못된 신념(특히 기독교 전통 및 일반적으로 종교와 연관된 잘못된 신념)이라고 여겼던 것의 억압으로부터 인간성humanity을 구원하는 합리적 프로젝트를 추구해 나간다고 생각했다. 통상 계몽주의 시대는 프랑스 혁명(1789~1794)과 함께 끝난 것으로 이해되지만, 인간의 문제를 해결하고 도덕적 딜레마를 벗어날 수 있는 양대 수단으로서 이성과 진보에 대한 근대적인 믿음은 20세기까지도 계속 지속되어 왔다.

"당연한 것으로 여겼던 것"에 대한 문제 제기

19세기 (레토릭 전통을 완전히 이해하고 있었던 고전주의자) 프리드리히 니체는 계몽주의적 전제들에 문제 제기를 이미 시작했으며, 새롭다고도 할 수 있고 "포스트모던하다"고도 할 수 있는 사상 체계의 씨를 뿌렸다. 그는 기독교와 유대주의의 거대한 설명적 서사들을 공격했으며, 당시의 모든 지배적인 철학적 설명틀에 강력히 반대했다. 도덕성과 사회적 원리는 상대적인 것이며, 권력을 추구했던 사람들의 '권력 의지will to power'에 이바지했을 뿐이다. 20세기 사상가들은 계몽주의를 비판한 이 사상에 기반을 두었다.

장프랑수아 료타르와 포스트모더니즘

1960년대 유럽은 근대성의 근간을 흔들기 시작했던, 공식적으로 포스트모더니즘으로 알려지게 된 관점을 발전시켰다. 포스트모더니즘은 철학과 사회학, 역사, 문학, 사회과학으로부터의 통찰력을 통합시켰다. 하나의 사상적인 비판 학파로서 포스트모던 사상은 이성과 진보에 모두 문제를 제기하면서 장프랑수아 료타르Jean-Francois Lyotard(1924~1998)가 자신의 주요 저술인 《포스트모던 조건*The Post Modern Condition*》(1979)에서 기독교도, 마르크스주의 또는 자본주의와 같은 커다란 설명 틀, 즉 "거대 서사meta-narratives"라고 한 것을 거부했다. 포스트모더니즘은 사회언어학적인 구성으로서의 자율적인 주체나 '자아self'라는 개념도 거부했다.

클라우디아 모스코비치Claudia Moscovici는 료타르의 입장에서 보면, 근대 사상의 바로 그 목적이었던 "실재의 본질에 대한 탐구"는 단지 "헛된 추구"에 불과했다고 본다. 사실 "료타르는 독자들로 하여금 실재, 진리, 도덕성과 같은 개념을 받아들일 것을 거부하도록 했다"는 것이다. 이들 각 개념의 원천은 전통적으로 "거대 서사"였기 때문이다. 그는 그 대안으로 지역적인 인간 공동체와 특히 주변화된 집단을 특징짓는 "소서사petits recits/small narratives"를 추천한다. 그러한 기본 전제들로 무장한 료타르는 "포스트모던 시기에 들어서려면…… 진리 탐구를 포기함으로써 우리의 계몽 유산을 극복해야 할 것"이라고 제안한다.[2]

포스트포더니즘은 계몽주의 프로젝트에 대한 그 나름의 관점을 갖고 있었다. 료타르는 자신이 "지식의 영웅"이라고 했던, "훌륭한 윤리적, 정치적 목적을 위해 일하는" 진리 추구 과정에서 공들여 이성을 이용하는 사람인 계몽주의 인물에게 분명히 도전했다.[3] 언어에 대해서도 마찬가지다. 료타르는 언어를 고정되고 영속적인 실재가 아니라 우리가 사는 세상을 구성하는 것이라고 본다. 더군다나 실재realities를 만들어 낼 수 있는 언어적 가능성은 수없이 많다. 그는 "거기에는 수많은 다른 언어 게임들, 즉 여러 언어 조합을 통해 하나의 실재를 만들어 내는 방식에는 여러 가지가 있다"고 본다.[4]

구조주의

그러나 포스트모더니즘은 20세기 초의 담론 분석의 한 흐름이었던 (클로드 레비스트로스의 작업으로 본격 출발했던) 구조주의Structuralism에 대한 하나의 반응이기도 했다. 레비스트로스는 언어학자 소쉬르와 같은 초기 연구자의 선구적인 작업에 기초해서 자신의 이론을 정립했다. 소쉬르는 세계 곳곳의 신화에서의 놀라운 유사성(즉 여러 서사를 특징짓는 하나의 고정된 구조를 그에게 보여 준 되풀이되는 신화적 원형recurring mythic archetypes)을 인식했다. 레비스트로스는 "신화 구조 연구The Structural Study of Myth"라는 획기적인 글에서 그러한 구조에 연결하는 작업을 했다. "전 세계의 신화는 서로 닮아 있다."[5] 그는 신화의 기본 구조, 즉 신화들의 "문법"은 인간의 사고 및 경험의 구조를 드러낸다고 주장했다. 그는 "신화는 언어이며 그것은 인간 스피치의 일부"라고 본다.[6] 특정 신화의 "작동 가치operative value"는 그 속에 내재된 "패턴"에서 나온다는 것이다.[7]

결국 특정 신화를 해석하는 '열쇠'는 서사 내용이 아니라, 구조에서 발견되는 것이다.[8] 이러한 패턴이나 '문법'은 신화가 아니라 인간의 마음 그 자체에서 비롯되는 것이다. 따라서 "신화는 사람이 자신도 모르는 사이에 생각을 갖게 되는 것이다."[9] 더군다나 마음이 신화를 통해서 표현하는 질서는 조화로운 질서를 반영한다. 따라서 신화를 규정하는 특성은 "통상적인 언어적 수준을 넘어서 찾을 수밖에 없다. 즉 신화적 특성은 어떤 종류이든 언어적 표현에서 발견될 수 있는 것보다 더욱 복잡한 양상을 보여 준다."[10] 구조주의에 대한 반응이라는 특성으로 인해 료타르와 그 부류의 학자들은 후기 구조주의Post-structuralism로 불린다. 포스트모더니즘은 후기 산업 사회와 그러한 사회의 사람들이 경험했던 '조건'을 기술하는 반면, 후기 구조주의는 고정되고 안정된 의미에 문제를 제기함으로써 포스트모던한 조건에 기여하는 분명한 언어철학이다.

미셸 푸코

프랑스 학자 미셸 푸코(1926~1984)는 아마도 20세기 후반에 가장 영향력 있는 유럽의 지식인일 것이다. 푸코는 "모든 학자의 작업 근간을 변화시켰다"[11]고 할 정도로 광범위한 영향력을 미쳤다.

얼마나 많은 이들의 작업에 변화를 주었는지 이 학자를 범주화하기가 어렵다. 푸코는 철학자이고 사회역사가이며 기호학자이고 사회비평가이기도 했다. 푸코의 전기를 쓰던 작가조차도 "푸코가 실제 한 일이 무엇인지 잘 모르겠다"[12]고 고백할 정도다. 푸코는 1955~1969년에 유럽 지역 여기저기서 학계의 여러 지위를 맡았다. 그 뒤 평판 높은 콜레주드프랑스에서 사상체계사the History of Systems of Thought 교수직을 맡게 되었다.

《광기와 문명*Madness and civilization*》(1961), 《사물의 질서*The Order of Things*》(1966), 《지식의 고고학*The Archaeology of Knowledge*》(1969) 등 푸코의 저술은 실로 광범위하다. 《광기와 문명》은 정신 이상이라고 생각해 온 것의 역사를 추적한다. 《사물의 질서》는 인간 과학의 발전을, 그리고 《지식의 고고학》은 권력과 지식의 관계를 다룬다.[13] 의료의 역사 한 세기를 검토한 《임상의 탄생*The Birth of the Clinic*》(1963)과 같은 여타 책들은 단일 주제에 초점을 맞추고 있다.[14] 그의 생애 마지막에는 인간의 전 역사를 통한 담론 속에서 성의 개념이 어떻게 규정되어 왔는지를 이해하려 한 개척자적인 노력으로 세 권으로 된 연작 《성의 역사*The History of Sexuality*》(1976~1984)를 썼다.[15] 어떤 고려들이 이처럼 서로 다른 분야의 여러 작업 요소를 하나의 통일된 지적 프로젝트로 만들어 내고 있는가?

권력과 담론

"권력의 핵심 문제"에 대한 푸코의 강렬한 관심은 그의 작업 여러 군데에서 드러난다.[16] 푸코는 특히 권력과 언어의 관계를 탐구했다. 그리고 "권력의 문제를 담론과의 관계 속에 위치시킨 최초의 주요 작가"로 불리기도 했다.[17] 더욱 구체적으로 푸코는 권력이 어떻게 "그 자체를 구축하고 실질적인 물질적 효과를 만들어 내는가"에 천착했다.[18] 즉 그는 권력이 어떻게 특정 기관에 집중되게 되며, 그렇게 집중된 권력이 어떻게 우리의 삶과 일상생활에 영향을 미치는지를 매우 궁금하게 생각했다. 따라서 푸코는 "권력이 드러나는 것을 추론하는 기본 원리로서 권력의 문제에 접근한 것이 아니라, 그보다는 권력이 행사되는…… 구체적인 기제mechanisms와 실천에 따르는" 현상을 언급했다.[19]

권력은 어떻게 드러나고, 어떻게 일상에 영향을 미치며, 시민으로서의 우리가 어떻게 권력이 기관에 집중될 수 있게 만드는지 등 이러한 의문이 미셸 푸코를 사로잡았다. 푸코의 경우, 권력은 "의식적이거나 의도적인 결정"의 결과가 아니고, 언어가 사용되는 복잡한 방식의 결과다. 따라서 "그는 누가 권력을 잡고 있는가 묻지 않는다. 그는 권력이 어떻게 스스로를 위치시키며 어떻게 실제로 물질적인 효과를 만들어 내는가? 하고 묻는다."[20] 누가 범죄자인가? 특정 범죄와 관련하여 무엇이 벌을 받아 마땅하다고 생각되는가? 누가 정신적으로 아픈 것이며 정신적으로 아프다는 것은 어떻게 다루어지는가?[21] 이러한 질문이 푸코의 흥미를 끌었다. 대통령이 누구인가? 어떻게 예산안이 법으로 통과되는가? 미 국방부, 즉 펜타곤의 예산이란 무엇인가? 푸코는 이러한 유형의 질문은 오도하는 것이라고 생각했다. 두서없이 산만한 현상이 아니라, 권력이란 것을 고정되어 있고 예측 가능하며 객관적 사실인 것처럼 가정하기 때문이다.

담론과 지식

푸코의 경우는 이러한 예들이 제시하듯 권력이란 것이 사회 구조나 위계를 통해 위에서 부가되는 것은 아니라고 본다. 그보다 권력이란 (고정된 것이 아니고) 유동적이고, 담론(문자 그대로 우리가 말하는 것)으로부터 흘러나오고 지식(즉 우리가 안다고 말하는 것)과 불가분한 것이다. 심리학과 같은 학문 영역 안에서 혹은 의료와 같은 실천의 영역 안에서 발생하는 담론이나 이야기 체계는 우리가 알고 있다고 간주하는 것을 구축한다.[22] 따라서 푸코의 경우에 현대 서구 의료는 하나의 '담론'을 구성하며, 18세기 유럽에서 실행된 의료는 또 다른 담론을 구성한다. 각각의 언어 체계는 서로 다른 지식체에서 생겨나서 그것을 뒷받침해 주고 있다.

푸코는 담론이 경험 세계에 존재하는 실제의 객관적인 사실에 대한 상징적 재현 그 이상의 것이라고 생각했다. 담론은 '실재'를 단순히 재현하는 것이 아니라 사실 "실재 생산의 일부"[23]인 것이다. 예컨대, 의료 전문가는 정신병을 어떻게 얘기하는가가, 즉 그들이 정신병에 대해서 안다고 주장하는 것이 정신적으로 병든 사람의 삶에 대해 진짜 권력을 만들어 내고 유지하는 것이다. 이는 권력이란 것은 항상 유동적이며, 담론 공동체 안에서의 언어 경쟁의 결과라는 것을 의미한다. 푸코는 "비록 권력은 인간관계에 있어 어디에나 있는 것이긴 하지만, 특정 사회에서의 권력은 고정되고 닫힌 정권이 아니다. 그보다는 끊임없이 열려 있는 전략적 게임"이라고 본다.[24] 여기서 게임은 '재미'보다는 '경쟁'에 더 가까운 무언가를 의미한다고 보아야 한다.

권력이란 특정 순간에 어떤 생각이 지배적인가의 문제다.[25] 담론 체계는 우리가 어떻게 생각하고 우리가 안다고 주장하는 것을 통제한다. 대부분의 사람들은 우리가 아는 것이 우리가 말하는 것을 지배한다고 생각하는 데 그 반대가 진실이다. 푸코의 경우에는 담론의 규칙이 지식을 지배하며, 이러한 규칙이 권력의 본질이라고 본다. 권력의 실질적인 물질적 효과는 (예컨대, 유죄 선고를 받은 범죄자는 어떻게 취급되는가는) 특정 시점의 어떤 장소에서의 담론의 규칙에 따른다. 앨릭 맥호울Alec McHoul과 웬디 그레이스Wendy Grace에 따르면, "사건이란 그것이 어떤 것이든 아무렇게나 일어나지는 않는다. 그들 사건은 어떤 제약과 규칙 또는 가능성의 조건에 따라 일어나기 마련이다."[26]

탈주와 감시

푸코는 우리가 지속적으로, 그리고 더욱더 권력을 행사하는 사람의 감시하에 놓여 있다는 점에 주목했다. 이는 푸코가 모든 곳에서 "보여지는" 파놉티시즘panopticism이라고 이름 붙인 현상을 말한다. 따라서 도피나 해방과 관련된 주제는 푸코의 작품에서 빈번하게 나타난다. 그것은 권력 문제와 밀접하게 연결되어 있다.

사실 "푸코는 자신으로부터 도망가기 위해 과거의 자기 자신이 아닌 다른 사람이 되기 위해 글을 썼다"고 했다.[27] 푸코는 지식과 권력이 자유를 어떻게 제약하는지를 드러내고자 했을 뿐 아니라 독자에게 이러한 제약에서 벗어나는 데 필요한 지적 원천을 제공하고자 했다.[28] 푸코는 또한 고해성사confession라는 언어의 변형력에 대해서도 관심을 가졌다. 스튜어트 엘든Stuart Elden은 영혼의 참된 변형은 (일종의 "스스로에 대해 진실을 말하기"이며 법적 상황에서는 누군가를 불의에서 정의로 바꾸어 줄) 고백aveu의 레토릭을 통해 일어나야 한다면서 천년의 역사를 시작했던 고해성사에 대한 푸코의 오래된 관심에 대해 기술하고 있다.[29]

감금과 탈주에 대한 푸코의 관심은 그가 왜 감옥(《감시와 처벌*Discipline and Punish*》)과 정신병원(《광기와 문명》)과 같은 문자 그대로 사람들이 억류되는 기관에 마음이 끌리게 되었는지 설명해 줄 수 있을 것 같다. 감옥(특히 죄수들이 소수의 간수에게 항상 보이게끔 만든 제러미 벤담Jeremy Bentham의 파놉티콘 설계)과 정신병원은 권력 사용이 어떻게 담론 체계로부터 야기되는 것인지를 상징화했다. 자신의 날카로운 분석에도 불구하고, 푸코는 특정한 사회적 실천에 지지한다거나 반대하는 주장을 별로 하지는 않았다. 어떤 이가 언급한 것처럼, 푸코는 감옥의 죄수들을 가끔은 끔찍하게 다루는 내용을 그리기도 한 《감시와 처벌》에서조차 "거의 격론을 벌이지도 않고, 범죄에 대한 언급도 별로 하지 않고 있으며, 자신을 과거에 대한 기술에 한정시키고 있다."[30]

지식의 고고학

푸코는 특정 문화의 집단적 담론(즉 말하는 특징적 방식)은 고고학적인 유물과 유사한 것을 나타낸다고 믿었다. 따라서 그는 다양한 담론 텍스트 연구를 통해 "지식의 고고학"을 드러내고자 했다.[31] "내가 하는 것은 형식화도 아니고 해설도 아니다"라며 그것은 "고고학"이라고 그는 쓴다. 푸코가 고고학이란 용어를 사용했을 때, 그것은 아주 오래전의 어떤 지점들을 탐구하는 것이 아니라 "특정 아카이브archive를 기술하는 것"이다. 푸코의 경우, 아카이브는 "특정 시기 특정 사회에서 말할 수 있는 것의 한계와 형식, 그리고 대화의 한계와 형식을 규정하고 있는 일단의 규칙"이었다.[32] 그와 같이 아카이브는 특정 시간과 장소에 구체적으로 특화된 것이다.

아카이브는 특정 시기 특정 사회에서 말해질 수 있는 것과 그래서 알려진 것을 드러낸다.[33] 이야기하는 방식에 대한 푸코의 고고학적 연구는 특정 문화와 특정 시대의 에피스테메episteme,• 즉 어떤 한정된 시기를 넘어서는 담론적 실천을 추적했다.[34] 카를리스 라세브스키스Karlis Racevskis는 에피스테메를 "특정 문화와 시기에 지식이 이루어지게 되는 특정 양식을 결정하게 될 특정 방식 안에서 구조화될 인식론적 가능성의 영역"이라

• 원래는 지식을 뜻하는 그리스어이나, 푸코는 어떤 특정한 시대의 문화를 규정하는 심층적인 규칙의 체계를 말하기 위해 사용했다. — 옮긴이

고 규정한다.[35] 데이비드 섬웨이David Shumway는 "각 에피스테메는 지구의 단층과 같은 것으로 그 안에서 발견된 인공 유물들은 특정한 역사적 시기의 산물"이라고 본다.[36] 푸코는 역사적 단층의 각 단계를 이동하면서 "생겨나는 [지식과 담론]을 다루는 특정한 방식을 허용했던 조건들을 보여 주고자" 했다.[37] 그는 후에 '고고학'이라는 용어를 '계보학genealogy'으로 바꾸었다. 계보학이라는 은유는 푸코로 하여금 텍스트에 있는 특정 시기의 영향력을 말할 수 있게 했다.

푸코는 단순히 지식사를 연구했는가? 인간사의 특정 시간에 특정 사유를 가능하게 했던, 그에 따라 "말할 수 있게 했던" 근본적인 잠재력이라고 할 수 있는 합리적 가능성rational possibilities의 역사를 그가 추구했다고 하는 것이 더 정확할 것이다. 예컨대, 인간적인 추론과 말하기의 어떤 가능성이 죄수의 몸은 구속하지만 (초기에는 흔했지만) 직접적인 신체적 고문은 흔치 않은 그런 오늘날 서구의 형벌 제도를 가져오게 했는가? 또는 오늘날 우리는 심각한 정신병 환자를 광대라기보다는 병원의 환자로 취급하는 데 반해, 왜 과거에는 정신이상자를 웃음거리의 원천으로 삼았는가?

푸코는 "바로 지금 이 순간the present"라고 하는 것의 합리적 경계를 설정하는 힘을 드러내 보여 주고자 했다. 그 과정에서 그는 '바로 지금 이 순간'(즉 당연시되어 부정할 수 없는 사실)이 불가피한 것은 아니라는 것을 입증하고 싶어 했다. 즉 푸코는 우리가 어떻게 말하는가, 어떻게 생각하는가, 그리고 우리가 안다고 말하는 것은 (1) 밀접히 연관된 것들이고, (2) 실제 그게 아닐 수도 있다는 것을 보여 주고자 했다.

푸코는 지식과 의미, 권력에 관한 틀을 제공했던 특정 문화 내의 담론적 실천들을 연구했다. 우리가 지식이라고 하는 것은 무엇이 논의될 수 있는가와 그것이 어떻게 논의되는가의 결과물이다. 그와 같이 지식이란 시간에 따른 담론 변화를 지배하는 규칙들로 끊임없이 재구성되고 있다. 그러나 이는 단순히 서로 다른 역사적 시기에 있는 사람들이 다른 사실을 알아 왔다는 것을 의미하는 것은 아니다. 푸코는 지식과 권력 사이의 직접적인 연관성을 보았다. 그래서 지식에서의 차이는 언제나 특정 문화 안에서 권력이 배분되는 방식에서의 차이를 의미한다. 따라서 모든 "지식의 재조직화는 또한 새로운 형태의 권력과 지배를 역시 구성했던 것이다."[38]

배제된 담론

푸코의 경우, 특정 시기에 특정 주제에 대해서 말해질 수 있는 것은 "화자들이 부지불식간에 따르는 (문법적인 것도 아니고 논리적인 것도 아닌) 일단의 규칙에서 비롯된 것이다."[39] 이러한 규칙의 일부는 어떤 주제가 논의될 수 있거나(없으며), 그러한 것을 논의하기 위해 사용될 수 있는 언어를 가리킨다. '배제된 담론excluded discourse'은 금지하는 것으로 통제된 담론에 관한 푸코의 용어다.[40] 푸코의 경우, 그러한 금지는 세계에 대한 우리의 지식을 항상 지배한다. 물론 우리는 상징적으로 표현될 수 없는 것을 '알' 수 없기 때문에 단지 어떤 것이 논의될 수 있는지만 '알' 수 있다.

푸코는 "모든 사회에서 담론의 생산은 동시에 일정한 수의 절차에 따라 통제되고 선택되며 조직화되고 재분배된다. 그러한 절차의 역할은 담론 생산이 갖는 힘과 그 위험들을 방지하는 것"이라고 설명한다.[41] 예컨대, 어떤 상황에서, 누가 말할 수 있으며, 무엇에 대해서 말할 수 있는지를 지배하는 규칙이 있다. 어떤 주제나 견해는 합법적 담론 영역 안에 있는 것으로 인식되지 않는다. 예컨대, 성병은 수용 가능한 담론의 범주 내에 있는 사람들의 일부 집단 안에서는 논의될 수 없거나, 어떤 맥락에서는 논의될 수가 없다.

푸코는 담론의 규칙과 온전한 정신sanity을 판단하는 관계에 강한 호기심을 가졌다. 푸코에 따르면, "중세 시대의 한가운데서, 한 남자의 스피치가 사람들의 공통 담론의 일부를 이루는 것이라고 할 수 없다면, 그 남자는 미친 것이 되었다. 그 남자의 말은 아무런 효력도 없고, 진실하지도 의미가 있지도 않으며, 증거로서도 아무 쓸모가 없는 것으로 간주되었다."[42] 따라서 무언의 담론 규칙the unspoken rules of discourse에 따라서, 일부 사람의 말은 가볍게 다루어지고, 믿을 수 있다는 신뢰를 받지 못하게 된다. 죄수, 어린아이, 여성, 정신이상자는 어떤 문화적 환경에서는 침묵하는 집단이 된다. 무언의 규칙unspoken rules은 또한 특정 맥락과 장소에서만 말해야 한다는 식으로 말하는 자격까지도 지배한다.

퀴어 이론

언어와 권력의 밀접한 관계, 상징적 행위와 사회적 합의 사이의 긴밀한 관계에 대한 미셸 푸코의 본래 통찰력은 중요한 지적 운동의 다양성에 상당한 영향력을 미쳤다. 그는 1970년대와 1980년대 페미니즘 이론의 발전에 큰 영향력을 미친 사람 중 하나다. 그의 통찰력은 1990년경 나타나기 시작한 퀴어 이론queer theory으로 알려진 비판 운동의 토대가 되기도 했다. 퀴어 이론이라는 실제 용어와 그것의 기본 전제들이 생겨난 것은 테레사 드 로레티스Teresa de Lauretis와 그녀의 대표적인 1991년 에세이 "퀴어 이론: 레즈비언과 게이 섹슈얼리티Queer Theory: Lesbian and Gay Sexualities"에 뿌리를 둔다. 흥미롭게도 드 로레티스는 그 용어를 소개한 지 얼마 되지 않아 그 자체의 고정된 의미에 반대하면서 그것을 폐기해 버렸다.

퀴어 이론은 레즈비언과 게이 연구라는 학문적인 분과의 등장과 종종 연관되지만, 우리의 언어 사용과 관련된 그 이론의 의미는 동성애와 직접 관련된 쟁점들 너머까지 확장된다. 이러한 이론적 틀은 페미니즘적 비판 이론과 함께 젠더 그 자체는 개인에 대한 고정된 사실이 아니라 하나의 사회적 구성이라는 인식을 공유한다. 즉 퀴어 이론은 젠더를 상징적 상호 작용의 산물이자 의미에 대한 사회적 협상의 산물로 본다.

퀴어 이론은 '자아self'도 젠더와 섹슈얼리티와 같이 사회적으로 구성된다고 주장하면서 자아에 대한 우리의 인식에 고정되거나 본질적인 뭔가가 있다는 생각에도 의문을 제기한다. 따라서 (레토릭의 한 개념 정의이기도 한) 공적 영역에서의 담론은 자아의 모든 다른 구성 요소에 대해서와 같이 젠더의 구성에서도 아주 중요한 것이 된다. 그에 따라 퀴어 이론은 젠더와 성 정체성, 그리고 자아 등의 사회적 구성성social constructedness을 강조한다. 그 각각이 자연적인 조건의 문제라기보다는 사적인 상황뿐 아니라 공적인 상황에서 협상된 상징적 기반의 의미의 문제인 셈이다.

퀴어 이론은 섹슈얼리티와 성적 능동성 및 젠더와 연관된 이른바 안정된 의미에 문제를 제기함으로써 시작됐다. 그러나 그것은 곧 인간의 사회적 존재로서의 분석을 이전에 인간적인 정체성에서 본질적이고 불변하는 것으로 여겨졌던 모든 것에 의문을 제기하는 것으로까지 확장되었다. 언어학자인 멜 첸Mel Chen은 다음과 같이 말한다.

> 퀴어 이론은 젠더 차이에 대한 페미니즘의 비판을 정립해 나가면서 차이에 관한 많은 기준을 재규정하고 재측정하는 선봉에 섰다. 그리고 그 이론은 나아가 우리가 트라우마와 죽음, 애도, 수치심, 상실감, 불가능, 친밀함 등등……과 관련된 정동affect을 어떻게 이해해야 하는지를 다시 썼다.”[43]

언어와 담론 규칙과 권력 이용의 관계에 대한 푸코의 탐구는 오늘날의 사회적 실천과 그에 수반되는 많은 행동에 대한 여러 가지 다양한 비평을 알 수 있게 해 줬다. 권력과 언어에 대한 그의 견해는 정치적 실천과 종교적 담론, 그리고 여론 형성을 위한 매스 미디어의 이용에 대한 분석에도 아주 다양하게 적용될 수 있었다. 푸코는 문화 형성과 권력 배분 과정에서 담론을 이용하는 데 관심이 있는 이들에게도 폭넓은 가능성을 제공해 준다.

자크 데리다

프랑스 철학자 자크 데리다(1930~2004)는 프랑스령 알제리에서 태어났고 1950년대에 하버드대학교에서 공부했다. '해체deconstruction'라는 상당히 논란거리가 된 그의 텍스트 읽기 방법은 문학과 철학 연구에 큰 영향을 미쳤다.[44] 《스피치와 현상*Speech and Phenomenon*》, 《그라마톨로지*Of Grammatology*》,● 《글쓰기와 차이*Writing and Difference*》(모두 1967년 출간) 등을 포함하는 그의 많은 저술들은 언어의 숨겨진 활동에 대한 광범위한 분석을 발전시키고 있다. 현대 레토릭 이론가들과 비평가들은 다른 많은 학문 분야의 학자들이 그러했던 것처럼 데리다의 통찰력을 활용했다.[45]

데리다는 언어, 특히 문자 언어를 그러한 언어를 만들어 낸 문화사에 곁들어 있는 편향을 피해 갈 수 없다고 본다. 그는 1970년대 초의 한 인터뷰에서 "이제 '일상 언어'는 순수하거나 중립적이지 않다"고 말한 바 있다. 데리다는 언어란 "그 속에 모든 유형의 상당수 추정을…… 동반한다……"고 설명한다.[46] 따라서 그는 우리 모두의 생각에 영향을 미치는 철학적, 정치적 글쓰기의 기본 전제를 드러내 보이고자 했다.

해체

문자 담론written discourse에 대한 해체주의적 접근deconstructive approach을 발전시키는 데 데리다가 가졌던 목적 중에는 (1) 의미에 영향을 미치고 있는 숨겨진 기제를 드러내고, (2) 생각에 영향을 미치는 상징의 숨겨진 힘을 입증하며, (3) 어느 누구도 언어의 이렇듯 규정하기 힘든 특성을 벗어날 수 없다는 사실을 강조하기 위해서라는 것들이 포함되어 있다. 데

● 자크 데리다의 '그라마톨로지grammatology'는 문자 언어를 문명 해독의 기본으로 하는 방법을 말한다. — 옮긴이

리다는 신선한 읽기fresh reading, 즉 "이미 만들어진 결과를 단순히 전하거나 기계적인 반복과 암송을 위해 이미 완성된 형식을 따라 전하는" 그런 것이 아닌 읽기가 가능하게 되기를 바랐다.[47]

전통적인 읽기가 간과했거나 놓치거나 생략한 것을 중심으로 특정 텍스트를 의도적으로 읽는 것을 데리다는 일탈독법transgression이라고 했다. 이는 특정 텍스트의 숨겨진 의미를 찾아서 일반적으로 인정되는 해석을 위반하는 것을 말한다. 데리다 옹호자들은 그렇다고 그가 "그 텍스트에 대해 당신 머리에 떠오르는 것을 아무리 어리석고 우스꽝스러운 것이라도 무엇이든 말하라"고 고무시킨 것도 아니고, 특정 텍스트 속에 있는 선험적이면서도 아주 참된 의미를 매우 특출난 영특함으로 발견해 내라고 한 것도 아니라고 즉시 반박했다.[48]

불안정한 의미

데리다의 주된 목적은 "우리의 신념과 실천이 아주 역사적이고 사회적이며 언어적으로 '구성된 것constructedness'이라는 점을 예리하게 인식하는 것이다."[49] 데리다가 특별히 관심을 갖는 담론은 서양 철학에 의해 만들어진 것이었다. 데리다는 철학이란 것이 글쓰기에 의존하는 어떤 다른 시도와 마찬가지로 "확고부동한, 무슨 특권을 가진, 진리 추구 담론"이 아니라는 것을 보여 주려고 마음먹었다.[50]

데리다는 언어를 단순히 의미화하는 말의 체계로 보지 않고, 계속적으로 규정되어야 하는 "관계된 것들과 대립된 것들의 체계a system of relations and oppositions"라고 본다.[51] 그는 이미 확립된 사회 구조의 "실재reality," 검증되지 않은 채로 표준화된 의미, 그리고 "마음과 몸," "형식과 내용," "자연과 문화"와 같이 흔하게 쓰는 대립 개념을 받아들이기를 거부했다. 그는 그 대신 "이성이 신념에 의해 흠뻑 침윤된 정도"를 드러내면서 계몽주의 작가들이 제시된 "이성과 신념의 단순한 대립을 피해 가

려고" 했다.[52]

데리다는 '구조,' '대립' 심지어는 '의미'와 같은 전통적 개념은 본래는 불안정하고 모호한 개념에 안정성을 강제하며, 그렇게 해서 안정성의 외양이 만들어진다고 주장한다. 의미란 항상 "개념 정의를 목적으로 고정되거나 분명하게 정의될 수 없는 언어 안에서의 불안정한 작용 산물"이다.[53] 그렇기 때문에 데리다는 자신의 핵심 개념인 '해체'조차도 개념 규정하기를 꺼렸고 대신 그냥 하나의 '과정'이라고 부르는 것을 선호했다. 담론을 해체하는 여러 목적 중 하나는 용어로 인한 경직되고 검증되지 않은 의미로부터 나온 주장의 맹점을 드러내는 것이다.[54]

해체는 개념이 어떻게 대조를 통해 의미를 부여하는지를 드러내고자 담론에 내재된 '대립'을 검토한다. 그러한 대립이 드러날 때, 특정 텍스트는 자기모순적인 것으로 나타날 수 있는 것이다. 따라서 조너선 컬러Jonathan Culler에 따르면, "특정 담론을 해체하는 것은 특정 텍스트 내에서 주장의 가정된 근거, 핵심 개념이나 전제를 만들어 내는 레토릭적인 활동을 찾아냄으로써 담론이 기대고 있는 대립을…… 담론이 어떻게 약화시키는지 보여 주는 것"이다.[55]

데리다는 특별히 관심을 두었던 핵 억제 담론the discourse of nuclear deterrence을 해체하면서 핵심 개념 그 자체의 '논리적 모순'을 보여 준다. 전쟁과 같이 확실히 안정된 용어는 평화라는 추정된 반대 개념에 대비됨으로써만 이해되거나 규정된다. 그런 식으로 전쟁 가능성에 대한 주장은 반대 개념인 평화에 의존하게 된다. 또한 데리다는 핵 억제에 관한 전반적인 주장이 핵 공격과 방어의 '정교한 픽션'에 어떤 식으로 의존하는지 해체적 실천을 통해 입증해 보려고 했다.[56] 결국 '합리적이고' 아주 진지한 핵 억제 레토릭은 불안정한 의미와 비합리적인 추정에 근거해서 구축되고 있다는 것이다.

그에 따라 데리다는 전통적 레토릭의 일부 기본 요소에 대해 의문을 제기한다. 데리다의 경우, 주장의 근거는 (안정된 의미와 이성에의 소구, '평등'과 같은 원칙들의 명료한 특성, 그리고 '자본' 대 '노동'과 같은 대립의 실체 등과 같은) 주장의 객관적인 근거라기보다는 레토릭한 상호 작용의 효과인 것이다. 한편으로는 철학으로서 그리고 다른 한편으로는 비판적인 방법으로서의 해체는 데리다가 의미의 "비결정성undecidability"이라고 한, 즉 근본적인 가변성을 드러내는 것과 관련이 있다. "의미의 의미가 '끝없는 함축'이고," 의미의 "힘"이란 것이 "어떤 순수하면서도 끝없이 불안정한 것equivocalness이라면, 어떤 것이 기표화된 의미signified meaning를 쉬지 않고 끊임없이 부여해 주는 것인가?"[57]

만약 레토릭이 우리에게 구조화된 담론을 가르쳐 준다면, 데리다는 어떤 작가도 어떤 쓰여진 텍스트의 의미를 완전하고도 의도적이며 의식적으로 통제할 수는 없을 것이라는 점을 가르쳐 주려고 한다. 존 카푸토 John Caputo는 바로 이 점을 다음과 같이 말한다.

> 데리다는 해체적 독서는 언제나 작가가 의식적으로 말하고자 한 것, 즉 그녀가 텍스트 속에서 "명한 것"과 그녀가 명하지 않은 것, 즉 그녀의 배후인 텍스트 속에서 일어나고 있는 것 사이에 위치한다고 말한다.[58]

데리다는 우리 각자는 의미의 "다양한 네트워크에 포섭되어 있으며," 그중 일부는 우리가 글을 쓸 때 의식하지도 못한다는 사실에 주목함으로써 레토릭에 대한 우리의 생각을 한 차원 더 높였다.[59]

따라서 수용자의 의식적인 인식 수준 아래에서 작동하는 그러한 숨겨진 설득 수단을 관리하는 사람인 가장 숙련된 레토릭 전문가조차 자신의 의식적인 통제까지도 거부하는 의미를 전달하는 텍스트를 만들어

내고 있다는 것이다.

데리다는 텍스트에 대한 자신의 접근이 자아the self를 제거하고 '타자the other'(즉 저자 자신의 자기도취적인 목소리가 아닌 텍스트 속의 목소리)를 위한 여지를 만드는 것이라고 본다. 그에 비해 레토릭적인 전통은 자아the self가 텍스트의 행위자agent와 텍스트 의미의 모든 것을 통제하는 것으로, 그리하여 수용자라는 행위자까지도 통제하는 것으로 부각시키고 있다는 것이다.[60]

데리다는 9장에서 논의한 위르겐 하버마스의 사상과 아주 대조적인, 더 크게 보면 전체 서구 철학의 합리적 전통과 대립되는 관점을 제시한다.[61] 하버마스는 합리성의 우월성을 정립하려는 근대성 프로젝트를 완성하려는 것으로 일컬어지는 반면, 데리다는 서구 합리주의의 토대를 약화시키는 경향성으로 인해 포스트모던한 것으로 평가되고 있다.

위르겐 하버마스는 담론이 합리적으로 그리고 이데올로기적 강제로부터 비교적 자유롭게 이루어질 수 있는 조건들을 개관함으로써 담론을 안정화시키려고 했다. 반면, 데리다는 언어와 의미에 관한 전통적 전제에 도전함으로써 담론을 불안정화하거나 '해체'시키고자 했다. 그러나 데리다는 "해체란 것은 어떤 하나의 개념이나 방법으로 환원할 수 없는 하나의 과정, 즉 읽기 활동"이라고 주장한다.[62] 데리다는 해체가 비평의 한 방법이라는 주장은 물론, 텍스트에 대한 하나의 해석이라는 주장도 받아들이지 않았다. 그는 해체란 하나의 읽기 과정일 뿐이라고 주장한다. 따라서 해체에 대한 어떤 고정된 개념 규정도 잠정적인 것으로 이해되어야 한다.

반응

데리다 비판가들은 (특히 철학 분야에서) 그를 "문학이 철학에 가하는 복수"로, "모든 사상의 학문을 말장난으로 폄훼하는 현대판 말썽꾸러기 소피스트 같은 존재"로 간주했다.[63] 더군다나 데리다 사상은 글로 쓰인 텍스트를 아무런 제한 없이 마음대로 아무렇게나 해체시켜도 된다고 정당화시키는, 즉 "엄격한 읽기 규정과는 완전 결별한 것"[64]으로 종종 잘못 해석되곤 했다. 데리다 옹호자들은 이러한 비난을 단호히 거부했지만, 해체는 학계 일부에서는 여전히 달갑지 않은 손님으로 남아 있다.

데리다와 해체는 상당히 광범위하게, 심지어는 대중적인 미디어에서조차 비판 대상이 되었다. 데리다와 해체는 "거의 모든 이유 때문에 비난을 받았다. 미국의 철학과는 물론 영문학, 불문학, 비교문학 관련 학과들을 망친다는 이유로, 대학 그 자체를 망친다는 이유로, 그리고 계몽의 빛을 흐린다는 이유로……"[65] 해체는 많은 이들이 접촉하게 되면 모든 것을 망가뜨리는 일종의 지적인 '컴퓨터 바이러스'로 인식됐다.[66] 왜 그러한가? 전통적인 철학적, 정치적, 문학적 담론에는 고정된 의미라는 전제와 작가가 의미를 통제한다는 상호 보완적인 전제만큼 중요한 것이 없었기 때문이다. 이러한 두 전제, 즉 두 신성한 사상을 동시에 위반함으로써 데리다는 아주 오래된 두 개의 진리를 소중히 여기는 많은 이들의 미움을 샀다.

그럼에도 불구하고 데리다는 "철학이 우리가 신성하게 여기는 모든 것에 대해, 심지어는 이성과 철학 그 자체에 대해 어떠한 질문이라도 할 수 있는 권리라고 한다면," 자기 자신은 철학의 친구라고 생각했다. 데리다는 "철학이 사랑하는 것, 즉 지식과 진리에 대한 사랑"[67]의 이름으로 자신이 행했던 것을 했다. 그의 읽기에 대한 독특한 접근은 기존의 많은 전통주의자(및 여타 사람들)를 속상하게 만들었지만, 그것 역시 작가와 그들의 의식적인 텍스트 통제에 힘을 집중시킨 경직된 읽기에 대해 중요한 교정의 기회를 제공해 준 것으로 알려지기도 했다. 이러한 점에서 해체는 레토릭적 전통 그 자체와는 대립하면서도 레토릭에 새 길을 열어 준 활력소이기도 하다.

페미니즘과 레토릭

서구 레토릭의 역사에서 이 분야를 연구해 온 학자 대부분이 남성이었다는 점은 분명한 사실이다. 많은 학자가 남성 중심의 레토릭 역사에서 드러나는 여성 문제를 언급해 왔다. 그러한 역사에 대해 지적한 그들의 통찰력은 페미니즘 비평과 이론이 레토릭 영역에서 큰 진전을 이루도록 했다.[68]

게사 커셔Gesa Kerscher와 재클린 로이스터Jacqueline Royster는 "페미니즘 레토릭 연구는 지난 30여 년간 크게 확장됐으며," 이제는 "레토릭과 글쓰기의 역사에서 지적 패러다임이 바뀌는 구체적인 학문적인 실체로서 강력한 증거를" 제시해 준다고 말한다. 그들에 따르면, "여러 세기 동안 레토릭 세계는 서구의 가부장적 가치에 고정되어 있었다. 이는 오랫동안 레토릭학계의 흐름을 살펴봐도 쉽게 확인할 수 있으며, 역사적으로 그렇게 배제해 온 패턴을 변함없이 강조해 온 주장"이다.

커셔와 로이스터는 "레토릭의 주체로서 남성에 집중"한다거나 지리적으로 "유럽과 서방 세계"를 강조한다는 등 레토릭학계에서 여러 문제를 지적한 바 있다. 더군다나 가부장적 접근은 학술적 관심이 "계급, 인종, 젠더에 있어 핵심 권력층에 집중되어 있으며," "(정치적, 법적, 종교적, 학술적) 공적 영역, 즉 백인 엘리트 남성이 역사적으로 지배했던 영역을 지향해 왔음"을 의미했다.

페미니즘 레토릭학계는 이제 새로운 방법론을 허용하는 발전 지점에 이르렀다. "강조할 만한 점은 페미니즘적인 것으로 알려진 연구가 우리로 하여금 3R(rescue, recovery, (re)inscription), 즉 구제와 회복과 되새김을 훨씬 넘어서게 하는 우리의 조사 연구 영역을 가능하게 만들었다는 점이다……" 이처럼 새로운 조사 연구 분야는 이 학자들이 비판적 상상력, 전략적 명상, 사회적 순환 등으로 이름을 붙인 미묘한 차이를 가지면

서도 포괄적인 접근을 통합하게 한다.[69]

페미니즘 학자들은 여성이 말하는 방법과 지식 습득 방법, 즉 여성 자신의 레토릭을 가지고 있다고 오랫동안 주장해 왔다.[70] 재나 사위키Jana Sawicki는 "푸코의 작업은 페미니즘적 사회 이론가와 정치 이론가에게 특별한 관심을 가졌다"고 본다.[71] 푸코의 역사적인 작업은 "자기 이해의 새로운 가능성, 경험의 새로운 양식, 주체성과 권위와 정치적 정체성의 새로운 형태와 관련해서 [자신의 독자들을] 자유롭게 하는 데" 기여했다는 것이다.[72]

남성 언어에 대한 도전

이미 앞에서 살펴본 바와 같이, 사회적 실천으로서의 레토릭은 언어를 매개로 발전해 왔으며 레토릭 실행자는 대개가 남성이었다. 이러한 역사적 환경에서 우리는 "레토릭 실천으로 그 나름의 특성이 있는 언어 그 자체는 젠더 중립적인genger-neutral 것이 아닌가?" 하고 말할지도 모르겠다. 그러나 일부 여성 레토릭 전문가들은 "아니다"라고 답한다. 우리는 결과적으로 남성의 인식과 경험과 방식이라는 특권을 갖게 된 언어 사용에 길들여져 있다. 그 결과 페미니즘은 "여성에게 적대적인 환경을 만든 언어적 구조와 여타 구조를 전복시킬 수 있는 실천"으로서의 레토릭 맥락 안에서 규정될 수 있다.[73] 이러한 지적 프로젝트의 목적은 "여성과 남성 모두를 위한, 보다 인간적이고 친절한 세계를 만들 수 있는 커뮤니케이션을 이론화하고 실행할 수 있는 새로운 방식을 새롭게 만들어 나가는 것이다."[74]

일정 기간 인식되어 온 이러한 기본 쟁점들을 좀 더 가까이에서 조망해 보자. 레토릭학자 체리스 크라머래Cheris Kramarae는 1980년에 토머스 하디Thomas Hardy의 소설 《광란의 무리를 떠나서*Far from the Madding Crowd*》(1874)에 나오는 여주인공을 인용하면서, "주로 남성이 자신의 느낌을 표현하기 위해 만든 언어로 여성이 자신의 느낌을 규정하기는 어렵다"고 설명한다.[75] 신학자 매리 데일리Mary Daly는 1973년 언어의 기본적 문제가 계속되고 있음을 살펴본 뒤 이렇게 말한다. "성차별주의 세상에서 상징 체계와 개념적 기구는 남성적 산물이다. 이러한 것은 여성의 경험을 반영하지 않는다. 그보다는 우리 자신의 자아 이미지와 경험을 왜곡시키는 기능을 한다……."[76] 크라머래에 따르면, "여성의 수동성과 남성의 적극적인 창의성에 대한 일반적 가정과 연결된 여성의 활동과 그들 서로 간의 관계에 관한 부적절한 역사는 우리의 공동 유산을 만드는 데 여성이 행한 역할의 정도와 그 특성을 모호하게 만들 수 있다." 이러한 사실에도 불구하고 "통상 기록되어 온 관심과 활동과 인식은 여성의 것이 아닌 남성의 것이었다."[77]

크라머래는 1981년에 쓴 에세이에서 여성을 "소리 죽인" 집단이라고 규정한다. "그들의 말은 여성의 경험에 대해서는 눈이 멀고 귀가 먹은 것처럼 보이는 남성이 가치 있는 것으로 간주하지 않는다. 계속 무시된 말은 결국 묵살되고 생각조차 되지 않게 된다."[78] 그 결과, "여성이 사회에 참여하기 위해서는 자신의 모형을 이미 용인된 남성적 표현 체계에 맞게 변형시켜야 한다."[79] 권력이란 그것이 언어일 경우에도 하나의 쟁점이 되는 것이다. 그래서 페미니즘 레토릭 전문가들은 "젠더 위계가 인종과 계급, 연령, 성적 지향에서 차별과 불평등에 깊이 내재된 방식에 주목해야" 한다고 주장한다.[80]

요컨대, 크라머래는 레토릭 이론과 관련하여 "페미니스트는 대부분의 커뮤니케이션 이론이 여성의 경험과 생각과 관심을 왜곡하기 때문에 부적절하고, 잘못 오도하고, 위험한 것으로 생각한다"고 말한다. 레토릭 이론 그 자체가 왜곡의 한 원인이라는 것이다. "전통적으로 이론이라고 이름을 붙이고 있는 것이 하나의 문제다." 호주의 페미니즘 이론가인 데일 스펜더Dale Spender에 따르면, "남성이 자신들만을 이론가라고 명명하는 사회에서는 그들의 이론이 현상 유지를 정당화하면서 다른 이들을 혼란스럽게 만들고, 겁박하고, 억압하는 데 종종 사용되어 왔다."[81]

여성 목소리의 실종

레토릭에 대한 페미니즘 비평은 상당히 광범위해지고 강력해졌다. 일부 페미니즘 비평가들은 레토릭이 서구 여성의 운명에 특히 파괴적인 영향을 미쳐왔다고 생각했다. 예컨대, 레슬리 디 메어Leslie Di Mare에 따르면, "여성이 생물학적으로는 가장 잘 기능한다는 인식을 만들어 내기 위해 (역사, 철학, 미술, 영화 등과 같은) 여타 분야도 가부장제에 이용되어 왔지만, 레토릭 분야만큼 효과적으로 이용된 분야는 없다."[82]

소냐 포스Sonja Foss에 따르면, "젠더를 페미니즘적 비판에 뒷받침했던 레토릭과 연결시킨 두 가지 가정은 (1) 여성의 경험은 남성의 경험과 다르다는 것과 (2) 여성의 소리는 언어에서 들리지 않는다"는 것이다.[83] 포스는 "레토릭 과정에 대한 많은 조사 연구는…… 남성의 경험에 관한 연구인데," 그것이 그다음에는 "보편적인 것"으로 간주된다는 점을 지적한다.[84] 그러나 그에 따르면, 세상에 대한 여성의 경험은 수많은 이유 때문에 남성의 경험과 다르다. 생물학적 차이는 뚜렷할 수 있지만, 남성과 여성이 겪는 사회화 과정과 여성에게 남성보다 좀 더 과묵해야 한다고 가르치거나 여성의 위치는 봉사하는 자리라고 생각하게끔 가르치는 사회화 과정은 그렇게 명확한 게 아니다.

소니아 존슨Sonia Johnson은 그러한 문제를 인식하지 못하는 여성은 남성 언어를 제도화하는 데 공모하는 것이 될 수 있다고 말한다.

> 실제는…… 내적으로 구성된 것이다. 그리고 그것은 지배 집단에 의해 규정되고 통제된다. 우리가 남성의 선전을 내면화하는 그 순간, 그들의 실제는 우리의 심장과 마음에서 살아 움직이게 된다. 그리고 그것을 우리의 외부 스

> 크린에 쏘아 올림으로써…… 우리는 그것을 구체적으로 만들고 제도화하고 그것을 현실화시키는 방식으로 그것과 상호 작용하는 과정을 거치게 된다…… 이것이야말로 남성의 선전이 만들어지고 영속화되는 것과 우리가 어떻게 긴밀하게 모든 순간 연관되고 있는지를 보여 주는 것이다.[85]

포스는 여성의 "인식, 경험, 의미, 실천, 가치 등이 언어 속에 포함되어 있지 않다"는 근본적 우려를 반복한다. 따라서 여성은 푸코가 주장한 바와 같이 그들의 담론이 공적 영역에서 배제된 것, 즉 문화에서 목소리를 거부당했다.[86] 더군다나 여성은 레토릭에 접근하는 데 거부당함으로써 권력에 접근하는 데도 거부당했던 것이다. 소냐 포스는 "그런 상황에서 언어는 남성의 관점을 드러내고 있고, 여성의 관점을 침묵시키는 것"이라고 주장한다. 또한 에이드리언 리치Adrienne Rich는 "언어와 명칭 부여가 힘[권력]인 세계에서는 침묵은 억압이며, 폭력"이라고 본다.[87]

매리 데일리 역시 비슷한 주장을 한다. 여성은 "사회에서 가외 환경적인 존재extra-environmentals가 되어 왔다." 이것이 의미하는 바에 대해 데일리는 다음과 같이 설명한다.

> 우리는 의사 결정에서 배제되었을 뿐만 아니라, 생각을 만들어 내는 기본적인 역할도 하지 못했다. 역사적 기억 내의 조건이라고밖에 볼 수 없는 가부장제라는 조건하에서 전반적인 상징 체계와 개념 기구는 남성에 의해 발전되어 왔다. 그것은 여성의 경험을 적절히 반영하거나 설명하지 않으며, 사실 우리 자신의 이미지와 경험을 왜곡시키는 기능을 한다.[88]

주류 레토릭에서 여성을 배제시킴으로써 결과적으로 여성의 의미가 상실된 것이며, 이에 따라 여성 스스로가 사회 구성원으로서의 지위를 상실했던 것이다. 이와 관련해 스펜더는 다음과 같이 제시한다.

여성은 세상에 대한 여성의 의미라는 전통에 입각해서 그들이 전달할 수 없었던 그들 자신의 상징적 의미에 비중을 둘 수 없었기 때문에…… 그들은 의미의 주류로부터 배제되고 그에 따라 자신을 아주 빈번히 상실해 왔던 것이다.[89]

사회적 리더십의 "강력한 목소리들"에 대해 쓴 또 다른 글에서는 "이처럼 강력한 목소리가 여성일 경우에는 그 말이 종종 덜 기록되고 덜 분석되었다"고 본다.[90]

빅토리아 디프랜체스코Victoria DeFrancesco와 마빈 젠슨Marvin Jensen은 여성에 의한 스피치는 남성의 그것과 비교해 보면, 덜 기록되고 덜 연구되었다는 점을 지적한다.[91] 레토릭과 공적 스피치의 역사에서 여성을 체계적으로 배제한 것과 같은 그러한 사실은 여러 이유로 의미심장한 일이다. 하지만 아마도 가장 큰 관심은 민주 사회에서 여성의 역할에 관한 것이다. 샐리 매코널지넷Sally McConnell-Ginet은 "언어 코드가 남녀에게 동등하게 도움을 주지 않는다면, 여성은 동등한 참여자 또는 성공적인 협상자가 될 수 없을 것"이라고 말한다.[92]

특정 사회의 레토릭 실천은 보다 큰 언어 코드의 한 부분이다. 일부 학자들은 언어 그 자체가 그것의 단어와 구조에 의해 세상에 대한 남성적 관점을 반영한다고 주장한다.[93] 더군다나 레토릭 비평가를 포함해서 언어와 문화를 공부하는 이들은 종종 여성의 레토릭 실천을 의미 있는 것으로 보지 않았다. 그 결과로 여성은 레토릭 실천의 역사에서 크게 배제되어 왔다.

창안과 이론

그러나 조이 리치Joy Ritchie와 케이트 로널드Kate Ronald는 "레토릭 전통은 사실 여성을 포함한다"고 단언한다.[94] 그들은 페미니즘 레토릭학자들이 추구해 온 목적의 하나는 "여성들의 레토릭이 제공하는 레토릭 전통에 대한 개입을 기록하는 것……"이라고 덧붙인다.[95] 창안에 대한 아리스토텔레스의 유명한 진술을 되짚어 보면서 그들은 레토릭 영역에 여성들이 존재한다는 것은 "레토릭에 대한 재인식을 요구한다"고 말한다.

> 아리스토텔레스에게 있어, 가용한 수단을 발견한다는 것이 창안 행위였다. 그것은 무엇보다도 말할 권리를 항상 전제로 했던 그런 행위였다. 그리고 그에 앞서 그것은 인간다움과 자기 표현의 권리라고 가정한 그런 행위이기도 했다. 그것은 여성에게는 오랫동안 가능하지 않았던 권리였다. 여러 세기 동안 문자 해독력이라는 기본적인 수단도 여성에게는 허락되지 않았다. 레토릭 교육은 20세기에 들어설 때까지도 상위 계층의 남성에 의해 또 그들을 위해 설계되었다.[96]

리치와 로널드는 "여성이 침묵하고 인간으로서는 보이지도 않던 그런 맥락에서는 무엇보다도 말하는 길과 방법을 만들어 내야 한다. 가난한 여성과 유색 인종 여성인 경우에는 더더욱 그렇다"라고 주장한다.[97] 여성 레토릭 전문가들은 "아리스토텔레스의 것보다 더 다양한 인식론에 기반을 둔 레토릭을 다시 만들어 왔다."[98]

리치와 로널드는 "여성의 레토릭을 연구하는 프로젝트는 차이가 있어야 한다…… 실행을 변화시켜야 한다"고 강변한다.[99] 그러나 이러한 프로젝트는 "교육을 아주 많이 받은 여성조차도 때로는 남성의 번역을 통해서만 우리에게 말하기" 때문에 여성의 레토릭 실행은 이미지를 바꾸어 낼 필요가 있다. 예컨대, "오늘날 많은 역사기록학에서 주목하는 인물인 아스파시아는 역사와 철학을 쓰도록 권한을 부여받은 남성의 펜을 통해 복화술複話術을 써서 우리에게 다가온다."[100] 여성이 자신들의

"공개적으로 말할 권리"를 주장할 경우, 그것은 "그들이 결함이 있는 존재라는 기존 인식에 반대하고 완전한 인간임을 주장하는 것이다. 이러한 주장으로 그들은 기존 사회 질서를 흔드는 위협을 가하는 셈이다."[101]

페미니즘 이론은 남성 우월주의적인 이론을 모방하지는 않을 것이다. "레토릭 이론은 실천을 기술하는 것으로 시작한다. 그러면 실천을 위한 처방이 된다"고 하면서, 리치와 로널드는 "여성의 레토릭 상황이라는 바로 그 문제 상황은 실천 행위와 연결되지 않은 채 한가롭게 혹은 추상적인 이론화에 머물러 있을 여지가 없다"고 강변한다. 또한 그들은 여성들은 "일상생활의 맥락과 떨어져 있거나 문제 상황에서 벗어난 추상적인 일단의 처방을 만들기보다는 그러한 맥락과 문제 상황을 이론화하는 것에 부합되는, 경험에 직접 와닿는 그런 맥락을 목적의식을 갖고 계속 유지해 나가고자 했다"고 덧붙인다.[102]

젠더를 레토릭하게 구성하기

페미니즘 레토릭 전문가의 특별한 관심을 끄는 또 다른 레토릭 현상은 젠더의 구성이라는 것이다. 포스에 따르면, "페미니즘 비평가는 남성성과 여성성이 어떻게 만들어지는지를 검토하고 이러한 기본적인 젠더 구성이 (여성을 조용히 하게 하거나 비하하는 경향이 있을 때) 변화되는지를 묻고 있다." 포스는 "따라서 페미니즘 레토릭 비평은 행동주의적이다(그것은 여성에 대해서가 아니라 여성을 위해서 하는 것이다). 그것은 여성의 삶을 향상시키기 위해 만들어 행하는 것"이라고 주장한다.[103]

줄리아 우드Julia Wood 역시 "젠더에 대한 사회적 관점은 부모와 친구와 교사에 의한 커뮤니케이션을 통해 개개인에게 계속해서 전하는 것"이라고 하면서, 젠더 구성의 레토릭적 특성을 지적한다.[104] 남성성과 여성성이라는 말 자체가 본질적으로 레토릭한 것으로, 그것은 수많은 설득 커뮤니케이션 행위를 통해 상징적으로 구성된 것이다. "예를 들자면, 1800년대 초에 남성성은 잠재적 육체성과 동일한 것이었지만, 오늘날의 남성성은 경제적 힘과 성공과도 연결되어 있다." 이러한 변화는 무엇을 말하는가? "이와 같은 변화는 우연히 일어나는 게 아니다. 그보다 그러한 변화는 젠더, 그리고 그와 함께 여성과 남성의 권리와 특권, 인식 등에 대한 문화적 이해를 바꾸는 레토릭한 어떤 흐름의 변화 때문에 점차 커지는 것이다."[105] 따라서 우드는 "젠더와 커뮤니케이션과 문화 간의 관계를 이해하려는 어떤 노력이든 레토릭 동향이 남성과 여성의 사회적 의미를 어떻게 새겨 내는지에 대해 잘 알아야 한다"고 설명한다.[106]

해결책: 레토릭의 재개념화

그러한 분석에 대응하여 무엇을 해야 하겠는가? 포스에 따르면, 페미니즘 비평가들은 공적인 레토릭의 전통적인 형식 대부분에 문제 제기하는 것을 포함하여 남성 우월주의적인 레토릭의 잘못을 다양한 방식으로 바로잡고자 했다.

> 예컨대, 페미니즘 비평가는 의미 있는 레토릭 유산들이 공적인 맥락에서 유명한 연설가에 의해 행해진 스피치라고 가정하기보다는…… 어떤 개연성 있는 맥락에서 여성의 삶 속에 의미 있다고 생각되는 상징적 표현을 찾아내고 있다.[107]

페미니즘 레토릭 전문가는 다름 아닌 "레토릭 이론의 재개념화"를 추구한다. 이러한 프로젝트는 레토릭의 역사에 대한 깊은 반성을 요구한다. 포스에 따르면, 페미니즘 비평은 "기존의 레토릭 이론 틀에 단순히 여성의 관점을 접목시키려는 것이 아니다. 그보다는 기존의 레토릭

전통의 이론적 입장은 젠더에 대한 고려 없이 발전해 왔기 때문에 그러한 입장에 도전하는 것"이다.[108]

이는 페미니즘적 레토릭 전문가들이 (레토릭의 역사가 "남성의 흥미와 관심을 다루기 위해 그들 남성에 의해 만들어지긴 했지만") 그러한 역사를 폐기해 버린다는 것을 의미하지는 않는다. 페미니즘 관점은 "그동안 덜 주목받던 부분과 의미에 대해 우리가 새로운 인식을 가지고 레토릭 전통을 검토해 나가도록 고무시킨다."[109]

페미니즘 레토릭 이론가들은 초기의 페미니즘 활동가와 레토릭 권력에 대한 접근에서 체계적으로 거부되어 왔던 집단의 레토릭 실천에 관심을 기울여 왔다.[110] 인종적 소수자, 문맹자, 빈곤층, 장애인, 어린이 모두는 레토릭 접근에서 거부당해 온 집단이다. 그러한 집단을 대상으로 한 레토릭 기법은 힘 있는 집단을 동기 부여하는 데 사용된 기법과는 다를 수 있다. 캠벨은 "억압받아 온 집단은 수동적인 성격을 발전시키는 경향이 있기 때문에, 의식을 고양시키는 것이 사회 변화를 위해 일하는 사람들에게 매력적인 커뮤니케이션 스타일"이라고 말한다.[111] 따라서 페미니즘 관점은 여성이 아닌 사람들의 관심까지도 끄는 사회적이고 지적인 의제를 반영해 준다.

정복으로서의 레토릭

앞서 살펴본 바와 같이, 지난 40년 동안 글을 써온 페미니즘 비평가들은 표준적이고 남성 지배적인 레토릭의 "역사"에 계속 문제를 제기해 왔다. 샐리 밀러 기어하트Sally Miller Gearhart는 1979년에 쓴 글에서 레토릭의 역사는 남성 레토릭 이론과 실천의 역사라고 주장한다. 그와 같이 역사는 설득과 상징 사용에 대한 여성들의 이해에 대해서는 어떤 것이든 거의 아무것도 말하지 않았다. 본질상 서구 전통에서 지속되어 온 레토릭 모델은 근본적으로 남성 모델이었다.

"우리의 레토릭 영역에 대한 나의 고발은 설득하려는 의도는 어떤 것이든 폭력 행위라는 신념에서 나온 것이다."[112] 기어하트는 남성은 "다른 사람들을 변화시키려는 시도가 적절하고도 필요하기까지 한 기능이라는 것을 아주 당연하게 받아들였다"고 본다.[113] 그 결과, 레토릭은 "그것의 유창함을 검토하고 분석하며, 어떻게 열정을 자극하고 의지를 움직이게 할지를 배우는 데 온 세월을 보냈다."[114] 기어하트의 주된 관심은 레토릭의 "사람들과 일들을 변화시키려는 의도, [그리고] 그러한 기술로 다른 사람들을 교육시키려는 시도" 등이었다.[115] 아리스토텔레스와 페렐만과 같은 남성 이론가들이 제기한 레토릭은 레토릭 그 자체의 업무보다 다른 사람들의 업무에 더 상관하는 것과 같다. 이런 업무 공간에서는, 다른 사람들의 일에 참견하고 간섭하는 사람과 같이, 레토릭은 공격적이고, 폭력적인 것이 된다.

조지 케네디는 《그리스의 설득 기술*The Art of Persuasion in Greece*》에서 다음과 같이 말한다.

> 스피치와 논증에 대한 그리스적 사랑의 일부는 아마도 연설이라는 것을 남성이 남성다움의 뭔가를 드러내는 경연이라는 느낌에서 연유했을 것으로 보인다. 포이닉스는 아킬레우스에게 행위의 실천가가 되고 언어의 화자가 되라고 가르쳤다.• 신화 시대 이후의 상황은 많은 그리스인에게서 행위의 실천가가 될 기회를 빼앗고, 이는 대신 언어의 화자가 되게 함으로써 그것을 보상케 했다.[116]

• 그리스 신화에 나오는 포이닉스는 아킬레우스의 스승으로 트로이 전쟁에 참가한 영웅이다. — 옮긴이

따라서 연설은 무기보다는 언어를 사용하는 일종의 전쟁이었다. 한 남성이 피보다는 환호와 박수갈채를 끌어내는 기술로 또 다른 이를 무찌르는 그런 전쟁이었다.

실제, 남성 기술로서의 레토릭rhetoric-as-male-art은 기어하트가 말한 "인간 상호 작용의 정복 모델the conquest model" 위에 구축된 것이다. 그것의 가장 나쁜 경우를 "인간 상호 작용의 개조 모델the conversion model"에서 발견하게 된다. 개조 모델은 레토릭의 목적이 다른 사람들을 자기 자신의 관점 쪽으로 바꾸는 것이다. 기어하트는 이러한 행위를 근본적으로 성폭행과 다름없는 폭력 행위로 간주한다. 이는 내가 다른 이들을 나의 관점으로 바꿀 때 이는 내가 타인을 정복하는 것이며 그러한 정복이 사실은 정복자가 원하는 것인데도 정복당한 자를 위해 좋은 것이라고 정당화하는 일이라는 것이다.[118] 법정의 레토릭, 입법부의 레토릭, 그리고 설교단의 레토릭은 모두 "정복의 폭력뿐 아니라 개조의 폭력임을 분명히 보여 준다." 기어하트는 강압적인 변화를 기하려는 그러한 모든 노력들은 근본적으로 폭력적이라고 본다.

기어하트는 "비설득적인 소통 개념non-persuasive notion of communication," 즉 타자를 위한 또는 타자를 지원하는 정보로서의 소통 이론을 대안으로 제시한다.[118] "소통은 사람이나 사물들이 변화를 하려는 내적 이유를 가진다면, 그리고 그런 경우에만 스스로를 변화시킬 수 있는 어떤 분위기를 신중히 만들어 내거나 함께 만들어 나가는 것이 될 수 있다……" 서로에게 용기를 주고, 참여자 간의 차이를 인정하며, 다른 이가 힘이 있음을 느끼도록 고양시켜 주고 다른 사람에게 양보하려는 의지…… 이 모든 것은 그러한 소통에서 참여자들이 공유하는 중요한 약속이다.[119] 소통은 개개인이 모든 이가 되게끔 양성해 나가는 하나의 '그물망matrix'으로 보아야 한다. 기어하트는 그러한 소통을 "근본적으로…… 여성 같은 과정"이라고 묘사하는데, 기어하트가 요구하는 변화는 "레토릭학의 여성화"를 기하는 것이다.[120] 그녀는 "진정한 소통자, 비폭력적 소통자가 되기 위해, 우리는 모두 더 여성적으로 되어야 한다"는 결론을 내린 바 있다.[121]

초대로서의 레토릭

레토릭의 비설득적 실천이란 게 있을 수 있는가? 그렇지 않다면 이러한 문제 제기 자체가 모순적인 것인가? 1995년 소냐 포스와 신디 그리핀Cindy Griffin은 자신들이 초대적 레토릭invitational rhetoric이라고 명명한 것, 정보 전달자, 즉 화자 쪽의 설득 의도를 전제로 하거나 가정하지 않는 레토릭에 대해 간략히 언급한 바 있다.[122] "레토릭 이론화의 많은 부분을 특징짓는 가부장적 편견을 표명하는 것은 레토릭을 설득으로 규정하는 것이다."[123] 기어하트의 분석에 따르면, 포스와 그리핀은 레토릭과 커뮤니케이션에 관한 그러한 관점은 "수용자 구성원들이 그들이 발전시켜 온 신념 체계에 만족하고, 그와 더불어 행복하게 역할을 수행하며, 변화할 필요성을 인식하지 않을 가능성……을 허락하지 않는다"고 결론을 내린다.[124]

설득에 주안점을 둔 수용 모델the received model에 대해 포스와 그리핀이 제안한 해법은 "평등과 내면적 가치, 자기 결정self-determination 등에 뿌리를 둔 관계를 만들어 내는 수단으로서의 이해로 초대하는 것"이다.[125] 이런 식으로 이해된 레토릭은 설득하려고 하는 것이 아니라 수용자 구성원, 즉 청중을 "연설가의 세계로 들어오도록 초대해서 연설가가 행하는 그대로 연설가의 세계를 보게끔 하는 것"이다.[126] 그러한 레토릭은 수용자, 즉 청중에게 변화를 추구하는가? 포스와 그리핀은 "변화란 것은 초대적 레토릭의 결과일 수 있지만, 변화 그 자체가 목적은 아니다"라고 제시한다.[127]

'작품,' '텍스트,' 해독 작업

다이앤 헬렌 밀러Diane Helene Miller는 페미니즘 학자들이 레토릭과 문학과 같은 언어 기반 학문에서 여성을 배제시키기 위해 기능해 온 "가부장적 체계의 작동을 밝혀냈다"고 본다. 이들은 "여성의 목소리가 역사적 기록에서 억압되거나 생략되어 온 분명한 방식을 연대순으로 기록해 왔다……"[128]

여성이 어떤 도전에 직면했는지를 정확하게 발견해 내는 비판적 작업은 분명히 페미니즘 레토릭 이론을 발전시키는 길을 열어 주었다. 이러한 방식으로 밀러는 레토릭을 이야기하는 데 "페미니즘적 개입을 해야 하는 정당화" 논리는 여성이 침묵을 강요당해 온 것을 봄으로써 이미 충분히 제공되고 있으며, 여성이 말할 기회를 찾거나 만들어 낸 때조차도 그들의 언어는 역사에 의해 대개 지워졌거나 은닉되어 왔다고 부연한다. 밀러는 페미니즘 레토릭 비평은 계속해서 "여성의 텍스트를 발굴하고 그 가치를 재평가한다"고 덧붙인다.[129]

그러나 이러한 비판적 접근은 서구의 지적인 조사 연구 구조가 어떻게 여성을 그 그림 바깥에 버려두었는가를 입증하려는 경향 때문에 여성을 주변화시키는 또 다른 방법이 될 수도 있다. 여성의 기여에 대한 흩어져 있는 증거들을 모은다고 해서 그것이 가부장적인 구조 그 자체에 영향을 미치는 것은 아니다. 또한 그렇게 한다고 해서, "여성의 침묵은 당초 시작 때부터 서구 사회에서 그런 것으로 인식되어 왔기 때문에, 레토릭이라는 개념에 들어 있는 젠더 배치로 여성이 침묵하게 되었다"는 것을 드러내는 것도 아니다.[130] 여성과 레토릭에 관한 또 다른 작가인 제인 셔턴Jane Sutton도 비슷한 결론을 내린다.

> 나는 미래 후손들을 위해 레토릭에 뛰어났던 여성을 발굴, 육성하려 한 지

난 70년간의 프로젝트를 이제 포기해야 한다고 생각한다. 그보다는 여성을 계속 배제시키려는 조건들을 변화시키면서 여성의 레토릭적 우수성과 출중함을 회복시키는 방법을 찾아낼 필요가 있을 것이다.

새로운 레토릭 구조가 필요한데, "그것은 여성을 온전히 포함하도록 하는" 그런 구조여야 한다는 것이다.[131]

밀러는 페미니즘 학자들에 의한 레토릭 연구를 위한 또 다른 길을 제시하는 과정에서 롤랑 바르트Roland Barthes(1915~1980)의 작업을 언급한다. 잘 알려진 바와 같이 바르트는 (둘 다 같은 인공물artifact을 가리키는 것이지만) '텍스트'와 '작품work'을 구분했다. 우리가 문학적인 '작품'에 접근할 때는 비교적 고정된 의미를 찾는 것이 요구되지만, '텍스트'에 대해서는 비교적 자유롭거나 이런저런 해석이 가능하다. 밀러에 따르면, 바르트의 경우, "언어란 '다의적이고' 불안정하며, 다른 의미를 계속 억압하는 경우에는 계속 특권화된 지배적인 의미로 이루어진 것으로 본다."[132] 페미니즘 레토릭 전문가의 작업은 텍스트 속에 숨겨진 남성적 특권 구조를 드러내는 것과 같은 방식으로 이러한 다른 의미들을 뽑아 낼 수 있다.

텍스트 해체는 특정 인공물에 대한 하나 이상의 해독reading을 가능하게 한다. 밀러는 "그 때문에 해체는 텍스트 해독의 가능성을 지배적인 문화의 작동을 드러내는 방식으로뿐만 아니라, 그러한 지배적 의미에 반대하거나 그것을 정정하는 저항적 해독을 유발할 목적으로 특정 텍스트를 해독할 가능성을 소개해 준다"고 설명한다.[133]

비평가의 숙련된 작업은 '텍스트'에 접근하는 데 무엇보다도 중요한 것이 된다. 힘은 저자에게서 비평가에게로 옮아간다. 이러한 접근에 따르면, 플라톤의 대화와 같은 고전 '작품'조차 레토릭에 대한 숨겨진 의미와 가정, 서구의 지적 전통, 그리고 여성이 저자와 비평가에게서 어떤 취급을 받아 왔는지 등을 드러내는 '텍스트'로 읽혀질 수 있다. 비평가들은 "언어가 잠재적으로 힘을 갖는 모순의 원천"이라는 것을 알고 있다.[134] 밀러에 따르면, "궁극적으로 언어란 비평을 위한 기회일 뿐 아니라, 페미니즘적 참여를 위한 힘에다가 레토릭 전통의 텍스트들을 제공하는 재창안을 위한 잠재력"이기도 한 것이다.[135]

밀러는 이러한 접근을 제안하는 과정에서 여성의 기여한 바를 목록화하고자 했던 선배 페미니즘 학자들에 대안을 제시한다. 기존의 학자들의 노력은 레토릭 영역에서 여성의 목소리를 배제시키려고 체계적으로 작동했던 사회 구조에 대한 그릇된 인상을 무심코 만들어 낼 수 있다고 보았다. 그것은 가끔 여성 스스로 말하도록 허용했을 때조차도 그렇다는 것이다.

페미니즘과 고대 전통

페미니즘 레토릭 이론은 남성 지배적인 레토릭에 대한 절연과 문제 제기를 함께 나타내고 있다. 그럼에도 불구하고 일부 학자들은 현대 페미니즘 레토릭 이론과 그리스와 로마에서 기원한 레토릭 모델 간의 연결점이 있음을 주장한다. 예컨대, 안토니오 드 벨라스코Antonio de Velasco는 (개인의 도덕적 관점이 공동체의 발전을 위한 삶과 연결되는) 이상적 연설가에 대한 키케로의 관점이 현재까지도 계속 지속되어 왔다고 본다.

벨라스코는 키케로에게서 "자유와 가능성에 대한 내적으로는 개인적이고, 외적으로는 정치적인 감각 사이를 오가며 이룬 성취"를 발견한다. 이 지점에서 그는 그러한 고대 레토릭 이론가들과 벨 훅스bell hooks•

• 미국의 작가이자 교수이며, 페미니스트이자, 사회운동가인 글로리아 진 왓킨스Gloria Jean Watkins(1952~)의 필명이다. 《모두를 위한 페미니즘*Feminism is for Everybody*》을 비롯하여 30권 이상의 저서를 썼다. — 옮긴이

와 같은 현대 페미니즘 레토릭 전문가들 사이에 연결점이 존재한다고 주장한다. 벨라스코는 훅스와 키케로는 "정치 기구에 관한 관점을 공유하고 있는데, 그러한 정치 기구의 직무 수행은 개인으로서 경험한 레토릭적이고도 윤리적인 문제 상황에서 생겨난 것"이라고 본다. 훅스 역시 키케로와 같이,

> 아주 유창한 맥락 일탈자였을 것이다. 그리고 자신의 가장 큰 소명은 그러한 일탈의 비판적이며 반패권적인 목표를 전통적인 웅변의 창의적이고 미학적인 목표와 연결시키는 것이었을 것이다. 레토릭 비평가의 주체성에 대한 이처럼 명시적인 주목은 단순히 언어를 아는 방식이 아니라 세상에서 존재하고 행동하는 방식으로서의 레토릭으로의 복귀를 말해 주는 것이다.

레토릭을 가르치는 사람들은 키케로와 훅스를 본보기 삼아 스스로를 "특정한 종류의 사람을 창조해 내려는 존재"로 자부해야 한다.[136]

비교 레토릭

페미니즘 비평가들은 특히 서구 레토릭의 남성적 특성을 조망해 왔다. 이처럼 매우 남성 중심적으로 구축된 서구 레토릭의 전통은 유럽인과 미국인으로 하여금 논증 기반의 스피치를 레토릭 담론의 기본 단위로 생각하게끔 만들고 있다. 전통적인 스피치는 한 사람의 화자, 즉 지식을 갖고 있는 개인의 권위를 선호하는 편이다.

최근 수년간 비교 레토릭 분야가 성장하여 많은 레토릭 분야 선도 학자들의 관심을 끌었다. 루밍 마오LuMing Mao와 보 왕Bo Wang은 "레토릭 지식은 여느 다른 지식과 마찬가지로 다종다양하며 다차원적이며 언

제나 계속 새롭게 만들어지고 있다"고 하면서 레토릭의 유동적이면서도 문화 횡단적인 특성을 강조한다.[137] 여기서는 비유럽 사회의 (오래전 과거와 현재의) 그들 나름의 맥락에서 레토릭을 인식하고 실천해 온 수많은 노력 중 일부를 살펴보고자 한다.

고대 인도 레토릭에서의 주장

고대 인도의 레토릭은 주장argument의 독특한 형식을 발전시키면서 토론과 논리의 실천을 뒷받침했다. 키스 로이드Keith Lloyd는 인도의 논리는 고대 불교 글쓰기에 뿌리를 두고 있다고 본다. 역사적으로 그러한 전통은 그리스-로마 시대와 대략 비슷한 시기에 걸쳐져 있다. 로이드는 "M. M. 사티스타 찬드라 비댜부사나M. M. Satista Chandra Vidyabhusana에 따르면 니야야Nyaya 학파는 BC 550년경 아크샤파다 가우타마Aksapada Gautama로 시작해서 AD 400년경 바츠야야나Vatsyayana로 끝날 때까지 1,000년 가까이 지속됐다'"고 설명한다. 로이드는 "고대 인도는 철학적인 토론을 위한 방법을 코드화하면서 레토릭 전통을 발전시켰다"고 말한다. 인도의 레토릭은 시민적 논쟁을 거쳐 발전해 나가면서 니야야라는 개념을 중심으로 통합되었다. "'보다 체계적인' 토론 입문서의 하나인 《니야야 수트라Nyaya Sutra》는 AD 150년까지 널리 이용되었다. 니야야는 '올바른,' '정의로운'……이란 의미를 가진 용어"라고 그는 말한다.[138] 5권의 연작집(경전sutra)에 표현된 니야야 체계는 아주 정교한 16개의 논리적인 증명 체계에 기반을 두고 있다. 이들 증명은 아리스토텔레스의 일반 토포이를 연상시킨다. 이와 관련해 로이드는 다음과 같이 언급한다.

> 텍스트와 그에 대한 후속 언급들은 지식의 수단, 지식의 대상, 동기, 목적, 논의와 논박의 규칙, 오류 등을 포함하는 표현과 동기 부여의 모든 측면에 대

한 레토릭의 가이드라인을 제공하면서 토론의 범주와 목적을 설명한다.

이러한 토론 체계의 목적은 무지로부터의 해방이었다. 주장은 삼단 논법 형식을 중심으로 발전했다. "주장을 표현하는 다섯 부분의 방법으로 된, 이른바 '인도식 삼단 논법'이라고 하는 아바야바avayava는 니야야 관점의 핵심을 제공한다."[139] 하나의 주장으로서의 아바야바는 추론 과정의 핵심 단계로서 하나의 유사어나 사례를 포함한다. 그것은 세 부분으로 구성된 그리스식 삼단 논법 형식이 보여 주지 못했던 특징적 표현이다. 이처럼 중요한 유사어 (제시) 단계는 아바야바 주장이 서구적인 논리 체계가 연역적 추론과 귀납적 추론이라고 했던 요소들을 결합시키고 있는 것이다. 더군다나 하나의 전체로서의 니야야 체계는 그리스와 로마의 논리가 그랬던 것처럼 진실과 타당성을 분리시키지 않았다. 그 당시의 서구 레토릭과 비교할 때 또 다른 주요 차이는 연설가가 꼭 이기려고 하지 않는다는 것이다. 로이드는 "연설가의 목적은 자기 표현, 설득, 또는 이기는 것이 아니라 '함께 아는 것'"이라고 본다. 이 장의 뒤에서 언급하겠지만, 그리스 레토릭은 경쟁과 승리를 강조했다는 데 그 나름의 특색이 있었다고 볼 수도 있다.

아프리카의 레토릭 형식

다른 문화권의 레토릭 방식에 대해 간단하게만 조사해 봐도 유럽의 모델이 레토릭에 대한 이해와 실천의 여러 가능성 가운데 하나일 뿐이라는 것이 드러난다.[140] 예컨대, 신화학자인 마르셀 데티엔느Marcel Detienne는 북부 가나의 로다가 사람들은 바그레bagre라고 알려진 레토릭 형식을 이용하는데, 이는 하나의 "시작 의례"인 동시에 이야기 형식으로 된 하나의 스피치라고 묘사한다. 이 의례 참여자는 "12,000절의 운문"을 익혀야 하는데 이는 "어른들로부터 젊은이들에게 특별히 전문가라는 생각 없이 전승되는 것이다."

특정 스피치는 그것을 전달하는 개인에게 "속하며" 따라서 아이디어를 개발하는 단계에서는 화자와 수용자, 즉 청자가 분리된다. 하지만, 바그레는 어떤 정치인이나 교사의 소유라기보다는 공동의 재산이다. 그것은 "모두에게 속하며" "모든 로다가 사람들은 그 이야기의 내용을 잘 알고 있다." 그것은 집단의 소유물이기 때문에 바그레의 내용은 전통적인 스피치의 내용과 같이 고정된 것이 아니라 민요의 노랫말과 같이 상당히 가변적이다. 데티엔느는 그것은 "오랫동안 장황하게 말하는 것"으로, 그것은 특정인이 내용을 규제하는 것을 막는다. 로다가 사람들의 집단 기억collective memory에서 바그레가 꾸준히 지속되는 것은 "이야기를 기억하기 좋게 하는" 그것의 서사 형식 때문이라고 본다.[141]

브라이언 보이드는 확실히 아프리카 레토릭 형식이라고 할 수 있는 또 다른 예를 제시한다.[142] 그에 따르면, "나미비아의 힘바족Himba 사이에서는 복종과 영웅적 선행을 주입시키는 것이 통상적인 일상생활의 일부가 되고 있는데, 남자들이 방문을 하면 그들은 함께 앉아서 그들 선조의 영웅적 행위를 소리치며 찬양하기 시작한다." 이러한 관행은 우리에게 그리스의 의식적 담론epideictic discourse를 환기시키는 반면에, 말하기 위해 여러 사람들 앞에 한 사람이 서는 그리스 레토릭 형식과는 달리 남자들이 함께 앉는 차이점을 보여 준다. 더군다나 그들은 말하기보다는 그 집단 구성원 누구나 다 아는 노래를 부른다.

비유럽 레토릭에 관한 조지 케네디의 연구

조지 케네디는 자신의 획기적인 한 연구에서 레토릭 전통의 서구, 특히 그리스적인 특성에 대해 도전한다.[143] 케네디는 서구권의 레토릭을 다른 문화의 레토릭, 심지어는 일부 동물들의 소통 행위와 비교함으로써 그러한 목적을 성취한다. 결국 레토릭은 인간 문화에 보편적이며, 신호를 사용하는 생물체의 삶에 보편적이라는 것이다. 이러한 관점에서 케네디의 작업과 그가 인용하는 많은 학자의 작업은 21세기에 레토릭을 공부하는 이들이 주목해야 할 부분이다.

케네디는 "그러한 기본적인 감정의 개연성 있는 원천, 즉 레토릭의 원천은 자기 보존을 위한 본능이며, 그것은 자연스레 유전적 계통을 보존하려는 자연의 충동에서 비롯되는 것"이라고 하면서 레토릭의 진화론적 근거를 찾아내고 있다. 그게 사실이라면,

> 레토릭은 자연 현상이다. 즉 신호를 줄 수 있는 모든 생명체 속에 존재하는 잠재력이다. 레토릭은 비인간 동물 사이에는 제한된 형태로 이루어지긴 하지만, 동물 커뮤니케이션에서부터 인간의 스피치와 언어의 진화에 기여해 왔다.[144]

사실, 케네디는 다양한 종種의 소통 패턴에서 레토릭 표현의 기원을 탐구한다. 케네디의 그러한 프로젝트는 그로 하여금 서양 학자들이 거의 그 레토릭 역사를 알지 못하는 많은 여러 다른 문화를 찾아 탐구하게 만들었다. 그는 아메리카와 호주 원주민, 중국, 인도, 이집트, 메소포타미아, 아즈텍 등등의 레토릭 전통을 검토하고 연구했다. 다른 레토릭 전통에 대한 그의 발견 내용은 특히 서구, 대부분 그리스 전통과 대조해서 볼 때, 아주 흥미롭고도 유익한 것이었다.

아즈텍과 이집트 레토릭

케네디는 고대 아즈텍 레토릭 연구에서 그리스인이 의식 연설epideictic

oratory이라고 한 것에서 대단히 발전된 관행을 발견한다. 케네디는 이러한 말하기 전통이 잘 발달되어 있어 "아즈텍 문화에서 공식적인 스피치가 공적, 사적 생활에서 아주 중요했다는 것이 드러나고 있다"고 설명한다.[145]

그들의 지배적인 말하기 형식이 의식 연설을 닮긴 했지만 입증과 같은 그들의 쟁점 접근은 그리스인과는 극적으로 달랐다. 케네디는 "아즈텍 연설에서의 지배적인 설득 수단은 윤리적이고 공감을 불러일으키는 것"이라고 본다. "화자들은 통상 권위를 갖고 어떤 사상을 주장하며 그런 주장을 뒷받침하는 이유나 근거는 제시하지 않는다."[146] 이는 에토스가 레토릭한 설득의 기반을 이루고 있기 때문이다. "일차적인 설득 수단은 화자의 권위다. 그는 통상 높은 지위를 갖고 있는 나이 많은 개인이며, 문화의 여러 방식에 대해 잘 알고 있는 현명한 사람이다."[147]

케네디는 다양한 학문 분야에서 일하는 학자들의 연구 결과를 모았다. 예컨대, 중동 지역 언어학자인 마이클 폭스Michael Fox는 고대 이집트의 레토릭 사례를 연구했다. 그는 이집트에서는 연설 기술에서의 배열이 그렇게 가치 있는 것은 아니었으며, 자제하는 쪽이 오히려 이긴다는 것을 알아냈다. 그리스 레토릭의 핵심인 논증이 이집트 레토릭에서는 그렇게 세심하게 연구되지 않았다. 폭스에 따르면, "이집트 레토릭은 자신의 주장을 어떻게 만들어 낼 것인가를 가르치지 않았다. 사회 질서와 조화를 이루어 나가는 것은 논증이 아니라 화자의 윤리적 자세라고 보았고, 그것이 이집트 레토릭의 궁극적인 목적이었기 때문"이다.[148]

고대 중국의 레토릭

케네디는 BC 5세기에서 BC 4세기의 소피스트 운동을 고무시켰던 바로 그러한 조건이 당시 중국에서도 비슷한 영향을 미치면서 역시 나타났다고 설명한다. 그리스에서의 소피스트 운동과 유사한 움직임이 중국의 소피스트 운동으로 이어지면서 "이러한 모든 조건은 BC 4세기경 중국에도 존재했다"는 것이다. 인도 역시 중국과 그리스보다는 조금 뒤에 그러한 소피스트 운동을 경험했다.

레토릭에 관심이 많았던 중국 저술가들 중에 한비자韓非子(BC 280?~BC 233)•라는 현인이 제시하는 통찰 중에는 다음과 같은 내용이 있다.

> 대체로 다른 이들을 설득하기 어려운 이유는 자신의 입장을 말하는 데 필요한 지식이 모자서도 아니고, 능력을 최대한 발휘할 수 있는 배짱이 없어서도 아니다. 전적으로 어려운 것은 설득하고자 하는 사람의 마음을 아는 것이며, 그에게 맞는 말을 할 수 있느냐 하는 것이다.[149]

케네디는 많은 다른 레토릭 전통을 얘기할 수 있는 무언가 의미 있는 것들이 있음에도 불구하고, "한비자 이래 2,000년이 넘는 기간 동안 중국에서의 레토릭 역사는 아직 제대로 쓰여지지 않았다"고 본다.[150]

"사적인 말하기"

고대 중국에서도 레토릭이 실제 이루어지고 있었음이 확실히 알려지고 있지만 그것은 그리스와 로마와는 다른 방식이었다. 애초부터 중국에는 말하기보다는 글쓰기에 상당히 큰 관심이 있었다. 설득하는 것은 널리 이루어지고 있었고 연구도 되었지만, 전통적인 그리스-로마식의 다양성을 지니는 공적인 연설public oratory은 실제 알려져 있지 않았다. 이는 그리스나 로마에 있었던 공민이나 시민과 같은 개념이 없었기 때문이다.

설득 활동은 전문적인 책사가 왕이나 고관대작에게 특정한 행위나

• 저자는 한비자의 대표작으로 《사기史記》를 들고 있으나 착오로 보여 옮기지 않았다. —옮긴이

조치를 취하도록 설득하는 경우 사적인 상황에서 종종 이루어졌다. 중국 레토릭을 연구한 제임스 크럼프James Crump는 다음과 같이 말한다.

> 그리스의 공적 말하기에 대비가 되는 것은 (후원자에게 자문을 해 주고, 왕에게 간언을 하며, 왕자를 설득하는 형식의) 중국의 "사적인 말하기private-speaking"다. 이를 입증하는…… 자료는 엄청나게 많다.[151]

그러나 분명히 고대 중국 학자들은 그리스와 로마와는 달리 레토릭의 이론화에는 별 관심이 없었다. 많은 여타 주제를 다룬 문헌은 많이 잔존해 있는데도 불구하고 레토릭 이론에 관한 글들은 아주 적기 때문이다.

중국의 소피스트와 《전국책》

그러나 크럼프는 중국에서의 레토릭 실행과 관련된 증거를 근거로, 소피스트들의 등장처럼 유사한 것이 그리스에만 있었던 것은 아니라고 주장한다.[152] BC 4세기에서 BC 3세기에 중국에서 소피스트가 등장하기 좋았던 조건이 나타났다. (1) 더욱 다변화된 사회적 상황, (2) 불안정한 정치적 상황, (3) 상당수의 외지인 출현, (4) 도덕적, 종교적 환경의 급속한 변화 등이 그러한 조건들이었다. 사실, 일부 중국 학자들은 소피스트란 말이 "중국의 지적 생활의 특정한 성장 단계를 가리키는 데 용인할 만큼 정확하고 유용한 용어"라고 인정한다.[153]

특히 고대 중국에서도 (비록 그것이 여러 독자들에게 제공되지는 않았을지라도) 레토릭 교육을 위한 입문서 같은 것이 있었을 것이다. 유향劉向이 쓴 것으로 알려진 《전국책戰國策》은 표면적으로는 수많은 제후국이 나라의 통치권을 놓고 다투던 초기에 중국에서 일어난 일들을 다루고 있다. 그러나 역사가 그러하듯 그 책은 상당히 신뢰하기 어려운 것으로 여겨졌으며, 그래서 그것은 원래와는 다른 목적에 기여하게 되었다. 크럼프는 하나의 '흥미로운' 가능성을 제시한다. 그는 이 책에서 발전된 레토릭 기술, 즉 고대 중국에서는 존재하지 않았을 것으로 오랫동안 생각된 어떤 것을 찾아내고 있다. 그는 "그 책의 이야기 속에는 인식할 수 있는 모든 스타일의 수단이 등장한다"고 하면서 그리스와 로마의 레토릭 관련 문헌과 "아주 비슷하게" 만드는 "세련된 언어에 대한 두드러진 관심"을 보여 준다고 말한다.

크럼프가 《전국책》에서 찾아낸 여러 레토릭 수단 중에는 리듬, 반대명제, 대칭, 공명은 물론 사실 "화자가 상대방을 의식해서 다소 과장된 언어를 사용하는 여러 다른 장치들"도 있었다.[154] 그는 《전국책》을 로마에서 사용된 (레토릭을 배우는 젊은 학생들이 기억하고 실습하도록 하기 위해 스피치와 토론 사례인) 수아소리아에 비유하면서 《전국책》이 효과적인 레토릭을 가르치기 위한 입문서나 지침서가 될 수 있게 의도적으로 쓰여진 것임에 분명하다고 결론짓고 있다.

그러나 보다 최근의 학계에서는 이러한 해석에 문제를 제기해 왔다. 예컨대, 폴 라키타 골딘Paul Rakita Goldin은 《전국책》이 다른 종류의 아주 많은 내용을 담고 있으며, 고대 중국의 고도로 경쟁적인 정치 상황에 대한 일화 모음집으로 보아야 한다고 주장한다.[155] 골딘은 《전국책》의 레토릭한 내용을 평가 절하하는 것은 아니고, 그 책이 쓰여진 레토릭 상황이 로마의 레토릭 관련 문헌이 쓰여졌던 상황과는 근본적으로 다르다고 했다. 말하기가 공적이 아니라 사적이라는 것이다.

> 자신의 의제를 역설하기를 원했던 대신은 무엇보다도 어떤 조치를 취할 때 윤허를 해 주는 왕을 확신시킬 필요가 있었다. 바로 이것이 《전국책》에 나타나 있는 대부분의 주장이 절대적인 권위를 가진 유일한 인사를 설득시키는 데 맞추어져 있기 때문이다.[156]

골딘은《전국책》에서 그처럼 격리된 상황에서 활동하던 고대 중국 설득자들의 레토릭 목적을 반영하는 토포이 체계를 찾아냈다. 그러나 그는 또한 그 책에서 특성상 분명히 레토릭한 것이 아니라 일종의 그냥 이야기하는 식으로 자문하는narrative advice-giving 다른 종류의 내용들도 찾아냈다.

중국의 레토릭 실행은 그리스와 로마의 교재들보다는 우화나 단편적인 이야기와 같이 교훈적인 서사의 창안을 통해서 만들어지고 전승되어 왔다. 레토릭과 관련된 가르침은《전국책》에 모아 놓은 것과 같은 짧은 교훈적 이야기를 통해 전달되었다. 병행이나 운韻과 같은 레토릭 수단은 이야기들 속에서 입증되었으며, 레토릭 교육은 뛰어난 지도자들 앞에서 사적으로 전설 등을 얘기해 줌으로써 제공되었다. 이와 관련해 크럼프는 다음과 같이 말한다.

> 우리가 단지 이론화는 할 수 있겠지만, 언어 사용(즉 주장, 능변, 여론 형성 등)에 대한 중국인의 관심은 이미 BC 300년경에, 서구의 지중해 상황에서 더 잘 알고 있고 소피스트의 시대라고 부른 것에 거의 비견할 수 있는 발전 단계에 도달해 있었다는 모든 증좌가 있다……[157]

간언과 설득 및 유랑 설득자

간諫이란 자문을 뜻한다. 간언諫言을 하는 사람은 간사諫士 혹은 객경客卿, 즉 떠돌이 자문관이나 '유랑 설득자traveling persuaders'로 알려져 있다. 이와 같은 레토릭 전문가들은 설득說과 변론辯論에 뛰어난 사람들이었다. 간사는 본래 "왕이나 제후들이 자신들의 생각과 전략적인 계획을 받아들이도록 설득하면서 이 나라 저 나라를 돌아다녔던" 정치 자문관이었다.[158] 크럼프에 따르면 "중국에서는 레토릭의 모든 영역이 정치적인 자문을 목적으로 설계되었다."[159]

레토릭학자인 싱루Xing Lu는 "간언과 관련된 활동은 왕의 부적절한 행동이나 조치를 경고하거나 왕으로 하여금 미래와 관련된 여러 고려 사항을 상기시키는 것 등을 포함한다"고 설명한다.[160] 중국 지도자들은 나아갈 방향을 정하기 위해 과거 '지혜로운 선왕'의 여러 조치를 참고했기 때문에 이들 전문적인 자문관의 주장은 과거의 현명한 왕, 특히 전설적인 주周나라 왕들의 결정과 유사한 것에 종종 의존했다.

> 간언의 목적은 왕의 과거 잘못을 바로잡기 위해서 자문을 하는 것인 반면, 설득의 목적은 나라의 미래 이익을 위해 군사적 또는 외교적 업무와 관련된 구체적인 계획이나 분명한 책략을 제시하는 것이었다.

싱루는 "이와 같은 두 가지 업무는 모두 고대 중국 사회에서 상당한 존경을 받아온 아주 뛰어난 기량과 전문적인 능력이 필요한 일이었다"고 덧붙인다.[161]

아베로에스와 아리스토텔레스의 전통: 12세기 아랍 레토릭

서구에서는 아베로에스로 알려진 이븐 루시드(1126~1198)는 오늘날 스페인 땅인 안달루시아에 살았던 12세기 무슬림 학자였다.[162] 그리스어와 히브리어를 포함하는 여러 언어에 통달했고 높은 명성과 박학다식으로 큰 영향력을 미쳤던 아베로에스는 아리스토텔레스와 플라톤의 작품을 아랍어로 번역했고, 그에 대한 해설서를 쓰기도 했다. 코르도바의 정치가 집안에서 자란 그는 레토릭 연구에 대한 열렬한 지지자가 되었고 레토릭 기술을 논리학의 지위에까지 올려놓았다. 이러한 과정에서 그는 아랍의 위대한 철학자인 알파라비Al-Farabi(870~951)의 초기 작업을 어느 정도 따랐다. 알파라비는 아베로에스보다 200여 년 전에 이미 건전한 문명 발전을 위해서는 잘 훈련된 레토릭이 필요하다는 것을 역설했다.

세비야에서 재판관으로 일하던 당시, 아베로에스는 레토릭이 종교적, 법적, 정치적인 생각을 대규모 공중에게 널리 알리는 가장 합리적인 방법이라는 것을 알게 됐다. 레토릭 학문은 또한 그의 이성에 대한 확고한 신념과 모든 면에서 잘 어울렸다. 그것은 250년 뒤 유럽의 르네상스를 내다본 생각이었다. 레토릭에서 지지의 근거를 찾아냈던 그의 합리주의는 안달루시아의 철학자들 대부분이 취했던 신비주의와는 정반대되는 위치에 있었다. 지식의 원천을 다른 무엇보다도 이성으로 본 아베로에스의 신념은 전통적 관료 입장에서는 결과적으로 그를 이상한 사람으로 보게 했고, 인생 말기에 추방 생활을 하게 만들었다. 그의 많은 책 역시 명령에 따라 불태워져 버렸다.

아베로에스는 아리스토텔레스에 의해 제시된 레토릭 개념에 크게 매료되었다. 그렇지만 그는 그것을 자신의 문화적 맥락에서 독특한 방식으로 적용시켰다. 그는 레토릭을 (보다 전통적인 이슬람 본거지 동방과는 대비되는) 서방 이슬람 세계를 위한 독특한 지적 전통을 세우기 위한 노력의 일단으로 다루었다.

레토릭에 대한 아베로에스의 작업은 그리스 사상을 새로운 문화적 욕구에 조화시키려는 노력으로서 서유럽의 기독교 세계와 아랍 세계 모두에 영향을 미쳤다. 그의 작업이 없었다면 아리스토텔레스의 많은 문헌 자료는 서구 문명에서 사라져 버렸을 것이다. 아베로에스 사후 수세기 동안 아리스토텔레스에 대한 그의 해설과 설명은 유럽에서의 아리스토텔레스 연구에 지대한 관심을 촉발시켰다.

안달루시아의 도시인 코르도바는 아베로에스와 다른 여러 학자가 폭넓은 사상을 탐구할 수 있는 개방된 환경을 만들어 주었다. 아베로에스의 연구는 종교, 법, 의학, 정치, 수학, 음악, 천문학, 철학과 심리학 등을 망라했다. 아베로에스는 아리스토텔레스의 그리스 레토릭을 시를 숭배하던 새로운 문화에 적용시키는 실험도 했다. 다른 여러 혁신 중에서도 그는 아리스토텔레스가 했던 것보다도 더 레토릭을 음악과 가까이에 두고자 했으며, 레토릭과 음악을 논리학과도 가깝게 두려고 했다. 시인과 레토릭 전문가는 무엇이 참이고 거짓인지만을 다루었던 논리학자보다는 제약을 덜 받고 있었다.[163] 더군다나 시 그 자체는 그것의 상상적 전제와 함께 그 자체의 삼단 논법적 입증을 만들어 낼 수 있었고, 새로운 지식으로 안내하는 가이드가 될 수도 있었다. 알파라비가 시적 삼단 논법으로 의미한 것은 일부 논쟁 거리가 되긴 하지만, 그의 이러한 생각은 알파라비에게까지 소급된다.[164]

아베로에스는 시라는 것은 "그것이 모방muhakai/mimesis과 관련이 있기 때문에 논리적 담론의 한 형태……"라고 생각했다. 마지드 파크리에 따르면, 아베로에스에게 "시학은 그것이 진실일 수도 있고 거짓일 수도 있는 '상상적'이고 '모방적'인 담론과 관련되는 한에 있어서는 논리학의 한 지류다."[165] 이러한 관점에서 보면, 아베로에스는 분명히 아리스토텔레스의 생각과는 다른 입장이었다.

더군다나 아베로에스는 호소 혹은 소구를 다수의 청중을 설득하는 데 이용할 수 있는 것으로 확장시켰다. 찰스 버터워스Charles Butterworth에 따르면, "약식 삼단 논법과 예증이 레토릭에서 비록 사용될지라도, 삼단 논법적 주장과 아무런 관계가 없는 설득적 수단도 쉽게 사용될 수 있다는 것이다."[166] 같은 시기에 아베로에스는 웅변의 단순한 배열을 넘어 레토릭의 개념을 확장시키려고 했다. 레토릭은 세심한 추론과 입증, 그릇된 추론의 폭로 등도 역시 포함한다는 것이다.[167]

아베로에스는 아리스토텔레스의 레토릭 전통을 중세 아랍의 맥락에 적용시켰다. 그의 작업은 그것이 이교도와 합리주의적 그리스 전통에 지나치게 천착되어 있다고 본 종교계와 정계 당국자들의 마음을 종종 괴롭게 했다. 그럼에도 불구하고, 캐롤 클라크Carol Clark는 "아랍 철학의 세세한 부분까지 훈련받은 12세기 안달루시아의 지적 엘리트들에게 아베로에스가 가르친 것은 아리스토텔레스가 리케이온에서 가르쳤던 것과 같은 레토릭은 아니다"라고 결론짓는다.[168]

그리스 전통의 재조망

케네디가 비교 레토릭 연구와 관련해서 내린 주목할 만한 결론은 "비서구권의 경우는 대부분 레토릭이 동조와 화해를 위해 이용됐고, 죽은 이를 위해 애통해하는 경우 외에 감정을 표출하는 일은 고상하지 못한 것으로 간주된다는 점이다."[169] 이는 서구 세계의 레토릭 관행으로 알려진 매우 경쟁적인 그리스적 접근과는 큰 대조를 보이는, 다른 여러 레토릭 전통을 보여 준다. 케네디에 따르면, "그리스인은 체육 경기에서 호전성의 중요한 배출구를 찾았고 다른 곳과는 비교할 수 없을 정도로 그것을 존중했고 또 잘 조직화했다. 그것은 연설 경연에서도 마찬가지였다."[170]

사실, 케네디 자신이 상당히 적극적으로 조명해 왔던 그리스 전통은 그가 그리스 전통을 다른 레토릭 전통들과 대비시킬 당시 유명한 레토릭학자들에게서 별로 찬사를 받지 못했다. "개인적인 비난과 인신공격은 그리스 의회 연설의 시작부터 통상적인 특징이자, 법정 연설의 일반적인 특징이기도 했다……"[171] 더군다나 "그리스인은 논쟁적인 주장에 열광했고 거짓을 말하는 것이 더 효과적일 것 같으면 종종 진실을 이야기하는 데 비교적 낮은 우선권을 부여했고, 남을 헐뜯는 비난과 욕설이 법정에서는 잘못이 아니었다."[172] 그리스 레토릭의 논쟁적인 특성은 다른 여러 학자들이 언급해 왔던 경쟁에 대한 보다 폭넓은 문화적 애정에 기인했던 것으로 보인다. "그리스 사회는 신화와 시와 체육, 민주적인 정부, 그리고 공적인 연설 등에서 표현되는 경쟁적인 호전성으로 특징지어졌다. 개인적인 비난은 다른 데서는 보통 발견하기 어려운 수준까지 용

인되었다"는 것이다.[173]

고대 그리스 레토릭은 그 뒤에 이어지는 서구의 레토릭 이론과 실제에 지배적인 영향을 미쳤기 때문에 우리는 그 특성에 어느 정도 익숙해지면서 성장했다. 예컨대, "서구 레토릭의 실제는 주장과 개인적 비난과 아첨 등에 보다 관대하다는 점에서 다른 전통들과는 다르다."[174] 아마도 서구 문화는 서로 상이한 방법으로 고대 그리스의 방식들을 제도화해 왔을 것이다. 케네디는 "그리스 연설가들은 특성상 다투기를 좋아하고, 감정적이기도 하며, 서로에게 격렬한 개인적 공격을 가하는 경향이 있고, 자신에 대한 공격에 크게 격분하지만, 서로 말로 하는 싸움에는 관대하다. 그리스인은 고대 문명에서 홀로 남달리 경쟁적인 체육 경기를 발전시켜 왔다"고 설명한다.[175]

그러나 케네디가 보기에 대단히 논쟁적인 그리스의 레토릭에서 비롯된 서구 레토릭의 그림은 완전히 절망적인 것은 아니다. 경쟁과 경합은 완전히 폭력적인 갈등을 피하는 수단으로서 민주주의 제도의 발전을 실질적으로 가능하게 했다고 볼 수 있다. 케네디는 "날선 정치적 차이에 대한 하나의 답안으로 그리스인은 다수결 원리를 발명해 냈다"고 본다. 다른 문화의 레토릭에 대한 계속적인 연구는 경쟁 모델에는 배타적으로 덜 의존하면서도 경쟁자에게 이기는 목적을 추구하는 그런 레토릭 실천 방안을 제시해 줄 수 있을 것이다.

결론

이 장에서 다룬 여러 학자들은 레토릭이 권력 배분에 어떻게 관련되어 있고, 젠더가 레토릭적으로 어떻게 구성되는지, 그리고 일부 비서구권의 레토릭 특성은 어떠한지 분석하였다. 료타르와 푸코, 데리다 같은 학자들, 샐리 밀러 기어하트와 소냐 포스 같은 페미니즘 레토릭 전문가들은 레토릭이 어떻게 권력과 지식의 원천을 발견하고 도전하거나 보존하는지 탐구했다. 제임스 크럼프와 조지 케네디 같은 역사가들은 레토릭 실천이 어떻게 다양한 문화적 맥락에 적용되는지를 검토했다.

여기서 논의된 일부 학자들은 현대 사회에서 권력은 어떻게 획득되고 보존되며 도전받게 되는지, 어떤 담론이나 '얘기하는 방식'이 어떻게 특정 사회 집단의 이익을 증진시키고 정치적 명운을 결정하게 되는지와 같은 중요한 의문에 대한 답변을 나름대로 찾고 있었다. 그들의 작업은 우리의 설득적 담론 이용에 대한 생각을 변화시키는 데 큰 영향을 미쳐 왔다.

페미니즘 레토릭 전문가들은 레토릭 전통에 대한 철저한 역사적, 문화적 비판을 통해 여성이 남성과 같은 위치에서 공적인 토론에 참여할 수 있는 길을 열고자 애썼다. 그들의 레토릭 분석은 남성에게는 가용하고 여성에게는 이용 불가한 (특히 언어 속에 깃들어 있는) 권력 구조에 초점을 맞추어 왔다.

페미니즘 레토릭 전문가들은 여성이 공적인 레토릭 영역에 적극 개입해야 하며, 여성의 소리가 전달되어 변화가 일어나게 될 것이라는 자신감을 갖고 그렇게 해야 한다고 역설해 왔다. 그러한 목적을 지향하면서 그들은 레토릭 자체를 재개념화하고 오래된 과거의 기술을 재구성하며, 담론의 새로운 모델을 촉진시켜 왔다. 페미니즘 학자들이 '레토릭 전통' 안에서 계속적인 나름의 작업을 하면서도 그와 함께 새로운 방법 또한 채택했다.

비교 레토릭 연구는 레토릭의 이론과 실제의 미래와 관련해서는 비슷한 방향을 제시한다. 비서구적인 레토릭에 대한 확인과 검토가 늘어남에 따라, 서구의 레토릭 자체는 급속히 재평가될 수 있다. 우리는 정말 새로운 레토릭 시대로 접어들고 있는가? 이 장에서 논의된 학자들의 작업을 통해 우리는 레토릭의 초기 전통을 재검토하는 방식을 잠시나마 살펴보았고, 서구적이고 남성적인 레토릭의 헤게모니에 대한 도전도 탐구해 보았으며, 인간적 실천으로서의 레토릭이 갖는 대단한 유연성을 다시금 목격하기도 했다.

1장

리뷰

1. 이 장에서 다음 용어는 어떻게 정의되는가?
   - 레토릭
   - 레토릭 기술
   - 레토릭 담론
   - 레토릭 전문가
   - 상징
   - 레토릭 이론
   - 논증적 가설
2. 이 장에서 논의한 레토릭 담론의 특성은 무엇인가?
3. "레토릭은 계획적인 것이다"라는 소제목 아래서 어떤 구체적인 언어 자원들이 논의되고 있는가?
4. 이 장에서 논의한 레토릭 기술의 사회적 기능은 무엇인가?
5. 레토릭 기술에 대해 이해하면 어떤 세 가지 유형의 힘이 증진된다고 하는가?
6. 레토릭은 상황 의존적 쟁점을 다룬다는 말은 무엇을 의미하는가?

토론

1. 다음의 역사적 문화유산은 에이브러햄 링컨의 "두 번째 취임 연설"과 에밀리 디킨슨Emily Dickinson의 시 "성공이 그렇게 달콤한 것은"이다. 이 두 편은 거의 같은 시기에 썼는데, 모두 미국 남북전쟁에 관한 것이다. 이 글들은 종종 다른 담론 유

형을 나타내는 것으로 이해된다. 링컨의 연설은 레토릭으로 범주화되는 반면, 디킨슨의 글은 시의 범주에 넣는 것이 가장 잘 어울리는 것으로 생각된다. 이 장에서 논의한 레토릭 담론의 특성으로 돌아가서 생각해 보면, 링컨의 연설과 디킨슨의 작품을 구별하는 것에 관해서는 (만약에 있다면) 어떤 얘기들이 가능하겠는가? 그 글들은 상이한 문학적 또는 언어적 범주에 속하는가? 이들 둘과 관련해서 생각해 볼 때 주장, 소구, 배열, 기술적 수단 등과 같은 언어 자원들로 돌아가서도 적용해 보라. 이 둘 각각은 네 가지 자원을 모두 다 사용하는가?

"두 번째 취임 연설"

에이브러햄 링컨

동포 여러분, 대통령 취임 선서를 하기 위해 나선 이 두 번째 자리에서는 처음에서와 같이 장황하게 이야기할 것은 많지 않습니다. 그보다는 지향하고 있는 과정에 대해 좀 더 자세하게 진술하는 것이 합당하고 또 적절하다고 생각합니다. 이제 4년이 지나는 동안 지금도 여전히 주의를 끌고 나라의 활력을 쏟아붓게 만드는 거대한 다툼의 모든 요점과 국면에 대해서는 계속 공식 발표한 바 있기에 새롭게 말씀드릴 내용은 거의 없습니다.

가장 의존할 수밖에 없는 우리의 무기 상황은 나 자신뿐 아니라 우리 국민도 잘 알고 있습니다. 사실이 그렇습니다. 나는 모두가 만족할 만하고 고무적인 상황이라고 당연히 믿습니다. 미래를 향한 큰 희망을 갖고 있기에 위험을 무릅쓸 그런 상황은 아니라고 봅니다.

4년 전만 해도 모든 사람은 내전이 임박했다고 걱정스럽게 생각했습니다. 모두가 내전을 두려워했고 그것을 피하고자 했습니다. 이곳에서 다 함께 전쟁 없이 연방을 보존하자고 역설하는 취임식 연설을 하고 있을 때, 이 도시에 있던 반란자들은 전쟁으로 연방을 해체하고 협상으로 분리를 가져옴으로써 연방을 파괴하고자 했습니다. 양측은 본래 전쟁에 반대했지만, 그중 한쪽은 연방을 사라지게 하기보다는 차라리 전쟁을 하고자 했습니다. 그리하여 결국 전쟁이 일어났습니다. 전 인구의 1/8이 되는 유색 인종 노예는 연방 전체에 골고루 퍼져 있지 않고 남부 지역 일부에 편재되어 있습니다. 이 노예는 매우 기이하게도 강력한 이익이 되었습니다. 바로 이러한 이익이 어느 정도 이 전쟁의 원인이 됨을 모든 이들이 알았습니다. 정부는 그러한 이익의 영역 확대를 제한하는 정도만 주장하였으나, 반란자들은 그러한 이익을 강화하고 영속화할 뿐 아니라 확대하고자 전쟁을 하면서까지 연방을 분열시키려 했습니다.

양측 어느 쪽도 전쟁의 규모나 전쟁의 지속 기간을 예상하지 못했습니다. 그리고 갈등이 멈추어야 할 때, 심지어는 그 이전에 갈등의 원인이 멈추게 될 것이라고는 전혀 예상하지 못했습니다. 각 진영은 쉽게 이길 거라고 기대했고 결과는 그렇게 근본적이고 놀랄 만한 것이라고는 생각지 못했습니다. 양측은 모두 같은 성경을 읽었고 같은 신께 기도했으며 서로가 서로에 맞서 신의 도우심을 간구했습니다. 다른 사람의 노고로부터 얻은 부를 착취하기 위해 신의 도우심을 감히 요청하는 사람이 있는 것이 이상하게 여겨지지만, 재단당하지 않고자 한다면 재단하지 맙시다. 양측 모두의 기도를 들어줄 수는 없는 노릇입니다. 전능하신 주께서는 당신 자신의 목적을 갖고 계십니다. "죄로 말미암아 세상에 비통함이 있다. 죄가 생기게 되겠지만 그 죄를 오게끔 하는 사람에게는 비통함이 있을 것이다." 미국의 노예제도가 그러한 죄 중 하나로서, 신의 섭리 속에서 일어나게 되는 것이지만 그분의 정하신 시간 동안 유지되어 왔고 이제 그분께서는 제거하시기를 뜻하시며 그런 까닭으로 신께서는 그러한 죄가 일어나도록 한 북부와 남부 모두에 이로 인한 비애로서 참혹한 전쟁을 주셨다고 가정한다면, 바로 살아있는 신을 믿는 신자들이 항상 그분께 돌리는 신의 권능에서 벗어나 있다고 판단할 수 있겠습니까? 우리는 엄청난 재앙인 전쟁이 어서 빨리 지나가기를 간절히 바라고 또 열렬히 기원합니다. 하지만 만약 노예들이 250년 동안 아무런 보상도 없이 노역을 해서 쌓아 올린 이 모든 부가 사라질 때까지, 그리고 채찍질로 흘린 핏방울이 다른 이가 칼에 베여 흘린 피로 전부 보상될 때까지 전쟁을 지속하는 것이 하느님의 뜻이라면, 3000년 전에 얘기됐던 것처럼 오늘날도 말해야 합니다. 주님의 심판은 전적으로 참되고 온당하시다고 말입니다.

아무에게도 악의를 갖지 말고, 모두에게 자비심을 가지며, 신께서 우리로 하여금 올바른 것을 보도록 해 주신 올바름 안에 굳건히 서서, 우리가 지금하고 있는 일, 즉 나라의 상처를 치유하는 일과 전쟁을 견뎌내야 했던 이들과 전쟁 과부와 고아를 돌보는 일, 그리고 우리들 간에 그리고 다른 모든 나라들과 더불어 적절하면서도 지속적인 평화를 이룩하고 이를 소중히 하는 모든 일들을 잘 마무리합시다.[1]

"성공이 그렇게 달콤한 것은"

에밀리 디킨슨

성공을 한 번도 해 보지 못한 이에겐
성공이란 게 가장 달콤하게 여겨진다네.
꿀맛의 환희를 알려면
쓰라린 갈증을 느껴본 일이 있어야 하는 법.

오늘 비록 승리의 깃발을 든
자줏빛 군복 입은 그 누구도
승리의 의미를 그렇게 분명히 말할 수는 없을 거야.

죽어가는 저 패잔병이 겪듯

그의 금지된 귀전엔
멀리서 울리는 승리의 가락이
고통스럽고도 분명하게 부서져 드네.[2]

2. 만약 레토릭이 여러 이익을 창출하고 이 장에서 논의된 기능들을 수행한다면, 레토릭 훈련이 자연히 교육의 중심 요소가 될 수 있을 것이다. 레토릭 훈련이나 그와 연관된 학문이 여러분의 교육 경험의 일부가 되고 있는가? 교육이 레토릭 기술을 향상시키는 기법에 더욱 초점을 맞추고 있는가?

3. 이 장에서 제시하듯 레토릭이 사적 생활과 사회생활에 널리 퍼져 있는가? 만약 그렇다면, 삶의 어떤 영역에서 레토릭이 별로 혹은 전혀 역할을 하지 않고 있는가? 레토릭의 영향이 가장 큰 곳은 어디인가? 어디서 레토릭이 드러나고 있고, 또 어디서 레토릭이 드러나지 않는가?
4. 스티븐 마이유는 "구두, 시각, 문자, 디지털, 몸짓" 레토릭이 있다고 말한다. 여기에 어떤 다른 종류의 레토릭을 추가할 수 있겠는가? 추가한 유형의 레토릭에 구체적으로는 어떤 종류와 장르의 레토릭을 포함할 수 있겠는가?
5. 레토릭이 공동체의 형성 과정에서 중요하다는 주장에 대해 나름대로의 생각을 말해 보라. 사람들이 어떤 공동체를 형성하기 위해 함께할 때, 공동으로 서로 말하고 추론하는 방식이 그 과정의 중요한 부분이 된 그런 경험을 한 적이 있는가? 레토릭 기술에 대한 더욱 큰 이해가 공동체를 형성하는 이러한 과정을 촉진시킬 수 있었는가?
6. 일부 사람들은 레토릭이 조작적인 것이라고 비난했다. 레토릭이 그 특성상 조작적인 것이라고 믿는가? 그렇지 않다면, 레토릭 실행을 제한함으로써 레토릭이 조작을 위한 도구가 되지 않도록 하기 위해서는 어떤 윤리 지침이 중요하다고 보는가?
7. 다음 연설은 시민권 행동주의자인 파니 루 해머Fannie Lou Hamer가 1964년 8월 22일 뉴저지주 아틀랜틱시 민주당 전당대회 자격심사위원회에서 행했던 것이다. 그녀는 공식적인 레토릭 훈련을 받지는 않았지만, 그 연설은 도덕적으로도 충분한 내용을 담은 아주 힘 있는 스피치 사례가 되고 있다. 논리적 주장의 사회적 기능에 대한 이 장의 논의에 기대어, 위원회에 제시한 그녀의 입증이 사회적 기능 중 어떤 것을 보여 주는지 한 페이지 정도로 작성해 보라.

> 의장님과 자격심사위원회에 말씀드립니다. 내 이름은 파니 루 해머입니다. 미시시피주 룰빌 동라파이에트가 626번지에 살고 있습니다. 제임스 O. 이스트랜드 상원의원과 스테니스 상원의원의 집이 있는 선플라워카운티에 살고 있습니다.
>
> 1962년 8월 31일, 우리 열여덟 명은 일등 시민이 되기 위한 등록을 하려고 인디애놀라에 있는 군 법원청사까지 26마일을 같이 갔습니다. 우리는 인디애놀라에서 경찰관, 고속도로 순찰관을 만났고 그들은 우리 중 두 명에게만 글을 읽

을 능력이 있는지 검사를 받도록 했습니다. 검사를 끝내고 룰빌로 돌아가고 있었는데, 시 경찰과 주 고속도로 순찰관이 이를 지연시키면서 인디애놀라로 되돌아가게 했습니다. 거기에는 버스 운전수가 그날 나쁜 색깔의 버스를 운전했다는 이유로 붙잡혀 있었습니다.

우리 중에 누군가 벌금을 냈고, 우리는 룰빌로 계속 갔습니다. 제프 서니 목사님이 4마일을 달려 시골로 데려다주셨습니다. 그곳은 내가 18년 동안 시간기록원로 또 소작인으로 일했던 곳입니다. 나는 거기서 내 아이들을 만났는데, 애들이 말하길 농장 주인이 내가 등록하러 나갔다고 화를 냈다는 겁니다.

그 뒤에 온 제 남편도 농장 주인이 내가 등록하러 갔기 때문에 엄청 화를 냈다고 했습니다. 그리고는 "파니 루, 당신 알지? 내가 말한 거 아버지도 당신에게 말했지?"

그리고 난 "네, 그래요" 하고 말했어요. 그는 "그래 그런 뜻이야" 하고 말했습니다. "당신이 가서 등록 철회 안 하면, 당신은 쫓겨날 거야." "그렇지만 당신이 가서 철회하더라도 미시시피에는 맞지 않는다고 역시 쫓겨날 거야." 그래서 내가 그에게 말했지요. "나는 당신을 위해 등록하려고 한 게 아니에요. 나 자신을 위해 등록하려 했어요"라고 말했답니다.

저는 그날 밤 떠나야 했어요. 1962년 9월 10일에는 총탄 열여섯 발이 로버트 터커 씨 부부 집에 발사됐어요. 같은 날 밤 미시시피 룰빌에서는 두 소녀가 총에 맞았고, 조 맥도널드 씨의 집에도 총탄이 날아들었지요.

1963년 6월 9일, 저는 투표자 등록 워크숍에 참여했고, 미시시피로 돌아왔어요. 우리 열 명은 장거리 버스를 타고 이동 중이었어요. 우리가 미시시피주 몽고메리카운티의 위노나에 들렀을 때, 우리 중 네 명이 화장실을 이용하려고 내렸어요. 레스토랑을 이용하려 했던 다른 두 사람도 화장실을 가려고 했어요.

결국 레스토랑을 이용하려고 안으로 들어갔던 네 사람이 출입을 거절당했답니다. 그때 나는 버스 안에 있었어요. 그런데 차창을 통해 그들이 몰려나오는 것을 보았어요. 무슨 일인지 하고 저도 버스에서 내렸어요. 그때 한 여인이 "주 고속도로 순찰대원과 경찰국장이야. 우리 보고 나오래"라고 말했어요. 나는 다시 버스에 올라탔고, 화장실을 이용했던 한 사람도 역시 버스에 탔어요.

내가 버스 자리에 앉는 바로 그 순간, 다섯 사람이 고속도로 순찰차에 타는 것을 내가 봤죠. 무슨 일이 일어나는지를 보려고 버스에서 내렸는데 다섯 명이 있던 차에서 누군가 소리를 지르더군요. "저기 저자도 데려와." 내가 그 차로 잡혀갔을 때, 그 사람이 나를 체포한다면서 나를 발로 차더군요.

나는 카운티 감옥으로 끌려가 유치장에 갇혔습니다. 그들은 유치장에 있던 사람들을 감방에 집어넣기 시작했어요. 나는 유치장에서 이베스타 심슨 양이라고 불리는 젊은 여성과 같이 갇혔어요. 나는 거기 갇힌 뒤로 헐떡거리는 소리와 비명을 듣기 시작했어요. 헐떡거리는 소리와 공포에 찬 비명을 들을 수 있었어요. 그리고 누군가가 "깜둥이, '네, 선생님' 하고 말할 수 있어? '네, 선생님' 하고 말할 수 있냐고?" 말하는 것도 들을 수 있었어요.

그리고 그들은 다른 무서운 이름들도 말하곤 했어요. 결국 그녀가 말하더군요. "네, '네, 선생님' 하고 말할 수 있어요." "그래, 좋아. 그렇게 말해." 그녀가 "난 잘 모르겠어요" 하고 말하면 그들은 그녀를 계속 세게 때렸어요. 얼마나 오랫동안 그랬는지 모르겠어요. 잠시 후 그녀는 기도하기 시작했고, 신을 향해 그 사람들에게 자비를 베풀어달라고 했어요.

그리고 그리 오래 지나지 않아서 백인 남성이 내 감방에 왔어요. 이들 중 한 명은 주 고속도로 순찰대원이었는데 그는 내게 어디서 왔냐고 물었어요. 나는 룰빌에서 왔다고 했어요. 그는 내게 "이거 확인해 볼 거야"라고 했어요. 나를 유치장에 남겨둔 뒤 얼마 지나지 않아서 다시 왔어요. 그는 "그래 맞아. 룰빌에서 왔더군" 하면서 욕을 했어요. 그리고는 "죽고 싶다고 할 정도로 만들어 주지" 했어요.

나는 감방에서 나와서 두 명의 흑인 죄수가 있는 다른 감방으로 옮겨졌어요. 주 고속도로 순찰대원은 첫 번째 흑인에게 검은 곤봉을 잡으라고 했어요. 첫 번째 흑인 죄수는 주 고속도로 순찰대원의 지시에 따라서 내게 침상 위에 엎드리라고 했어요. 내가 그렇게 하자, 나를 때리기 시작했어요.

첫 번째 흑인이 기진맥진할 때까지 나는 맞았어요. 그때 내 손은 내 왼편 뒤쪽으로 묶여 있었어요. 한쪽으로 쏠린 것은 내가 여섯 살 때 소아마비를 앓았기 때문이에요. 내가 탈진할 때까지 첫 번째 흑인이 때린 뒤에는 주 고속도로 순찰대원은 두 번째 흑인에게 그 곤봉을 잡게 했어요.

두 번째 흑인이 나를 때리기 시작했고, 나는 내 발을 움직이기 시작했어요. 그때 주 고속도로 순찰대원은 나를 때렸던 첫 번째 흑인에게 내 발 위에 앉아서 발을 움직이지 못하게 하라고 시켰어요. 나는 비명을 지르기 시작했고, 한 백인 남자가 일어나서는 내 머리를 때리며 조용히 하라고 했어요.

한 남자 백인은 내 옷을 위로 들어 올려 내 옷을 밟고 잡아당기기도 했어요. 내가 옷을 아래로 끌어내리면 다시 위로 올리곤 했어요. 메드가 에버스가 살해됐을 때, 나는 감옥에 있었어요.

이 모든 것이 내가 등록하기를 원했기 때문이에요. 일등 시민이 되려고 했기 때문이에요. 이제 자유민주당이 집권하지 않는다면, 저는 미국을 믿지 않습니다. 이게 자유로운 자의 땅, 용감한 자의 고향인 미국입니까? 미국에서는 매일 우리의 생명이 위협받기 때문에, 품위 있는 인간으로 살기를 원하기 때문에 수화기를 내려놓은 채로 잠을 자야 하는 겁니까?

감사합니다.[3]

2장

리뷰

1. 어떤 신념과 실천, 그리고 개인적 특성이 소피스트를 특징짓는가?
2. 소피스트는 아테네 사회에 어떤 교육 혁명을 도입했는가? 이들 레토릭 선생은 아테네에서 왜 논란거리가 되었는가?
3. 소피스트의 진리관은 무엇인가?
4. 견해의 충돌이라는 개념이 소피스트에게는 왜 중요했나?
5. 이세고리아는 무엇인가?
6. 고대 아테네 시민에게 레토릭 공부가 왜 중요했는가?
7. 소피스트는 전통적인 그리스 사회에 어떤 위협을 가했는가?
8. 소피스트는 자신들의 가르침에 대해 어떤 주장을 했는가? 아레테란 무엇인가?
9. 고르기아스는 레토릭과 마술의 관계를 무엇이라고 보았는가?
10. 이소크라테스는 범헬레니즘을 강조함으로써 어떤 목적을 추구했는가?

11. 아스파시아는 누구인가? 레토릭과 어떤 관련이 있는가?

12. 스파르타의 여성은 공적 말하기와 관련하여 어떤 자유를 향유했는가?

13. 사포는 무엇으로 유명했는가?

토론

1. 현대 사회에서는 어떤 사람들이 소피스트와 가장 비슷한가?

2. 소피스트가 동시대인에게서 나쁜 평판을 받을 만했다고 생각하는가?

3. 만약 있다면, 우리 사회에서는 어떤 식으로 소피스트 현상이 나타나고 있는가?

4. 우리 사회에서 레토릭을 가르치고 실행하는 것이 고대 그리스에서 그랬던 것과 같은 논란을 유발시킬 수 있겠는가? 그렇거나 그렇지 않다면 왜 그런가?

5. 레토릭이 지금의 중심적인 교육적 관심사가 아니라고 가정한다면, 오늘날 시민은 어디에서 설득력 있게 생각하고 말하는 것을 배우겠는가?

6. 오늘날 학교에서의 일관된 레토릭 교육 프로그램을 통해 얻을 수 있는 것은 무엇이겠는가? (반대로) 사람들에게 설득력 있고 효과적으로 생각하고 말하는 것을 가르치지 않음으로써 얻는 것은 무엇이겠는가? 만일 그렇다면 어떤 집단이 레토릭 훈련의 부재로부터 이익을 얻겠는가?

7. 진리와 주장의 관계는 무엇인가? 그리고 설득과 윤리의 관계는 무엇인가?

8. 소피스트는 전통적인 합의 또는 노모스에 근거해서 정의관을 세웠다. 법이나 정의의 가능한 다른 원천으로는 자연법(피시스)을 포함했다. 진리는 철학적 논증(로고스)에서 파생된 것이다. 무엇이 정의관의 근거나 기초가 되어야 한다고 생각하는가?

9. 다른 사람의 마음을 통제할 수 있는 언어의 엄청난 잠재력에 대한 고르기아스의 입장에 동의하는가? 능변과 관련된 위험이 있다면 그것은 무엇인가? 일부 화자나 필자의 레토릭 기술로부터 보호하기 위해서는 시민을 어떻게 교육시켜야 하는가?

10. 고대 그리스의 레토릭 이론과 실제에서 여성을 배제시킨 것이 결과적으로 이후 서구 문화의 역사에 어떤 영향을 미쳤다고 생각하는가?

11. 이 장에서는 고대 그리스 시대에 여성이 공적 말하기를 금지당했던 사실에 대해서도 논의한 바 있다. 이러한 금지에도 불구하고 아스파시아, 사포, 델포이 신탁의

피티아, 스파르타 여성 같은 여성이 말하기와 글쓰기를 통해 고대 그리스 문화에 기여했다는 점에 대해서도 살펴보았다. 이처럼 오래된 고대 문화에서 여성 목소리의 표현은 남성의 그것과 어떻게 다른가? 우리는 공적 말하기에서 집단이나 개인을 배제시키려 한 사실과 관련해서 이로부터 무엇을 배울 수 있겠는가?

3장

리뷰

1. 《고르기아스》에서 소피스트가 실행한 레토릭에 대해 플라톤이 가장 크게 반대한 것은 무엇이었나?
2. 플라톤은 단순한 믿음과 참된 지식 간의 차이에 대해 왜 걱정했는가? 특히 정의의 관점과 관련하여 생각해 보라.
3. 플라톤의 개념으로서 테크네로 여겨지려면 추구하는 바가 어떤 기준을 만족시켜야 하는가?
4. 《고르기아스》에서 플라톤은 레토릭이 가짜 기술이라고 주장한다. 그리고 여러 가지 참된 기술에 대해서 논의한다. 레토릭에 대응하는 참된 기술이란 무엇인가? 플라톤이 이러한 비교를 통해 분명히 의도한 바는 무엇인가?
5. 플라톤은 《파이드로스》에서 여러 가지 특성의 사랑에 대해 논했는데, 그 책에서 논의한 영혼의 유형에는 어떤 것이 있는가?
6. 플라톤이 《파이드로스》에서 참된 기술로서의 레토릭에 부여하는 구체적인 역할은 무엇인가?

토론

1. 레토릭이 "무지한 자들 가운데서" 가장 잘 작동한다고 한 소크라테스에 동의하는가? 그것은 청중의 질이 레토릭의 질을 좌우한다는 것처럼 들리지 않는가?
2. 이 장과 2장을 토대로 볼 때, 플라톤이 소피스트에게 과연 공정했다고 보는가? 그는 소피스트에게 반대하는 합당한 주장을 했는가?
3. 플라톤은 《파이드로스》에서 레토릭이 참되고 정당한 기술이 될 수 있다고 확신을 주는 어떤 사례를 보여 주는가?

4. 플라톤은 《고르기아스》에서 사법술과 의술 같은 특정 기술은 사회에 꼭 필요하다고 말한다. 소피스트의 레토릭과 같은 다른 것은 이러한 필수 기술의 모방이라고 했다. 만약 여러분이 어떤 사회의 정부와 같은 체계를 수립할 기회를 갖는다면, 레토릭 공부와 연구는 그 속에서 어떤 역할을 하도록 하겠는가? 그리고 이러한 레토릭 기술의 실행에 대해 어떤 제재나 제약을 가하겠는가?
5. 플라톤은 《고르기아스》에서 레토릭에 대해 변화를 줄 수 있는 로고스의 부재가 레토릭을 선의의 테크네가 아닌 단순한 잔재주가 되게 한다고 했다. 이에 대해 어떻게 생각하는가?
6. 플라톤이 《파이드로스》에서 서로 다른 사랑에 의해 지배되는 인간 영혼의 상이한 유형이 존재한다고 했을 때, 그가 어떤 점을 강조한다고 생각하는가? 그의 심리학은 너무 단순한가, 아니면 상당한 통찰력을 가지고 있다고 보는가?

4장

리뷰

1. 아리스토텔레스의 레토릭관은 플라톤의 레토릭관과 어떻게 다른가?
2. 아리스토텔레스는 레토릭을 변증법의 대응물이라고 했다. 두 기술은 어떻게 유사하고, 또 어떻게 다른가?
3. 아리스토텔레스에 따르면 레토릭이 유용한 이유는 무엇인가?
4. 아리스토텔레스가 말한 "기술적 입증"이란 무엇인가?
5. 아리스토텔레스가 인식하고 있는 기술적 입증의 세 가지 유형은 무엇이며, 각각은 무엇과 관련된 것인가?
6. 약식 삼단 논법이란 무엇인가?
7. 제프리 워커는 의식 담론이 고대 그리스에서 어떤 역할을 수행했다고 보는가?

토론

1. 아리스토텔레스가 《레토릭》에서 표현한 것과 같은 레토릭 기술의 구성 요소를 오늘날의 대학에서 배우려면 어떤 과목를 택할 수 있는지 생각해 보라.
2. 아리스토텔레스 시대의 많은 그리스인은 좋은 성품이 물적 증거보다 더 신뢰할

수 있는 입증 형식이라고 믿었다. 이러한 선호의 배경이라고 할 수 있는 합리적 추론은 분명히 좋은 성품보다 물적 증거가 조작하기 더 용이하다고 봤기 때문일 것이다. 물적 증거와 좋은 성품의 상대적 신뢰성에 대한 이러한 견해에 대해 어떻게 생각하는가?

3. 레토릭을 공부하는 것은 ① 진리를 수호하고, ② 복잡한 아이디어를 덜 훈련된 대규모 청중에게 적용시킬 수 있으며, ③ 어떤 경우의 양면을 모두 고려하고, ④ 자기 방어를 위해 유용하다는 아리스토텔레스의 주장에 대해 어떻게 생각하는가? 이러한 것이 지금도 여전히 레토릭을 공부하는 중요한 이유인가? 아니면 아리스토텔레스 시대 이후 이러한 이유를 계속 붙잡고 있기에는 세상이 많이 바뀌었는가? 아리스토텔레스가 말한 이러한 것 외에 레토릭의 추가적인 용도는 없는가?
4. 아리스토텔레스가 레토릭을 공적 말하기의 실행보다는 찾아내고 발견하는 기술로 규정한 것에 대해서는 어떻게 생각하는가?

5장

리뷰

1. 키케로가 말하는 레토릭의 기본 원리 다섯 가지는 무엇인가?
2. 키케로가 법적 호소나 주장의 로키를 일반적인 범주 두 가지로 나누었는데, 그것은 무엇인가?
3. 시민에 대한 그리스와 로마의 이해는 어떻게 다른가?
4. 키케로에 따르면, 화자가 유머를 사용할 때 무엇을 조심해야 하는가?
5. 키케로는 로마의 레토릭에서는 능변이 다른 중요한 요인과 분리되어 있다고 보았다. 다른 요인은 무엇인가? 그는 왜 이 특질 두 가지가 결합되는 것에 관심을 가졌는가?
6. 퀸틸리아누스가 학생들에게 가르친 스피치의 다섯 가지는 무엇인가?
7. 퀸틸리아누스가 연설가는 훌륭한 사람이기도 해야 한다고 했는데, 그것이 의미하는 바는 무엇인가?
8. 작가가 숭고함의 특질을 갖게 하는 데 도움이 된다고 롱기누스가 제시했던 자질과 기법은 무엇인가?

9. 롱기누스는 어떤 세 가지 방식으로 레토릭 전통을 확장했는가?
10. 어떤 요인이 제2 소피스트 현상의 특징을 나타나게 했는가?

토론

1. 키케로에 따르면, 완벽한 연설가는 로마의 시민적 가치를 대변했다. 화자이든 필자이든 그러한 한 사람의 공적 인물이 오늘날에도 가능하겠는가? 우리 사회에서 어떤 사람이 그러한 역할을 수행하겠는가? 어떤 이가 그에 가장 가깝다고 생각하는가? 그 이유는 무엇인가?
2. 논증 기법은 통상적인 로마의 법정 호소나 주장은 물론 시민 생활에 있어 매우 중요한 것이었다. 논증 기법이 여전히 그렇게 중요하게 고려되고 있는가? 학교에서도 논증을 폭넓게 가르치고 있는가? 그렇지 않다면, 이러한 논증술의 기법이 다른 주제들을 공부하면서 배우게 되는 자연스러운 것이거나 아니면 그렇게 중요한 것은 아니라고 생각하는가?
3. 롱기누스는 레토릭에서 아름답고 인상적인 글쓰기의 길을 발견했다. 훌륭한 글쓰기, 특히 위대한 작가에 의해 이용된 레토릭한 표현의 사례를 공부하는 것이 글쓰기를 향상시키는 데 도움이 될 수 있겠는가? 훌륭한 글쓰기는 여전히 가치 있는 것인가, 아니면 영상 표현이 현대 사회의 글쓰기를 암울하게 만들고 있는가?
4. 레토릭의 실천과 민주적인 정부 형태가 함께 번성하는 경향이 있다면, 우리 문화에서의 레토릭과 민주주의의 현 상태가 어떠하다고 생각하는가? 둘 다 번성하고 있는가? 둘 다 쇠락하고 있는가?

6장

리뷰

1. 어떤 고전 레토릭 전문가가 중세 시대 북아프리카와 유럽에서의 레토릭 이론과 실행에 가장 큰 영향을 미쳤는가?
2. 왜 중세 시대가 레토릭 이론의 파편화 시기라고 간주되는가?
3. 성 아우구스티누스는 교회에서 레토릭의 주된 기능 두 가지를 무엇으로 보았는가?
4. 히포의 아우구스티누스는 레토릭과 관련해서 어떤 딜레마에 직면하였는가? 그리

고 이러한 딜레마에 대한 아우구스티누스의 반응은 어떠했나?

5. 보에티우스는 키케로와 같은 사상가들에게서 발견되는 고전 전통의 요소를 어떤 구체적인 방식으로 영속화시켰는가?
6. 마르티아누스 카펠라의 교양 과목은 무엇인가?
7. 중세 시대의 중후반을 특징지었던 세 가지 레토릭 기술은 무엇이었나?
8. 중세 시대 레토릭 기술로서의 설교의 목적은 무엇이었나?
9. 중세 시대에 편지 쓰기 기술이 이바지했던 사회적 기능은 무엇이었나?
10. 편지 쓰기는 어떤 방식으로 인해 말하기와도 관련이 있는가?
11. 시에나의 카타리나가 이용한 것으로 가장 잘 알려진 레토릭 형식은 어떤 것인가?

토론

1. 레토릭에 대한 아우구스티누스의 접근은 플라톤의 접근과 어떻게 닮아 있는가? 소피스트 레토릭에 대한 아우구스티누스의 관계는 어떤 방식에서 플라톤의 그것과 유사한가?
2. 중세 유럽의 위계 구조를 유지하기 위해 고전 레토릭의 각색이 어떤 방식으로 이용되었는가? 그동안 살펴본 고전 및 중세 레토릭을 바탕으로 볼 때, 레토릭 이론이 기존 사회 질서를 유지하기 위해 자주 이용되는 것으로 보이는가?
3. 설교 그 자체를 제외해 놓고 보면, 우리 시대의 어떤 레토릭 실천이 중세 설교의 실천과 유사한 목적을 추구하는가?
4. 중세 때 스피치로부터 글쓰기로 이행된 것에 대한 입증에도 불구하고, 중세 시대의 레토릭은 종종 말하기를 포함했다. 오늘날 글쓰기는 말하기보다 더 중요한 사회적 역할을 수행하는가? 특정 문화가 구두 표현에서 문자적 표현으로 이동하면서 어떤 중요한 변화가 일어나고 있는가?

7장

리뷰

1. 후아나 바스는 어떤 능력 때문에 유명했는가?
2. 크리스틴 드 피상이 논쟁적인 작가라는 것은 무엇을 의미하는가?

3. 르네상스 교육에서 레토릭 연구의 위상은 어떠했는가?
4. 인본주의의 특성을 몇 가지로 규정해 보라.
5. 르네상스 시대 유럽 독자를 위해 '완벽한 연설가'에 대한 키케로의 생각을 재발견한 카스틸리오네의 유명한 책은 무엇인가?
6. 레토릭한 스피치 표현의 발전에 대해 리처드 래넘은 뭐라고 설명하는가?
7. 레토릭과 철학의 관계에 대한 로렌초 발라의 의견은 무엇인가?
8. 르네상스 레토릭에서 '활동적인 삶'이라는 개념이 갖는 중요한 의미는 무엇인가?
9. 아베로에스는 어떤 사람이었나? 그는 르네상스 레토릭의 역사에서 어떤 역할을 했는가?
10. 교육에 대한 초기 스콜라 철학적 접근에 대한 인본주의의 반응은 어떠했는가?
11. 콘스탄티노플의 몰락은 이탈리아 인본주의에 어떤 영향을 미쳤는가?
12. 아그리콜라와 라무스는 레토릭 역사에서 어떤 의미가 있는가?
13. 후기 르네상스에서 스타일과 과학은 서로 어떤 관련이 있는가?
14. 마들렌 드 스퀴데리는 레토릭에 어떤 혁신을 가져왔는가?

토론

1. 인본주의자는 광범위한 사회 변화를 위한 토대로 고전 연구로 돌아가는 것을 상상했다. 사회 개혁을 가능하게 할 교육 혁신을 상상하는 것이 여전히 가능한가?
2. 스피치는 인간이 문명을 창조하는 수단이라는 인본주의자들이 지지한 이러한 관점에 대해 어떻게 생각하는가? 너무 단순한 설명인가? 스피치 말고 문명의 기초라고 말할 수 있는 다른 요소가 있는가?
3. 현대적인 민주 사회의 상업적이고 정치적인 삶은 어떤 방식으로 레토릭 기법에 의존하는가? 상업적이고 정치적인 삶을 뒷받침하는 새로운 레토릭을 위해서는 어떤 연구가 필요한가?
4. 언어의 스타일과 장식에 대해 우려하면서 레토릭을 격하시킨 페트뤼 라무스에 반대하는 입장에서는 어떤 주장이 가능한가? 그리고 라무스의 시각에 찬성하는 입장에서는 또 어떤 주장이 가능한가?
5. 오늘날 어떤 사례들이 스타일과 레토릭 목적 사이에 존재하는 밀접한 관계를 보

여 주는가?

8장

리뷰

1. 마거릿 캐번디시는 여성 글쓰기와 관련된 어떤 기대에 도전했는가?
2. 잠바티스타 비코는 어떤 수단에 의해서 마음이 세상을 질서 잡히게 하고 문명을 가능하게 만든다고 생각했는가?
3. 비코가 생각한 인간의 직관력이란 무엇인가?
4. 데카르트 철학에 대한 비코의 주된 반대는 무엇인가?
5. 18세기 영국 국민에게 레토릭 교육을 추구하게 한 사회적 힘은 무엇이었나?
6. 영국 내에서 어떤 사회 발전 양상이 토머스 셰리던을 불안하게 만들었으며, 그가 제시한 해결책은 무엇이었는가?
7. 셰리던이 영국에서의 연설법이 쇠락한 것과 결부시킨 부정적 효과나 영향은 무엇인가?
8. 순문학 운동의 목적은 무엇이었나? 순문학 운동은 레토릭의 한 요소로서 논쟁 연구에 어떤 영향을 미쳤는가?
9. 휴 블레어는 학생 취향의 질적 수준을 왜 발전시키려고 했는가?
10. 조지 캠벨의 레토릭 이론에 영향을 미친 심리학 이론은 무엇인가? 이러한 영향은 캠벨의 이론에서 어떻게 드러났는가?
11. 종교적 의문에 대한 캠벨의 관심은 자신의 레토릭 이론에 어떤 영향을 미치는가?
12. 리처드 와틀리는 학생에게 레토릭을 가르침으로써 무엇을 성취하려 했는가?
13. 와틀리의 경우, 추정과 입증의 부담은 어떻게 연결되어 있는가?
14. 중요한 계몽주의 레토릭 이론에 대한 마리아 에지워스의 반응은 어떠했는가?

토론

1. 18세기 연설법 운동은 개인적인 발전과 성공의 수단으로서 연설을 전달하는 훈련법을 제공했다. 이러한 사상이 오늘날의 교육에는 비록 낯설게 여겨질 수 있을지 모르지만, 효과적으로 말하는 능력은 여전히 개인적인 성공이나 사회적 지위

를 위한 하나의 길이라 할 수 있겠는가?

2. 비코는 신화란 (우리가 경험을 조직하는 능력에서) 합리적인 담론 형식이며 논리(로고스)나 주장의 근간이라고 주장했다. 오늘날 얘기되는 어떤 이야기들이 조직화하거나 질서를 잡아나가는 신화의 지위를 가진다고 할 수 있겠는가?
3. 말하기와 글쓰기에 있어서 스타일의 중요성이 무엇이라고 생각하는가? 스타일은 명료한 커뮤니케이션에 중요한 것인가? 스타일은 설득의 한 요소인가? 만약 스타일이 설득에 중요한 것이라면, 왜 그래야 하는가?
4. 조지 캠벨은 인간의 마음에 대한 특정 관점에서 자신의 레토릭 이론을 구축했다. 우리는 이미 플라톤이 《파이드로스》에서 인간 영혼의 특성에 대해 만들었던 제안에서 이와 같은 것을 본 바 있다. 비코는 레토릭 수단에 의한 마음의 발전에 대해 나름대로 추정했다. 현대 레토릭 이론은 인간의 마음과 그 작용에 대한 어떤 관점을 반영하는가?
5. 오늘날 마거릿 캐번디시가 살아 있다면, 아마도 행위 예술가가 됐을지도 모르겠다. 그녀가 사용한 배치 레토릭과 오늘날 유사한 것이 있다면 그것은 무엇인가? 그리고 무엇이 논의될 수 있고, 누구에 의해 논의될 수 있는지 등에 대한 기존 규범에 그녀가 도전한 것과 오늘날 유사한 것이 있다면 그것은 또한 무엇인가?
6. 도덕적 교훈을 가르치기 위해 소설을 이용한 마리아 에지워스에 대해 어떻게 생각하는가?

9장

리뷰

1. 차임 페렐만과 루시 올브레흐츠타이테카가 제시한 '보편적 수용자' 개념은 무엇을 의미하며, 그들의 논증 이론에서 그것은 왜 중요한가?
2. 페렐만과 올브레흐츠타이테카에 따르면, 단일 청자 앞에서 행하는 논증의 이점은 무엇인가?
3. 페렐만과 올브레흐츠타이테카는 논증의 출발점을 어떤 두 가지 범주로 나누고 있는가? 각각의 앞부분에 동의의 어떤 구체적인 원천이 자리 잡게 되는가?
4. 공적 영역에서의 소통에 대한 위르겐 하버마스의 이론화의 궁극적인 목적은 무엇

인가? '의사소통 행위'란 무엇인가?

5. 이 장에서 논의된 학자들에 의해서는 자연과학과 사회과학이 어떻게 다르게 레토릭한 것으로 제시되는가?
6. 딜립 가온카는 '과학의 레토릭'이라는 명칭에서 어떤 관심을 제기하는가?
7. 데이비드 드퓨와 존 린은 하나의 연구 분야로서의 과학 레토릭의 현재의 위상에 대해 어떤 결론을 내리는가?

토론

1. 페렐만과 올브레흐츠타이테카는 스스로 행하는 숙의를 일종의 논증으로 생각한다. '스스로 사리를 깨우칠' 수 있다는 데 동의하는가? 그들이 주장하는 바와 같이, 이것이 우리의 사리 분별을 검증하는 특별히 믿을 만한 방법인가?
2. 합리적이고 정당한 담론을 확신하는 데 도움을 줄 수 있는 대화적 실천에 대한 보편적 지침에 관한 하버마스의 연구를 어떻게 생각하는가? 그러한 시스템이 가능한가? 아니면 그것은 레토릭한 상호 작용의 실제 세계에 적용할 수 없는 유토피아적인 꿈인가?
3. 자연과학과 사회과학은 그 나름의 독특한 레토릭 차원을 갖고 있다는 클리포드 기어츠, 디어드리 매클로스키, 존 캠벨과 같은 학자들의 주장에 설득되는가? 그러한 생각은 과학을 객관적인 것으로 보는 생각과 배치되는가? 어떠해야 한다고 생각하는가?

10장

리뷰

1. 케네스 버크가 말한 드라마티즘의 펜태드는 무엇이며, 그 각각은 무엇을 말하는 것인가?
2. 소설 작가가 "보이지 않을 수 있다"는 데 대한 웨인 부스의 입장은 무엇인가?
3. 로이드 비처가 말한 '레토릭 상황'의 세 가지 기본 요소는 무엇인가?
4. 미하일 바흐친이 말한 도스토옙스키의 소설이 지닌 특성은 무엇인가?
5. 바흐친은 왜 담론이란 것이 항상 이데올로기적이고 사회적이라고 보았는가?

6. 월터 피셔가 "실현 가능한 지혜"라고 한 것의 의미는 무엇인가?
7. 피셔가 말한 일관성과 충실도는 무엇을 의미하는가?
8. 어니스트 보먼은 집단 내에서 이야기가 행하는 역할은 무엇이라고 했는가?
9. '배치 레토릭'이란 무엇을 말하는 것인가?
10. 니콜라스 카가 "방해 기술의 생태학"이라고 한 것은 무엇을 의미하는 것인가?
11. 로리 그리스가 "언어는 지나치게 많은 권력을 부여받았다"고 했을 때, 그리스가 말하고자 한 구체적인 사항은 무엇이었나?
12. 제이넵 투펙치가 언급한 소셜 미디어 콘텐츠 알고리즘의 특징은 무엇인가?
13. 안드레아 런스포드의 '뉴 리터러시'는 무엇을 말하는 것인가?
14. 이 장에서 말하는 유물론적 입장이란 무엇이며, 이러한 시각에서는 행위체를 어떻게 재규정했는가?
15. 더글러스 에이먼은 "디지털 레토릭에 관한 구체적인 공식적 표현"을 분명히 할 필요가 있다고 제시하면서 그 이유를 세 가지 들었다. 그것은 무엇인가?

토론

1. 이 장을 읽고 난 후, 공적인 스피치와 널리 유포되는 필사 서류를 뛰어넘는 레토릭 개념을 확장시키기 위해서는 어떤 주장이 제시될 수 있다고 보는가?
2. 어떤 종류의 레토릭 텍스트가 어떤 이에게 케네스 버크의 이론을 이해시키는 데 도움이 될 것 같은가?
3. 레토릭한 요소를 인식할 수 있는 소설이나 영화를 하나 떠올려 보라. 그리고 그 소설이나 영화가 어떻게 레토릭한지를 설명해 보라. 바흐친의 의미와 같이 예로 든 것이 '다성적polyphonic'인가?
4. 레토릭의 고전 이론이 시각 레토릭을 설명하고 평가하는 데도 적절한가, 아니면 배치 레토릭이라는 새로운 레토릭 이론이 필요한가?
5. 여러분이 속한 집단의 생활에서 서사는 어떤 역할을 수행했는가?
6. 초기의 레토릭 이론에는 없었던, 디지털 시대의 레토릭 이론이 포함하고 있는 새로운 요소에는 어떤 것들이 있는가?
7. 민주주의를 향상시킬 수 있는 시민적 담론을 보다 생산적이게 만들기 위해서는 온

라인 경험에 대한 우리의 접근에 어떤 변화가 있어야 하겠는가?

8. 물질적 대상이 레토릭한 행위체가 될 수 있다는 생각에 대해 어떻게 생각하는가?

11장

리뷰

1. 포스트모더니즘의 기본적인 특징은 무엇인가?
2. 클로드 레비스트로스의 구조주의를 특징짓는 원리는 무엇인가?
3. 미셸 푸코는 왜 언어와 담론에 관심을 기울였는가? 그의 관점에서는 지식에 대한 담론의 관계는 무엇인가? 그리고 권력에 대한 담론의 관계는 무엇인가?
4. 푸코에게 있어 '지식의 고고학'이란 무엇을 의미하는가?
5. 자크 데리다가 해체를 하는 목적은 무엇인가?
6. 퀴어 이론의 기본 전제는 무엇인가?
7. 서구 레토릭 전통에 대한 기본적인 페미니즘적 비판은 어떤 것인가?
8. 샐리 밀러 기어하트는 전통적인 레토릭이 왜 폭력의 형식을 띤다고 보는가?
9. 소냐 포스와 신디 그리핀은 "초대적 레토릭"을 어떤 의미로 사용했는가?
10. 체리스 크라머래는 여성을 '무언의' 집단이라고 규정했다. 그것은 무엇을 의미하는가?
11. 인도 아바야바의 주장 형식은 그리스의 삼단 논법에는 없는 어떤 논리적 단계를 포함하는가?
12. 페미니즘 레토릭 전문가들은 (나름의 특성이 있는 여성 레토릭 추구를 위해) 문제의 원천인 언어 그 자체에 대해 무엇을 얘기해 왔는가?
13. 다른 레토릭 전통과 비교할 때, 그리스의 레토릭 전통이 갖는 특징은 무엇인가?
14. 고대 중국에서 유랑하던 정치 자문관이란 누구를 말하는 것이었나?
15. 가나의 로다가 사람들 사이에서는 바그레라는 담론 형식을 누가 소유하고 있는 것으로 생각되었는가?
16. 그리스의 말하기 형식이 고대 아즈텍의 말하기와 가장 유사한 부분은 무엇인가?
17. 아베로에스의 레토릭이 아리스토텔레스의 레토릭과 다른 방식은 무엇인가?

토론

1. 푸코는 언어와 권력은 밀접하게 연관되어 있다는 자신의 주장에 확신을 갖고 있는가?
2. 데리다는 언어의 의미는 기본적으로 불안정하다고 했다. 경험에 비추어 볼 때, 새로운 맥락에 따라 의미가 달라지는 것 같다거나, 언어를 사용하는 사람에 따라 의미가 변하는 것 같은 말의 사례를 들어보라.
3. 체리스 크라머래는 토머스 하디의 《광란의 무리를 떠나서》에서 "주로 남성이 자신들의 느낌을 표현하기 위해 만든 언어로 여성이 자신의 느낌을 규정하기는 어렵다"는 여주인공의 말을 인용한다. 하디의 소설에 나오는 이러한 말에 대해 어떻게 생각하는가?
4. 일부 페미니즘 이론가는 경쟁적인 레토릭보다는 초대적인 레토릭을 요구해 왔다. 그러한 레토릭이 과연 가능한가? 그렇지 않다면 인간의 특성 자체가 이러한 제안을 실행 불가능한 것으로 만드는가?
5. 설득은 폭력의 일종이라는 샐리 밀러 기어하트의 주장이 여러분의 경험과 부합하는가?
6. 기어하트는 타자를 위한 정보 또는 지원으로서의 소통 이론인 '비설득적인 소통 개념'을 대안으로 제시했다. 이것이 레토릭의 정복 모델에 대한 실효성 있는 대안이라고 생각하는가?
7. 서구의 레토릭 전통은 다른 레토릭 전통에 비해 특별히 공격적이고 경쟁적이라는 조지 케네디의 주장에 대해 어떻게 생각하는가?
8. 마이클 폭스는 이집트 레토릭에서는 논증이나 주장이 중요한 것이 아니었다고 말한다. 만약 그렇다면 오늘날 우리의 레토릭은 어떤가? 논증이나 주장 중심이 아닌 어떤 다른 담론 형식으로 가고 있는가?

용어 해설

(G): Greek, (L): Latin

가설hypothesis: 헤르마고라스 체계에서, 특정 상황에서 어떤 명제를 적용시킨 특정 전제와 관련하여 그 명제 또는 일반 전제로부터 도출된 어떤 결론.

간사諫士: 고대 중국에서 여기저기를 떠돌아다니던 정치 자문관. 간쟁지사諫諍之士를 줄인 말. 객경客卿이라고도 함.

거대 서사meta-narratives: 인간의 역사와 인간 조건 전체에 대한 설명을 요구하는 비교적 큰 설명의 틀.

개념 규정의 쟁점issues of definition: 특정 행위가 어떤 이름으로 불려져야 하는지와 관련된 문제.

개념definition: 퀸틸리아누스 체계에서, 특정 사건을 범주화하는 것과 관련된 고려.

개조 모델conversion model: 샐리 밀러 기어하트의 전통 레토릭에 대한 비판에서, 레토릭의 목적이 타인으로 하여금 자신의 견해에 굴복하도록 하는 것이라고 보는 모델.

객경客卿: 타국에서 자문관 역할을 하는 사람. 중국 춘추전국 시대 자국이 아닌 다른 나라에서 자문 및 책사 노릇을 하던 고위 관원을 말함. 간사諫士와 비슷한 말.

고전주의classicism: 르네상스 인본주의를 특징짓는 고대 그리스-로마의 언어와 고전에 대한 관심의 부활.

공동 신념sensus communis(L): 잠바티스타 비코에 따르면, 사회의 근간을 이루는 공동의 믿음이나 가치를 의미함.

공론장public sphere: 정치 체제의 지배적인 영향과 국가의 이해 관계 등에 의해 제약받지 않는 개인들이 서로 논의하는 장소, 그리고 모든 사람이 관심을 갖는 아이디어들이 논의되고 개선되는 곳. 공공 영역, 공적 영역 또는 공개장이라고도 함.

공증인notary: 상업 도시들이 기능할 수 있게 했던, 많은 합의 사항을 협상하고 기록하고 소통하는 책임을 진 레토릭 훈련을 받은 비서.

구조주의structuralism: 클로드 레비스트로스의 작업에 뒤따라 나타난 20세기 초 담론 연구의 한 흐름으로 신화와 여타 서사 형식에 기본적인 구조나 '문법'이 존재한다고 주장함.

그노리모이gnorimoi: 아테네에서 민중보다 높은 사회적 지위를 향유하던 엘리트 집단.

그럴듯함plausibility: 조지 캠벨의 이론에서, 수용자의 사회적 세계에 대한 경험과 밀접히 연관되기 때문에 즉각적으로 믿을 수 있는 담론을 뜻함.

근거bases: 퀸틸리아누스의 체계에서, 어떤 사건 해결에서 반드시 언급되어야 하는 구체적인 쟁점.

기술적 입증entechnoi pisteis(G)/artistic proofs: 아리스토텔레스가 말한 레토릭 기술에 의해 구체적으로 배우게 되는 입증, 즉 로고스, 파토스, 에토스 등.

기억memory/메모리아memoria(L): 키케로가 말한 문제나 언어에 대한 확고한 정신적 이해. 키케로가 말하는 레토릭의 다섯 가지 기본 원리 중 네 번째 것.

내부 농담inside joke: 어니스트 보먼에 따르면, 특정 집단에 의해서만 이해되는 요약된 이야기를 뜻함.

노모스nomos(G): 특별한 관습이나 전통. 시민 사이의 합의에 의한 지배.

논리실증주의logical positivism: 모든 쟁점에 대한 해법과 관련하여 과학적인 기준을 제공하려고 하는 지적인 노력.

논증적 가설argumentative hypothesis: 우리가 공개적 추론, 즉 주장하는 온전한 목적은 자신의 관점에 대해 그것을 뒷받침할 만한 것을 가지고 있다는 것을 다른 사람들에게 입증하는 것이라고 보는 견해.

능력 심리학faculty psychology: 마음이란 것이 이해, 상상력, 열정, 의지를 포함하는 '능력'이나 자질로 이루어져 있다고 견해.

니야야 수트라Nyaya Sutra: 고대 인도의 토론 안내서.

다성적polyphonic: 많은 목소리가 존재한다는 의미. 각각의 인물은 세상에 대한 자기 나름의 관점을 완전히 스스로 만들어 내서 나름대로 말한다는 서사의 특성에 대한 미하일 바흐친의 용어.

다접속사 사용(법)polysyndeton: 일련의 접속사를 의도적으로 사용함.

담론discourse: 푸코에 따르면, 특정 학문이나 실천의 한계 내에서의 이야기 체계를 의미함.

대화dialogues: 바흐친에 따르면, 서로 다른 목소리의 존재를 드러내는 주장과 반응의 연쇄를 말함.

데모스demos(G): 인민 또는 민중. 보통 시민이나 다중.

델렉타레delectare(L): 기쁨과 즐거움을 주는 것. 키케로가 말하는 레토릭의 세 가지 기능 중 하나(나머지는 도케레, 모베레).

도케레docere(L): 가르치는 것. 키케로가 말하는 레토릭의 세 가지 기능 중 하나(나머지는 델렉타레, 모베레).

독사doxa(G): 신념 또는 의견. '단순한 의견'도 해당.

동기motives: 행동으로 이끄는 확약, 목표, 욕구, 또는 목적.

동질성consubstantiality: 케네스 버크의 레토릭 이론에서, 본질의 공통성.

두나미스dunamis(G): 능력, 힘, 기능.

드라마티즘의 펜태드dramatistic pentad: 버크의《동기의 문법》에서 행위, 장면, 행위자, 수단, 목적 등의 다섯 가지 요소를 말함.

드러냄presence: 차임 페렐만과 루시 올브레흐츠타이테카에 따르면, 다른 것들보다 어떤 특정 아이디어나 사실을 강조하기 위한 선택을 뜻함. 그렇게 함으로써 그러한 것에 더욱더 주의를 기울이도록 수용자를 고무시킴.

디소이 로고이dissoi logoi(G): 모순된 주장. 관점을 바꾸어 똑같은 주장을 전혀 다른 형태로 보이게 하는 것.

디스포시티오dispositio(L)/배열arrangement: 주장과 소구를 효과적으로 배열하는 것을 뜻함. 키케로가 말한 레토릭의 다섯 가지 기본 원리 중 두 번째 것.

디카니콘dikanikon(G): 법정. 혹은 법정 연설.

디카스테리아dikasteria: 아테네 법정.

딕타미니스dictaminis (ars) (L): 편지 쓰기의 레토릭 기술. 공식 서한과 계약서 및 여타 서류를 작성하는 기법.

딕타토레스dictatores(L): 딕타멘이나 편지 쓰기 선생과 실행자 등. 레토릭에 숙련된 사람도 해당됨.

레스res(L): 특정인의 주장의 내용물.

레스 푸블리카res publica(L): 로마 시민의 합당한 권리와 관심. 하나의 복지로 이해된 로마 공화국과 관계된 문제.

레토레스rhetores(G): 레토릭 전문가 또는 연설가. 설득적인 말로 삶을 영위하거나 권력을 얻는 사람들.

레토릭rhetoric: 효과적인 상징적 표현에 관한 연구와 실행. 상징이라는 자원에 의해, 특정 수용자에게 생각을 맞추려고 하는 목적 지향적인 담론.

레토릭 담론rhetorical discourse: 레토릭 기술의 원리에 따라 정교하게 다듬은 언어.

레토릭 이론rhetorical theory: 레토릭 원리의 체계적인 표현, 레토릭의 다양한 기능에 대한 기술 및 레토릭의 목적 달성 방법에 대한 설명.

레토릭 전문가rhetor: 레토릭 담론을 준비하고 표출하는 데 참여하는 사람.

레토릭한 수용자rhetorical audience: 로이드 비처에 따르면, 담론에 영향을 받을 수 있고 변화의 매개자가 될 수 있는 수용자를 뜻함.

로고그라포스logographos: 전문적인 스피치 작성자(스피치 대필가).

로고스logos(복수 로고이logoi) (G): 주장과 논리적 추론. 분명하고도 논리적인 설명. 아리스토텔레스가 말한 세 가지 기술적 입증의 하나(나머지는 파토스, 에토스).

명료성perspicuity: 휴 블레어에 따르면, 표현의 명백성을 의미.

명상적인 삶vita contemplativa(L): 기도와 연구의 관조적인 삶.

모두스 인베니엔디modus inveniendi(L): 아우구스티누스에 따르면, 글 쓴 것을 이해하는 수단.

모두스 프로페렌디modus proferendi(L): 아우구스티누스에 따르면, 글로 쓴 것에서 발견된 아이디어를 표현하는 수단.

모베레movere(L): 청중의 감정을 설득하거나 움직이는 것. 키케로가 말한 레토릭의 세 가지 기능 중 하나(나머지는 델렉타레, 도케레).

문제 상황exigence: 로이드 비처의 레토릭 상황 이론에 따르면, "긴급 상황에 의한 어떤 불완전성으로서 결함, 장애, 그리고 어떤 조치가 취해져야 하는 뭔가"를 말함.

미학aesthetics: 상징적 표현의 형태와 아름다움 또는 힘에 있어서의 설득적 잠재력에 관한 연구.

발화utterance: 잠재적인 의미로 채워져 있는 개인적인 언급. 바흐친에 따르면, 담화의 기본 단위.

배열arrangement: 설득 효과를 가장 크게 내기 위해 특정 메시지를 계획에 따라 배열해 놓는 것.

배제적 담론excluded discourse: 푸코에 따르면, 금지함으로써 통제된 담론을 말함.

배치 레토릭rhetoric of display: 레토릭의 시각적인 면을 강조하는 비판적이고 이론적인 움직임을 말함.

법률 전문가jurist: 고대 로마에서는 변호인이나 복잡한 로마 법규에 대해 정통한 사람을 가리킴.

법정 연설forensic oratory/디카니콘dikanikon(G): 법정에서 말하기.

베르바verba(L): 특정 주장의 주제가 개진된 언어.

변辯: 고대 중국에서의 논쟁 기술.

변증법dialectic/디알렉티케dialektike(G): 이미 정립된 추론 원리에 의해 가능한 결론에 이르게 되는, 통설로부터의 추론 방법. 널리 받아들여지는 전제로부터 시작해서 일반적인 관심 쟁점을 논의하는 논리적인 방법. 주장을 주고받음으로써 철학적 쟁점을 조사 연구하는 방법. 학생이 특정 사례의 어느 한쪽을 주장하도록 훈련시키는 것을 포함하는 교수법. 기술적인 면을 강조할 경우에는 '변증술'이라고 표현하기도 함.

보울레boule: 시정 감독을 위해 매일 회합하는 아테네 시민 500명으로 구성된 대표 기구. [원로회의나 평의회를 말한다. — 옮긴이]

보편적 수용자universal audience: 차임 페렐만과 루시 올브레흐츠타이테카에 따르면, 고도로 합리적인 개인들로 이루어진 상상된 수용자를 뜻함. 그리고 모든 통상적인 성인을 의미하기도 함.

보편적인 인간uomo universale: 르네상스 시기 교육받은 사람의 이상형.

비기술적 입증atechnoi pisteis(G)/inartistic proofs: 레토릭 기술에 속하지 않는 입증.

비판 이론critical theory: 담론의 숨겨진 전제와 의미와 관련하여 그러한 담론을 분석하는 체계적인 수단과 방법.

비한정적인 질문indefinite questions: 퀸틸리아누스의 레토릭 체계에서, 사람, 시간, 장소, 또는 다른 특정한 한정 등에 대한 구체적인 언급 없이 논의되는 질문.

사실의 쟁점issues of fact: '무엇이 일어났는가'와 '언제 그것이 일어났는가'와 같은 문제와 관련된 쟁점.

살루타티오salutatio(L): 편지의 인사말.

삼단 논법syllogism: 대전제로부터 시작되는 연역적 주장, 그러한 전제의 구체적 적용을 통해 구체적이고 필연적인 결론에 이르게 됨.

상징symbol: 사회적 합의에 따라 무언가를 재현하는 어떤 표시, 신호, 음향 및 몸짓 등.

상징적 수렴symbolic convergence: 보먼에 따르면, 특정 집단의 구성원은 같은 이야기를 공유한다고 봄.

상징적 유인symbolic inducement: 레토릭에 대한 버크의 정의 중 하나로, 상징의 전략적 이용에 의해 협조를 구하는 것을 말함.

상호 주관적 동의intersubjective agreements: 하버마스의 용어로, 공개되고 공정하게 행해진 주장에 근거한 대화에 참여한 독립된 참여자 사이에서 구축된 동의를 말함.

상황 의존적 문제contingent matters: 절대적 확실성이 불가능하기 때문에 개연성에 입각해서 결정이 이루어져야 하는 문제.

설교(술)praedicandi (ars): 세 가지 중세 레토릭 기술 중 하나(나머지는 시작술, 서간술).

설說: 고대 중국에서의 설득 기술.

세나투스senatus(L): 원로원. 로마의 지배 기관. 문자 그대로 원로들의 협의체.

센텐티아이sententiae(L): 고대 원전과는 동떨어진 진술.

소고스psogos: 비난. 의식 연설의 두 기능 중 하나. 그 반대는 찬양.

소구appeals: 감정을 끌어내거나 수용자의 충성도 또는 헌신을 끌어내는 것을 목적으로 하는 상징적 방법.

소서사petits récits: 프랑수아 료타르에 따르면, 지역적인 인간 공동체와 특히 주변화된 집단들을 특징짓는 '작은 이야기들.'

소설의 레토릭rhetoric of fiction: 서사에서 '작가의 판단은 항상 표출된다'는 웨인 부스의 통찰.

소피스트sophist/sophistes(G): 권위 있는 자, 전문가, 선생. 레토릭 선생.

수아소리아suasoria(L): 레토릭을 배우는 젊은 학생을 위한 초보적인 실습 스피치.

순문학 운동belletristic movement: 레토릭에 있어서 스타일에 대한 고려를 강조했던 18세기 말과 19세기 초의 레토릭 운동. 이로 인해 레토릭이 문학과 문예 비평, 글쓰기 등에 관한 연구 쪽으로 확대되었다.

순환circulation: 유물론에서, 특정 문화를 통하고 여러 문화를 가로지르는 어떤 대상의 운동 패턴과 궤적을 말함.

스콜라 철학scholasticism: 대개 아리스토텔레스에서 비롯된 고정된 일단의 전제들을 둘러싼 논쟁을 중심으로 한 폐쇄적이고 권위적인 교육적 접근을 말함.

스타시스 체계stasis system: 어떤 소송이나 논쟁에서 충돌이나 불일치가 발생할 것 같은 지점을 파악, 인식함으로써 주장을 발견해 내는 방법.

스프레차투라sprezzatura: 카스틸리오네의 《궁정인》에서 연설가의 어려워하지 않는 품격과 편안한 자신감.

시작술詩作術/poetriae (ars) (G): 세 가지 중세 레토릭 기술 중 하나(나머지는 설교술, 서간술). 시를 쓰는 데 매우 규범적인 접근을 말함.

신유물론new materialism: 대상을 레토릭 행위자로 간주하면서, 특정 대상의 패턴과 궤적 또는 특정 문화를 통하거나 여러 문화를 가로지르는 '사물의' 움직임을 인식하는 이론적 관점.

신플라톤주의neoplatonism: 플라톤의 이상주의뿐 아니라 점성술과 마술 및 연금술 등으로부터의 아이디어 통합에 느슨하게나마 근거한 철학적이고 종교적인 일체의 사상.

심보울로스symboulos: 조언자, 현실적인 문제에 대해서 지혜로운 도움말을 제공하는 사람.

심페론sympheron: 이익이 되는 방향의 행동이나 조치.

아레테areté(G): 미덕. 에토스의 한 요소. 자신의 개인 일을 지혜롭게 관리하고, 공적 생활을 성공적으로 할 수 있는 능력. 인간적인 탁월함, 천부적인 지도자 자질 등.

아바야바avayava: 고대 인도의 레토릭에 특징적인 주장의 형식.

아시아 스타일: 소아시아에서 시작된 장식적이고 화려한 연설 스타일.

아카이브archive: 미셸 푸코의 경우, '특정 기간에 특정 사회를 위한 일단의 규칙들'이 다른 것들 가운데서 '말할 수 있는 것의 한계와 형식,' 그리고 '대화의 한계와 형식'을 규정.

아쿠테차acutezza: 명민함. 비코가 말하는 레토릭한 말놀이나 위트.

아펙투스affectus(L): 이탈리아 인본주의자에 따르면, 사람의 마음속에 존재하는 감정이나 격정의 원천을 뜻함.

아포리아aporia: 특정 쟁점에 대해 양쪽에서 논증을 전개함에 따라 특정 주장이 불확실한 상태에 놓이게 하는 것.

아폴로기아apologia(G): 변호(변론), 변명. 법정 연설에서 하는 일반적 호소의 한 형태. 그 반대는 비난, 고발.

안테 렘ante rem(L): 하나의 로키 체계에서 행동에 앞서는 사건.

약식 삼단 논법enthymema(G)/enthymeme: 화자와 청자가 서로 공유한 전제에 기반을 둔 레토릭 삼단 논법 또는 레토릭 주장.

에르곤ergon: 참된 기술의 목적이나 결과.

에우노이아eunoia(G): 선의. 에토스의 한 요소.

에우다이모니아eudaimonia(G): 인간적인 안녕이나 행복. 의회 연설의 목적.

에이코스eikos: 개연성에 근거한 주장. 그럴듯함, 사실임 직함.

에클레시아ekklesia: 아테네의 민회.

에토스ethos(G): 인간의 품성에 관한 연구. 아리스토텔스가 말한 세 가지 기술적 입증의 하나(나머지는 로고스, 파토스). 화자의 성격과 개인적 신망이 지닌 설득적 잠재력.

에파이노스epainos(G): 찬양. 의식 연설의 두 기능 중 하나. 그 반대는 비난.

에포이다이epoidai: 주술이나 주문呪文.

에피데익시스epideixis(G): 공식적인 경우를 위해 준비된 스피치. 의식 연설.

에피스테메episteme(G): 플라톤에 따르면 참된 지식. 푸코에 따르면 긴 시간에 걸쳐 이루어진 특정 사회의 담론적 실천 전체.

엑소르디아exordia(L): 청중으로 하여금 특정 스피치를 듣게 하거나 독자의 선의를 구하기 위해 만들어놓은 도입부.

엔독사endoxa(G): 변증법이 시작했던 있음 직한 전제. 널리 믿고 있던 전제.

엘로쿠티오elocutio(L)/표현expression: 특정 메시지와 관련하여 적절한 언어나 스타일을 찾기 위한 관심을 가리키는 키케로의 용어. 키케로가 말한 레토릭의 다섯 가지 기본 원리 중 세 번째 것.

엘리트 수용자elite audience: 페렐만과 올브레흐츠타이테카에게 있어, 어떤 학문에서 특별한 훈련을 받은 전문가들로 구성된 수용자를 가리킴.

엠페이리아empeiria 또는 트리베tribe/잔재주knack: 반복된 실행이나 경험을 통해 얻어지는 재주(요령). 소크라테스가 레토릭의 참된 기술과 거짓 기술 간의 차이를 비교할 때 사용.

역설irony: 간접적인 진술이 직접적인 의미를 전달할 때, 또는 무언가가 그것의 반대편을 나타내기 위해 선택되는 경우.

완벽한 연설가perfectus orator(L): 완전한 연설가, 사회의 가치를 체화하고 정교화한 지도자. 키케로의 '이상적 연설가'를 뜻하기도 함.

왜곡 가능성falsifiability: 과학적 주장이 입증되지 않고 거짓으로 보여진다고 하는 철학자 칼 포퍼의 생각.

용어적 스크린terministic screen: 모든 언어 혹은 말의 선택은 우리가 세상을 인식하는 필터가 된다는 사실을 기술하기 위한 버크의 용어.

우마니스타umanista: 인본주의 운동의 가치를 지지하는 학자 등.

은유metaphor: 분명히 유사하지 않은 것들을 비교.

의사소통 능력communicative competence: 하버마스에 따르면, 합리적 의사소통이 가능한 조건.

의사소통 행위communicative action: 하버마스의 용어로, 이데올로기적인 지배의 문제를 극복하는 데 중요한 상호 작용적인 비판적 논증 과정을 말함.

의식 연설epideitikon(G)/epideictic oratory: 공식적인 행사(의례)에 특화된 말하기.

이데올로기ideology: 신념 체계 또는 세상을 해석하는 틀. 비합리적이고 검증되지 않은 사유 체계를 의미하기도 함.

이미타티오imitatio(L): 모방 또는 흉내.

이세고리아isegoria(G): 공적 상황이나 민회 등에서 모든 자유로운 남성 시민의 말할 권리.

이종어異種語/heteroglossia: 바흐친에 따르면, 어떤 문화에서 확산된 많은 언어를 뜻함.

인 레in re(L): 행위 그 자체에서 일어난 것, 한 로키 체계에서 주장의 위치.

인본주의 연구studia humanitatis(L): 인본주의적 연구, 또는 자유롭고 적극적인 인간 마음의 발전에 적합한 연구. 레토릭, 시학, 윤리, 정치학 같은 교양 과목.

일관성coherence: 월터 피셔에 따르면, 서사 내 요소에서의 한결같음의 정도를 뜻함.

일반 토포이koinoi topoi(G)/common topics: 어떤 레토릭 상황에서도 유용한 주장과 전략.

일반화된 대칭성generalized symmetry: 행위자-네트워크 이론에서, 어떤 대상object도 한때 인간 상징 사용자에게 주어졌던 일종의 사회적 행위체social agency일 수 있다고 보는 생각.

일탈독법transgression: 전통적인 읽기가 간과하거나 무시했을 수 있는 것을 찾아내기 위한 텍스트 읽기. 텍스트의 감추어진 의미를 찾는 과정에서 특정 텍스트의 기존 의미를 벗어난 읽기 등을 의미.

입증 책임burden of proof: 와틀리의 논증 이론에서, 현상 추정에 도전하기에 충분할 만큼 그것에 반박할 만한 입증을 제시해야 하는 책임을 말함.

적절한 대응fitting response: 비처의 상황 이론에서, 문제 상황, 수용자, 제약 등을 포함하는 레토릭 상황의 요소에 의해 연설가에게 요구되는 레토릭적 반응을 말함.

전달delivery/프로눈티아티오pronuntiatio(L): 주제물과 스타일의 품위에 적합한 방식으로 목소리와 몸을 통제하는 것. 키케로가 말하는 레토릭의 다섯 가지 기본 원리 중 다섯 번째 것.

접속사 생략(법)asyndeton: 나열된 단어나 구절 사이에 접속사를 생략하는 것.

정책 연설deliberative oratory/심보울레우티콘symbouleutikon: 입법 기관, 즉 의회에서의 (정책 혹은 정치) 연설.

쟁점issues: 헤르마고라스의 토포이로서, 이는 법적 주장의 세 가지 분류를 포함하는바, 그 세 가지 유형은 (1) 추정 쟁점conjectural issues, 또는 사실 문제에 대한 관심, (2) 법률 쟁점legal issues, 또는 텍스트나 서류의 해석에 대한 관심, (3) 재판 쟁점juridical issues, 또는 행위의 정당성이나 부당함에 대한 관심 등임.

제약constraints: 비처에 따르면, 상황의 일부를 이루고 있는 사람, 사건, 대상, 관계 등을 뜻함. 이러한 것들은 문제 상황을 바꾸는 데 필요한 결정이나 행위를 제한하는 힘을 가지고 있다고 봄.

제유synecdoche: 전체가 부분을 나타내거나 대신함.

조직 전설organizational saga: 보먼에 따르면, 전설 형식으로 집단의 역사를 표현하는 긴 이야기를 의미.

존재existence: 퀸틸리아누스에 따르면, 무엇이 일어났는가의 문제, 사실의 문제를 말함.

주장argument: 특정 결론을 뒷받침하기 위해 여러 가지 근거나 이유로 특징되는 담론.

직관력ingenium(L): 비코에 따르면, 유사성과 관계성을 이해할 수 있는 인간의 내면적 능력을 의미함.

창안invention/인벤티오inventio(L): 어떤 설득 사례의 내용을 이루는 주장과 소구를 만들어 나가는 과정을 기술하는 키케로의 용어. 주장의 발견. 키케로가 말한 레토릭의 다섯 가지 기본 원리 중 첫 번째 것.

청중 적응audience adaptation: 특정 수용자에게 메시지를 맞추기 위해 어떤 메시지에 변화를 가하는 것.

초대적 레토릭invitational rhetoric: 포스와 그리핀에 따르면, 정보원 쪽에서 설득을 요구하거나 설득을 전제로 하지 않는 레토릭을 말함.

추정presumption: 와틀리의 용어로는 '근거의 선점.' 어떤 아이디어가 문제가 있다고 도전받기 전에는 합리적이거나 용납할 수 있는 것이라고 전제하는 원리를 말함.

출발점starting points: 페렐만과 올브레흐츠타이테카에 따르면, 논증이나 논쟁이 이루어지도록 하는 연설가와 청중, 즉 수용자 사이의 동의 지점.

충실도fidelity: 피셔에 따르면, 이야기의 구성 요소가 실체에 대해 얼마나 정확하게 주장하는지에 대한 인지도를 의미함.

취향taste: 케임스와 블레어에 따르면, 발달된 미학적 경험의 인식을 말함.

카이로스kairos(G): 절대적 확실성보다는 레토릭의 상대적 진리 추구. 시간과 상황과 같은 요인뿐 아니라 반대 관점에 대해서도 고려함. 적절한 순간이나 상황. 공적 스피치를 존중하는 예절 의식을 뜻하기도 함.

카이아스머스chiasmus: 문장 내에 특정 x(카이)를 형성하면서, 병렬 구절에 있는 요소의 순서를 단순히 바꾸는 레토릭 수단. [우리말로는 '교차대구법' 또는 '병행 배열이라고도 한다. — 옮긴이]

카테고리아kategoria(G): 고발, 기소, 혐의 제기. 법정 연설의 두 기능 중 하나. 그 반대는 변호.

콘베르시오conversio(L): 문장의 구조가 가장 만족스러운 형태가 되도록 그것을 변화시키는 방법을 가르치는 교수법.

콘트로베르시아controversia: 레토릭 고급반 학생이 모의 법정에서 하는 스피치.

콘티오contio: 정치 지도자들의 연설을 듣기 위해 포럼에 모인 시민들의 집회.

콘푸타티오confutatio(L): 법정 연설에서의 반박 또는 반대 주장이 답변되는 부분.

콘피르마티오confirmatio(L): 사실에 대한 진술을 하는 동안 개진된 주장을 뒷받침하는 입증을 제시하는 법정 연설 부분.

콜라케이아kolakeia: 아첨. 사람들에게 가장 좋은 것이 무엇인지에 대한 고려 없이 그들이 원하는 것을 약속하는 것.

퀴어 이론queer theory: 젠더를 상징적 상호 작용과 의미에 대한 사회적 협상 결과로 보고, 젠더와 섹슈얼리티, 그리고 자아를 사회적으로 구성된 것으로 보는 지적인 흐름.

크리테스krites: 심판관, 청중의 일원.

키르카 렘circa rem(L): 하나의 로키 체계에서 행위를 둘러싼 상황.

테스모스thesmos(G): 왕의 권위로부터 나온 법.

테오론theoron(G): 구경꾼이나 관찰자. 의식 연설을 듣는 청중.

테크네techne(G): 참된 기술이나 학문. 뭔가를 완전하게 할 수 있고 규칙적으로 좋은 산물이나 결과에 도달할 수 있는 과학적이거나 체계적인 시도나 일.

토포스topos(복수 토포이topoi)(G): 논제, 화젯거리.

토픽 체계topical systems(라틴어 토피카topica): 주장을 발견하기 위한 체계.

특성의 쟁점issues of quality: 행위의 정도나 심각성과 관련된 문제.

특성quality: 퀸틸리아누스의 근거 관련 체계에서, 행위의 강도나 심각성에 대한 고려.

특수 토포이eidei topoi(G)/special topics: 아리스토텔레스가 말한 특별한 토포이로, 법정과 같은 특별한 레토릭 상황에 적합한 토포이.

특정 수용자particular audience: 누군가 공개적으로 어떤 주장을 개진할 때 그가 대면해서 말하는 실질적인 수용자.

파놉티시즘panopticism: 현대 사회에서 감시가 증가하고 있는 현상에 대한 푸코의 용어.

파라데이그마paradeigma(G): 개연성 있는 일반화에 이르게 하는 한 사례 혹은 사례로부터의 주장. 연역적 삼단 논법을 보완하는 귀납적 주장.

파토스pathos(G): 감정의 심리학에 관한 연구. 아리스토텔레스가 말한 세 가지 기술적 입증의 하나 (나머지는 로고스, 에토스).

판타지 유형fantasy types: 보먼에 따르면, 집단이나 조직의 이야기에서 반복되는 기본 플롯.

판타지 주제fantasy themes: 보먼에 따르면, 이야기나 그 줄거리가 특정 집단과 그 집단의 가치를 규정하게 되는 경우.

판타지아fantasia: 비코에 따르면, 세계의 질서를 잡는 상상력의 힘을 뜻함. 인간이 신화를 만들 때 활성화된다고 봄.

페로라티오peroratio(L): 연설가가 어떤 주장의 전체를 되풀이해서 말했던 법정 연설의 결론이나 마지막 부분.

페이토peitho: 그리스 신화에 등장하는 설득의 여신. 설득을 의미함.

포스트 렘post rem(L): 하나의 로키 체계에서 특정 행위에 뒤따라오는 사건들.

폴리스polis(G): 고대 그리스의 독립된 도시 국가.

프로네시스phronesis(G): 지혜, 양식, 에토스의 한 요소.

프시카고가스psychagogas(G): 시인, 일종의 주문을 통한 영적 지도자.

프시카고기아psychagogia: 영혼에 영향을 미치는 기술.

프시케psyche(G): 정신 또는 영혼.

피스티스pistis: 단순한 믿음.

피시스physis(G): 강자가 약자를 지배하는 자연의 법칙이나 규칙.

피티아pythia: 신과 긴밀히 접촉한다고 여겨지는 여성.

한정적인 질문definite questions: 구체적인 개인, 사실, 장소 및 시간과 관련된 쟁점.

해석학hermenutics: 텍스트 해석학.

해체destruction: 자크 데리다에 따르면, 담론의 기본적인 의미 구조와 전제를 해부해 나눔으로써 담론을 불안정화시키는 작업을 말함.

행위자-네트워크 이론(Actor-Network Theory: ANT): 물질적 대상과 개념은 넓은 사회 체계 안에서 인간 행위자와 상호 작용함으로써 중요한 역할을 한다는 이론.

허위의식false consciousness: 하버마스에 따르면, 실제와 세계, 그리고 사람들에 대해 흠집을 내어 왜곡시키는 견해를 뜻함.

형식form: 버크에 따르면, "특정 수용자에게서 어떤 욕구나 욕망이 일어나서 실현되는 것"을 의미함.

환유metonym: 부분으로 전체를 대체하거나 대신함.

활동적인 삶vita activa(L): 또는 정치적 관여의 삶.

힙소스hypsos(L): 숭고함 또는 훌륭한 글쓰기. 롱기누스의 《숭고함에 대하여》의 주제.

주

1장

1 Plato, *Gorgias*, 463; trans. W. C. Helmbold (Indianapolis, IN: Bobbs-Merrill, 1952), 23~24.

2 John Locke, *An Essay Concerning Human Understanding* (1690; rpt. Oxford: Clarendon Press, 1894), 146.

3 Sander Gilman, Carole Blair, and David Parent, eds./trans. *Friedrich Nietzsche on Rhetoric and Language* (New York: Oxford University Press, 1989), 21. (원문 강조)

4 Wayne Booth, *The Vocation of a Teacher* (Chicago, IL: University of Chicago Press, 1988), xiv-xv.

5 Richard McKeon, *Rhetoric: Essays in Invention and Discovery*, ed. Mark Backman (Woodbridge, CT: Ox Bow Press, 1987), 108.

6 Richard Lanham, *The Electronic Word: Democracy, Technology, and the Arts* (Chicago, IL: University of Chicago Press, 1993), 51.

7 Stanford News Service, "The New Literacy: Study Finds Richness and Complexity in Students' Writing" (October 12, 2009), http://news.stanford.edu/pr/2009/pr-lunsford-writing 101209.html. Accessed May 2, 2011.

8 Laurie Gries, *Still Life with Rhetoric: A New Materialist Approach for Visual Rhetorics* (Utah State University Press, 2015), 11.

9 Deirdre McCloskey, "The Neglected Economics of Talk," *Planning for Higher Education 22* (Summer 1994): 11~16, 14.

10 Deirdre McCloskey, "The Rhetoric of the Economy and the Polity, Whether or Not 'In Crisis,'" *Prudentia* (December, 2010), www.deirdremccloskey.com/articles/polity.php.

11 Michael Billig, *Arguing and Thinking: A Rhetorical Approach to Social Psychology* (1989; Cambridge: Cambridge University Press, 1996), 57.

12 일상생활에서 다른 사람을 설득하는 방법에 대해 학술적이지만 흥미로운 시각을 보여 주는 로버트 시알디니의 다음 책을 보라. Robert Cialdini, *Influence: The Psychology of Persuasion* (1984; New York: William Morrow, 1993).

13 Jane Donawerth, ed., *Rhetorical Theory by Women before 1900* (Lanham, MD: Rowan &

Littlefield, 2002), xiv.

14 George Kennedy, translator's introduction to *Aristotle on Rhetoric: A Theory of Civic Discourse* (Oxford: Oxford University Press, 1991), 7.

15 캐럴 블레어Carole Blair는 베트남 참전 용사 기념비에 대한 레토릭을 다룬 흥미로운 에세이를 다음 책에 썼다. *Critical Questions* (New York: St. Martin's Press, 1994). 다음 책에서 배리 브루메트Barry Brummett는 다양한 문화 유물에 대한 레토릭을 고찰한다. *Rhetoric in Popular Culture* (New York: St. Martin's Press, 1994).

16 "Ocean swimmer Diana Nyad, 60, Preparing for Cuba-to-Florida Swim," *Los Angeles Times* (July 27, 2010), https://latimesblogs.latimes.com/outposts/2010/07/ocean-swimmer diana-nyad-60-preparing-for-cubatoflorida-swim.html.

17 서체의 레토릭에 대한 이러한 질문을 확장해 다룬 것에 흥미가 있다면 영화 〈헬베티카*Helvetica*〉를 보라. 이 다큐멘터리는 제목 서체의 역사와 해석에 집중해 다룬다.

18 Steven Mailloux, "One Size Doesn't Fit All: The Contingent Universality of Rhetoric," in *Sizing Up Rhetoric*, ed. David Zarefsky and Elizabeth Benacka (Long Grove, IL: Wave land Press, 2008), 7~19, 9.

19 Booth, xiv.

20 Chaim Perelman and Lucy Olbrechts-Tyteca, *The New Rhetoric: A Treatise on Argumentation*, trans. John Wilkinson and Purcell Weaver (Notre Dame: University of Notre Dame Press, 1969), 23~24.

21 Richard Lanham, *The Economics of Attention: Style and Substance in the Age of Information* (Chicago, IL: University of Chicago Press, 2007).

22 "Utah researchers discover how brain is wired for attention," KurzweilAI.net (November 2, 2010), www.kurzweilai.net. Accessed November 2, 2010. 원본은 다음 웹사이트에서 보라. November 1, 2010 in online edition of the *Proceedings of the National Academy of Sciences*, www.pnas.org/.

23 Leon Watson, "Humans have shorter attention span than goldfish, thanks to smartphones," *The Telegraph* (May 15, 2015), www.telegraph.co.uk/science/2016/03/12/humans-have shorter-attention-span-than-goldfish-thanks-to-smart/. Accessed August 31, 2016.

24 Brian Boyd, *On the Origin of Stories* (Cambridge, MA: Harvard University Press, 2009), 232.

25 Joseph Wenzel, "Three Perspectives on Argument," in *Perspectives on Argumentation: Essays in Honor of Wayne Brockriede*, ed. Robert Trapp and Janice Schuetz (Prospect Heights, IL: Waveland, 1990), 13.

26 Hugo Mercier and Dan Sperber, "How do Humans Reason? Arguments for an Argumentative Theory", *Behavioral and Brain Sciences* 34 (2011): 57~111, 58.

27 Tom Strini, "A Taut Take on Beethoven's Ninth," *The Milwaukee Journal Sentinel* (May 13, 2006).

28 Abraham Lincoln, "Second Inaugural Address," in *The World's Great Speeches*, ed. Lewis Copeland (New York: Dover Publications, 1958), 316~317.

29 George Breitman, ed. *Malcolm X Speaks* (New York: Grove Press, 1966), 50. Robert L. Scott, "Justifying Violence: The Rhetoric of Militant Black Power," in *The Rhetoric of Black Power*, ed. Robert L. Scott and Wayne Brockriede (New York: Harper and Row, 1969), 132에서 인용.

30 Aristotle, *Rhetoric*, trans. W. Rhys Roberts (New York: Modern Library, 1954), 27.

31 Thomas Farrell, *Norms of Rhetorical Culture* (New Haven, CT: Yale University Press, 1995), 77.

32 Lloyd Bitzer, "Political Rhetoric," in *Landmark Essays on Contemporary Rhetoric*, ed. Thomas Farrell (Mahwah, NJ: Hermagoras Press), 1~22, 7.

33 Farrell, 79.

34 Lanham, *The Electronic Word*, 227.

35 Richard Lanham, "The Economics of Attention," *Michigan Quarterly Review* 36 (Spring 1997): 270.

36 레토릭과 권력의 관계에 대해서는 다음 책을 보라. James A. Berlin, "Revisionary Histories of Rhetoric: Politics, Power, and Plurality," in *Writing Histories of Rhetoric*, ed. Victor Vitanza (Carbondale, IL: Southern Illinois University Press, 1994), 112~127.

37 Rebecca R., Hastings, "Communication Skills Key for Young Workers", *Society for Human Resource Management* (March 8, 2012), www.shrm.org/resourcesandtools/hr-topics/ employee-relations/pages/communicationskillskey.aspx. Accessed September 1, 2016.

38 다음을 책을 보라. Michael Billig, *Ideology and Opinion* (London: Sage, 1991).

39 Billig, *Ideology*, 5.

40 이 주제와 관련한 초기 연구는 다음 글에서 볼 수 있다. Robert L. Scott, "On Viewing Rhetoric as Epistemic," *Central States Speech Journal* 18 (February 1967): 9~16. 또한 다음 글을 보라. Lloyd F. Bitzer, "Rhetoric and Public Knowledge," in *Rhetoric, Philosophy, and Literature: An Exploration* (West Lafayette, IN: Purdue University Press, 1978), 67~93.

41 다음 책을 보라. *Rhetoric and Community: Studies in Unity and Fragmentation*, ed. Michael J. Hogan (Columbia, SC: University of South Carolina Press, 1998), Introduction, xv.

42 Hogan, 292.

2장

1 Richard Leo Enos, *Greek Rhetoric before Aristotle* (Prospect Heights, IL: Waveland, 1993), 4.

2 Enos, 5.

3 Enos, 6.

4 Enos, 7~8.

5 Brian Boyd, *On the Origin of Stories: Evolution, Cognition, and Fiction* (Cambridge, MA: Harvard University Press, 2009), 234.

6 Jane Sutton, "The Marginalization of Sophistical Rhetoric and the Loss of History," in *Rethinking the History of Rhetoric: Multidisciplinary Essays on the History of Rhetoric*, ed. Takis Poulakos (Boulder, CO: Westview, 1993), 87.

7 *The Greek Sophists*, trans. John Dillon and Tania Gergel (New York: Penguin Books, 2003), xi.

8 John Poulakos, "Terms for Sophistical Rhetoric," in *Rethinking the History of Rhetoric: Multidisciplinary Essays on the History of Rhetoric*, ed. Takis Poulakos (Boulder, CO: Westview, 1993), 53~74, 56.

9 Poulakos, 57.

10 Susan Jarratt and Rory Ong, "Aspasia: Rhetoric, Gender, and Colonial Ideology," in *Reclaiming Rhetorica: Women in the Rhetorical Tradition*, ed. Andrea A. Lunsford (Pittsburgh, PA: University of Pittsburgh Press, 1995), 14.

11 Dillon and Gergel, ix.

12 Josiah Ober, *Mass and Elite in Ancient Athens: Rhetoric, Ideology, and the Power of the People* (Princeton, NJ: Princeton University Press, 1989), 7.

13 *The First Philosophers: The Presocratics and the Sophists*, trans. Robin Waterfield (Oxford: Oxford University Press, 2009), xxxii.

14 Jarratt and Ong, 14.

15 H. D. F. Kitto, *The Greeks* (1951; Baltimore, MD: Penguin Books, 1968), 120.

16 Kitto, 115.

17 Dillon and Gergel, x.

18 John Poulakos, *Sophistical Rhetoric in Classical Greece* (Columbia, SC: University of South Carolina Press, 1995), 16~17.

19 Maurice Balme and Gilbert Lawall, *Athenaze: An Introduction to Ancient Greek*, Book II (New York: Oxford University Press, 1991), 105~106.

20 Jacqueline de Romilly, *The Great Sophists in Periclean Athens*, trans. Janet Lloyd (Oxford: Clarendon Press, 1992), 30.

21 *The First Philosophers*, xxvii.

22 *Greek Sophists*, xi.

23 W. K. C. Guthrie, *The Sophists* (Cambridge: Cambridge University Press, 1971), 20. 거스리가 플라톤의 《고르기아스》를 인용한 것이다.

24 John Poulakos, "Toward a Sophistic Definition of Rhetoric," *Philosophy and Rhetoric* 16 (1983): 35~48; Ober를 보라.

25 H. D. Rankin, *Sophists, Socratics and Cynics* (London: Croom Helm, 1983), 15. 이 기간의 그리스 사상과 소피스트에 대한 여타 유용한 논의로는 다음 책을 보라. Harold Barrett, *The Sophists: Rhetoric, Democracy and Plato's Idea of Sophistry* (Novato, CA: Chandler and Sharp, 1987); G. B. Kerferd, *The Sophistic Movement* (New York and Cambridge: Cambridge University Press, 1981); John Sallis, *Being and Logos: Reading the Platonic Dialogues* (Atlantic Highlands, NJ: Humanities Press, 1986).

26 Jarratt and Ong, 12.

27 Enos, ix.

28 다음 글을 보라. Michael Gagarin, "Telling Stories in Athenian Law," *Transactions of the American Philological Association* 133 (2003): 2, 197~207.

29 Michael Gagarin, *The Murder of Herodes: A Study of Antiphon* 5 (New York: Verlag Peter Lang, 1989), 14.

30 Lynda Walsh, "The Rhetoric of Oracles," *Rhetoric Society Quarterly* 33(3) (Summer, 2003): 55~78, 60.

31 Ober, 7~8.

32 소피스트의 의미에 대해서는 다음 책을 보라. Edward Schiappa, *Protagoras and Logos: A Study in Greek Philosophy and Rhetoric* (Columbia, SC: University of South Carolina Press, 1991), Chap. 1.

33 *The First Philosophers*, xi.

34 Poulakos, "Terms," 58.

35 예를 들어 다음 책을 보라. Susan C. Jarratt, *Rereading the Sophists: Classical Rhetoric Refigured* (Carbondale, IL: Southern Illinois University Press, 1991).

36 다음 책을 보라. Guthrie.

37 Michael Gagarin, *Antiphon the Athenian: Oratory, Law and Justice in the Age of the Sophists* (Austin, TX: University of Texas Press, 2002), 1.

38 Gagarin, *Antiphon*, 5, 6.

39 Gagarin, *Antiphon*, 16~17.

40 Gagarin, *Antiphon*, 18.

41 다음을 보라. Mario Untersteiner, *The Sophists* (Oxford: Oxford University Press, 1954).

42 Guthrie, 25. 아레테는 "높은 도덕 가치와 세속적인 성공 두 요소가 결합된 것이다"라고 랜킨은 말한다(13).

43 *The First Philosophers*, xv.

44 Ober, 11.

45 Poulakos, "Terms," 57.

46 Friedrich Nietzsche, *Friedrich Nietzsche on Rhetoric and Language*, ed. trans. S. Gilman, C. Blair,

and D. Parent (New York: Oxford University Press, 1989), 19.

47 카이로스 논의에 대해서는 다음 문헌을 보라. Ekaterina V. Haskins, *Logos and Power in Isocrates and Aristotle* (Columbia: University of South Carolina Press, 2004), 66~70.

48 Dale Sullivan, "Kairos and the Rhetoric of Belief," *Quarterly Journal of Speech* 78 (August 1992): 320.

49 Jarratt and Ong, 16.

50 Rankin, 14.

51 다음 글을 보라. Schiappa, Chap. 1.

52 다음 책을 보라. Glen Warren Bowersock, *Greek Sophists in the Roman Empire* (Oxford: Clarendon Press, 1969).

53 Andrew Ford, "The Price of Art in Isocrates: Formalism and the Escape from Politics," in *Rethinking the History of Rhetoric*, ed. Takis Poulakos (Boulder, CO: Westview, 1992), 37.

54 Ford, 37.

55 Ford, 37.

56 Jarratt, xx.

57 Poulakos, *Sophistical Rhetoric*, 25.

58 Richard A. Katula and James J. Murphy eds., *A Synoptic History of Classical Rhetoric* (Davis, CA: Hermagoras Press, 1995), 28.

59 다음 부분을 보라. Gagarin, *Murder*, 47.

60 Jarratt, 42.

61 *Greek Sophists*, xv.

62 Sutton, 87.

63 《고르기아스》의 로고스 철학에 대해서는 다음 글을 보라. Charles P. Segal, "Gorgias and the Psychology of the Logos," *Harvard Studies in Classical Philology* 66 (1962): 99~155.

64 Enos, 72.

65 다음 글을 보라. John O. Ward, "Magic and Rhetoric from Antiquity to the Renaissance: Some Ruminations," *Rhetorica* 6 (Winter 1988): 1, 57~118, 58.

66 Segal, 110. Bruce E. Gronbeck, "Gorgias on Rhetoric and Poetic: A Rehabilitation," *Southern Speech Communication Journal* 38 (Fall 1972): 1, 27~38에서 인용.

67 Gronbeck, 33.

68 George Kennedy, *Classical Rhetoric and Its Christian and Secular Tradition from Ancient to Modern Times*, 2nd ed. (Chapel Hill, NC: University of North Carolina Press, 1999), 35.

69 Jeffrey Walker, *Rhetoric and Poetics in Antiquity* (Oxford: Oxford University Press, 2000), 154.

70 Jacqueline de Romilly, *Magic and Rhetoric in Ancient Greece* (Cambridge, MA: Harvard University

Press, 1975).

71 de Romilly, *Magic*, 16.

72 de Romilly, *Magic*, 6.

73 Jane P. Tompkins, "The Reader in History: The Changing Shape of Literary Response," in *Reader-Response Criticism: From Formalism to Post-Structuralism*, ed. Jane P. Tompkins (Baltimore, MD: Johns Hopkins University Press, 1980), 203~204.

74 G. M. A. Grube, *The Greek and Roman Critics* (Toronto: University of Toronto Press, 1965), 16.

75 Kennedy, 64.

76 Gorgias, *Encomium* on *Helen* 9 and 10, trans. LaRue VanHook, *Classical Weekly* 6 (1913): 122~123. Gronbeck, 34에서 인용.

77 Kennedy, 35.

78 de Romilly, *Magic*, 3.

79 de Romilly, *Magic*, 4.

80 de Romilly, *Magic*, 5.

81 Grube, 16.

82 Rosamond Kent Sprague, ed. *The Older Sophists* (Columbia, SC: University of South Carolina Press, 1972), 50.

83 진실과 회상에 대한 논의와 관련해서는 다음을 보라. Haskins, 12~15.

84 Kennedy, 66.

85 Balme and Lawall, 106.

86 Billig, 40. 빌리그가 다음 책에서 인용한 것이다. Philostratus, *Lives of the Sophists*, trans. W. C. Wright (London: Loeb Classical Library, 1965); Rankin, 30, ff.

87 Plato, *Theaetetus*, 151e~152a.

88 Rankin, 32.

89 Jarratt and Ong, 15.

90 Poulakos, "Terms," 58~59.

91 Poulakos, "Terms," 60.

92 de Romilly, *Great Sophists*, viii.

93 Michael C. Leff, "What Is Rhetoric?," *Rethinking Rhetorical Theory, Criticism, and Pedagogy: The Living Art of Michael C. Leff*, ed. A. de Velasco, J. A. Campbell, and D. Henry (East Lansing, MI: Michigan State University Press, 2016), 471~481, 479.

94 Brian Vickers, *In Defense of Rhetoric* (Oxford: Clarendon Press, 1988), 155.

95 Ford, "The Price of Art in Isocrates," 37.

96 Michael C. Leff, "Tradition and Agency in Humanistic Rhetoric," *Rethinking Rhetorical Theory,*

Criticism, and Pedagogy: The Living Art of Michael C. Leff, ed. A. de Velasco, J. A. Campbell, and D. Henry (East Lansing, MI: Michigan State University Press, 2016), 7~24, 15.

97 다음 책을 보라. Haskins, 19. 또한 다음 책을 보라. Takis Poulakos, *Speaking for the Polis: Isocrates' Rhetorical Education* (Columbia, SC: University of South Carolina Press, 1997).

98 Sowerby, 108에서 인용.

99 Vickers, 150.

100 소피스트에 반대하는 내용을 인용한 것이다. Vickers, 150에서 인용.

101 Vickers, 154.

102 Poulakos, *Sophistical Rhetoric*, 134.

103 Walker, 175.

104 이 시기의 지적 활동으로서 글쓰기 중요성에 대해서는 다음 책을 보라. Kathleen E. Welch, *The Contemporary Reception of Classical Rhetoric: Appropriations of Ancient Discourse* (Hillsdale, NJ: Lawrence Erlbaum, 1990), 16~17.

105 Ford, 38.

106 *Antidosis*, 254. Vickers, 156에서 인용.

107 Enos, 114.

108 Jarratt and Ong, 13.

109 C. Jan Swearingen, "A Lover's Discourse: Diotima, Logos, and Desire," in *Reclaiming Rhetorica: Women in the Rhetorical Tradition,* ed. Andrea Lunsford (Pittsburgh, PA: University of Pittsburgh Press, 1995), 25~26.

110 Jarratt and Ong, 14.

111 Ellen Meiksins Wood, *Peasant-Citizen and Slave: The Foundations of Athenian Democracy* (London: Verso, 1988), 115. Jarratt and Ong, 13에서 인용.

112 Jarratt and Ong, 10.

113 Jarratt and Ong, 12.

114 Jarratt and Ong, 13.

115 Jarratt and Ong, 15. *The Menexenus in The Dialogues of Plato*, trans. B. Jowett (New York: Random House, 1937), 235.

116 Cheryl Glenn, "Locating Aspasia on the Rhetorical Map," in *Listening to Their Voices: The Rhetorical Activities of Historical Women*, ed. Molly Meijer Wertheimer (Columbia, SC: University of South Carolina Press, 1997), 19~41, 21.

117 Sappho, "Please," trans. Paul Roche, *Isle of Lesbos*, www.sappho.com/poetry/sappho. html#not%20 one%20word. Accessed September 30, 2016.

118 Friedrich Nietzsche on *Rhetoric and Language*, 3.

119 de Romilly, *Great Sophists*, 4.

3장

1 플라톤의 대화 관련 전체 텍스트는 다음 웹사이트에서 보라. www.persues.tufts.edu. 레토릭에 관한 플라톤의 《파이드로스》에 대한 논의와 관련해서는 다음 글을 보라. Jane V. Curran, "The Rhetorical Technique of Plato's Phaedrus," *Philosophy and Rhetoric* 19 (1986): 66~72. 또한 플라톤의 철학과 사상에 대한 훌륭한 문헌도 많다. 이와 관련해서는 다음 책들을 참조하라. I. M. Crombie, *An Examination of Plato's Doctrines*, v. I (London: Routledge and Kegan Paul, 1961); Michael Despland, *The Education of Desire: Plato and the Philosophy of Religion* (Toronto: University of Toronto Press, 1985); R. M. Hare, *Plato* (Oxford: Oxford University Press, 1982).

2 이러한 대화와 관련해 다음 책을 참조하라. *Plato's Sophist*, trans. William S. Cobb (Savage, MD: Rowman and Littlefield, 1990); Plato, *Protagoras*, trans. Christopher Charles Whiston Taylor (Oxford: Clarendon Press, 1991); B. A. F. Hubbard and E. S. Karnofsky, *Plato's Protagoras: A Socratic Commentary* (Chicago, IL: University of Chicago Press, 1982).

3 Brian Vickers, *In Defense of Rhetoric* (Oxford: Oxford University Press, 1988), 148.

4 이 문제에 대한 자세한 논의에 관련해서는 다음 책을 보라. Vickers, Chapter 3, "Territorial Disputes: Philosophy versus Rhetoric," 148~213.

5 George Kennedy, *Classical Rhetoric and Its Christian and Secular Tradition*, 2nd ed. (Chapel Hill, NC: University of North Carolina Press, 1999), 54.

6 이러한 대화와 서로 간의 관계에 대해 잘 소개해 놓은 것으로는 다음 책이 있다. Seth Benardete, *The Rhetoric of Morality and Philosophy: Plato's Gorgias and Phaedrus* (Chicago, IL: University of Chicago Press, 1991). 다음 책도 유용하다. Adele Spitzer, "The Self-Reference of the Gorgias," *Philosophy and Rhetoric* 8 (1975): 1~22.

7 《고르기아스》의 구절은 다음 책에서 가져온 것이다. *Gorgias*, trans. W. C. Helmbold (Indianapolis, IN: Bobbs-Merrill, 1952). 다음의 번역서도 포함된다. Plato, *Gorgias*, trans. T. Irwin (Oxford: Clarendon Press, 1979). 《고르기아스》에 대한 자세한 소개와 설명은 다음 책을 보라. George Kimball Plochmann and Franklin E. Robinson, *A Friendly Companion to Plato's Gorgias* (Carbondale, IL: Southern Illinois University Press, 1988).

8 Vickers, 153.

9 Josiah Ober, *Mass and Elite in Democratic Athens* (Princeton, NJ: Princeton University Press, 1989), 105.

10 George Kennedy, *The Art of Persuasion in Greece* (Princeton, NJ: Princeton University Press, 1963), 185.

11 Bruce Gronbeck, "Gorgias on Rhetoric and Poetic: A Rehabilitation," *Southern Speech*

Communication Journal 38 (Fall 1972): 35.

12 레토릭과 연관된 플라톤의 예술 이론은 다음 책을 보라. Hans-George Gadamer, *The Idea of the Good in Platonic-Aristotelian Philosophy* (New Haven, CT: Yale University Press, 1986), 46~49, 78~80; Rupert C. Lodge, *Plato's Theory of Art* (1953; New York: Russell and Russell, 1975), Chaps. III and IV.

13 이언 크롬비Ian Crombie는 레토릭이 만들어 내는 것은 "정의와 자기 절제"에 있는 "정신적 질서"일 것이며, 바로 이러한 것이 "과학적인 연설가가 청중에게 제공하려고 하는 특성"이라고 본다(197).

14 《고르기아스》에서 다룬 주제에 관해서는 다음 글을 보라. Edwin Black, "Plato's View of Rhetoric," *Quarterly Journal of Speech* 44 (December 1958): 361~374.

15 Jessica Moss, "Right Reason in Plato and Aristotle: On the Meaning of Logos," *Phronesis* 59(3) (2014): 181~230, 188.

16 Janet M. Atwill, *Rhetoric Reclaimed: Aristotle and the Liberal Arts Tradition* (Ithaca, NY: Cornell University Press, 1998), 6.

17 Edward Schiappa, "Did Plato Coin Rhetorike?" *American Journal of Philology* 111 (1990): 457~470. 또한 다음 책을 보라. Kennedy, *Classical Rhetoric*, 59.

18 Vickers, 97.

19 Ober, 107.

20 Spitzer, 10.

21 Marcel Detienne, *The Creation of Mythology*, trans. Margaret Cook (Chicago, IL: University of Chicago Press, 1986), 85.

22 Cicero, *De Oratore*, 1. 11. 47. Enos, 91에서 인용.

23 Vickers, 113~120.

24 Richard Leo Enos, *Greek Rhetoric before Aristotle* (Prospect Heights, IL: Waveland, 1993), 92.

25 Enos, 72.

26 일부 학자들은 플라톤이 《고르기아스》에서 레토릭을 비판하면서 기술로도 사용했다고 주장한다. 예컨대, 다음 책을 참조하라. Jan Swearingen, *Rhetoric and Irony* (Oxford: Oxford University Press, 1991).

27 Jacqueline de Romilly, *The Great Sophists in Periclean Athens*, trans. Janet Lloyd (Oxford: Clarendon Press, 1992), 71.

28 John Poulakos, *Sophistical Rhetoric in Classical Greece* (Columbia, SC: University of South Carolina Press, 1995), 79.

29 Plato, *Phaedrus*, trans. W. C. Helmbold and W. G. Rabinowitz (Indianapolis, IN: Liberal Arts Press, 1956), 12. 달리 명시되지 않는 한 《파이드로스》의 모든 구절은 이 판에서 가져왔다.

30 이러한 시각은 프로이트의 이드id, 자아ego, 초자아superego를 떠올리게 할 수 있으며, 두 이론에 약간의 유사점이 있지만 유추는 정확하지 않다.

31 Jacqueline de Romilly, *Magic and Rhetoric in Ancient Greece* (Cambridge, MA: Harvard University Press, 1975), 51.

32 George Maximilian Antony Grube, *Plato's Thought* (1935; rpt. Boston, MA: Beacon Press, 1958), 214~215.

33 T. Benson and Michael H. Prosser, *Readings in Classical Rhetoric* (Boston, MA: Allyn and Bacon, 1969), 22.

34 몰린은 개인의 조화와 국가의 조화 간의 관계를 다루면서, 플라톤의 견해에 입각해 다음과 같이 설명한다. 개인은 도시의 경우가 그러하듯…… 자기 자신이 해당되는 부분에서 같은 방식으로 행할 때 현명한 것이다. 개인을 용감하게 만드는 부분은 도시를 용감하게 만드는 부분과 같다. 마찬가지로, 선의와 미덕을 위해 행하는 모든 것 역시 개인과 도시의 경우에 마찬가지다…… 도시는 그 도시 안에 있는 세 계층 각각이 그 자신의 과업을 완수했기 때문에 정의로왔던 것이다. Jon Moline, *Plato's Theory of Understanding* (Madison, WI: University of Wisconsin Press, 1981), 55.

35 Moline, 65.

36 Moline, 65.

37 Grube, 212.

38 Hare, 54.

39 Susan Jarratt, *Rereading the Sophists: Classical Rhetoric Refigured* (Carbondale, IL: Southern Illinois University Press, 1991), xvi.

40 Patricia Bizzell and Bruce Herzberg, *The Rhetorical Tradition: Readings from Classical Times to the Present* (Boston, MA: St. Martin's Press, 2000), 28.

41 de Romilly, *Magic*, 58.

42 다음 책을 보라. Walter J. Ong, *Orality and Literacy: The Technologizing of the Word*, 2nd ed. (New York: Routledge, 2002).

4장

1 George Kennedy, trans. *Aristotle on Rhetoric: A Theory of Civic Discourse* (New York: Oxford University Press, 1991), introduction, 3. 아리스토텔레스의 《레토릭》 전체 텍스트를 보려면 다음 웹사이트에서 보라. www.perseus.tufts.edu.

2 Jonathan Barnes, ed., *The Cambridge Companion to Aristotle* (Cambridge, UK: Cam bridge University Press, 1995), 4. 아리스토텔레스의 생애와 플라톤의 관계에 대해서는 다음 책을 보라. Geoffrey Ernest Richard Lloyd, *Aristotle: The Growth and Structure of His Thought* (Cambridge, UK: Cambridge University Press, 1968), Chaps. 1~3.

3 Barnes, 4.

4 Forbes I. Hill, "The Rhetoric of Aristotle," in *A Synoptic History of Classical Rhetoric*, ed. James J. Murphy (Davis, CA: Hermagoras Press, 1983), 19.

5 Barnes, 8.

6 주 1에 인용한 케네디의 번역서가 유용하다. 다음 책도 《레토릭》 번역서로 널리 읽힌다. Lane Cooper (New York: Appleton-Century-Crofts, 1932); W. Rhys Roberts (New York: Modern Library, 1954).

7 Kennedy, 5.

8 Hill, 24.

9 달리 명시되지 않는 한 《레토릭》의 모든 인용문은 다음 책에서 가져온 것이다. Aristotle, *Rhetoric*, trans. W. Rhys Roberts (New York: Modern Library, 1954).

10 캐슬린 웰치는 그와 같은 취지로 다음 글에서 엘런 퀸달을 인용한다. "The Rhetoric is Difficult to Read, Full of Discrepancies, Gaps, Repetitions," in *The Contemporary Reception of Classical Rhetoric: Appropriations of Ancient Discourse* (Hillsdale, NJ: Lawrence Erlbaum, 1990), 22; Quandahl, "Aristotle's Rhetoric: Reinterpreting Invention," *Rhetoric Review* 4 (January 1986): 128.

11 Kennedy, appendix I, 289~290.

12 다음 책을 보라. Larry Arnhart, *Aristotle on Political Reasoning* (DeKalb, IL: Northern Illinois University Press, 1981), 18~19.

13 Arnhart, 19.

14 Arnhart, 39.

15 Kennedy, 34, note 24.

16 다음 글을 보라. Gerard A. Hauser, "The Example in Aristotle's Rhetoric: Bifurcation or Contradiction?" *Philosophy and Rhetoric* 1 (1968): 78~90.

17 약식 삼단 논법에 대한 아리스토텔레스의 이론과 관련해서는 다음 글을 보라. Lloyd Bitzer, "Aristotle's Enthymeme Revisited," *Quarterly Journal of Speech* 45 (1959): 399~408.

18 다음 책을 보라. Jeffrey Walker, *Rhetoric and Poetics in Antiquity* (Oxford: Oxford University Press, 2000), 175.

19 Bitzer, 408.

20 아리스토텔레스가 나눈 스피치 범주에 대한 자세한 논의는 다음을 보라. Ekaterina V. Haskins, *Logos and Power in Isocrates and Aristotle* (Columbia, SC: University of South Carolina Press, 2004), 58 ff.

21 케네디가 번역한 아리스토텔레스의 《레토릭》은 이 부분을 준비하는 데 매우 도움이 되었다.

22 Jane Sutton, "The Marginalization of Sophistical Rhetoric and the Loss of History," in *Rethinking the History of Rhetoric*, ed. Takis Poulakos (Boulder, CO: Westview 1993), 75~90. 23 Sutton, 84.

24 Sutton, 84에서 인용.

25 행복에 관한 아리스토텔레스의 사상은 다음 문헌을 보라. Anthony Kenny, *Aristotle on the Perfect Life* (Oxford: Clarendon Press, 1992).

26 Walker, 9.

27 Kennedy trans., Bk. 1, Chap. 3, sect. 3. (강조 추가)

28 레토릭의 주제에 대한 질문에 자세한 답변으로는 다음 글을 보라. Fr. William Grimaldi's "The Role of the PISTEIS in Aristotle's Methodology," appendix to Aristotle, *Rhetoric I: A Commentary* (New York: Fordham University Press, 1980), 349~356.

29 John H. Randall, Jr., *Aristotle* (New York: Columbia University Press, 1960), 253.

30 사상과 표현의 관계에 대한 고대와 현대의 이해 차이에 대해서는 다음 문헌을 보라. Welch, 15 ff.

31 다음을 보라. George Maximilian Antony Grube, translator's introduction to Longinus, *On the Sublime* (Indianapolis, IN: Library of Liberal Arts, 1957), x.

32 Barnes, 267.

33 Arnhart, 37. 또한 다음을 보라. David Charles, *Aristotle's Philosophy of Action* (Ithaca, NY: Cornell University Press, 1984), 176~188.

34 William W. *Fortenbaugh, Aristotle on Emotion* (New York: Barnes and Noble, 1975), 17.

35 Fortenbaugh, 17.

36 Fortenbaugh, 17.

37 Fortenbaugh, 18.

38 James M. May, *Trials of Character: The Eloquence of Ciceronian Ethos* (Chapel Hill, NC: University of North Carolina Press, 1988), 2.

39 로마의 로키와 토포이에 관해서는 다음 문헌을 보라. Michael Leff, "The Topics of Argumentative Invention in Latin Rhetorical Theory from Cicero to Boethius," *Rhetorica* 1 (Spring 1983): 23~44.

40 케네디가 한 번역이다.

41 다음을 보라. Leff.

42 이러한 견해에 대해서는 다음 글을 보라. Fr. William M. A. Grimaldi, "The Aristotelian Topics," *Traditio* 14 (1958): 1~16.

43 Thomas M. Conley, "'Logical Hylomorphism' and Aristotle's Koinoi Topoi," *Central States Speech Journal* 29 (Summer 1978): 92~97.

44 Donovan J. Ochs, "Aristotle's Concept of Formal Topics," *Speech Monographs* 36 (1969): 419~425.

5장

1 Joy Connolly, *The State of Speech: Rhetoric and Political Though in Ancient Rome* (Princeton, NJ: Princeton University Press, 2013), 1.

2 Manfred Fuhrmann, *Cicero and the Roman Republic*, trans. W. E. Yuill (Oxford: Blackwell, 1992), 18.

3 Erich Gruen, "Codes of Rome," *Times Literary Supplement* (July 3, 2009), 10.

4 이 구절은 Connolly, 232에서 인용했다.

5 James M. May, *Trials of Character: The Eloquence of Ciceronian Ethos* (Chapel Hill, NC: University of North Carolina Press, 1988), 6.

6 Connolly, 31.

7 Connolly, 12에서 인용.

8 Harold C. Gotoff, *Cicero's Caesarian Speeches: A Stylistic Commentary* (Chapel Hill, NC: University of North Carolina Press, 1993), x.

9 Michael Mooney, *Renaissance Thought and Its Sources* (New York: Columbia University Press, 1979), 36.

10 Graham Anderson, *Sage, Saint, and Sophist: Holy Men and Their Associates in the Early Roman Empire* (London: Routledge, 1994).

11 다음을 보라. Ann Vasaly, *Representations: Images of the World in Ciceronian Oratory* (Berkeley, CA: University of California Press, 1993).

12 George Maximilian Antony Grube, translator's introduction to Longinus, *On the Sublime (Indianapolis*, IN: Library of Liberal Arts, 1957), ix.

13 Calvin Troup, *Temporality, Eternity, and Wisdom: The Rhetoric of Augustine's Confessions* (Columbia, SC: University of South Carolina Press, 1999), 13.

14 Fuhrmann, 19.

15 Longinus, *On the Sublime*, trans. George Maximilian Antony Grube (Indianapolis, IN: Library of Liberal Arts, 1957), x.

16 Connolly, 3.

17 Christian Habicht, *Cicero the Politician* (Baltimore, MD: Johns Hopkins University Press, 1990), 1.

18 Habicht, 2. 하비히트는 키케로의 정치적 경력에 대해 간결하면서도 알기 쉽게 설명한다. 키케로의 생애에 대해 보다 자세한 설명은 다음 책을 보라. David R. Shackleton-Bailey, *Cicero* (New York: Charles Scribner's Sons, 1971).

19 다음 책을 보라. Christopher P. Craig, *Form as Argument in Cicero's Speeches: A Study of Dilemma*, American Classical Studies, #31 (Atlanta, GA: Scholars Press, 1993).

20 Gotoff, xii.

21 Mooney, 8.

22 《헤레니우스를 위한 레토릭》에 대해서는 다음 글을 보라. James J. Murphy, "The Age of Codification: Her magoras and the Pseudo-Ciceronian Rhetorica ad Herennium," in *A Synoptic*

History of Classical Rhetoric, ed. Richard Katula and James J. Murphy (Davis, CA: Hermagoras Press, 1983), 77~89. 그리고 (키케로의 레토릭에 대한 다른 작품인) 《창안에 대하여》에 관한 자세한 논의는 다음 책을 보라. Donovan J. Ochs, "Cicero's Rhetorical Theory," in *A Synoptic History of Classical Rhetoric*, 90~150.

23 Craig, 14.

24 Brian Vickers, *In Defense of Rhetoric* (Oxford: Oxford University Press, 1988), 28.

25 Cicero, *De Inventione*, trans. H. M. Hubbell (Cambridge, MA: Loeb Classical Library, 1976a).

26 M. L. Clark, *Rhetoric at Rome* (New York: Barnes and Noble, 1953), 53.

27 Habicht, 2.

28 *De Inventione*, I. 1.

29 *De Inventione*, I. iv. 5.

30 *De Inventione*, I. vi. 9.

31 Connolly, 129.

32 필자가 번역했으며, 이 구절은 Connolly, 231에서 인용했다.

33 *De Inventione*, I. vii. 9. (강조 추가)

34 *De Inventione*, I. 11~19.

35 *De Inventione*, I. viii. 11.

36 *De Inventione*, I. viii. 16.

37 Connolly, 73.

38 로키와 토픽 시스템의 복잡한 영역에 대한 뛰어난 연구로 다음과 같은 글이 있다. Michael C. Leff's "The Topics of Argumentative Invention in Latin Rhetorical Theory," *Rhetorica* (1), 1983, 23~44. Reprinted in *Rethinking Rhetorical Theory, Criticism, and Pedagogy: The Living Art of Michael C. Leff* (East Lansing MI: Michigan State University Press, 2016), 65~86.

39 Donovan J. Ochs, "Cicero's Topica: A Process View of Invention," in *Explorations in Rhetoric: Essays in Honor of Douglas Ehninger*, ed. Ray E. McKerrow (Glenview, IL: Scott, Foresman, 1982), 117. Kathleen E. Welch, *The Contemporary Reception of Classical Rhetoric: Appropriations of Ancient Discourse* (Hillsdale, NJ: Lawrence Erl baum, 1990), 60에서 인용.

40 Edward P. J. Corbett, "The Topoi Revisited," in *Rhetoric and Praxis: The Contribution of Classical Rhetoric to Practical Reasoning*, ed. Jean Deitz Moss (Washington, DC: Catholic University of America Press, 1986), 47. Welch, 60~61에서 인용.

41 이러한 로키에 대해 키케로는 다음에서 논한다. *De Inventione*, Book I. xxiv~xxviii.

42 *De Inventione*, I. xxiv. 34.

43 Leff, 27.

44 *De Inventione*, I. xxvi~xxviii.

45 Leff, 28.

46 Cicero, *De Oratore*, trans. E. W. Sutton and H. Rackham (Cambridge, MA: Harvard University Press, 1976b), ix ff.

47 아리스토텔레스가 《연설가에 대하여》에 끼친 영향은 다음 문헌을 보라. May, 3 ff.

48 *De Oratore*, I. ii. 5.

49 *De Oratore*, I. xxviii. 128. Mooney, 36에서 인용.

50 *De Oratore*, I. vii. 30.

51 Connolly, 14.

52 *De Oratore*, III. xvi. 60～61.

53 *De Oratore*, I. iii. 12. 다음 글을 보라. Stef E. W. Bugter, "Sensus Communis in the works of M. Tullius Cicero," in *Common Sense: The Foundations for Social Sciences*. ed. F. L. Van Holthoon and David R. Olson (New York: University Press of America, 1987), 83～98.

54 *Ancient Rhetoric: From Aristotle to Philostratus*, trans. Thomas Habinek (New York: Penguin, 2017), 70.

55 *De Oratore*, I. v. 18. (강조 추가)

56 *De Oratore*, II. xliv. 187 ff.

57 *De Oratore*, II. xliv. 188.

58 *De Oratore*, I. v. 20.

59 *De Oratore*, I. viii. 34.

60 *De Oratore*, II. lvi. 228.

61 *De Oratore*, I. vi. 229.

62 *De Oratore*, II. lviii～lix. 338～339.

63 *De Oratore*, II. lx.

64 *De Oratore*, II. lx. 247.

65 *De Oratore*, II. lxi. 250.

66 *De Oratore*, II. lxi. 251.

67 *De Oratore*, II. lxi. 252.

68 *De Oratore*, II. lxi. 253.

69 *De Oratore*, II. lxiv. 258～259.

70 *De Oratore*, II. lxiv. 260.

71 R. G. M. Nisbet, "The Speeches," in *Cicero*, ed. T. A. Dorey (New York: Basic Books, 1965), 56.

72 다음에서 인용했다. Prentice A. Meador, Jr., "Quintilian and the Institutio Oratoria," in *A Synoptic History of Classical Rhetoric* (Davis, CA: Hermagoras Press, 1983), 151～176.

73 퀸틸리아누스의 교육에 대해서는 다음 글을 보라. James J. Murphy, "Roman Writing Instruction

as Described by Quintilian," in *A Short History of Writing Instruction*, ed. James J. Murphy (Davis, CA: Hermagoras Press, 1990), 19~76.

74 Quintilian, *Institutio Oratoria*, 4 vols., trans. H. E. Butler (Cambridge, MA: Harvard University Press, 1959~1963), Loeb Classical Library. 또한 다음 책을 보라. James J. Murphy, Quintilian, *On the Early Education of the Citizen Orator*, trans. John S. Watson (Indianapolis, IN: Library of Liberal Arts, 1965).

75 *Quintilian, Institutes of Oratory*, I. 1.

76 A. Wallace-Hadrill, *Rome's Cultural Revolution* (Cambridge: Cambridge University Press, 2008), 47.

77 Meador, 155에서 인용.

78 Quintilian, *Institutes*, II. 11.

79 Leff, 33.

80 Quintilian, *Institutes*, v. 10, 125. Leff, 34에서 인용.

81 스피치를 나누는 고대 시스템에 대한 좀 더 자세한 논의는 다음 문헌을 보라. Vickers, 67~72.

82 Longinus, *On the Sublime*, trans. George Maximilian Antony Grube (Indianapolis, IN: Library of Liberal Arts, 1957). 《숭고함에 대하여》의 모든 구절은 이 번역을 따랐다.

83 Vickers, 307.

84 Grube, x~xi.

85 Jane Tompkins, "The Reader in History: The Changing Shape of Literary Response," in *Reader Response Criticism*, ed. Jane P. Tompkins (Baltimore, MD: Johns Hopkins University Press, 1980), 203.

86 Tompkins, 203.

87 Longinus, 10.

88 Longinus, 10.

89 Longinus, 17. 사포의 연시에 대한 번역은 다음 책에서 가져온 것이다. J. A. Symonds (1883).

90 Longinus, 29.

91 Longinus, 29.

92 Longinus, 31.

93 Vickers, 310. 롱기누스의 말은 다음에서 인용한 것이다. *On the Sublime*, 29.2.

94 Grube, 325.

95 Grube, 325.

96 Grube, 325, 326.

97 Grube, 328.

98 Katula and Murphy, 206.

99 George Kennedy, *A Comparative Rhetoric* (New York: Oxford University Press, 1998), 211.

100 Thomas M. Conley, *Rhetoric in the European Tradition* (New York: Longman, 1994), 60.

6장

1 George A. Kennedy, *Classical Rhetoric and Its Christian and Secular Tradition from Ancient to Modern Times* (Chapel Hill, NC: University of North Carolina Press, 1980), 174.

2 Karin Margareta Fredborg, "Twelfth-Century Ciceronian Rhetoric: Its Doctrinal Development and Influences," in *Rhetoric Revalued*, ed. Brian Vickers (Binghamton, NY: Center for Medieval and Early Renaissance Studies, 1982), 88.

3 로저 파Roger Parr는 "뱅소프의 조프루아의 여러 스타일 장치와 수단의 일차적 출처는 《헤레니우스를 위한 레토릭》이었다"고 했다. Translator's introduction to Geoffrey of Vinsauf's *Documentum do Modo et Arte Dictandi et Versificandi* (Milwaukee, WI: Marquette University Press, 1968), 2.

4 Fredborg, 88.

5 Kathleen E. Welch, *The Contemporary Reception of Classical Rhetoric* (New York: Lawrence Earlbaum, 1990), 15.

6 John O. Ward, "From Antiquity to the Renaissance: Glosses and Commentaries on Cicero's Rhetorica," in *Medieval Eloquence: Studies in the Theory and Practice of Medieval Rhetoric*, ed. James J. Murphy (Berkeley, CA: University of California Press, 1978), 54, 74. Vickers, 216에서 인용.

7 Joseph M. Miller, Michael H. Prosser, and Thomas, Benson, eds., *Readings in Medieval Rhetoric* (Bloomington, IN: Indiana University Press, 1974), xiii.

8 Miller, xiii.

9 다음 문헌을 보라. Vickers, Chapt. 4: Medieval Fragmentation, 214~253.

10 Christian Habicht, *Cicero the Politician* (Baltimore, MD: Johns Hopkins University Press, 1990), 2.

11 Eleonore Stump and David Vincent Mecon, ed., *The Cambridge Companion to Augustine* (Cambridge UK: Cambridge University Press, 2014), 2~3.

12 다음 책에서 인용한 것이다. Calvin Troup, *Temporality, Eternity, and Wisdom: The Rhetoric of Augustine's Confessions* (Columbia, SC: University of South Carolina Press, 1999), 1. Augustine, *Confessions*, 9.2.4.

13 Troup, 4.

14 Kennedy, 149 ff.

15 *Confessions* 1.9.14. Troup, 11에서 인용.

16 Troup, 27.

17 James J. Murphy, "Saint Augustine and the Debate about a Christian Rhetoric," *Quarterly Journal of Speech* 46 (1960): 400~410.

18 Augustine, *On Christian Doctrine*, trans. D. W. Robertson (Indianapolis, IN: Library of Liberal Arts), 7.

19 Renato Barilli, *Rhetoric*, trans. Giuliana Menozzi (Minneapolis, MN: University of Minnesota Press, 1989), 42.

20 W. R. Johnson, "Isocrates Flowering: The Rhetoric of Augustine," *Rhetoric and Philosophy* 9(4) (1976): 220.

21 James J. Murphy, ed., *Three Medieval Rhetorical Arts* (Berkeley, CA: University of California Press, 1971), xiii.

22 Murphy, *Arts*, xiii. (강조 추가)

23 Ward, 27.

24 Johnson, 220.

25 Augustine, *Christian Doctrine*, 118.

26 Johnson, 221.

27 Troup, 13.

28 Percival Cole, *Later Roman Education in Ausonius, Capella, and the Theodosian Code* (New York: Columbia University Press, 1909), 16. *Readings in Medieval Rhetoric*, 1에서 인용.

29 카펠라에 대해서는 다음 문헌을 보라. Kennedy, 175~177.

30 Joy Connolly, *The State of Speech* (Princeton, NJ: Princeton University Press, 2013), 219.

31 Barilli, 42.

32 Boethius, *De Topicis Differentiis, trans. Eleanor Stump* (Ithaca, NY: Cornell Press, 1978). 또한 다음 글을 보라. Michael C. Leff, "The Logician's Rhetoric: Boethius' De Differentiis Topicis, Book IV," in *Medieval Eloquence*, 3~24. 또한 다음 문헌도 보라. Michael C. Leff, "The Topics of Argu mentative Invention in Latin Rhetorical Theory from Cicero to Boethius," *Rhetorica* 1, 1 (Spring 1983): 23~44, reprinted in *Rethinking Rhetorical Theory, Criticism, and Pedagogy: The Living Art of Michael C. Leff*, ed. A. de Velasco, J. A. Campbell, and D. Henry (East Lansing, MI: Michigan State University Press, 2016), 65~86.

33 Ward, 55.

34 Barilli, 43.

35 Charles G. Nauert, Jr., *Humanism and the Culture of Renaissance Europe* (Cambridge: Cambridge University Press, 1995), 18.

36 Nauert, 18.

37 Albrecht Classen, "Female Explorations of Literacy: Epistolary Challenges to the Literary Canon in the Late Middle Ages," in *Disputatio Volume 1: The Late Medieval Epistle*, ed. Carol Poster and Richard Utz (Evanston IL: Northwestern University Press, 1996), 89~122, 90. Shirley Kersey,

"Medieval Education of Girls and Women," *Educational Horizons* 58(4) (1980): 188~192, 188.

38 Kersey, 88.

39 Albrecht Classen, "Female Exploration of Literacy: Epistolary Challenges to the Literary Canon in the Late Middle Ages," in *Poster and Utz*, 90.

40 Marjory Curry Woods, "The Teaching of Writing in Medieval Europe," in *A Short History of Writing Instruction*, ed. James J. Murphy (Davis, CA: Hermagoras Press, 1990), 80~81.

41 이 부분에서 필자는 주로 중세 후기 레토릭에 주로 두드러졌던 레토릭의 세 가지 기술에 대한 머피의 분석을 따른다.

42 Ward, 44.

43 Murphy, *Arts*, xxiii. Vickers, 225에서 인용.

44 Kennedy, 190.

45 Ranulf Higden and Margaret Jennings, C. S. J., "The Ars compendi sermones of Ranulph Higden," in *Medieval Eloquence: Studies in the Theory and Practice of Medieval Rhetoric*, ed. James J. Murphy, 113.

46 Murphy, *Arts*, 109~216.

47 Murphy, *Arts*, 112.

48 Murphy, *Arts*, 112~113.

49 Murphy, *Arts*, 114.

50 Murphy, *Arts*, 120.

51 Murphy, *Arts*, 124.

52 Murphy, *Arts*, 138.

53 Murphy, *Arts*, 128.

54 Murphy, *Arts*, 129.

55 Murphy, *Arts*, 146.

56 *Disputatio de Rhetorica et de Virtutibus Sapientissimi Regis Carli et Albini Magistri*, (*The Rhetoric of Alcuin and Charlemagne*), trans. Wilbur Samuel Howell (New York: Russell and Russell, 1965).

57 Paul Kristeller, "Philosophy and Rhetoric from Antiquity to the Renaissance," part 5 in *Renaissance Thought and Its Sources,* ed. Michael Mooney (New York: Columbia University Press, 1979), 241. 다음에서 인용한 것이다. James J. Murphy and Martin Camargo, "The Middle Ages," Chap. 2 in *The Present State of Scholarship in Historical and Contemporary Rhetoric*, ed. Winifred Bryan Horner (Columbia, SC: University of Missouri Press, 1990), 59.

58 Patricia Bizzell and Bruce Herzberg, eds., "The Arts of Letter Writing and Preaching," *The Rhetorical Tradition* (Boston, MA: St. Martin's Press, 1990), 377.

59 Nadia Margolis, "The Cry of the Chameleon': Evolving Voices in the Epistles of Chris tine de Pisan,"

in *Disputatio: An International Transdisciplinary Journal of the Late Middle Ages*, ed. C. Poster and R. Utz (Evanston, IL: Northwestern University Press, 1996), 37~70.

60 Martin Camargo, "Where's the Brief?: The Ars Dictaminis and Reading Writing between the Lines," in *Disputatio: An International Transdisciplinary Journal of the Late Middle Ages*, ed. C. Poster and R. Utz, vol. 1: The Late Medieval Epistle, 1~17, 2. Guido Faba's *Summa Dictaminis* (1228~1229) (1996)에서 인용.

61 Carol Poster and Richard Utz, eds., *Disputatio: An International Transdisciplinary Journal of the Late Middle Ages* (Evanston, IL: Northwestern University Press), 3.

62 Camargo, 4.

63 Camargo, 7.

64 Murphy, *Arts*, 3.

65 Nicholas Mann, "The Origins of Humanism," in *The Cambridge Companion to Renaissance Humanism*, ed. Jill Kraye (Cambridge: Cambridge University Press, 1996), 5.

66 Charles B. Faulhaber, "The Summa Dictaminis of Guido Faba," in Murphy, *Medieval Eloquence*, 85.

67 Faulhaber, 87.

68 Faulhaber, 86.

69 Faulhaber, 86.

70 Barilli, 49.

71 Barilli, 49.

72 Camargo, 3.

73 Kennedy, 186. (강조 추가). 다음을 보라. Murphy, *Arts*, 7.

74 Murphy, *Arts*, 17.

75 Murphy, *Arts*, 8. 이 《편지 쓰기의 원리》의 번역은 머피가 한 것이다.

76 Murphy, *Arts*, 11.

77. Murphy, *Arts*, 13~14.

78 Murphy, *Arts*, 13.

79 Murphy, *Arts*, 15.

80 Vickers, 235.

81 Vickers, 235~236.

82 Faulhaber, 108.

83 Classen, 91.

84 Malcolm Richardson, "Women, Commerce, and Rhetoric in Medieval England," in *Listening to Their Voices: The Rhetorical Activities of Historical Women*, ed. Molly Meijer Wertheimer

(Columbia, SC: University of South Carolina Press, 1997), 133~149, 136.

85 Richardson, 140.

86 Richardson, 145.

87 Richardson, 146.

88 Richardson, 147.

89 Richardson, 146.

90 Richardson, 147.

91 중세 시대 여성과 글쓰기에 대해서는 다음 글을 보라. John Ward, "Women and Latin Rhetoric from Hortsvit to Hildegard," in *The Changing Tradition: Women in the History of Rhetoric*, ed. Christine Mason and Rebecca Sutcliffe Sutherland (Calgary, AB: University of Calgary Press, 1999), 121~132.

92 Kristie S. Fleckenstein, "In the Blood of the Word: Embodied Rhetorical Authority in St. Catherine of Siena's Dialogue," in *Sizing up Rhetoric*, ed. David Zarefsky and E. Benacka (Long Grove, IL: Waveland, 2008), 287~295, 287, 294, 289~290.

93 Edmond Faral, *Les Artes Poétique du XIIe et XIIle Siécle* (Paris: Champion, 1924), xv. Vickers, 239에서 인용.

94 Vickers, 239.

95 Ernest Gallo, "The Poetria Nova of Geoffrey of Vinsauf," in *Medieval Eloquence: Studies in the Theory and Practice of Medieval Rhetoric*, ed. James J. Murphy (Berkely, CA: University of California Press, 1978), 68.

96 Murphy, *Arts*, 29.

97 Murphy, *Arts*, 30. 머피의 선집에 있는 조프루아의 《새로운 시학*The New Poetics*》은 제인 바첼 코프Jane Baltzell Kopp가 번역한 것이다.

98 Murphy, *Arts*, 34.

99 Murphy, *Arts*, 35.

100 Gallo, 71.

101 Woods, 84.

102 Woods, 86.

103 Woods, 87.

104 Vickers, 242.

105 Gallo, 76.

106 Poetria Nova, l126~131행. Gallo, 77에서 인용.

107 Gallo. 77.

108 Classen, 91.

109 From Joan M. Ferrante, "The French Courtly Poet, Marie de France," in *Medieval Women Writers*, ed. Katharina M. Wilson (Athens: University of Georgia Press, 1984), 65.

110 Ferrante, 64.

111 Ferrante, 64.

112 Ward, 64.

113 Ward, 64.

7장

1 Brian Vickers, "On the Practicalities of Renaissance Rhetoric," in *Rhetoric Revalued*, ed. Brian Vickers (Binghamton, NY: Center for Medieval and Early Renaissance Studies, 1982b), 133.

2 Baldassare Castiglione, *The Courtier* (1528); Gerald P. Mohrmann, "The Civile Conversation: Communication in the Renaissance," *Speech Monographs* 39 (1972): 193~204.

3 Charles Nauert, Jr., *Humanism and the Culture of Renaissance Europe* (Cambridge: Cambridge University Press, 1995), 25.

4 Vickers, "Practicalities," 135.

5 Katharina Wilson, ed., *Women Writers of the Renaissance and Reformation* (Athens: University of Georgia Press, 1987), xxii~xxiii.

6 Wilson, xxiii.

7 다음 책을 보라. Patricia Bizzell and Bruce Herzberg, eds., *The Rhetorical Tradition: Readings from Classical Times to the Present* (Boston, MA: St. Martin's Press, 2000), 463~498. 비젤과 허츠버그는 크리스틴 드 피상과 라우라 체레타의 작품도 포함한다.

8 Wilson, xxiii. 또한 다음 글도 보라. Anne R. Larsen, "Les Dames des Roches," 232~259.

9 George Kennedy, *Classical Rhetoric and Its Secular and Secular Traditions* (Chapel Hill NC: University of North Carolina Press, 1999), 231.

10 Kennedy, 1999, 231.

11 Kevin M. Stevens, "Books Fit for a Portuguese Queen: The Lost Library of Catherine of Austria and the Milan Connection (1540)," *Documenting the Early Modern Book World*, ed. Malcolm Walsby and Natasha Constantinidou (Boston, MA: Brill, 2013), 85~116, 102.

12 르네상스 여성 학자에 대한 뛰어난 문헌들로는 다음과 같은 것들이 있다. Patricia H. Labalme, ed., *Beyond Their Sex: Learned Women of the European Past* (New York: New York University Press, 1984). 브리검영대학교 스페인어·포르투갈어학과 크리스토퍼 룬드Christopher Lund가 데 카스트로에게 주목하게 했다.

13 Jenny R. Redfern, "Christine de Pisan and The Treasure of the City of Ladies: A Medieval Rhetorician and Her Rhetoric," in *Reclaiming Rhetorica: Women in the Rhetorical Tradition*, ed.

Andrea A. Lunsford (Pittsburgh, PA: University of Pittsburgh Press, 1995), 73~92, 74.

14 Redfern, 77.

15 Redfern, 74.

16 Redfern, 74.

17 Redfern, 74.

18 Redfern, 78.

19 Redfern, 75.

20 Redfern, 76.

21 Nadia Margolis, "The Cry of the Chameleon: Evolving Voices in the Epistles of Christine de Pizan," *Disputatio: An International Transdisciplinary Journal of the Late Middle Ages* (1996: 1) 37~70, 43.

22 Kennedy, 1999, 230.

23 Don Paul Abbott, "The Renaissance," in *The Present State of Scholarship in Historical and Contemporary Rhetoric*, ed. Winifred Bryan Horner (Columbia, SC: University of Missouri Press, 1990a), 89.

24 Nauert, 5.

25 Nicholas Mann, "The Origins of Humanism," in *The Cambridge Companion to Renaissance Humanism*, ed. Jill Kraye (Cambridge: Cambridge University Press, 1996), 1.

26 Lauro Martines, Jr., *Power and Imagination: City States in Renaissance Italy* (New York: Knopf, 1979), 204.

27 Martines, 204.

28 Nauert, 18.

29 Nauert, 18.

30 Nauert, 193.

31 Martines, 204.

32 Martines, 204.

33 Mann, 5.

34 Martines, 204.

35 Martines, 204.

36 Nauert, 5.

37 Paul Oskar Kristeller, *Renaissance Thought: The Classic, Scholastic, and Humanist Strains* (New York: Harper and Row, 1961), 13.

38 다음 책을 보라. John Monfasani, *George of Trebizond: A Biography and a Study of His Rhetoric and Logic* (Leiden, the Netherlands: Brill, 1976).

39 George Kennedy, *Classical Rhetoric in Its Secular and Christian Tradition* (Chapel Hill, NC: University of North Carolina Press, 1999), 232.

40 James J. Murphy, ed., *Peter Ramus's Attack on Cicero*, trans. Carole Newlands (Davis, CA: Hermagoras Press, 1992), XV.

41 Izora Scott, *Controversies over the Imitation of Cicero in the Renaissance* (1910; rpt. Davis, CA: Hermagoras Press, 1991), 113.

42 Murphy, "Introduction" to *Ramus*, xxxii.

43 Nauert, 25.

44 Majid Fakhry, *Averroes: His Life, Work and Influence* (Oxford: Oneworld Publications, 2001), 32.

45 Kristeller, 60 ~ 63.

46 Mann, 9.

47 Mann, 9.

48 Scott, 7.

49 Gene Brucker, *Florence: The Golden Age 1138-1737* (Berkeley, CA: University of California Press, 1969), 202.

50 Mann, 5.

51 Nauert, 25.

52 Jerrold E. Seigel, *Rhetoric and Philosophy in Renaissance Humanism* (Princeton, NJ: Princeton University Press, 1968), 34.

53 Martines, 199.

54 Euginio Garin, *Portraits of the Quattrocentro* (New York: Harper and Row, 1963).

55 Garin, 19.

56 Morris Bishop, *Petrarch and His World* (Bloomington, IN: Indiana University Press, 1963), 21.

57 Bishop, 21.

58 Scott, 7.

59 Nauert, 24.

60 Mann, 6.

61 Nauert, 24.

62 Walter J. Ong, S. J., *Ramus: Method and the Decay of Dialogue: From the Art of Discourse to the Art of Reason* (Cambridge, MA: Harvard University Press, 1983), 137.

63 Kristeller, 60 ~ 63.

64 John G. Burke, "Hermetism as a Renaissance World View," in *The Darker Vision of the Renaissance: Beyond the Fields of Reason*, ed. Robert Kinsman (Berkeley, CA: University of California Press, 1974), 95.

65 William A. Covino, *Magic, Rhetoric and Literacy: An Eccentric History of the Composing Imagination* (Albany, NY: State University of New York Press, 1994), 19.

66 Burke, 102.

67 Kristeller, 129.

68 Pico, Oration on the Dignity of Man. Quoted in Anthony Grafton, "Humanism, Magic and Science," in *The Impact of Humanism on Western Europe, ed. Anthony Goodman and Angus MacKay* (London: Longman, 1990), 111.

69 Vickers, "Practicalities," 137.

70 Kelley, 35.

71 Kelley, 35~36; Vickers, "Practicalities," 266.

72 Mack, "Humanist Rhetoric and Dialectic," 86.

73 Seigel, 137.

74 Kelley, 88.

75 Seigel, 139에서 인용.

76 Vickers, "Practicalities," 187.

77 시걸은 발라가 "비록 다소 별난 사람이었을지는 모르지만, 그는 거의 확실히 충성스러운 기독교인이었다"고 했다(145).

78 Seigel, 142.

79 Seigel, 251.

80 Michael Mooney, *Renaissance Thought and Its Sources* (NY: Columbia University Press, 1979), 45에서 인용.

81 Vickers, "Practicalities," 185.

82 Donald R. Kelley, *Renaissance Humanism* (Boston, MA: Twayne, 1991), 82.

83 Brian Vickers, *In Defense of Rhetoric* (Oxford: Oxford University Press, 1988), 182~183.

84 Vickers, *In Defense of Rhetoric*, 273.

85 Vickers, *In Defense of Rhetoric*, 272.

86 Vickers, *In Defense of Rhetoric*, 271.

87 Garin, 19.

88 Michael Mooney, *Vico in the Tradition of Rhetoric* (Princeton, NJ: Princeton University Press, 1985), xii.

89 Kennedy, 1999, 245.

90 James K. Cameron, "Humanism in the Low Countries," in *The Impact of Humanism on Western Europe* (London: Routledge, 1990), 148.

91 Cameron, 30.

92 Cameron, 148.

93 Kennedy, 1999, 246.

94 Vickers, "Practicalities," 133.

95 Peter Mack, "Humanist Rhetoric and Dialectic," in *The Cambridge Companion to Renaissance Humanism*, ed. Jill Kraye (Cambridge: Cambridge University Press, 1996), 88.

96 Don Paul Abbott, "Rhetoric and Writing in Renaissance Europe and England," in *A Short History of Writing Instruction*, ed. James J. Murphy (Davis, CA: Hermagoras Press, 1990b), 95. 다음을 보라. Wilbur Samuel Howell, *Logic and Rhetoric in England: 1500～1700* (New York: Russell and Russell, 1961).

97 Vickers, "Practicalities," 269.

98 르네상스기의 스피치 형태에 대해 관심이 있다면 다음 책을 보라. Sylvia Adamson, Gavin Alexander, and Katrin Ettenhuber, eds., *Renaissance Figures of Speech* (Cambridge: Cambridge University Press, 2011).

99 Thomas O. Sloane, *On the Contrary: The Protocol of Traditional Rhetoric* (Washington, DC: Catholic University of America Press, 1997), 특히 Chap. 4, "Disputatiousness."

100 Mack, "Humanist Rhetoric and Dialectic," 91.

101 Kennedy, 1999, 245.

102 Richard Lanham, *A Handbook of Rhetorical Terms*, 2nd ed. (Berkeley, CA: University of California Press, 1991), 80. 래넘은 다음 책에서 인용했다. Edward O. Wilson, *Biophilia* (Cambridge, MA: Harvard University Press, 1984), 60.

103 Lawrence J. Prelli, ed., *Rhetorics of Display* (Columbia, SC: University of South Carolina, 2006), 5.

104 아그리콜라와 그의 영향에 대한 뛰어난 논의에 대해서는 다음 문헌을 보라. Ong, Chap. V.

105 George Kennedy, *Classical Rhetoric and Its Christian and Secular Tradition from Ancient to Modern Times* (Chapel Hill, NC: University of North Carolina Press, 1980), 208～210.

106 Nauert, 104.

107 Kelley, 89.

108 Nauert, 104.

109 Nauert, 104.

110 Agricola, *De Inventione Dialectica* (Nieuwkoop, The Netherlands: De Graaf Publishers, 1967), 192. Mack, 86에서 인용.

111 Ong, 104.

112 다음을 보라. Peter Mack, *Renaissance Argument: Valla and Agricola in the Tradition of Rhetoric and Dialectic* (Leiden, the Netherlands: E. J. Brill, 1993), Chaps. VII and VIII.

113 Ong, 93.

114 Ong, 93.

115 Mack, "Humanist Rhetoric and Dialectic," 89.

116 Peter Ramus, *The Questions of Brutus* (1549), trans. Carole Newlands (Davis, CA: Her magoras Press, 1992), 8.

117 Peter Ramus, *Rhetoricae Distinctiones in Quintilianum* (*Arguments in Rhetoric against Quintilian*), trans. Carole Newlands (1549; DeKalb, IL: Northern Illinois University Press, 1986), 84.

118 Ong, 49.

119 Richard Lanham, *The Electronic Word: Democracy, Technology and the Arts* (Chicago, IL: University of Chicago Press, 1993), 157~158.

120 다음 책을 보라. Mack, *Renaissance Argument*, Chap. XVII. 이 시기 레토릭에 관한 다른 시각에 대해서는 다음 책을 보라. Mark U. Edwards, Jr., Printing, *Propaganda, and Martin Luther* (Berkeley, CA: University of California Press, 1994).

121 르네상스 시기 영국에서의 레토릭 연구에 대한 자세한 논의는 다음 문헌을 보라. Arthur F. Kinney, *Humanist Poetics: Thought, Rhetoric, and Fiction in Sixteenth-Century England* (Amherst, MA: University of Massachusetts Press, 1986).

122 다음 책을 보라. Garry Wills, *Rome and Rhetoric: Shakespeare's Julius Caesar* (New Haven, CT: Yale University Press, 2011).

123 Kennedy, 1999, 247.

124 Ryan Stark, Rhetoric, *Science and Magic in Seventeenth-Century England* (Washington, DC: Catholic University Press, 2009).

125 Stark, 83.

126 Stark, 68.

127 Jane Donawerth, ed., Editor's Introduction to *Rhetorical Theory by Women before 1900* (Lanham, MD: Rowen and Littlefield, 2002), xxii~xxiii.

128 Donawerth, xxiii.

129 Donawerth, xl.

130 Donawerth, xl.

8장

1 Barbara Wamick, *The Sixth Canon: Belletristic Rhetorical Theory and Its French Antecedents* (Columbia, SC: University of South Carolina Press, 1993), 129.

2 Ryan John Stark, "Margaret Cavendish and Composition Style," *Rhetoric Review* 17(2) (Spring 1999), 264~281.

3 Sarah Heller Mendelson, *The Mental World of Stuart Women: Three Studies* (Amherst, MA: University of Massachusetts Press, 1987), 35.

4 비코의 생애와 레토릭의 연관성은 다음을 보라. Michael Mooney, *Vico in the Tradition of Rhetoric* (Princeton, NJ: Princeton University Press, 1985).

5 Peter Burke, *Vico* (Oxford: Oxford University Press, 1985), 2.

6 Burke, 55.

7 Burke, 3.

8 Ernesto Grassi, *Rhetoric as Philosophy* (University Park, PA: Pennsylvania State Press, 1980), 5.

9 Grassi, 6.

10 Mooney, 126.

11 Mooney, 8~9.

12 Mooney, 127.

13 Grassi, 7.

14 Mooney, 135.

15 Grassi, 8.

16 Mooney, 29.

17 Giambattista Vico, *On the Study Methods of Our Time*, trans. Elio Gianturco (Ithaca, NY: Cornell University Press, 1990), 87. Donald Philip Verene, "Gadamer and Vico on Sensus Communis and the Tradition of Humane Knowledge," in *The Philosophy of Hans-George Gadamer*, ed. Lewis E. Hahn (Chicago, IL: Open Court Publishers, 1997), 140에서 인용.

18 Richard Manson, *The Theory of Knowledge of Giambattista Vico* (n.p.: Archon Books, 1969), 35.

19 Katherine E. Gilbert and Helmut Kuhn, *A History of Esthetics* (Bloomington, IN: University of Indiana Press, 1953), 268. Willson Havelock Coates, *The Emergence of Liberal Humanism* (New York: McGraw-Hill, 1966), 219에서 인용.

20 Burke, 53.

21 Burke, 53.

22 Joseph Mali, *The Rehabilitation of Myth: Vico's "New Science"* (Cambridge: Cambridge University Press, 1992), 183; Mooney, 66.

23 Mooney, 66.

24 Mali, 183.

25 Mali, 167.

26 Vico, "Orazione in Morte di Donna Angela Cimmino Marchesa di Petrella," in *Opere di G. B. Vico*, ed. Fausto Nicolini, 8 vols. in 11 (Rome: Bari Laterza, 1911~1914), 7:170. Grassi, 7에서 인용.

27 Paul Hazzard, *La Pensée Européenne au XVIIIe siècle de Montesquieu Lessing* (Paris: Arthone

Fayard, 1963), 43. 다음 책의 편집자 서문에서 인용한 것이다. Giambattista Vico, *On Humanistic Education: Six Inaugural Orations, 1699~1707*, ed. Donald Phillip Verene, trans. G. A. Pinton and A. W. Shippe (Ithaca, NY: Cornell University Press, 1993), 2~3.

28 Mali, 7.

29 Laurence Coupe, *Myth* (New York: Routledge, 1997), 119.

30 Mali, 3.

31 Mali, 150. 벤저민 베넷Benjamin Bennett은 《비극의 탄생》에서 니체가 신화를 "무의식적 형이상학"이라고 주장한다고 본다. "Nietzsche's Idea of Myth: *The Birth of Tragedy* from the Spirit of Eighteenth-Century Aesthetics," *Proceedings of the Modern Language Association* 91: 3 (May, 1979), 420~422, 421.

32 Mali, 9.

33 Verene, 83.

34 Verene, 138.

35 Hayden White, *Tropics of Discourse: Essays in Cultural Criticism* (Baltimore, MD: Johns Hopkins University Press, 1986).

36 Wilbur Samuel Howell, *Eighteenth-Century British Logic and Rhetoric* (Princeton, NJ: Princeton University Press, 1971), 6.

37 Winifred Bryan Horner, "Writing Instruction in Great Britain: Eighteenth and Nineteenth Centuries," in *A Short History of Writing Instruction*, ed. James J. Murphy (Davis, CA: Hermagoras Press, 1990), 124~125.

38 Stephen H. Browne, "Shandyean Satire and the Rhetorical Arts in Eighteenth-Century England," *Southern Communication Journal* 55 (Winter 1990): 191~205.

39 Warnick, 66. 워닉은 이 점에 대해 리처드 셰리를 인용한다.

40 Horner, 136~137.

41 Horner, 121~150.

42 Kenneth Cmiel, *Democratic Eloquence: The Fight over Popular Speech in Nineteenth Century America* (New York: William Morrow, 1990), 36.

43 다음 문헌을 보라. Howell, *Eighteenth-Century*, 145~256.

44 G. P. Mohrmann, introduction to Thomas Sheridan, *A Discourse Being Introductory to His Course of Lectures on Elocution and the English Language* (1759; rpt. Los Angeles: Augustan Reprint Society, 1969), ii.

45 Howell, *Eighteenth-Century*, 155에서 인용.

46 Howell, *Eighteenth-Century*, 156에서 인용.

47 Sheridan, *A Discourse*, 25~26.

48 Thomas Sheridan, *A Course of Lectures on Elocution* (London: W. Strahan, 1762). 셰리던의 연구와 관련해서는 다음의 글을 보라. Wallace A. Bacon, "The Elocutionary Career of Thomas Sheridan," *Speech Monographs* 31 (March 1964): 1~53.

49 Thomas Sheridan, *A General Dictionary of the English Language* (London: J. Dodsley, 1780). 이 책은 영어 단어의 올바른 발음을 안내하기 위해 출판되었다.

50 Cmiel, 40.

51 Hugh Blair, *Lectures on Rhetoric and Belles Lettres*, ed. Harold Harding, 2 vols. (Carbondale, IL: Southern Illinois University Press, 1965), v. 1, x~xi.

52 Warnick, 특히 1장.

53 Warnick, 4.

54 Warnick, 34.

55 Herman Cohen, "Belles lettres," in *Encyclopedia of Composition and Rhetoric: Communication from Ancient Times to the Information Age*, ed. Theresa Enos (New York: Routledge, 2004), 71.

56 Richard Whately, *Elements of Rhetoric*, ed. Douglas Ehninger (1828, rpt. Carbondale, IL: Southern Illinois University Press, 1963), xxiv.

57 Henry Home, Lord Kames, *The Elements of Criticism* (1761; rpt. New York: Barnes and Burr, 1865), 133.

58 Kames, 270.

59 Warnick, 112.

60 Blair, 21.

61 Blair, 183.

62 Blair, 183~184.

63 Blair, 184.

64 Blair, 185~186.

65 Blair, 226.

66 다음 책을 보라. James L. Golden and Edward P. J. Corbett, *The Rhetoric of Blair, Campbell, and Whately* (New York: Holt, Rinehart and Winston, 1968). 그 밖에 다른 문헌으로는 다음과 같은 것들이 있다. Douglas Ehninger, "George Campbell and the Revolution in Inventional Theory," *Southern Speech Journal* 15 (1950): 270~276; "Campbell, Blair, and Whately Revisited," *Southern Speech Journal* 28 (1963), 169~182; "Campbell, Blair, and Whately: Old Friends in a New Light," *Western Speech* 19 (1955): 263~269; Douglas McDermott, "George Campbell and the Classical Tradition," *Quarterly Journal of Speech* 49 (1963): 403~409; Dominic LaRusso, "Root or Branch? A Reexamination of Campbell's 'Rhetoric," *Western Speech* 32 (1968): 85~91; Herman Cohen, "William Leechman's Anticipation of Campbell," *Western Speech* 32 (1968), 92~99.

67 George Campbell, *The Philosophy of Rhetoric*, ed. Lloyd F. Bitzer (Carbondale, IL: University of Southern Illinois Press, 1963). 캠벨에 대해서는 다음 책을 보라. Bitzer's Introduction to *The Philosophy of Rhetoric*; Howell, *Eighteenth-Century*, 577~612.

68 캠벨의 생각과 연구에 대해서는 다음 책을 보라. Arthur Walzer, *George Campbell: Rhetoric in the Age of Enlightenment* (Albany NY: State University of New York Press, 2003).

69 Gerard Hauser, "Empiricism, Description, and the New Rhetoric," *Philosophy and Rhetoric* 5 (1972): 24~44; Lloyd Bitzer, "Hume's Philosophy in George Campbell's The Phil osophy of Rhetoric," *Philosophy and Rhetoric* 2 (1969): 136~166; Vincent Bevilaqua, "Philosophical Origins of George Campbell's Philosophy of Rhetoric," *Speech Monographs* 32 (1965): 7~8.

70 Bitzer, Introduction to *The Philosophy of Rhetoric*, xiii.

71 Bitzer, Introduction to *The Philosophy of Rhetoric*, xiii.

72 Campbell, xlv.

73 George Kennedy, *Classical Rhetoric and Its Christian and Secular Tradition from Ancient Times*, 1st ed. (Chapel Hill, NC: University of North Carolina Press, 1980), 234. 다음 책을 보라. Thomas Conley, *Rhetoric in the European Tradition* (New York: Longman, 1990), 217~220.

74 Douglas Ehninger, *Introduction to Richard Whately, Elements of Rhetoric* (1828; Carbon dale, IL: Southern Illinois University Press, 1963), xxv~xxvi.

75 Kennedy, 240.

76 Wilbur Samuel Howell, "John Locke and the New Rhetoric," *Quarterly Journal of Speech* 53 (1967): 319~321.

77 Campbell, 1.

78 Campbell, 1.

79 Warnick, 68.

80 Howell, *Eighteenth-Century*, 587에서 인용.

81 Campbell, 77.

82 Howell, *Eighteenth-Century*, 587에서 인용.

83 Warnick, 67.

84 Warnick, 67.

85 Campbell, 108.

86 Campbell, 108.

87 Wamick, 119.

88 McKerrow, 7 ff.

89 McKerrow, 9.

90 Whately, 90.

91 Whately, 91.

92 Whately, 112.

93 Whately, 112~113.

94 Whately, 116.

95 Jane Donawerth, "Poaching on Men's Philosophy of Rhetoric: Eighteenth- and Nineteenth- Century Rhetorical Theory by Women," *Philosophy and Rhetoric*, 33(3) (2000), 243~258.

96 Donawerth, 244.

97 Donawerth, 245.

98 Donawerth, 246.

9장

1 David A. Frank, "A Traumatic Reading of Twentieth-Century Rhetorical Theory: The Belgian Holocaust, Malines, Perelman, and de Man," *Quarterly Journal of Speech* 93(3) (August 2007): 308~343.

2 펄먼의 레토릭 이론에 관한 훌륭한 에세이 선집인 다음의 책을 보라. Ray D. Dearin, ed., *The New Rhetoric of Chaim Perelman* (Lanham, MD: University Press of America, 1989).

3 Chaim Perelman and L. Olbrechts-Tyteca, *The New Rhetoric: A Treatise on Argumentation*, trans. John Wilkinson and Purcell Weaver (Notre Dame, IN: University of Notre Dame Press, 1969), 6.

4 Perelman and Olbrechts-Tyteca, 20.

5 Perelman and Olbrechts-Tyteca, 4.

6 Perelman and Olbrechts-Tyteca, 14.

7 페렐만과 올브레흐츠타이테카의 수용자 이론에 대해서는 다음 글을 보라. Alan Gross, "A Theory of the Rhetorical Audience: Reflections on Chaim Perelman," *Quarterly Journal of Speech* 85 (May 1999): 202~211.

8 Perelman and Olbrechts-Tyteca, 30.

9 보편적 수용자의 개념에 대해 더 알고 싶다면 다음 문헌을 보라. John R. Anderson, "The Audience as a Concept in the Philosophic Rhetoric of Perelman, John stone, and Natanson," *Southern Speech Communication Journal* 38 (Fall 1972): 39~50; Lisa S. Ede, "Rhetoric vs. Philosophy: The Role of the Universal Audience in Chaim Perelman's The New Rhetoric," *Central States Speech Journal* 32 (Summer 1981): 118~125; John W. Ray, "Perelman's Universal Audience," *Quarterly Journal of Speech* 64 (December 1978): 361~375; Allen Scult, "Perelman's Universal Audience: One Perspective," *Central States Speech Journal* 27 (Fall 1976): 176~180.

10 Perelman and Olbrechts-Tyteca, 30.

11 Chaim Perelman, *The New Rhetoric and the Humanities*, trans. William Kluback (Dordrecht,

Holland: D. Reidel, 1979), 46.

12 Perelman and Olbrechts-Tyteca, 20~21.

13 Perelman and Olbrechts-Tyteca, 65.

14 Perelman and Olbrechts-Tyteca, 65.

15 Perelman and Olbrechts-Tyteca, 66.

16 Chaim Perelman, *Justice* (New York: Random House, 1967), 78.

17 Perelman, *Justice*, 78.

18 Perelman, *Justice*, 82.

19 Perelman, *Rhetoric and Humanities*, 118.

20 Perelman and Olbrechts-Tyteca, 31.

21 Perelman and Olbrechts-Tyteca, 36.

22 Perelman and Olbrechts-Tyteca, 36.

23 Perelman and Olbrechts-Tyteca, 37.

24 Perelman and Olbrechts-Tyteca, 116~117.

25 Hubert L. Dreyfus and Paul Rabinow, "What Is Maturity? Habermas and Foucault on "What Is Enlightenment?"" in *Foucault: A Critical Reader*, ed. David Couzens Hoy (Oxford: Basil Blackwell, 1986), 110.

26 Dreyfus and Rabinow, 110. 다음 책을 보라. Jürgen Habermas, *Toward a Rational Society: Student Protest, Science and Politics*, trans. J. Shapiro (Boston, MA: Beacon Press, 1970).

27 Jürgen Habermas, *Communication and the Evolution of Society*, trans. Thomas McCarthy (Boston, MA: Beacon Press, 1979), 7.

28 다음 책을 보라. Jürgen Habermas, *Knowledge and Human Interests*, trans. Jeremy J. Shapiro (Boston, MA: Beacon Press, 1971); *Theory and Practice*, trans. John Viertel (Boston, MA: Beacon Press, 1973).

29 McCarthy in editor's introduction to *The Philosophical Discourse of Modernity*, ed. Thomas McCarthy (Cambridge MA: MIT Press, 1987), xii.

30 Habermas, *Toward a Rational Society*, 74~75.

31 Susan Wells, *Sweet Reason: Rhetoric and the Discourses of Modernity* (Chicago, IL: University of Chicago Press, 1996), 114.

32 Jürgen Habermas, *The Lure of Technocracy* (Cambridge: Polity Press, 2016), 48.

33 Jürgen Habermas, *The Philosophical Discourse of Modernity: Twelve Lectures*, trans. Frederick Lawrence (Cambridge, MA: MIT Press, 1987), ed. Thomas McCarthy, x.

34 Thomas McCarthy, introduction to Habermas, *Philosophical Discourse*, x.

35 Jürgen Habermas, *Theory and Practice*, trans. John Viertel (Boston, MA: Beacon Press, 1973), 25.

36 McCarthy in editor's introduction to *Philosophical Discourse*, x.

37 Wells, 115.

38 Translator's introduction to Jürgen Habermas, *Truth and Justification*, trans. Barbara Fultner (Cambridge, MA: MIT Press, 2003), xvii.

39 Wells, 103.

40 McCarthy in editor's introduction to *Philosophical Discourse*, xvi.

41 Thomas McCarthy, *The Critical Theory of Jürgen Habermas* (Cambridge, MA: MIT Press, 1978), 292.

42 Wells, 119.

43 Sonja K. Foss, Karen A. Foss, and Robert Trapp, *Contemporary Perspective on Rhetoric*, 2nd ed. (Prospect Heights, IL: Waveland, 1991), 241~272.

44 McCarthy, *Critical Theory*, 273.

45 다음 글을 보라. Dick Howard, "A Politics in Search of the Political," *Theory and Society* 1 (Fall 1974): 271~306.

46 Wells, 116.

47 Joy Connolly, *The State of Speech: Rhetorical and Political Thought in Ancient Rome* (Princeton, NJ: Princeton University Press, 2013), 9.

48 Marie Fleming, *Emancipation, and Illusion: Rationality and Gender in Habermas' Theory of Modernity* (University Park, PA: Penn State University Press, 1999), 86.

49 Herbert Simons, ed., *The Rhetorical Turn: Invention and Persuasion in the Conduct of Inquiry* (Chicago, IL: University of Chicago Press, 1990), 8.

50 다음 문헌을 보라. Thomas Kuhn, *The Structure of Scientific Revolutions*, 3rd ed. (Chicago, IL: University of Chicago Press, 1996); Evelyn Fox Keller, "Secrets of Life, Secrets of Death," in *The Rhetoric of the Human Sciences*, ed. J. Nelson, A. Megill and D. McCloskey (Madison, WI: University of Wisconsin Press, 1987); Charles Bazerrman, *Shaping Written Knowledge: The Genre and Activity of the Experimental Article in Science* (Madison, WI: University of Wisconsin Press, 1988); Lawrence Prelli, *A Rhetoric of Science: Inventing Scientific Discourse* (Columbia, SC: University of South Carolina Press, 1989); Alan Gross, *The Rhetoric of Science* (Cambridge, MA: Harvard University Press, 1990); Randy Alan Harris, ed., *Landmark Essays in the Rhetoric of Science* (London: Routledge, 1997; 2nd ed. 2017).

51 Brian Boyd, *On the Origins of Stories* (Cambridge, MA: Harvard University Press, 2010), 411.

52 다음 책을 보라. Karl Popper, *Conjectures and Refutations: The Growth of Scientific Knowledge* (London: Routledge, 1963).

53 Mary Midgley, *Evolution as a Religion* (London: Routledge, 1985), 30.

54 Mary Midgley, *Science as Salvation: A Modern Myth and Its Meaning* (London and New York: Routledge, 1992).

55 Mary Midgley, *The Myths We Live By* (New York: Routledge, 2004), xii~xiii.

56 Midgley, *Myths*, xii. 세갈Segal은 칼 포퍼의 그와 같은 생각에 대해 다음과 같이 언급한다. "포퍼는 과학적 이론이 여전히 신화와 같은 상태로 남아 있다. 왜냐하면 이론은 신화와 같이 결코 입증될 수 없으며 단지 반증될 뿐이기 때문이다. 따라서 이론은 '기본적으로 불확실한 상태 혹은 가설의 상태로 여전히 머물러 있는' 것이다." 34.

57 Midgley, *Myths*, xii.

58 Mary Midgley, *Salvation*, 57.

59 Midgley, *Salvation*, 13.

60 John Lyne, "Rhetoric and Scientific Communities," in *Rhetoric and Community: Studies in Unity and Fragmentation*, ed. Michael J. Hogan (Columbia, SC: University of South Carolina Press, 1998), 266.

61 Wells, 93.

62 Charles Bazerman, *Shaping Written Knowledge: The Genre and Activity of the Experimental Article in Science* (Madison, WI: University of Wisconsin Press 1988), 321.

63 다음 글을 보라. Kenneth Gergen and Mary Gergen, "Narrative Form and the Construction of Psychological Sciences," in *Narrative Psychology*, ed. T. R. Sarbin (New York: Praeger Press, 1986), 22~44; Lisa J. Disch, "More Truth than Fact: Storytelling as Critical Understanding in the Writings of Hannah Arendt," *Political Theory* (1994): 665~694.

64 Charles Arthur Willard, "Argumentation and Postmodern Critique," in *Perspectives on Argumentation: Essays in Honor of Wayne Brockriede*, ed. Robert Trapp and Janice E. Schuetz (Prospect Heights, IL: Waveland, 1990), 221~231, 225.

65 Wells, 56.

66 다음 글을 보라. Stephen B. Katz, "The Ethic of Expediency: Classical Rhetoric, Technology, and the Holocaust," *College English* 54 (March 1992): 255~275.

67 Wells, 56.

68 Simons, 4.

69 Lyne, 268.

70 Lyne, 268~269.

71 Alan Gross, Joseph Harmon, and Michael Reidy, *Communicating Science: The Scientific Article from the Seventeenth Century to the Present* (Oxford, UK: Oxford University Press, 2002), viii. 다음을 보라. Alan G. Gross, *Starring the Text: The Place of Rhetoric in Science Studies* (Carbondale, IL: Southern Illinois University Press, 2006).

72 Lyne, 272~273.

73 Lyne, 273.

74 Lyne, 275.

75 Deirdre N. McCloskey, *The Rhetoric of Economics* (Madison, WI: University of Wisconsin Press, 1985; 2nd ed. 1998), 36. Herbert W. Simons, "The Rhetoric of Inquiry as an Intellectual Movement," *The Rhetorical Turn*, ed. Herbert W. Simons (Chicago, IL: University of Chicago Press, 1990), 1~31, 9에서 인용.

76 Deirdre N. McCloskey, *Bourgeois Dignity Why Economics Can't Explain the Modern World* (Chicago, IL: University of Chicago Press, 2011), 40.

77 John Van Maanen, *Tales of the Field: On Writing Ethnography* (Chicago, IL: University of Chicago Press, 1988), 5.

78 Jeanne Fahnestock, *Rhetorical Figures in Science* (New York: Oxford University Press, 1999).

79 Clifford Geertz, *Works and Lives: The Anthropologist as Author* (Stanford, CA: Stanford University Press, 1988), 4~5.

80 Geertz, 84. 인류학에서의 레토릭 역할에 대한 다른 견해와 관련해서는 다음 문헌을 보라. Renato Rosaldo, "Where Objectivity Lies," in *The Rhetoric of the Human Sciences*, 87~110; Christopher Nash and Martin Warner, eds., *Narrative in Culture* (London: Routledge, 1988); Ales sandro Duranti, *From Grammar to Politics: Linguistic Anthropology in a Western Samoan Village* (Berkeley, CA: University of California Press, 1994).

81 다음 글을 보라. John Angus Campbell, "Darwin, Thales, and the Milkmaid: Scientific Revolution and Argument from Common Beliefs and Common Sense," in *Perspectives on Argument*, ed. Robert Trapp and Janice Schuetz (Prospect Heights, IL: Waveland, 1990a), 207~220; John Angus Campbell, "Scientific Discovery and Rhetorical Invention: The Path of Darwin's Origin," *The Rhetorical Turn*, 58~90.

82 Campbell, "Darwin, Thales," 209.

83 Campbell, "Darwin, Thales," 209.

84 Campbell, "Darwin, Thales," 210.

85 Campbell, "Darwin, Thales," 213.

86 Campbell, "Darwin, Thales," 214.

87 Campbell, "Darwin, Thales," 215.

88 Campbell, "Darwin, Thales," 216.

89 Dilip P. Gaonkar, "The Idea of Rhetoric in the Rhetoric of Science," *Southern Communication Journal*, 58(4) (Summer, 1993): 255~327, 258~259. 또한 다음 책도 출판되었다. Alan G. Gross and William M. Keith, eds., *Rhetorical Hermeneutics: Invention and Interpretation in the Age of*

Science (Albany, NY: State University of New York Press, 1997).

90 Gaonkar, 259.

91 Gaonkar, 266.

92 Gaonkar, 267.

93 Gaonkar, 267.

94 David J. Depew and John Lyne, "The Productivity of Scientific Rhetoric," *POROI: An Interdisciplinary Journal of Rhetorical Analysis and Invention*, 9(1) (2013): 1~21, 1~2.

10장

1 James L. Kinneavy, "Contemporary Rhetoric," in *The Present State of Scholarship in Historical and Contemporary Rhetoric*, ed. Winifred Bryan Horner (Columbia, SC: University of Missouri Press, 1990), 192.

2 Michael C. Leff, "What Is Rhetoric?" *Rethinking Rhetorical Theory, Criticism, and Pedagogy: The Living Art of Michael C. Leff*, eds. A. de Velasco, J. A. Campbell, and D. Henry (East Lansing, MI: Michigan State University Press, 2016), 471~481, 476.

3 케네스 버크의 수많은 작품에는 다음 책들도 포함된다. *Counter-Statement* (Berkeley, CA: University of California Press, 1968); *Language as Symbolic Action* (Berkeley, CA: University of California Press, 1966); *A Grammar of Motives* (Berkeley, CA: University of California Press, 1969); *A Rhetoric of Motives* (Berkeley, CA: University of California Press, 1969); *The Rhetoric of Religion* (Berkeley, CA: University of California Press, 1961).

4 다음 글을 보라. Don Abbott, "Marxist Influences on the Rhetorical Theory of Kenneth Burke," *Philosophy and Rhetoric* 4 (1974): 217~233.

5 Sidney Hook, "The Technique of Mystification," *Critical Responses to Kenneth Burke*, ed. William H. Ruckert (Minneapolis, MN: University of Minnesota Press, 1969), 89. Abbott, 217에서 인용.

6 George Kennedy, *Classical Rhetoric and Its Christian and Secular Tradition* (Chapel Hill, NC: University of North Carolina Press, 1999), 94.

7 Kenneth Burke, *A Rhetoric of Motives* (Berkeley, CA: University of California Press, 1969), 55.

8 Lloyd Bitzer, "Political Rhetoric," in *Landmark Essays on Contemporary Rhetoric*, ed. Thomas Farrell (Mahwah, NJ: Lawrence Earlbaum, 1998), 1~22, 9.

9 Burke, *Rhetoric of Motives*, 22.

10 Bitzer, "Political Rhetoric," 9~10.

11 Burke, *Rhetoric of Motives*, xiv.

12 버크는 ad purificandum bellum이란 라틴어 구절을 사용했다.

13 Thomas Farrell, *Norms of Rhetorical Culture* (New Haven, CT: Yale University Press, 1995), 204.

14 Burke, *Rhetoric of Motives*, 43.

15 Burke, *Language as Symbolic Action*, 16.

16 Burke, *Language as Symbolic Action*, 45.

17 Burke, *Language as Symbolic Action*, 45.

18 Burke, *Language as Symbolic Action*, 45.

19 Burke, *Language as Symbolic Action*, 50.

20 Burke, *A Grammar of Motives* (Berkeley, CA: University of California Press, 1969).

21 Burke, *Grammar of Motives*, xvi.

22 Burke, *Grammar of Motives*, 15.

23 Richard Lanham, *The Electronic Word: Democracy, Technology and the Arts* (Chicago, IL: University of Chicago Press, 1993), 56.

24 Burke, *The Philosophy of Literary Form: Studies in Symbolic Action*, 3rd ed. (1941; Berkeley, CA: University of California Press, 1973). 또한 다음 책도 보라. *Counter-Statement*.

25 Burke, *Counter-Statement* (1931; Berkeley, CA: University of California Press, 1968), 124.

26 Burke, *Counter-Statement*, 124.

27 Burke, *Counter-Statement*, 124.

28 Burke, *Counter-Statement*, 125.

29 Burke, *Counter-Statement*, 126.

30 Brian Vickers, *In Defense of Rhetoric* (Oxford: Oxford University Press, 1988), 441.

31 William A. Covino, *Magic, Rhetoric and Literacy: An Eccentric History of the Composing Imagination* (Albany, NY: State University of New York Press, 1994), 93.

32 Burke, *The Philosophy of Literary Form*, 4. Covino, 91에서 인용.

33 Lloyd Bitzer, "The Rhetorical Situation," *Philosophy and Rhetoric* 1 (December 1968), 1~14.

34 Bitzer, "The Rhetorical Situation," 3.

35 Bitzer, "The Rhetorical Situation," 6.

36 Bitzer, "The Rhetorical Situation," 7.

37 Bitzer, "The Rhetorical Situation," 8.

38 Bitzer, "The Rhetorical Situation," 8.

39 Bitzer, "The Rhetorical Situation," 10.

40 레토릭과 서사에 대한 문헌은 다음과 같다. Anne Dipardo, "Narrative Knowers, Expository Knowledge," *Written Communication* 7 (January 1990): 59, 95; Doug Hesse, "Aristotle's Poetics and Rhetoric: Narrative as Rhetoric's Fourth Mode," in *Rebirth of Rhetoric: Essays in Language*, Culture, and Education, ed. Richard Andrews (London: Routledge, 1992); Richard Andrews, ed., *Narrative and Argument* (Milton Keynes, UK: Open University Press, 1989); Renato Rosaldo,

"Where Objectivity Lies," in *The Rhetoric of the Human Sciences*, ed. John Nelson, Allen Megill, and Donald McCloskey (Madison, WI: University of Wisconsin Press, 1987), 87~110.

41 Susan Wells, *Sweet Reason: Rhetoric and the Discourses of Modernity* (Chicago, IL: University of Chicago Press, 1996), 49.

42 Wells, 49.

43 바흐친의 사상에 대해서는 다음 책을 보라. Michael Holquist, *Dialogism: Bakhtin and His World* (London: Routledge, 1990).

44 Holquist, 15.

45 Alastair Renfrew, *Mikhail Bakhtin* (London: Routledge, 2015), 7~8.

46 Renfrew, 23.

47 Mikhail Bakhtin, *Marxism and the Philosophy of Language*, trans. L. Matejka and I. R. Titunik (New York: Seminar Press, 1973), 9. 다음 책을 보라. Liisa Steinby and Tintti Kla puri, eds., *Bakhtin and His Others: Intersubject(ivism), Chronotype, Dialogism* (London, UK: Anthem, 2013).

48 Bakhtin, Marxism, 86.

49 찰스 슈스터Charles Schuster가 다음 책의 편집자 서문에서 인용했다. *Landmark Essays on Bakhtin, Rhetoric, and Writing*, ed. Frank Farmer (Mahwah, NJ: Hermagoras Press, 1998), 3.

50 Josephine Donovan in *Feminism, Bakhtin, and the Dialogic*, ed. Dale M. Bauer and S. Jaret McKinstry (Albany, NY: State University of New York, 1991), 86.

51 Wayne E. Booth, Introduction to Mikhail Bakhtin, *Problems of Dostoevsky's Poetics*, ed. and trans. Caryl Emerson (Minneapolis, MN: University of Minnesota Press, 1984), xix.

52 Wayne E. Booth, Introduction to Bakhtin, *Dostoevsky*, xx.

53 Bakhtin, *Dostoevsky*, XXV.

54 Bakhtin, *Dostoevsky*, 3.

55 Bakhtin, *Dostoevsky*, 6.

56 Wayne Booth, *The Rhetoric of Fiction* (Chicago, IL: University of Chicago Press, 1961), 16. 다음 책을 보라. *Now Don't Try to Reason with Me* (Chicago, IL: University of Chicago Press, 1970); *Modern Dogma and the Rhetoric of Assent* (Chicago, IL: University of Chicago Press, 1974).

57 Booth, *Fiction*, 20.

58 Booth, *Fiction*, 50.

59 Booth, *Fiction*, 60.

60 Booth, *Fiction*, 69.

61 Booth, *Fiction*, 78.

62 Brian Boyd, *On the Origin of Stories* (Cambridge, MA: Harvard University Press, 2010), 166.

63 Boyd, 411.

64 Walter Fisher, *Human Communication as Narration: Toward a Philosophy of Reason, Value, and Action* (Columbia, SC: University of South Carolina Press, 1987).

65 Fisher, 108~109.

66 Fisher, 95.

67 Fisher, 105.

68 Fisher, 137.

69 다음 문헌을 보라. Ernest Bormann, "Fetching Good Out of Evil: A Rhetorical Use of Calamity," *Quarterly Journal of Speech*, 63 (1977): 130~139; "A Fantasy Theme Analysis of the Television Coverage of the Hostage Release and the Reagan Inauguration," *Quarterly Journal of Speech* 68 (1982): 133~145; *Restoring the American Dream* (Carbondale, IL: Southern Illinois University Press, 1985).

70 Ernest Bormann, "Fantasy and Rhetorical Vision: The Rhetorical Criticism of Social Reality," *Quarterly Journal of Speech* 59 (1972): 398.

71 Bormann, "Fantasy and Rhetorical Vision," 398.

72 Ernest C. Bormann, "Symbolic Convergence: Organizational Communication and Culture," in *Communication and Organizations: An Interpretive Approach*, ed. L. L. Putnam and M. E. Pacanowsky (Newbury Park: Sage, 1983), 99~122.

73 Bormann, "Symbolic Convergence," 102.

74 Bormann, "Symbolic Convergence," 108.

75 Bormann, "Symbolic Convergence," 120.

76 다음 책을 보라. Carole Blair, *Places of Public Memory: The Rhetoric of Memorials and Museums* (Tuscaloosa, AL: University of Alabama Press, 2010); Lester Olson, *Benjamin Franklin's Vision of American Community* (Columbia, SC: University of South Carolina Press, 2004).

77 Lawrence J. Prelli, ed., *Rhetorics of Display* (Columbia, SC: University of South Carolina, 2006), 1.

78 Prelli, 2.

79 다음 책을 보라. Laurie E. Gries, *Still Life with Rhetoric: A New Materialist Approach for Visual Rhetorics* (Boulder, CO: University Press of Colorado, 2015).

80 Scot Barnett and Casey Boyle, eds., *Rhetoric, through Everyday Things* (Tuscaloosa, AL: University of Alabama Press, 2016), 1. 또한 다음 책도 보라. Mel Y. Chen, *Animacies: Biopolitics, Racial Mattering and Queer Affect* (Durham, NC: Duke University Press, 2012).

81 Bruno Latour, *We Have Never Been Modern* (Cambridge, MA: Harvard University Press, 1991). 과학 분야의 질문 대한 라투르의 작업을 페미니즘적으로 적용한 것으로는 다음 책을 보라. Donna J. Haraway, *Staying with the Trouble: Making Kin in the Chthulucene* (Durham, NC: Duke University Press, 2016).

82 Laurie Gries, *Still Life with Rhetoric: A New Materialist Approach for Visual Rhetorics* (Logan, UT: Utah State University Press, 2015), xv.

83 Gries, 4.

84 Gries, 5.

85 Gries, 7.

86 Gries, 12.

87 Gries, 16.

88 Gries, 86.

89 Scot Barnett and Casey Boyle, *Rhetoric, through Everyday Things*, 2nd ed. (Tuscaloosa, AL: University of Alabama Press, 2016), 1.

90 Barnett and Boyle, 1.

91 Barnett and Boyle, 2.

92 Nicholas Carr, *The Shallows: What the Internet is doing to Our Brains* (New York: Norton, 2011), 104. 또한 카의 다음 책도 보라. *The Glass Cage: How Our Computers Are Changing Us* (New York: W.W. Norton, 2015), *Utopia Is Creepy: And Other Provocations* (New York: W. W. Norton, 2016).

93 Zeynep Tufekci, March 10, 2018.

94 예를 들어, 다음 글을 보라. Maria Lindh and Jan Nolin, "Information We Collect: Surveillance and Privacy in the Implementation of Google Apps for Education," *European Educational Research Journal* (2016): 1~20.

95 Clay Shirky, "Cleaning up Online Conversation," *Harvard Business Review: HBR Agenda 2011* (January 2011), http://hbr.org/web/extras/hbragenda-2011/clay-shirky (accessed June 5, 2011). 또한 온라인 경험에 대한 셔키의 다음 책도 참조하라. *Here Comes Everybody: The Power of Organizing without Organizations* (New York: Penguin, 2009), *Cognitive Surplus: Creativity and Generosity in a Connected Age* (New York: Penguin, 2010).

96 Clive Thompson, "Clive Thompson on the New Literacy," *Wired* (August 24, 2009), www.wired.com/techbiz/people/magaz 4.ine/17-09/st_thompson (accessed June 4, 2011).

97 Douglas Eyman, *Digital Rhetoric: Theory, Method, Practice* (Ann Arbor, MI: University of Michigan Press, 2015), 1, 13.

98 Eyman, 17.

99 Eyman 44.

11장

1 이러한 발전에 대해 잘 살펴보기 위해서는 다음 책을 보라. Ann Gill, *Rhetoric and Human*

Understanding (Prospect Heights, IL: Waveland, 1994). 또한 다음 책도 보라. Charles C. Lemert and Garth Gillan, *Michel Foucault: Social Theory as Transgression* (New York: Columbia University Press, 1982), Chap. 1, "Foucault's Field."

2 Claudia Moscovici, *Double Dialectics: Between Universalism and Relativism in Enlightenment and Postmodern Thought* (Lanham, MD: Rowman and Littlefield, 2002), 2.

3 Jean-François Lyotard, *The Postmodern Condition: A Report on Knowledge*, trans. Geoff Bennington and Brian Massumi (Minneapolis, MN: University of Minnesota Press, 1988), xxiii.

4 Lyotard, xxiv. Moscovici, 3에서 인용.

5 Claude Lévi-Strauss, "The Structural Study of Myth," *The Journal of American Folklore* 68(270), (1955): 428~444, 429.

6 Lévi-Strauss, 430.

7 Lévi-Strauss, 430.

8 Lévi-Strauss, 430.

9 Claude Lévi-Strauss, *Myth and Meaning* (1978; rpt. Oxford, UK: Routledge), 1.

10 Lévi-Strauss, "Study," 431.

11 C. G. Prado, *Starting with Foucault: An Introduction to Genealogy* (Boulder, CO: Westview, 1995), 1.

12 James W. Bernauer, *Michel Foucault's Force of Flight: Toward an Ethics of Thought* (Atlantic Highlands, NJ: Humanities Press, 1990), 2.

13 Michel Foucault, *The Order of Things: An Archaeology of the Human Sciences* (*Les Mots et les Chose*, 1966; New York: Random House, 1970); *The Archaeology of Knowledge*, trans. A. M. Sheridan Smith (*L'Archaeology du Savoir*, 1969; New York: Random House, 1972).

14 Michel Foucault, *The Birth of the Clinic: An Archaeology of Medical Perception*, trans. A. M. Sheridan Smith (New York: Random House, 1973).

15 다음을 보라. Stuart Elden, *Foucault's Last Decade* (Cambridge, UK: Polity Press, 2016).

16 Michel Foucault, *Michel Foucault: Power, Truth, Strategy*, ed. Meaghan Morris and Paul Patton (Sydney, Australia: Feral Publications, 1979), 32.

17 Alec McHoul and Wendy Grace, *A Foucault Primer: Discourse, Power and the Subject* (New York: New York University Press, 1997), 22.

18 McHoul and Grace, 22.

19 Michel Foucault, 8.

20 McHoul and Grace, 21.

21 푸코의 광기 연구에 대해서는 다음 책을 보라. *The Cambridge Companion to Foucault*, ed. Gary Gutting (Cambridge, UK: Cambridge University Press, 1994), Chap. 2, "Madness and Mental

Illness."

22 푸코의 작업에서 담론이 갖는 의미에 대한 자세한 논의는 다음 글을 보라. Manfred Frank, "On Foucault's Concept of Discourse," in *Michel Foucault: Philosopher*, trans. Timothy J. Armstrong (New York: Routledge, 1992), 99~116.

23 McHoul and Grace, 35.

24 Bernauer, 5.

25 Lemert and Gillan, 6.

26 McHoul and Grace, 39.

27 Edward Craig, ed., *Routledge Encyclopedia of Philosophy* (London: Routledge Press, 1998), 708.

28 Gary Gutting, *Michel Foucault's Archaeology of Scientific Reason* (New York: Cambridge University Press, 1989), 2.

29 Elden, 199.

30 McHoul and Grace, 18.

31 다음 글을 보라. Gutting, Chap. 6: "The Archaeology of Knowledge."

32 Graham Burchell, Colin Gordon, and Peter Miller, eds., *The Foucault Effect: Studies in Governmentality* (Chicago, IL: University of Chicago Press, 1991), 59~60.

33 McHoul and Grace, 29.

34 Karlis Racevskis, *Michel Foucault and the Subversion of Intellect* (Ithaca, NY: Cornell University Press, 1983), 58. 다음 글을 보라. Lemert and Gillan, Chap. 2, "Historical Archaeology."

35 Racevskis, 59.

36 David R. Shumway, *Michel Foucault* (Charlottesville, VA: University Press of Virginia, 1989), 5.

37 Shumway, 56.

38 Joseph Rouse, "Power/Knowledge," in *The Cambridge Companion to Foucault*, ed. Gary Gutting (Cambridge: Cambridge University Press, 1994), 92.

39 Gutting, *Cambridge Companion*, 231.

40 Michel Foucault, "Discourse on Language," published with *Archaeology of Knowledge* (New York: Random House, 1972), 215~237, 216.

41 Foucault, "Discourse on Language," 216.

42 Foucault, *Archaeology of Knowledge*, 217.

43 Mel Y. Chen, *Animacies: Biopolitics, Racial Mattering and Queer Affect* (Durham, NC: Duke University Press, 2012), 12.

44 다음 책을 보라. Gayatri Spivak, translator's preface to Jacques Derrida, *Of Grammatology* (*De la Grammatologie*, 1967; Baltimore, MD: Johns Hopkins University Press, 1976).

45 John D. Caputo, ed., *Deconstruction in a Nutshell: A Conversation with Jacques Derrida* (New

York: Fordham University Press, 1997), 79.

46 Jacques Derrida, *Positions*, trans. and ed. Alan Bass (1972; Chicago, IL: University of Chicago Press, 1981), 19.

47 John Caputo, *Deconstruction*, 205.

48 John Caputo, *Deconstruction*, 79.

49 John Caputo, *Deconstruction*, 52.

50 Christopher Norris, *Derrida* (Cambridge, MA: Harvard University Press, 1987), 22.

51 James A. Aune, "Rhetoric after Deconstruction," in *Rhetoric and Philosophy*, ed. Richard A. Cherwitz (Hillsdale, NJ: Lawrence Erlbaum, 1990), 253~273, 256.

52 John Caputo, *Deconstruction*, 55.

53 Norris, 14.

54 Norris, 163.

55 Jonathan Culler, *On Deconstruction* (Ithaca, NY: Cornell University Press, 1982), 86.

56 Norris, 165~166.

57 Jacques Derrida, *Writing and Difference*, trans. Alan Bass (*L'écriture et la Différence*; Chicago, IL: University of Chicago Press, 1978), 42.

58 John Caputo, *Deconstruction*, 78.

59 John Caputo, *Deconstruction*, 78.

60 Jacques Derrida, *Speech and Phenomena, trans. David Allison* (*La Voix et le Phénomène*, 1967; Evanston, IL: Northwestern University Press, 1973).

61 하버마스와 데리다의 관계에 대해서는 다음 글을 보라. Bill Martin, *Matrix and Line* (Albany, NY: State University of New York Press, 1992), Chap. 3, "What Is the Heart of Language? Habermas, Davidson, Derrida."

62 Norris, 27.

63 Norris, 23, 21.

64. Norris, 43.

65 John Caputo, *Deconstruction*, 41.

66 John Caputo, *Deconstruction*, 49.

67 John Caputo, *Deconstruction*, 55.

68 이 부분에서 논의된 다른 문헌 외에도 다음 책을 보라. Elizabeth A. Fay, *Eminent Rhetoric: Language, Gender, and Cultural Tropes* (Westport, CT: Bergen and Garvey, 1994); Deborah Tannen, *Gender and Discourse* (Oxford: Oxford University Press, 1994).

69 Gesa E. Kirsch and Jacqueline J. Royster, "Feminist Rhetorical Practices: In Search of Excellence," *College Composition and Communication* 61(4), (2010): 640~672, 641, 647. 이러한 학자들도 다

음 책을 통해 참조하라. *Feminist Rhetorical Practices: New Horizons for Rhetoric, Composition, and Literacy Studies* (Carbondale, IL: Southern Illinois University Press, 2012).

70 남성과 여성의 말하고 아는 방식의 차이 문제에 대한 일반 연구는 다음 문헌에서 찾아볼 수 있다. Carol Gilligan, *In a Different Voice* (Cambridge, MA: Harvard University Press, 1982); Janice Moulton, "A Paradigm of Philosophy: The Adversary Method"; Genevieve Lloyd, "The Man of Reason," and Alison M. Jaggar, "Love and Knowledge" in *Women, Knowledge and Reality: Explorations in Feminist Philosophy*, ed. Ann Gary and Marilyn Pearsall (New York: Routledge, 1989); Maryann Ayim, "Violence and Domination as Metaphors in Academic Discourse," in *Selected Issues in Logic and Communication*, ed. Trudy Govier (Belmont, CA: Wads worth, 1988), Chap. 16.

71 Jana Sawicki, "Foucault, Feminism and Questions of Identity," in *The Cambridge Companion to Foucault*, ed. Garry Gutting (Cambridge: Cambridge University Press, 1994), 290.

72 Sawicki, 288. 페미니즘 담론 비평에 대한 푸코 사상의 한 예와 관련해서는 다음 책을 보라. Judith Butler, *Bodies that Matter* (London: Routledge, 2011).

73 *Readings in Feminist Rhetorical Theory*, ed. Karen Foss, Sonja Foss, and Cindy Griffin (Thousand Oaks, CA: Sage, 2004).

74 *Readings*, 7.

75 Cheris Kramarae, "Proprietors of Language" (1980), in *Readings*, 9~18, 9.

76 Quoted in Kramarae, 10.

77 Kramarae, 11.

78 Cheris Kramarae, "Women as a Muted Group" (1981), in *Readings*, 19~26, 19.

79 Kramarae, "Muted," 21.

80 Cheris Kramarae, "A Visiting Scholar: How Feminism Has and Has Not Influenced My Field" (1988), in *Readings*, 27~33.

81 Cheris Kramarae, "Feminist Theories of Communication" (1989), in *Readings*, 39~44, 39.

82 Leslie Di Mare, "Rhetoric and Women: The Private and Public Spheres," in *Constructing and Reconstructing Gender: The Links Among Communication, Language, and Gender*, ed. Linda A. M. Perry, Lynn H. Turner, and Helen M. Sterk (Albany, NY: State University of New York Press, 1992), 47.

83 Sonja Foss, *Rhetorical Criticism* (Prospect Heights, IL: Waveland, 1989), 151~152.

84 Foss, 152.

85 Sonia Johnson, "Who's Afraid of the Supreme Court?" in *Readings*, 282~293, 284.

86 Foss, 152.

87 Dale Spender, *Man Made Language* (Boston, MA: Routledge and Kegan Paul, 1980), 59.

88 Mary Daly, "A Call for the Castration of Sexist Religion: Theology after the Demise of 'God the Father,'" in *Readings*, 107~118, 109.

89 Spender, 52.

90 *Women's Voices in Our Time: Statements by American Leaders*, ed. Victoria L. DeFrancisco and Marvin D. Jensen (Prospect Heights, IL: Waveland, 1994), ix.

91 DeFrancisco and Jensen, ix. 그들은 다음 연구를 인용한다. Karlyn K. Campbell, "Hearing Women's Voices," *Communication Education* 40 (January 1991): 33~48; K. S. Vonnegut, "Listening for Women's Voices," *Communication Education* 41 (January 1992): 26~39.

92 Sally McConnell-Ginet, et al., *Women and Language in Literature and Society* (New York: Prager, 1980), 66.

93 Barrie Thorne and Nancy Henley, *Language and Sex: Difference and Dominance* (Rowley, MA: Newberry House, 1975).

94 Joy Ritchie and Kate Ronald, eds., *Available Means: An Anthology of Women's Rhetoric(s)* (Pittsburgh PA: University of Pittsburgh Press, 2001), xv.

95 *Available Means*, xvi.

96 *Available Means*, xvii.

97 *Available Means*, xvii.

98 *Available Means*, xvii.

99 *Available Means*, xviii.

100 *Available Means*, xxiii.

101 *Available Means*, xxiv.

102 *Available Means*, xxvii.

103 Foss, 155.

104 Julia T. Wood, *Gendered Lives* (Belmont, CA: 1994), 91.

105 Wood, 91.

106 Wood, 91~92.

107 Foss, 153.

108 Foss, 154.

109 Foss, 154.

110 Karlyn Kohrs Campbell, *Man Cannot Speak for Her: A Critical Study of Early Feminist Rhetoric* (New York: Greenwood Press, 1989), 14.

111 Campbell, *Man Cannot Speak for Her*, 14.

112 Sally Gearhart, "The Womanization of Rhetoric," *Women's Studies International Quarterly* 2 (1979): 195~201, 195.

113 Gearhart, 195.

114 Gearhart, 195.

115 Gearhart, 196.

116 George Kennedy, *The Art of Persuasion in Ancient Greece* (Princeton, NJ: Princeton University Press, 1963), 189.

117 Gearhart, 196.

118 Gearhart, 198.

119 Gearhart, 199.

120 Gearhart, 200.

121 Gearhart, 201.

122 S. J. Foss and C. L. Griffin, "Beyond Persuasion: A Proposal for an Invitational Rhetoric," *Communication Monographs* 62 (March 1995): 2~18.

123 Foss and Griffin, 2.

124 Foss and Griffin, 3.

125 Foss and Griffin, 5.

126 Foss and Griffin, 5.

127 Foss and Griffin, 6.

128 Diane Helene Miller, "The Future of Feminist Rhetorical Criticism," in *Listening to Their Voices: The Rhetorical Activities of Historical Women*, ed. M. M. Wertheimer (Columbia, SC: University of South Carolina Press, 1997), 359~380, 361~362.

129 Miller, 362.

130 Miller, 363.

131 Jane Sutton, *The House of My Sojourn: Rhetoric, Women and the Question of Authority* (Tuscaloosa, AL: University of Alabama Press, 2010), 128~129.

132 Roland Barthes, "From Work to Text," in *Textual Strategies*, ed. Josue V. Harari, 73~81. Miller, 366 (London: Methuen, 1980)에서 인용.

133 Miller, 367.

134 Miller, 370.

135 Miller, 371.

136 A. R. de Velasco, "Transgressive Eloquence: Bell hooks, Cicero, and the Aims of Rhetorical Pedagogy," in *Sizing up Rhetoric*, ed. David Zarefsky and Elizabeth Benacka (Long Grove, IL: Waveland, 2008), 393~397, 394, 396.

137 LuMing Mao and Bo Wang, "Manifesting a Future for Comparative Rhetoric," *Rhetoric Review* 34(3), (2015): 239~274, 241.

138 Keith Lloyd, Rethinking Rhetoric from an Indian Perspective: Implications in the "Nyaya Sutra," *Rhetoric Review* 26(4) (2007): 365~384, 366, 367.

139 Lloyd, 369.

140 예컨대, 다음 글을 보라. Jon Sun-Gi, "Toward a Rhetoric of Communication, with Special Reference to the History of Korean Rhetoric," *Rhetorica* 28(3) (Summer 2010): 313~329.

141 Marcel Detienne, *The Creation of Mythology*, trans. Margaret Cook (Chicago, IL: University of Chicago Press, 1986), 37~38.

142 Brian Boyd, *On the Origin of Stories* (Cambridge, MA: Harvard University Press, 2010), 166.

143 George Kennedy, *Comparative Rhetoric: An Historical and Cross-Cultural Introduction* (New York: Oxford University Press, 1998).

144 Kennedy, *Comparative*, 4.

145 Kennedy, *Comparative*, 101.

146 Kennedy, *Comparative*, 103.

147 Kennedy, *Comparative*, 105.

148 Michael V. Fox, "Ancient Egyptian Rhetoric," *Rhetorica* 1 (1983): 21~22. Kennedy, *Comparative Rhetoric*, 131에서 인용.

149 Burton Watson, *Basic Writings of Mo Tzu, Hsun Tzu, and Han Fei-Tzu* (New York: Col umbia University Press, 1967), 73. Kennedy, *Comparative Rhetoric*, 163~164에서 인용.

150 Kennedy, *Comparative Rhetoric*, 164.

151 James Crump, *Intrigues: Studies of the Chan-Kuo Tse* (Ann Arbor, MI: University of Michigan Press, 1964), 100.

152 Crump, 93.

153 Crump, 97.

154 Crump, 100.

155 Paul Rakita Goldin, "Miching Mallecho: The Zhanguo Ce and Classical Rhetoric," *Sino Platonic Papers* 41 (October 1993): 1~26.

156 Goldin, 6.

157 Crump, 1.

158 Crump, 117.

159 Crump, 100.

160 Xing Lu, *Rhetoric in Ancient China, Fifth to Third Century, B.C.E.: A Comparison with Classical Greek Rhetoric* (Columbia, SC: University of South Carolina Press, 1998), 79.

161 Lu, 81. 또한 중국의 레토릭 교육에 대해서는 다음 글을 보라. Mary Garrett, "Classical Chinese Conceptions of Argumentation and Persuasion," *Argumentation and Advocacy* 29 (1993): 105~115.

162 다음 글을 보라. Carol Lea Clark, "Aristotle and Averroes: The Influences of Aristotle's Arabic Commentator upon Western European and Arabic Rhetoric," *Review of Communication* 7(4) (2007): 369~387.

163 Clark, 375.

164 다음 책을 보라. Salim Kemal, *The Philosophical Poetics of Alfarabi, Avicenna and Averroes: The Aristotelian Reception* (London: Routledge, 2003).

165 Majid Fakhry, *Averroes: His Life, Work and Influence* (Oxford, UK: Oneworld Publica tions, 2001), 41~42.

166 C. Butterworth in Averroes, *Averroes's "Three Short Commentaries on Aristotle's 'Topics,' 'Rhetoric,' and "Poetics,"* ed. and trans. C. Butterworth (Albany, NY: State University of New York Press, 1977), 30. Clark, 375에서 인용.

167 Clark, 377.

168 Clark, 378.

169 Kennedy, *Comparative Rhetoric*, 198.

170 Kennedy, *Comparative Rhetoric*, 199.

171 Kennedy, *Comparative Rhetoric*, 199.

172 Kennedy, *Comparative Rhetoric*, 203.

173 Kennedy, *Comparative Rhetoric*, 211. 마찬가지로 더글러스 토머스도 그리스의 경쟁에 대한 니체의 견해에 대해 썼다. "Nietzsche argues that since Homer's time this will to annihilation has been contained by the notion of contest." Douglas Thomas, *Reading Nietzsche Rhetorically* (New York: Guilford Press, 1999), 6.

174 Kennedy, *Comparative Rhetoric*, 217.

175 Kennedy, *Comparative Rhetoric*, 221.

176 Kennedy, *Comparative Rhetoric*, 221

리뷰와 토론

1 Lincoln, 316~317.

2 Emily Dickinson, "Success Is Counted Sweetest." 출판사와 애머스트칼리지 이사회의 허락을 받아 수록한 것이다. *The Poems of Emily Dickinson*, ed. Thomas H. Johnson (Cambridge, MA: The Belknap Press of Harvard University, copyright © 1951, 1955, 1979 by the President and Fellows of Harvard College).

3 다음 기관의 사용 허락을 받았다. Fannie Lou Hamer Memorial Garden and Museum Foundation, Charles McLaurin, President of the Board.

참고 문헌

Abbott, Don Paul. "Marxist Influences on the Rhetorical Theory of Kenneth Burke: Theory of Kenneth Burke," *Philosophy and Rhetoric* 4 (1974): 217~233.

Abbott, Don Paul. "The Renaissance," in *The Present State of Scholarship in Historical and Contemporary Rhetoric*, ed. Winifred Bryan Horner, Columbia, MO: University of Missouri Press, 1990a: 82~106.

Abbott, Don Paul. "Rhetoric and Writing in Renaissance Europe and England," in *A Short History of Writing Instruction: From Ancient Greece to Twentieth-Century America*, ed. James J. Murphy, Davis, CA: Hermagoras Press, 1990b: 148~171.

Agricola, Rudolph. *De Inventione Dialectica*. Nieuwkoop, Holland: B. de Graaf, 1967.

Alessandro, Duranti. *From Grammar to Politics: Linguistic Anthropology in a Western Samoan Village*. Berkeley, CA: University of California Press, 1994.

Anderson, Graham. *Sage, Saint, and Sophist: Holy Men and Their Associates in the Early Roman Empire*. London: Routledge, 1994.

Anderson, John R. "The Audience as a Concept in the Philosophic Rhetoric of Perelman, Johnstone, and Natanson," *Southern Speech Communication Journal* 38 (1972): 39~50.

Andrews, Richard, ed. *Narrative and Argument. Milton Keynes*, UK: Open University Press, 1989.

Andrews, Richard, ed. *Rebirth of Rhetoric: Essays in Language, Culture, and Education*. London: Routledge, 1992.

Aristotle. *Rhetoric*. Trans. *Lane Cooper*. New York: Appleton-Century-Crofts, 1932.

Aristotle. *Rhetoric*. Trans. W. Rhys Roberts. New York: Modern Library, 1954.

Arnhart, Larry. *Aristotle on Political Reasoning: A Commentary on the Rhetoric*. DeKalb, IL: Northern Illinois University Press, 1981.

Augustijn, Cornelis. *Erasmus: His Life, Works, and Influence*. Trans. J. C. Grayson. Toronto: University of Toronto Press, 1991.

Augustine. *On Christian Doctrine*. Trans. D. W. Robertson. Indianapolis, IN: Library of Liberal Arts, 1958.

Aune, James A. "Rhetoric after Deconstruction," in *Rhetoric and Philosophy*, ed. Richard A. Cherwitz,

Hillsdale, NJ: Lawrence Erlbaum, 1990: 253~273.

Bacon, Wallace A. "The Elocutionary Career of Thomas Sheridan," *Speech Monographs* 31 (1964): 1~53.

Bakhtin, Mikhail. *Marxism and the Philosophy of Language*. Trans. L. Matejka and I. R. Titunik. New York: Seminar Press, 1973.

Bakhtin, Mikhail. *Problems of Dostoevsky's Poetics*. Ed. and trans. Caryl Emerson. Minneapolis, MN: University of Minnesota Press, 1984.

Barilli, Renato. *Rhetoric. Trans.* Giuliana Menozzi. Minneapolis, MN: University of Minnesota Press, 1989.

Barnes, John A. *A Pack of Lies: Towards A Sociology of Lying*. Cambridge: Cambridge University Press, 1994.

Barnes, Jonathan, ed. *The Cambridge Companion to Aristotle*. Cambridge: Cambridge University Press, 1995.

Barnett, Scot and Casey Boyle, ed. *Rhetoric, through Everyday Things*. Tuscaloosa AL: University of Alabama Press, 2016.

Barrett, Harold. *The Sophists*. Novato, CA: Chandler and Sharp, 1987.

Barthes, Roland. "From Work to Text," in *Textual Strategies*, ed. Josue Harari, Ithaca, NY: Cornell University Press, 1979: 17~72.

Bauer, Dale M. and S. Jaret McKinstry, eds. *Feminism, Bakhtin, and the Dialogic*. Albany, NY: State University of New York Press, 1991.

Bazerman, Charles. *Shaping Written Knowledge: The Genre and Activity of the Experimental Article in Science*. Madison, WI: University of Wisconsin Press, 1988.

Benardete, Seth. *The Rhetoric of Morality and Philosophy: Plato's Gorgias and Phaedrus*. Chicago, IL: University of Chicago Press, 1991.

Benson, Thomas W. and Michael. Prosser, eds. *Readings in Classical Rhetoric*. Boston, MA: Allyn and Bacon, 1969.

Berlin, James A. "Revisionary Histories of Rhetoric: Politics, Power, and Plurality," in *Writing Histories of Rhetoric*, ed. Victor Vitanza, Carbondale, IL: Southern Illinois University Press, 1994: 112~127.

Bernauer, James W. *Michel Foucault's Force of Flight: Toward an Ethics of Thought*. Atlantic Highlands, NJ: Humanities Press, 1990.

Bevilaqua, Vincent. "Philosophical Origins of George Campbell's Philosophy of Rhetoric," *Speech Monographs* 32 (1965): 7~8.

Billig, Michael. "Psychology, Rhetoric, and Cognition," *History of the Human Sciences* 2 (1989): 289~307.

Billig, Michael. *Ideology and Opinion*. London: Sage, 1991.

Billig, Michael. *Arguing and Thinking*, 2nd ed. Cambridge: Cambridge University Press, 1996.

Bishop, Morris. *Petrarch and His World*. Bloomington, IN: Indiana University Press, 1963.

Bitzer, Lloyd. "Aristotle's Enthymeme Revisited," *Quarterly Journal of Speech* 45 (1959): 399~408.

Bitzer, Lloyd. "The Rhetorical Situation," *Philosophy and Rhetoric* 1 (1968): 1~14.

Bitzer, Lloyd. "Hume's Philosophy in George Campbell's Philosophy of Rhetoric," *Philosophy and Rhetoric* 2 (1969): 136~166.

Bitzer, Lloyd. "Rhetoric and Public Knowledge," in *Rhetoric, Philosophy, and Literature: An Exploration*, ed. Don Burks, West Lafayette, IN: Purdue University Press, 1978: 67~93.

Bitzer, Lloyd. "Political Rhetoric," in *Landmark Essays on Contemporary Rhetoric*, ed. Thomas Farrell, Mahwah, NJ: Hermagoras Press, 1998: 1~22.

Bizzell, Patricia and Bruce Herzberg. *The Rhetorical Tradition: Readings from Classical Times to the Present*, 2nd ed. Boston, MA: St. Martin's Press, 2000.

Black, Edwin. "Plato's View of Rhetoric," *Quarterly Journal of Speech* 44 (December 1958): 361~374.

Blair, Hugh. *Lectures on Rhetoric and Belles Lettres*, ed. Harold Harding, Carbondale, IL: Southern University Press, 1965.

Boethius. *De Topicis Differentiis*. Trans. Eleanor Stump. Ithaca, NY: Cornell University Press, 1978.

Booth, Wayne. *The Rhetoric of Fiction*. Chicago, IL: University of Chicago Press, 1961.

Booth, Wayne. *Now Don't Try to Reason with Me*. Chicago, IL: University of Chicago Press, 1970.

Booth, Wayne. *Modern Dogma and the Rhetoric of Assent*. Chicago, IL: University of Chicago Press, 1974.

Booth, Wayne. *The Vocation of a Teacher*. Chicago, IL: University of Chicago Press, 1988.

Bormann, Ernest. "Fantasy and Rhetorical Vision: The Rhetorical Criticism of Social Reality," *Quarterly Journal of Speech* 59 (1972): 396~407.

Bormann, Ernest. "Symbolic Convergence: Organizational Communication and Culture," in *Communication and Organizations: An Interpretive Approach*, eds. Linda L. Putnam and Michael. E. Pacanowsky, Thousand Oaks, CA: Sage, 1983: 99~122.

Bowersock, Glen. W. *Greek Sophists in the Roman Empire*. Oxford: Clarendon Press, 1969.

Breitman, George, ed. *Malcolm X Speaks*. New York: Grove Press, 1966.

Browne, Stephen H. "Shandyean Satire and the Rhetorical Arts in Eighteenth-Century England," *Southern Communication Journal* 55 (1990): 191~205.

Brucker, Gene. *Florence: The Golden Age 1138~1737*. Berkeley, CA: University of California Press, 1969.

Brummett, Barry. *Rhetoric in Popular Culture*. New York: St. Martin's Press, 1994.

Burchell, Graham, Colin Gordon, and Peter Miller, eds. *The Foucault Effect*. Chicago, IL: University of Chicago Press, 1991.

Burke, John G. "Hermetism as a Renaissance World View," in *The Darker Vision of the Renaissance: Beyond the Fields of Reason*, ed. Robert Kinsman, Berkeley CA: University of California Press, 1974: 95~117.

Burke, Kenneth. *A Rhetoric of Motives*. Berkeley, CA: University of California Press, 1950.

Burke, Kenneth. *The Rhetoric of Religion*. Berkeley, CA: University of California Press, 1961.

Burke, Kenneth. *Language as Symbolic Action*. 1937. Berkeley, CA: University of California Press, 1966.

Burke, Kenneth. *Counter-Statement*. 1931. Berkeley, CA: University of California Press, 1968.

Burke, Kenneth. *A Grammar of Motives*. 1945. Berkeley, CA: University of California Press, 1969.

Burke, Kenneth. *The Philosophy of Literary Form: Studies in Symbolic Action*. 1941. Berkeley, CA: University of California Press, 1973.

Burke, Peter. *Vico*. Oxford: Oxford University Press, 1985.

Burke, Peter. "The Spread of Humanism," in *The Impact of Humanism in Western Europe*, eds. Anthony Goodman and Angus MacKay, London: Longman, 1990: 1~22.

Butler, Judith. *Bodies that Matter: On the Discursive Limits of Sex*. New York: Routledge, 1994.

Butterworth, Charles. *Averroes's "Three Short Commentaries on Aristotle's 'Topics,' 'Rhetoric,' and 'Poetics'*. Ed. and trans. C. Butterworth. Albany, NY: State University of New York Press, 1977.

Cameron, James K. "Humanism in the Low Countries," in *The Impact of Humanism on Western Europe*, eds. Anthony Goodman and Angus MacKay, London: Routledge, 1990: 137~163.

Campbell, George. *The Philosophy of Rhetoric*, 1776. ed. Lloyd F. Bitzer, Carbondale, IL: University of Southern Illinois Press, 1963.

Campbell, John Angus. "Darwin, Thales, and the Milkmaid: Scientific Revolution and Argument from Common Beliefs and Common Sense," in *Perspectives on Argument: Essays in Honor of Wayne Brockriede*, eds. Robert Trapp and Janice Schuetz, Prospect Heights, IL: Waveland, 1990a: 207~220.

Campbell, John Angus. "Scientific Discovery and Rhetorical Invention: The Path of Darwin's Origin," in *The Rhetorical Turn*, ed. Herbert Simon, Chicago, IL: University of Chicago Press, 1990b: 58~90.

Campbell, Karlyn K. *Man Can Not Speak for Her: A Critical Study of Early Feminist Rhetoric*. New York: Greenwood Press, 1989.

Campbell, Karlyn K. "Hearing Women's Voices," *Communication Education* 40 (1991): 33~48.

Caputo, John D., ed. *Deconstruction in A Nutshell: A Conversation with Jacques Derrida*. New York: Fordham University Press, 1997.

Caputo, John D. and Mark Yount. *Foucault and the Critique of Institutions*. University Park, PA: Pennsylvania State University Press, 1993.

Carleton, Walter. "What Is Rhetorical Knowledge?" *Quarterly Journal of Speech* 64 (1978): 313~328.

Casson, Lionel. *Selected Satires of Lucian*. New York: Norton, 1968.

Castiglione, Ballasdare. *The Courtier*. n.p. 1528.

Chaim, Perelman and Lucy Olbrechts-Tyteca. *The New Rhetoric: A Treatise on Argumentation*. 1958. Trans. John Wilkinson and Purcell Weaver. Notre Dame, IN: University of Notre Dame Press, 1969.

Charles, David. *Aristotle's Philosophy of Action*. Ithaca, NY: Cornell University Press, 1984.

Chen, Mel Y. *Animacies: Biopolitics, Racial Mattering and Queer Affect*. Durham, NC: Duke University Press, 2012.

Cialdini, Robert. *Influence: The Psychology of Persuasion*. New York: William Morrow, 1993.

Cicero. Ed. T. A. Dorey. New York: Basic Books, 1965.

Cicero. *De Inventione*. Trans. H. M. Hubbell. Cambridge, MA: Loeb Classical Library, 1976a.

Cicero. *De Oratore*. Trans. E. W. Sutton and H. Rackham. Cambridge, MA: Loeb Classical Library, 1976b.

Clark, Carol Lea. "Aristotle and Averroes: The Influences of Aristotle's Arabic Commentator upon Western European and Arabic Rhetoric," *Review of Communication* 7(4) (2007): 369~387.

Clark, Martin L. *Rhetoric at Rome*. New York: Barnes and Noble, 1953.

Classen, Albrecht. "Female Explorations of Literacy: Epistolary Challenges to the Literary Canon in the Late Middle Ages," in *Disputatio Volume 1: The Late Medieval Epistle*, eds. Carol Poster and Richard Utz, Evanston, IL: Northwestern University Press, 1996: 89~122, 90.

Cmiel, Kenneth. *Democratic Eloquence: The Fight over Popular Speech in Nineteenth-Century America*. New York: William Morrow, 1990.

Coates, Willson Havelock. *The Emergence of Liberal Humanism: An Intellectual History of Western Europe*. New York: McGraw Hill, 1966.

Cohen, Herman. "William Leechman's Anticipation of Campbell," *Western Speech* 32 (1968): 92~99.

Cole, Percival. *Later Roman Education in Ausonius, Capella, and the Theodosian Code*. New York: Columbia University Press, 1909.

Conley, Thomas M. "Logical Hylomorphism' and Aristotle's Koinoi Topoi," *Central States Speech Journal* 29 (1978): 92~97.

Conley, Thomas M. *Rhetoric in the European Tradition*. Chicago, IL: University of Chicago Press, 1994.

Connolly, Joy. *The State of Speech: Rhetorical and Political Thought in Ancient Rome*. Princeton, NJ: Princeton University Press, 2013.

Corbett, Edward P. J. "The Topoi Revisited," in *Rhetoric and Praxis: The Contribution of Classical Rhetoric to Practical Thinking*, ed. Jean Deitz Moss, Washington, DC: Catholic University Press of America, 1986: 79~106.

Coupe, Laurence. *Myth*. New York: Routledge, 1997.

Covino, William A. *Magic, Rhetoric and Literacy: An Eccentric History of the Composing Imagination*. Albany, NY: State University of New York Press, 1994.

Craig, Christopher P. *Form as Argument in Cicero's Speeches: A Study of Dilemma. American Classical Studies*, 31. Atlanta: Scholars Press, 1993.

Craig, Edward, ed. *Routledge Encyclopedia of Philosophy*. London: Routledge, 1998.

Crombie, I. M. *An Examination of Plato's Doctrines*. London: Routledge and Kegan Paul, 1961.

Crump, James. *Intrigues: Studies of the Chan-Kuo Tse*. Ann Arbor, MI: University of Michigan Press, 1964.

Culler, Jonathan. *On Deconstruction*. Ithaca, NY: Cornell University Press, 1982.

Curran, Jane V. "The Rhetorical Technique of Plato's Phaedrus," *Philosophy and Rhetoric* 19 (1986): 66~72.

de Lauretis, Teresa. "Queer Theory: Lesbian and Gay Sexualities," *Differences: A Journal of Feminist*

Cultural Studies 3 (1991): iii~xviii.

de Lauretis, Teresa. "Habit Changes," *Differences: A Journal of Feminist Cultural Studies* 6 (1994): 296~313.

de Romilly, Jacqueline. *Magic and Rhetoric in Ancient Greece*. Cambridge, MA: Harvard University Press, 1975.

de Romilly, Jacqueline. *The Great Sophists in Periclean Athens*. Trans. Janet Lloyd. Oxford: Clarendon Press, 1992.

Dearin, Ray D., ed. *The New Rhetoric of Chaim Perelman: Statement and Response*. Lanham, MD: University Press of America, 1989.

DeFrancisco, Victoria and Marvin Jensen, eds. *Women's Voices in Our Time*. Prospect Heights, IL: Waveland, 1994.

DePew, David J. and John Lyne. "The Productivity of Scientific Rhetoric," *POROI: An Interdisciplinary Journal of Rhetorical Analysis and Invention* 9(1) (2013): 1~16.

Derrida, Jacques. *Speech and Phenomena* (*La Voix Et Le Phénomène*). Trans. David Allison 1967. Evanston, IL: Northwestern University Press, 1973.

Derrida, Jacques. *Of Grammatology* (*De la Grammatologie*). Trans. Gayatri Spivak 1967. Baltimore, MD: Johns Hopkins University Press, 1976.

Derrida, Jacques. *Writing and Difference* (*L'Écriture Et La Différence*). Trans. Alan Bass. Chicago, IL: University of Chicago Press, 1978.

Derrida, Jacques. *Positions*. Trans. and ed. Alan Bass. 1972. Chicago, IL: University of Chicago Press, 1981.

Despland, Michael. *The Education of Desire: Plato and the Philosophy of Religion*. Toronto: University of Toronto Press, 1985.

Detienne, Marcel. *The Creation of Mythology*. Trans. Margaret Cook. Chicago, IL: University of Chicago Press, 1986.

de Velasco, A. R. "Transgressive Eloquence: Bell Hooks, Cicero, and the Aims of Rhetorical Pedagogy," in *Sizing up Rhetoric*, eds. David Zarefsky and Elizabeth Benacka, Long Grove, IL: Waveland Press, 2008: 393~397.

Dickinson, Emily. *The Poems of Emily Dickinson*, ed. Thomas H. Johnson. Cambridge, MA: Belknap Press of Harvard University, 1983.

Dillon, John and Tania Gergel, eds. *The Greek Sophists*. New York: Penguin Books, 2003.

Dipardo, Anne. "Narrative Knowers, Expository Knowledge," *Written Communication* 7 (1990): 59~95.

Disch, Lisa J. "More Truth than Fact: Storytelling as Critical Understanding in the Writings of Hannah Arendt," *Political Theory* 4 (1994): 665~694.

Donawerth, Jane, ed. *Rhetorical Theory by Women before 1900*. Lanham, MD: Rowman and Littlefield, 2002.

Donovan, Josephine. "Feminism, Bakhtin, and the Dialogic," in *In Feminism, Bakhtin, and the*

Dialogic, eds. Dale M. Bauer and S. Jaret McKinstry, Albany, NY: State University of New York Press, 1991: 84~91.

Ede, Lisa S. "Rhetoric Vs. Philosophy: The Role of the Universal Audience in Chaim Perelman's The New Rhetoric," *Central States Speech Journal* 32 (1981): 118~125.

Edwards, Mark U., Jr. Printing, *Propaganda, and Martin Luther*. Berkeley, CA: University of California Press, 1994.

Ehninger, Douglas. "George Campbell and the Revolution in Inventional Thinking," *Southern Speech Journal* 15 (1950): 270~276.

Ehninger, Douglas. "Campbell, Blair, and Whately: Old Friends in a New Light," *Western Speech* 19 (1955): 263~269.

Ehninger, Douglas. "Campbell, Blair and Whately Revisited," *Southern Speech Journal* 28 (1963): 169~182.

Elden, Stuart. *Foucault's Last Decade*. Cambridge: Polity Press, 2016.

Enos, Richard Leo. *Greek Rhetoric before Aristotle*. Prospect Heights, IL: Waveland, 1993.

Erasmus. *Collected Works*, Vol. 4, ed. J. K. Sowards, Toronto: University of Toronto Press, 1985.

Erickson, Keith V., ed. *Aristotle: The Classical Heritage of Rhetoric*. Metuchen, NJ: The Scarecrow Press, 1974.

Fahnestock, Jeanne. *Rhetorical Figures in Science*. Oxford: Oxford University Press, 1999.

Fakhry, Majid. *Averroes: His Life, Work and Influence*. Oxford: Oneworld Publications, 2001.

Faral, Edmond. *Les Artes Poetique du XIle et XIlle Siècle*. (1924) Paris: n.p., 1971.

Farmer, Frank, ed. *Landmark Essays on Bakhtin, Rhetoric and Writing*. Mahwah, NJ: Hermagoras Press, 1998.

Farrell, Thomas. "Social Knowledge II," *Quarterly Journal of Speech* 64 (1978): 329~334.

Farrell, Thomas. *Norms of Rhetorical Culture*. New Haven, CT: Yale University Press, 1995.

Faulhaber, Charles. "The Origins of Humanism," in *Medieval Eloquence: Studies in the Theory and Practice of Medieval Rhetoric*, ed. James J. Murphy, Berkeley, CA: University of California Press, 1978: 85~11.

Fay, Elizabeth A. *Eminent Rhetoric: Language, Gender, and Cultural Tropes*. Westport, CT: Bergen and Garvey, 1994.

Fisher, Walter. *Human Communication as Narration: Toward a Philosophy of Reason, Value, and Action*. Columbia, SC: University of South Carolina Press, 1987.

Fleckenstein, Kristie S. "In the Blood of the Word: Embodied Rhetorical Authority in St. Catherine of Siena's Dialogue," in *Sizing up Rhetoric*, eds. David Zarefsky and Elizabeth Benacka, Long Grove, IL: Waveland Press, 2008: 287~295.

Ford, Andrew. "The Price of Art in Isocrates: Formalism and the Escape from Politics," in *Rethinking the History of Rhetoric*, ed. Takis Poulakos, Boulder, CO: Westview, 1992: 31~42.

Fortenbaugh, William W. *Aristotle on Emotion*. New York: Barnes and Noble, 1975.

Fortenbaugh, William W. and David C. Mirhady, eds. *Peripatetic Rhetoric after Aristotle*. New

Brunswick, NJ: Transaction, 1994.

Foss, Sonja. *Rhetorical Criticism*. Prospect Heights, IL: Waveland, 1989.

Foss, Sonja and C. L. Griffin. "Beyond Persuasion: A Proposal for an Invitational Rhetoric," *Communication Monographs* 62 (1995): 2~18.

Foss, Sonja, Karen A. Foss, and Robert Trapp. *Contemporary Perspective on Rhetoric*, 2nd ed. Prospect Heights, IL: Waveland, 1991.

Foucault, Michel. *The Order of Things: An Archaeology of the Human Sciences* (*Les Mots Et Les Chose*). 1966. New York: Random House, 1970.

Foucault, Michel. *The Archaeology of Knowledge* (*L'archaeologie du Savoir*). Trans. A. M. Sheridan Smith 1969. New York: Random House, 1972.

Foucault, Michel. *The Birth of the Clinic: An Archaeology of Medical Perception*. Trans. A. M. Sheridan Smith. New York: Random House, 1973.

Foucault, Michel. *Discipline and Punish: The Birth of the Prison*. London: Allen Lane, 1975.

Fox, Michael V. "Ancient Egyptian Rhetoric," *Rhetorica* 1 (1983): 21~22.

Frank, David A. "A Traumatic Reading of Twentieth-Century Rhetorical Theory: The Belgian Holocaust, Malines, Perelman, and de Man," *Quarterly Journal of Speech* 93(3) (August 2007): 308~343.

Frank, Manfred. "On Foucault's Concept of Discourse," in *Michel Foucault: Philosopher*, trans. Timothy J. Armstrong, New York: Routledge, 1992: 99~116.

Fredborg, Karin Margareta. "Twelfth-Century Ciceronian Rhetoric: Its Doctrinal Development and Influences," in *Rhetoric Revalued*, ed. Brian Vickers, Binghamton, NY: Center for Medieval and Early Renaissance Studies, 1982: 87~97.

Fuhrmann, Manfred. *Cicero and the Roman Republic*. Trans. W. E. Yuill. Oxford: Blackwell, 1992.

Gadamer, Hans-George. *The idea of the Good in Platonic-Aristotelian Philosophy*. New Haven, CT: Yale University Press, 1986.

Gagarin, Michael. *The Murder of Herodes: A Study of Antiphon* 5. New York: Verlag Peter Lang, 1989.

Gagarin, Michael. *Antiphon and the Athenians: Oratory, Law and Justice in the Age of the Sophists*. Austin, TX: University of Texas Press, 2002.

Gagarin, Michael. "Telling Stories in Athenian Law," *Transactions of the American Philological Association* 133(2) (2003): 197~207.

Gallo, Ernest. "The Poetria Nova of Geoffrey of Vinsauf," in *Medieval Eloquence: Studies in the Theory and Practice of Medieval Rhetoric*, ed. James J. Murphy, Berkeley, CA: University of California Press, 1978: 68~84.

Gaonkar, Dilip Parameshwar. "The Idea of Rhetoric in the Rhetoric of Science," *Southern Communication Journal* 58 (1993): 255~327.

Garin, Euginio. *Portraits of the Quattrocentro*. New York: Harper and Row, 1963.

Garry, Ann and Marilyn Pearsall, eds. *Women, Knowledge and Reality: Explorations in Feminist Philosophy*. New York: Routledge, 1989.

Gearhart, Sally Miller. "The Womanization of Rhetoric," *Women's Studies International Quarterly* 2 (1979): 195~201.

Geertz, Clifford. *Works and Lives: The Anthropologist as Author*. Stanford, CT: Stanford University Press, 1988.

Geoffrey of Vinsauf. *Documentum Do Modo Et Arte Dictandi Et Versificandi*. Trans. Roger P. Parr. Milwaukee, WI: Marquette University Press, 1968.

Gergen, Kenneth and Mary M. Gergen. "Narrative Form and the Construction of Psychological Sciences," in *Narrative Psychology*, ed. T. R. Sarbin, New York: Praeger Press, 1986: 22~44.

Gilbert, Katherine E. and Helmut Kuhn. *A History of Esthetics*. Bloomington, IN: University of Indiana Press, 1953.

Gill, Ann. *Rhetoric and Human Understanding*. Prospect Heights, IL: Waveland, 1994.

Gilligan, Carol. *In a Different Voice*. Cambridge, MA: Harvard University Press, 1982.

Glenn, Cheryl. "Locating Aspasia on the Rhetorical Map," in *Listening to Their Voices*, ed. Molly Meijer Wertheimer, Columbia, SC: University of South Carolina Press, 1997: 19~41.

Golden, James L. and Edward P. J. Corbett. *The Rhetoric of Blair, Campbell, and Whately*. New York: Holt, Rinehart and Winston, 1968.

Goldin, Paul Rakita. "Miching Mallecho: The Zhanguo Ce and Classical Rhetoric," *Sino-Platonic Papers* 41 (1993): 1~26.

Goodman, Anthony and Angus MacKay, eds. *The Impact of Humanism on Western Europe*. London: Longman, 1990.

Gorgias. *Encomium on Helen*. Trans. LaRue VanHook. *The Classical Weekly* 6 (1913): 122~123.

Gotoff, Harold C. *Cicero's Caesarian Speeches: A Stylistic Commentary*. Chapel Hill, NC: University of North Carolina Press, 1993.

Govier, Trudy. *Selected Issues in Logic and Communication*. Belmont, CA: Wadsworth, 1988.

Grassi, Ernesto. *Rhetoric as Philosophy*. University Park, PA: Pennsylvania State University Press, 1980.

Gregg, Richard B. *Symbolic Inducement and Knowing: A Study in the Foundations of Rhetoric*. Columbia, SC: University of South Carolina Press, 1984.

Gries, Laurie. *Still Life with Rhetoric: A New Materialist Approach for Visual Rhetorics*. Logan, UT: Utah, 2015.

Grimaldi, Michael. "The Aristotelian Topics," *Traditio* 14 (1958): 1~16.

Grimaldi, Michael. *Aristotle, Rhetoric 1: A Commentary*. New York: Fordham University Press, 1980.

Gronbeck, Bruce E. "Gorgias on Rhetoric and Poetic: A Rehabilitation," *Southern Speech Communication Journal* 38 (1972): 27~38.

Gross, Alan. *The Rhetoric of Science*. Cambridge: Harvard University Press, 1990.

Gross, Alan. "A Theory of the Rhetorical Audience: Reflections on Chaim Perelman," *Quarterly Journal of Speech* 85 (1999): 202~211.

Gross, Alan, Joseph Harmon, and Michael Reidy. *Communicating Science: The Scientific Article from the 17th Century to the Present*. Oxford: Oxford University Press, 2002.

Grube, G. Introduction to *Longinus, on the Sublime*. Indianapolis, IN: Library of Liberal Arts, 1957.

Grube, G. *Plato's Thought*. 1935. Boston, MA: Beacon Press, 1958.

Grube, G. M. A. *The Greek and Roman Critics*. Toronto: University of Toronto Press, 1965.

Guthrie, W. K. C. *The Sophists*. Cambridge: Cambridge University Press, 1971.

Gutting, Gary, ed. *Michel Foucault's Archaeology of Scientific Reason*. New York: Cambridge University Press, 1989.

Gutting, Gary, ed. *The Cambridge Companion to Foucault*. Cambridge: Cambridge University Press, 1994.

Habermas, Jürgen. *Toward a Rational Society*. Trans. Jeremy J. Shapiro. Boston, MA: Beacon Press, 1970.

Habermas, Jürgen. *Knowledge and Human Interests*. Trans. Jeremy J. Shapiro. Boston, MA: Beacon Press, 1971.

Habermas, Jürgen. *Theory and Practice*. Trans. John Viertel. Boston, MA: Beacon Press, 1973.

Habermas, Jürgen. *Communication and the Evolution of Society*. Trans. Thomas McCarthy. Boston, MA: Beacon Press, 1979.

Habermas, Jürgen. *The Philosophical Discourse of Modernity: Twelve Lectures*. Ed. Thomas McCarthy. Trans. Frederick Lawrence. Cambridge, MA: MIT Press, 1987.

Habermas, Jürgen. *The Lure of Technocracy*. Cambridge: Polity Press, 2016.

Habicht, Christian. *Cicero the Politician*. Baltimore, MD: Johns Hopkins University Press, 1990.

Halperin, David. *Saint Foucault: Toward a Gay Hagiography*. New York: Oxford University Press, 1995.

Haraway, Donna J. *Staying with the Trouble: Making Kin in the Chthulucene*. Durham, NC: Duke University Press, 2016.

Hare, R. M. *Plato*. Oxford: Oxford University Press, 1982.

Haskins, Ekaterina. *Logos and Power in Isocrates and Aristotle*. Columbia, SC: University of South Carolina Press, 2004.

Hauser, Gerard. "The Example in Aristotle's Rhetoric: Bifurcation or Contradiction?" *Philosophy and Rhetoric* 1 (1968): 78~90.

Hauser, Gerard. "Empiricism, Description and the New Rhetoric," *Philosophy and Rhetoric* 5 (1972): 24~44.

Hazzard, Paul. *La Pensée Européenne au XVIIIe siècle de Montesquieu À Lessing*. Paris: Arthone Fayard, 1963.

Herman, Cohen. "Belles-lettres," in *Encyclopedia of Composition and Rhetoric: Communication from Ancient Times to the Information Age*, ed. Theresa Enos, New York: Routledge, 2004: 71~72.

Hill, Forbes I. "The Rhetoric of Aristotle," in *A Synoptic History of Classical Rhetoric*. Davis, CA: Hermagoras Press, 1983: 19~76.

Hogan, Michael J., ed. *Rhetoric and Community: Studies in Unity and Fragmentation*. Columbia, SC: University of South Carolina Press, 1998.

Holquist, Michael. *Dialogism: Bakhtin and His World*. London: Routledge, 1990.

Home, Henry Lord Kames. *The Elements of Criticism*. 1761. New York: Barnes and Burr, 1865.

Horner, Winifred Bryan, ed. *The Present State of Scholarship in Historical and Contemporary Rhetoric*. Columbia, MO: University of Missouri Press, 1990.

Howard, Dick. "A Politics in Search of the Political," *Theory and Society* 1 (1974): 271~306.

Howell, Wilbur Samuel. *Logic and Rhetoric in England: 1500-1700*. New York: Russell and Russell, 1961.

Howell, Wilbur Samuel. "John Locke and the New Rhetoric," *Quarterly Journal of Speech* 53 (1967): 319~321.

Howell, Wilbur Samuel. *Eighteenth-Century British Logic and Rhetoric*. Princeton, NJ: Princeton University Press, 1971.

Hoy, David Couzens. *Foucault: A Critical Reader*. Oxford: Basil Blackwell, 1986.

Hubbard, B. A. F. and E. S. Karnofsky. *Plato's Protagoras: A Socratic Commentary*. Chicago, IL: University of Chicago Press, 1982.

Jarratt, Susan and Rory Ong, "Aspasia: Rhetoric, Gender, and Colonial Ideology," in *Reclaiming Rhetorica: Women in the Rhetorical Tradition*, ed. Andrea Lunsford, Pittsburgh, PA: University of Pittsburgh Press, 1995: 9~24.

Jarratt, Susan. *Rereading the Sophists: Classical Rhetoric Refigured*. Carbondale, IL: Southern Illinois University Press, 1991.

Jennings, Margaret C. S. J. "The Ars Compendi Sermones of Ranulph Higden," in *Medieval Eloquence: Studies in the Theory and Practice of Medieval Rhetoric*, ed. James J. Murphy, Berkeley, CA: University of California Press, 1978: 112~126.

Johannesen, Richard L., Rennard Strickland, and Ralph T. Eubanks, eds. *Language Is Sermonic: Richard M. Weaver on the Nature of Rhetoric*. Baton Rouge, LA: Louisiana State University Press, 1970.

Johnson, W. R. "Isocrates Flowering: The Rhetoric of Augustine," *Philosophy and Rhetoric* 9 (1976): 217~231.

Jonsen, Albert R. and Stephen Toulmin. *The Abuse of Casuistry*. Berkeley, CA: University of California Press, 1988.

Kahn, Victoria. *Rhetoric, Prudence, and Skepticism in the Renaissance*. Ithaca, NY: Cornell University Press, 1985.

Kahn, Victoria. *Machiavelian Rhetoric: From the Counter-Reformation to Milton*. Princeton, NJ: Princeton University Press, 1994.

Katula, Richard and James J. Murphy, eds. *A Synoptic History of Classical Rhetoric*. Davis, CA: Hermagoras Press, 1995.

Katz, Stephen B. "The Ethic of Expediency: Classical Rhetoric, Technology, and the Holocaust," *College English* 54 (1992): 255~275.

Kelley, Donald R. *Renaissance Humanism*. Boston, MA: Twayne Publishers, 1991.

Kennedy, George, trans. *The Art of Persuasion in Ancient Greece*. Princeton, NJ: Princeton University Press, 1963.

Kennedy, George, trans. *Classical Rhetoric and Its Secular and Christian Tradition*. Chapel Hill, NC: University of North Carolina Press, 1980.

Kennedy, George, trans. *Aristotle on Rhetoric: A Theory of Civic Discourse*. New York: Oxford University Press, 1991.

Kennedy, George, trans. *Comparative Rhetoric: An Historical and Cross-Cultural Introduction*. New York: Oxford University Press, 1998.

Kennedy, George, trans. *Classical Rhetoric and Its Secular and Christian Tradition*, 2nd ed. Chapel Hill, NC: University of North Carolina Press, 1999.

Kenny, Anthony. *Aristotle on the Perfect Life*. Oxford: Clarendon Press, 1992.

Kerferd, G. B. *The Sophistic Movement*. Cambridge: Cambridge University Press, 1981.

Kersey, Shirley. "Medieval Education of Girls and Women," *Educational Horizons* 58(4) (1980): 188~192.

Kinney, Arthur F. *Humanist Poetics: Thought, Rhetoric, and Fiction in Sixteenth-Century England*. Amherst, MA: University of Massachusetts Press, 1986.

Kinsman, Robert, ed. *The Darker Vision of the Renaissance: Beyond the Fields of Reason*. Berkeley, CA: University of California Press, 1974.

Kirsch, Gesa E. and Jacqueline J. Royster. "Feminist Rhetorical Practices: In Search of Excellence," *College Composition and Communication* 61(4) (2010): 640~672.

Kitto, H. D. F. *The Greeks*. Baltimore, MD: Penguin Books, 1968.

Kraye, Jill, ed. *The Cambridge Companion to Renaissance Humanism*. Cambridge: Cambridge University Press, 1996.

Kristeller, Paul Oskar. *Renaissance Thought: The Classic, Scholastic, and Humanist Strains*. New York: Harper and Row, 1961.

Kuhn, Thomas. *The Structure of Scientific Revolutions*, 2nd ed. Chicago, IL: University of Chicago Press, 1970.

Labalme, Patricia H. *Beyond Their Sex: Learned Women of the European Past*. New York: New York University Press, 1984.

Landau, Misia. "Paradise Lost: The Theme of Terrestriality in Human Evolution," in *The Rhetoric of the Human Sciences*, eds. John Nelson, Allen Megill, and D. N. McCloskey, Madison, WI: University of Wisconsin Press, 1987: 111~124.

Lanham, Richard. *A Handbook of Rhetorical Terms*, 2nd ed. Berkeley, CA: University of California Press, 1991.

Lanham, Richard. *The Electronic Word: Democracy, Technology and the Arts*. Chicago, IL: University of Chicago Press, 1993.

Lanham, Richard. *The Economics of Attention: Style and Substance in the Age of Information*. Chicago, IL: University of Chicago Press, 2007.

LaRusso, Dominic. "Root or Branch? A Reexamination of Campbell's 'Rhetoric'," *Western Speech* 32 (1968): 85~91.

Latour, Bruno. *We Have Never Been Modern*. Cambridge MA: Harvard University Press, 1991.

Leff, Michael. "The Logician's Rhetoric: Boethius' *De Differentiis Topicis*, Book IV," in *In Medieval Eloquence: Studies in the Theory and Practice of Medieval Rhetoric*, ed. James J. Murphy, Berkeley, CA: University of California Press, 1978: 3~24.

Leff, Michael. "The Topics of Argumentative Invention in Latin Rhetorical Theory from Cicero to Boethius," *Rhetorica* 1 (1983): 23~44.

Leff, Michael. *Rethinking Rhetorical Theory, Criticism, and Pedagogy: The Living Art of Michael C. Leff.* eds. A. de Velasco, J. A. Campbell, and D. Henry. East Lansing, MI: Michigan State University Press, 2016.

Lemert, Charles C. and Garth Gillan, *Michel Foucault: Social Theory as Transgression*. New York: Columbia University Press, 1982.

Levi-Strauss, Claude. "The Structural Study of Myth," *The Journal of American Folklore* 68(270) (1955): 428~444.

Lincoln, Abraham. "Second Inaugural Address," in *The World's Great Speeches*, ed. Lewis Copeland, New York: Dover, 1958: 316~317.

Lloyd, G. E. R. *Aristotle: The Growth and Structure of His Thought*. Cambridge: Cambridge University Press, 1968.

Lloyd, Keith. "Rethinking Rhetoric from an Indian Perspective: Implications in the 'Nyaya Sutra'," *Rhetoric Review* 26(4) (2007): 365~384.

Locke, John. *Essay on Human Understanding.* London: Edward Mory, 1690.

Lodge, Rupert C. *Plato's Theory of Art*. 1953. New York: Russell and Russell, 1975.

Longinus. *On the Sublime*. Ed. and Trans. G. M. A. Grube. Indianapolis, IN: Library of Liberal Arts, 1957.

Lu, Xing. *Rhetoric in Ancient China, Fifth to Third Century, B.C.E.* Columbia, SC: University of South Carolina Press, 1998.

Lunsford, Andrea A. *Reclaiming Rhetorica: Women in the Rhetorical Tradition*. Pittsburgh, PA: University of Pittsburgh Press, 1995.

Lyotard, Jean-Francois. *The Postmodern Condition: A Report on Knowledge.* Trans. Geoff Bennington and Brian Massumi. Minneapolis, MN: University of Minnesota Press, 1988.

Mack, Peter. *Renaissance Argument: Valla and Agricola in the Tradition of Rhetoric and Dialectic.* Leiden, Holland: E. J. Brill, 1993.

Mailloux, Steven. "One Size Doesn't Fit All: The Contingent Universality of Rhetoric," in *Sizing up Rhetoric*, eds. David Zarefsky and Elizabeth Benacka, Long Grove, IL: Waveland Press, 2008: 7~19.

Mali, Joseph. *The Rehabilitation of Myth: Vico's "New Science."* Cambridge: Cambridge University Press, 1992.

Mann, Nicholas. "The Origins of Humanism," in *The Cambridge Companion to Renaissance Humanism*, ed. Jill Kraye, Cambridge: Cambridge University Press, 1996: 1~19.

Manson, Richard. *The Theory of Knowledge of Giambattista Vico*. Hamden, CT: Archon Books, 1969.

Mao, LuMing and Bo Wang, "Manifesting a Future for Comparative Rhetoric," *Rhetoric Review* 34(3) (2015): 239~274.

Margolis, Nadia. "'The Cry of the Chameleon': Evolving Voices in the Epistles of Chris Tine De Pisan," *Post and Utz Disputatio* 1(37~70) (1996).

Martin, Bill. *Matrix and Line*. Albany, NY: State University of New York Press, 1992.

Martines, Lauro. *Power and Imagination: City States in Renaissance Italy*. New York: Knopf, 1979.

May, James M. *Trials of Character: The Eloquence of Ciceronian Ethos*. Chapel Hill, NC: University of North Carolina Press, 1988.

McCarthy, Thomas. *The Critical Theory of Jürgen Habermas*. Cambridge, MA: MIT Press, 1978.

McCarthy, Thomas, ed. *The Philosophical Discourse of Modernity: Twelve Lectures*. Trans. Frederick Lawrence. Cambridge, MA: MIT Press, 1987.

McCloskey, D. N. *The Rhetoric of Economics*. Madison, WI: University of Wisconsin Press, 1985.

McCloskey, D. N. "The Neglected Economics of Talk," *Planning for Higher Education* 22 (1994): 11~16.

McCloskey, D. N. "The Rhetoric of the Economy and the Polity, whether or Not 'In Crisis'," *Prudentia* (December, 2010) www.deirdremccloskey.com/articles/polity.php

McCloskey, D. N. *Bourgeois Dignity: Why Economics Can't Explain the Modern World*. Chicago, IL: University of Chicago Press, 2011.

McConnell-Ginet, Sally, Ruth Borker, and Nelly Furman, *Women and Language in Literature and Society*. New York: Praeger, 1980.

McDermott, Douglas. "George Campbell and the Classical Tradition," *Quarterly Journal of Speech* 49 (1963): 403~409.

McHoul, Alec and Wendy Grace. *A Foucault Primer: Discourse, Power and the Subject*. New York: New York University Press, 1997.

McKeon, Richard. *Rhetoric: Essays in Invention and Discovery*, ed. Mark Backman, Woodbridge, CT: Ox Bow Press, 1987.

McKerrow, Ray E. "Campbell and Whately on the Utility of Syllogistic Logic," *Western Speech Communication Journal* 40 (1976): 3~13.

Meador, Prentice A. "Quintilian and the Institutio Oratoria," in *A Synoptic History of Classical Rhetoric*, ed. James J. Murphy, Davis, CA: Hermagoras Press, 1983: 151~176.

Megill, Allan. "Recounting the Past: Description, Explanation, and Narrative in Historiography," *American Historical Review* 94 (1989): 627~653.

Mendelson, Sarah Heller. *The Mental World of Stuart Women: Three Studies*. Amherst, MA: The University of Massachusetts Press, 1987.

Mercier, Hugo and Dan Sperber, "How Do Humans Reason? Arguments for an Argumentative

Theory," *Behavioral and Brain Sciences* 34 (2011): 57~111.

Midgley, Mary. *Evolution as a Religion*. London: Routledge, 1985: 30.

Midgley, Mary. *Science as Salvation: A Modern Myth and Its Meaning*. London: Routledge, 1992.

Midgley, Mary. *The Myths We Live By*. New York: Routledge, 2004.

Miller, Diane Helene. "The Future of Feminist Rhetorical Criticism," in *Listening to Their Voices: The Rhetorical Activities of Historical Women*, ed. Molly Meijer Wertheimer, Columbia, SC: University of South Carolina Press, 1997: 359~380.

Miller, J., M. Prosser, and T. Benson, eds. *Readings in Medieval Rhetoric*. Bloomington, IN: Indiana University Press, 1974.

Mohrmann, G. P. "The Civile Conversation: Communication in the Renaissance," *Speech Monographs* 39 (1972): 193~204.

Moline, Jon. *Plato's Theory of Understanding*. Madison, WI: University of Wisconsin Press, 1981.

Mooney, Michael. *Renaissance Thought and Its Sources*. New York: Columbia University Press, 1979.

Monfasani, John. *George of Trebizond: A Biography and A Study of His Rhetoric and Logic*. Leiden, Holland: Brill Publishers, 1976.

Mooney, Michael. *Vico in the Tradition of Rhetoric*. Princeton, NJ: Princeton University Press, 1985.

Morris, Meaghan and Paul Patton, eds. *Michel Foucault: Power, Truth, Strategy*. Sydney: Feral Publications, 1979.

Moscorici, Claudia. *Double Dialectics: Between Universalism and Relativism in Enlightened and Postmodern Thought*. Lanham, MD: Rowman and Littlefield, 2002.

Moss, Jean Deitz, ed. *Rhetoric and Praxis: The Contribution of Classical Rhetoric to Practical Reasoning*. Washington, DC: Catholic University of America Press, 1986.

Murphy, James J. "Saint Augustine and the Debate about a Christian Rhetoric," *Quarterly Journal of Speech* 46 (1960): 400~410.

Murphy, James J. *Three Medieval Rhetorical Arts*. Berkeley, CA: University of California Press, 1971.

Murphy, James J., ed. *Medieval Eloquence: Studies in the Theory and Practice of Medieval Rhetoric*. Berkeley, CA: University of California Press, 1978.

Murphy, James J. *A Synoptic History of Classical Rhetoric*. Davis, CA: Hermagoras Press, 1983.

Murphy, James J., ed. *A Short History of Writing Instruction*. Davis, CA: Hermagoras Press, 1990.

Murphy, James J., ed. *Peter Ramus's Attack on Cicero*. Trans. Carole Newlands. Davis, CA: Hermagoras Press, 1992.

Nash, Christopher and Martin Warner, eds. *Narrative in Culture*. London: Routledge, 1988.

Nauert, Charles G., Jr. *Humanism and the Culture of Renaissance Europe*. Cambridge: Cambridge University Press, 1995.

Nelson, John, Allen McGill, and D. N. McCloskey, eds. *The Rhetoric of the Human Sciences*. Madison, WI: University of Wisconsin Press, 1987.

Norris, Christopher. *Derrida*. Cambridge, MA: Harvard University Press, 1987.

Nothstine, William, Carole Blair, and Gary Copeland. *Critical Questions*. New York: St. Martin's

Press, 1994.

Ober, Josiah. *Mass and Elite in Democratic Athens: Rhetoric, Ideology, and the Power of the People.* Princeton, NJ: Princeton University Press, 1989.

Ochs, Donovan J. "Aristotle's Concept of Formal Topics," *Speech Monographs* 36 (1969): 419~425.

Ochs, Donovan J. "Cicero's Topica: A Process View of Invention," in *Explorations in Rhetoric: Essays in Honor of Douglas Ehninger*, ed. Ray E. McKerrow, Glenview, IL: Scott, Foresman, 1982: 178~186.

Ong, Walter J. S. J. *Ramus: Method and the Decay of Dialogue.* Cambridge, MA: Harvard University Press, 1983.

Ong, Walter J. *Orality and Literacy: The Technologizing of the Word*, 2nd ed. New York: Routledge, 2002.

Perelman, Chaim. *The Idea of Justice and the Problem of Argument.* New York: Random House, 1963.

Perelman, Chaim. *Justice.* New York: Random House, 1967.

Perelman, Chaim. *The New Rhetoric and the Humanities.* Trans. William Kluback. Dordrecht, Holland: D. Reidel, 1979.

Perry, Linda A., M. Lynn, H. Turner, and Helen M. Sterk, eds. *Constructing and Reconstructing Gender: The Links among Communication, Language, and Gender.* Albany, NY: State University of New York Press, 1992.

Philostratus. *Lives of the Sophists.* Trans. W. C. Wright. London: Loeb Classical Library, 1965.

Pico. *Oration on the Dignity of Man.* Quoted in Anthony Grafton, "Humanism, Magic and Science," in *The Impact of Humanism on Western Europe*, eds. Anthony Goodman and Angus Mackay. London: Longman, 1990: 99~117.

Plato. *Gorgias.* Trans. W. C. Helmbold. Indianapolis, IN: Bobbs-Merrill, 1952.

Plato. *Phaedrus.* Trans. W. C. Helmbold and W. G. Rabinowitz. Indianapolis, IN: Liberal Arts Press, 1956.

Plato. *Gorgias.* Trans. T. Irwin. Oxford: Clarendon Press, 1979.

Plato. *Sophist.* Trans. William S. Cobb. Savage, MD: Rowman and Littlefield, 1990.

Plato. *Protagoras.* Trans. C. C. W. Taylor. Oxford: Clarendon Press, 1991.

Plochmann, George Kimball and Franklin E. Robinson. *A Friendly Companion to Plato's Gorgias.* Carbondale, IL: Southern Illinois University Press, 1988.

Polanyi, Michael. *Personal Knowledge.* Chicago, IL: University of Chicago Press, 1962.

Poulakos, John. "Toward a Sophistic Definition of Rhetoric," *Philosophy and Rhetoric* 16 (1983): 35~48.

Poulakos, John. "Terms for Sophistical Rhetoric," in *Rethinking the History of Rhetoric: Multidisciplinary Essays on the History of Rhetoric*, ed. Takis Poulakos, Boulder, CO: Westview, 1993: 53~74.

Poulakos, John. *Sophistical Rhetoric in Classical Greece.* Columbia, SC: University of South Carolina Press, 1995.

Prado, C. G. *Starting with Foucault: An Introduction to Genealogy*. Boulder, CO: Westview, 1995.

Prelli, Lawrence. *A Rhetoric of Science: Inventing Scientific Discourse*. Columbia, SC: University of South Carolina Press, 1989.

Prelli, Lawrence, ed. *Rhetorics of Display*. Columbia, SC: University of South Carolina, 2006.

Putnam, L. L. and M. E. Pacanowsky, eds. *Communication and Organizations: An Interpretive Approach*. Newbury Park, CA: Sage, 1983: 99～122.

Quandahl, Ellen. "Aristotle's Rhetoric: Reinterpreting Invention," *Rhetoric Review* 4 (1986): 128～137.

Quintilian. *Institutio Oratoria*. Vol. 4. Trans. H. E. Butler. Cambridge, MA: Loeb Classical Library, 1959～1963.

Quintilian. *On the Early Education of the Citizen Orator*. Ed. James J. Murphy. Trans. John S. Watson. Indianapolis, IN: Library of Liberal Arts, 1965.

Rabinow, Paul, ed. *The Foucault Reader*. New York: Pantheon Books, 1984.

Racevskis, Karlis. *Michel Foucault and the Subversion of Intellect*. Ithaca, NY: Cornell University Press, 1983.

Ramus, Peter. *Rhetoricae Distinctiones in Quintilianum (Arguments in Rhetoric against Quintilian)*. Trans. Carole Newlands. 1549. DeKalb, IL: Northern University Press, 1986.

Ramus, Peter. *The Questions of Brutus*. 1549. Trans. Carole Newlands. Davis, CA: Hermagoras Press, 1992.

Randall, John H. *Aristotle*. New York: Columbia University Press, 1960.

Rankin, H. D. *Sophists, Socratics and Cynics*. London: Croom Helm, 1983.

Ray, John W. "Perelman's Universal Audience," *Quarterly Journal of Speech* 64 (1978): 361～375.

Redfern, Jenny R. "Christine de Pisan and The Treasure of the City of Ladies: A Medieval Rhetorician and Her Rhetoric," in *Reclaiming Rhetorica: Women in the Rhetorical Tradition*, ed. Andrea A. Lunsford, Pittsburgh, PA: University of Pittsburgh Press, 1995: 73～92.

Renfrew, Alastair. *Mikhail Bakhtin*. London: Routledge, 2015.

Richardson, Malcom. "Women, Commerce, and Rhetoric in Medieval England," in *Listening to Their Voices: The Rhetorical Activities of Historical Women*, ed. Molly Meijer Wertheimer, Columbia, SC: University of South Carolina Press, 1997: 133～149.

Sallis, J. Being and Logos. *Atlantic Highlands*, NJ: Humanities Press, 1986.

Schiappa, Edward. "Did Plato Coin Rhetorike?" *American Journal of Philology* 111 (1990): 457～470.

Schiappa, Edward. *Protagoras and Logos*. Columbia, SC: University of South Carolina Press, 1991.

Scott, Izora. *Controversies over the Imitation of Cicero in the Renaissance*. 1910. Davis, CA: Hermagoras Press, 1991.

Scott, Robert L. "On Viewing Rhetoric as Epistemic," *Central States Speech Journal* 18 (1967): 9～16.

Scott, Robert L. and Wayne Brockriede. *The Rhetoric of Black Power*. New York: Harper and Row, 1969: 132.

Scult, Allen. "Perelman's Universal Audience: One Perspective," *Central States Speech Journal* 27 (1976): 176～180.

Segal, Charles P. "Gorgias and the Psychology of the Logos," *Harvard Studies in Classical Philology* 66 (1962): 99~155.

Seigel, Jerrold E. *Rhetoric and Philosophy in Renaissance Humanism*. Princeton, NJ: Princeton University Press, 1968.

Shackleton-Bailey, D. R. *Cicero. New York: Charles Scribner's Sons,* 1971.

Sher, Richard B. *Church and University in the Scottish Enlightenment*. Edinburgh: Edinburgh University Press, 1985.

Sheridan, Thomas. *A Course of Lectures on Elocution*. London: J. Dodsley, 1762.

Sheridan, Thomas. *A General Dictionary of the English Language*. London: J. Dodsley, 1780.

Sheridan, Thomas. *À Discourse Being Introductory to His Course of Lectures on Elocution and the English Language*. 1759. Los Angeles: Augustan Reprint Society, 1969.

Shumway, David R. *Michel Foucault*. Charlottesville, VA: University Press of Virginia, 1989.

Simons, Herbert W., ed. *The Rhetorical Turn*. Chicago, IL: University of Chicago Press, 1990.

Simons, Herbert W. *Sizing Up Rhetoric*, eds. D. Zarefsky and E. Benacka, Long Grove, IL: Waveland Press, 2008.

Sloane, Thomas O. *On the Contrary: The Protocol of Traditional Rhetoric*. Washington, DC: Catholic University of America Press, 1997.

Spender, Dale. *Man Made Language*. Boston, MA: Routledge and Kegan Paul, 1980.

Spitzer, Adele. "The Self-Reference of the Gorgias," *Philosophy and Rhetoric* 8 (1975): 1~22.

Stark, Ryan John. "Margaret Cavendish and Composition Style," *Rhetoric Review* 17(2) (Spring 1999): 264~281.

Steinby, Liisa and Tintti Klapuri, eds. *Bakhtin and His Others: Intersubject(ivism), Chronotype, Dialogism*. London: Anthem, 2013.

Stevens, Kevin M. "Books Fit for a Portuguese Queen: The Lost Library of Catherine of Austria and the Milan Connection (1540)," in *Documenting the Early Modern Book World*, eds. Malcolm Walsby and Natasha Constantinidou, Boston, MA: Brill, 2013: 85~116.

Stringfellow, Frank. *The Meaning of Irony: A Psychoanalytic Investigation*. Albany, NY: State University of New York Press, 1994.

Strini, Tom. "A Taut Take on Beethoven's Ninth," *The Milwaukee Journal Sentinel* May 13 (2006).

Sullivan, Dale. "Kairos and the Rhetoric of Belief," *Quarterly Journal of Speech* 78 (1992): 317~332.

Sutton, Jane. "The Marginalization of Sophistical Rhetoric and the Loss of History," in *Rethinking the History of Rhetoric*, ed. Takis Poulakos, Boulder, CO: Westview Press, 1993a: 75~90.

Sutton, Jane. "The Taming of Polos/Polis: Rhetoric as an Achievement without Woman," *Southern Communication Journal* 57 (2) (1993b): 97~119.

Swearingen, Jan. *Rhetoric and Irony: Western Literacy and Western Lies*. Oxford: Oxford University Press, 1991.

Swearingen, Jan. "A Lover's Discourse: Diotima, Logos, and Desire," in *Reclaiming Rhetorica*, ed. Andrea Lunsford, Pittsburgh, PA: University of Pittsburgh Press, 1995: 25~51.

Tagliacozzo, G. and D. P. Verene, eds. *Giambattista Vico's Science of Humanity*. Baltimore, MD: Johns Hopkins University Press, 1976.

Tannen, Deborah. *Gender and Discourse*. Oxford: Oxford University Press, 1994.

Thorne, Barrie and Nancy Henley. *Language and Sex: Difference and Dominance*. Rowley, MA: Newberry House, 1975.

Tompkins, Jane P., ed. *Reader Response Criticism*. Baltimore, MD: Johns Hopkins University Press, 1980.

Trapp, Robert and Janice Schuetz, eds. *Perspectives on Argument: Essays in Honor of Wayne Brockriede*. Prospect Heights, IL: Waveland Press, 1990.

Troup, Calvin. *Temporality, Eternity, and Wisdom: The Rhetoric of Augustine's Confessions*. Columbia, SC: University of South Carolina Press, 1999.

Untersteiner, Mario. *The Sophists*. Oxford: Oxford University Press, 1954.

van Eemeren, Frans H., Rob Grootendorst, and Tjark Kruiger. *Handbook of Argumentation Theory*. Dordrecht, Holland: Foris Publications, 1987.

Van Maanen, John. *Tales of the Field*. Chicago, IL: University of Chicago Press, 1988.

Vasaly, Ann. *Representations: Images of the World in Ciceronian Oratory*. Berkeley, CA: University of California Press, 1993.

Vatz, Richard. "The Myth of the Rhetorical Situation," *Philosophy and Rhetoric* 6 (1973): 154~161.

Verene, Donald Philip, ed. *Giambattista Vico, On Humanistic Education: Six Inaugural Orations*, 1699~1707. Trans. G. A. Pinton and A. W. Shippe. Ithaca, NY: Cornell University Press, 1993.

Vickers, Brian, ed. *Rhetoric Revalued: Papers from the International Society for the History of Rhetoric*. Binghamton, NY: Center for Medieval and Early Renaissance Studies, 1982a.

Vickers, Brian. "On the Practicalities of Renaissance Rhetoric," in *Rhetoric Revalued*, ed. Brian Vickers, Binghamton, NY: Center for Medieval and Early Renaissance Studies, 1982b: 133~141.

Vickers, Brian. *In Defense of Rhetoric*. Oxford: Oxford University Press, 1988.

Vico, Giambattista. *On Humanistic Education: Six Inaugural Orations, 1699~1707*. Ed. Donald Phillip Verene. Trans. G. A. Pinton and A. W. Shippe. Ithaca, NY: Cornell University Press, 1993.

Vico, Giambattista. "Oratzione in Morte Donna Angela Cimmino Marchesa Petrella," in *Opere Di G. B. Vico*, vol. 7, ed. Fausto Nicolini, Rome: Bari Laterza, 1911~1914: 170.

Vitanza, Victor, ed. *Writing Histories of Rhetoric*. Carbondale, IL: Southern Illinois University Press, 1994.

Vonnegut, K. S. "Listening for Women's Voices," *Communication Education* 41 (1992): 26~39.

Walker, Jeffrey. *Rhetoric and Poetics in Antiquity*. Oxford: Oxford University Press, 2000.

Walsh, Lynda. "The Rhetoric of Oracles," *Rhetoric Society Quarterly* 33 (Summer, 2003): 55~78.

Walzer, Arthur. "Magic and Rhetoric from Antiquity to the Renaissance: Some Ruminations," *Rhetorica* 6 (1988): 57~118.

Walzer, Arthur. *George Campbell: Rhetoric in the Age of Enlightenment*. Albany NY: State University of New York Press, 2003.

Ward, John O. "From Antiquity to the Renaissance: Glosses and Commentaries on Cicero's Rhetorica," in *Medieval Eloquence*, ed. J. J. Murphy, Berkeley, CA: University of California Press, 1978: 25~67.

Warnick, Barbara. *The Sixth Canon: Belletristic Rhetorical Theory and Its French Antecedents*. Columbia, SC: University of South Carolina Press, 1993.

Waterfield, Robin, ed. *The First Philosophers: The Presocratics and the Sophists*. Oxford: Oxford University Press, 2009.

Watson, Burton. *Visions of Order*. Baton Rouge, LA: Louisiana State University Press, 1964.

Watson, Burton. *Basic Writings of Mo Tzu, Hsun Tzu, and Han Fei Tzu*. New York: Columbia University Press, 1967.

Welch, Kathleen E. *The Contemporary Reception of Classical Rhetoric: Appropriations of Ancient Discourse*. Hillsdale, NJ: Lawrence Erlbaum, 1990.

Wells, Susan. *Sweet Reason: Rhetoric and the Discourses of Modernity*. Chicago, IL: University of Chicago Press, 1996.

Wenzel, Joseph. "Three Perspectives on Argument," in *Perspectives on Argumentation: Essays in Honor of Wayne Brockriede*, eds. Robert Trapp and Janice Schuetz, Prospect Heights, IL: Waveland, 1990: 9~26.

Whately, Richard. *Elements of Rhetoric*, ed. Douglas Ehninger. 1828. Carbondale, IL: Southern Illinois University Press, 1963.

Willard, Charles Arthur. "Argumentation and Postmodern Critique," in *Perspectives on Argumentation: Essays in Honor of Wayne Brockriede*, eds. Robert Trapp and Janice Schuetz, Prospect Heights, IL: Waveland, 1990: 221~231.

Wilson, Katharina, ed. *Women Writers of the Renaissance and Reformation*. Athens: University of Georgia Press, 1987.

Wood, Ellen Meiksins. *Peasant-Citizen and Slave: The Foundations of Athenian Democracy*. London: Verso, 1988.

Wood, Julia T. *Gendered Lives*. Belmont, CA: Wadsworth, 1994.

Woods, Marjorie Currie. "The Teaching of Writing in Medieval Europe," in *A Short History of Writing Instruction*, ed. James J. Murphy, Davis, CA: Hermagoras Press, 1990: 77~94.

찾아보기

가가린, 마이클 Gagarin, Michael 82, 86, 87

가다머, 한스게오르크 Gadamer, Hans-George 344

가린, 에우제니오 Garin, Eugenio 305

가온카, 딜립 Gaonkar, Dilip 402, 403, 526

간언 499, 501, 502

감정적 소구 50, 173, 179, 181

감정적 힘 230

개조 모델 487, 530

거걸, 타니아 Gergel, Tania 75, 78, 97

거대 서사 459

건축 37

게오르게(트레비존드) George of Trebizond 302

경제 31, 76, 174, 185, 187, 197, 216, 260, 371, 372, 380, 381, 395, 396, 415, 429, 447, 484

고대 인도 레토릭 493

고르기아스Gorgias 53, 80, 85, 89, 94, 96, 98, 99, 100, 101, 102, 103, 105, 106, 108, 109, 111, 126, 127, 129, 130, 131, 132, 133, 142, 143, 145, 150, 158, 181, 189, 230, 234, 302, 307, 353, 368, 379, 423

《고르기아스*Gorgias*》 25, 89, 93, 94, 111, 124, 125, 126, 127, 128, 136, 138, 142, 143, 144, 145, 148, 154, 155, 156, 160, 161, 162, 164, 204, 213, 214, 302, 378, 379, 518, 519

《고백록*Confessions*》 248, 249

고전 레토릭 242, 243, 245, 246, 250, 288, 289, 296, 301, 306, 316, 325, 330, 362, 422, 447

고전 언어 277, 298, 301, 310

고전주의 26, 302, 458

골딘, 폴 라키타 Goldin, Paul Rakita 500, 501

공감 43, 305, 351, 411, 412, 497

공동 신념 340, 344

공동체 56, 63, 64, 65, 66, 67, 68, 70, 81, 182, 190, 214, 215, 306, 314, 328, 338, 376, 391, 394, 396, 400, 408, 411, 412, 413, 439, 440, 459, 463, 491

공론장 381, 382, 383

공적 논쟁 165, 365

공적 담론 368, 372, 376, 385, 394
공적 말하기 75, 329, 348
공적 영역 227, 293, 346, 355, 452, 469, 476, 480, 525
공적 화자 81, 236, 347
공적인 레토릭 171, 190, 193, 215, 484, 507
공증인 267, 270, 273, 300, 301, 304
과학 레토릭 386, 392, 394, 395, 403, 404, 405, 526
과학(적) 담론 371, 391, 392, 393, 397, 402, 405
과학적 글쓰기 351, 392
과학적 논쟁 371
과학적 레토릭 327, 358, 367
과학적 방법 69, 389
과학적 사회주의 371
광고 50, 51, 58, 61, 80, 422, 447
구두 담론 327, 345, 355
구두 언어 36, 80, 104, 178, 188, 189, 199, 314, 327
구조 논쟁 258
구텐베르크, 요하네스 Gutenberg, Johannes 272, 292
권력과 담론 462
궤변술 95, 125, 137, 162
그노리모이 89
그라시, 에르네스토 Ernesto Grassi 339, 340
그리스 레토릭 99, 112, 190, 202, 225, 238, 243, 244, 303, 494, 495, 497, 503, 505, 506
그리스, 로리 Gries, Laurie 24, 29, 443, 444, 452, 527
그리핀, 신디 Griffin, Cindy 448, 528, 540
글쓰기 29, 40, 41, 60, 79, 84, 88, 108, 110, 146, 149, 154, 175, 176, 190, 230, 231, 233, 234, 235, 238, 255, 262, 266, 267, 273, 275, 278, 283, 284, 293, 296, 301, 317, 328, 335, 336, 345, 346, 347, 350, 352, 398, 403, 404, 410, 427, 429, 434, 445, 449, 450, 470, 471, 476, 493, 498, 524, 525
글쓰기 교육 284, 335, 351
기독교 레토릭 250
기독교 변증론 358
기독교 설교자 253
기어츠, 클리포드 Geertz, Clifford 397, 398, 405, 526
기어하트, 샐리 밀러 Gearhart, Sally Miller 485, 486, 487, 488, 507, 528, 529
기호 34, 35, 250, 252, 253, 341, 443, 461
길버트, 캐서린 Gilbert, Katherrine 341

남성 레토릭 366, 485
내부 농담 440, 531
노모스 97, 139, 140, 517, 531
노어트, 찰스 Nauert, Charles 259, 299, 300, 301, 306, 321
논리실증주의 370
논리적 주장 48, 49, 50, 51, 53, 56, 63, 64, 65, 150, 151
논쟁적인 주장 79, 107, 343, 357, 505
논증 32, 49, 50, 87, 94, 170, 229, 333, 349, 351, 360, 362, 368, 371, 372, 373, 375, 376, 378, 379, 381, 382, 398, 403, 408, 421, 486, 492, 497, 509, 517, 521
논증적 가설 49
뉴 리터러시 449
능력 심리학 359
능력 이론 360

능변 모델 251
《니야야 수트라Nyaya Sutra》 493, 531
니체, 프리드리히 Nietzsche, Friedrich 26, 27, 90, 119, 458, 572, 592
니촐리오, 마리오 Nizzolio, Mario 303

다성적 소설 428
다윈, 찰스 Darwin, Charles 391, 398, 399, 400, 401, 402, 404
다접속사 사용(법) 206, 318, 531
단일 수용자 377, 378
담론 공동체 67
대화적 레토릭 294, 328
데리다, 자크 Derrida, Jacques 456, 457, 470, 471, 472, 473, 474, 475, 506, 528, 529, 587
데모스 89, 109, 112, 113, 125, 126, 139, 231
데모크리토스Democritos 115
데일리, 매리 Daly, Mary 478, 480
데카르트, 르네 Descartes, René 334, 337, 338, 339, 341, 524
데티엔느, 마르셀 Detienne, Marcel 494, 495
델렉타레 217, 532, 533
도나워스, 제인 Donawerth, Jane 328, 329, 366
도스토옙스키, 표도르 Dostoevsky, Fyodor 428, 432, 433, 526
도케레 217, 532, 533
동기 45
동일시 43, 367, 410, 411
동질성 411
드 로레티스, 테레사 de Lauretis, Teresa 468
드 로밀리, 재클린 de Romilly, Jacqueline 79, 101, 102, 120, 145, 151
드 벨라스코, 안토니오 de Velasco, Antonio 491, 492
드 스퀴데리, 마들렌 de Scudéry, Madeleine 328, 329, 330, 523
드 피상, 크리스틴de Pisan, Christine 36, 296, 297, 565
드라마티즘의 펜태드 416, 417, 418, 419, 420, 526
드러냄 379, 441
드퓨, 데이비드 Depew, David 403, 404, 405, 526
디 메어, 레슬리 Di Mare, Leslie 479
디소이 로고이 91, 92, 107, 532
디지털 레토릭 409, 446, 449, 450, 451, 527
디지털 리터러시 450, 453
디지털 민주주의 448
디지털 커뮤니케이션 28
디카니콘 172, 532, 534
디카스테리아 81
디프랜체스코, 빅토리아 DeFrancesco, Victoria 481
딕타토레스 268, 532
딜런, 존 Dillon, John 75, 78, 97

라무스, 페트뤼 Ramus, Petrus 322, 323, 324, 325, 326, 330, 333, 351, 523
라블레, 프랑수아 Rabelais, Françis 428, 432
라캉, 자크 Lacan, Jacques 456
라투르, 브뤼노 Latour, Bruno 443, 452, 583
래넘, 리처드 Lanham, Richard 28, 29, 44,

57, 319, 324, 420, 447, 523, 569
랜킨, H. D. Rankin, H. D. 80, 93, 547
런스포드, 안드레아 Lunsford, Andrea 29, 449, 450, 453, 527
레비스트로스, 클로드 Levi-Strauss, Claude 343, 456, 460, 528
레스 푸블리카 195, 215
레토레스 126, 533
레토릭 감각 285
《레토릭 강론*Institutes of Oratory*》 222, 224, 225, 227, 244, 303, 315
레토릭 교수법 193
레토릭 교육 68, 80, 92, 109, 111, 112, 193, 199, 200, 202, 203, 209, 212, 221, 225, 228, 235, 237, 252, 253, 260, 261, 315, 325, 345, 346, 347, 350, 367, 409, 482, 499, 501
레토릭 기술 26, 27, 39, 40, 45, 53, 54, 55, 56, 57, 58, 59, 60, 62, 63, 65, 66, 68, 81, 84, 93, 98, 99, 113, 115, 117, 118, 120, 124, 131, 140, 145, 149, 150, 151, 152, 153, 154, 155, 156, 159, 160, 163, 165, 178, 183, 189, 204, 213, 232, 237, 243, 245, 248, 251, 253, 262, 265, 268, 288, 312, 325, 326, 346, 451, 500, 502, 512, 513, 519, 522
레토릭 담론 39, 40, 41, 42, 43, 45, 46, 47, 48, 66, 67, 410, 423, 492, 510
레토릭 심리학 309
레토릭 장치 101, 103, 155, 281, 319, 339, 397
《레토릭 책*Book of Rhetoric*》(카펠라) 254
레토릭 훈련 120, 200, 205, 224, 237, 238, 261, 300, 305, 316, 317, 512, 513
《레토릭*Rhetoric*》(아리스토텔레스) 158, 159, 160, 162, 163, 165, 168, 169, 171, 176, 177, 179, 182, 183, 184, 185, 186, 187, 244, 265, 266, 281, 304, 316, 425, 553
레토릭과 공동체 66
레토릭과 권력 59, 68, 145, 156, 545
레토릭과 마술 308, 326
레토릭과 변증법 301, 321, 322
레토릭과 상징 체계 35
레토릭의 개념 34, 39, 160, 504
레토릭의 재개념화 484
레토릭한 비유 359
레토릭한 삼단 논법 168
레토릭한 수용자 424, 425, 426
레프, 마이클 Leff, Michael 108, 110, 211, 227, 409
로고그라포스 109, 533
로고스 84, 97, 99, 101, 102, 107, 127, 128, 129, 178, 179, 183, 186, 343
로널드, 케이트 Ronald, Kate 481, 482, 483
로마 레토릭 193, 200, 212, 235, 238, 243, 249, 251, 252, 254, 266, 289, 301
로베르(바스보른) Robert of Basevorn 263, 264, 282,
로이스터, 재클린 Royster, Jacqueline 476
로크, 존 Locke, John 26, 29, 327, 332, 358, 359
롱기누스, 디오니시우스 Longinus, Dionysius 200, 230, 231, 232, 233, 234, 235, 238, 352, 354, 368
료타르, 장프랑수아 Lyotard, Jean-Francois 459, 460, 506
르네상스 인본주의 335
리시아스Lysias 85, 98, 146, 147
리처드슨, 맬컴 Richardson, Malcolm 277, 278, 279,

리치, 에이드리언 Rich, Adrienne 480
리치, 조이 Ritchie, Joy 481, 482, 483
리터러시 28, 527
링컨, 에이브러햄Lincoln, Abraham 51, 52, 53, 318, 420, 509, 510

마골리스, 나디아 Margolis, Nadia 268
마르크스주의 380, 429, 459
마르티네스, 라우로 Martines, Lauro 299, 300
마리 드 프랑스Mari de France 261, 286, 287
마부 신화 147, 148, 149, 427
마술 74, 100, 101, 102, 141, 307, 308, 309, 326, 327, 379, 423
만, 니콜라스 Mann, Nicholas 271, 305, 306
매클로스키, 디어드리 McCloskey, Deirdre 31, 33, 395, 396, 405, 526
매키언, 리처드 McKeon, Richard 28, 29
맥, 피터 Mack, Peter 310, 316, 323
맥케로, 레이 McKerrow, Ray 362
맬서스, 토머스 Malthus, Thomas 392
맬컴 X Malcolm X 52, 53
머피, 제임스 Murphy, James 34, 96, 252, 263, 271, 282, 288, 303, 562, 563, 564
명상적인 삶 280, 314, 330
모베레 217, 532, 533
모스코비치, 클라우디아 Moscovici, Claudia 459,
문자 담론 355
문자 해독률 273, 286
문제 상황 419, 423, 424, 425, 426, 483, 492, 533, 539
미즐리, 매리 Midgley, Mary 370, 389, 390
미학 48, 53
민주정 75
민주주의 50, 55, 70, 75, 76, 79, 81, 113, 116, 119, 120, 125, 139, 144, 166, 194, 237, 288, 506
민회 76, 77, 81, 82, 83, 84, 85, 86, 89, 113, 139, 194, 196
밀러, 다이앤 헬렌 Miller, Diane Helene 489, 490, 491

바넷, 스콧 Barnett, Scot 443, 445, 446, 452
바르트, 롤랑 Barthes, Roland 490
바스, 후아나 Vaz, Joanna 295, 522
바흐친, 미하일 Bakhtin, Mikhail 428, 429, 431, 432, 433, 434, 435, 437, 452, 526, 527, 582
반 마넨, 존 Van Maanen, John 396, 397, 398
반대 명제 97, 103, 105, 189, 500
반복치환법 104
발라, 로렌초 Valla, Lorenzo 300, 310, 311, 312, 313, 316, 330
발화 374, 423, 431, 533
배런, 윌리엄 Barron, William 352
배열/디스포시티오 36, 42, 48, 51, 53, 56, 65, 151, 161, 175, 187, 205, 216, 228, 229, 232, 245, 270, 272, 281, 286, 287, 426, 447, 497, 504, 510
배치 레토릭 441, 442, 452, 527
버크, 존 Burke, John 308
버크, 케네스 Burke, Kenneth 43, 408, 409, 410, 411, 412, 413, 414, 415, 416, 417, 418, 419, 420, 421, 422, 423, 429, 434, 441, 452, 526, 527, 532, 535, 538, 542, 580
벌린, 제임스 Berlin, James 60

법정 47, 58, 59, 74, 76, 77, 81, 82, 83, 85, 86, 89, 96, 109, 110, 113, 119, 131, 132, 137, 160, 172, 173, 176, 177, 182, 183, 184, 197, 200, 206, 207, 208, 209, 211, 221, 222, 226, 228, 243, 256, 259, 273, 278, 279, 294, 451, 487, 505
법정 레토릭 173
베르길리우스Vergilius 285, 286, 301, 306
베르나르디, 조바니 바티스타 Bernardi, Giovani Baptista 316
베이저먼, 찰스 Bazerman, Charles 391
베이컨, 프랜시스 Bacon, Francis 325, 327, 358, 359
베일즈, 로버트 Bales, Robert 439
벤담, 제레미 Bentham, Jeremy 464
《벨린다*Belinda*》 366
변증법 28, 107, 118, 145, 161, 162, 163, 164, 165, 179, 190, 226, 246, 256, 257, 259, 266, 272, 310, 320, 321, 322, 323, 324, 330, 334
《변증법 발견*De Inventione Dialectica*》 321, 322
변증술 90, 91, 153, 154
보먼, 어니스트 Bormann, Ernest 439, 440, 452, 527
보에티우스, 안티시우스 만리우스 세베리누스 Boethius, Anticius Manlius Severinus 256, 257, 288
보울레 83, 172
보이드, 브라이언 Boyd, Brian 44, 73, 387, 388, 435, 495
보일, 케이시 Boyle, Casey 443, 445, 446, 452
보편적 수용자 374, 376, 377, 378, 525
보편적인 인간 312, 330
볼로냐 243, 267, 269, 271, 272, 274
부스, 웨인 Booth, Wayne 24, 28, 29, 43, 432, 433, 434, 435, 452, 526
블레어, 휴 Blair, Hugh 350, 352, 354, 355, 356, 357, 367, 524
비교 레토릭 457, 492, 505, 507
비베스, 후안 루이스 Vives, Juan Luis 295, 311, 314, 315, 322, 330
비잔틴 제국 243
비처, 로이드 Bitzer, Lloyd 54, 55, 170, 358, 409, 410, 411, 423, 424, 425, 426, 452, 526
비커스, 브라이언 Vickers, Brian 126, 143, 203, 230, 234, 276, 281, 284, 286, 293, 309, 313, 315, 422
비코, 잠바티스타 Vico, Giambattista 333, 336, 337, 338, 339, 340, 341, 342, 343, 344, 359, 367, 435, 524, 525
비판 이론 384, 468, 534
비한정적인 질문 226
빌리그, 마이클 Billig, Michael 32, 549

사위키, 재나 Sawicki, Jana 477
사적인 말하기 498, 499
사포Sappho 83, 118, 119, 121, 231, 232
사회적 구성성 469
사회적 유용성 165, 166
사회적 합의 35, 36, 69, 98, 139, 468
산업자본주의 371
삼단 논법 161, 163, 168, 169, 170, 179, 362, 371, 421, 494, 504, 528
상상된 수용자 42, 43
상징 29, 35, 36, 37, 38, 39, 40, 41, 45, 48, 50, 51, 60, 61, 62, 67, 68, 72, 87, 100, 250, 308, 314, 324, 337, 368, 390, 403, 408, 409, 410, 411, 412, 413, 414, 415, 420, 422,

423, 434, 443, 445, 452, 457, 458, 463, 465, 467, 468, 469, 470, 478, 480, 481, 484, 485
상징 체계 35, 39, 41, 48, 53
상징적 상호 작용 411, 412
상징적 유인 412, 413
상징적 표현 39
상징적 행위 412
상호 주관적 동의 382
상황 의존적 쟁점/문제 40, 54, 55, 63, 170, 370, 373, 509
상황적 맥락 409
《새로운 시학*Poetria Nova*》 281, 282, 283
서간 문헌 267
서간문 260, 268
서간술 265, 268, 271, 276
서사 레토릭 436
서사 이론 344, 428
설교 248, 348, 357
설교술 262
《설교의 형식*Forma Praedicandi/The Form of Preaching*》 263
설득 30, 31, 32, 34, 39, 47, 78, 293
설득 기술 87, 88
설득 행위 31, 386
설득의 중심성 48
설득적 담론 89, 120, 181, 456, 507
설득적 말하기 89, 160
섹슈얼리티 468, 469, 540
셔키, 클레이 Shirky, Clay 449, 584
셔턴, 제인 Sutton, Jane 489
셰리던, 토머스 Sheridan, Thomas 348, 349, 367, 524, 572
셰익스피어, 윌리엄 Shakespeare, William 26, 104, 308, 325, 326, 335, 353, 354
소구 48, 50, 53
소쉬르, 페르디낭 드 Saussure, Ferdinand de 456, 460
소크라테스Socrates 25, 76, 86, 87, 107, 108, 116, 117, 121, 124, 126, 127, 128, 129, 130, 131, 132, 133, 134, 135, 136, 137, 138, 139, 140, 141, 142, 143, 144, 145, 146, 147, 148, 149, 150, 151, 154, 161, 168, 177, 214, 378, 427
소피스트 25, 53, 75, 77, 79, 80, 81, 82, 84, 85, 86, 87, 88, 89, 90, 91, 92, 93, 94, 95, 96, 97, 98, 99, 100, 103, 104, 105, 106, 107, 108, 109, 110, 111, 112, 120, 121, 123, 124, 125, 126, 127, 128, 129, 131, 132, 133, 137, 138, 142, 143, 144, 145, 146, 150, 154, 155, 158, 159, 160, 163, 166, 167, 173, 175, 180, 181, 182, 188, 189, 200, 203, 214, 234, 235, 236, 237, 249, 302, 329, 423, 474, 497, 498, 499, 501, 518, 519
《소피스트적 논박*On Sophistical Refutations*》 93
솔론Solon 75, 118
수도원 교육 259
수아소리아 200, 500
수용자 이론 374, 379, 404
수용자 중심성 374
순문학 운동 350, 351, 352, 353, 354, 366, 368, 524
《숭고함에 대하여*On the Sublime*》 230, 234
스미스, 애덤 Smith, Adam 345, 346, 350
스웨어린젠, C. 얀 Swearingen, C. Jan 115
스코틀랜드 학파 350, 362
스콜라 철학 258, 307, 310, 314, 321, 323, 523

스콧, 로버트 Scott, Robert 64
스파르타 여성 114, 115, 121
스펜더, 데일 Spender, Dale 478, 480
스포츠 31, 32, 38, 114, 176
스피치 기술 82, 146, 150, 151, 249
스피치 표현 155, 233, 319
슬론, 토머스 Sloane, Thomas 316
시 쓰기 280, 281, 283, 287, 288, 305
시각 레토릭/영상 레토릭 409, 441, 444, 451, 527
시작술 162, 164, 280, 281, 284, 285, 286, 288
시적 삼단 논법 504
시적인 사유 양식 341
신탁 사제 83
신플라톤주의 247, 304, 307, 337

아그리콜라, 로돌푸스 Agricola, Rodolphus 321, 322, 323, 325, 523
아레테 88, 89, 93, 99, 106, 111, 129, 182
아리스토텔레스Aristoteles 27, 54, 55, 93, 99, 157, 158, 159, 160, 161, 162, 163, 164, 165, 166, 167, 168, 169, 170, 171, 172, 173, 174, 176, 177, 178, 179, 180, 181, 182, 183, 184, 185, 186, 187, 188, 189, 190, 203, 210, 214, 216, 221, 226, 230, 234, 244, 256, 257, 258, 263, 272, 281, 287, 302, 304, 309, 323, 354, 359, 375, 376, 402, 425, 451, 482, 486, 493, 502, 503, 504, 505
아리스토파네스 Aristophanes 87
아바야바 494, 528, 536
아베로에스Averroes(이븐 루시드Ibn Rushd) 303, 502, 503, 504, 505, 528
아스파시아Aspasia 116, 117, 118, 121, 482
아우구스티누스St. Augustinus 245, 246, 247, 248, 249, 250, 251, 252, 253, 254, 266, 287, 288, 315, 362
아일리우스 아리스티데스 Aelius Aristides 236
아자르, 폴 Hazzard, Paul 342
아즈텍 레토릭 496
아카이브 365, 536
아퀴나스, 토마스 Aquinas, Thomas 258
아펙투스 309, 536
아프리카의 레토릭 241, 494
《안티도시스*Antidosis*》 113
안티로고스 107
안티폰Antiphon 82, 97, 98
알파라비Al-Farabi 502, 504
암브로시우스Ambrosius 248
앨퀸(요크) Alcuin of York 265, 266
약식 삼단 논법 163, 168, 169, 171, 186, 504
언어 담론 351
언어 이론 414
언어 잠재력 이론 231
언어의 감정적 힘 309
언어의 기능 73
언어의 마술 309
에노스, 리처드 레오 Enos, Richard Leo 73, 81, 99, 113, 143
에닝거, 더글러스 Ehninger, Douglas 352
에라스뮈스Erasmus 300, 311, 315, 316, 317, 322
에이먼, 더글러스 Eyman, Douglas 450, 451
에지워스, 마리아 Edgeworth, Maria 365, 366, 367, 368, 524, 525
에클레시아 82
에토스 178, 182, 183, 214, 497

에피알테스Ephialtes 75
엔독사 90, 161, 227, 376
엘로쿠티오 42, 205, 309, 310
엠페도클레스Empedocles 74, 99, 101
여성 독자층 286
여성 레토릭 294, 295, 297, 329, 366, 477, 482, 528
여성 레토릭 이론 297, 329
《연설가*Orator*》(키케로) 217, 252
《연설가에 대하여*De Oratore*》(키케로) 212, 213, 217, 225, 252, 257, 293, 320
연설법 운동 346, 347, 366, 524
영화 음악 35, 36
예수(청중 중심적 설교 모델로서의) 264
오비디우스Ovidius 284, 286, 335
온라인 커뮤니케이션 448
올브레흐츠타이테카, 루시 Olbrechts-Tyteca, Lucie 43, 372, 373, 374, 375, 376, 377, 378, 379, 404, 408, 438, 526
옹, 로리 Ong, Rory 80, 92, 116
옹, 월터 Ong, Walter 155, 322, 327
와틀리, 리처드 Whately, Richard 362, 363, 364, 365, 367, 368, 370, 524
완벽한 연설가 213, 214, 217, 222, 225, 293, 323, 347, 354
왜곡 가능성 389
용어적 스크린 414, 415, 416
우드, 줄리아 Wood, Julia 483, 484
우즈, 마조리 커리 Woods, Marjory Curry 261, 284
워닉, 바버라 Warnick, Barbara 333, 334, 351, 354, 360, 361, 368
워드, 존 Ward, John 252, 257, 262, 288, 289
워터필드, 로빈 Waterfield, Robin 76, 79, 84
원로원 83, 89, 194, 196, 197, 198, 206, 212, 220, 235
월리스, 칼 Wallace, Karl 436
월시, 린다 Walsh, Lynda 83
웰스, 수전 Wells, Susan 382, 383, 391, 392, 428
윌슨, O. 에드워드 Edward O. Wilson 319
윌슨, 카타리나 Wilson, Katharina 294
유머 33, 160, 218, 219, 220
유튜브 446, 447, 448
유향劉向 499
은유 188, 319, 341
음악 35, 36, 38, 39, 50, 79, 111, 129, 158, 200, 227, 335, 403, 503, 504
의사소통 행위 382, 526
의식 연설 172, 174, 175, 176, 183, 184, 496, 497
의학 32, 33, 86, 128, 137, 300, 312, 403, 503
이데올로기 372, 382, 383, 384, 386, 389, 429, 430, 432, 451, 474, 526
이상적 스피치 공동체 380
이세고리아 77, 195
이소크라테스Isocrates 72, 108, 109, 110, 111, 112, 113, 118, 154, 159, 175, 188, 221, 235, 287, 315
이집트 레토릭 496, 497, 529
이탈리아 인본주의 298, 305, 321, 326
인간 가치 371, 373, 380
인간 커뮤니케이션 29, 436
인간성 이론 358
인류학 15, 338, 396, 397, 398, 445, 458, 579
인본주의 294, 295, 298, 299, 300, 301,

302, 303, 304, 307, 309, 310, 311, 313, 314, 315, 319, 320, 321, 324, 326, 327, 330, 333, 337, 344, 379, 423, 523
인사말/살루타티오 270, 273, 274, 275, 422
인쇄기 발명 272
인쇄술 303
일반 토포이 184, 185, 186, 493
일반화된 대칭성 443
입증 책임 364, 365

잔재주 134, 142, 161, 519
장식 체계 252
재럿, 수전 Jarratt, Susan 80, 92, 95, 116, 153
《전국책戰國策》 499, 500, 501
절충주의 256
접속사 생략(법) 205, 234
정책 연설 171, 172, 173, 174, 175, 176, 183, 184
제2 소피스트 현상 235, 236, 237, 248, 249
제유 341
젠슨, 마빈 Jensen, Marvin 481
조프루아(뱅소프) Geoffroy de Vinsauf 280, 281, 282, 283, 285, 286
존슨, W. R. Johnson, W. R. 252, 253
존슨, 소니아 Johnson, Sonia 479
종교 개혁 292
주목 경쟁 447
주목 경제학 44, 58, 448
주제적 설교 263
중국의 소피스트 498, 499
중세 교육/중세 교과 과정 254, 258, 261
지혜와 능변의 통합 204, 213, 306
직유 189

창안/인벤티오 41, 42, 56, 63, 73, 79, 113, 155, 163, 205, 207, 210, 229, 246, 324, 333, 334, 340, 349, 351, 367, 368, 399, 425, 426, 481, 482, 491, 501
《창안에 대하여*De Inventione*》 194, 202, 203, 204, 205, 207, 211, 228, 229, 244, 245, 257, 265, 287, 303
창안의 중심성 363
《철학의 위안*The Consolation of Philosophy*》 256
청중 적응 166
청중 중심적 설교 모델 264
체호프, 안톤 Chekhov, Anton 421
첸, 멜 Chen, Mel 469
초대적 레토릭 488
출발점 375, 376
춤 36
충실도 437, 438, 439
취향 355

카, 니콜라스 Carr, Nicholas 447
카니발(바흐친) 431, 432
카롤링거 르네상스 266
카르타고 245, 247, 254
카마고, 마틴 Camargo, Martin 270, 273
《카발라*Kabbalah*》 307
카스틸리오네, 발다사레 Castiglione, Baldassare 293, 347, 523
카이로스 91, 105, 106, 144, 450
카이아스머스(교차대구법) 104
카타리나(시에나) Caterina da Siena 242, 279, 280, 294
카틸리나 탄핵 212

카펠라, 마르티아누스 Capella, Martianus 254, 255, 260, 288
칼리클레스Callicles 124, 126, 127, 138, 139, 140, 141, 142, 143, 148, 204
캐번디시, 마거릿 Cavendish, Margaret 333, 335, 336, 524, 525
캠벨, 조지 Campbell, George 332, 346, 350, 357, 367, 399, 524, 525
캠벨, 존 Campbell, John 398
캠벨, 칼린 코스 Cambell, Karlyn Kohrs 456, 485
커셔, 게사 Kerscher, Gesa 476
케네디, 조지 Kennedy, George 34, 100, 102, 125, 158, 237, 242, 273, 297, 325, 358, 410, 486, 495, 507, 529
케네디, 존 F. Kennedy, John F. 104, 424
케임스 경Load Kames(헨리 홈Henry Home) 352, 353, 354, 367
켈리, 도널드 Kelly, Donald 312
코널리, 조이 Connolly, Joy 192, 194, 195, 200, 205, 209, 255, 385
코락스Corax 74, 75, 108
《코르푸스 헤르메티쿰*Corpus Hermeticum*》 307, 308
코케이아누스, 디오 Cocceianus, Dio 236
콕스, 레너드 Cox, Leonard 325
콘리, 토머스 Conley, Thomas 186, 237
콘베르시오 283
콘트로베르시아 199
콘티오 496
콘푸타티오 228
콘피르마티오 228
콜라케이아 134
쿤, 토머스 Kuhn, Thomas 341, 388, 389, 390
쿤, 헬무트 Kuhn, Helmut 341
퀴어 이론 468, 469, 528
퀸틸리아누스 Quintilianus 193, 200, 221, 222, 223, 224, 225, 226, 227, 228, 229, 238, 244, 303, 310, 315, 323, 354, 359
《퀸틸리아누스 레토릭 반론*Arguments in Rhetoric against Quintilian*》 323
크라머래, 체리스 Kramarae, Cheris 477, 478
크럼프, 제임스 Crump, James 499, 500, 501, 507
크리스텔러, 폴 Kristeller, Paul 267, 301
크밀, 케네스 Cmiel, Kenneth 346, 350
크세노폰Xenophon 88, 93, 234
클라센, 알브레히트 Classen, Albrecht 259, 260, 277
클레이스테네스Cleisthenes 75
키스, 로이드 Lloyd, Keith 493
키질 전략 387
키케로 모델 204, 313, 330
키케로, 마르쿠스 툴리우스 Cicero, Marcus Tullius 41, 51, 112, 143, 193, 194, 195, 197, 198, 200, 201, 202, 203, 204, 205, 206, 207, 208, 211, 212, 213, 214, 215, 216, 217, 218, 219, 220, 221, 222, 225, 227, 228, 229, 230, 235, 238, 244, 245, 246, 247, 248, 250, 251, 252, 255, 256, 257, 263, 265, 266, 267, 271, 281, 287, 293, 301, 303, 304, 305, 306, 309, 310, 312, 315, 320, 322, 323, 325, 326, 329, 330, 339, 341, 347, 350, 354, 355, 359, 491, 492
키토, 험프리 Kitto, Humphrey 77
킨니비, 제임스 Kinneavy, James 409
킹, 마틴 루터 King, Martin Luther, Jr 52

테오도로스Theodoros 85
테크네 84, 90, 128, 129, 130, 131, 133, 135, 138, 145, 150, 151, 160, 161, 164, 165, 168, 177, 187, 207, 263, 518, 519
토가 56, 75, 207, 222, 223, 224, 507
토포이 183, 186, 210, 322, 340, 501
《토피카*Topica*》(아리스토텔레스) 161, 162
《토피카*Topica*》(키케로) 211, 257
토픽 체계 210, 211, 228, 229, 252, 257, 288
통념 90, 161, 162, 229, 376
트루프, 캘빈 Troup, Calvin 199, 248, 249
트위터 446
특수 토포이 184, 186
특정 수용자 59, 374, 375, 376, 377, 379, 421
티시아스Tisias 85, 108

파놉티시즘 464
파바, 귀도 Faba, Guido 269, 271, 272, 276
파스칼, 블레즈 Pascal, Blaise 416
파이드로스Paedrus 146, 149
《파이드로스*Paedrus*》 124, 125, 145, 146, 149, 151, 152, 154, 155, 156, 249, 427, 518, 525
파이어아벤트, 파울 Feyerabend , Paul 389
파토스 178, 179, 180, 181, 182, 183, 234, 309
판타지 주제 440
판타지아 340, 342, 343
패럴, 토머스 Farrell, Thomas 54, 55, 412
페렐만, 차임 Perelman, Chaim 43, 372, 373, 374, 375, 376, 377, 378, 379, 380, 404, 408, 438, 441, 486, 526
페리클레스Pericles 75, 107, 116, 117, 121
페미니즘 67, 385, 443, 457, 468, 469, 476, 477, 478, 479, 482, 483, 484, 485, 489, 490, 491, 492, 507, 528, 529, 583, 588
페미니즘과 레토릭 476
페이토 73, 100
페트라르카, 프란체스코 Petrarca, Francesco(페트라르크) 304, 305, 306, 313, 321, 330
편지 쓰기 265, 268, 269, 270, 271, 272, 273, 274, 276, 277, 278, 279, 280, 281, 288, 316, 328
편지 쓰기 기술 271, 272, 277, 280, 288
《편지 쓰기 백과*Summa Dictaminis*》 269, 271, 272
편지 쓰기 스타일 278
《편지 쓰기의 원리*The Principles of Letter Writing*》 274
평의회 76, 83, 298
포스, 소냐 Foss, Sonja 479, 480, 483, 484, 488, 507
포스트모던 레토릭 457
포퍼, 칼 Popper, Karl 389, 390
폴라니, 마이클 Polanyi, Michael 388, 390
폴루스Polus 85, 126, 127, 133, 134, 136, 138, 142, 148
폴리스 77, 78, 136
폴하버, 찰스 Faulhaber, Charles 271, 276
푸코, 미셸 Foucault, Michel 62, 457, 461, 462, 463, 464, 465, 466, 467, 468, 469, 477, 480, 506, 528, 529, 585, 588
프레이저, 제임스 조지 Frazer, James George 343

프렐리, 로런스 Prelli, Lawrence 320, 441, 442, 452
프로타고라스Protagoras 80, 85, 90, 91, 93, 94, 96, 98, 99, 106, 107, 108, 121, 124
플라톤Platon 25, 26, 29, 86, 89, 93, 94, 97, 101, 108, 109, 111, 116, 117, 118, 123, 124, 125, 126, 127, 128, 129, 131, 132, 133, 134, 135, 136, 138, 141, 142, 143, 144, 145, 146, 147, 148, 150, 151, 152, 153, 154, 155, 156, 158, 159, 160, 161, 164, 177, 181, 204, 213, 214, 215, 231, 236, 247, 249, 250, 256, 258, 302, 304, 307, 337, 368, 375, 378, 379, 427, 490, 502, 518, 519
플레밍, 마리 Fleming, Marie 385, 385
플루타르코스Plutarchos 93, 115, 116
피셔, 월터 Fisher, Walter 436, 437, 438, 439, 452, 527
피코 델라 미란돌라Pico della Mirandola 307, 309, 312, 313, 314, 330, 337
피타고라스Pythagoras 74, 101
피티아Pythia 83
《필로로기아와 메르쿠리우스의 결혼*De Nuptiis Philologiae et Mercurii/The Marriage of Philosophy and Mercury*》 254

하딩, 헤럴드 Harding, Herold 350
하버마스, 위르겐 Habermas, Jürgen 372, 380, 381, 382, 383, 384, 385, 386, 404, 408, 438, 474, 525, 526
한비자韓非子 498
한정적인 질문 226
합리적 담론 343, 371, 372, 373, 380, 381, 385, 404, 408
합리적 추론 49, 165, 421
해석학 299
해체(데리다) 470, 471, 472, 473, 474, 475, 476
해체주의적 접근 470
행위자–네트워크 이론 443
허위의식 385
《헤레니우스를 위한 레토릭*Rhetorica ad Herennium*》 202, 203, 228, 244, 245, 257, 304
《헬레네 찬가*Encomium on Helen*》 102, 103
헬레니즘 75, 95, 108, 113, 154, 192, 202, 237
호너, 위니프레드 Horner, Winifred 346
호메로스Homeros 73, 74, 96, 255
호웰, 윌버 새뮤얼 Howell, Wilbur Samuel 344, 360
화이트, 헤이든 White, Hayden 344
환유 341
활동적인 삶 313, 330
후기 구조주의 460, 461
훅스, 벨 hooks, bell 491, 492
흄, 데이비드 Hume, David 333, 357, 358, 458
히에론Hieron 74
히피아스Hippias 80, 94